中央编译局文库出版工作领导小组（编委会）

主　　任：贾高建

副 主 任：俞可平　魏海生　陈和平　柴方国　杨金海

委　　员：崔友平　沈红文　杨雪冬　季正聚　陈家刚
　　　　　赖海榕　郗卫东　张文成　刘明清

中央编译局文库出版工作领导小组办公室

主　　任：薛晓源

成　　员：徐向梅　苗永姝

中央编译出版社文库编辑中心编辑小组

刘明清　薛晓源　谭　洁　董　巍　贾宇琰
冯　章　曲建文　苗永姝　邓　彤　盛菊艳
李媛媛　薛迎春　董　妍

马克思主义研究资料

第13卷

主　编　杨金海
副主编　冯　雷（常务）薛晓源

经典作家著作研究 Ⅲ

本卷主编　刘元琪

《马克思主义研究资料》顾问委员会

贾高建　俞可平　宋书声　殷叙彝　詹汝琮　张钟朴

李洙泗　冯文光　赵家祥　严书翰　梁树发　郭建宁

《马克思主义研究资料》编辑委员会

主　编：杨金海

副主编：冯　雷（常务）　薛晓源

编　委　（按姓名拼音排序）

陈喜贵　冯　章　黄晓武　江　洋　李百玲　李义天

李媛媛　林进平　刘仁胜　刘　英　刘元琪　吕增奎

马　瑞　苗永姝　彭萍萍　盛菊艳　史清竹　武锡中

姚　颖　苑　洁　郑　锦　郑天喆　周艳辉

参加本卷编辑出版工作的有

李媛媛　苗永姝　薛晓源

总　序

呈献给读者的这套《马克思主义研究资料》丛书，旨在服务于我国正在实施的马克思主义理论研究和建设工程，积极吸收和借鉴国外马克思主义研究成果，对改革开放以来中央编译局编译的有关国外学者研究马克思主义的成果，以及少量相关的国内学者的研究成果整理出版，为我国马克思主义研究提供基础性的参考资料。本丛书计划出版37卷，三年内陆续完成编辑和出版工作。

编译国外学者关于马克思主义的研究成果，并对相关问题展开深入探讨，是马克思主义经典著作编译研究的基础性工作。中央编译局作为马克思主义经典著作编译研究的专门机构，历来十分重视这项工作。20世纪50年代以来，特别是改革开放以来，中央编译局的同志们编译了大量国外学者关于马克思主义的研究文献，也发表了不少自己的相关研究成果。这些成果曾经在中央编译局编辑的《马列著作编译资料》、《马列主义研究资料》、《马克思主义与现实》等刊物公开发表，或在内部刊物《马克思恩格斯研究》、《列宁研究》等刊载。这些成果对于推进马克思主义经典著作的编译和研究工作发挥了重要作用，时至今日，一些学者仍然把它们当做研究马克思主义的珍贵资料。

然而，随着近年来中央实施马克思主义理论研究和建设工程的深入推进以及马克思主义学科建设的快速发展，这些研究资料的留存情况已经远远不能适应形势发展的需要了。《马列著作编译资料》和《马列主义研究资料》早已停止出版，很多人难以找到原有资料；《马克思恩格斯研究》等内部刊物刊载的文章没有公开面世，也难以为人们广泛使用；而新编译的文献资料又很零散。因而，希望中央编译局提供马克思主义研究资料的呼声越来越高。

为了继承前辈的事业，适应学界的需要，尽可能全面系统地收集整理中央编译局近几十年来编译的国外学者关于马克思主义的研究成果以及相关的国内学者的研究成果，中央编译局专门成立了《马克思主义研究资料》丛书课题组，并对该项工作提供了基金资助。课题组不仅在局内组织力量进行工作，而且争取到社会力量的支持。经过课题组同仁两年多努力，已经形成一批编辑成果，还将继续补充、完善并陆续推出。这套《马克思主义研究资料》丛书就是这些成果的集中体现。

本丛书力求体现如下四个特点，这也是丛书编辑工作所力求遵循的四条原则：第一，保证文献性。本丛书主要收集改革开放以来中央编译局刊物发表的有关马克思主义理论编译和研究方面的成果，这些刊物包括公开出版的《马列著作编译资料》、《马列主义研究资料》、《马克思主义与现实》、《当代世界与社会主义》、《经济社会体制比较》、《国外理论动态》等，也包括内部刊物《马克思恩格斯研究》、《列宁研究》、《斯大林研究》、《马克思恩格斯列宁斯大林研究》等；少量收集其他杂志发表的中央编译局学者编译或撰写的有关文章；个别收集与中央编译局长期合作的其他学者的相关文章；对所收商榷性文章涉及的其他学者的成果，也作为附文收入，以示对相关学者的尊重，也便于读者在阅读正文时参考。收集整理这些学术成果的目的主要是为学界研究马克思主义提供参考资料,同时帮助人们了解马克思主义研究的历史进程和思想脉络。因此,本丛书所收文献力求保持其历史原貌,包括其中的人名、地名、术语、引文等,都不作改动,以便读者进行文献考证之用,只对个别错漏文字等进行校正,对于文中可能产生歧义的地方,以"本丛书编者注"的方式加以说明。其中读者特别应当留意的是译名、术语的不统一问题,例如关于《马克思恩格斯全集》历史考证版,就有多种表达方式:原文版、国际版和 MEGA 版,其中,往往又以"老"、"新"、"MEGA^1"、"MEGA^2"、"MEGA1"、"MEGA2"等来区分历史考证版第 1 版和第 2 版。第二,突出编译性。本丛书所收文献中,以国外学者的成果为主,包括国外学者关于马克思主义经典作家的著作、思想、生平事业,乃至书信往来、工作生活等方面的研究文献,凡比较有资料价值的,均在收集之列。如上所述,国内学者的相关考证性成果,包括经典著作翻译、版本、传播、重要术语考据等文献,凡具有资料价值的,也一并收入,但这部分内容所占比例较小。第三,力求系统性。上述几十年来形成的这些编译研究资料繁茂芜杂,十分零散,使用起来很不方便,编辑整理就更为困难。为把这些宝贵文献整理面世,使之更好地发挥作用,编辑人员下了很大功夫。在收集整理中,我们力图分门别类,尽可能将同类资料按照一定逻辑顺序编排,使之呈现一定的系统性,以便读者全面掌握有关资料。第四,力争权威性。本丛书力争选编国内外在相关研究领域具有一定权威性的专家学者的具有代表性和影响力的文献。为保证文献的权威性和准确性,我们对文献的引文进行了校订,特别是对有关马克思主义经典著作的引文进行了原版原文核对,并对注释尽可能地作了规范化处理,以便读者更准确地了解引文及其出处。

基于上述考虑，本丛书的编排体系大体分四个部分。第一部分是经典著作研究，包括关于《共产党宣言》、《资本论》等手稿、创作、版本、传播诸方面的研究文献；第二部分是基本理论研究，包括哲学、政治经济学、科学社会主义以及政治学、法学等方面的研究文献；第三部分是版本和传播、编译以及生平事业研究；第四部分是国外马克思主义研究。每一部分包括若干卷。每一卷都有本卷编辑说明，对本卷编辑的思路、内容和有关技术问题作简要交代。各卷内容按照逻辑顺序进行编排，在此基础上再按照时间顺序编排。各卷内容一般要作分类，并加分类标题，以便读者阅读研究。

需要说明的是，由于本丛书是整理编辑已有的文献，而且主要限于整理编辑中央编译局学者编译和研究的部分成果，这就决定了本丛书不可避免地存在一些缺憾。一是这些文献中有的观点不一定正确。选编这些文献并不意味着编者赞同其中的观点，我们的目的仅仅在于为人们研究马克思主义提供参考资料，其中正确的思想成果可以作为我们研究借鉴的思想资源，而错误的观点可以作为我们研究批评的对象。例如，对有关马恩对立论的观点，我们是不赞成的，但为了让研究者了解、研究和批评这种观点，也收入了相关文章。所以，谨请读者在使用这些文献时注意辨别是非。二是这些文献存在质量参差不齐的情况。由于这些文章的作者、译者水平不同，写作时间、背景、针对的问题、产生的影响以及发表的刊物等不同，其质量也就有一定差别。例如，有的概念和译文在今天看来不一定科学、准确，有的文献曾经很有价值而在今天看来最多只有学术史的价值。在选编过程中，我们尽量收入那些分量较重、影响较大的文献，但为了比较全面地反映学术史的原貌并提供尽可能详细的研究参考资料，也收入了一些篇幅较短、影响不大但有一定资料或史料价值的文献。另外，有少量比较重要的文献，由于作者或译者不同意收入，也不得不忍痛割爱。三是这些文献的系统性、规范性不太强。尽管我们努力按照上述编辑原则工作，对这些文献进行了分类整理，力求全面系统地提供给读者相关方面的文献资料，但由于这些资料十分繁杂，彼此之间的关联性不强，有的方面资料较多，有的较少，且发表的刊物、时间等不同，体例也很不统一，整理起来难度极大，加之各位编者的研究角度不同，水平各异，所以，每一卷书的结构、篇章、内容、观点等都不尽相同，其规范程度也不尽一致。对本丛书存在的以上不足或缺憾，谨请读者鉴谅；对其中可能存在的疏漏和错误之处，谨请读者批评指正。

本丛书在编写和出版过程中，得到了各个方面的大力支持。中央编译局对此项工作高度重视，始终给予鼎力支持。国家出版基金将本丛书列入2013年度资助项目。中央编译出版社为本丛书申报国家出版基金项目并最终立项，以及为丛书出版做了大量工作。本丛书所收文献的译者、作者和出版者，凡已联系上的，均给予我们大力支持，同意使用这些文献；对尚未联系上的，我们将尽力联系，也请相关同仁主动联系我们。丛书顾问委员会的专家对丛书的编写工作给予热情指导，编委会成员和课题组同仁为丛书的编写付出了辛勤劳动。在此一并致以衷心的谢意！

《马克思主义研究资料》
编辑委员会
2013年12月10日

编辑说明

本丛书的第一部分即经典作家著作研究共14卷。由于《德意志意识形态》、《共产党宣言》、经济学笔记、《资本论》及其手稿的研究文献较多，故分别单独编成一卷或多卷，共10卷。其余的经典作家著作研究编为4卷，包括第11卷至第14卷。

本卷主要收录关于马克思和恩格斯从巴黎公社时期（1871年3月）到恩格斯逝世（1895年8月）期间撰写的著作的研究文章。需要说明的是，这一时期关于马克思和恩格斯撰写的人类学著作和笔记的研究文章，由于在本丛书中独立成卷，所以未收入本卷。

本卷分两部分。第一部分收有马克思和恩格斯从巴黎公社时期（1871年3月）到恩格斯逝世（1895年8月）期间马克思和恩格斯撰写的著作的历史考证版（在本卷中有时也译作原文版）和英文版《马克思恩格斯全集》的相应卷次的前言和说明。《马克思恩格斯全集》英文版第23卷说明的标题是《马克思恩格斯在第一国际时期同各种非社会主义流派的斗争》，从字面看和本卷收文的时期似乎不一致，但是该卷所收文章是马克思和恩格斯从1871年10月到1874年7月之间的著作，因此和本卷的收文时期是相吻合的。本部分文章又分两个小部分，

1

先排《马克思恩格斯全集》历史考证版的前言,然后排《马克思恩格斯全集》英文版的说明,而在两个小部分内按照卷次先后排序。

第二部分是国内外学者对这一时期马恩著作的内容和背景等的阐释和研究,文章按照所研究的马恩著作的写作时期排序。

本卷所收文章深化了对马克思和恩格斯在这一时期撰写的《法兰西内战》《自然辩证法》《哥达纲领批判》《反杜林论》等重要理论著作以及如《卡·马克思〈1848年至1850年的法兰西阶级斗争〉一书导言》等重要文章的研究,并在阐述这些著作的时代背景的过程中,也深化了对第一国际、巴黎公社和欧美各国工人政党斗争等重大实践活动的研究,有重要的理论参考价值。

为保持文献性,本丛书的注释基本保持原貌,不作改动;但对原注释有错误或有遗漏的,我们尽可能查阅了有关文献,作了必要的规范和完善;对有些查找不到的,保留原来的内容和格式。

目　录

国际工人运动和马克思主义发展中的一个重要阶段
　　——《马克思恩格斯全集》历史考证版第1部分第22卷前言 …… 1
马克思和恩格斯理论和实践活动的一个新时期
　　——《马克思恩格斯全集》原文版第1部分第24卷前言 ………… 35
马克思和恩格斯理论合作的最后十年
　　——《马克思恩格斯全集》原文版第1部分第25卷前言 ………… 68
恩格斯的《自然辩证法》的形成和发表过程
　　——《马克思恩格斯全集》历史考证版第1部分
　　　第26卷前言 …………………………………………………… 107
《反杜林论》的写作背景、内容及意义
　　——《马克思恩格斯全集》历史考证版第1部分
　　　第27卷前言 …………………………………………………… 141
巴黎公社时期马克思恩格斯对科学共产主义理论的重大贡献
　　——《马克思恩格斯全集》英文版第22卷说明 ………………… 197
马克思恩格斯在第一国际时期同各种非社会主义流派的斗争
　　——《马克思恩格斯全集》英文版第23卷说明 ………………… 218

巴黎公社以后马克思主义在各国工人运动中的广泛传播
　　——《马克思恩格斯全集》英文版第24卷说明 ………… 240
马克思主义哲学发展的一个重要阶段
　　——《马克思恩格斯全集》英文版第25卷说明 ………… 263
恩格斯晚年的理论活动和政治活动
　　——《马克思恩格斯全集》英文版第27卷说明 ………… 281

　　　　　　　*　　*　　*

关于弗·恩格斯的文章《行动中的巴枯宁主义者》
　　——恩格斯同无政府主义斗争的历史
　　〔苏〕Н.М.皮鲁莫娃 ………………………………… 298
关于恩格斯的《自然辩证法》中科学分类的一些问题
　　〔苏〕П.С.萨夫金 …………………………………… 317
恩格斯对狄德罗《百科全书》的兴趣
　　〔德〕福尔克尔·米勒 ………………………………… 326
绝对不仅仅是出于好奇
　　〔德〕安纳里泽·格里泽　格尔德·帕维尔齐克 ……… 333
《哥达纲领批判》创作和发表的历史
　　〔苏〕А.К.沃罗比约娃 ……………………………… 365
《哥达纲领批判》关于社会主义的创新
　　〔法〕伊莎贝尔·加罗 ………………………………… 396
关于《反杜林论》产生过程的历史考证
　　——《马克思恩格斯全集》原文版研究成果
　　〔德〕蕾娜特·默克尔 ………………………………… 413

《反杜林论》准备阶段的一次"搏斗"
　　〔德〕卡尔-埃里希·福尔格拉夫 ········· 431
马克思恩格斯反对杜林主义斗争史略
　　俞长彬　钱学敏 ························· 454
马克思和恩格斯反对杜林主义的斗争
　　〔民主德国〕曼·布尔　保·鲁本 ········· 509
德国社会民主党反对杜林主义的斗争史略
　　〔苏联〕A. Б. 切尔诺夫 ················· 527
《反杜林论》中"现代社会主义"这个概念究竟是什么涵义？
　　马　兵 ································· 566
恩格斯开始为《社会民主党人报》（苏黎世）撰写
　　政论文章——《不许通奸》一文的写作过程
　　王宏道 ································· 572
关于恩格斯的《卡·马克思〈1848年至1850年的法兰西阶级斗争〉
　　一书导言》
　　殷叙彝 ································· 577
对恩格斯的《马克思〈1848年至1850年的法兰西阶级斗争〉
　　一书导言》的认识
　　〔德〕皮·柯斯林 ······················· 593
《1848年至1850年的法兰西阶级斗争》1925年德文版序言
　　〔德〕理·费舍 ························· 604

国际工人运动和马克思主义发展中的一个重要阶段

——《马克思恩格斯全集》历史考证版第 1 部分第 22 卷前言*

本卷包括马克思和恩格斯 1871 年 3 月至 11 月撰写的著作、文章、草稿和声明，因而它涉及的时期是从巴黎无产阶级革命开始到马克思和恩格斯起草的国际工人协会伦敦代表会议文件的发表。

本卷发表的文献表明，马克思和恩格斯从巴黎公社的第一天起就以热情的、旗帜鲜明的态度支持它。它们证明，马克思和恩格斯为开展一场广泛的、支持巴黎公社社员的团结运动作出了种种努力并同统治阶级对公社的诽谤进行斗争。本卷发表了马克思的具有历史意义的著作《法兰西内战》及其草稿、马克思和恩格斯在国际总委员会中就巴黎的革命事件所发表的演说。马克思和恩格斯在巴黎公社之后写的一系列文章和声明分析了统治阶级反对国际的煽动性宣传活动。另外，本卷还收入了马克思和恩格斯为准备国际伦敦代表会议和在这个会议期间起草的材料、会议决议、国际的共同章程和组织条例。附录中发表了总委员会会议记录和伦敦会议记录。

本卷所涉及的时期是国际工人运动和马克思主义发展中的一个极为重要的阶段。巴黎公社是工人阶级为打碎资产阶级的国家机器、建立自

---

* 本文选自《马克思恩格斯研究》1995 年总第 21 期。

己的政治统治所作的第一次尝试。巴黎工人的革命开始了世界历史的一个新时代。在它的影响下，社会生活和工人运动的斗争进一步发展。对工人运动来说，巴黎公社开始了无产阶级力量逐步集中和无产阶级为重要的阶级斗争做准备的时期，开始了一个"由阶级即无产阶级组成的群众性的社会主义政党建立、发展和壮大"①的时期。

巴黎公社证明了革命理论的巨大生命力，它开始了马克思主义发展中的一个新阶段。巴黎革命在建立工人阶级政治统治的道路上迈出的第一步使马克思和恩格斯认识到，公社开始了工人阶级在反对资产阶级及其国家的斗争中一个质上的新时期。1871年4月17日，马克思写信给路德维希·库格曼说："不管这件事情的直接结果怎样，具有世界历史意义的新起点毕竟是已经取得了"。② 因此，马克思极为重视在理论上分析公社并把公社的经验用于工人阶级的斗争。公社重要的政治成果使马克思有可能继续发展和充实自己的革命理论。

本卷中的著作——尤其是马克思的《法兰西内战》和伦敦会议材料——包括了对马克思主义的重要贡献。马克思通过对巴黎公社的分析，继续发展了阶级斗争学说、阶级斗争规律和前景，发展了国家和革命学说。同样，政党学说和关于无产阶级阶级斗争的战略和策略的总的理论也得到了充实和加深。马克思和恩格斯对无产阶级解放斗争的形式、手段和道路，对无产阶级国际主义，对工人阶级的联盟政策以及其他重要问题作了重要的、新的或者说深化了已有认识的论述。在这里，他们充分利用了各国工人运动的经验；同时他们在著作中拟定了准备成立的各国无产阶级政党的纲领和组织的基础。他们在这个时期对无产阶

---

① 《列宁全集》第2版第23卷第382—383页。
② 《马克思恩格斯全集》第1版第33卷第211页。

级革命理论的充实对于国际工人运动后来的发展具有重要意义。

马克思在本卷最重要的理论著作《法兰西内战》中科学地评价了巴黎公社的产生和性质。他在这部科学共产主义的纲领性文献——对公社的"实质和意义所作的天才分析"①——中，概括了公社的经验、教训并用它们启发国际的工人运动。同时，他使科学共产主义的基本原理，尤其是国家学说、无产阶级革命学说具体化了，把他的关于无产阶级专政的必要性、任务和彻底的民主性质的论断、关于取得政权的无产阶级的经济政策和联盟政策以及其他重要问题的论断具体化了，并且还进一步发展了它们。还是在巴黎革命事变期间马克思就撰写了这部著作，这再次表明作者的"惊人天才，即在伟大历史事变还在我们眼前展开或者刚刚结束时，就能正确地把握住这些事变的性质、意义及其必然后果"。②

马克思的这一篇著作是作为国际工人协会总委员会的正式宣言撰写的，它是一部使人觉醒的国际无产阶级的政治檄文，它向反动的政治势力明确无误地表明了工人阶级对巴黎公社的立场。宣言反映了近几年来工人运动内部，尤其是国际内部发生的深刻变化。在这部著作中，马克思第一次以国际文件的形式把自己理论的重要原理宣布为协会的政治纲领。所以，《法兰西内战》在国际的思想发展中是有意义的一步并有利于国际理论纲领的完善。

本卷除收入马克思的这部著作的付印稿外还收入了该著作的初稿和二稿。两个草稿使人们对马克思创造性的写作过程有一个深刻的了解。在学术资料卷中介绍了马克思写作《法兰西内战》的全过程。这两个

---

① 《列宁全集》第 2 版第 35 卷第 444 页。
② 《马克思恩格斯全集》第 1 版第 22 卷第 216 页。

草稿证明了马克思所作的大量工作和他为了能够对巴黎公社的经验和教训作出概括性的论述而对巴黎公社的活动所作的科学细致的考察，它们也使人们看到了马克思为科学分析历史事变所作出的努力。草稿的个别章节具有未完成的、笔记的性质，而绝大部分则已有了完成的文献形式。两个草稿都详尽地反映了马克思的研究方法。它们直观地表明，马克思主义的发展始终伴随着对历史资料的详细研究。马克思在草稿中吸收了大量有关公社的材料，它们是他从巴黎革命的第一天起就开始收集并利用的。他在加工草稿和付印稿时依据了他从英国和法国报纸上摘录的材料（它们将发表在《马克思恩格斯全集》历史考证版的第4部分中），依据了书信中介绍的情况和其他材料，以及口述的消息。

马克思这一著作的草稿具有很高的理论价值。他在其中深入地研究了巴黎公社形成的原因并揭露了梯也尔政府出卖国家的政策。他分析了资产阶级的国家向纯粹的压迫工具的发展过程并把资产阶级的阶级国家同反映大多数人民利益的、全新的巴黎公社国家类型相对照。马克思在第一稿中写道，公社"不是为了把国家政权从统治阶级这一集团转给另一集团而进行的一场革命，它是为了粉碎这个阶级统治的凶恶机器本身而进行的革命"。[①]

马克思对第一个无产阶级政府的政治措施和社会经济措施进行了广泛的分析并在这种分析的基础上说明了公社的历史意义并对其作用作了切合实际的评价。他研究了第一个无产阶级国家的本质和阶级性质，认为它是"人民群众把国家政权重新收回，他们组成自己的力量去代替压迫他们的有组织的力量"[②]，认为它是"**社会解放的政治形式，把劳动**

---

① 《马克思恩格斯全集》第1版第17卷第587页。
② 《马克思恩格斯全集》第1版第17卷第588页。

从垄断劳动者自己所创造的或是自然所赐予的劳动资料的那批人篡夺的权力（奴役）下解放出来的政治形式"①。

他在分析公社的经验时也深入地研究了巴黎革命政府主要是因经验不足所犯的错误，以便从中吸取教训以利于工人运动的进一步斗争。他指出，无产阶级政权必须是有组织的、强有力的，在必要时也必须使用相应的手段来保卫已取得的成果。工人阶级在建立自己的政治统治之后还必须估计到反动力量的攻击，"这些暴动尽管暂时会阻挠和平进步的事业，但只会使社会革命加强武装，从而加速运动的发展"。②

在两个草稿中，尤其是在第一稿中，马克思比后来在付印稿中更详细地阐述了一些论点（部分是为了自己弄清问题），他在付印稿中为了使著作具有宣言的形式而压缩了材料。这主要涉及以下几个方面：对巴黎公社形成的历史条件的论述，对无产阶级国家的社会经济措施的研究，尤其是它对中间阶层的政策，对公社错误的分析和对资产阶级意识形态的具体表现形式的分析，比如实证论以及它与无产阶级革命的关系，关于无产阶级国家的作用和任务的一些理论结论以及有关资本主义向共产主义过渡问题的观点。

两个草稿正文的大量的、内容重要的异文也反映了马克思的紧张创作过程和他为深刻理解和研究历史事变所作出的努力。这些异文首次完整地刊印在内容丰富的索引中③，它们同时也证明马克思著作的这两个草稿中手稿写作的复杂过程。通过对比手迹原件和一些情况的原始资

---

① 《马克思恩格斯全集》第 1 版第 17 卷第 593 页。
② 《马克思恩格斯全集》第 1 版第 17 卷第 594 页。
③ 参看《马克思恩格斯全集》历史考证版第 1 部分第 22 卷第 807—856 页和 893—965 页。

料，就能比迄今各版本更准确地再现两个草稿。根据对内容的分析改进了马克思著作第二稿的正文排列。研究结果表明，第二稿的最后几段涉及第5、6节的修订稿。

马克思在修改总委员会宣言的付印稿时依据了这两个草稿。整部作品就在这个写作过程中形成了。马克思在《宣言》中深入分析了公社并且指出，公社是"新社会的光辉先驱"。①

他在著作中首先考察了工人阶级作为"能够发挥社会首倡作用的唯一阶级"②试图建立其政治统治和新社会制度的历史条件。《法兰西内战》揭露了"国防政府"背叛国家和营私舞弊的行为，揭露了梯也尔、杜弗尔、法夫尔和皮卡尔的敌视人民的反革命政策，把他们的政策同巴黎工人的革命热情相对照，因为巴黎工人在资产阶级政治统治被推翻后无愧于自己在这种具体的历史情势下所肩负的国家责任和阶级任务。马克思的分析同时还表明，巴黎革命的爆发最终是由社会发展的规律性和资本主义在世界范围的根本的阶级对抗不断加深所引起的。

巴黎公社打碎了资产阶级国家的压迫机器，这是历史上具有伟大意义的一步，它证明，马克思早在1852年的《路易·波拿巴的雾月十八日》中得出的结论是正确的，即无产阶级解放的先决条件是无产阶级必须打碎"官僚军事机器"③。列宁称这一论点是马克思主义关于国家学说的主要的、根本的内容。马克思在关于法兰西内战的宣言中，根据巴黎公社的经验丰富了他的关于国家和革命的理论的这一原理并使之具体化了。

---

① 《马克思恩格斯全集》第1版第17卷第384页。
② 《马克思恩格斯全集》第1版第17卷第363页。
③ 《马克思恩格斯全集》第1版第33卷第206页。

马克思过去曾在《法兰西阶级斗争》和《路易·波拿巴的雾月十八日》中论述了法国的阶级斗争史和资产阶级国家的历史，他在这部著作中则概述了资产阶级国家机器发展的历史阶段。他首先依据法国的历史经验，指出了社会的经济变化、资产阶级的历史作用的转变以及资产阶级国家的发展之间的辩证联系。他使人们看到，"充分发展的资产阶级"社会使国家越来越变为"资本奴役劳动的工具"。① 马克思在宣言中写道："现代工业的进步促使资本和劳动之间的阶级对立更为发展、扩大和深化，国家政权也就随着愈益具有资本压迫劳动的全国政权的性质，具有为进行社会奴役而组织起来的社会力量的性质，具有阶级统治机器的性质。"② 与此相关，他考察了资产阶级的阶级统治的各种政治形式，并且指出，资产阶级由于害怕无产阶级的革命而将其国家集权及其压迫机构发展成"资本对劳动作战的全国性武器"③。

马克思对阶级斗争和国家的历史发展所作的分析表明，打碎资产阶级的国家机器、建立无产阶级的国家政权是一个合乎历史规律的过程，这一过程客观上产生于资产阶级国家的阶级性质及其压迫机器的政治职能。马克思论证了改良主义的下述想法是荒谬的，即借助资产阶级的国家，不根本改变政治关系就实施社会主义的措施。他强调指出，这种国家的阶级职能——无论是以波拿巴的专政形式还是资产阶级的共和国——在于，成为资产阶级的统治工具。马克思在著作中揭露了资产阶级民主的本质，认为它反映了少数压迫者对大多数被压迫人民的统治，是掩盖了政治压迫的制度。

---

① 《马克思恩格斯全集》第 1 版第 17 卷第 358 页。
② 《马克思恩格斯全集》第 1 版第 17 卷第 356 页。
③ 《马克思恩格斯全集》第 1 版第 17 卷第 357 页。

马克思在《法兰西内战》中详细说明了资产阶级国家机器是如何在无产阶级革命的进程中被打碎的。他强调指出，必须废除的不是国家本身，不是资产阶级国家的一切机构和职能，而是它的军事官僚的权力机构。他写道："旧政府权力的纯粹压迫机关应该铲除，而旧政府权力的合理职能应该从妄图驾于社会之上的权力那里夺取过来。"① 马克思在该著作的第二稿中也对此作了详细表述。②

马克思在《法兰西内战》中的重要的科学理论功绩是，他根据巴黎公社的经验指出了在无产阶级革命中由什么来取代资产阶级的国家机器，通过采取哪些革命的、经济的、社会的和政治的措施能够开始资本主义向共产主义的过渡。虽然公社存在的时间短，他从公社的政治结构和全部活动中还是看到了无产阶级国家这一历史上的新型国家的萌芽，工人阶级需要有这样的国家来保证其政治统治，对全社会进行革命的改造，从而完成其历史使命。恩格斯后来在1891年的德文版《〈法兰西内战〉一书导言》中，在概述马克思对巴黎公社的分析时写道："请看巴黎公社吧。这就是无产阶级专政"③。

马克思早在分析1848—1849年欧洲革命的经验时就指出，"阶级斗争必然要导致无产阶级专政"和"这个专政不过是达到消灭一切阶级和进入无阶级社会的过渡"。④ 如果说马克思在这里粗略地说明了无产阶级专政的历史地位的话，他在总委员会宣言《法兰西内战》中则已能够根据公社的具体历史成果回答到那时还没有解决的问题，即如何建

---

① 《马克思恩格斯全集》第1版第17卷第359—360页。
② 参看《马克思恩格斯全集》第1版第17卷第647页。
③ 《马克思恩格斯全集》第1版第22卷第229页。
④ 《马克思恩格斯全集》第1版第28卷第509页。

立工人阶级的政治统治形式的问题，并且大大发展了无产阶级专政的学说。这不仅涉及对政治统治的必要性、对建立政治统治的方法和手段的论证，也涉及对政治统治的特点、形式和职能的论证。与此同时他指出，工人阶级应如何完成《共产党宣言》中仍然是抽象地得到表述的任务（"工人革命的第一步就是无产阶级变成为统治阶级，争得民主"①），也就是说必须作为统治阶级组织起来。列宁用下面一段话说明了马克思分析公社的理论方法论特点："马克思没有丝毫的空想主义，就是说，他没有虚构和幻想'新'社会。相反，他把从旧社会诞生新社会的过程、从前者进到后者的过渡形式，作为一个自然历史过程来研究。他以无产阶级群众运动的实际经验为依据，竭力从这个经验中取得实际教训。"②

马克思在《法兰西内战》中揭示了公社的阶级性质及其国家形式的本质。他写道，公社"实质上是工人阶级的政府，是生产者阶级同占有者阶级斗争的结果，是终于发现的、可以使劳动在经济上获得解放的政治形式"。③他深入地研究了无产阶级国家政权的特点并且强调了它的重要特殊性和组织原则。同时，他还强调了无产阶级革命的创造性和建设性，它表现在，巴黎工人把打碎资产阶级国家机器同建立一个在历史上具有全新性质的国家制度结合起来。他指出，工人阶级只有通过废除剥削者国家的"物质权力的工具"④，废除旧的常备军和警察，才能建立一个质上的新型国家并创造出这样一种共和国形式，它不仅应该

---

① 《马克思恩格斯全集》第1版第4卷第489页。
② 《列宁全集》第2版第31卷第45页。
③ 《马克思恩格斯全集》第1版第17卷第361页。
④ 《马克思恩格斯全集》第1版第17卷第358页。

"消灭阶级统治的君主制形式，而且应该消灭阶级统治本身"①。马克思强调了无产阶级革命的最为深刻的民主的性质，它与"'上等阶级'的革命，特别是反革命中极为常见的那种暴行"②和恐怖是不相容的。

像马克思从公社的经验中得出的结论那样，无产阶级国家将按照完全新的方式实行民主。公社是历史上的第一个代表和维护了劳动群众的利益并体现了人民直接行使权力的国家。它由"工人，或者是公认的工人阶级的代表"③组成并在其整个活动中依靠已成为拥有主权的政权的主体的劳动群众。马克思强调说，这个国家的无产阶级性质是它坚持民主主义的重要的阶级的前提条件，这一民主包括：一切权力机关和人民代表通过选举产生，他们有报告工作的义务，可以免职，建立和组织武装力量即国民自卫军的民主原则，以选举产生的法官和公社官员取代以前的法官。马克思在总委员会的宣言中继续批判地考察了资产阶级的议会制，他把无产阶级国家全新的民主的组织形式与之相对比，他用下面这句经典性的话概括了这个组织形式的本质，"公社不应当是议会式的，而应当是同时兼管行政和立法的工作机关"。④

如果说马克思用这种方式明确了工人阶级国家的民主本质，那么他同时也强调了这样一种必要性，即无产阶级在阶级斗争中需要有一个极其牢固的、中央集权的国家政权作为武器，以便控制被推翻的资产阶级、镇压"奴隶主们的……暴动"⑤。资产阶级国家以官僚方法和强制手段实行中央集权，相反，无产阶级的国家（正如马克思在其著作中详

---

① 《马克思恩格斯全集》第 1 版第 17 卷第 358 页。
② 《马克思恩格斯全集》第 1 版第 17 卷第 348 页。
③ 《马克思恩格斯全集》第 1 版第 17 卷第 358 页。
④ 《马克思恩格斯全集》第 1 版第 17 卷第 358 页。
⑤ 《马克思恩格斯全集》第 1 版第 17 卷第 594 页。

细阐述的那样）是以民主的方式建立中央集权的。于是他认为，巴黎公社打算实施的、作为甚至最小村落的政治形式的公社制度是建立中央集权的无产阶级国家的一个重要的前提条件。马克思强调指出，公社力求达到完全新型的中央集权和自治权的统一，这种统一可以确保无产阶级的民主，即人民群众真正参与国家的领导。同时他说明，无产阶级政权会在全新的基础上建立民族的统一。他写道："民族的统一不是应该破坏，相反地应该借助于公社制度组织起来，应该通过这样的办法来实现，即消灭以民族统一的体现者自居同时却脱离民族、驾于民族之上的国家政权。"①

马克思还根据无产阶级国家在改造社会经济关系时任务日趋繁多的情况指出，胜利了的工人阶级有必要建立一个牢固的、中央集权的政权。"公社应当成为根除阶级的存在所赖以维持、从而阶级统治的存在所赖以维持的那些经济基础的工具。"② 虽然巴黎公社只能在工人阶级建立政治统治之后如何对社会的社会基础和经济基础实行具体改造方面提供较少的经验，但是公社所采取的措施——尤其是颁布了关于将那些从巴黎逃走的企业主的作坊和工厂转交给工人合作社的法令——表明了无产阶级国家在使生产资料、土地和资本"变成自由集体劳动的工具"③ 方面的经济政策的方向。马克思指出，社会经济变革的规模和必要的计划性要求由无产阶级的国家集中领导这场社会的变革。他和恩格斯在后来的著作中一再强调这一结论并从理论上进一步发展了它。

巴黎公社证实了马克思的主要通过其经济学研究所获得的认识，即

---

① 《马克思恩格斯全集》第 1 版第 17 卷第 359 页。
② 《马克思恩格斯全集》第 1 版第 17 卷第 362 页。
③ 《马克思恩格斯全集》第 1 版第 17 卷第 362 页。

对社会的基础进行革命的变革是一个较为长期的、复杂的过程。同巴枯宁分子和布朗基分子的唯意志论的思考方法相反,他在总委员会的关于法兰西内战的宣言中强调,工人阶级不能简单通过颁布法令来进行经济的和社会的改革。这种改革包括整个历史时期,在这个时期,工人阶级必须"经过长期的斗争,必须经过一系列将把环境和人都完全改变的历史过程"①。所以,马克思也赋予无产阶级国家的文化政策和教育政策以很大的意义。无产阶级国家使"人人都能享受"② 教育,使劳动者都能享受科学和文化的成果。

马克思在初稿中所作的一些理论概述是对他在《法兰西内战》中关于无产阶级革命的社会经济任务论述的重要补充。他的那些理论概述阐述了关于资本主义向共产主义过渡的政治内容和社会经济内容的思想,关于在这个过渡阶段阶级斗争的性质的思想和关于无产阶级的经济政策的思想。他写道,工人阶级掌管政权"并不取消阶级斗争,工人阶级正是通过阶级斗争致力于消灭一切阶级,从而消灭一切阶级统治……但是,公社提供合理的环境,使阶级斗争能够以最合理、最人道的方式经历它的几个不同阶段"③。这些不同的阶段是必要的,因为"以自由的联合的劳动条件去代替劳动受奴役的经济条件,需要相当一段时间才能逐步完成"④。马克思用这些论述准确地解释并具体地说明了他迄今关于无产阶级专政的历史地位的思想。他指出,在这样的发展过程中,工人阶级的国家需要实现一种新的、与资本主义相比较高的"生产组

---

① 《马克思恩格斯全集》第 1 版第 17 卷第 363 页。
② 《马克思恩格斯全集》第 1 版第 17 卷第 359 页。
③ 《马克思恩格斯全集》第 1 版第 17 卷第 593 页。
④ 《马克思恩格斯全集》第 1 版第 17 卷第 594 页。

织"，并使各种生产社会形式"摆脱掉（解除掉）……阶级性质"。正如马克思已经预言并证实的那样，胜利的工人阶级所达到的社会发展在质上的新阶段的特点，是要在"全国范围内和国际范围内进行协调的合作"①。马克思认为，这是克服迄今资本主义经济的自发的、无政府主义性质的重要前提条件。他强调指出，无产阶级国家能够在建设新社会中立即取得显著的进步。

马克思根据巴黎公社的经验和他在分析资本主义生产过程时所获得的认识，在宣言中，尤其是在草稿中进一步为资本主义向共产主义过渡的理论奠定了基础，他在后来的年代里又丰富了这一理论。1875年，马克思的过渡时期理论在《对德国工人党纲领的几点意见》中达到了成熟，在这里，他明确指出，无产阶级专政是资本主义社会向共产主义社会过渡时期的国家政权。

马克思在《法兰西内战》中继续研究了无产阶级在革命中的同盟者的问题。公社的具体历史材料使他能够进一步完善并具体说明有关工人阶级同城市中等阶层和农民联盟的学说。马克思和恩格斯在分析1848—1849年的革命经验时得出结论认为，工人阶级同城市小资产阶级、手工业者和劳动的知识分子联盟是可能的，公社在实践上第一次证明了这一点。②马克思指出，无产阶级在争取民主和真正的国家利益的斗争中能够把不靠他人劳动为生的社会各阶级（包括小资产阶级）团结在自己的周围。另外，他在初稿中还作出重要论断："在历史上破天荒第一次，小资产阶级和中等资产阶级公开地团结在工人革命的周围，

---

① 《马克思恩格斯全集》第1版第17卷第594页。

② 参看《马克思恩格斯全集》第1版第17卷第363页。

他们宣布这个革命是拯救他们自己和拯救法国的唯一手段！"① 同时，马克思还强调了无产阶级面对这些社会阶层占有盟主权的必要性。他明确指出，在本质上是反民主和反民族的大资产阶级与工人阶级之间的斗争中，中等资产阶级和小资产阶级面临着抉择，"他们只能或者跟着统治阶级走，或者做工人阶级的追随者"②。

马克思还明确认为，知识分子的代表们是站在无产阶级一边的同盟伙伴。他在初稿中写道，只有工人阶级才能使科学家从"资本的同盟者，变成自由的思想工作者！只有在劳动共和国里面，科学才能起它的真正的作用"③。

马克思在这部著作中很重视农民问题。公社的经验证明，他和恩格斯提出的下述论断是正确的：即没有农民的支持，工人阶级在革命中是不会取得胜利的。马克思在《法兰西内战》中强调指出，工人阶级同非无产阶级群众联盟，首先是同农民劳动者联盟，是无产阶级革命取得胜利，建立新的、没有剥削的社会制度的重要条件。他以公社为例指出，无产阶级国家的政策完全符合农民的利益。"公社对农民说，'公社的胜利是他们的唯一希望'，这是完全正确的。"④ 他在宣言中指出，只有作为农民劳动者的利益的当然代表的工人阶级，才有能力使农民摆脱资本主义的奴役，使他们的前途有保障。

在马克思著作的初稿中也有关于这个问题的重要思想。马克思在其中概述了工人阶级和农民联盟的客观基础。如果说无产阶级国家"是唯

---

① 《马克思恩格斯全集》第1版第17卷第599页。
② 《马克思恩格斯全集》第1版第17卷第587页。
③ 《马克思恩格斯全集》第1版第17卷第600页。
④ 《马克思恩格斯全集》第1版第17卷第364页。

一即使在其目前经济条件下也能立即给农民带来莫大好处的政权的话,那么,也只有公社这种政府形式才能够保证他们改变他们目前的经济状况,能够一方面拯救他们免遭地主的剥夺,另一方面使他们不至于为了所有权的名义而遭受榨取、苦役和贫困的煎熬,能够把他们名义上的土地所有权变成他们对自己劳动果实的实际所有权,能够使他们既享受……现代农艺学之利,又保留他们作为真正独立生产者的地位"①。马克思认为,使农民群众摆脱遗留下来的落后意识,是工人阶级夺取政权以后的一项重要任务。

根据公社的经验,马克思在《法兰西内战》中明确指出,无产阶级的阶级利益、它的历史使命和全民族任务的统一性是巴黎工人革命的最重要特征之一。同时,他强调了无产阶级革命的国际性并且说明了在公社的斗争中民族性和国际性之间的辩证关系。马克思指出,在公社的整个活动中都表现出了无产阶级革命的民族目标和国际目标的统一。从而,他明确提出了工人阶级解放斗争的一个极为重要的因素。马克思写道:"这样,既然公社是法国社会的一切健全成分的真正代表,也就是真正的国民政府,那么,由于它同时又是工人的政府,是争取劳动解放的勇敢战士,它就是十足国际性的。"② 马克思的著作使人们看到,革命的无产阶级的国际主义与统治阶级的民族主义和沙文主义之间是不可调和的。他在初稿中用较大的篇幅阐述了关于这一问题的重要思想。马克思指出,资产阶级的沙文主义是为了掩饰他们自己对民族利益的背叛。同时,他公开谴责统治阶级的沙文主义是"防止工人阶级的国际合

---

① 《马克思恩格斯全集》第1版第17卷第598页。
② 《马克思恩格斯全集》第1版第17卷第366页。

作的手段，而这种合作是工人阶级解放的首要条件"①。与此相对，他高度评价了公社的国际主义立场，即从一开始就把全世界劳动人民的解放运动视为自己的任务。

马克思的关于法兰西内战的著作是对公社的历史重要意义、对开始建立新世界的革命的巴黎工人所表现出来的英雄主义和人道主义的热情承认。宣言明确地告诉国际无产阶级，公社的失败将不会妨碍工人阶级最终取得对他们的统治者的胜利。"但是，它们之间的斗争定会一次又一次地爆发，并且规模愈来愈大，所以归根到底谁将取得胜利——是少数占有者还是绝大多数劳动者将取得胜利，那是毫无疑义的。而法国工人阶级不过是整个现代无产阶级的先锋队罢了。"②

马克思和恩格斯在以后的著作中，尤其是在马克思的《对德国工人党纲领的几点意见》中，一再追述巴黎公社的教训。同时，他们特别加深了自己对无产阶级专政在社会的革命变革中的历史地位、性质、任务和作用的认识和论述。他们在1871年以后的整个创作时期，都不断试图向国际无产阶级阐明第一次工人革命的教训并在工人运动中加以贯彻。

列宁在他的《国家与革命》、《无产阶级革命和叛徒考茨基》以及其他著作中全面运用了马克思对巴黎公社的分析。巴黎公社的根本教训和马克思、恩格斯对巴黎公社所作的理论概括都渗透到列宁主义的理论和实践中。列宁根据马克思的《法兰西内战》和马克思、恩格斯的其他著作，继续发展了马克思主义理论，继续阐述了在帝国主义时期和无产阶级革命的新的条件下《法兰西内战》中所包含的一系列理论问题，

---

① 《马克思恩格斯全集》第1版第17卷第605页。
② 《马克思恩格斯全集》第1版第17卷第383页。

特别是关于国家、革命、无产阶级专政（它的历史地位、任务和形式）的学说，关于无产阶级政党及其在争取夺取政权的斗争中的战略和策略的学说，以及关于建立共产主义社会的学说。第二国际的机会主义分子和中间派试图歪曲马克思对公社所作的分析，尤其是无产阶级专政的学说，或者对它们保持沉默。面对他们的攻击，列宁维护了马克思和恩格斯为了工人运动的斗争从公社的经验中得出的结论。在历史发展的进程中，工人阶级斗争的条件越来越多样化，工人阶级不断有夺取政权和行使政权的新方法和新形式。但是，工人阶级的统治仍然是社会主义革命和建设的一种普遍有效的规律。

马克思关于法兰西内战的著作在短时间内就在工人运动中广泛流传。早在1871年和1872年，它就被全文或部分地译成多种文字，发表在报纸和杂志上，并且在一些欧洲国家和美国出版了小册子。

本卷除收入了马克思关于法兰西内战的著作的英文版外，还收入了恩格斯于1871年完成的德译本，在附录中刊出了由马克思审定的1872年法译本。对于国际工人运动的斗争来说，这两个版本在推广巴黎公社的教训方面起到了重要作用。发表在资料卷中的英文版、德文版的经作者审订的各文本的异文以及马克思对法文版作的修改①均表明，马克思和恩格斯非常重视对总委员会宣言进行认真的翻译。马克思著作的德文版和法文版均在内容上与英文版有一些重要的不同之处。所有这些不同之处均收在资料卷的译文对照和译文分析之中，在这里，人们将看到各

---

① 参看《马克思恩格斯全集》历史考证版第1部分第22卷第972—975、1030—1038、1325—1342页。

文本在语言上的特别之处。① 所有这些资料使人们了解到，马克思和恩格斯为马克思这一著作的传播作了大量的努力，这些资料也为进一步研究这部著作的形成过程及意义提供了基础。

本卷中发表的绝大部分材料直接同马克思和恩格斯在国际工人协会中的活动相联系。如果说1870—1872年这段时间是马克思和恩格斯在国际中为团结和组织国际无产阶级而斗争的高潮，那么，这主要是指巴黎公社期间和之后的几个月时间。公社是国际发展的一个新阶段的开始。在这几个月里，马克思和恩格斯在他们的战友的支持下，动员各国工人捍卫公社并且使工人运动了解第一次无产阶级革命的教训，他们认为，加强国际的革命力量在思想上的团结、进一步在工人协会纲领中贯彻马克思主义具有重要意义。他们认识到，国际在自身发展的新时期，客观上面临着为创建无产阶级政党做准备的任务。

本卷的材料令人信服地表明，在马克思主义创始人的著作中，理论活动与实践—政治活动是统一的。恩格斯这时与马克思一起在国际的领导机关工作，这对于加强革命力量在总委员会中的地位具有重要意义。本卷中发表的材料说明，恩格斯参与了总委员会路线的制定和国际的政策宣传的大量工作。马克思和恩格斯在解决任何国际问题时都密切合作；在这个时期，总委员会的所有重要决定和文献都是工人协会的两位领导人共同合作和协商的成果。

本卷发表了1871年3月21日至11月7日总委员会的所有会议记录以及一些由恩格斯撰写的小委员会会议记录，反映了马克思和恩格斯这几个月在总委员会中为加强思想上和政治上的统一以及为使国际在组

---

① 参看《马克思恩格斯全集》历史考证版第1部分第22卷第1023—1024、1035—1038、1319—1320页。

织上得到巩固而开展的工作。在查阅了总委员会会议记录的原手迹之后重新发表的总委员会会议记录，会在许多地方比迄今为止的各种版本更精确。本卷刊出了过去较长时间被人们认为是失踪了的1871年4月25日会议记录中的较长一段文字。在有关会议记录的注释中引用了许多迄今没有被利用或只是很少被人利用的资料（尤其是书信），这些资料证实了马克思、恩格斯以及总委员会同各国工人运动的紧密联系。同总委员会会议记录一起发表的有摘自《东邮报》关于委员会会议的若干报道片断。这些片断所报道的关于马克思和恩格斯在总委员会中的活动是对会议记录的补充。会议记录包括马克思和恩格斯的大量讲话、讨论发言以及他们以总委员会名义撰写的声明和决议。他们关于巴黎公社的论述使委员会成员在巴黎革命开始后很短的时间里就清楚地了解了巴黎事件的性质及其历史影响，因而具有很大的意义。在马克思和恩格斯的领导下，总委员会在最短的时间内发展成为国际无产阶级支持公社社员斗争的政治行动的中心。

会议记录表明，马克思和恩格斯直接参与委员会的工作，在很大程度上促进了总委员会成员对国际斗争的最重要的问题形成基本一致的立场。这些会议记录反映了马克思、恩格斯和其他总委员会成员为加强各国支部同总委员会之间的关系、争取更多的劳动者支持国际而作出的多方面的努力。马克思和恩格斯在总委员会中为组织国际无产阶级援助罢工工人而开展了广泛的活动。发表在本卷的、由恩格斯撰写的号召人们支持比利时和西班牙的罢工工人的呼吁书①也证明了这一点。

本卷还收入了一些致各报编辑部的声明，马克思和恩格斯在这些声

---

① 参看《马克思恩格斯全集》第1版第17卷第320页和《马克思恩格斯全集》历史考证版第1部分第22卷第163页。

明中驳斥了反动派对国际和公社发出的大肆攻击并且揭露了资产阶级报刊进行诽谤和歪曲的背景。巴黎公社加强了阶级斗争国际化的过程并引起了统治阶级的政策的变化。统治阶级加强了对整个工人运动的进攻,同时又试图分裂工人运动。显然,各国统治阶级大规模发起的反对国际的运动和他们试图对革命的工人运动共同采取行动,都证明了这一点。马克思写道:"旧社会中身居高位的人物和统治阶级只有靠**民族**斗争和**民族**矛盾才能继续执掌政权和剥削从事生产劳动的人民群众,很自然,他们都把**国际工人协会**看做自己共同的敌人。只要能消灭它,一切办法都是好的。"①

本卷中发表了马克思和恩格斯在巴黎公社失败后不久撰写的若干声明,如《致〈泰晤士报〉编辑》、《总委员会给〈泰晤士报〉等报纸编辑部的声明》、《致〈人民国家报〉编辑部》等等,它们是国际声援公社社员的斗争的直接组成部分。

公社失败后,开始出现了前所未有的警察迫害的高潮和反动势力诽谤国际的大规模行动。法兰西政府要求所有欧洲国家的政府共同追捕工人协会。资产阶级报刊尤其激烈地抨击马克思和总委员会宣言《法兰西内战》。马克思和恩格斯在一场公开进行的、富有斗争精神的论战中驳斥了这些攻击。一部分声明是于1871年6月至9月致《泰晤士报》、《派尔—麦尔新闻》、《每日新闻》、《新自由报》、《舆论》、《旁观者》、《观察家》、《晨报》、《真理报》、《高卢人报》以及其他报纸的,它们部分地反映了总委员会的官方立场。马克思和恩格斯在这些声明中驳斥那些论断,分析反动派在反国际的斗争中最后使用的歪曲手法。同时,他们利用由资产阶级报纸所挑起的诽谤运动来宣传国际的原则。两篇由

---

① 《马克思恩格斯全集》第1版第17卷第316页。

马克思和恩格斯撰写的简短的声明即致《回声报》和《派尔—麦尔新闻》的草稿,是首次在本卷发表。① 马克思和恩格斯在同民主主义新闻工作者罗伯特·里德的谈话中了解到英国报刊及其在巴黎的通讯员的反公社的立场,了解到反革命力量在公社期间的活动,这些消息都可以用于反对法国反动派和资产阶级报刊的诽谤的斗争,恩格斯记录下了同罗伯特·里德的谈话内容。这些记录首次用原件所用语言发表。

在公社失败后的几个月中,马克思和恩格斯把为帮助那些从镇压公社的刽子手手中逃出来的公社社员所作的一切努力看做是崇高的国际主义义务。一项重要的任务在于,通过揭露各国政府针对公社进行的反革命性质的密谋活动和反革命罪行,支持为被捕社员的辩护,影响具有民主主义思想的公众,促使他们反对将公社流亡者引渡给梯也尔政府。为了这一目的,除了宣传总委员会关于法兰西内战的宣言外,马克思还撰写了总委员会宣言《美国驻巴黎大使华施贝恩先生》以及不久前才重新发现的文章《公社和达尔布瓦大主教》,恩格斯给《泰晤士报》寄了一篇关于被捕社员遭到非人待遇的文章②。马克思和恩格斯在这几篇文章中谴责反革命的厚颜无耻和残暴行为以及资产阶级对公社玩弄的外交手腕的挑衅作用。关于华施贝恩在公社期间所作所为的宣言,通过目击者的报告使人们清楚地看到各资产阶级政府在镇压公社时共同起的作用。同时,它帮助美国的工人们更好地了解美国政府在巴黎公社的日子里所实行的外交手腕的蛊惑性。马克思的《给〈太阳报〉编辑德纳的信》和马克思的女儿的文章《致〈伍德赫尔和克拉夫林周刊〉编辑》

---

① 参看《马克思恩格斯全集》历史考证版第1部分第22卷第233、234页。
② 参看《马克思恩格斯全集》第1版第17卷第411—415、422—423页和第45卷第156—158页。

受到了美国进步人士的极大重视。作者在文章中报道了马克思的女儿和保尔·拉法格于1871年夏天在法国遭到梯也尔政府迫害和压制的情况。

巴黎公社强化了工人运动中以无产阶级革命为一方、以小资产阶级改良势力和无政府主义势力为另一方之间思想上的分裂。它通过历史实践证明了无政府主义观点以及自由的工联主义代表们的改良主义幻想是站不住脚的。对公社的立场是检验对工人运动的革命事业是否忠诚的标准。总委员会关于法兰西内战的宣言发表之后,一些自由的工联主义代表疏远了工人协会并且在资产阶级的报刊上发表反对宣言的观点,这样一来,总委员会不得不同他们决裂。马克思和恩格斯在由他们起草的总委员会关于侯里欧克和鲁克拉夫特的信的声明①中以及在总委员会会议上谴责了乔·奥哲尔和鲁克拉夫特公开反对总委员会的立场以及由此而投向资产阶级阵营的做法。总委员会关于将右派蒲鲁东主义者昂利·路易·托伦开除出国际工人协会的决议②也证明马克思和恩格斯为捍卫公社和纯洁国际工人协会的队伍而进行的不懈斗争,托伦在公社宣告成立之后宁可担任凡尔赛国民议会的议员而不愿参加巴黎公社中的工作。

马克思和恩格斯对资产阶级民主主义者朱泽培·马志尼的观点进行了尖锐的批判。恩格斯在1871年7月25日总委员会会议上③和报刊上回击了马志尼对国际工人协会和巴黎公社的攻击。恩格斯称马志尼主义是"资产阶级民主给予工人政治权利以保持中等和上等阶级的社会特权"④的一个流派。恩格斯关于马志尼的一些笔记⑤首次在本卷发表。

---

① 参看《马克思恩格斯全集》第1版第17卷第398—399、403—404页。
② 参看《马克思恩格斯全集》第1版第17卷第321页。
③ 参看《马克思恩格斯全集》第1版第17卷第687—689页。
④ 参看《马克思恩格斯全集》第1版第17卷第418页。
⑤ 《马克思恩格斯全集》历史考证版第1部分第22卷第255页。

总委员会自1871年夏天以来与意大利工人运动建立了更紧密的联系，尤其是恩格斯作为意大利的通讯书记所作出的种种努力均有助于进一步挫败马志尼主义在意大利工人运动中的影响，在伦敦代表会议后的几个月里，马克思和恩格斯继续同马志尼主义进行争论。

本卷包括恩格斯为英国报纸和德国报纸撰写的若干篇文章，这些文章是对加强国际工人协会的影响和支持工人运动中革命力量的一个重要贡献。恩格斯在为《东邮报》写的两篇较长的文章中（《关于国际在意大利和西班牙的成就》、《关于意大利的状况》），报告了国际在意大利和西班牙的发展情况；同时，他使人们看到，巴黎公社的影响和日益加剧的阶级斗争如何促使其他一些工人阶级摆脱资产阶级的政治影响并越来越多地将民主的力量引向国际的一边。恩格斯发表在《人民国家报》上的一些文章，特别是《再论〈福格特先生〉》一文，推动了德国工人运动中的马克思主义力量在思想和政治上进一步巩固的过程。

国际工人协会于1871年9月17—23日在伦敦举行的代表会议的各种材料在本卷中占有重要位置。在马克思和恩格斯争取国际无产阶级革命力量进一步团结的斗争中，代表会议是一次重要事件。马克思和恩格斯特别积极地参与了会议的准备工作和活动。他们在会议准备和会议期间完成的材料，诸如总委员会决议草案、他们的发言记录、记录摘录、决议文本、其他代表的文献译文、报道，以及会议记录都生动地再现了他们在会议之前和会议期间所作的广泛的思想政治工作和实际组织工作。

除了决定发表在《马克思恩格斯全集》历史考证版第4部分中的摘录和笔记以外，本卷收入了所有流传下来的马克思和恩格斯起草的伦敦会议材料和文献。其中一些材料是首次刊印，例如恩格斯记录下来的若干决议文本（《代表大会通过的总委员会的提议》）和恩格斯为总委员会的财政报告写的材料（《总委员会财政报告文件》、《1869年9月1日—1870年8月31日总委员会财政管理概述》、《1870年9月1日—1871年8月31日总委员会的财政管理》），其他材料第一次按手稿所用语言发表。①

在本卷附录中，第一次按原用语言发表伦敦代表会议记录的全文和记录员直接笔录中的许多摘要。部分记录——1871年9月21、22、23日会议记录的较长段落——和一些笔录摘要是首次发表。马克思和恩格斯的记录和会议笔记以及科学资料卷中代表们所作的涉及马克思和恩格斯或者说明他们的活动的提议和摘录，都是对代表会议记录的补充。会议记录和会议笔录的摘录包括大最决议提案、讲话、讨论发言稿和马克思和恩格斯就国际和整个工人运动斗争的主要问题提出的意见。马克思和恩格斯部分地对会议记录的起草产生了直接的影响。在科学的资料卷中，首次发表了全部流传下来的会议记录材料的详细描述。② 此外，在一篇简短的概要中叙述了会议的准备工作及会议进程。③

代表会议对随着巴黎公社而开始的国际发展的新阶段的重要问题表明了态度。马克思和恩格斯认为，国际工人运动已经达到的发展水平和阶级斗争的新条件都要求，从现在起更加具体地在工人协会的纲领中概述，采取什么政治措施才能达到宣言和章程中所宣布的主要目的，即解放工人阶级、取消一切阶级统治。代表会议为此建立了重要的基础。

马克思在会议开幕式上的发言中强调，总委员会召开会议，是为了

---

① 参看《马克思恩格斯全集》历史考证版第1部分第22卷第1128—1129页。
② 参看《马克思恩格斯全集》历史考证版第1部分第22卷第1400—1405页。
③ 参看《马克思恩格斯全集》历史考证版第1部分第22卷第1116—1128页。

商定各种措施，使国际能够"着手进行符合形势需要的新的组织工作"①。因此，他和恩格斯把工人阶级政治斗争的必要性和建立国家范围内的革命的工人政党这一建立工人阶级政治统治的必要前提作为会议讨论的中心内容。这些问题也是同巴枯宁分子的无政府主义思想和工联领导人的改良主义进行争论的焦点。

在这一时期，巴枯宁主义已经发展成为工人运动内部马克思主义的主要敌人。巴枯宁分子在巴黎公社之后加强了对国际的思想基础和组织基础的攻击。当他们没有能够把宗派主义的纲领强加给国际之后便企图分裂工人协会。正如本卷中的材料所表明的那样，马克思、恩格斯和他们的支持者在会议上同巴枯宁主义进行了坚决的斗争。反对无政府主义宗派的斗争对于维护工人运动的团结具有重要意义。

在9月20日和21日的会议上，展开了关于无产阶级政党的必要性的重要讨论。讨论中，马克思和恩格斯就无产阶级阶级斗争的基本问题和革命工人政党的必要性，详细阐述了科学共产主义的观点。在同由巴枯宁分子和一些蒲鲁东主义代表所维护的放弃政治论的争论中，马克思、恩格斯及其战友们——列奥·弗兰克尔、昂利·培列、奥古斯特·赛拉叶、尼古拉·吴亭、爱德华·瓦扬等等——成功地贯彻了由他们迄今在国际中主张的政治斗争具有必要性的观点。他们根据巴黎公社和国际工人运动的经验指出，工人阶级必须以一切形式并采取一切措施进行政治斗争。他们的立场首先得到大多数与会的公社流亡者的支持。马克思和恩格斯在他们的发言中论证了工人阶级夺取政权的必要性，认为这是建立无阶级社会的先决条件，论证了为达到这一目的，建立无产阶级政党的必要性。恩格斯在1871年9月21日会议上的发言中说道：

---

① 《马克思恩格斯全集》第1版第17卷第693页。

"我们要消灭阶级。用什么手段才能达到这个目的呢？——无产阶级的政治统治。而当这一点已经最明显不过的时候，竟有人要我们不干预政治！所有鼓吹放弃政治的人都自命为革命家，甚至是杰出的革命家。但是，革命是政治的最高行动；谁要想革命，谁就必须也承认准备革命和教育工人进行革命的手段，即承认政治行动，没有政治行动，工人总是在战斗后的第二天就会受到法夫尔和皮阿之流的愚弄。应当从事的政治是工人的政治；工人的政党不应当成为某一个资产阶级政党的尾巴，而应当成为一个独立的政党，它有自己的目的和自己的政策。"①这段话可以说概括了马克思和恩格斯几十年来所主张的观点，即无产阶级为夺取政权必须进行革命斗争，必须建立独立的工人政党。

马克思和恩格斯充分利用公社和国际工人运动的经验，这使他们有可能进一步发展自己关于政党的学说，巴黎公社后，他们在自己的理论著作中再一次并且更深入地研究了革命的工人政党的意义、职能和形式，未来本国的无产阶级政党的理论基础、政治基础和组织基础，党的战略和策略，在阶级斗争新的要求情况下的斗争手段和形式。在这方面伦敦代表会议和1872年的国际海牙代表大会是两个重要的阶段。巴黎公社的主要经验——必须建立一个革命的无产阶级政党日益受到国际中进步的工人的肯定和支持。

马克思和恩格斯起草的关于工人阶级的政治行动的决议是本卷中最重要的文献之一，对于在阶级斗争新时期中工人运动的政治方向、对于制定党的任务具有重要意义。这个决议以马克思起草的第一个国际的纲领性文献为出发点并且有计划地继续发展了它。决议强调了宣言和章程中以及日内瓦和洛桑代表大会决议中所包含的经济斗争和政治斗争统一

---

① 《马克思恩格斯全集》第1版第17卷第449—450页。

的原则并使之具体化了，决议称"夺取政权"是"工人阶级的伟大使命"① 并断言，要达到这一目的，必须建立一个战斗的、独立的工人政党。这是第一次在国际的一个纲领性文献中阐述无产阶级政党的任务，这个党要为"反对有产阶级联合权力"而斗争，为的是要保证社会革命获得胜利和实现这一革命的最终目标——"消灭阶级"②。这个具有深远意义的文献反映了马克思和恩格斯的立场，即政党是工人阶级实现自身解放的最高组织形式，是夺取政权和对社会进行共产主义改造的决定性先决条件。随着决议被通过（它的最重要部分于1872年根据海牙代表大会决议被吸收到国际的章程中），国际承认科学共产主义的纲领性原则之一是国际无产阶级运动的基本原则。列宁根据马克思和恩格斯在著作中阐述的关于无产阶级政党的意义和任务的基本思想，在帝国主义和无产阶级革命的时期的新条件下发展了新型政党的学说，即用科学纲领武装的、脱离任何机会主义的工人阶级的革命的斗争政党。

鉴于面临的任务是要在公社经验的基础上弄清楚无产阶级夺取政权的道路，因此，马克思和恩格斯在代表会议上关于工人阶级及其政党的政治斗争的策略和形式的论述具有更为重要的意义。马克思主义创始人强调，在弄清无产阶级夺取政权的道路时，必须根据各国的特点运用普遍有效的工人革命运动的原理。在代表会议上，马克思论证了这样一个论点，即无产阶级根据具体情况，既可以通过非和平的方式——这在当时多数国家是可能的——也可以通过和平的方式夺取政权。他在1871年9月21日会议上的发言（它被记入会议记录）中说，我们应当向反动派声明，"在我们有可能用和平方式的地方，我们将用和平方式反对

---

① 《马克思恩格斯全集》第1版第17卷第455页。
② 《马克思恩格斯全集》第1版第17卷第455页。

你们，在必须用武器的时候，则用武器"。① 马克思早在他在伦敦会议上集中地谈到他关于国际的任务和战略的思想之前几个星期，就在同美国杂志《世界报》记者谈话时以类似的方式谈到了无产阶级的阶级斗争策略和形式的问题。②

在会议期间，马克思和恩格斯多次指出，必须利用一切合法活动的可能性来进行政治斗争，尤其是利用资产阶级议会和选举，以赢得群众影响。同时，马克思让参加会议的代表注意合法的斗争形式和非法的斗争形式的必要结合。根据马克思的建议，代表会议要求国际成员，在遭到镇压时，"根据各该国的特殊情况"③ 提出组织计划。马克思和恩格斯在代表会议上的讲话（会议记录）中反复强调，无产阶级政党必须放弃任何冒险的密谋策略以及让工人阶级的利益适应资产阶级利益的机会主义政策。

代表们反对巴枯宁分子，拥护马克思提出的绝对禁止国际内部的一切秘密团体和采用宗派名称的建议。马克思指出，秘密团体是与工人政党和无产阶级的阶级运动的性质不一致的。"并且，这种组织形式妨碍无产阶级运动的发展，因为这些团体不是对工人进行教育，而是要工人服从束缚工人的独立自主和模糊他们意识的那些强制性的和神秘的法规。"④ 借此，马克思还同时指出了党内民主和党的教育作用的必要性。

马克思和恩格斯在会议上的发言以及会议作出的所有决议都是为了这样一个目的，即继续贯彻国际中无产阶级的党性原则，增强协会在思

---

① 《马克思恩格斯全集》第 1 版第 17 卷第 700 页。
② 参看《马克思恩格斯全集》第 1 版第 17 卷第 683 页。
③ 《马克思恩格斯全集》第 1 版第 17 卷第 438 页。
④ 《马克思恩格斯全集》第 1 版第 17 卷第 703 页。

想上的团结，指出团结一切革命力量为争取解决工人运动在阶级斗争新时期所面临的任务而斗争的道路。代表会议的各项决议均受到了马克思和恩格斯的思想的影响。他们起草了大部分重要的决议，其他那些由他们的战友们提出的决议也绝大部分受到了马克思和恩格斯的影响。马克思和恩格斯关于建立不列颠联合会委员会（这是在英国建立独立的无产阶级政党的重要的一步）、关于工会的意义、关于工人阶级与农民联盟、关于组织女工的论述以及相关的会议决议对于扩大革命的工人运动的影响具有重要意义。马克思在1871年9月20日会议上的发言强调了强有力的、与群众相联系的工会组织的必要性。关于工会组织作为工人阶级解放斗争的无产阶级的阶级组织的职能，1866年日内瓦代表大会就已经在一个由马克思起草的决议中作了说明。马克思和恩格斯在伦敦代表会议的决议中明确阐明了政党和工会之间的关系，他们强调说，"工人阶级由于经济斗争而已经达到的本身力量的团结，同样应当成为它在反对大土地所有者和大资本家的政权的斗争中的杠杆"[①]。马克思要求不列颠工联通过与国际的更为密切的联系加入到政治斗争中。此外，代表会议劝告总委员会促进各国工会之间国际联系的建立。

本卷发表的代表会议的材料包括马克思关于争取劳动农民的论述，这是马克思和恩格斯在会议的讨论中非常重视的一个问题。如果说1869年国际的巴塞尔代表大会特别集中讨论了农村无产阶级的问题，那么伦敦代表会议根据马克思的建议则作出决定，必须更加重视使农民加入工业无产阶级的运动和对农村的宣传鼓动。[②] 这个决定为在劳动群众中开展社会主义的宣传创造了新的可能，它扩大了国际迄今为止的联

---

① 《马克思恩格斯全集》第1版第17卷第456页。
② 参看《马克思恩格斯全集》第1版第17卷第454页。

盟政策并使之具体化了。根据马克思的提议作出了建议在国际内部成立妇女支部的决议①，从而，代表会议就把注意力转向了无产阶级政党的群众工作的一个更加广阔、极其重要的领域。

代表会议就组织问题的决议（其中大多数是马克思提出的）主要针对宗派主义，其目的在于加强国际队伍中的内部团结和纪律，巩固国际的中央机构——总委员会的领导作用，明确阐明总委员会和联合会委员会之间的关系并保证领导的必要集中与各支部的主动权的结合。决议包含了关于民主集中制是无产阶级政党的组织原则的重要思想，这些思想后来在列宁的著作中得到了进一步的发展。

代表会议就瑞士的总委员会支持者和巴枯宁分子之间的冲突所展开的讨论也反映了与巴枯宁主义的斗争。马克思是会议调查瑞士冲突的委员会成员。恩格斯写的一份详细记录报告了1871年9月18日该委员会的会议，这份记录首次以原文发表。② 来自瑞士的代表尼古拉·吴亭和昂利·培列在会上通告了关于巴枯宁分子在国际罗曼语区联合会内部推行分裂政策的新的事实。马克思简单介绍了巴枯宁主义同盟在瑞士的分裂活动并报告了总委员会对同盟的行为将要采取的措施。由马克思提出的代表会议决议《伦敦代表会议关于瑞士罗曼语区的分裂的决议》阻止了巴枯宁分子想夺取罗曼语区联合会领导权的企图并针对巴枯宁分子的分裂企图强调了工人运动团结的必要性。此外，会议根据马克思的提议作出一项决定，它明确地把关于禁止在国际内部成立秘密团体和宗派组织的决议同巴枯宁主义同盟联系起来。马克思、恩格斯及其战友们期待会议所采取的措施会加强国际的团结并有助于巴枯

---

① 参看《马克思恩格斯全集》第1版第17卷第453页。
② 参看《马克思恩格斯全集》历史考证版第1部分第22卷第292—299页。

宁分子的孤立。

马克思和恩格斯在代表会议的发言中强调了无产阶级的国际主义对于工人阶级斗争的必要性和重要意义。代表会议根据马克思和其他代表的建议同意德国工人阶级中的进步力量在德法战争期间的国际主义立场,并且指出,现在需要同沙文主义和由资产阶级激起的民族纠纷作斗争了。马克思关于英国的论述对国际无产阶级更加牢固的团结具有原则意义。马克思认为,国际必须努力赢得爱尔兰工人并组织英国工人和爱尔兰工人共同斗争。马克思在评价英国无产阶级革命的前景时高度重视爱尔兰问题,他强调指出,英国人民和爱尔兰人民之间的民族对抗是"革命的绊脚石"并且被"政府和统治阶级巧妙地加以利用"。[①]

马克思和恩格斯在代表会议上还对俄国的革命进展情况发表了看法。他表示,他对俄国的社会运动寄予很大希望。[②]

在本卷附录中发表了由恩格斯负责的西班牙联合会瓦伦西亚代表会议的一项建议的两种译文,这两种译文同本卷的其他文献一起使人们看到了恩格斯在伦敦会议期间的紧张工作。恩格斯审定的这一文献的英译本的刊印第一次标明了恩格斯所作的全部改动。恩格斯完成的法译本是首次发表。

伦敦代表会议对于国际的继续发展具有重要意义。会议作出的各项决议反映了马克思和恩格斯为工人运动从巴黎公社经验中得出的最重要的结论。同时,他们给巴枯宁主义以沉重的打击。在代表会议上,马克思、恩格斯及其战友们制定了思想—政治纲领,在此基础上就可以团结

---

① 《马克思恩格斯全集》第 1 版第 17 卷第 702 页。
② 参看《马克思恩格斯全集》历史考证版第 1 部分第 22 卷第 727—728 页。

国际的一切革命力量,从而使工人协会的纲领中的马克思主义的重要政治原则得到正式承认并确保革命的无产阶级政党的建立有一个坚实的基础。在这一方面极其重要的是,马克思和恩格斯在代表会议上论证了作为国际的纲领性论点的无产阶级专政的思想。马克思在纪念国际成立七周年的庆祝大会上的讲话也说明了这一点,他在讲话中可以说得出了伦敦代表会议的结论(《纪念国际成立七周年。1871年9月25日在伦敦庆祝大会上的讲话的报道》)。根据报纸的一篇详细报道,他在这次集会上说,"通过把一切劳动资料转交给生产者的办法消灭现存的压迫条件,从而迫使每一个体力适合于工作的人为保证自己的生存而工作,这样,我们就会消灭阶级统治和阶级压迫的唯一的基础。但是,必须先实行无产阶级专政,才可能实现这种变革,而无产阶级专政的首要条件就是无产阶级的军队。工人阶级必须在战场上争得自身解放的权利。国际的任务就是把工人阶级的力量组织起来、团结起来,以迎接即将到来的斗争。"[1]

为了确保代表会议各项决议受到各国支部和联合会的赞同,马克思、恩格斯以及他们在总委员会的战友们依靠总委员会的无产阶级核心,在伦敦会议以后开展了广泛的、卓有成效的工作。可以证明他们作出这些努力的是发表在本卷的、马克思和恩格斯受总委员会委托完成的通告的法文、英文、德文的文本,通告包括了代表会议最主要的决议。这个马克思主义的基本文献包括了科学共产主义的重要的政治原理,尤其是关于革命政党对于无产阶级取得胜利的必要性的论证。它强调了工人协会的思想团结和组织团结,进一步发展了工人协会的策略原则和组

---

[1] 《马克思恩格斯全集》第1版第17卷第468页。

织原则并且为进一步在国际中贯彻马克思主义的纲领思想起到了重要作用。在科学资料卷中将介绍这个重要文献的形成过程以及它在国际工人运动中的广泛传播。

马克思和恩格斯为伦敦代表会议决议准备的工人协会章程和组织条例的新的正式版本,大大促进了国际在政治上和组织上的加强。以马克思起草的临时章程为基础的章程的新版本参照了国际各次代表大会和伦敦代表会议通过的所有修改和补充。因此,所有对于进一步发展国际的组织原则具有重要意义的决议和规定第一次被集中在一份文献中。章程有利于在马克思所提出的协会政治纲领的基础上巩固国际在思想上的团结并推动马克思主义组织原则的实施。因此,章程同时还对于各国成立革命的工人政党的准备工作具有重要意义。它们增强了总委员会作为政治领导机构的作用,并且是人们在反对小资产阶级势力分裂企图的斗争中的重要武器。章程的英文、法文和德文的版本也是马克思和恩格斯反对右派蒲鲁东主义者和巴枯宁主义者企图用被篡改的章程版本宣传他们自己的观点的一个有效工具。与总委员会通告的三个文本情况一样,在涉及章程的科学资料附录中标明了英文版、法文版和德文版之间在内容上的区别。①

发表在本卷的、马克思和恩格斯在伦敦代表会议以后起草的总委员会的各项文献证明了科学共产主义创始人为国际在思想、政治和组织上的进一步巩固而开展的坚持不懈的斗争。在总委员会关于1871年法国人支部的决议中,在关于国际工人协会美国各支部的中央委员会的决议

---

① 参看《马克思恩格斯全集》历史考证版第1部分第22卷第1191—1193和1218—1223页。

中，在1871年10月17日会议通过的《总委员会关于1871年法国人支部章程的决议》、《关于1871年法国人支部的决议草案》、《总委员会关于国际工人协会美国各支部中央委员会的决议》、《总委员会关于开除杜朗的决议》中，马克思和恩格斯及其在总委员会的战友们维护了国际这个队伍在政治上的纯洁并挫败了小资产阶级和改良主义势力挤进工人协会的企图。同时，他们加强了革命的无产阶级力量的地位并使他们在同巴枯宁主义者和改良主义代表争论时有一个明确的方向。

本卷中的文章和资料是在多事的1871年仅几个月的时间里形成的，其中包含着丰富马克思主义并进一步发展马克思主义的许多新的思想和认识。国际无产阶级为自身的解放斗争加强团结的思想是所有材料的中心内容。在这一方面，马克思和恩格斯的文章向工人阶级提供了极有价值的理论武器和政治武器。

（原载《马克思恩格斯全集》历史考证版第1部分第22卷）

（佐海娴 译）

马克思和恩格斯理论和实践活动的一个新时期

——《马克思恩格斯全集》原文版第 1 部分第 24 卷前言*

本卷收入的是马克思和恩格斯本人或在他们的直接影响下于 1872 年 12 月至 1875 年 5 月初撰写的文章。各篇文章、草稿、声明、译文以及其他材料都生动地向我们展示了从国际工人协会海牙代表大会结束到德国工人运动哥达代表大会召开前夕这一时期马克思和恩格斯的理论创作和政治活动情况。国际工人协会海牙代表大会（1872 年 9 月召开）是马克思主义在国际工人运动中取得理论胜利的一个重要里程碑，德国工人运动哥达代表大会（1875 年 5 月召开）则实现了社会民主工党和全德工人联合会的合并，成立了德国社会主义工人党。

本卷所发表的文献首先突出反映了马克思和恩格斯为使国际工人运动适应那几年阶级斗争的新要求和捍卫革命运动的无产阶级性质所做的巨大努力。巴黎公社开始了无产阶级斗争史上的新的一页。工人阶级斗争的全部根本问题成了舆论关注的中心。工人运动面临的历史任务是逐步集合无产阶级的力量，准备展开阶级决战。"由阶级即无产阶级组成的群众性的社会主义政党建立、发展和壮大的时期"[①] 已经开始。

---

* 本文选自《马克思恩格斯研究》1992 年总第 10 期。
① 《列宁全集》第 2 版第 23 卷第 382—383 页。

国际工人协会海牙代表大会的决议确定了阶级斗争的这一新时期开始时所要完成的任务。马克思和恩格斯从理论上分析了工人阶级为建立自己的政治统治所做的第一次尝试,从而得出了最重要的结论和理论①,决议中所确定的任务就是在此基础上提出的,它们包含了为建立革命的工人政党和开展无产阶级的广泛的群众运动所需的政治纲领问题。大会同时还指出,革命力量必须同国际工人运动内部的无政府主义和改良主义集团在思想上和组织上划清界限。大会的决议表明,马克思主义原理在国际工人协会的原则性文献中获得了胜利。国际工人运动的各个支部都来贯彻大会的决议,这已成为无产阶级革命运动发展的核心问题。

贯彻在海牙通过的政治纲领、建立无产阶级群众性政党并促进它的成熟,这是工人阶级夺取政权和建立无阶级社会的斗争取得胜利的重要前提。本卷收入的文章证明,马克思和恩格斯为此进行了广泛的理论和政治实践活动。这些文章包含有关革命和国家学说、关于无产阶级政党学说的一系列新的深刻的认识,叙述了同工人运动内部小资产阶级的理论概念和观点进行斗争的新经验。

马克思和恩格斯在那个时期的学术创作以及他们所从事的政治活动涉及的面极其广泛。从本卷收入的文章中可以明显看出他们的创作活动的三个重点。第一是继续制定和传播无产阶级的科学世界观反对敌对的观点。他们在这个方面的活动主要反映在下列文章中:《论住宅问题》、《论权威》、《政治冷淡主义》、《行动中的巴枯宁主义者》、《社会主义民主同盟和国际工人协会》、《流亡者文献》。

马克思和恩格斯创作活动的第二个重点是,竭力帮助国际工人协会

---

① 参看《马克思恩格斯全集》第 1 版第 17 卷第 533—662 页。

总委员会完成自己的任务，维护和捍卫国际工人协会的革命遗产。这个方面除了反映在已经提到的文章中以外，特别反映在下列材料中：恩格斯致总委员会的书信，在马克思和恩格斯参与下形成的总委员会决议和他们为《国际先驱报》撰写的文章。

最后，马克思和恩格斯对德国工人运动的全面帮助，他们在德国社会民主工党发挥其国际无产阶级最先进支部的作用方面给予的支持，是他们创作活动的又一个重点。这主要反映在他们为党的中央机关报《人民国家报》撰写的文章中。

本卷收录的所有文章都表明，在马克思和恩格斯的创作活动中理论和实践是不可分割地结合在一起的。在这些文章中，尤其是从作为他们活动的几个已经提到的重点这个角度来看，人们将获得有关国际工人运动斗争的战略和策略的其他重要认识。在这里，中心内容是科学地分析阶级斗争的具体条件，它们在巴黎公社后的几年里是怎样形成的。在这个问题上，马克思和恩格斯主张革命的工人运动应加强理论工作，以便不仅能够较为深刻地认识阶级斗争的相对和平的新条件，而且能够抵御越来越泛滥的小资产阶级的和资产阶级的社会主义理论思潮，传播科学的社会主义。意识形态方面的斗争越来越重要。

资本主义的加速发展和1873年开始的周期性的生产过剩危机，即19世纪资本主义的最严重的一次危机，导致了劳动与资本之间的根本矛盾的加剧。工人阶级的阶级斗争和政治斗争面临新的问题，它们只有在工人阶级的科学世界观的基础上才能得到解决。另外，各国革命运动之间的差异日益扩大，这就向国际工人运动各支部的理论工作和独立行动能力提出了更高的要求。

巴黎公社失败后，国际工人运动内部围绕工人阶级的阶级斗争的目的，应走的道路以及斗争的手段和方法展开了日益激烈的争论。这些争论涉及了无产阶级科学世界观的基本问题。小资产阶级的无政府主义和改良主义势力加强了他们对马克思主义理论和国际无产阶级组织即国际工人协会的进攻。

回击这些进攻已迫在眉睫，因为在那个时期，资产阶级意识形态正极力试图扩大对工人阶级思想的影响，大肆宣扬各种掩饰资本主义剥削和资本主义国家的实质的理论。例如，资产阶级思想家提出了医治资本主义社会的社会弊端如住宅缺乏现象的改良建议，旨在使工人阶级相信，这些社会问题可以在保持资本主义生产关系的条件下求助剥削者的国家来解决。

恩格斯在《〈德国农民战争〉一八七〇年版序言的补充》中概括了当时在理论方面向工人运动提出的要求，内容如下："特别是领袖们有责任越来越透彻地理解种种理论问题，越来越多地摆脱那些属于旧世界观的传统词句的影响，而时时刻刻地注意到：社会主义自从成为科学以来，就要求人们把它当做科学看待，就是说，要求人们去研究它。必须以高度的热情把由此获得的日益明确的意识传布到工人群众中去，必须日益加强团结党组织和工会组织。"① 在恩格斯专门"对实践上和政治上都已经巩固的德国工人运动所作的指示"② 中，随《共产党宣言》而一同产生的一个认识仍然保持着自己的效力，这就是：无产阶级政党只有用革命理论武装起来才能完成自己的历史任务。无产阶级政党的长期任务既包括了工人阶级的理论斗争，也包括了必须同小资产阶级和资产阶级意识形态的一切表现形式彻底划清界限。恩格斯在《〈德国农民战争〉一八七〇年版序言的补充》中第一次阐述说，工人政党的任务是，

---

① 《马克思恩格斯全集》第 1 版第 18 卷第 567 页。
② 《列宁全集》第 2 版第 6 卷第 24 页。

在斗争的"所有方面——理论方面、政治方面和实践经济方面(反抗资本家)互相配合,互相联系,有计划地"①进行斗争。

从本卷的许多著作和文章中可以看出,马克思和恩格斯多么热情地致力于无产阶级科学世界观的通俗化,从理论上解决阶级斗争的新问题,有力而坚定不移地抵制任何企图在工人运动内部散布小资产阶级的和资产阶级的思想和理论的行为。在与错误观点的论战中,他们阐明了革命理论的基本问题,并告诉人们,革命理论是实际斗争的具体指南。

在这一时期,恩格斯的著作《论住宅问题》占有重要地位。该著作是马克思主义的基本著作之一。住宅缺乏现象严重地存在于各国劳动人民中间,恩格斯在与小资产阶级和资产阶级就解决这一问题所持的观点进行的论战中阐述了工人阶级解决住宅问题这个社会问题的科学立场,论证了争取社会政治变革的斗争和争取建立无产阶级专政的斗争的一致性。恩格斯的这部著作向德国和国际工人运动提供了如何围绕社会政治问题开展斗争的范例。

恩格斯在这部著作中指出,工人阶级关于社会主义的科学理论同小资产阶级的乌托邦的社会主义观念是不可调和地对立着的。工人阶级的科学理论把人类生活的一切表现和形式都最终归结于在某一社会中占主导地位的经济关系和依赖于它的政治关系,而小资产阶级的乌托邦的社会主义在判断社会问题时总是从抽象的、脱离生活的道德原则出发。经过科学论证的社会主义从对社会生活的客观联系和客观规律性的认识出发,提出了真正改变社会关系的现实的和切实可行的建议,而小资产阶级的乌托邦的社会主义却满足于向人的良知呼吁。一个是革命的,另一个则是反动的。工人阶级的经过科学论证的社会主义理论既明白革命斗

---

① 参看《马克思恩格斯全集》第 1 版第 18 卷第 566 页。

争的长期目标,同时也规定了可以实现的近期任务。小资产阶级的乌托邦的社会主义根本认识不到日常的实际要求,要么热衷于革命空话,要么沉溺于浪漫主义的幻想之中。

恩格斯在反对小资产阶级的乌托邦的社会主义的论战中同时论述了反对资本主义的斗争的基本的和上升为理论认识的经验。他指出,必须始终把解决局部问题的斗争同实现最终目的的斗争正确地结合起来,在阶级斗争的相对和平时期也是如此,甚至更应当如此。他援引伦敦会议决议和国际工人协会海牙代表大会的决议,以住宅问题为例阐明了工人阶级的经济斗争与政治斗争结合的必要性。他指出,能否准确地认识资本主义生产方式以及具体的政治关系,将决定无产阶级斗争的战略和策略的正确性和成功与否。在这方面,他谈到了马克思批判资本主义生产方式的一些思想,同时提请人们注意马克思《资本论》这一著作的理论财富以及它对无产阶级的近期斗争的意义。

恩格斯在《论住宅问题》中着重揭露了蒲鲁东和拉萨尔所鼓吹的小资产阶级的社会主义。他强调指出了形形色色的小资产阶级社会主义的典型特征:不认识或轻视工人阶级的历史使命,错误地估量农村的社会经济条件和农民在社会中的作用;不认识经济与技术进步的重要意义和生产力对历史发展的作用,把某些社会措施绝对化;否认国家的阶级性质和它的由统治者的利益所决定的职能。恩格斯指出了小资产阶级的社会主义和资产阶级的社会主义的共性与区别,令人信服地说明,资产阶级的社会主义是资产阶级用来维护其阶级统治的一种工具。

恩格斯在《论住宅问题》中完善了马克思主义关于社会主义革命和向无阶级社会过渡时期无产阶级专政的任务的认识。无产阶级专政是最终推翻资本主义社会、建立一个没有剥削、没有压迫的共产主义社会的决定性前提。恩格斯从这一观点出发,第一次在自己的这部由于在报刊上发表和出版单行本而具有广泛影响的著作中说明，对于一个革命的、无产阶级的政党来说，承认斗争的目标，建立无产阶级的专政，这是责无旁贷的。"而且，每个真正的无产阶级政党，从英国宪章派起，总是把阶级政策，把无产阶级组织成为独立政党作为首要条件，把无产阶级专政作为斗争的最近目的。"①

马克思在《路易·波拿巴的雾月十八日》和《法兰西内战》中论证了打碎资产阶级国家机器的要求，恩格斯也以此为依据研究了资本主义社会中国家机器的本质及其作用方式。他得出的结论是，旧的执行机构和同资产阶级息息相关的官吏完全不适合于无产阶级国家的国家机器。在这个方面，恩格斯补充和深化了已有的关于剥削者国家作为"**总合的资本家**"②这一本质的认识。恩格斯第一个深入分析了俾斯麦的波拿巴主义国家并称它为伪装的宪政制度，在这一制度下，实际的政府权力掌握在军官和官吏这一特殊阶层手中。③

在与小资产阶级关于城乡对立的所谓自然性和不可避免性的观点进行论战的过程中，恩格斯阐述了对农村进行社会主义改造的更深远的思考。他首先认为，随着剥削阶级被消灭，城乡对立就不再有社会经济基础，定将永远消失。所以，在工人阶级的政治统治下，即在无产阶级专政下，将会产生工农业生产密切相联的条件。只有这时才能在生产力高度发展的水平上使这两个领域趋于一致。④同时，恩格斯还第一次指出，在无产阶级专政条件下，农民将通过合作化建立起大生产。而现有

---

① 参看《马克思恩格斯全集》第 1 版第 18 卷第 299 页。
② 参看《马克思恩格斯全集》第 1 版第 18 卷第 288 页。
③ 参看《马克思恩格斯全集》第 1 版第 18 卷第 289 页。
④ 参看《马克思恩格斯全集》第 1 版第 18 卷第 313 页。

的大地产经营应当由"联合起来的劳动者"接管。通过农民小生产的联合，这些小生产也像地产经营一样，能够"应用一切现代辅助工具、机器等等"①。工人阶级的任务是，使农民对社会主义改造感兴趣并通过说服争取他们参加合作社生产。而由工人阶级接管和管理的大农场应当成为显示农村大生产的优越性的样板。

恩格斯在这部著作中还剖析了小资产阶级的社会主义者，后者错误地评价经济和技术进步的历史作用。他指出，正是现代大工业为共产主义社会创造了物质条件："……正是由于这种工业革命，人的劳动生产力才达到了这样高的水平，以致在人类历史上破天荒第一次创造了这样的可能性：在所有的人实行合理分工的条件下，不仅进行大规模生产以充分满足全体社会成员丰裕的消费和造成充实的储备，而且使每个人都有充分的闲暇时间从历史上遗留下来的文化——科学、艺术、交际方式等等——中间承受一切真正有价值的东西；并且不仅是承受，而且还要把这一切从统治阶级的独占品变成全社会的共同财富和促使它进一步发展。"②

本卷中发表的文章表明，对无政府主义的研究，尤其是对以巴枯宁为代表的无政府主义的研究，在马克思和恩格斯那个时期的著作中占有很大篇幅。在这里，他们揭露了无政府主义的小资产阶级本质和无政府主义思想的假革命的性质。他们指出，无政府主义没有能力理解无产阶级的有组织的政治斗争，有碍于同被压迫群众一道去开展反对真正的主要敌人，即反对居于统治地位的资产阶级这一剥削阶级的斗争。在客观上，无政府主义有利于工人阶级的敌人。因此，马克思和恩格斯对巴枯

---

① 参看《马克思恩格斯全集》第 1 版第 18 卷第 318 页。
② 参看《马克思恩格斯全集》第 1 版第 18 卷第 246 页。

宁分子的分裂活动进行了激烈的、不可调和的斗争。无政府主义的理论构想缺乏任何科学基础，它们通常借用极端主观主义的和极端荒谬的世界观。马克思和恩格斯同时还指出，米哈伊尔·巴枯宁的观点可以追溯到麦克斯·施蒂纳和比埃尔·约瑟夫·蒲鲁东的观点上去。

几乎在《论住宅问题》问世的同时，恩格斯写了《论权威》一文。这篇文章专门驳斥巴枯宁主义。他指出，巴枯宁分子也同蒲鲁东分子一样，代表着小资产阶级的思想和精神。小资产阶级声称，必须反对集中的、凌驾一切的大生产，才能捍卫自由和独立。这一立场反对生产力的发展，反对历史的进步，从而反对个人的自由和发展的真正实现。它违反了工人阶级的目标和愿望，违反了现代大生产的真正体现。恩格斯在驳斥所谓反权威主义者时揭露了无政府主义者关于立即废除国家的思想的非科学本质和敌视革命的本质。"无政府主义者关于废除国家的观念是糊涂的，而且是不革命的，恩格斯就是这样提问题的。"①

恩格斯指出，在导致国家产生的社会经济关系和以此为基础的阶级被克服和被排除之前，根本谈不上废除国家。只有在无产阶级获得政权并排除社会中形成社会对抗的起因以后，国家才将逐渐消亡。同时恩格斯论证了无产阶级国家作为镇压被推翻的阶级的反抗和建设共产主义社会的工具的必要性。巴枯宁认为，每一种专政，包括无产阶级专政在内，按其本质要永远存在下去，恩格斯驳斥了他的这个论断。马克思在《法兰西内战》中指出，无产阶级的国家是对社会进行社会主义改造的决定性杠杆。恩格斯以这一论点为依据指出了无产阶级国家在无产阶级革命进程中必然发挥的各种重要职能。他写道，革命是天下最权威的东西。革命就是一部分人用枪杆、刺刀、大炮，即用非常权威的手段强迫

---

① 《列宁全集》第 2 版第 31 卷第 60 页。

另一部分人接受自己的意志。获胜的政党只有凭借它的武装权力对反动派造成恐惧才能长期维持自己的统治。① 工人阶级需要国家不仅是为了保卫自己的政权，它从一开始就需要国家也是为了管理和领导生产。随着工农业大生产的发展，联合起来的活动及其复杂的、相互依存的过程越来越取代了个人的各自的独立活动。恩格斯写道，联合起来的活动也就是组织起来。② 然而，没有权威要想组织起来是不可思议的。在社会主义条件下，在经济领域中应用权威将以生产条件要求不可缺少的权威为限，至于政治国家以及与之相联的政治权威，恩格斯认为，这些东西将随无产阶级革命的进程而消失。③ 这就是说，国家的职能将失去其政治性质，变为简单的管理职能，从而维护真正的社会利益。

马克思在他的《政治冷淡主义》一文中也探讨了权威与自治的关系问题。同样，他也驳斥了巴枯宁主义关于无产阶级放弃政治斗争和立即废除国家的理论，揭露了无政府主义思想的危害性，因为这一思想断定工人阶级不应采取任何行动并应让雇佣奴隶制永世长存，从而使工人阶级丧失斗志。马克思还指出了无产阶级国家的必要性，谈到它的革命的、暂时的形式。他研究了巴枯宁分子为什么能够影响工人阶级中很大一部分人的问题。马克思写道，巴枯宁分子所以能够做到这一点，只因为他们没有向工人说明自己的真正目的。否则，工人阶级早就会让那些推崇自由、自治和无政府状态的社会科学博学之士们滚蛋。但是，由于工人运动不断强大、解决社会问题已迫在眉睫，这些学者们便不敢在探讨斗争的经济和社会要求时再重复他们在政治斗争方面所不断宣扬的那

---

① 参看《马克思恩格斯全集》第 1 版第 18 卷第 344 页。
② 参看《马克思恩格斯全集》第 1 版第 18 卷第 342 页。
③ 参看《马克思恩格斯全集》第 1 版第 18 卷第 344 页。

些伟大真理了。①

马克思和恩格斯的这两篇文章特别有利于意大利工人运动中的革命力量,帮助他们抵制巴枯宁主义的影响。在巴枯宁主义产生很大影响的国家,如在意大利、西班牙、瑞士和法国,这些文章促进了为建立本国的无产阶级政党而开展的斗争。

在这方面,马克思和恩格斯受海牙代表大会委托而写成的小册子《社会主义民主同盟和国际工人协会》对于国际革命工人运动的发展也具有重要意义,它于1873年8月用法文出版,并于1874年出版了德译本。这部小册子是根据大量的原始资料写成的②,关于这些资料,本卷中内容丰富的注释部分第一次详尽地作了说明。这些原始资料清楚地表明,马克思和恩格斯在写作过程中依据了巴枯宁分子的文献、可靠的文件和报告,它们使马克思和恩格斯有可能对巴枯宁分子进行无情的、令人信服的揭露。

在这部小册子中,马克思和恩格斯总结了反对巴枯宁主义这一国际现象的斗争,阐述了争取国际工人运动在思想上和组织上实现团结一致的丰富经验。他们概括了当时的斗争经验,同时宣传了关于无产阶级政党的本质及其在阶级斗争中的战略和策略的新认识。他们维护国际工人协会的组织原则,这些原则应成为未来各国无产阶级政党遵循的准则。他们还揭露了巴枯宁分子所宣扬的组织原则的小资产阶级的本质,这些原则的核心就是建立秘密的组织。正如马克思和恩格斯指出的,巴枯宁打算把这种专制的、等级制的秘密组织形式强加给各国的和国际的工人

---

① 参看《马克思恩格斯全集》第1版第18卷第336页。
② 参看《马克思恩格斯全集》原文版第1部分第24卷第155—156页,该篇第一次用原文发表。

运动。国际工人协会总委员会的机密通告《所谓国际内部的分裂》指明了宗派主义的特点,马克思和恩格斯依据这些论点,并根据巴枯宁分子在一些国家中的活动再次证明,宗派主义的社会根源存在于小资产阶级之中。马克思和恩格斯令人信服地指出:工人政党的理论原则和组织原则是密不可分的;工人阶级只有保持团结,才能取得斗争的胜利。他们坚决反对巴枯宁分子关于社会阶级结构的反科学的看法。巴枯宁分子把农民、破落的知识分子和流氓无产阶级看做新社会的决定性的力量。

马克思和恩格斯在驳斥巴枯宁关于社会革命和未来社会的观点时指出,正是这些理论是促使巴枯宁主义敌视无产阶级政党、敌视劳动力的任何集中的原因。此后不久,马克思在他关于巴枯宁的《国家制度和无政府状态》一书的提要中继续批判了巴枯宁的社会革命观点。

巴枯宁分子在有些国家的工人运动中曾一度得势,对于这样的一些国家《社会主义民主同盟和国际工人协会》这部小册子更加重要。马克思和恩格斯曾具体地论述了巴枯宁主义对瑞士、西班牙、意大利、法国和俄国的革命运动所产生的有害影响,从而向这些国家的工人指明在建立独立的无产阶级政党方面遇到诸多困难的原因。同时,他们还明确指出,工人阶级只有由一个独立的政党来领导并在思想上和组织上同巴枯宁分子划清界限,才能在斗争中取得胜利。因此,小册子有助于在这些国家为建立独立的工人政党做准备。

马克思和恩格斯对巴枯宁分子的思想和实践进行了具体的、十分详细的剖析,从而揭露了他们在反对无产阶级的斗争中所使用的方法的多样性和阴险性,揭露了巴枯宁主义的不同组织形式所共有的反对革命运动的目的。因此,这些剖析不仅为近期的斗争,而且也为日后同无政府主义的论战提供了重要的理论和具体的建议。它们令人信服地指明了工人运动业已面临的严重危险,即无政府主义势力有可能夺得领导权。这个小册子维护和捍卫了国际工人运动的革命传统，同时表明，资产阶级思想家试图把工人运动的革命代表人物和无政府主义者相提并论，这是多么荒谬。

马克思和恩格斯想通过他们的小册子多方面分析巴枯宁分子的活动，推动国际工人运动内部澄清思想的进程。他们还分析了巴枯宁分子敌视科学的态度。巴枯宁分子说什么科学不过是一种"官方的"科学，以为有了这一借口就可心安理得了。巴枯宁分子从这种非历史的和非辩证的论断出发，否定革命斗争中和社会革命中的自觉行动。马克思和恩格斯令人信服地说明了革命理论在无产阶级与资产阶级的阶级冲突中的重要作用。正因为工人阶级要实现自己的历史使命必须掌握科学的革命理论，所以必然要同一切与工人阶级格格不入的和与之为敌的理论划清界限。马克思和恩格斯通过小册子向国际工人运动中的革命力量指明，应怎样从无产阶级的阶级立场出发分析和驳斥非科学的和伪革命的观点。

小册子出版后立即遭到猛烈的攻击，由此可以看出，这本小册子在当时工人阶级的斗争中具有什么样的意义。有人公开指责马克思和恩格斯对持不同意见者采取诽谤和不正当行为。对此恩格斯写道："读过《一个反对国际的阴谋》之后不能不深信，其中引用的私事是这本书中最不重要的东西，——为了更好地评判其中所提到的人物而列举的例证，——所有这些东西都可以删去而无损于这本书的主要目的。组织了一个秘密团体，其唯一目的是要使欧洲工人运动服从少数冒险家暗中的独裁……这就是该书所谈到的东西。"① "正因为我们在《一个反对国际

---

① 《马克思恩格斯全集》第1版第18卷第591—592页。

的阴谋》中无情地揭露了所有这些欺骗伎俩，这班先生们才这样暴跳如雷。"①

恩格斯在《西班牙的共和制》、《行动中的巴枯宁主义者》和《流亡者文献》中也论述了工人阶级斗争的战略和策略的基本问题。在《西班牙的共和制》一文中主要论述了工人阶级与资产阶级国家的关系问题。马克思在《路易·波拿巴的雾月十八日》和《法兰西内战》中曾阐述过关于资产阶级国家的本质和19世纪下半叶欧洲典型的资产阶级国家形式的基本思想，他们以此为依据，在《西班牙的共和制》中专门研讨了无产阶级对"现代共和制"的立场。"如果说现代共和制是资产阶级统治的最完善的形式，那么它同时又是那种使阶级斗争摆脱其最后桎梏并为阶级斗争准备战场的国家形式。现代共和国正是这样一个战场。"② 这一论断对于无产阶级革命力量的政治斗争具有原则性的意义。它一方面包含这样一个认识，即工人阶级并不认为资产阶级的国家形式无关紧要，另一方面它又是针对那些在本质上对资产阶级共和国可能抱有的幻想。最后，它引导工人阶级去完成一项最重要的任务：开展夺取政权的斗争。

恩格斯的著作《行动中的巴枯宁主义者》主要论述了工人阶级为民主和社会主义开展政治斗争的问题。列宁称它是一篇有意思的文章，其中包含了对进一步发展无产阶级在资产阶级革命中的战略和策略作出的重要论述。③ 恩格斯在小册子中以西班牙革命为例，详细阐明了在此之前已获得的有关争取实现民主和社会主义的斗争的辩证法的认识。恩

---

① 《马克思恩格斯全集》第1版第18卷第609页。
② 《马克思恩格斯全集》第1版第45卷第167页。
③ 参看《列宁全集》第2版第10卷第130页。

格斯从西班牙具体的经济关系和该国的民族特点出发，得出结论认为，像西班牙这样一个经济上落后的国家，"根本谈不上工人阶级的立即完全解放"①。在这种国家里，工人阶级的任务是加速各种为无产阶级革命做准备的发展进程，清除革命道路上的一切障碍，甚至参加革命斗争和武装起义也必须有利于把革命推向前进。因此，无产阶级的任务是用革命政府的"自上而下"的行动来明智地补充群众的"自下而上"的革命行动。应当弄清革命的主客观条件，以判明无产阶级革命的"形势"。恩格斯继续坚持马克思在《路易·波拿巴的雾月十八日》中阐述的观点：获得政权的资产阶级会立即开始一步步地剥夺人民刚刚赢得的民主权利。他再次强调了工人阶级从一开始就要为维护民主权利而展开斗争的任务。

恩格斯利用西班牙所发生的事件证明，巴枯宁主义的革命设想是没有根据的和有害的。巴枯宁分子在西班牙也遭到了可耻的失败。他们不是把革命力量集中起来，而是分散革命力量，并把革命的领导权让给了资产阶级。他们不是增强斗争中的"国际的坚强巩固的组织"②，而是瓦解它们。恩格斯在概括巴枯宁分子所起的作用时写道："总而言之，巴枯宁主义者在西班牙给我们提供了一个不应当如何进行革命的绝好的例子。"③

《流亡者文献》是恩格斯为德国社会民主工党的中央机关报《人民国家报》撰写的一组文章，文章的中心是争取民主的斗争与争取建立社

---

① 《马克思恩格斯全集》第1版第18卷第522页。
② 《列宁全集》第2版第10卷第239页。
③ 《马克思恩格斯全集》第1版第18卷第540页。

会主义社会制度的斗争的关系这样一个理论问题。① 恩格斯在这组文章中第一次促使人们注意19世纪70年代初在阶级斗争的新形势下争取民主的斗争的国际方面。一方面，争取民主的斗争越来越明显地具有无产阶级阶级斗争的特点并受这一斗争的影响，另一方面，争取民主的斗争将为无产阶级革命的发展创造更有利的条件，将有利于为无产阶级革命做准备。

在《流亡者文献》中，恩格斯分析了流亡者集团中存在的有关参加民主斗争的各种错误观点。布朗基主义者认为，争取建立民主共和国和维护民主权利的斗争会推迟最终目的的实现，因而拒绝参加争取民主的斗争。他们认为，他们可以越过各个必要的中间站，无须作任何妥协，就能接管政权，"只要他们愿意"② 这样做。在他们看来，这样就"万事大吉了，只要——他们确信如此——日内'干起来'，政权落到他们手中，那么后天'就会实行共产主义'"③。相反，恩格斯指出，无产阶级在斗争中要有必要的灵活性，这绝不排斥坚定的原则性。由于阶级斗争条件的原因，中间站和妥协在客观上被证明是必不可少的。但是，即使如此绝不能忘记最后目的。"德国共产主义者所以是共产主义者，是因为他们通过一切不是由他们而是由历史发展进程造成的中间站和妥协，清楚地看到并始终不懈地追求最后目的：消灭阶级和建立不再有土地私有制和生产资料私有制的社会制度。"④ 布朗基主义者认识不到，争取民主权利的斗争使工人阶级有可能赢得广大阶层的人民，使之

---

① 有关撰写这组文章的原因以及它们的传播情况，参看《马克思恩格斯全集》原文版第1部分第24卷第1068—1078页。
② 《马克思恩格斯全集》第1版第18卷第585页。
③ 《马克思恩格斯全集》第1版第18卷第585页。
④ 《马克思恩格斯全集》第1版第18卷第585页。

成为自己的同盟者。无产阶级革命要取得胜利，必须有群众的支持。必须通过耐心的说服工作赢得他们并通过他们自身的实际政治经验使他们能够参与工人阶级夺取政权以及建立共产主义社会的斗争。恩格斯运用马克思主义关于无产阶级的革命阶级专政的理论来反对布朗基主义关于革命的专政是少数人专政的论点。布朗基主义者认为，革命成功后可以立即"实行"共产主义，恩格斯坚决反对布朗基主义者的这一观点。他强调指出，建立共产主义社会是一个长期的过程，须按照客观规律办事。

在这里，恩格斯关于无产阶级政党对宗教的态度的观点也值得注意。他论证说，旅居英国的布朗基派公社流亡者大声疾呼向宗教宣战是一种愚蠢的举动，因为它不利于发展广泛的革命运动。这样一种行为只会使宗教活跃起来并使它更难于消亡。"恩格斯斥责布朗基派不了解只有工人群众的阶级斗争从各方面吸引了最广大的无产阶级群众参加自觉的革命的社会实践，才能真正把被压迫的群众从宗教的压迫下解放出来，因此宣布工人政党的政治任务是同宗教作战，不过是无政府主义的空谈而已。"①

恩格斯在《流亡者文献》这组文章的第三、四、五篇中分析了民粹派分子的小资产阶级的乌托邦观点。在围绕俄国革命运动在全欧工人阶级革命运动内部的地位问题展开的论战中，恩格斯明确说明并充实了在此之前针对欧洲可能发生革命和全世界争取民主和争取社会主义斗争的辩证法所阐述的一些看法。

他对俄国经济和政治发展的基本趋势有广泛的知识，这是他论述的依据。在这里，恩格斯不仅可以依据他自己的研究，而且还可以依据马

---

① 《列宁全集》第 2 版第 17 卷第 389 页。

克思在写作《资本论》第2卷和第3卷时对俄国社会经济发展和政治发展所进行的广泛研究成果。在这些认识的基础上，恩格斯在这组文章的第五篇里第一次对俄国的社会经济发展作了概括性的科学论述，列宁把这篇文章称为价值极大的文章。①

通过这种广泛的分析，马克思和恩格斯更坚定地认识到，俄国在社会经济方面已发生了重要的变化，在这里革命形势逐渐成熟。因此，恩格斯论述俄国的文章也反映出了他和马克思对俄国革命运动和俄国革命的很大的期望。他们把俄国的民主革命看成是整个欧洲革命进程的不可分割的组成部分。一方面，如果俄国革命能为西欧的无产阶级革命开辟道路，那么西欧的革命反过来就会为俄国革命展现出新的前景。恩格斯在文章中指出，俄国的运动与整个欧洲的运动必然发生国际性的相互影响和相互结合，他的这一指示对于进一步制定马克思主义的革命理论，对于国际工人运动的斗争战略和策略同样是十分重要的。

恩格斯以俄国的农村公社为例，第一次阐述了关于非资本主义发展道路的可能性与条件的思想。在这方面，恩格斯深入考察了70年代俄国革命运动中激烈争论的一个问题：如果把农村公社当做社会革新的出发点，俄国是否能够绕过或者缩短资本主义的发展。恩格斯反对民粹派分子将农民公社理想化的做法。他通过对俄国的社会经济关系的研究，得出结论认为，在这个国家，资本主义将日益壮大，而且这将不可避免地同农村中的公社所有制的解体结合在一起。然而，他认为，俄国的农村公社在一定的历史条件下走向某种更高级的、社会主义的形式是可能的。不过，按照恩格斯的观点，实现这一点的首要的、绝不可少的先决条件是无产阶级革命在西欧获得胜利，而且这还要发生在公社所有制完

---

① 参看《列宁全集》第2版第2卷第10页。

全解体之前。马克思和恩格斯在后来的文章中又进一步发展了关于某种可能的非资本主义发展道路的思想，这些思想无疑丰富了马克思主义的革命理论。

恩格斯在《〈论俄国的社会问题〉一书导言》中谈到，一场革命发生时所处的外部条件既会对革命的进程产生有利的影响，又会产生不利的影响，它们可能有利于巩固革命的胜利，使之得到保障，同时也可能由于反动国家的军队的入侵而使胜利遭到严重的危害。①

在《流亡者文献》的第一篇文章中以及在本卷所发表的马克思和恩格斯在伦敦纪念1863—1864年波兰起义12周年庆祝会上的讲演中，都以显要地位谈到工人运动对民族解放斗争的态度问题。马克思和恩格斯指出了波兰民族运动的社会性质。他们分析了波兰的阶级对立并且得出结论，只有一场革命才能彻底解决波兰的民族问题。工人阶级应当在这场斗争中起领导作用。本卷收入的马克思在伦敦大会上的讲话记录表明，他也认为民族解放对于波兰工人运动本身的发展具有重大意义。一个被迫抵抗外来敌人的民族，是不可能在内部全力以赴地去争取社会解放的。马克思和恩格斯阐明了欧洲工人阶级争取政治和社会解放的斗争与波兰民族解放斗争之间的相互关系。无论对于德国的和奥地利的工人运动来说，还是对于俄国的革命运动来说，支持波兰人民的解放斗争都是使它们自己的斗争取得成功的一个重要保证。"压迫其他民族的民族是不能获得解放的。"② 马克思和恩格斯指明了社会解放和民族解放之间的紧密联系。

工人运动不断向广度发展，70年代初欧洲各国一些工人组织的影

---

① 参看《马克思恩格斯全集》第1版第18卷第642页。
② 《马克思恩格斯全集》第1版第18卷第577页。

响不断扩大，这就产生了一个问题：工人阶级怎样才能利用现有的民主权利来为革命服务。

恩格斯在《行动中的巴枯宁主义者》、《流亡者文献》和《英国的选举》中，根据德国社会民主工党在议会斗争中已经积累起来的初步经验，为无产阶级的这一斗争形式提出了重要论断。工人阶级必须作为政治上独立的政党提出自己的纲领去参加选举斗争，它决不能像在英国那样成为资产阶级的尾巴。工人阶级在选举斗争中提出让本阶级代表进入议会的目标，这不应当受到谴责。然而，在发达的资本主义条件下，如果竟然要以资产阶级左翼的面目出现，这就错了。这样做的结果必然会丧失已经取得的成果。为了在选举斗争中和议会中保持正确的态度，必须有一个明确的政治纲领。只有无产阶级的政党才能制定出这样一个工人阶级的纲领，按行业组织起来的工会运动不可能完成这项任务。在这方面，恩格斯再次指出在各个国家建立独立的工人政党的必要性。

在这一期间，马克思继续从事他的巨著《资本论》的写作，恩格斯则为写作《自然辩证法》进行初步的研究和做各种笔记，这表明马克思和恩格斯当时的理论创作活动涉及了多方面的内容。这一时期获得的许多新认识反映在本卷所发表的一些著作中。例如恩格斯的著作《论住宅问题》就包含有这样的成果，同时这部著作在使《资本论》第1卷进一步通俗化方面也作出了贡献。马克思在这一时期还完成了《资本论》第1卷法文版①的审阅工作并为《资本论》第1卷德文第2版写了"跋"。在这个"跋"中，他特别阐述了他自己的辩证方法与黑格尔的辩证法的对立，为维护黑格尔的著作驳斥了官方的资产阶级思想。他研究了继续写作他的重要著作的后面几卷所需的文献和资料。马克思考察

---

① 《马克思恩格斯全集》原文版第2部分第9卷。

了土地所有制的问题并研究了俄国的农业关系和村社土地所有制的历史。《流亡者文献》中的第三、四、五篇文章反映了这些研究所获得的初步认识。

恩格斯对自然辩证法的研究是以他和马克思共同获得的认识为基础的，这个认识就是：辩证唯物主义的自然观是工人阶级世界观的不可缺少的组成部分，决不应放弃系统地创立这一自然观的工作。70年代初，路德维希·毕希纳的自然哲学著作在德国工人教育运动中颇受重视，这促使马克思和恩格斯于1872年底至1873年初再次研究他的著作。1873年初，恩格斯在他的手稿中起草了一个与毕希纳论战的提纲。① 在这里，他阐述了（这已超出原计划探讨的范围）构成《自然辩证法》的基础的思想，即剥去神秘主义外衣的辩证法是自然科学研究所绝对必需的。早在1873年，由于发现了物质运动形式与建立在其基础上的各自然科学关系之间的基本联系，② 正面地探讨自然科学中的哲学问题便成为瞩目的中心。只有自觉地运用唯物辩证法，才能帮助自然科学家在科学上满意地解决在反映客观的自然辩证法方面遇到的理论难题。

到1875年，恩格斯在系统研究自然科学著作以及黑格尔著作的过程中形成了大量有关《自然辩证法》的札记和笔记，它们成了恩格斯后来才展开的更广泛的研究的依据，此外还成了恩格斯在1876—1877年对欧根·杜林的自然哲学观点进行有充分根据的批判的得力工具。③

本卷所收入的材料以及那一时期的书信表明，马克思和恩格斯曾多方面地、积极地进行工作，帮助国际工人运动认识并承担起自己的历史

---

① 参看《马克思恩格斯全集》原文版第1部分第26卷。
② 参看《马克思恩格斯全集》第1版第33卷第82—86页。
③ 参看《马克思恩格斯全集》原文版第1部分第27卷。

任务。他们从各个方面主动支持国际工人协会总委员会的工作。有一些反映他们这方面工作的文件在本卷中是第一次以原文形式发表,例如这包括了以下文件:恩格斯执笔的《关于汝拉支部的纪事》、《关于丹特雷格和盖得的纪事》以及《致国际工人协会总委员会。1873年6月14日》。

本卷附录中发表了总委员会的一些文件,它们是在马克思和恩格斯的倡议和帮助下完成的。① 它们包含了总委员会对巴枯宁分子在瑞士、比利时和西班牙所通过的决议发表的正式意见,包含了总委员会对英国改革派的决定发表的正式意见,这些决议和决定宣布海牙代表大会的各项决议无效,并号召不承认设在纽约的总委员会。经过较长时间的辩论之后,马克思和恩格斯才在弗·阿·左尔格的支持下在总委员会中通过了以国际工人协会章程为依据的意见,即不是简单地宣布开除这个或那个联合会,而是明确地申明,巴枯宁分子和改革派由于通过他们自己的决议和决定便把自己置于国际工人协会之外了,他们已经不再是协会会员了。

对于国际工人运动来说,这些决议的意义首先在于,它们要求从组织上同巴枯宁主义组织和改革派组织实行分离,通过具体实例说明应如何运用国际工人协会的组织原则。它们向年轻的工人运动提供了一条经验:由一个组织的最高领导层通过的原则性文件对这个组织的全体成员和分支来说均有约束力,必须坚决杜绝违反这些文件的行为,分清是非,直到同那些危害运动的势力从组织上实行分离。

马克思和恩格斯曾帮助人们翻译总委员会的文件,并亲自完成了一部分文件的翻译。恩格斯将总委员会1873年5月23日的决议译成了英

---

① 参看《马克思恩格斯全集》第1版第18卷第736—737、738—739页。

文①并过问了法文的翻译②。这两个文件均首次发表在本卷中，《资料卷》中刊登了德文原件，它是英译本的蓝本。马克思和恩格斯向总委员会传送了有关各支部和各委员会的各种信息③从而使总委员会能够根据国际工人协会的需要在欧洲大陆开展工作。

马克思和恩格斯支持总委员会任命全权代表的做法，以便在他们的帮助下使总委员会能开展领导工作。但是由于国际工人协会成员在许多欧洲国家遭到迫害，这项任务并不总是能圆满完成。恩格斯作为总委员会的财务全权代表，也要花费大量劳动来进行有关的工作。④

许多文献使我们深入地观察到，马克思和恩格斯为支持英国工人运动内部的革命力量进行反对改良主义的斗争曾作出怎样的努力。海牙代表大会结束后，英国工人运动内部的争论变得异常尖锐起来。像巴枯宁主义者和拉萨尔派一样，英国的改良派也对国际工人协会，特别是总委员会进行攻击，号召联合会会员和各支部蔑视海牙代表大会决议。他们首先攻击有关工人阶级的政治作用的决议。他们的目标是：把全不列颠联合会置于他们的影响之下。同时他们想借助于"各支部和各联合会自治"这一煽动性的口号排除国际工人协会的影响。

马克思和恩格斯专门发表了《致〈国际先驱报〉编辑》、《曼彻斯特外国人支部致不列颠联合会所有支部和全体会员》和《不列颠联合会委员会告国际不列颠联合会各支部、分部、所属团体和会员书》，来帮助站在海牙代表大会决议一边的会员和支部去有力地回击英国分裂主

---

① 《马克思恩格斯全集》原文版第1部分第24卷第459—463页。
② 《马克思恩格斯全集》原文版第1部分第24卷第464—466页。
③ 参看《马克思恩格斯全集》第1版第18卷第353—355、363—364页。
④ 参看《马克思恩格斯全集》第1版第33卷第647—648页。

义者的攻击,并同改良派公开划清界限。

1872年12月,不列颠联合会中承认国际工人协会的原则及其决议,并以此为依据进行活动的会员们组建了不列颠联合会的合法的领导机构。争取把英国工人运动内部的革命力量组织起来的斗争进入了一个新的阶段。由于马克思和恩格斯的帮助,英国分裂主义者妄想把不列颠联合会委员会争取到自己方面来并使之脱离无产阶级革命路线的企图终未得逞。

马克思和恩格斯还通过直接和间接为《国际先驱报》撰稿来支持在英国贯彻海牙代表大会决议的工作。① 他们报道大陆工人运动的发展情况、报道国际工人协会各支部为贯彻海牙代表大会决议进行斗争的情况。他们的目的是要用无产阶级的国际主义精神来影响英国工人,使他们意识到无产阶级阶级斗争的国际性质。同时,马克思和恩格斯还打算说明无产阶级斗争形式的多样性,以及运用多种形式的必要性和可能性。

马克思和恩格斯还帮助筹备1873年6月1日和2日在曼彻斯特举行的不列颠联合会代表大会。正如恩格斯所说的,这次代表大会在英国工人运动中开辟了一个时代。② 这次代表大会的决议对英国无产阶级当时的和后来的斗争具有指导性的意义。在英国工人运动史上,还从未提出过如此广泛的要求。

但是,马克思和恩格斯以及英国工人运动中革命力量所展开的这一切广泛的活动,在当时并没有达到预期的结果。恩格斯于1874年2月不得不确认,"自从50年代宪章派政党崩溃以来,英国再也没有工人白

---

① 参看《马克思恩格斯全集》原文版第1部分第18卷第650—655页。
② 参看《马克思恩格斯全集》第1版第18卷第517页。

己的政党"。①

本卷收入的文章清楚地表明,马克思和恩格斯把70年代初强大的工人运动的发展看成是使现代无产阶级作为阶级进一步组织起来和吸收无产阶级大众参加夺取政权斗争的一个重要的推动。恩格斯在为《国际先驱报》撰写的题为"《国际先驱报》上关于国际工人运动的简讯"的6篇文章中,报道了各国的罢工运动并提请人们注意在阶级斗争发生变化的条件下工人阶级的这一重要的革命斗争形式。此外,恩格斯还指出,在反对资本主义剥削的斗争中必须建立强有力的工会,并且强调了工会在提高工人阶级的阶级觉悟方面的重要性。他毫不怀疑,经济斗争只有与政治斗争结合起来才能最终获得胜利。正因为如此,恩格斯把成为为工人阶级的社会利益而战的先锋战士和积极参加工会斗争看成是国际工人协会全体会员的职责。

马克思和恩格斯支持总委员会去努力实现海牙代表大会的第三个决议即《关于各抵抗团体之间的国际联系的决议》②。这一决议适合于创建无产阶级政党的初期,它反映了国际工人协会与工会的关系进入了一个新的阶段。总委员会为建立国际工会联合会拟订了组织计划,恩格斯以此为依据帮助不列颠联合会委员会执行海牙代表大会的决议。在恩格斯参与下起草的《不列颠联合会委员会告工会书》③ 把建立国际工会联合会(它必须在同国际工人协会密切联系的情况下开展工作)的草案在英国提交讨论,并呼吁支持建立这样一个组织。恩格斯建议总委员会总书记弗里德里希·阿道夫·左尔格在国际工人运动中宣传这个文件,

---

① 《马克思恩格斯全集》第1版第18卷第543页。
② 《马克思恩格斯全集》第1版第18卷第169页。
③ 《马克思恩格斯全集》第1版第44卷第727—733页。

以促使其他国家的组织来仿效这一行动。

本卷所刊出的文章展示了马克思和恩格斯为进一步贯彻无产阶级国际团结的原则所做的种种努力,使我们对此获得深刻的印象。马克思于1872年9月8日在海牙的演说中曾说过:"如果我们能够在一切国家的一切工人中间牢牢地巩固这个富有生气的原则,我们就一定会达到我们所向往的伟大目标。"① 马克思和恩格斯认为,国际团结是由无产阶级的本性所决定的,它在无产阶级的生活和斗争中以各种形式表现出来。因此,他们帮助革命的工人运动在新的条件下也来成功地运用国际团结这个经过考验的手段,开拓国际合作的新形式。例如他们曾致力于扩大国际性支援活动。他们为资助罢工者和在精神上与物质上支援受迫害者及其家属而做过组织工作。马克思和恩格斯通过参与这些活动促进了阶级斗争经验的积极交流,促使国际工人运动的各个分支之间形成新的联合形式。本卷收入的关于大陆工人运动的4篇报道《关于国际在大陆上活动情况的报道》,在1873年1月和2月是作为不列颠联合会委员会会议的情况报道的一部分发表在《国际先驱报》上的,它们证明,恩格斯同时向英国的工人组织报告了巴枯宁主义者和改良派在反对国际工人协会的阴谋中的共同性。他还报道了这些政府加强对拥护国际工人协会的会员和支部进行迫害的情况,而分裂分子却能不受阻碍地继续进行分裂活动。恩格斯指出,正是这一事实恰恰说明,谁是真正代表工人阶级利益的。

1873年底,马克思和恩格斯根据欧洲特殊的阶级斗争条件认为,"暂时让国际这一形式上的组织退到后台去"② 是正确的。对于大部分

---

① 《马克思恩格斯全集》第1版第18卷第180页。
② 《马克思恩格斯全集》第1版第33卷第608页。

欧洲工人运动来说政治形势更加恶化了。一方面由于政府的迫害，另一方面由于巴枯宁主义者和英国改良派进行的分裂活动，纽约总委员会已难以在欧洲保持国际工人协会的组织结构。但是，马克思和恩格斯以及欧洲工人运动的一些革命领袖对于总委员会的支持始终未变。马克思和恩格斯在1873—1874年为贯彻国际工人协会海牙代表大会决议而进行了斗争，他们为支持纽约总委员会做了大量工作，这一切大大有助于挫败巴枯宁主义者和改良派妄想把持国际工人协会这个组织的企图，有助于在不断发展中的群众性的无产阶级政党中保持国际工人协会的革命传统。

《马克思恩格斯全集》原文版第1部分第24卷中的文章标志着马克思和恩格斯的实际政治活动和理论活动的一个极为重要阶段的结束，这个时期从1864年9月国际工人协会建立开始，到1874年8月左尔格退出总委员会宣告基本结束。在革命的工人运动发展过程中，国际工人协会起了历史性的重要作用。国际工人协会创立之际正值"无产阶级共同的世界性的利益被提到首要地位"①，同时群众对运动的理论性质还很模糊，然而它能够在1872年9月的海牙代表大会上确认已克服了马克思以前的、非无产阶级的社会主义的一切形式，并通过了以马克思主义为基础的有关协会活动的各种原则性文件。在马克思和恩格斯的领导下，第一国际中的国际无产阶级先锋分子已经掌握了科学共产主义的思想。在第一国际的斗争中受到锻炼的、经受过无产阶级国际主义精神教育的工人阶级领导力量，已经做好准备去迎接无产阶级和资产阶级之间的未来的决战。第一国际在马克思和恩格斯的帮助下产生了一批无产阶级的领袖人物，他们是建立各国无产阶级政党所必需的。恩格斯在

---

① 《马克思恩格斯全集》第1版第33卷第643页。

1874年9月12—17日给左尔格的信中这样写道:"十年来,国际支配了欧洲历史的一个方面,即蕴藏着未来的一个方面,它能够自豪地回顾自己的工作。"①

从本卷发表的资料中可以看出,马克思和恩格斯特别注重于让德国社会民主工党意识到它作为国际工人运动中组织得最好、经验最丰富的分支而具有的重要国际责任。当国际工人协会完成了其历史任务,不能再作为国际联合组织而发挥作用的时候,国际无产阶级中的最进步的组织无疑就具有特殊的意义。它所进行的斗争对国际工人运动起了示范的作用。马克思和恩格斯不知疲倦地帮助德国工人党履行其重要的国际责任。

本卷中的文章表明,马克思和恩格斯首先集中全力支持党的中央机关报《人民国家报》。②他们把进一步加强工人阶级科学世界观的建立看做是有效地帮助革命的领导者与党内机会主义势力的种种企图进行斗争的一个重要环节。在马克思和恩格斯的帮助下,党的领导中的革命核心成功地提高了报纸的理论水平,从而更好地指导了工人阶级的理论、政治和经济斗争。马克思和恩格斯通过研究工人们关心的问题并给予有根据的回答,为进一步传播科学社会主义作出了重要贡献。

马克思和恩格斯以极大的兴趣密切注视着德国革命的工人运动的发展。他们分析了工人党在反对普鲁士德意志军事国家的斗争中所取得的经验并把它们加以概括,帮助德国工人更加深入地了解当时德意志国家的本质,认清它的反动作用。恩格斯在《〈德国农民战争〉一八七〇年版序言的补充》中对革命的德国工人党自1869年成立以来的发展情况

---

① 《马克思恩格斯全集》第1版第33卷第644页。
② 参看《马克思恩格斯全集》原文版第1部分第24卷第681—683页。

作了到那时为止最全面的评价。恩格斯写道,与德国资产阶级在德国历史上扮演的"可怜的角色"相反,德国无产阶级的斗争表明,无产阶级了解自己的历史任务并且更加胜任自己应起的政治作用。"在未来的历史学家看来,在1869年至1874年德国的历史上施皮歇恩、马尔斯-拉-土尔和色当等地会战中的炮火声以及与此有关的一切,比起德国无产阶级那种质朴、平稳但不断向前的发展,其意义将小得多。"①

恩格斯使德国社会民主工党的领导注意到扩大党的影响的可能性。恩格斯认为,德国工人党今后必须更进一步为赢得广大工人阶级而努力,还必须争取农村居民参加无产阶级的斗争。此外还必须用无产阶级的国际主义的精神教育党员和广大工人阶级。

同时,马克思和恩格斯还担心,《人民国家报》(他们亲自为扩大该报的国际影响作出过努力)能否不断地向它的读者报道国际工人运动的状况和经验。然而,由于《人民国家报》编辑部仅有很少一些国际通讯员,所以进行这样的报道对它来说并非易事。正如资料所显示的那样,马克思和恩格斯在这方面也提供了帮助。恩格斯在他有关国际工人运动的报道中分析了《新社会民主党人报》的立场。在《论〈新社会民主党人报〉上的文章〈国际工人协会〉》和《国际和〈新社会民主党人报〉》这些文章中,恩格斯批评了全德工人联合会这家中央机关报的立场,因为全德工人联合会竟然与巴枯宁分子和英国改良派联合起来,声称不承认海牙代表大会决议,怂恿对总委员会和对马克思的诽谤行动。

马克思和恩格斯努力向德国工人灌输唯物主义的历史观。因此,马克思为他的小册子《揭露科伦共产党人案件》的第2版写了一个跋,

---

① 《马克思恩格斯全集》第1版第18卷第564页。

在这里他引导德国工人注意自己历史上的革命传统，并证明了德国工人党从共产主义者同盟直到社会民主工党这一发展进程的连续性。① 恩格斯在他的《〈德国农民战争〉一八七〇年版序言的补充》以及《普鲁士"危机"》这两篇文章中研究了普鲁士的资产阶级革命史、德国资产阶级在这一过程中的作用以及普鲁士德意志军事国家的形成与巩固。恩格斯还指出，资产阶级由于"害怕无产阶级"而放弃了自己的政权。② "普鲁士资产阶级**不想**要政权；就像远在伏尔泰时期的官方俄国一样，尚未成熟就已腐朽了的普鲁士资产阶级，还没当政就已经堕落到法国资产阶级经过80年斗争和长期统治之后所达到的那种退化的地步。"③ 恩格斯指出了使德意志民族国家具有特别反动的性质的那些外部和内部发展条件。他看到，德国接受了法国波拿巴主义的国家形式，但由于普鲁士军国主义极富侵略性质，这种形式在德国就具有了特别反动的特性。④

恩格斯在《帝国军事法》和《半官方的战争叫嚣》这两篇文章中论述了普鲁士德意志国家日益加强的军国主义化。自从1871年德意志民族国家建立以来，容克和大资产者就把普鲁士的军国主义当做他们政权的最重要的支柱。在以后的几年中，军国主义获得了越来越多的影响并深入到整个社会生活之中。统治阶级认识到，他们只有用这种方式才能有效地维护他们在"自上而下的革命"中所建立起的民族国家的政权。恩格斯的文章使人们注意到，这一发展的必然结果是：容克资产阶

---

① 参看《马克思恩格斯全集》第1版第18卷第624—627页。
② 参看《马克思恩格斯全集》第1版第18卷第564页。
③ 《马克思恩格斯全集》第1版第18卷第329—330页。
④ 参看《马克思恩格斯全集》第1版第18卷第562—563页。

级国家的政权和人民民主力量的利益之间存在的客观矛盾更加尖锐化。

工人阶级的任务不是取消"自上而下的革命",而是要通过自下而上的革命运动使之得到必要的提高。争取德意志帝国实现民主化以及渐进地向前发展,首先就要反对普鲁士德意志国家的军国主义。恩格斯要求德国工人运动的革命领袖能意识到这种联系。德国社会民主党遵循马克思和恩格斯的建议和指示,把军国主义看做现存的阶级国家的最重要的支柱,并且同它展开坚持不懈的斗争,这是该党的历史功绩。

这一卷中收入的为计划要写的一部著作而写的札记,即《关于德国的札记》,是在本卷首次以原文的形式全文发表的。恩格斯在这篇手稿中特别研究了德意志帝国的历史根源以及德国很晚才在普鲁士统治下进行资产阶级变革的原因。这部计划要写的关于德国史的著作[①]显然是为了启发德国工人党更深刻地理解现实的任务。我们在本卷中第一次对其中涉及的事实作了内容丰富的注释,它将使读者对该手稿有一个全面的了解。

《关于德国的札记》这一手稿对于科学论述德国史具有原则上的意义。这不仅仅因为它对历史事件作了准确的分析和评价,而且还因为它依据历史唯物主义对德国历史作了分期。恩格斯研究了9世纪以来的德国历史。他得出的结论是,德国不同于法国和西班牙,它没有在公元1500年左右新时代开始时就建成民族国家,造成这种情况的最早的历史根源之一是封建主义的形成较晚,特别是由于中世纪德国的王权与万能的权力——皇权和教皇统治结合在一起了。

恩格斯对中世纪的皇权政治和意大利政治作了否定的评价,进步的资产阶级历史学家早在三月革命前的时期就已经这样做过。但是,与这

---

① 参看《马克思恩格斯全集》第1版第18卷第828—829页注释473。

些历史学家不同的是,恩格斯从经济关系中看到了德国分裂的主要原因。同时他重申了他早在1850年的著作《德国农民战争》① 中所持的观点。

恩格斯指出,政治力量不可能克服经济上的分裂。他还以这个观点评价了宗教改革的进程和结果,认为它是灾难性的,"真糟糕"②,并且把它看成是德国分裂成北部和南部、分裂成小德意志和奥地利的起点。③ 恩格斯后来在谈到世界历史时完全肯定地评价了宗教改革,把它看做是反封建主义的三次重要决战之一。④

恩格斯认为,政治、经济和精神文化的关系和状况是相互交织相互渗透的,这种理解反映了恩格斯的辩证唯物主义历史观的特点。恩格斯就这样从总体的角度去看待德国历史并把它纳入世界历史之中,这正是他研究工作的独到之处。

本卷收入了恩格斯为刊登在《科隆日报》上的《关于厄·勒南〈反基督者〉一书书评的短评》所作的一个笔记,该笔记清楚地表明,根本不是布鲁诺·鲍威尔的死(1882年)促使恩格斯再次回到他对原始基督教形成过程的研究,而是他一直断断续续地更新和扩大着自己在这个方面的知识。这就使他能够立即对已经发生的事件作出反应,例如1873年勒南的书一问世时立即作出反应。1894年7月28日恩格斯就《论原始基督教的历史》一文写信给卡尔·考茨基谈了他的研究工作:"1841年我读了弗·贝纳里关于《启示录》的讲义之后,就对这个题

---

① 参看《马克思恩格斯全集》第1版第7卷第383—483页。
② 《马克思恩格斯全集》第1版第18卷第648页。
③ 参看《马克思恩格斯全集》第1版第18卷第649页。
④ 参看恩格斯:《空想社会主义和科学社会主义》1892年伦敦版第5—39页。

目发生了兴趣。从那时起我才明白,这是《新约全书》中最古老、最重要的部分。这篇文章的酝酿构思已经五十三年了,出版无须过于着急。"①

本卷中收入的关于马克思的简要传记材料证明,工人阶级的科学世界观特别在巴黎公社社员的斗争之后在国际工人运动中更加广泛地传播开来,因此资产阶级理论家更加紧了同马克思主义的政治经济学和哲学的争论,于是人们期望进一步了解《资本论》的作者。因此当时出现了许多有关马克思的传记材料,其中一部分是出自恩格斯的手笔或是在他的帮助下完成的。本卷发表了一篇流传下来的关于马克思传记的草稿和一篇已经发表的传记。②

本卷的所有资料证明,从理论上分析巴黎公社经验的工作已进入一个新阶段,而马克思对哥达纲领草案的批判③使这一阶段达到了高潮。

(原载《马克思恩格斯全集》原文版第1部分第24卷第13—41页)

(佐海娴、张为民 译　王锡君 校)

---

① 《马克思恩格斯全集》第1版第39卷第264—265页。
② 参看《马克思恩格斯全集》原文版第1部分第24卷第295—298、314—317页。
③ 参看《马克思恩格斯全集》第1版第19卷第11—35页。

马克思和恩格斯理论合作的最后十年

——《马克思恩格斯全集》原文版第 1 部分第 25 卷前言[*]

本卷收集了马克思和恩格斯从 1875 年 5 月到 1883 年 5 月所写的文章、著作、手稿和声明,其篇目从马克思对哥达合并代表大会纲领草案的批判开始,直到恩格斯为马克思逝世而写的文章为止。包括了马克思和恩格斯在进行合作的最后一段较长时期内所完成的著述。

马克思和恩格斯在这些年中进行了多种学科的研究工作。从事了多方面的政治活动,因此本卷内容极为丰富。本卷著作中,既有纲领性的文件、理论和历史方面的研究论文、对国际工人运动发展状况的分析文章和对进一步发展无产阶级的阶级斗争战略和策略问题所作的指示,又有考察统治阶级和小资产阶级势力内政与外交政策的研究论文,针对违背科学的社会主义观念和歪曲历史的倾向而写的论战文章以及为战友们撰写的传记和纪念文章,此外,在附录中还收集了一些讲演和谈话记录、采访报道以及第三者在马克思和恩格斯的帮助下完成的著作。

本卷汇集的文章包含一系列新的认识,这些认识有助于进一步发展和深入研究革命理论、国家理论和有关政党的思想,有助于进一步发展和深入研究社会经济形态理论、社会主义学说和对社会进行共产主义改

---

[*] 本文选自《马克思恩格斯研究》1990 年总第 4 期。

造的学说。本卷的文章同马克思在《资本论》第 2 卷和第 3 卷中所作的广泛而又深入的论述,同恩格斯的《自然辩证法》、《欧根·杜林先生在科学中实行的变革》、《社会主义从空想到科学的发展》和《马尔克》有着密切的联系。上述恩格斯的著作将编入《马克思恩格斯全集》原文版第 1 部分第 26 和 27 卷。

马克思和恩格斯为了尽心竭力地支持正在组建的社会主义群众政党,为了以无产阶级国际主义精神卓有成效地维护工人阶级的利益,为了克服工人阶级队伍中的非无产阶级观念,从而推动科学共产主义走向胜利,曾经共同进行过不懈的斗争;本卷汇集的文献反映了这一斗争历程。此外,这些文献还证明了马克思、恩格斯同全世界许多国家的工人领袖、工人组织以及革命运动的代表人物有着紧密的联系。恩格斯在谈到他的朋友马克思时曾经这样写道,"各国工人运动的最优秀的人物"都充分信任马克思,并在紧要关头向他请教。① 这一评价也适用于恩格斯本人。那时一大批革命的工人领袖就这样成长起来了,他们在马克思和恩格斯的帮助下掌握了共产主义世界观的基本要点。

最后,本卷的这些文章还证明了马克思和恩格斯持有完全一致的理论见解和政治见解。正像在以往那些风雨同舟的岁月里一样,马克思和恩格斯在 1875 年至 1883 年间也进行了最密切的思想交流。他们以各种方式互相支持,而且,他们所采取的"公开行动总是预先互相商量好的"②。他们之间进行了日益细致的分工。这种分工表明了他们之间的密切合作所具有的特色,那就是在科学领域中,在从事创造性的思维时,各自保持独立性和独创性。恩格斯除了从事自己的理论工作之外,

---

① 《马克思恩格斯全集》第 1 版第 35 卷第 224—225 页。
② 《马克思恩格斯全集》第 1 版第 35 卷第 338 页。

还承担了另一个任务,即在定期报刊上同各种敌对见解进行斗争,捍卫他们两人的共同观点,"以便让马克思有时间去写作他那部伟大的基本著作"①。同时党的通信工作日益繁重,这些工作大都也是由恩格斯来承担的。② 但是马克思也"仍然和过去一样积极地参加欧洲和美洲的工人运动"③。

马克思和恩格斯在 1875 年至 1883 年间从事的科学研究与政治活动完全是在组建革命的无产阶级群众政党的过程中进行的,当时,这些政党面对有产阶级日益加剧的压迫,必须巩固自己的组织。各个资本主义国家尽管各自具有不同的条件和特点,但在那里,这些政党都同样面临着一个艰巨任务,那就是坚持不懈地从三个方面,即实践经济方面、政治方面和理论方面同剥削阶级进行斗争。1874 年恩格斯明确地规定了国际工人协会解散后工人领袖们在这些方面所负的责任。④

巴黎公社失败以后,国际工人运动的中心转移到了德国,社会生活的各个领域出现的一系列新的条件对运动的发展起着决定作用。经济状况的特征是,自 1873 年爆发世界性的经济危机以后,严重而持久的萧条景象笼罩着许多资本主义国家。当时产生的一些征兆表明自由竞争的资本主义已经开始向垄断资本主义过渡,因而也表明资本主义国家经济和政治发展的不平衡状态开始日益加剧。这一时期的重大历史事件有:美国企图把英国从它的工业垄断地位上排挤掉,欧洲大陆列强则力图在非洲和亚洲占有殖民地。1870 年至 1871 年普法战争的结果本来已经使

---

① 《马克思恩格斯全集》第 1 版第 21 卷第 375 页。
② 参看《马克思恩格斯全集》第 1 版第 35 卷第 398 页。
③ 《马克思恩格斯全集》第 1 版第 22 卷第 399 页。
④ 参看《马克思恩格斯全集》第 1 版第 18 卷第 566—567 页。

欧洲列强不可避免地卷入了新的冲突,而1875年至1878年出现的东方危机使得它们之间的关系更进一步复杂化了。同时,欧洲社会的进步开始呈现出崭新的前景,这是因为,由于俄国革命运动的发展和沙皇制度的削弱,俄国开始丧失了它作为国际反动势力主要支柱的作用。

迅速发展的资本主义生产方式的需求促进并刺激了自然科学的进一步发展和技术科学的形成。在这些学科中,自然历史唯物主义在世界观方面占主导地位,它还没有消除形而上学和机械论的种种特征。至于那些关于社会的学科,它们在方法上越来越多地受到进化论的影响,而在哲学上又主要囿于唯心主义的观念,但是,这些学科也同样开辟了许多先前不为人所知的领域,发现了许多新知识,其中人类学、考古学和民族学起到了一种特殊的作用。同时,正如资产阶级哲学中的不可知论和悲观主义所表明的那样,资产阶级开始放弃思想的迹象也更加显著了。这些现象与有产阶级以及国家和教会极力阻止革命学说广泛传播的行动有着十分密切的关系。

鉴于这种发展状况,鉴于恩格斯在1878年所指出的工人运动日益走上现实政治的首要地位这样一个事实①,当时很有必要对自然和技术方面,尤其是对人类社会起源与发展方面的各种各样新知识进行一番清理,并在理论上加以概括,以利于全面论证工人阶级的世界历史使命。马克思和恩格斯在努力支持革命工人政党的同时,也明确地给自己提出了这一任务。② 在马克思和恩格斯看来,科学研究和革命实践相互之间在原则上具有密切的辩证的关系。他们一贯致力于对无产阶级运动中的实践问题及时进行深刻的理论分析,并以行之有效的形式使科学知识直

---

① 《马克思恩格斯全集》第1版第19卷第137页。
② 《马克思恩格斯全集》第1版第34卷第210页。

接为革命实践服务。根据这一客观事实,我们将不仅从理论意义方面,而且从实际效果的角度来评述本卷所收的文章。

在本卷著作中,马克思的《哥达纲领批判》具有特殊的地位,它是科学共产主义的一个里程碑,对于理解马克思和恩格斯关于新社会的思想具有关键的意义。马克思在《对德国工人党纲领的几点意见》一文中,通过对拉萨尔主义以及其他小资产阶级社会主义观念的分析,总结了他对共产主义社会形态形成和发展的整个过程的认识。他根据自己撰写的主要经济学著作,根据他对1848—1849年革命和1871年巴黎公社经验所作的理论概括,将共产主义看做是一种经过长久的阵痛而从资本主义社会里产生出来的并将经历不同的发展阶段的社会形态。① 早在以往的著作中,尤其是在《法兰西内战》的手稿中,马克思就认为,从资本主义过渡到共产主义社会必须经过整整一个历史时期。在《对德国工人党纲领的几点意见》中,他首次提出了过渡时期这一概念,用以说明新社会的诞生过程,并在与此关联的论述中用下列著名的经典论断精确地表述了无产阶级专政的作用:"在资本主义社会和共产主义社会之间,有一个从前者变为后者的革命转变时期。同这个时期相适应的也有一个政治上的过渡时期,这个时期的国家只能是无产阶级的革命专政。"② 这样,无产阶级的革命专政这一概念就获得了在当时条件下所能作出的最具体的表述。它被明确地定义为战胜旧社会的主要工具,因而它最终可以用来作为区别无产阶级社会主义和小资产阶级社会主义的明确的标准。列宁曾写道,尽管从资本主义过渡到共产主义会产生各种

---

① 参看《列宁选集》第3卷第250—251页。
② 《马克思恩格斯全集》第1版第19卷第31页。

政治形式，"但本质必然是一个，就是无产阶级专政"。① 在《对德国工人党纲领的几点意见》中，马克思第一次区分了"经过长久的阵痛刚刚从资本主义社会里产生出来的"②共产主义社会第一阶段与已经在新的社会经济基础上发展起来的共产主义社会的较高级阶段。马克思从生产力和生产关系发展状况的角度论证了两个阶段的必然性，并且从两者之间辩证关系的角度描述了它们的共同点和区别。对于共产主义社会形态两个阶段中的分配原则，马克思作出了准确的规定。这一规定无论是对革命理论的发展，还是对工人政党的政治实践都具有根本性的意义。这样一来，马克思就更加深刻和具体地阐明了他在《资本论》第1卷中所表述的关于社会生产基金和消费基金的必要性的思想，以及有关在"自由人联合体"中进行有计划的社会分配的思想。在《对德国工人党纲领的几点意见》中，马克思剖析拉萨尔关于"不折不扣的劳动所得"的观点时证明，新社会的第一阶段实行的是按劳分配原则；因此，单个的生产者"在作了各项扣除之后，从社会方面正好领回他所给予社会的一切"③。不过，尽管有了这种进步，生产者们的平等权利仍然受到了限制，因为"它默认劳动者的不同等的个人天赋，因而也就默认劳动者的不同等的工作能力是天然特权"。④ 社会主义的按劳分配原则为经济和社会的进步带来了新动力，并且有助于创造先决条件，使共产主义的基本原则能够代替社会主义的按劳分配原则。马克思在《对德国工人党纲领的几点意见》中第一次对共产主义的基本原则作了如下的表述：

---

① 参看《列宁选集》第3卷第200页。
② 《马克思恩格斯全集》第1版第19卷第22页。
③ 《马克思恩格斯全集》第1版第19卷第21页。
④ 《马克思恩格斯全集》第1版第19卷第22页。

"在共产主义社会高级阶段上，在迫使人们奴隶般地服从分工的情形已经消失，从而脑力劳动和体力劳动的对立也随之消失之后；在劳动已经不仅仅是谋生的手段，而且本身成了生活的第一需要之后；在随着个人的全面发展生产力也增长起来，而集体财富的一切源泉都充分涌流之后，——只有在那个时候，才能完全超出资产阶级法权的狭隘眼界，社会才能在自己的旗帜上写上：各尽所能，按需分配！"①这样马克思就把握住了历史进步的两个方面，即物质生产的增长和人的全面发展，并且把生产力的发展视为人的天赋能力的发展。马克思准确地划分了新社会的发展阶段，从而为明确地规定革命政党在为建立新社会而进行的斗争中的战略目标奠定了理论基础；1877 年，马克思把这种新社会作为"一种经济形态"加以描述，指出它"在保证社会劳动生产力极高度发展的同时又保证人类最全面的发展"。②

从写作过程与内容来看，恩格斯于 1875 年 3 月 18—28 日致奥古斯特·倍倍尔的信和马克思《哥达纲领批判》构成了一个整体。马克思认为，制定原则性的纲领，就是"在全世界面前"树立起"一些可供人们用以判定党的运动水平的界碑"③，因此，马克思抨击了那种依据普遍的人类权利与道德观念来确立社会目标的唯心主义倾向。他同恩格斯一样，也深刻地剖析了有关"反动的一帮"的滥调并间接地论证了为工人阶级而建立联盟的必要性。此外，纲领草案还否认工人阶级的国际性，把"在反对各国统治阶级及其政府的共同斗争中"④必须实行的

---

① 《马克思恩格斯全集》第 1 版第 19 卷第 22 页。
② 《马克思恩格斯全集》第 1 版第 19 卷第 130 页。
③ 《马克思恩格斯全集》第 1 版第 19 卷第 14 页。
④ 《马克思恩格斯全集》第 1 版第 19 卷第 25 页。

国际主义归结为各民族的国际的兄弟联合这样一句空话；对此，马克思也进行了批判。

在《对德国工人党纲领的几点意见》中，马克思把工人阶级与国家、因而也是与政权之间的关系作为中心问题加以论述。对政权问题的正确理解，不仅是对拉萨尔的国家社会主义幻想进行斗争的重要前提，而且也是发展德国社会民主党的革命战略和策略的先决条件。马克思对反动的普鲁士德意志军事国家的性质作了确切的描述；由于存在着这样一个国家，因此人们就不能不提出建立民主共和国的要求。根据1848—1849年资产阶级民主革命和1871年巴黎公社的教训，马克思强调指出，只有在一个民主共和国里，即在"资产阶级社会的这个最后的国家形式"① 中，为实现纲领目标而进行的斗争才能进行最后的决战。最后也只有这样，才能认清夺取政权的道路，明白未来共产主义社会的国家制度的性质。

《哥达纲领批判》所阐述的全部思想归根结底证明了这样一个千真万确的论断，即工人阶级的独立政党只有始终不渝地坚持科学共产主义的立场，才能完成它们的使命。因此，在一定程度上可以说，《对德国工人党纲领的几点意见》结束了理论领域的那些纷纭复杂的论争；从1871年以后，马克思和恩格斯在这种论争的过程中努力以科学的态度去阐明对社会进行共产主义改造的实际问题。

《哥达纲领批判》对于共产主义社会的形成和发展所作的天才预见在国际工人运动中起到了突出的作用。恩格斯正是依据这些著作帮助德国社会民主党在1891年制定了一个新的纲领。1902年，当俄国社会民

---

① 《马克思恩格斯全集》第1版第19卷第32页。

主党制定革命纲领时,列宁曾明确地以《哥达纲领批判》为依据①;1917年夏天,当无产阶级革命和国家的关系问题"无论在理论方面或在政治实践方面"都具有特殊意义时,列宁也曾明确地以这篇著作为自己的依据。②《哥达纲领批判》的思想在列宁创立的社会主义学说中得到了充实,在关于发达社会主义社会的设想中又得到了进一步发展;这些思想为制定共产党的战略奠定了基础,革命实践已经明显地证明了它们的正确性。

  本卷所收的一些文章以纲领性的语言阐明了工人阶级革命政党的目标和基本任务,《对法国工人党纲领导言》草案也属于这类文章。这一草案是以原则宣言的形式写成的,它为法国工人党起草第一个马克思主义纲领导言奠定了基础。在《导言》中,马克思在表述法国工人党的任务时,考虑到了巴黎公社之后国际工人运动在各方面的经验,同时也阐发了他的理论思想的精髓。针对法国工人运动中广泛流行的空想主义学说和政治冷淡主义倾向,马克思在《导言》中论证了由资本主义社会的基本矛盾所决定的无产阶级社会革命的必然性,以及为战胜资本主义社会而进行政治斗争的必要性。从这一方面来说,文中提出的下列要求具有极其重要的现实意义:"要建立上述组织,就必须使用无产阶级所拥有的一切手段,包括借助于由向来是欺骗的工具变为解放工具的普选权。"③ 这就为革命的法国社会主义者指出了明确的方向,使他们有可能为实现自己的最低纲领而进行卓有成效的斗争,并对蒲鲁东主义以及其他各种形式的小资产阶级思想和政策进行有力的批判。恩格斯在谈

---

① 《列宁全集》第2版第6卷第218页。
② 《列宁全集》第1版第31卷第79页及以下各页。
③ 《马克思恩格斯全集》第1版第19卷第264页。

到这一卓越文献的精辟之处时,曾把《导言》称做"具有充分说服力的杰作,寥寥数语就对群众说得一清二楚"。①《导言》的实践意义在于,它在各个方面都符合1871年后的新时期对于革命最高纲领的理论要求与政治要求。作为这样一个范例,《导言》对欧洲其他社会主义政党的纲领具有持久的影响。就这一点而言,它也是《哥达纲领批判》和《1891年社会民主党纲领草案批判》之间的最重要的科学共产主义的纲领性文献。本卷刊印的《导言》与以前发表的文本有所不同,我们所依据的不是在巴黎《平等报》刊载的文本,而是日内瓦《先驱者》杂志首次发表的文本;后者更接近马克思拟定的原稿,但迄今为止一直不为人所知。

各个工人政党的纲领都提出了要为明确革命的社会主义目标而斗争,在这种情况下,无产阶级夺取政权的各种形式问题便得到了前所未有的重视。同欧洲大陆相比,英国和美国具有较为有利的条件。通过和平过渡来取得政权;基于这一事实,马克思和恩格斯在70年代开始着重研究社会主义革命的和平道路与非和平道路的问题。早在总结巴黎公社的经验时,马克思和恩格斯就已经认识到,在这两条道路之间并没有不可逾越的分界,从其中的一条道路转向另一条道路是可能的。在《帝国国会关于反社会党人法的辩论(文章草稿)》中,马克思剖析了俾斯麦的反动的对内政策,同时进一步发展了他在先前已经取得的成果。他打算在这篇预定草拟的文章里深入而又详尽地揭露德国反动派的企图,即"以暴力镇压它所不喜欢的,而从法律观点是无懈可击的发展"②。根据《草稿》来判断,作者准备在文中证明,社会民主主义和无政府

---

① 《马克思恩格斯全集》第1版第35卷第224页。
② 《马克思恩格斯全集》第1版第45卷第195页。

主义之间存在着原则区别,因此不能将无政府主义者视为革命工人运动的"极端派"。基于这种估价,文章将指出,有人向社会民主党人提出了指控,说奥古斯特·倍倍尔和威廉·李卜克内西周围的人已将个人恐怖活动升格为政治原则,并同那些行刺威廉一世的人保持联系,这种指控纯属无稽之谈。此外,文章还将在原则上证明,"只有当该社会中掌握政权的那些人不用暴力方法来阻碍历史发展的时候",历史发展才可能是和平的。① 这一认识是颠扑不破的阶级斗争学说的组成部分。《草稿》中的一些重要思想也反映在马克思1878年12月对来访的《芝加哥论坛报》通讯员发表的谈话中。这篇谈话记录曾被美国其他报刊和丹麦一家报纸转载,并得到了传播。②

同样,由于当时需要对阶级斗争中的实际问题作出准确的回答,马克思和恩格斯在《给奥·倍倍尔、威·李卜克内西、威·白拉克等人的通告信》中丰富了有关政党的革命思想。《通告信》是马克思和恩格斯阐述无产阶级政党的本质与意义的最重要的文献之一。它之所以具有不同寻常的地位,是因为它全面而又明确地叙述了1871年以后的时代对社会主义工人群众政党的要求。其中详细地论及了党和党的革命报刊的社会基础与理论依据,以及在意识形态上与组织上团结一致的必要性;论及了对待小资产阶级势力和阶级敌人政策的态度,以及纲领和政治实践的关系。在这方面,马克思和恩格斯还对右倾机会主义的特征作了经典性的论述。

由于俾斯麦施行了非常法,这就给党造成了异常艰难的处境;马克思和恩格斯通过《通告信》帮助德国社会主义工人党的领袖们去战胜

---

① 《马克思恩格斯全集》第1版第45卷第194页。
② 《马克思恩格斯全集》第1版第45卷第716页。

艰难险阻。在这种具体的历史条件下，当务之急是必须阻止右倾机会主义势力对党的政策施加决定性的影响。马克思和恩格斯在详细说明筹办党的机关报经过的同时，就发展德国工人革命群众政党的问题作了详尽的指示。他们首先强调，这样一个政党必须保持它的"无产阶级特征"，必须承认无产阶级和资产阶级之间的斗争是"现代社会变革的巨大杠杆"。其次，他们着重指出，这个政党不能为了对旧社会进行修修补补的改良而把自身目标的实现推迟到遥遥无期的未来。最后，他们要求党坚决回击敌人的进攻，坚定不移地同感伤社会主义以及其他各种小资产阶级观念进行斗争，并摒弃那些博爱的资产者，以保持党的领导的纯洁性。《通告信》使团结在倍倍尔和李卜克内西周围的革命力量明确了方向，增强了斗志；这些革命力量堵住了党内右倾机会主义分子通行的道路，使他们无法借用《社会民主党人报》这面"德国党的旗帜"①（这是恩格斯后来对《社会民主党人报》的评价）从"某些思想或原则（如正义等等）"出发来论证社会主义。列宁在帝国主义时代向党提出了新的要求，这些要求进一步发展了马克思和恩格斯所制定的原则。

  编入本卷的许多材料反映了马克思和恩格斯在他们共同合作的最后一段时期对资本主义以前的社会形态问题，尤其是对原始社会进行深入研究的情况；这一工作是他们以前就已开始的研究工作的继续。他们认为：这个"太古时代"，正如恩格斯在《反杜林论》中所写的那样，"在一切情况下，对一切未来的世代来说，总还是一个最有趣的历史时代，因为它建立了全部以后的更高的发展的基础，因为它以人从动物界分离出来为出发点，并且以克服将来联合起来的人们永远不会再遇到的

---

① 《马克思恩格斯全集》第 1 版第 22 卷第 90 页。

那些困难为内容。"① 对人类过去历史的这一领域进行深入研究的必要性，既体现了革命理论与实践的辩证法，也体现了科学共产主义进一步完善和发展的规律性。早在《资本论》第 1 卷的最初草稿中，马克思就已经详细地论述了资本主义以前的生产方式，不过在这之后，他并没有对这些生产方式进行分析，而只是加了这样一句说明："（这一切将更深入地和更详尽地再一次加以分析。）"② 后来，马克思在继续撰写他的主要经济学著作时实现了这一计划。他打算根据俄国的情况来透彻地阐述地租问题，就像先前以英国为例证来阐述工业雇佣劳动问题一样；与这种必要的研究相联系，马克思在 70 年代后半期和 80 年代初期对俄国和世界其他国家土地公有制的历史变迁进行了广泛的研究。与此同时，他广泛地研究了世界史、文化史与制度史，考古学、人类学和民族学。除此以外，他还研究了数学，研究了自然科学与技术在工农业中的应用问题。许多摘录和提纲反映了这些准备工作的成果，证明了马克思即使在他有生之年的最后岁月也仍在孜孜不倦地从事科学研究。

马克思尤其注意研究那些涉及土地公有制以及与此相适应的社会结构和家庭形式的发展和历史使命的问题，并研究那些有关社会不平等的产生以及有关私有制阶级和国家形成的问题。1877 年，进化论学派在民族学领域最著名的代表路易斯·亨利·摩尔根在他的《古代社会》一书中提供了理解人类原始史的关键。这本著作不仅证明氏族在原始社会中构成了社会结构的基础，而且还表达了这样一个信念，即在所有制社会被战胜以后，古代氏族的自由、平等与博爱必将在更高的层次上复苏。在马克思于 70 年代末和 80 年代初写成的有关民族学著作的笔记

---

① 《马克思恩格斯全集》第 1 版第 20 卷第 127 页。
② 《马克思恩格斯全集》第 1 版第 46 卷（上）第 498 页。

中，涉及摩尔根著作的笔记居于中心地位。

马克思和恩格斯通过对有关的研究成果进行批判性的清理，将原始社会纳入了他们的历史框架之中，这样他们就可以进一步在理论上深刻地说明阶级社会的历史特征，并全面地阐述共产主义社会的本质。马克思《给〈祖国纪事〉杂志编辑部的信》的手稿和《给维·伊·查苏利奇的复信的草稿》就包含着这些基本认识。在这两组文稿中，马克思坚决地否定了某些人的做法，即试图把他对西欧资本主义起源的历史性描述变成关于所有国家向共产主义发展的一般性理论。正如他在摘录马克西姆·马克西莫维奇·柯瓦列夫斯基关于公社土地占有制一书时所做的那样，他在这两组文稿中也批判了那种从形式上对历史进行类比的做法。马克思以俄国农村公社的发展条件为例，证明了坚持运用历史主义的研究原则的必要性。因此，马克思将"历史环境"这一范畴引进了科学共产主义的术语。他在上面提到的几篇文稿中使用了"历史环境"这一范畴，借以概述各个时代的具体的国际发展条件，指出这些条件总是通过这种或那种方式对民族范围内的社会进程和现象产生影响。

马克思打算通过《给〈祖国纪事〉杂志编辑部的信》恳切地告诫俄国革命者，不要忽视具体的历史环境，机械地根据西欧的发展过程来判断本国社会经济的发展状况。他建议俄国革命者实事求是地判断自1861年以来明显出现的资本主义发展趋势。马克思在概括他的思考结果时写道："如果俄国继续走它在1861年所开始走的道路，那它将会失去当时历史所能提供给一个民族的最好的机会，而遭受资本主义制度所带来的一切极端不幸的灾难。"① 恩格斯后来曾对此作过说明，他指出，马克思当时估计沙皇统治行将崩溃，因而间接地劝告俄国人"不必急急

---

① 《马克思恩格斯全集》第1版第19卷第129页。

忙忙地跳进资本主义"。① 马克思逝世以后,这封信才在俄国发表。恩格斯曾将它复制成3个副本。这封信对于俄国革命者具有根本的意义,因为信中论述了一个基本的理论问题,而"最重要的纲领性原理的解决"都以这个问题为转移。②

在《给维·伊·查苏利奇的复信的草稿》中,马克思对俄国农村公社及其在1861年改革之后可能出现的历史机遇作了专门研究。他将俄国公社置于阶级社会以前的土地公有制及其形式在世界历史上发展的整体联系之中。恩格斯早在《反杜林论》中就一般地指出了原始的自发的分工被排挤与公社被瓦解为小农的乡村这两种现象之间的联系。而马克思则从这种小土地劳动中发现了私人占有的源泉,从而也发现了破坏原始的经济平等与社会平等的因素。他揭示了农业公社二重性的产生过程和其中包含的辩证法;正是在农业公社里,发生了从以公有制为基础的社会过渡到以私有制为基础的社会这一历史性演变。同时,他还着重强调了俄国农村公社由于特殊的历史环境而可能获得的得天独厚的机遇,即可以不通过资本主义制度的卡夫丁峡谷,而吸取资本主义制度带来的一切积极成果。马克思揭示了公有制解体的规律性,并将这一规律性同他所证明的资本主义生产资料私有制消亡的必然性一起置于历史循序演进的整体之中,这样,他就丰富了社会经济形态的理论。

马克思在他的《政治经济学批判》第1册序言里指示,"亚细亚的、古代的、封建的和现代资产阶级的生产方式可以看做是社会经济形态演进的几个时代"。③ 后来,在《资本论》2、3卷的最初草稿中,他

---

① 《马克思恩格斯全集》第1版第22卷第506页。
② 《列宁全集》第2版第1卷第232页。
③ 《马克思恩格斯全集》第1版第13卷第9页。

又描述了那种使劳动者和劳动条件之间原有的统一发生破裂,并且必将在更高的层次上使这种统一重新恢复的合乎规律的过程。在这些手稿中,他不仅着重指出,他的方法表明了仅仅作为生产过程的历史形式的资产阶级经济"包含着超越自己的、对早先的历史生产方式加以说明之点"。① 而且,他还把社会经济形态的形成同地质层系的产生进行类比,认为在涉及各种不同的社会经济形态的形成问题时,也同样"不应该相信各个时期是突然出现的,相互截然分开的"。② 在给查苏利奇的复信草稿中,当马克思借助于内涵更广的形态概念,从世界史的角度对公有制从瓦解到以更高的形式重建的发展过程进行分期时,他再一次进行了这种类比。他不仅用"古代的或原生的形态"来说明公有制社会的原始类型,而且也用这一概念来说明公有制社会的较高级的类型,从而将这种类型同"次生形态"区别开来,因为"次生形态"是一种以生产资料私有制为基础的社会形态类型。在这种分期中,原始社会与共产主义体现为含有不同阶段或发展层次的、具有深广内涵的形态类型。原始社会内部产生了阶级社会,而阶级社会的最高阶段又创造了向共产主义过渡的物质条件;共产主义这种形态的特征就"以古代类型的所有制最高形式即共产主义所有制来代替资本主义所有制",③ 这样一来,《哥达纲领批判》中所阐述的有关共产主义社会形态的见解就从人类社会的世界历史发展进程这一角度得到了深化。马克思从这些认识出发,进一步在理论上探讨了恩格斯在1875年开始研究的俄国非资本主义发展道路的可能性问题。早在撰写《资本论》第1卷序言时,马克思就曾提醒

---

① 《马克思恩格斯全集》第1版第48卷第164页。
② 《马克思恩格斯全集》第1版第47卷第472页。
③ 《马克思恩格斯全集》第1版第19卷第443—444页。

人们注意：一个社会如果"探索到了本身运动的自然规律"，那么，它"虽然不能跳过它的自然发展阶段，但是却能够缩短和减轻分娩的痛苦"。基于这一思想，马克思在给查苏利奇的复信草稿中提出了这样的观点：只有肃清向俄国农村公社袭来的破坏性影响，农村公社才能作为俄国社会新生的支点而发挥作用；马克思给查苏利奇的信中对这一观点作了阐述。至于俄国农村公社在哪些条件下，即在什么样的历史环境中才能成为"俄国社会新生的支点"，马克思和恩格斯后来于1882年在《〈共产党宣言〉俄文第二版序言》中用纲领性的语言对此作了如下说明："假如俄国革命将成为西方无产阶级革命的信号而双方互相补充的话，那么现今的俄国土地公社所有制便能成为共产主义发展的起点。"①列宁接受了这一有关非资本主义发展道路的可能性的思想，并在世界革命的进程中加以运用，从而使这一思想得到了进一步的完善，使它成了共产国际在战略上的指导思想。② 在此期间，世界革命的进程多次证明了这一思想对于当代民族解放运动所具有的根本意义。在本卷中，《给维·伊·查苏利奇的复信草稿》是按照马克思的手稿依次排印的，稿本的正文经过了细致的校勘，并详尽地列出了各种版本的异同。

同马克思一样，恩格斯也对资本主义以前的社会形态问题进行了深入的研究。在70年代和80年代初，他除了从事自然科学和哲学方面的研究之外，还对历史和语言学进行了广泛的研究；《论日耳曼人的古代历史》和《法兰克时代》这两部博大精深的手稿就是这种研究的重要成果。恩格斯为《自然辩证法》的写作制定的宏大计划以及他对欧根·杜林关于历史上经济与暴力关系的反历史观点所作的批驳，尤其是

---

① 《马克思恩格斯全集》第1版第19卷第326页。
② 《列宁选集》第2版第4卷第335页。

工人运动的革命实践中产生的各种要求,都促使恩格斯把以前开始的历史研究继续进行下去,并着手开辟新的领域。这种研究的一个重要内容就是古代历史和中世纪历史。恩格斯认为,为了在理论方面更好地适应阶级斗争的要求,为了支持德国社会民主党人在农村开展意识形态方面的工作,有必要以所有制关系和历史转折关头的发展进程为主线,来阐述德意志民族的历史。《论日耳曼人的古代历史》描述了日耳曼氏族在民族大迁徙开始以前的历史概况。恩格斯根据最新的研究成果,根据有关的文献资料和考古资料,同时也借助于语言学,对日耳曼人的居住领域和氏族的情况,以及他们的生活方式和社会机构的形成条件与表现形态作了概略的叙述。他重视文化史方面的情况,指出同罗马的贸易促进了生产力的发展,并说明罗马人的征服政策必然遭到失败。他同资产阶级的历史编纂学针锋相对,描绘出了一幅不受条顿化与民族主义歪曲的日耳曼人的历史图景,而这正是马克思列宁主义的历史科学赖以建立的基础。

在《法兰克时代》一文中,恩格斯探讨了封建社会初期的所有制关系和法律关系。正如在撰写《论日耳曼人的古代历史》时那样,他在撰述这部著作时也以有关的原始资料和专题著作为依据。他以法兰克王国墨洛温王朝和卡罗林王朝时期土地关系的变革为出发点,指出这一变革不可避免地会使国家制度和人民制度出现种种变化,并导致这些制度的封建化。恩格斯证明,随着自主地演变成为商品,财产分配日益不均的状况就必然出现,于是,大地产以及与此相应的阶级的产生便仅仅是一个时间问题了。恩格斯论证了大土地占有者阶级和失去土地与自由的民众阶级形成的经济规律,揭示了政治杠杆在这一过程中所起的作用,这样,他就对马克思主义的历史观作出了杰出的贡献。当时,以研究政治史为主的德国资产阶级历史编纂学在关于中世纪皇帝政治的争论中分裂成了两个阵营,这种历史编纂学没有能够揭示出对于卡罗林王朝的崩溃最终起决定性作用的社会经济原因;而就在这时,恩格斯却对西欧封建主义的产生作了历史唯物主义的说明,这一说明在马克思列宁主义关于封建主义的研究中得到了验证,被证明是正确的结论。

在这两部手稿中,恩格斯运用了语言学、方言学和地名学,将它们作为研究历史的辅助学科。在《法兰克时代》的手稿中,恩格斯总结了他对"法兰克方言"的研究。在这一未完成的研究中,他把历史唯物主义运用于语言学,并且获得了许多新知识。与经院式的资产阶级日耳曼语言学的唯心主义方法论相反,恩格斯证明了部族历史和语言历史之间不可分割的联系,并且论证了语言实际运用者的历史在语言发展过程中所具有的至关重要的地位。

本卷有相当一部分文章反映马克思和恩格斯在政治思想方面和组织方面对各国工人政党和各国革命运动的直接支持。马克思和恩格斯在这些文章里不仅介绍了阶级斗争的历史经验与现实经验,普及了科学共产主义的基本理论,而且批判地分析了统治阶级和小资产阶级的政治和意识形态。马克思和恩格斯在这个时期的丰富多样的创作与实践活动证明了:即使在第一国际解散之后,这两位科学共产主义的创始人"团结各国无产者"的作用也没有停止。这正如列宁所指出的,马克思和恩格斯作为工人运动的精神领导者的作用,可以说是不断增长的,"因为工人运动本身也在不断地发展。"①

马克思和恩格斯非常关注德国社会民主党,这是因为它在1871年后实际上在欧洲工人运动中起着表率作用。正如恩格斯所强调指出的,主要是由于德国工人在1870—1871年普法战争期间采取了"真正国际

---

① 《列宁全集》第2版第2卷第11页。

主义的态度",德国工人"处于欧洲运动的先导地位"。①马克思和恩格斯高度评价德国工人的理论意识,并且努力使他们继续保持这样的地位。

正因为如此,马克思和恩格斯首先对于于1875年哥达合并党代表大会的纲领草案进行了严厉的原则性的批判。然而他们的批判没有得到必要的和可能的考虑,所以德国社会主义工人党的纲领在关于国家和联盟的问题上保留了机会主义观点。其后果已经在关于法国政治危机的争论中表现得十分明显了。马克思和恩格斯在1871年以后对于革命的工人运动和现代共和国的关系问题倍加重视,关于这种共和国对工人阶级为争取政治权力而斗争的意义有了更深入的认识。因为当时在莱比锡《前进报》上发表的文章完全曲解了民主共和国对于工人阶级斗争的意义,恩格斯参与了这场辩论。他指出,要看到资产阶级共和国不仅是资产阶级统治的典型形式,同时也是资产阶级统治瓦解的典型形式,据此威廉·李卜克内西写了一篇短评文章。此后不久,恩格斯在分析法国工人运动状况时,他自己也公开表明对这一重要问题的看法。

恩格斯写的《德意志帝国国会中的普鲁士烧酒》一文也间接地批判了拉萨尔的国家社会主义,此文是恩格斯与普鲁士德国的军国主义和波拿巴主义长期论战的继续。这篇讽刺性论文的主旨在于揭露普鲁士容克某些寄生的经济根源。

向拉萨尔主义妥协首先导致在党内复活旧的和萌生新的小资产阶级思想。在反对这种"与其说是在群众中,倒不如说是在领导(上层阶级出身的分子和'工人')中"②的腐败风气的斗争中,马克思和恩格

---

① 《马克思恩格斯全集》第1版第34卷第120、121页。
② 《马克思恩格斯全集》第1版第34卷第281页。

斯支持了党的革命领导力量。恩格斯以《反杜林论》这部被列宁称为"每个觉悟工人必读的书籍"① 为此作出了决定性的贡献。这部著作反映了恩格斯为写作《自然辩证法》而进行的研究中所获得的认识,指明了马克思主义的体系特征,并从而卓有成效地解决了一个对于革命理论的发展来说具有重要意义的任务。恩格斯通过总结到那时为止所获得的重要的革命理论的基本成果并进而作了重要的补充,论证了马克思主义的三个组成部分的统一性。恩格斯在强调马克思在社会理论思想中所引起的革命的同时,在这篇论战文章的引论里首次分析了马克思的唯物主义历史观和通过剩余价值揭破资本主义生产的秘密这两个伟大的理论发现的根本意义。他指出,由于这些发现,社会主义变成了科学。对于这种马克思和恩格斯所创立的社会主义,恩格斯在反对蒲鲁东主义和布朗基主义的论战中曾称之为"德国的科学社会主义"。② 现在则开始用"现代社会主义"和"科学社会主义"③ 这些概念作为革命理论的专门术语。随后马克思本人也采纳了这个说法,并且将它跟"批判的、唯物主义的社会主义"④ 一起作为无产阶级革命运动理论词语的同义词。这样就在概念上与空想社会主义以及其他非科学的社会主义理论划清了界限。

恩格斯后来,如在以后不久写成的传记文章《卡尔·马克思》里还一再提及马克思的这两个伟大的理论发现的意义。恩格斯将他的朋友的事业同革命的工人运动中的重大事件联系起来,并从而间接指出了共

---

① 《列宁选集》第 2 卷第 444 页。
② 《马克思恩格斯全集》第 1 版第 18 卷第 297—298 页。
③ 《马克思恩格斯全集》第 1 版第 18 卷第 297—298 页。
④ 《马克思恩格斯全集》第 1 版第 19 卷第 248 页。

产主义者同盟、第一国际与德国社会民主党之间的连续性。在普及科学共产主义（这里称之为"现代科学社会主义"①）的基本思想的同时，恩格斯还附带研究了经济发展和社会发展的新现象。资产阶级在解决1873年世界经济危机的各种后果时所遇到的难题使恩格斯得出这样一个结论：资产阶级已经没有能力继续领导生产和分配了。恩格斯在大约写作《反杜林论》中这一观点的同时，写了《卡尔·马克思》一文。他在这篇文章中联系这一观点写道："统治的大资产阶级已经完成了它的历史使命……社会生产力已经发展到资产阶级不能控制的程度，只等待联合起来的无产阶级去掌握它"，②去建立新的社会。恩格斯关于资产阶级作为历史上已经过时的阶级的特点的这些阐述，进一步发挥了马克思在《剩余价值理论》里讨论过的一个思想，从而丰富了《资本论》关于无产阶级的世界历史使命的经济学上的论述。恩格斯几乎同时在《反杜林论》里也是这样写的，应该使工人群众认识到这个可以感触到的物质事实，因为"现代社会主义必获胜利的信心，正是基于这个以或多或少清楚的形式和不可抗拒的必然性印入被剥削的无产者的头脑中的、可以感触到的物质事实，而不是基于某一个蛰居书斋的学者的关于正义和非正义的观念。"③恩格斯以《卡尔·马克思》这篇列宁给了高度评价的文章为以后关于马克思的所有科学的学术性传记作品的写作奠定了经典性的基础。

当时的德国仍然是一个以农业为主的国家，而且基于资本主义的家庭工业，工人运动不只是局限于中心城市，所以"向农村工人说明他们

---

① 《马克思恩格斯全集》第 1 版第 19 卷第 125 页。
② 《马克思恩格斯全集》第 1 版第 19 卷第 123 页。
③ 《马克思恩格斯全集》第 1 版第 20 卷第 172 页。

的利益和他们状况"便成了工人党最重要的任务。为适应这种需要，恩格斯写了《威廉·沃尔弗》这组系列文章。恩格斯在这一文中以沃尔弗的个人功绩为例，介绍了1848—1849年资产阶级民主革命的重要经验教训，尤其是在反对农村的容克地主阶级和封建残余的斗争中工人阶级与劳动农民结成同盟方面的经验教训。恩格斯写的文章不仅在思想上起到发扬革命传统觉悟，继续与拉萨尔的教条作斗争的作用，而且对德国社会民主党在农村的鼓动也起着重要的推动作用，进而还对1877年帝国国会选举结果产生影响。

当巴枯宁主义分子企图盗用德国社会民主党的声望的时候，恩格斯在马克思的建议下撰写了《意大利的情况》一文。恩格斯从介绍意大利工人运动的政治和社会变动时期的形势出发，叙述了在德国社会民主党在选举中所取得的成就的鼓舞下，刚刚成立不久的上意大利联合会克服了巴枯宁主义者的影响而"同伟大的欧洲工人运动采取了共同的立场"①。恩格斯想借这篇文章促使德国社会民主党继续走政治斗争的道路。1881年恩格斯告知《社会民主党人报》编辑部关于欧洲的最后一个无政府主义堡垒垮台的消息以供发表一事，表明恩格斯是何等清楚地认识到欧洲工人运动的决定性的趋势。

马克思和恩格斯密切地关注着巴尔干各族人民的解放斗争，随着这一斗争，"东方危机"看来标志着欧洲历史的一个新的转折点。② 马克思和恩格斯坚信，1877—1878年的俄土战争将有利于俄国的革命。他们认为，在俄国"一切因素都已成熟了"。③ 摧毁反革命的这个堡垒就

---

① 《马克思恩格斯全集》第1版第19卷第114页。
② 《马克思恩格斯全集》第1版第34卷第275页。
③ 《马克思恩格斯全集》第1版第34卷第245—248页。

会大大推进和加速欧洲的革命变革。马克思和恩格斯对"东方危机"的看法和他们据此为各国工人党的政策所作的推断,都在他们给德国社会主义工人党的一些领导人的信件中表达得一清二楚。他们认为,工人报刊对东方问题研究和报道得太少了。① 由于这个原因,马克思和恩格斯努力帮助德国社会民主党人,使他们在欧洲诸列强的政策这些复杂的问题上能辨明方向,作出对付俾斯麦外交政策抉择和在议会活动和新闻工作中坚持一条符合人民群众和平利益的对外政策路线。马克思提供给威廉·李卜克内西发表的有关基本指示,现以《论东方问题》为题收入本卷。另有一篇印在附录里还转载了威廉·布洛斯的文章《涅瓦河和博斯普鲁斯海峡》,这篇根据恩格斯的材料写成的文章表明,德国社会民主党在东方问题上形成一个无产阶级革命的观念时,马克思和恩格斯给予了怎样一些具有决定性意义的帮助。

正当俾斯麦在1878年夏准备清除他的反动政策最坚定不移的敌人的时候,马克思和恩格斯以《布赫尔先生》和《答布赫尔的"说明"》这两篇表态文章为谋求对社会民主党的国际声援作出了努力。他们在文章里揭露了俾斯麦的波拿巴主义,指出了国际形势中潜在的危险,即有人想把在1848—1849年革命中被摧毁的政治制度重新强加于德国人民的头上。

《通告信》对德国社会主义工人党的继续发展有着决定性的意义,它使德国社会民主党领导人在反对俾斯麦的非常法和反对党内右倾机会主义倾向的斗争中获得了正确的方针。马克思和恩格斯郑重警告德国社会民主党,他们将"结束"一向表现出来的"团结一致",② 这一警告

---

① 《马克思恩格斯全集》第1版第34卷第246页。
② 《马克思恩格斯全集》第1版第19卷第190页。

达到了预期的效果：机会主义分子被击退了。

马克思和恩格斯不仅批评工人运动的右倾机会主义倾向，而且也批评左倾宗派主义倾向。当约翰·莫斯特和美国当局之间的冲突有可能被利用来反对居住在美国的社会党人和德国社会民主党人，诬诟他们是无政府主义者的时候，马克思和恩格斯写了《给〈每日新闻〉编辑的信》对此作出了反应。与此同时，马克思和恩格斯还同当时流亡在英国的以革命传统的代言人自居的那些来自德国的前政治家和记者们进行论战。恩格斯的《关于卡尔·布林德》一文就是为了这一需要而写的。这篇评论布林德关于拿破仑在欧洲政治中的地位和作用的那些神话的文章，本卷首次用原文发表。

尽管德国社会主义工人党领导人经过多方努力在国外创办了一个革命的党的机关报，但是马克思和恩格斯开始并没有赞同《社会民主党人报》的立场。直到1881年初，在报纸更换了编辑人员，而使报纸的"调子变得流利而且坚定"之后，① 恩格斯才认为给《社会民主党人报》写文章的时机到了。伯恩斯坦于1881年1月底开始写作有关基督教十戒的系列文章。恩格斯为了支持他的计划，就"不许通奸"这个戒条写了一篇材料。在这篇首次用原文收入本卷的材料中，恩格斯讲述得饶有趣味。他想以此给伯恩斯坦指出一个既能讲述这第六个戒条，"而又不陷于庸俗道德说教的办法"。② 然而伯恩斯坦并没有运用这篇材料写文章；相反卡尔·考茨基却把恩格斯的这些提示加工成一篇针对资产阶级虚伪的伦理道德的文章，题为《无产阶级状况剖析》。恩格斯也以《布鲁诺·鲍威尔和早期基督教》一文，反对德国统治集团在80年代

---

① 《马克思恩格斯全集》第1版第35卷第147页。
② 《马克思恩格斯全集》第1版第35卷第162页。

初千方百计乞灵于基督教来挽救他们的社会。恩格斯在高度评价了布鲁诺在他那个时代作出宗教史方面的贡献的同时，还阐述了基督教是如何在奴隶制逐渐解体的条件下产生的和为什么"在荒漠"中，成千上万的预言家和宣教者那时创立了无数宗教上的新东西，但只有基督教的创始人获得了成功。① 恩格斯揭示了宗教意识和宗教行为的社会根源，从而加深和具体说明了这样一个认识：人民群众只有推翻剥削社会，才能够摆脱宗教的精神奴役。恩格斯的这篇文章给了德国社会民主党宣传无神论以新的科学启发。

恩格斯写的《布雷的牧师》一文可以说是他积极支持《社会民主党人报》的一个重要证明。恩格斯以发表这篇文章来驳斥那些有关他和马克思与《社会民主党人报》之间关系出现问题的流言蜚语。恩格斯在这篇文章中以嘲讽的笔法，不仅批驳了机会主义的观点，而且也剖析了俾斯麦毫无出路的政策。恩格斯当时忙于出版《社会主义从空想到科学的发展》一书德文版的准备工作，为此他撰写了《马尔克》一文作为德文版的附录。同他在此之前所写的文章和反驳杜林观点的书一样，这次他又以《社会主义从空想到科学的发展》这本小册子支持了德国社会民主党内部澄清思想认识的过程，而且群众影响更大和更加深远。

在马克思和恩格斯的创作中支援法国工人运动同样占有重要的地位。这是跟法国工人阶级在从法国大革命到巴黎公社失败这段时期，作为本国的一种政治力量和"欧洲革命的先锋"② 所起到的历史作用相称的。在法国工人运动刚从反动派施与的可怕的血腥屠杀中恢复过来并在70年代末迎来它的新生的时候，马克思和恩格斯就已在理论上和政治

---

① 《马克思恩格斯全集》第1版第19卷第335页。
② 《马克思恩格斯全集》第1版第19卷第151页。

上尽力帮助了以茹尔·盖得和保尔·法拉格为核心的最先进的力量,并且有力地支持他们在创建工人的社会主义群众性政党的道路上迈出最初几步。马克思为此作出了根本的贡献,他重新校订了《资本论》第1卷的法文版,并在1875年以前出版了单行本。恩格斯1880年发表的《社会主义从空想到科学的发展》一书具有直接的巨大影响,这本被马克思称为"科学社会主义的入门"的书,在很短时间内"在许多优秀的法国人的头脑中引起了真正的革命"。①

恩格斯在《对一页〈公社史〉的意见》(本卷首次用原文发表)这篇文章里表示,他和马克思一样有兴趣对巴黎公社的历史作细致的描绘,以使政治上重新参加运动的法国工人永远记住那些冲天的巴黎人的英勇行为,并谴责法国资产阶级背叛民族的行径。这篇《意见》证明恩格斯具有渊博的军事历史学知识,它具有很高的史料价值。这篇文章也是马克思恩格斯支持普罗斯佩·奥利维耶·利沙加勒将他于1876年发表的《一八七一年公社史》一书增订改写的唯一直接的证明。

在法国无产阶级进步力量有了自己出版的刊物,而且于1879年在马赛召开的社会主义工人代表大会上决定建立一个革命的工人党之后,马克思和恩格斯加强了对他们的帮助。恩格斯在准备《社会主义从空想到科学的发展》这本小册子付印的同时,又写作了《俾斯麦先生的社会主义》一文。恩格斯把剖析俾斯麦反动的经济政策的根源和后果与间接批评德国社会主义工人党中存在的国家社会主义幻想结合起来。这篇文章在一定程度上是对他那本小册子的一个具有现实意义的补充,所以不仅是写给法国社会主义者的,而且也是写给那些在评论德国铁路的国有化政策时显得依违不决的那些社会民主党国会议员们看的。恩格斯用

---

① 《马克思恩格斯全集》第1版第35卷第343页。

比较方式叙述了德法两国的资本主义发展趋势,从而指出,法国工人和他们的德国阶级兄弟的社会利益其实没有任何区别。这一结论对于无产阶级国际主义的发展尤其具有深远的意义,这是因为当时在法国工人和他们的领导中还有些人对德国人马克思及其学说抱着疑信参半的态度。此外,恩格斯这篇文章也有着特殊的理论价值,这是因为文章深入研究了当时刚刚开始了的预示着资本主义从自由竞争阶段向垄断阶段过渡的经济发展。他借俾斯麦的关税保护政策和铁路国有政策这些事例,指出了自由竞争的资本主义开始被否定的种种苗头。

为了把法国工人党的澄清思想的过程进一步引向政治经济学方向,马克思同意将他与蒲鲁东论战的文章《哲学的贫困》在《平等报》上重新发表,并且专门为此撰写了一篇引言。马克思之所以认为重新发表这篇文章是适时的,原因就在于"在该书中还处于萌芽状态的东西,经过20年的研究之后,变成了理论,在《资本论》中得到了发挥"①。这篇写于1847年的文章能使读者较为容易地理解马克思主义经济学主要著作的基本思想。马克思承认蒲鲁东的作为,但是他强调指出,法国社会主义者有必要克服小资产阶级观念的影响,就是说,要为自己开辟一条通往批判的、唯物主义的社会主义的道路。

《工人调查表》一文或许是想以特别的方式促进这个复杂的过程。这份文件的法译文曾得到广泛的流传,而它的英文原文在本卷中却是第一次发表。这份为进行调查统计而写的《调查表》可以用特有的方式帮助工人认识他们自身的处境,就是说,帮助他们把经济要求集中到一些根本性的问题上来,如何使他们认识到坚强的工会组织存在的必要性和促使无产阶级阶级觉悟的形成。《调查表》使人们了解到法国工人重

---

① 《马克思恩格斯全集》第1版第19卷第248页。

要的经济要求，如缩短工作时间、提高工资、男女同工同酬、禁用童工、缩短青少年的工作时间、工会组织合法化等等。马克思的《调查表》对于同广泛蔓延的蒲鲁东的政治弃权论和互助论的斗争、同路易·勃朗关于"各阶级的劳动组织"的幻想、总之同不久以后所谓可能派所持的观点的斗争作出了重要贡献。

马克思和恩格斯为促使形成"法国第一次真正的工人运动"作出的种种努力，在直接帮助起草"法国工人党纲领草案"中和他们对"法国工人党最低纲领（草案）"的影响中达到了顶点。马克思不仅积极影响了法国工人党纲领的制订，而且还支持保尔·拉法格宣传"纲领草案"基本思想的意图。本卷第一次完全用原文反映了马克思参与写作《法国工人党宣言草案》的情况。

马克思和恩格斯对于意大利革命工人党的创建同样自始至终给予了支持，这一建党过程始于1876年上意大利联合会的成立。他们之所以赋予这个以米兰的《人民报》为自己喉舌的新组织以如此重要的意义，是因为它代表着意大利产业工人并且能够遏止巴枯宁主义者对意大利工人运动的有害影响。正是出于这个原因，恩格斯为《人民报》撰写了一系列文章，使这个年轻的组织了解国际工人运动的发展形势，并向它介绍了先进的斗争经验，从而指明它所面临的任务。

在《关于一八七七年德国选举》这篇通讯里，恩格斯以实例论证了利用选举作为政治斗争和教育工人的手段的必要性。恩格斯之所以明确把矛头指向"主张放弃选举的先生们"①，显然是要加深政治上较为进步的工人们对巴枯宁的政治冷淡主义的怀疑。《英国农民要求参加国内政治斗争》和《英国农业工人联合会和农村的集体主义运动》这两

---

① 《马克思恩格斯全集》第1版第19卷第108页。

篇通讯使意大利社会主义者对英国农业工人状况有了了解。英国农业工人是经济上和政治上都被剥夺了权利的阶级，根据他们通过直接参与政治生活以求改变农村所有制关系的努力和统治阶级竭力对这场新的运动施加影响这两种情况，恩格斯间接地证明了建立一个独立的工人政党的必要性。

恩格斯在《德国、法国、美国和俄国的工人运动》一文中扼要分析和论述了这些国家社会主义运动的状况和在发展中所遇到的一些特殊的问题。其中他较为详细地叙述了俄国的革命形势，并且指出这场可以预料的俄国人民革命对于无产阶级的社会革命将具有深远的历史意义。这场革命一旦开始，必将加深它自身的社会内容，彻底铲除欧洲反动势力的庞大后备军。"只要俄国一发生革命"，恩格斯写道："整个欧洲的面貌就要改变。"① 鉴于意大利的工人运动遭到愈来愈甚的压制这个情况，恩格斯在《德国反社会党人非常法——俄国的状况》一文中，以反社会党人非常法为例阐述俾斯麦是如何在无意之中为德国工人的革命教育帮了大忙的。在重申俄国的人民革命是一个信号这种国际影响的同时，恩格斯也研究了俄国革命者的斗争方法。马克思和恩格斯虽然一般地反对把个人恐怖作为无产阶级阶级斗争的手段，但是承认它在特殊情况下是一种历史上不可避免的行动方式。在这种特殊情况下，俄国的革命者面对沙皇制度的野蛮暴行必须起来自卫。

本卷有许多不同的材料反映了马克思和恩格斯为了给英国和美国的工人运动以符合这两个国家条件的实情的指导所作的努力。由于英国和美国的工人运动存在和斗争条件的特殊以及英国工人中固有的"对于一

---

① 《马克思恩格斯全集》第 1 版第 19 卷第 134 页。

切理论的漠视"①，还有因宗派主义导致美国的社会主义者在群众中缺乏影响这些情况，使得马克思和恩格斯在这方面的工作遇到了异乎寻常的困难。

马克思和恩格斯与英美工人运动的政治实践的联系主要是他们与个别工人、政治家和记者之间的个人交往。马克思和恩格斯通过这些人尽可能地去阐明工人运动的任务与目标，传播社会主义思想，促使群众在政治生活中同反动观点斗争。

马克思通过马耳特曼·巴里间接地与英国工人运动的领导人进行论战，这是因为他们在1876—1877年间追随资产阶级自由派公开支持沙俄的巴尔干政策。在《格莱斯顿先生和俄国的阴谋》、《格莱斯顿先生》和《被撕下假面具的大鼓动家》这几篇文章里，英国自由派的对外政策遭受了严厉的抨击。也出于这个目的，马克思为凯斯·奥克莱里的演讲稿《论俄国对波兰的蹂躏》提供了关于沙俄在波兰推行高压政策的资料。马克思的《乔治·豪威耳先生的国际工人协会史》一文是写给那些所谓的工人领袖的。马克思在这一文中以实例阐明了对第一国际历史的篡改必然导致对革命的工人阶级利益的背叛。在与豪威耳先生所持的关于第一国际已经失败的观点的论争中，马克思指出了以下的事实：第一国际的革命传统已经被各国工人政党和工人运动继承了下来。从这点出发，马克思推出了对于国际工人运动历史编纂学具有重要意义的结论，即国际已从它"诞生的初期"进入更高的发展阶段。

马克思和恩格斯为消除资产阶级和改良主义对英国工人运动的影响作出了许多努力，其中给伦敦的《劳动旗帜报》写的一系列文章占有突出的地位。恩格斯的这些文章是直接写给那些越来越不满现状的工人

---

① 《马克思恩格斯全集》第1版第18卷第566页。

群众的，引导工人群众提出明确的、符合他们的实际利益的经济要求和政治要求。发表在《劳动旗帜报》上的这些文章是面向群众宣传社会主义的范例。恩格斯在文章中探讨了科学共产主义的基本问题，介绍了欧洲大陆各工人党斗争的经验教训，研究了它们的发展趋势。它们告诉人们应如何去分析经济和政治之间的内在联系，生产力发展给政治、社会、意识形态方面所带来的后果，和如何去估价这个历史过程的前景。恩格斯回顾了"世界历史上第一个工人党"即宪章运动的重要传统，并用理论上普遍理解的方式研究了美国工人运动中的主要现实问题。恩格斯从分析资本主义剥削的机制入手，进而指出：在资产阶级统治下不可能有真正的"公平"，因此，工人必须以"劳动资料——原料、工厂、机器归工人自己所有！"① 这个口号来取代做一天公平的工作，得一天公平的工资这一过去提出的要求。恩格斯在论述中自觉地和马克思在1865年提出的口号联系起来，接着他阐述工会作为工人阶级的组织者的作用。在研讨工联的功绩和欠缺的时候，恩格斯详细论证了为什么单有工会组织还不能打破资本主义的雇佣奴隶制的原因。其主要根据是，无产阶级反对资产阶级的斗争不可避免地带有政治斗争的特点，所以工人只有建立自己的政党才能进行这场必不可少的夺取政权的斗争。恩格斯并不隐瞒这样的观点：让资产阶级政党在议会中代表工人阶级，这对于欧洲组织得最好的工人阶级来说是不光彩的。所以他在指示运用已经存在的普选权时呼吁说："利用已经掌握在他们手里的力量，利用他们在帝国各大城市中实际拥有的多数，把自己队伍中的人派到议会里去。"恩格斯在阐明英国工人阶级斗争的目标、手段和可能性之后，他又把读者的注意力引向德国社会民主党所进行的富有成效的斗争上来。

---

① 《马克思恩格斯全集》第1版第19卷第276页。

他提醒道，英国资产阶级报纸之所以对俾斯麦的高压政策讳莫如深，是因为他们拥护自己的政府在爱尔兰的暴行。最后恩格斯转而论述英国资产阶级在生产体系中所扮演的角色。从分析它的历史过时性出发，恩格斯在他这组文章的最后一篇里得出这样的结论——资产阶级在英国不仅已成为多余，而且已经变得没有能力管理"本国巨大的生产体系了"。

《一八七七年的欧洲工人》这组文章表明1877—1878年的美国工人运动逐渐引起马克思和恩格斯的注意。因为1877年夏的美国铁路工人罢工斗争似乎"成为建立一个真正的工人政党的起点"①。恩格斯写这些文章是为了支持第一国际的拥护者。面对拉萨尔主义分子，他们当时在成立于1876年的"北美工人党"内正处于困境。这些文章在内容上与恩格斯为《人民报》写的两篇通讯有着紧密的联系。与此相联系，恩格斯在《一八七七年的欧洲工人》这组文章里，逐一分析了第一国际解散之后欧洲各国革命工人运动的状况和发展趋势。他在文章的开头指出各国工人运动实际上已经恢复统一，接着报道了德国社会民主党人在1877年帝国国会选举中所获得的巨大成就，这一成就足以显示工人的政治斗争的重要性。

在德国社会民主党取得进步的各种条件中，恩格斯着重指出德国工人运动的一大优点，这就是"工会组织同政治组织齐心协力地工作"②。工人政党和工会组织的紧密合作对于各国工人运动的进一步发展都具有非常重要的意义。一方面，通过工会的工作把越来越多的工人吸引到政治运动中来；另一方面，党领导的政治行动能够使各个分散的工会组织联合起来并给予支持。恩格斯以法国工人阶级的状况为例，阐明了工人

---

① 《马克思恩格斯全集》第1版第34卷第59页。
② 《马克思恩格斯全集》第1版第19卷第138页。

没有自己的组织、自己的报刊和集会可能，就必然沦为资产阶级政党的尾巴，在资产阶级共和国里，他们争取自身解放的斗争有着最为有利的立足点。

恩格斯也较为详细地研究俄国工人运动的发展情况，他认为，那个国家所发生的事件不仅对本国，而且在国际上都具有极大的意义。在剖析1861年改革的本质时，恩格斯阐述了这场改革的结果如何不可避免地导致人民起来革命和导致沙皇政府与土耳其之间爆发战争。恩格斯看到，这场战争的结局为全欧战争以及俄国国内政治形势尖锐化创造了条件。他断言，日趋成熟的俄国革命势必导致欧洲发生根本变化，因此它将被看成是"向他们的共同目标——劳动的普遍解放大大迈进了一步"而首先受到各国工人群众的欢迎。

鉴于美国社会党人中出现的宗派主义倾向，恩格斯在他的文章中说明了巴枯宁主义分子宣扬的政治冷淡主义的破产和他们在行动上的冒险性质。通过详细的概述，恩格斯证明宗派活动在工人运动中已经过时，欧洲无产阶级的革命组织在第一国际精神的指导下正在发展壮大。恩格斯强调指出一个值得注意的事实，就是那些从运动的实际需要中产生的行动计划在基本特点上是相同的，从而保证了目标一致和保证为达到工人阶级自己解放自己这一共同目标所采取的方法的总的一致。恩格斯在阐述了1877年欧洲工人运动的形势以后总结说："在欧洲各地，不论什么地方，工人运动都不仅在顺利地发展，而且在迅速地发展，而更重要的是，处处的精神都是同样的。完全的思想一致恢复了，而同时，在各国工人之间通过这种或那种方式进行的经常的和定期的联系正在建立起来。"[①]

[①] 《马克思恩格斯全集》第1版第19卷第149页。

马克思在接受《芝加哥论坛报》和纽约《太阳报》的采访时，利用这种特殊的形式，向美国公众宣传科学共产主义的基本思想，传播国际工人运动的经验，批判反动的政策和意识形态。

收进本卷的文章使读者对马克思和恩格斯在1875—1883年间对俄国和波兰两国的历史和政治发展的强烈兴趣有一个富有启发性的了解。这些文章不仅反映了反对沙皇专制制度的不可调和的斗争和这个制度在本国和欧洲所扮演的反动角色，而且首先是马克思和恩格斯在这个时期和俄国与波兰的革命者保持积极联系的见证。准备参加这场普遍的世纪运动的俄国在70年代中期就对社会主义者具有特殊意义。早在1861年的俄国改革以前，马克思就已经指出，这种废除农奴制引起的社会发展必然导致俄国历史上"第二个转折点"的到来。根据对俄国社会关系的深入分析更使马克思恩格斯确信，在那片广阔的国土上正孕育着一场革命。他们认为，这场革命将不仅成为俄国历史的一个新的转折点，而且也是欧洲乃至世界历史的新的一个转折点。70年代末和80年代初，在俄国诞生了"具有前所未闻的自我牺牲精神和毅力的从事运动的党"，① 它需要特别的帮助与支持。这个"从事运动的党"在1876年"土地和自由社"产生之后有了自己的中央组织。然而，在它的内部，关于所致力的社会变革的道路和目标，存在着深刻的意见分歧。首先是这样一个问题：是否俄国注定必然要走资本主义的发展道路，它有无可能选择一条特殊的通往社会主义的途径。马克思在1877年就放弃公开参加这场辩论的打算。后来在1881年，他应俄国革命者请求，才在《给维·伊·查苏利奇的复信》中阐述了他自己对这一根本问题的立场。马克思在这封信的几个草稿里所写的是他对这个问题的深入的理论

---

① 《马克思恩格斯全集》第1版第34卷第426页。

探讨的扼要概括。马克思在信中以浅显的形式概括了他自己对西欧资本主义产生的特点和对于俄国农村公社的历史意义等问题的见解。

此后不久,在马克思和恩格斯合写的《〈共产党宣言〉俄文第二版序言》中,俄国革命者便得到了一个明确的指示。这篇《序言》的结尾联系了恩格斯先前表达过的思想,即西欧的无产阶级革命是俄国公社所有制"变成确实富有生命力的新形式"的条件。这些文章对于俄国革命者来说不仅在实际的政策方面,而且在理论工作方面都具有纲领性的意义。这些文章引导俄国革命者去分析俄国社会经济关系及其发展,以便从中得出相应的政治斗争战略和策略的结论。马克思和恩格斯在思想上的支持和在战略上的明确指导为1883年在俄国诞生"劳动解放社"这样一个马克思主义组织作出了重要贡献。"劳动解放社"在传播科学共产主义和批判民粹派方面起到了举足轻重的作用,而且在一定意义上为在俄国建立革命的工人政党进行思想上的准备奠定了基础。在《致斯拉夫人大会主席》这封贺信中,马克思和恩格斯虽然并不怀疑俄国革命者的困难处境,但是仍然勉励他们继续同沙皇专制制度作坚决的斗争,指出,这场斗争最终"肯定要导致俄国公社的建立"[①]。这封信现在第一次用原文在本卷发表。

马克思和恩格斯认为,波兰和这场日益临近的俄国革命将对欧洲工人阶级的解放发挥举足轻重的作用。恩格斯用了一句精辟的话来说明两国的历史发展所造成的这种联系:"波兰的独立和俄国的革命是互为条件的"[②]。在马克思和恩格斯看来,波兰人民争取自由与独立的斗争是欧洲革命民主变革的斗争的一个组成部分。他们认为,这一变革是工人

---

① 《马克思恩格斯全集》第1版第19卷第270页。
② 《马克思恩格斯全集》第1版第18卷第578页。

阶级解放斗争的一个必不可少的前提。

马克思和恩格斯不仅与波兰革命者保持着私人间的联系和交往，他们还利用革命斗争纪念日，通过贺信公开拥护波兰革命者，并对他们的斗争给以道义上的援助和战略上的指导。《在一八六三年波兰起义纪念会上的演说》，本卷第一次用原文发表。在这篇文章中，恩格斯根据1848—1849年革命的历史经验指出波兰在欧洲各民族解放斗争中的特殊作用。他说："从革命的观点来看，"波兰是"欧洲大厦的基石"。① 70年代末和80年代初波兰革命者面临一个新的任务，马克思和恩格斯在《致日内瓦一八三〇年波兰革命五十周年纪念大会》这封贺信中指出了这个任务。在这篇文章中他们不仅使人们想起了波兰革命者在历次欧洲伟大的革命中所建立的非凡功绩，同时也呼吁他们把自己的斗争同俄国阶级兄弟的斗争联合起来。这一文献以前一直使用波兰文本为基础，本卷则依据最初发表的法文文本刊印出版，因为该文本更为接近已经佚失了的文件原文。

对本卷资料的写作与流传情况所进行的部分是翔实的研究具体地证实：在1875—1883年期间马克思和恩格斯积极支持了国际工人运动，因而科学共产主义的基本学说开始成为各国社会主义工人党的理论和实践并决定着进步力量的思想和行动，其中首要的是提出了"由上升到政治独占统治地位的无产阶级以社会的名义夺取全部生产资料"的要求。② 马克思和恩格斯在共同创作的最后时期所创造的丰富的思想宝藏，通过列宁和列宁的党的充分开掘，已经成为我们这个时代各国共产主义政党在革命地改造旧社会和建立新社会的斗争中的理论武器。

---

① 《马克思恩格斯全集》第1版第19卷第40页。
② 《马克思恩格斯全集》第1版第21卷第374页。

科学共产主义在国际工人运动中的传播是同马克思和恩格斯努力培养新一代革命的工人领袖和理论家最紧密地结合在一起的。恩格斯写的传记文章和纪念文章表明，革命的工人运动造就出怎样一些重要人物。马克思和恩格斯一贯重视对那些"站在运动党前列的人"作如实和生动的介绍。作为给历史画像的大师，他们以自己的科学传记著作的创作指出新的道路。这种文章过去和现在都是向大众宣传、尤其使年轻一代了解革命运动的历史和基本理论的有效手段。恩格斯深信，回忆运动的伟大过去对青年一代是有益的。特别是在系列文章《威廉·沃尔弗》和随后的几篇纪念文章里，恩格斯证明了，他有把各个人物身上反映的时代的与阶级的本质（因为他们是时代和阶级的代表）的特点，连同其独特鲜明的个性再现出来的才具。在这些为纪念"无产阶级社会主义、革命社会主义的老战士队伍中"① 的杰出代表而写的文章中，《马克思墓前悼词草稿》一文在本卷首次用原文发表。

恩格斯的讲演和文章可以说是为先驱者建立的一座座文学性的纪念碑，它们是无产阶级革命者个人之间亲密联系和团结的见证，字里行间洋溢的不仅是对死者的哀悼之情，而且更多的是对于工人阶级要把各国人民从剥削和战争中解放出来这一壮举最终必胜的坚定信念。恩格斯在为纪念燕妮·马克思和纪念燕妮·龙格而写的悼念文章里为我们描绘了英勇无畏的女性的图画——她们面对命运的打击毫不动摇，毫无保留地献身于革命事业，并且以她们自己的方式与战斗着的无产阶级妇女同呼吸，共命运。

恩格斯在他战友墓前的讲话和悼念马克思的文章是将个人的敬仰同客观的评价和谐地统一起来的卓越文献，其措词和内容同这位伟人及其

---

① 《马克思恩格斯全集》第 1 版第 19 卷第 319、375、376 页。

伟大的事业都是名实相副的。与传记文章《卡尔·马克思》里所表达的根本思想内容相一致，恩格斯在这里高度评价了学者马克思的划时代的理论发现和革命家马克思的丰功伟绩，他毕生的真正使命是"以某种方式参加推翻资本主义社会及其所建立的国家制度的事业，参加赖有他才第一次意识到本身地位和要求，意识到本身解放条件的现代无产阶级的解放事业"①。由于恩格斯深知工人阶级的本质与作为他们的客观利益的理论表述——科学共产主义之间的内在联系，所以他在马克思逝世几天之后写下这句在他的朋友墓前的讲话结束时也说过的富有预见性的话："他的英名和事业将永垂不朽"。②

（原载《马克思恩格斯全集》原文版第1部分第25卷第5—56页）

（王竞、张慧文 译　韦建桦、王宏道 校）

---

① 《马克思恩格斯全集》第1版第19卷第375页。
② 《马克思恩格斯全集》第1版第19卷第376页。

恩格斯的《自然辩证法》的形成和发表过程

——《马克思恩格斯全集》历史考证版第1部分第26卷前言*

《自然辩证法》代表了辩证唯物主义世界观即唯物辩证法发展过程的一个新的阶段。70年代初形成的新的历史条件和自然科学领域发生的深刻变化,使得下述任务成为可能的和必要的:制定辩证的同时又是唯物的自然观,把它纳入工人阶级统一的科学世界观,并说明它对自然科学家的研究工作的意义。构成《自然辩证法》的核心的是这样一种认识:在自然界以及社会中存在着一种客观的辩证法,它可以并且已经在自然科学中得到反映,而辩证法作为哲学的理论和方法如果在唯物主义的基础上得到发展,那么它对自然科学也具有极重要的意义。①

这一认识是从马克思和恩格斯创立的唯物主义历史观和由此获得的对自然界和社会的物质统一性的认识中得出的一个结论。早在50年代末,恩格斯就从这一认识出发开始努力研究自然科学,他尤其注意黑格尔逝世以来的新成果。他把这些成果看做是对黑格尔的一种确认,并由此提出了把黑格尔哲学的合理内核成功地应用于自然科学的任务。当时他就特别注意能量守恒定律、细胞理论和达尔文的进化论。他还怀着极

---

* 本文选自《马克思恩格斯研究》1994年总第16期。

① 参看《马克思恩格斯全集》第1版第20卷第10—17页。

大的兴趣跟踪有机化学的发展。① 恩格斯是从马克思那里得到重要启示的,原来马克思在此以前——在批判以往的利润理论时——曾重新研究黑格尔的辩证法。②

恩格斯在"退出商界并移居伦敦"以后才开始系统地研究自然科学和数学,探讨与此有关的哲学问题。③ 他写作《自然辩证法》是在1873—1882年。这部著作没有写完,并且在恩格斯生前没有发表过。

本卷发表了197件文字材料,其中有一部分在形式上和篇幅上差异极大。这里有篇幅较大而又较完整的文章,如《导言》,或恩格斯称之为"章"的文章《运动的基本形式》和《运动的尺度——功》有细节问题研究和大量札记,也有计划草案(如《毕希纳》、《自然科学的辩证法》、《1878年计划》、《1880年计划》),最后还有广泛的摘录性的文字材料。这后一类材料中就包括有《梅特勒。恒星》。各组材料的转换界限是不清楚的。不是所有的材料都可以明确地分类。有时弄不清你面前的是一篇连贯的文章,还是几个单篇。(参看〔81〕和〔82〕、〔104〕和〔105〕、〔110〕和〔111〕。)④ 手稿中还包含有恩格斯原来为别的用途而写的后来才列入《自然辩证法》的几篇文章:《劳动在从猿到人的转变中的作用》、在准备《反杜林论》第1版的过程中写成的几则"注释"〔159〕、〔160〕、〔161〕,《神灵世界中的自然研究》、《〈反杜林论〉旧序。论辩证法》、《〈费尔巴哈〉的删略部分》,可能还有〔100〕至〔103〕的几篇材料。用希腊文写的〔96〕出自马克思的手笔。

---

① 参看《马克思恩格斯全集》第1版第29卷第323—326、502—503页。
② 参看《马克思恩格斯全集》第1版第29卷第250页。
③ 参看《马克思恩格斯全集》第1版第20卷第13页。
④ 这里方括号中的数字,是《马克思恩格斯全集》1985年历史考证版第1部分第26卷按写作时间顺序发表的各篇材料的统一编号,下同。——译者注

恩格斯把所有这些材料分为4束，并冠以下列标题：《辩证法和自然科学》、《自然研究和辩证法》、《自然辩证法》和《数学和自然科学。不同的东西》。这种划分显然不是出于随后立即发表的设想。这里既看不出是按内容划分，也看不出是严格按写作时间顺序划分。只有两束恩格斯编有目录。① 另两束至今仍无法明确判定包含哪些材料以及材料是如何排列的。恩格斯在逝世前不久给这4束材料编了号（31、30、32、28）并依这些编号编入一份一览表中。奥·倍倍尔1896年5月15日写给爱·伯恩施坦的一封信证明，这张表是路·考茨基—弗赖贝格尔根据恩格斯的口述编制的。

《自然辩证法》的形成史可分为两个主要时期，各包含四个时间长短不同的阶段，其时间的确定或多或少只能是大致的。第一个时期大概从1873年初开始到1878年中为止。几乎所有的札记的关于细节问题的研究材料都是在这个时期写成的，较完整的论文——除了原来为别的用途写的文章以外——中只有《导言》是在这个时期写成的。在这个时期，恩格斯加紧探讨自然科学和科学史，又对黑格尔哲学进行了彻底的研究，阐述了对整部著作具有决定性意义的基本思想。

《自然辩证法》的第二个写作时期是从1878年夏至1882年夏。在这一时期，恩格斯依据他在这一时期之初拟定的"1878年的计划"并利用"1880年的计划"，主要写了《辩证法》、《运动的基本形式》、《运动的尺度——功》、《潮汐摩擦。康德和汤姆生—台特》、《热》和《电》，按照恩格斯的提法，《热》和《电》可以称为章。② 恩格斯根据他先前阐述的构想并广泛利用已有的材料，开始系统地论述各种科学的

---

① 《马克思恩格斯全集》历史考证版第1部分第26卷第288页。
② 参看《马克思恩格斯全集》第1版第20卷第425页。

辩证的内容。他从这个角度出发分析了物理和化学的一些重要领域的理论发展情况。

第一个时期
1873 年初至 1878 年中
（第一至第四阶段）

《自然辩证法》的第一个写作阶段大约从 1873 年初开始，于同年 5 月 30 日或几天以后结束。恩格斯在这段时间里只写成了〔1〕至〔9〕篇的《自然辩证法。一》。这是恩格斯在写作过程中编号为 1—11 的均冠以《自然辩证法》这一标题的 11 组文章的第一组。

《自然辩证法。一》从〔1〕《毕希纳》开始。这是一部较大的、没有完成的抨击性著作的计划草稿，这部著作是针对路德维希·毕希纳的，主要是针对他的《人及其过去、现在和未来在自然界中的地位》（1872 年莱比锡第 2 版）一书而写的。这本书企图把达尔文的进化论套用于社会，用生存斗争来说明社会的发展。

早在 1872 年 5 月，恩格斯就曾对毕希纳进行过严厉的批判，并把他的这本书称做一篇"冒牌社会主义的拙劣作品"①。1873 年 2 月 8 日李卜克内西写给恩格斯的信曾谈到这部当时显然已计划撰写的抨击性著作，他鼓励恩格斯说："至于毕希纳，你就狠揍吧！"《毕希纳》大概写于 1873 年 2 月，肯定是在 5 月 30 日之前，因为恩格斯在这一天在同一页手稿上写下了札记〔2〕《自然科学的辩证法》。

《毕希纳》一文表明，恩格斯认为科学问题与工人运动的政治和思

---

① 《马克思恩格斯全集》第 1 版第 33 卷第 456 页。

想任务息息相关。在1870年以后的时期，马克思主义逐渐成为工人运动中居于领导地位的理论派别，与此同时，科学社会主义受到的攻击也越加强烈。因此，有必要通过全面阐述和广泛宣传马克思的学说来回击这样的攻击。恩格斯认为毕希纳当时新发表的那本书就是对科学社会主义的一种攻击。毕希纳和德国工人运动的不少重要代表人物有密切的私人关系，而且他以前的一些著作，特别是自然科学方面的著作——主要指1855年在美因河畔法兰克福出版的《力和物质》一书——不仅在自然科学家当中，而且在工人文化运动中都有很大的影响，因此恩格斯计划写的这部著作具有特殊的意义。毕希纳以前写的一些著作为传播自然科学中的唯物主义和无神论作出了重要贡献。

恩格斯对毕希纳的研究超出了计划要写的著作的范围，直接转入《自然辩证法》的写作。恩格斯所以要进行反驳，不只是由于"他们对无论如何总是德国的光荣的哲学竟肆意辱骂……"，而且还由于"他们妄图把自然科学的理论应用于社会并改良社会主义"①。恩格斯的论战性著作的这一论题针对的是毕希纳对古典哲学，尤其是对黑格尔所持的态度。这种态度主要反映在《人及其过去、现在和未来在自然界中的地位》一书中。毕希纳在该书第248页上明确反对黑格尔的辩证法，并引用了贝尔托德·祖勒斯的著作《阿尔都尔·叔本华和当代哲学。反形而上学研究，着重考察18世纪的思想家》（1862年柏林版第1部）一书。他把黑格尔的辩证法描绘成这样："那种关于'有'和'无'的混乱杂拌儿……哲学家的精神和思想空虚得奄奄一息的那副骨架，全靠哲学术语或专门用语这一大堆五光十色的饰物来支撑门面……"对黑格尔的无知和不理解他的辩证法是19世纪下半叶德国思想界的典型现象。这种

---

① 《马克思恩格斯全集》第1版第20卷第542页。

现象在自然科学家中也普遍存在，并且使他们从哲学上理解自己的研究成果遇到了困难。恩格斯在与毕希纳的争论中，研究了后者早在1858年表述的关于黑格尔辩证法在自然科学中的作用的思想。① 同时确定了写作《自然辩证法》的基本的哲学史出发点。从这个意义上说，《毕希纳》这一片断材料超出了与毕希纳辩论的范围，是恩格斯计划要写的关于"自然哲学"的重要著作的第一个计划草案，按照这个计划，这部著作应当证明，摆脱了神秘主义的辩证法将成为自然科学的绝对必要，只要自然科学抛弃满足于固定不变范畴的领域。②

手稿中紧接在《毕希纳》之后的是札记〔2〕《自然科学的辩证法》。在这个札记中首次阐述了《自然辩证法》这部著作的基本的哲学思想，其内容包括：研究物质运动的各种不同形式是自然科学的主要对象，物质的运动形式相互转化，这种转化反映在自然科学的相互关系上。《自然科学的辩证法》写于1873年5月30日，因为恩格斯在这一天的一封信中把该札记包含的新的认识告诉了马克思。③ 这封信显然是在这个札记的基础上写成的。二者在内容和表达上基本一致。它们都略微详细地说明了运动的个别形式——恩格斯把这种形式区分为位置移动、物理运动（热、光、电、磁），化学变化和有机生命——和探讨这些形式的各门科学。

恩格斯很可能已经意识到这样一点：他有了一个新的想法，并且认为详细地说明和论证这个想法可能是一种值得从事的工作。因此，他写信给当时逗留在曼彻斯特的马克思，请他发表意见。马克思5月31日

---

① 《马克思恩格斯全集》第1版第29卷第324—325页。
② 《马克思恩格斯全集》第1版第20卷第546页。
③ 《马克思恩格斯全集》第1版第33卷第82—86页。

就回信说收到了这封信，可是没有立即发表意见，因为正如他在信中说，他还要"对此进行认真思考，并和'权威们'商量"①。这里的"权威们"指的是在曼彻斯特任教的德国化学家卡尔·肖莱马和英国法学家赛米尔·穆尔。马克思和恩格斯多年来一直和他们保持朋友关系。穆尔是数学的大行家，尤其长于微积分，肖莱马向马克思和恩格斯提供自然科学现状和发展远景方面的信息，尤其是1822年以来照例每年举行一次的德国自然研究家和医生大会的信息。肖莱马看了恩格斯的这封信。从肖莱马加的边注可以看出，他完全同意恩格斯信中的想法。②

继《自然科学的辩证法》之后写成的是几则小的札记，在这些小的札记中，恩格斯着手通过一些专题来说明辩证思维在自然科学中的必要性（札记〔3〕—〔8〕）。恩格斯在札记〔9〕中又回到和毕希纳的争论上来，并且对列·冯·恒宁格出版的《哲学全书缩写本》（《黑格尔全集。作者生前友人出版的全集版》第6卷）第1部《逻辑》（1840年柏林版）中的个别段落作出论证。到此，《自然辩证法。一》写完了。中断了一年多以后，恩格斯才又继续写作《自然辩证法》。在发生中断的这一期间，他要完成科学和政治方面的其他一些任务。

第二个阶段从1874年9月中旬起至迟到10月为止。 在这个阶段恩格斯写《自然辩证法。二》至《自然辩证法。七》（材料〔10〕—〔64〕）。

恩格斯重新投入自然辩证法研究，主要是受到1874年8月底在拜尔法斯特举行的不列颠科学促进协会第44届代表大会的推动。他尤其

---

① 《马克思恩格斯全集》第1版第33卷第86—87页。
② 参看《马克思恩格斯全集》历史考证版第1部分第26卷第391—393页的插图。

感兴趣的是协会新任主席约翰·丁铎尔的开幕词（发表于1874年8月19日，载1874年8月20日《自然界》杂志伦敦—纽约版第251期）和托马斯·亨利·赫胥黎的题为《称动物为自动机的假说及其历史》的演说（发表于1874年8月24日，载1874年9月3日《自然界》杂志伦敦—纽约版第253期）。恩格斯在1874年9月21日给马克思的信中针对这两次演说，强调指出，他正埋头研究"关于本质的理论"，并且重新投入"辩证法问题"的研究。如果留意一下，恩格斯是9月5日从泽稷岛返回的，那么从这封信就可以判定，他于1874年9月12日左右开始写《自然辩证法。二》。札记〔12〕《自然科学的发展形式》肯定是在这段时间写成的，这个札记是对丁铎尔和赫胥黎的演说的回应，并且详细说明了他在致马克思的信中提出的问题。恩格斯指出，那个时代的自然研究家在理解认识过程的复杂性，理解依次更迭的假说和理论之间的内在联系以及理解对现象的本质的日益深入的认识方面存在着什么样的困难。由于对辩证法的无知，出现了一种不可知论的趋势，恩格斯后来称这种不可知论是羞羞答答的唯物主义。① 这种趋势从丁铎尔和赫胥黎身上也可以看出来。丁铎尔强调指出，他认为外部世界的存在是没有问题的，但在他看来，我们的意识状态只是外部世界的符号，而外部世界的真正本质我们是无法认识的。至于赫胥黎，有人认为他关于生命现象可从机械上加以解释的思想会导致唯物主义和无神论，他对此进行了辩护。

恩格斯于1874年9月12日前后可能还写了札记〔10〕和〔11〕——以此为开端写《自然辩证法。二》。这可以从外表形式来判明：《自然辩证法。一》的相应一页没有写满，《自然辩证法。二》的

---

① 参看《马克思恩格斯全集》第1版第22卷第201—247页。

字体显然不同，而且使用的是另一种纸张。

恩格斯在1874年9月21日写给马克思的信中对黑格尔以及他自己对黑格尔的研究所说的话清楚地表明，恩格斯始终高度重视哲学史方面的文献。这一阶段中写成的札记有许多都是对黑格尔最著名的著作再度进行研究的成果。这表明恩格斯正在努力把黑格尔著作中的合理内核即辩证法变成有助于从哲学上理解自然科学的东西。恩格斯联系黑格尔总是指出，自然研究家要想理解在对立之中实现的现实运动，就必须辩证地使用概念和范畴。（另见〔14〕、〔17〕、〔20〕、〔22〕、〔55〕、〔63〕）。恩格斯在这一阶段经常回到同不可知论或怀疑论的争论上来。（〔16〕、〔23〕、〔33〕、〔36〕）

1874年9—10月，恩格斯继续加紧研究同时代人的自然科学文献。赛米尔·穆尔的一封信表明，1874年初恩格斯显然就已拿到了恩斯特·海克尔的著作《自然创造史》1873年柏林第4版（第1版1868年在柏林出版）。（参看赛米尔·穆尔1874年3月18日给恩格斯的信）这部著作论述了达尔文进化论的前史和内容以及这一理论对自然研究的很多领域的影响，并从世界观的角度进行了说明。最初提到海克尔是在1874年10月写成的几篇札记中。（见〔40〕—〔44〕、〔49〕—〔53〕、〔59〕和〔61〕。）

恩格斯在这之后的一段时间里多次回到《自然创造史》上来。它是恩格斯在整个第一个写作时期中利用过的最重要的自然科学文献之一。这完全符合他对进化论所表现出的兴趣，早在1859年他研究查理·达尔文的著作《根据自然选择即在生存斗争中适者保存的物种起源》（1859年伦敦版）时就显示出了这种兴趣。① 这清楚地表明，他在

---

① 《马克思恩格斯全集》第1版第29卷第502—503页。

写作过程中放弃了他在1873年5月底表示的暂不涉及有机体辩证法的设想。① 除了《自然创造史》之外，恩格斯还利用了海克尔的其他著作（《有机体一般形态学》1866年柏林版第1、2卷；《人类起源学或人类发展史》1874年莱比锡版）。

恩格斯在这一写作阶段进行的自然科学研究的第二个重点是物理学。恩格斯感兴趣的不仅有牛顿力学，以及黑格尔对牛顿力学理论和对这种理论的各种机械论解释所作的批判（见〔13〕、〔28〕、〔31〕、〔32〕、〔34〕、〔63〕），而且还有狭义的物理学，尤其是1842年被称为机械的热理论的基本规律的能量守恒定律。恩格斯在这个方面依据的是威廉·罗伯特·格罗夫的著作《物理力的相互关系》（1855年伦敦第3版）和鲁道夫·克劳胥斯1867年在德国自然研究家和医生美因河畔法兰克福第41次代表大会上所作的报告《关于机械的热理论的第二大定律》（1867年不伦瑞克版），（见〔29〕、〔37〕、〔39〕、〔54〕）。恩格斯在1865年3月29日给弗里德里希·阿尔伯特·朗格的信中就曾提到过格罗夫的这部著作。② 在这一写作阶段中，恩格斯依据这些文献，主要是依据格罗夫的著作，得出了把运动看做就是变化这一普遍的哲学规定。

〔64〕《摩里茨·瓦格纳〈自然科学的争论问题〉》很可能也属于这个写作阶段。恩格斯在这篇论文中针对的是1874年10月6、7、8日《奥格斯堡总汇报》第279、280、281号增刊。该论文和1874年写成的其他札记（例如：〔49〕、〔59〕）在内容上有较紧密的联系，恩格斯在这些札记中已经探讨了生命起源或更确切些说由化学到生命的转化

---

① 《马克思恩格斯全集》第1版第33卷第86页。
② 《马克思恩格斯全集》第1版第31卷第471—472页。

问题。

1874年9月，恩格斯读了丁铎尔的演说，丁铎尔对伊壁鸠鲁的认同给他留下了深刻的印象。① 丁铎尔在他的"开幕词"中详细论述了古代原子论以及它在近代自然科学中重新被认可的情况。他把原子论称做科学的自然学说的基础。大概是丁铎尔的演说促使恩格斯去仔细研究古代自然哲学，从札记〔26〕、〔46〕、〔60〕中就可以清楚地看出这一点。在这个方面，恩格斯读了卡尔·路德维希·米希勒出版的黑格尔的《哲学史讲演录》1833年柏林版第1卷（《黑格尔全集。作者生前友人出版的全集版》。第13卷）（参看〔60〕）。因此，《自然辩证法。一》至《自然辩证法。十一》之外的写有片断材料〔95〕、〔96〕和〔97〕的那几页手稿可能也是在这段时间（1874年9月或10月）写成的。〔95〕是黑格尔《哲学史讲演录》的摘要，这段文字论述的是古代自然哲学。〔96〕出自马克思的手笔，论述的是希腊原子论。在确定这几篇材料的写作日期时还留下一个问题，即恩格斯为什么不把它们列入《自然辩证法。一》至《自然辩证法。十一》之内。还不能完全排除它们是在更晚些时候写成的。根据是，〔96〕和〔163〕《〈反杜林论〉旧序。论辩证法》中利用的是相同的哲学史文献。〔95〕、〔96〕和〔97〕大约写于1874年9月或10月，这也可从所使用的纸张得到说明，从这一点出发并且考虑到《自然辩证法。一》至《自然辩证法。十一》的内在完整性，这几篇材料按写作时间排列时列在材料〔1〕—〔94〕之后。

第三个写作阶段大约在恩格斯再次中断《自然辩证法》写作一年之后于1875年11月开始的。恩格斯在这个阶段写成了从《自然辩证法。八》到《自然辩证法—reference〔引据〕》，还有札记〔65〕—

---

① 《马克思恩格斯全集》第1版第33卷第127页。

〔94〕以及第1篇比较完整的论文〔98〕《导言》。第三个写作阶段的截止日期无法精确地确定,可能是到1876年5月为止。可以肯定,这个阶段至此已经结束,因为恩格斯从此时起已开始和杜林进行较紧张的争论。

1875年11月,《自然辩证法。八》和《自然辩证法。九》这两个对开页手稿首先写成,这包括了札记〔65〕—〔84〕。确定《自然辩证法。八》的写作日期的根据是,恩格斯在两个札记(〔71〕和〔73〕)中都参阅了1875年在圣彼得堡匿名出版的彼得·拉甫罗维奇·拉甫罗夫的著作《论思想史》,而这本书是作者题词后送给恩格斯的,因此在很大程度上可以认为,恩格斯是在1875年11月——在他夏天休养以及结束他的德国旅行之后——才看这部著作的,恩格斯在同年9月24日写给拉甫罗夫的信中对他的一封来信表示感谢,并且提到,他不在的时候收到一大堆书报①,他在信中表示,他将尽快阅读拉甫罗夫在《前进!》上发表的一篇文章,并围绕社会主义对"达尔文的生存斗争学说"的态度问题将把自己所持的观点告诉拉甫罗夫。恩格斯在1875年11月12—17日写给拉甫罗夫的信中实现了这一诺言。可以肯定,恩格斯这段时间正在写作《自然辩证法》。《自然辩证法。九》包括札记〔83〕《Struggle for life〔为生活的斗争〕》,这篇札记在内容上与恩格斯11月份写给拉甫罗夫的那封信基本一致。

恩格斯写《自然辩证法。十》、《自然辩证法。十一〔a〕》、《自然辩证法。十一〔b〕》(材料〔85〕—〔93〕)和〔98〕《导言》——至少是《导言》第一部分——可能是在1875年11月或12月,但也可能是1876年初。札记〔94〕最早可能是在1876年1月底写成,因为其中

---

① 《马克思恩格斯全集》第1版第34卷第144页。

提到的刊载有丁铎尔在皇家学会上所作的报告摘要的那期《自然界》是同年1月27日才出版的。

第三个写作阶段的特点是采用历史的考察方法，这是恩格斯早在40年代和马克思共同制定的方法，它促使恩格斯从一开始就把对自然知识史的思考写进《自然辩证法》。对这一课题的专门研究在第二个写作阶段已经开始，它是第三个写作阶段的主要组成部分。

恩格斯第一次用较大篇幅论述近代自然科学的历史是在〔57〕《历史的东西》中，它是《导言》的一个初稿。恩格斯在这篇论文中不仅依据了黑格尔的著作，而且还评述了约翰·威廉·德莱柏的著作《欧洲智力发展史》（两卷集，1864年伦敦版）和威廉·惠威尔的著作《从早期到现在的归纳科学的历史》（三卷集，1837年伦敦版）。丁铎尔在他的演说中也利用了这些文献。1875年11月，恩格斯写了3个自然知识史方面的札记（〔87〕、〔89〕和〔90〕）。这3个札记研究的是有关自然科学和数学的从古典古代至今的历史，关于科学和生产的相互关系以及大约到1500年为止的科技发明史。除了已提到的几种文献外，恩格斯可能还利用了拉甫罗夫的著作《论思想史》以及马克思1851年做科技史摘录时使用过的著作。

恩格斯在第三个写作阶段继续从事原先开始的自然科学多领域研究。他在研究机械的热理论时同宇宙热寂假说展开了论战。针对克劳胥斯，恩格斯强调指出，如果把热力学的第一定律理解为能量守恒和转化定律，那么从上述假说的含义上对第二个定律所做的解释则和第一个定律相矛盾。（见〔79〕和〔88〕。）

从1875年11月开始，恩格斯特别注意天文学方面的问题，关于这些问题他以前曾附带发表过看法。（见〔1〕、〔2〕、〔6〕、〔8〕、〔26〕、〔57〕）在这个领域中恩格斯感兴趣的首先是康德创立的，或者更确切地说是拉普拉斯创立的天体演化论。恩格斯阅读了约翰·亨利希·梅特勒的著作《宇宙的奇妙结构,或通俗天文学》(1861年柏林第5版)和安奇洛·赛奇的著作《太阳》(1872年不伦瑞克版)。唤起恩格斯对年青的康德及其名著《自然通史和天体论》(1755年科尼斯堡版)产生兴趣的首先是赛奇,他认为伊曼努尔·康德和比埃尔·西蒙·拉普拉斯的天体演化论是一种已部分地得到证明的学说,并指出了罗伯特·本生和古斯道夫·基尔霍夫所确立的光谱分析在这个问题上的价值。① 促使恩格斯对这个问题发生兴趣的还有上面已提到过的拉甫罗夫的著作,恩格斯的著述和这部著作在使用的文献和作出的评述方面有共同之处。在这个写作阶段,恩格斯在研究数学中的哲学问题方面比以往辟出了更多的篇幅(参看〔67〕—〔70〕),他在这个方面不仅依据了黑格尔对这些问题的思考,而且还利用了沙尔·波绪写的教科书《微积分》第1卷(1797—1798年巴黎版)。

  这个写作阶段以《导言》告终。恩格斯在写《导言》时利用了以前写的材料——主要是自然知识史和自然史材料。这种内容上的联系是作出下述推测的主要根据:《导言》也出自这一写作阶段,并且恩格斯当时已着手系统地阐述他的观点。《导言》中包含的时间数据(见《马克思恩格斯全集》第20卷第371和372—373页)固然可以确定写作日期,但是这个论据没有说服力。恩格斯在《导言》中提到了1838—1839年细胞学说的创立和海克尔1866年阐述的关于生命形式的发展始自完全无定形蛋白质的认识。恩格斯在这两个场合,只指出了取得这些科学成就以来已大致经历了多长时间。《导言》和《反杜林论》的第一批准备材料(写于1875年10月中至1876年5月底)用的是同一种纸

---

① 《马克思恩格斯全集》第1版第20卷第618—622页。

张，后来写《自然辩证法》也用的是这种纸张。

同材料〔57〕中勾画的思路相一致，《导言》第1部分论述了文艺复兴以来的自然科学的发展。在这里清楚地说明，自然科学的不断进步越来越动摇了形而上学的思维方式的基础，但是回复到辩证法的过程是充满矛盾的和漫长的。《导言》的第2部分探讨了自然界的历史："从旋转的、炽热的气团中"形成了"以银河最外端的星环为界限的我们的宇宙岛的无数个太阳和太阳系"①，后来地球上出现了生命，直到进一步发生分化，从中产生了人和人的社会历史。

材料〔89〕—〔94〕和〔98〕的形成顺序无法精确地确定。但可以肯定它们之间的如下联系：〔90〕在〔89〕之后，〔98〕以〔91〕、〔92〕、〔93〕为前提。〔90〕可能在〔91〕、〔92〕、〔93〕和〔98〕之后才写成，也就是写于1876年5月底，当时恩格斯形成了批判杜林的较明确的想法。〔89〕和〔90〕可以说是《导言》的准备材料或补充材料。

恩格斯一度不可能全力以赴地写作《自然辩证法》。这是因为，1874年底，欧根·杜林的《国民经济学和社会主义批判史》一书的第2版（部分修订版）在柏林出版，他的《哲学教程——严格科学的世界观和生命形成》也于1874年底1875年初在莱比锡出版。1875年秋，他又发表了《国民经济学和社会经济学教程》。恩格斯最迟于1876年5月全力以赴展开与杜林的争论。

恩格斯在准备同杜林展开论战的同时，又在写另一长篇论文《奴役的三种基本形式》，这是他1876年3月底或4月初答应李卜克内西为《人民国家报》而写的。这一许诺可以从威廉·李卜克内西1876年4月

---

① 《马克思恩格斯全集》第1版第20卷第371页。

7日写给恩格斯的一封信中得到证实,他在信中说,恩格斯答应写的东西来的正合时机并将首先在《人民国家报》上刊出。同年6月10日,李卜克内西说得更加清楚:"我急切地等待着您答应给《人民国家报》写的论文《奴役的三种基本形式》。我们正想要这样的东西"。根据这封信和在反驳杜林方面越来越坚定的态度可以推测,论文〔99〕极有可能写于1876年5—6月。如果考虑到德国社会民主党的哥达纲领所引起的关于劳动和剥削的性质的争论,就会清楚地看到,当时正需要一篇有关这一问题的著作。因此,恩格斯的这篇论文的第一句话从哥达纲领的第一点谈起,这并不是巧合。

恩格斯计划写的这部长篇著作是从一个导言开始的,他描述了创造了人类本身的人类劳动的原始形式。恩格斯在这里有机会对达尔文关于人类形成过程的论述的一个要点进行修正和补充,同时主要是去反驳后来的通俗化者把达尔文的学说搬用于社会,把它变为一种社会学说的做法,指出这是不合理的。他在这里所依据的思想,已包含在他在1875年11月12日至17日写给彼得·拉甫罗维奇·拉甫罗夫的信中。

除了导言以外,这部著作的其余部分恩格斯没有完成,甚至连导言也没有写完。恩格斯在写作过程中曾把最初的标题改为"对工人的奴役",后来把这篇论文列入《自然辩证法》,并在《自然研究和辩证法》这一束手稿的目录中给它加上了《劳动在从猿到人的转变中的作用》的标题。作为《自然辩证法》的组成部分,这篇论文是对《导言》中提出的问题①的补充,后来的《1878年的计划》也提到了这个问题。②

在1876年5月底到8月初,很可能又写成一页手稿,上面有内容

---

① 《马克思恩格斯全集》第1版第20卷第373—374页。
② 《马克思恩格斯全集》第1版第20卷第375页。

不同的两件材料。它们是两则札记（〔100〕《永恒的自然规律》和〔101〕《奴隶制》），原来可能是作为《反杜林论》的准备材料而写的。根据之一是两者在内容上有联系。其次，是由于《反杜林论》的《引论》初稿的开头就写在这一页手稿上。这个初稿的延续部分列入《反杜林论》的准备材料。恩格斯用他独特的记号把这个初稿勾掉了，《马克思恩格斯全集》历史考证版第1部分第27卷将完整地刊出这个初稿。从内容来看，札记〔100〕也属于《自然辩证法》，〔101〕则属于计划写的著作《奴役的三种基本形式》。恩格斯把这一页手稿列入《自然辩证法》。

恩格斯大约于1876年5—9月完成黑格尔《逻辑学》一书的摘录〔102〕，他不仅在《反杜林论》①中而且在《自然辩证法》后来的手稿中也利用了这一摘录。大约在1876年5月至1877年8月期间，恩格斯从沙尔·傅立叶《经济的和协会的新世界，或按情欲分类的引人入胜的合乎自然的劳动方式的发现》（1846年巴黎版《傅立叶全集》第6卷）中作了摘录〔103〕。摘录的最后的一段涉及自然界中的转化问题。认定这一摘录形成于1877年8月的根据是，恩格斯在这段时间里正准备写《反杜林论》第3编《社会主义》，为此可能重新研究傅立叶。恩格斯把〔102〕和〔103〕列入《自然辩证法》。

恩格斯从哲学上批驳杜林时可能还利用了他以前写的自然科学和数学方面的研究著作。《反杜林论》的《引论》和第1编《哲学》所阐述的思想有很多可以看做是恩格斯1873—1876年从事《自然辩证法》写作的成果。这里指的特别是关于同形而上学相对立的辩证法的一般思考，关于认识自然的历史的考察（这方面主要是对康德天体演化学的评

---

① 《马克思恩格斯全集》第1版第20卷第142—156页。

价）以及关于自然科学的一些具体问题的讨论（主要是生命的起源、物种的发展以及能量的守恒和转化）。恩格斯在《反杜林论》中的很多地方利用了《自然辩证法》的这些材料。除此以外，他还利用了〔28〕、〔32〕和〔38〕。同时，恩格斯在《反杜林论》中把自然科学和数学问题的哲学探讨向前推进一步。这对恩格斯随后一段时间内的《自然辩证法》的写作起了很大的促进作用。《反杜林论》和《自然辩证法》之间的这种联系对于理解第四个阶段中写成的一系列手稿特别重要。

《自然辩证法》第四个写作阶段从1877年10月开始，约于1878年1月结束，因此包括了《反杜林论》完成之前的一段时间。

1877年10月首先写成的可能是手稿〔104〕—〔113〕。这些材料是恩格斯根据他对1877年9月底在慕尼黑召开的德国自然研究家和医生第50次代表大会的印象写成的。卡尔·肖莱马也参加了这次大会，恩格斯约于10月初从肖莱马那里得到了他感兴趣的材料。这些材料主要是以下报告：卡·耐格里《自然科学认识的界限》，载《1877年德国自然研究家和医生慕尼黑第50次代表大会公报。附录》（1877年9月）；恩·海克尔《当代进化论同整个科学的关系》（1878年斯图加特版）；鲁·微耳和《现代国家中的科学自由》（1877年柏林版）。恩格斯在和海克尔的争论中（见〔104〕、〔105〕、〔108〕）以及在后来和耐格里的争论中（见〔144〕）指出了他那个时代的一些著名的自然研究家在理论和方法上的弱点。恩格斯在和海克尔的论战中一方面反对把机械论和一元论等同起来，另一方面也反对把目的论和二元论相提并论。针对耐格里，恩格斯着重指出了量和质以及认识过程中的有限性和无限性之间的辩证关系。〔144〕是对耐格里在1877年自然科学家大会上所作的报告的直接反驳。在〔104〕、〔105〕、〔108〕中，恩格斯和海克尔争论的是海克尔以前发表的观点。但是，可以比较有把握地推定，恩格斯于1877年才开始深入批判海克尔在理论观点和方法上的片面性，因为海克尔的这种片面性在自然科学家大会上的演说中表现得特别明显和严重。按照这一推测，也可确定〔106〕、〔107〕和〔109〕—〔113〕的写作日期，因为它们和〔108〕写在同一印张的纸上。恩格斯在和杜林辩论时加强了数学方面的研究，他在上述各札记以及〔114〕中继续进行这方面的研究。他主要依据了黑格尔在数学方面的思考，并且证明，这门科学也需要辩证思维，在数学中对立面也互为中介。〔116〕—〔121〕继续对数学问题进行思考。内容上的这种联系也许在很大程度上表明，这些札记在时间上是相继地，至少是在同一段时间内（1877年10月）写成的。

另一组彼此相关的札记是〔122〕—〔159〕。这组札记的写作时间据推测从1877年10月起到11月底为止。从写作时间顺序上对它们进行这种编排的依据是：所讨论的问题从内容上把各个札记联系在一起，对几部自然科学著作或哲学著作的评述步步深入，最后，外表上形式上有一致之处（每一页上有几个不同的札记、某些札记纸张相同、几页被撕过的稿纸的毛边相吻合）。

这一组中一些札记的形成时间顺序是根据它们分别写在某一页稿纸上来确定的。属于这种情况的有〔122〕—〔129〕、〔131〕—〔134〕、〔137〕—〔141〕和〔146〕—〔158〕。而〔131〕—〔134〕、〔135〕和〔136〕、〔144〕和〔145〕以及〔146〕—〔158〕和〔159〕各篇的稿纸的毛边相吻合。

出于这种形式上的考虑，还可以把较小的各组札记的形成时间顺序确定下来。在这方面，主要是着眼于内容。恩格斯在〔122〕—〔129〕中开始分析托马斯·汤姆生的著作《热学和电学概论》（1840年伦敦第

2版)。与此同时,他重新研究了由卡尔·路德维希·米希勒出版的黑格尔的《自然哲学讲演录》,即《哲学全书缩写本》第2部(《黑格尔全集。作者生前友人出版的全集版》第7卷第1部1842年柏林版)。在〔130〕中,恩格斯继续分析汤姆生的著作,仍然没有写出他在〔122〕—〔129〕中提到过——尽管只使用简称——的那本书名。恩格斯在〔131〕—〔134〕中再次谈到他在〔130〕中所描述的汤姆生的"无稽之谈"。〔122〕—〔134〕可以推断是顺序完成的,根据是这些札记对《自然哲学讲演录》的分析一步步深入下去(并参看恩格斯在〔125〕、〔129〕和〔131〕中标出的页码)。〔135〕可以认为是在〔131〕—〔134〕之后写成的,因为〔135〕进一步探讨在〔133〕中只是简略地提到的电化学问题,而且其中还出现了一个以前从未提到过的自然科学文献(弗·加思里《磁和电》1876年伦敦和格拉斯哥版)。随后写成的很可能是〔136〕,因为〔136〕讨论的完全是另一个问题。对电学现象和相关理论的较详细的研究到此暂告结束。接在〔136〕之后的是〔137〕—〔141〕,因为这里——而且接连至后面的一页——又提到了在〔131〕—〔134〕中曾利用的古·维德曼的著作《流电说和电磁说》第1卷(1874年不伦瑞克第2版)。

接下来的材料〔142〕—〔143〕写于这个阶段的可能性已不是那么大。之所以把它们编在这里,是因为它们和前面的那些札记一样,都是讨论数学问题的。

接在这之后的可能是已经提到过的〔144〕和〔145〕。恩格斯仍然致力于和机械论思想展开论战,他在〔145〕的开头写道:"形而上学所陷入的另一种对立,是偶然性和必然性的对立。"① 他在〔164〕

---

① 《马克思恩格斯全集》第1版第20卷第560页。

《1878年的计划》中又谈到这个问题,而且提到了显然已写成的材料〔145〕。

所使用的纸张毛边相吻合的札记〔146〕—〔158〕和〔159〕是这组札记的最后几篇。确定它们的形成时间顺序的根据是:〔146〕—〔158〕这组札记对已提到的加思里的著作的分析逐步深入,因而和前面的一些札记(见〔135〕)有联系。事实上,这组文章不可能在1877年10月以前写成,因为恩格斯在〔155〕和〔157〕中利用的鲁·沃尔费的《天文学史》一书的预告于同年9月25日才在《德国书业市场报》(莱比锡)上刊登出来。这组札记最早写于1877年10月,这一推测所依据的另一事实是,恩格斯在〔151〕中继续评论耐格里在1877年9月底召开的德国自然研究家和医生慕尼黑代表大会上所作的报告,而这份报告于10月初才到达恩格斯手中。〔159〕可能写于11月下半月,所以很可能是在〔146〕—〔158〕之后。确定这一日期的根据是,〔159〕涉及了奥·凯库勒在1877年10月18日就任波恩大学校长时发表的那篇演说的内容,这次演说是1877年11月15日《自然界》杂志(伦敦—纽约版)第420期(第17卷第55页)上的一条18行的消息首次披露的。〔159〕是〔161〕《关于"机械的"自然观》一文的初稿。

在《自然辩证法》第四个写作阶段写成的很可能还有〔160〕和〔161〕,即所谓的《反杜林论》的《注释》材料,约写于1877年12月或1878年1月。它们原来是为1878年在莱比锡出版的《反杜林论》第1版写的。恩格斯标明的是1877年7月在莱比锡出版的单行本《欧根·杜林先生在反科学中实行的变革。一、哲学》中的页码,《反杜林论》第1版页码与该单行本一致。这两篇文稿无疑是相继写成的,因为它们是写在订在一起的同一种稿纸上。确定它们的写作日期的重要依据是内容方面的考虑,这主要反映在〔161〕中。恩格斯在〔161〕中继续讨论凯库勒1877年10月18日的演说,他在〔159〕中就提出这一打算。关于这个演说,他依据的是1877年12月18日《德国书业市场报》关于该演说将以小册子形式出版的预告中引述的原文。恩格斯把物理学、化学和生物学之间的联系问题作为他思考的中心点。他重复了他先前曾表述过的思想,即物理学是研究分子的运动,化学研究的是原子运动,并且满意地指出,凯库勒这位著名化学家在他的题为《化学的科学目的和成就》的演说中用完全类似的说法表述了这两门科学的对象。凯库勒是在详细地叙述了物理学和化学的原子论基础之后作这番说明的。除原子论之外,恩格斯认为把物理学现象归结为力学及其规律也具有相对的合理性。同时,他又告诫说,不能机械地解释19世纪物理学所特有的研究课题。他在这里批判了《自然界》杂志中解释凯库勒演说的一篇短文,认为该文"甚至把化学过程无条件地归结为纯粹机械过程"。恩格斯明确表示他反对《自然界》杂志的这种做法。他紧接着不仅同海克尔而且同耐格里继续进行争论。恩格斯写作〔161〕时仍然受到1877年9月的德国自然研究家和医生代表大会的影响。他对当时颇具现实意义因而在科学家中得到广泛讨论的问题发表了自己的看法。不考虑这层关系是无法理解〔161〕的。这篇文稿中的最重要问题有一部分已在〔159〕中论及过。

〔162〕《神灵世界中的自然研究》可能最早写于1878年1月,它原来是一篇独立的文章。其中恩格斯谈到约·弗·策尔纳1877年12月17日在莱比锡做的唯灵论的实验。这篇文章后来才由恩格斯编入《自然辩证法》。

〔163〕《〈反杜林论〉旧序。论辩证法》是恩格斯完成了《反杜林论》所有的3篇之后于1878年5月或6月初作为《反杜林论》第1版序言写成的。恩格斯显然在写完之后就觉得它不符合预想的目的而未采

用。同年6月11日，它完成了这篇较短的原定用作《反杜林论》第1版序的文稿。《1878年的计划》中提到过〔163〕。所以，当时〔163〕已被列入《自然辩证法》。

第二个时期
1878年夏至1882年夏
（第五—八阶段）

《自然辩证法》的第五个写作阶段是1878年8月或9月初。恩格斯编制了一个计划即《1878年的计划》，他在这个计划中第一次用详细的提纲形式确定了整部著作的结构。从这个计划可以了解恩格斯的思路以及他给各个篇定下了哪些哲学目标。而且还可以了解对已写成的文稿的处理意见。计划的重点是：一篇科学史和哲学史导言，辩证法的一般理论问题，各门科学的联系，对各种科学理论的辩证内容的考察，最后，从当时的争论中引出的、涉及自然科学认识过程各个特殊方面的一系列问题。从《1878年的计划》中可以看出，恩格斯此时仍然完全处在1877年德国自然研究家和医生代表大会的影响之下。恩·海克尔反击鲁·微耳和的报告的小册子《自由的科学和自由的讲授》在此期间出版，恩格斯于1878年7月收到这个小册子。因为恩格斯提到了海克尔的这部著作，所以《1878年的计划》不可能早于8月写成。确定它写于8月下半月的证据是下列事实：动物学家奥·施米特宣布他在即将召开的德国自然研究家和医生加塞尔第51次代表大会上将作题为《达尔文主义和社会民主党》的报告。恩格斯在《1878年的计划》中表示有意就施米特关于达尔文主义和社会民主党的关系问题的观点参与争论，这一设想在他1878年7月19日写给奥·施米特的信中和8月10写给彼·拉·拉甫罗夫的信中也有所反映。他在后一封信中说明已收到海克尔的小册子。显然，在施米特作完报告以后，恩格斯又不打算和他进行争论。《1878年的计划》肯定于同年9月，也就是在德国自然研究家和医生第51次代表大会之前已完成。这一结论的另一个证据是，该计划完全没有提及已证实写于1879年以后的文稿。

恩格斯在写《1878年的计划》时肯定打算再度致力于《自然辩证法》的写作。但是家庭和政治上的麻烦曾一度影响了他的写作。1878年9月12日，他的夫人莉迪娅去世。1878年10月19日反社会党人非常法公布之后，随之产生的政治任务也更加紧迫。

《自然辩证法》第六个写作阶段不早于1879年9月。恩格斯这时才开始实施那个计划，并开始写〔165〕《辩证法》。这个日期的根据是文中论及了1879年9月初出版的亨·恩·罗斯科和卡·肖莱马的《化学教程大全》第2卷。所以《辩证法》不可能早于1879年9月写成。认为《辩证法》不是在1879年以后写成的依据是下列事实：恩格斯在第181—182页①没有提到1879年钪的发现，所以恩格斯在写〔165〕时显然还不知道这一发现。

恩格斯在《辩证法》中证明，"辩证法的规律是自然界的实在的发展规律，因而对于理论自然科学也是有效的"。② 恩格斯着重指出，辩证法的规律可以归结为下面三个规律：量转化为质和质转化为量的规律，对立的相互渗透的规律，否定的否定的规律。③ 恩格斯接下来只论述了第一个规律，他从物理学和化学中举出例证来解释第一个规律在自

---

① 《马克思恩格斯全集》第1版第20卷第406—407页。
② 《马克思恩格斯全集》第1版第20卷第402页。
③ 《马克思恩格斯全集》第1版第20卷第401页。

然界中的现实存在。《辩证法》相当于《1878年的计划》中的第三点。不过它只是部分阐述了这一点。《辩证法》章没有写完。

《自然辩证法》的写作工作在〔165〕之后又停顿了一段较长的时间,很可能延续到1880年2月中旬。恩格斯在这段时间可能又重新细致认真地对文献资料进行研究,他把研究成果写在一个包含有22个页码的笔记本(第XVI笔记本)中。该笔记本包括以下4部著作的摘录:第2—17页:威·汤姆生和彼·加·台特《自然哲学论》1867年牛津版第1卷;第17—18页:卡·弗腊斯《各个时代的气候和植物界》1847年兰德斯胡特版;第18—20页:海·赫尔姆霍茨《论力的守恒》1847年柏林版;第20—22页:让·勒·达兰贝尔《动力学论》1743年巴黎版。恩格斯通过这些摘录直接为下一阶段的写作做了准备,因为他由此不仅获得了理论物理学方面的知识,而且还发挥了他自己的思考并开始批判一些著名自然科学家的观点。他在后来写成的《自然辩证法》的论文中阐述的主要论据都已包括在上面提到的这些摘录中。上面提到的最后一部著作的摘录可能写于〔171〕《运动的尺度。——功》一文之前。

第七个阶段从1880年2月中旬开始到7月底为止。恩格斯在2月初完成《社会主义从空想到科学的发展》之后,可能又继续写作《自然辩证法》。他首先拟写的是〔166〕《1880年的计划》,然后是同一页稿纸上的几则简短的札记(〔167〕—〔169〕),再下来是〔170〕《运动的基本形式》,〔171〕《运动的尺度。——功》,手稿〔172〕—〔176〕,最后是〔77〕《潮汐摩擦。康德和汤姆生—台特》。《1880年的计划》是对《1878年的计划》中的第5点的改写。它是《运动的基本形式》章的一个草案。除此以外,它还设计了其余几篇论文(包括1882年写成的论文)的次序。

恩格斯在以〔170〕为开端的各章中采取了不同于《辩证法》的另一种论述方法。他在〔165〕中研究的出发点是辩证法的一般规律，并证明这些规律适用于无生命的自然界中的各种事实情况。与〔165〕不同，他在〔170〕中研究的出发点是自然科学中的理论发展，对这方面的系统分析使恩格斯能够揭示自然科学的辩证内容。恩格斯在分析中以各种方式利用了《自然辩证法》第一个写作时期中有关的准备材料。

我们无法确定同《运动的尺度。——功》有关的〔172〕—〔176〕是否是在这一章之前或同时写成的。把它列在〔170〕和〔171〕后面是为了不致打断这两章之间的联系，因为从正文可以看出它们是相继写成的。把〔177〕归入这个写作阶段依据的是内容。一方面，恩格斯在《运动的尺度。——功》中再次利用了康德的早期著作——他在《运动的基本形式》中曾补充指出应参阅康德的著作，这就说明了会再次利用康德的著作——并发觉研究从伊·康德到威·汤姆生的发展经过是值得的。另一方面，上面提到的《自然哲学论》的摘录中虽然有关于潮汐摩擦假说的内容，但只是一种简短的概述。所以，《潮汐摩擦。康德和汤姆生—台特》中的大量引文只可能摘自原著。这也是〔177〕写于1880年夏季间歇前的一个论据。因为恩格斯在〔177〕中阐明的基本的批判观点在摘录中已作过提示，所以这篇论文和摘录之间不可能间隔很长时间。

《自然辩证法》第八个写作阶段大约从1882年初开始，到同年8月11日即夏季间歇期为止。恩格斯事先从维德曼《流电说和电磁说》中做了大量摘录（第XVIII笔记本和XVI笔记本以及〔170〕、〔172〕和〔192〕用的是同样规格的同种稿纸），这就为这个阶段写〔192〕《电》章作了准备。在《自然辩证法》这一束中，恩格斯给这一章加的标题是《电和磁》。在夏季间歇前写成的有一张单页，上面有札记

〔178〕—〔184〕和恩格斯注明日期为1882年5月17日的札记〔185〕，一张对折页，上面有札记〔185〕—〔190〕，恩格斯在这里引用了1882年6月8日《自然界》杂志（伦敦—纽约版）第658期（第20卷），最后是未写完的〔191〕《热》章。最先提到的那张手稿恩格斯可能在1881年就已开始写了。

恩格斯不仅在〔187〕中，而且在〔191〕中都论及了自从发现摩擦取火以来的对热的认识的历史发展。在《热》章中对这种发展的详细叙述表明，与此有关的札记很可能是在此之前写成的。根据这一假定，恩格斯是在1882年6月8日以后才写〔191〕。可以肯定，〔191〕在同年9月夏季休息结束前已经写成，因为恩格斯这时已经知道卡·威·西门子建议采用的新单位瓦特，而他在《热》或《电》中提到伏特的地方都未采用这个新单位。①

可以肯定地认为，恩格斯于1882年初就已开始写《电》，并且用了较长的一段时间。这一章的篇幅和写作的多个阶段都证明了这一点。恩格斯在最后一次加工时给手稿第1页的脚注又补充了一点，这次加工是在1882年6月15日以后进行的。由此可以看出，〔178〕—〔192〕的精确的时间次序是无法确定的，其中一部分甚至有可能是同时写成的。但可以肯定，〔185〕—〔192〕是在1882年初到同年7月底或8月初这段时间内写成的。

在最后这一写作阶段中显示出三条更加明显的研究路线。第一，物理学和化学的理论发展与辩证思维之间的联系。恩格斯一开始就提出了关于物质的运动形式和探讨这种运动形式的各门科学之间的联系的想法，在这里他顺着这条思路必然达到了一个整体的认识。第二，科学基

---

① 参看《马克思恩格斯全集》第1版第35卷第86和114页。

础知识的理论发展与实际应用之间的联系。在这方面，恩格斯既重视历史情况，也重视由于越来越多地使用热力发动机、发电机和电力照明，以及由于电能第一次成功地远距离传送而产生的具体问题。同时，他还注意理论和实践相矛盾的各种问题。第三，科学的理论发展和科学的相互作用之间的联系。恩格斯在这里揭示了自然科学家在没有深入研究其他领域的科学发展并在理论研究中加以融会贯通的情况下所遇到的障碍和困难。

1882年秋，恩格斯打算继续写作《自然辩证法》。但是，关于他这段时间研究自然科学、技术和数学问题的情况只能从他的一些信中了解到，他在这些信中和马克思就不同问题进行了讨论，其中包括：关于电，尤其是关于电的实际应用的问题[1]，关于数学问题[2]，关于物理学和经济学中的"功"与"劳动"的概念[3]，他在给马克思的信中写道："但是现在必须尽快地结束自然辩证法"[4]，"……我自己很想摆脱这个不足道的东西，重新从事自然科学的研究。"[5] 可见，完成这部自然哲学著作对他来说是多么紧迫。1883年3月14日，马克思逝世，这使他根本不可能继续他的写作。恩格斯的新的职责主要是编辑出版《资本论》第2卷和第3卷，这需要他付出时间和精力。

〔193〕《〈费尔巴哈〉的删略部分》是恩格斯于1885年底至1886年初为他的著作《路德维希·费尔巴哈和德国古典哲学的终结》而写

---

[1] 《马克思恩格斯全集》第1版第35卷第113—115页；劳拉和路·菲勒克1882年11月21日给恩格斯的信。

[2] 《马克思恩格斯全集》第1版第35卷第108—109页。

[3] 《马克思恩格斯全集》第1版第35卷第127—131页。

[4] 《马克思恩格斯全集》第1版第35卷第115页。

[5] 《马克思恩格斯全集》第1版第35卷第121页。

的，但后来它在那部著作中被两处简短文字代替。恩格斯把〔193〕列入《自然辩证法》。在这一手稿中，科学发展的因素也被纳入社会的物质发展和精神发展的过程之中。

我们无法确切地知道恩格斯是在何时写下那四束的标题或其中的两个目录（〔194〕—〔197〕）的。它们显然是在《自然辩证法》的写作结束之后写的，可能是在1886年才写的。其中特别提到的有《导言》，第二个写作时期中除《辩证法》和《热》之外的各大章，还有《〈费尔巴哈〉的删略部分》。对正文进行的比较表明，〔196〕是在〔197〕之前写成的。

恩格斯虽然没有完成《自然辩证法》的写作，也没有将它发表，但是其中提及的关于其他出版物的想法却产生了实效，这主要涉及《反杜林论》、《反杜林论》1885年版序言、《路德维希·费尔巴哈和德国古典哲学的终结》、《社会主义从空想到科学的发展》英文版导言。

作为马克思和恩格斯遗著管理人之一，爱德华·伯恩施坦在恩格斯逝世之后最初只发表了《自然辩证法》手稿中的论文〔99〕，标题是：《劳动在从猿到人的转变中的作用。弗·恩格斯的一篇遗著。为纪念恩格斯逝世一周年而发表》。载《新时代》杂志（斯图加特）第14卷（1895—1896年）第2分卷第545—554页。由于列奥·阿伦斯的推荐，《神灵世界中的自然研究》一年后发表在《1898年世界新历画报》年鉴上。恩格斯在写给马克思的信中所阐述的与《自然辩证法》有关的许多思想，在伯恩施坦1913年筹划的《马克思恩格斯通信集》第1版中得到反映。

柏林的物理学家阿伦斯受德国社会民主党执行委员会的委托就《自然辩证法》和马克思的数学手稿的出版价值进行考查。他于1897年3月在伦敦完成了这项委托。1897年2月27日，他告诉伯恩施坦他即将动身去伦敦。从阿伦斯1897年3月22日的信中可以看出，他已经从伦敦返回。奥艾尔于3月18日就已经收到阿伦斯关于出版《神灵世界中的自然研究》的推荐信。《自然辩证法》的手稿中有几页上有阿伦斯的笔迹和个别评语。他的评价自始至终都是否定的。这毫不奇怪，因为伯恩施坦后来曾称此人为"经验主义者"，而且这个阿伦斯于两年后在一封信中声称，他是多么欣赏恩斯特·马赫的哲学观点。

伯恩施坦在1924年11月12日写给负责出版《马克思恩格斯文库》的法兰克福（美茵河畔）出版有限公司的信中详细叙述了这些事实以及有关出版《自然辩证法》的另外一些情况。该出版公司负责出版《马克思恩格斯文库》德文版，并曾就版权问题同德国社会民主党执行委员会进行磋商。伯恩施坦在上述那封信中在他的权利所及的范围内对已达成的协议表示赞成，但他还有一个额外的请求：

"还只有一个问题：如容许我有一个例外，那我将非常高兴。这就是可否把《自然辩证法》手稿的出版事宜委托给我。手稿包括一个《导言》和5篇或长或短的论文。如果你们能同意由我来出版恩格斯的这部著作，那我将感到很高兴。这是我十分惦记的一件事，但愿能如愿以偿。

为此我想作如下说明：

在恩格斯逝世后又过了一些时候，当时的德国社会民主党执行委员会委托该党党员和著名学者列·阿伦斯博士，对马克思和恩格斯遗留下来的数学和自然科学手稿进行考查。看看其中哪些材料适于发表。阿伦斯为此前往伦敦，彻底查阅了所有有关的手稿，当时这些手稿的大部由爱琳娜·马克思－艾威林保管，另一部分由路易莎·弗赖贝格尔－考茨基女士——恩格斯的主要遗产继承人之一——保管。但是，正如他对我所说的，他的鉴定结果自始至终是否定的。阿伦斯认为，这些自然科学或自然哲学方面的文稿已经过时了，并认为马克思的一篇数学手稿只是一个中学生的作品。

阿伦斯是一位内行，对此我们无可怀疑，而且这位可惜现在已经去世的卓越人物的正直同样也无可怀疑，因此，德国社会民主党当时放弃了单独出版这些著作的打算。但是，我偶然产生了一种想法：据我所知，阿伦斯是一位严肃的经验主义者，而这类人物对辩证法普遍持否定的态度，因此，在对待恩格斯的自然哲学的态度方面，上述情况是否会产生了不利的影响。我在今年春天和梁赞诺夫先生谈到这部手稿时，把这种想法也告诉了他。此后不久，为了弄清确实情况，我向人品和思想方面均属伟人的阿尔伯特·爱因斯坦讲述了这些情况，请他对《自然辩证法》这部手稿作出评价。爱因斯坦很愉快地接受了这一请求，并于同年6月30日以书面形式交给我一份鉴定意见。关于恩格斯手稿的科学价值，他的评价和阿伦斯一致，但是他又说，将这些材料发表出来并非多此一举。他在书面鉴定中说，如果这份手稿出自一位在历史上并不引人注意的人物之手，他就不会建议予以发表，因为这份手稿'无论从当代物理学还是从物理学史的角度来看，其内容都没有特别值得注意之处，然而他可能又考虑到，这部著作'还是可以考虑发表的，因为它对于展示恩格斯的思想个性会有某种令人感兴趣的帮助'。

我认为，这种考虑对于恩格斯的朋友和他的崇拜者，对于社会民主党来说都是至关重要的，因为该党把恩格斯誉为党所遵循的学说的科学奠基人之一。而且如果联系下述情况来考虑，就更是如此。原来，恩格斯在他的《反杜林论》第2版序言中曾写道，理论自然科学的进步也许会使他的工作的'绝大部分或全部成为多余的'，他指的是下述论断：在历史上支配着似乎是偶然事变和贯穿于人类思维发展史中的同一些辩证的运动规律，同样也'在自然界里，在无数错综复杂的变化中发生作用'。自然科学知识领域在此期间获得的这种进步，无疑是恩格斯在上述序言中作出的科学预见的光辉见证，而这也正是阿伦斯和爱因斯坦作出鉴定时所依据的符合实际的关键。恩格斯是用物理学的现存例证来论证这一预见的。你们也许知道，我在其他理论领域并没有追随恩格斯，所以我更加需要请一位有学识的物理学家作出尽可能明确的判断。"

从伯恩施坦的这封信可以清楚地了解到：伯恩施坦是在戴·鲍·梁赞诺夫，即在列宁的指示下于1921年建立的马克思恩格斯研究院的第一任院长那里偶然见到《自然辩证法》一手稿并于1923年复制该手稿时，才又仔细考虑了自己以往的那个决定。显然，他只把标题为《自然辩证法》的那一束手稿中的论文寄给了爱因斯坦，它们是：《运动的基本形式》、《运动的尺度。——功》、《电》、《潮汐摩擦。康德和汤姆生—台特》、《神灵世界中的自然研究》以及《导言》。伯恩施坦考虑发表的也只有这几篇论文。伯恩施坦寄给爱因斯坦的是字迹难以辨认的、包含多处修改的手稿原件，爱因斯坦没有拒绝他的请求。爱因斯坦的复信的原件至今尚未找到。但这封信的打字副本如下：

"副本

爱·伯恩施坦先生把恩格斯的一份涉及自然科学的手稿寄给我，委托我就该手稿是否宜于发表提出我的看法。我的意见是这样的：如果这份手稿出自一位并不引人注目的历史人物之手，我就不会建议予以发表，因为这份手稿无论从当代物理学还是从物理学史的角度来看，其内容都没有特别值得注意之处。然而我又考虑到，这部著作还是可以考虑发表的，因为它对于展示恩格斯的思想个性会有某种令人感兴趣的帮助。

署名：阿·爱因斯坦

1924年6月30日"

梁赞诺夫在《自然辩证法》的1925年和1927年版的前言中关于爱因斯坦的一般说明和上述文字完全一致。①

伯恩施坦后来打算部分出版这部手稿的愿望未能实现。这部大多数篇幅是用简略文体写成的手稿经过艰苦的辨认后予以付印，这项工作是

---

① 参看《马克思恩格斯文库》俄文版第2卷第XXVI页。

在莫斯科的马克思恩格斯研究院进行的。在梁赞诺夫的领导下,《马克思恩格斯文库》1925年版第2卷用原文和俄文发表了4束手稿中的全部笔记,除了首次在本卷发表的〔142〕、〔143〕、〔168〕、〔172〕等公式和计算,还有写有一段公式〔175〕以及可能被忽略的〔169〕。〔164〕只是在出版者的前言中被照述了一遍。

在准备这一版时已经提出并论证了按内容编排的问题,但是最后还是决定根据当时确定的写作日期按写作时间顺序编排。以后的一些出版物也都采取这种编排顺序,其中有:《马克思恩格斯文库》1927年版第2卷、1929年莫斯科版以及《马克思恩格斯全集》1931年俄文第1版第14卷。1925年版选用的标题是《自然辩证法》,而1927年版是《辩证法和自然界》。1927年版新收入了《〈反杜林论〉的准备材料》,删除了《劳动在从猿到人的转变中的作用》。

接下来是1935年出版的《马克思恩格斯全集》历史考证版的一个专卷。这一卷的准备工作由拉·鲁达斯负责。字迹的辨认有所进步,出处的考证和注释增多了,并再次进行了校阅。新收入的有〔164〕和〔169〕,删除的有〔101〕、〔103〕和〔185〕。材料的编排顺序变动如下:在《反杜林论》之后,在《有关〈反杜林论〉的手稿材料》部分中收入马克思为杜林《国民经济和社会主义批判史》写的边注,恩格斯的《反杜林论》准备材料手稿,恩格斯的《步兵战术及其物质基础。1700—1870年》,〔163〕《〈反杜林论〉旧序。论辩证法》,《反杜林论》注释〔160〕、〔161〕、〔159〕、〔144〕、〔151〕。《自然辩证法》部分由〔95〕《导言》和〔165〕、〔170〕、〔171〕、〔191〕、〔192〕各章组成。《自然辩证法。札记》部分收入了其余所有的材料,没有细加编排。该部分最后一篇材料是〔177〕《潮汐摩擦。康德和汤姆生一台特。地球的自转和月球的吸引》。〔99〕《劳动在从猿到人的转变中的作用》和

〔162〕《神灵世界中的自然研究》组成标题为《两篇论文》的单独部分。《马克思恩格斯全集》历史考证版专卷是《自然辩证法》英文第1版（1940年伦敦版）、法文第1版（1950年巴黎版）以及西班牙文和日文第1版的依据版本。

再往下的版本是在弗·康·布鲁什林斯基领导下于1939年在莫斯科着手准备并于1941年以《自然辩证法》为标题出版的俄文版。该版本消除了另一些辨认错误，出处考证和注释也进行了改写。文稿的编排分4个部分：〔164〕和〔166〕被置于标题《计划草案》之下，《论文》部分收入的是篇幅较长的〔98〕、〔163〕、〔162〕、〔165〕、〔170〕、〔171〕、〔177〕、〔191〕、〔192〕、〔99〕。这是依据内容进行编排的。其目的是要使两个计划草案的基本思路明确化。《札记和片断》部分也采用类似的编排方法，收入了其余所有的材料。最后是各束手稿的名称和目录。

该版本是后来很多版本和译本的基础，其中有《马恩全集》俄文第2版第20卷和以此为依据的其他各种文字的版本。

与1941年的这个版本相一致的还有1952年以来在原民主德国用原文出版的各版本，主要是《马克思恩格斯全集》1962年柏林版第20卷。这些版本成为马克思和恩格斯的故乡全面研究《自然辩证法》的基础。

（原载《马克思恩格斯全集》历史考证版第1部分第26卷）

（夏静 译　王锡君 校）

《反杜林论》的写作背景、内容及意义

——《马克思恩格斯全集》历史考证版第 1 部分第 27 卷前言*

本卷收录了恩格斯在 1876 年至 1878 年期间写成的著作《欧根·杜林先生在科学中实行的变革》(《反杜林论》)。作为专题卷，它还收录了恩格斯和马克思的其他准备材料和 1880 年由《反杜林论》改编成的小册子《空想社会主义和科学社会主义》及其德文版《社会主义从空想到科学的发展》(1883 年发表时附有《马尔克》一文)。

《反杜林论》详细地论证了科学社会主义这种工人阶级的完整的世界观，并把哲学、经济学和社会主义学说有机地结合在一起。恩格斯第一次系统地阐述了马克思世界观的哲学基础。他指出，马克思主义世界观的特点就是唯物主义和辩证法的统一、辩证唯物主义自然观和社会观的统一。他第一次证明了世界的客观存在着的物质的统一性。恩格斯确定了政治经济学在马克思主义世界观中的地位。因而，他进一步认识到，工人阶级的政治经济学的研究对象是资本主义生产方式的经济运动规律和历史发展趋势，并以此揭示了社会主义革命的重要客观基础和新社会的特征。恩格斯证明了资本主义社会形态将规律性地被共产主义社会形态所代替，描述了共产主义社会形态当时最为全面的特征，从而把

---

* 本文选自《马克思恩格斯研究》1993 年总第 13 期。

这时已经获得的马克思主义认识提到了一个总结性的新高度,并具体化为几个重要的问题。因此,他的《反杜林论》为进一步从理论上论证工人阶级的历史使命和捍卫并广泛地传播科学社会主义作出了重要贡献。列宁曾把这部著作称为"每个觉悟工人必读的书籍"。①

恩格斯在《反杜林论》中,总结了自己和马克思在30多年的时间内取得的认识。在这里许多思想得到了进一步的阐述,有些是经典性的表述,而且有些问题是第一次得到论证。恩格斯分析了生产的日益迅速的社会化过程,进而分析了资本主义发展的一些新的重要趋势。鉴于新的自然科学知识对各学科的理论思想的影响,他对这些认识进行了总结,并吸收了阶级斗争的经验,尤其是1871年巴黎公社的教训。恩格斯的《反杜林论》顺应了国际工人运动的实践需要和理论需要。

本卷所收录的文章写成的那几年发生了深刻的变化。这些变化使得工人运动在经济、政治和意识形态领域面临着新的条件。19世纪70年代初开始了世界史上的一个新阶段,即自由竞争的资本主义向帝国主义过渡的阶段。在先进的工业化国家里,资产阶级变革基本上已经完成。结果是生产力的迅猛发展,同时自然科学空前繁荣,生产、科技日益迅速地结合在一起。这同时又是资产阶级掌握全权、开始成为反动阶级的时代,是无产阶级成长为整个社会进步的代表的时代。

巴黎公社标志着一个新时代的开端,并第一次尝试建立工人阶级的统治。在此之后,无产阶级革命暂时没有被提上日程。列宁把国际工人运动史上的这一新阶段描述为:"挑选和集结无产阶级的力量、使无产阶级作好迎接未来战斗的准备的过程,正在缓慢而持续地向前发展。"②

---

① 《列宁全集》第2版第23卷第42页。

② 《列宁全集》第2版第23卷第3页。

在19世纪的最后25年里,大多数发达的资本主义国家都建立了社会主义的工人政党。

这些新的条件向无产阶级的阶级斗争提出了更高的政治要求和组织要求,尤其是理论要求,因而必须深刻理解工人阶级的历史使命。工人阶级越是成为整个社会进步的代表,就越应当根据其科学世界观阐明社会生活基本方面的选择。为了巩固新生的群众性政党和争取新的力量,在科学基础上把社会主义设想为工人阶级的斗争目标是尤为必要的。因而进一步创立一般的马克思主义,即工人阶级的科学世界观,进一步确定具体的社会主义目标已成当务之急。这同时要求在新的高度上把马克思主义和工人运动结合起来,也就是说,要比以往更加深入地领会、掌握和创造性地运用马克思主义。同时,还必须捍卫、贯彻和继续传播马克思主义,反对资产阶级思想家变本加厉的攻击和正在日益产生的小资产阶级社会主义观点。恩格斯的《反杜林论》便顺应了这些客观要求,而为了能够在各个方面、包括在理论方面卓有成效地进行无产阶级的阶级斗争,就必须了解这些要求。恩格斯的这部著作和由此改编的《空想社会主义和科学社会主义》以及《社会主义从空想到科学的发展》无疑是对马克思主义发展的一个贡献,列宁在描述这个阶段时评价了这一发展过程。他说:"马克思的学说获得了完全的胜利,并且**广泛传播开来**。"①

恩格斯在《反杜林论》中系统阐述工人阶级世界观的同时,还对科学的发展所带来的问题发表了看法。随着认识的迅速深入,这种发展的世界观前提、认识论基础和方法便成了首要的问题。自然科学和技术科学的迅猛发展是同研究人员的理论思维的转变分不开的。随着物理学

---

① 《列宁全集》第2版第23卷第3页。

和化学中的近代原子论的出现，特别是天文学、地理学和生物学等自然科学的发展思想的产生，出现了新的理论构想。而在分析这些构想时，出现了一种强烈的自然科学的和博物学的唯物主义倾向，然而后者仍带有形而上学的、机械论的色彩。

在新的经济过程和政治过程、正在广为传播的马克思主义以及自然科学的发展的影响下，社会科学也发生了变化，出现了新的学科和新的研究方法。达尔文的进化论向社会的扩展导致人们主要从生物学的角度解释社会关系，并把自然界中行之有效的规律直接用于社会。① 资产阶级在意识形态上需要从世界观的高度把握自然科学的突飞猛进，接受自然界中的客观规律性的影响，但同时又要阻止人们对社会下相应的结论，这种需要的一个表现就是新康德主义向颇有影响的经院哲学的迅速发展。②

由于各门科学越来越专业化，所以更加要求人们去把握各门科学的相互联系和相互转化，系统地总结所得出的结论，并在世界观上加以消化吸收。科学发展的一体化趋势已在许多研究者自己身上得到反映。然而，描绘一幅科学的全面的世界图景，尤其是在科学的基础上回答当时的各种社会问题，却超出了资产阶级的思维能力。

19 世纪中叶，资产阶级的意识形态转向过程加快了，其特点是资产阶级背弃自身的进步传统，滑向狡辩和庸俗主义。1871 年之后，这一过程便进入了一个新的阶段。③ 尽管个别学科取得了一些显著的认识上的进步，但在哲学、经济学和历史学等学科的理论思维中，诸如非理

---

① 《马克思恩格斯全集》历史考证版第 1 部分第 27 卷第 1039 页。
② 《马克思恩格斯全集》历史考证版第 1 部分第 27 卷第 659—660 页。
③ 《马克思恩格斯全集》历史考证版第 1 部分第 27 卷第 659—662 页。

性主义、主观主义和不可知论等反动倾向越来越起着主导作用。把社会的发展解释为进化过程,以历史论据为现存的经济、政治状况辩护,否认革命变革的必要性都成了主流。当资产阶级在世界史上进入全面统治的时代,同时却表明客观上已不再能考虑人们对一种全面的世界观的日益迫切需要时,马克思和恩格斯针对资产阶级思想创立了工人阶级的科学的、着眼于未来的世界观。

如果说恩格斯及其《反杜林论》顺应了阶级斗争的客观需要,从而同时回答了科学的发展所提出的问题,那么,另一方面,马克思主义理论本身的发展则为这部著作的诞生创造了条件。马克思主义一开始就是以其学说的有机统一体的形式向前发展的,而且某些方面在当时的特定时间里就已引起人们的重视。在这个发展过程中,在19世纪70年代中叶就有了系统阐述的可能和必要。

马克思创作《资本论》是这方面的一个重要基础。1867年《资本论》第1卷出版以后,他的创作达到了最高点。为了揭示资本主义的经济运动规律,马克思分析了资本主义生产方式及其历史起源和发展,从而证明并丰富了唯物主义历史观、完善了唯物辩证法,因而同时获得了无产阶级世界观的、深化社会主义的科学论证的理论和方法。

吸取1848—1849年革命中无产阶级的斗争经验和国际工人协会的活动推动了马克思主义历史学说和政治学说的发展,同时促进了唯物主义历史观的形成。尤其是对巴黎公社的分析使马克思主义革命理论和国家理论、特别是无产阶级专政学说具体化了。结合1875年的哥达纲领批判草案,马克思更加深入地研究了共产主义社会形态形成和发展的几个重要方面。

此外,恩格斯根据他自己的研究写作《自然辩证法》。他认识到,有了全面完善的哲学就是有了包括辩证唯物主义自然观在内的科学社主义的理论基础，因此，他从1873年起就着手进行广泛的自然科学、科学史和哲学的研究。在从哲学的角度研究自然科学时，他进一步完善了唯物主义和辩证法的几个重要方面。他对历史的长期研究也是全面制定马克思主义世界观的一个重要前提。

巴黎公社之后，马克思和恩格斯将他们的工作重点放到了理论研究上，而且是有意识地这样做的。恩格斯早在撰写《反杜林论》时就写道："马克思和我两个人，应当完成一些确定要写的科学著作。迄今我们看到，任何别的人都不能甚至也不想去写这些著作。我们必须利用世界历史上目前这个平静时期来完成它们。"[①] 在马克思和恩格斯的多种多样的经济学、自然科学和历史学的研究中，就其深度和广度而言，70年代和80年代早期是顶点，《反杜林论》是恩格斯在19世纪70年代和80年代进一步完善和捍卫马克思主义世界观的一系列著作中的一部。除了他1882年以前撰写的《自然辩证法》手稿外，主要还有1872年的《论住宅问题》、1884年的《家庭、私有制和国家的起源》以及1886年的《路德维希·费尔巴哈和德国古典哲学的终结》。

《反杜林论》的诞生是由德国工人运动的需要直接引起的。马克思和恩格斯一直特别关注德国工人运动。在阶级斗争的新形势下，恩格斯1874年断定，德国工人阶级在运动史上第一次"在其所有三个方面……互相配合、互相联系、有计划地进行着"斗争。同时，他认为理论斗争是第一位的，而政治斗争和实践经济斗争是第二位的。[②]

在1875年哥达党代会上，社会民主工党同全德工人联合会合并，从而结束了有组织的德国工人运动的长期分裂局面。为了确保和加强组

[①] 《马克思恩格斯全集》第1版第34卷第210页。
[②] 《马克思恩格斯全集》第1版第18卷第566页。

织上的统一，德国社会主义工人党必须在马克思主义的基础上继续发展。为了落实这一方针，党内已扩大了群众基础，但这方面的条件却更加复杂了。一方面，在统治阶级的政治和思想压力下必然需要一个理论上的澄清过程，统治阶级采取愈益严厉的措施，镇压工人运动，日益把攻击的矛头指向整个马克思主义世界观；在采取严厉措施的同时，还日益频繁地进行社会蛊惑。另一方面，小资产阶级力量，其中有许多是知识分子，大量地混入工人运动，结果因为没有及时地同拉萨尔主义作斗争而导致老的假社会主义理论的复活和新的假社会主义理论的产生。这些理论主要是折中主义的，它们试图在道德和正义的普遍原则基础上建立社会主义。"一种新的德国庸俗社会主义正在发展，它可以毫无愧色地同1845年的老的'真正的社会主义'相媲美。"①

这就是柏林的编外讲师、作为这种庸俗唯物主义的典型代表的欧根·杜林施展才能、并能够在一段时期内对社会民主党的一些干部产生影响的基础。他把他的重建科学的理论要求称为体系，而这个体系是由各种观点的混合物构成的，据说要体现哲学、经济学和社会主义的联系。

由于这一体系的哲学基本观点是唯心主义和形而上学的，所以它含有庸俗唯物主义和实证主义的因素。它的主要特征是否认辩证法。杜林的经济学观点是由资产阶级古典经济学思想、资产阶级庸俗经济学思想以及李嘉图的、小资产阶级的和空想的社会主义思想组成的大杂烩。他的以伦理理想为基础的未来构想主要受了改良主义的影响，当然也含有无政府主义因素。他利用理论和理论史的统一，对后者作出主观主义的解释，而且利用这个统一主要是为了证明他自己的观点的正确。同时，

---

① 《马克思恩格斯全集》第1版第34卷第51页。

他声称已经创立了历史科学。

杜林反对剥削和压迫，反对普鲁士国家的反动行为。他承认，工人阶级有着历史性的行为能力，工人联合会在变革社会的过程中起着重要的作用。而且他为未来社会设计了蓝图。杜林的出现标志着资产阶级世界观同无产阶级世界观的冲突达到了顶点。在事关有意识地把马克思主义的社会主义统一地、完整地变成工人阶级的科学的世界观这一问题上，杜林对马克思主义的社会主义进行全面攻击，否认它的科学性，自己提出了一套包罗万象的、貌似科学的体系。为了使合并的党继续存在和思想巩固，有必要反驳杜林的这类观点，于是，恩格斯同马克思商量后决定进行干预。当德国社会主义工人党已经成为国际工人运动的先锋，在此方面已担负起了更大的责任的时候，这样做就更为必要了。也正因为如此，这场斗争才成了一个具有国际意义的任务。

恩格斯撰写《反杜林论》的准备工作可能是在1876年春开始的，其基础是杜林的《国民经济学和社会主义批判史》第2版和《国民经济学和社会经济学教程，兼论财政政策的基本问题》。他在如今保留下来的笔记中做了大量的旁注，提纲挈领地草拟了初步构思。同时，他从《国民经济学和社会经济学教程》的前五编摘取了几个主要问题，还对《国民经济学和社会主义批判史》第2版作了摘录。他所处理的问题的内容和处理问题的方法就表明了他的摘取原则和概念的形成。他打算分析杜林的历史观、他的经济学观点和关于社会主义的观念，并从理论上把握历史唯物主义、政治经济学和社会主义方面的重要基本问题。

恩格斯在开始实施这一计划的同时，以《欧·杜林的国民经济学和社会经济学教程暨金融政策要点。1876年莱比锡第2版》为题从杜林的这部著作中作了摘录，并加了大量的评注。在该书的前两编，杜林阐述了他的经济学说和社会构想的基础。恩格斯在这两编作摘录的地方探讨了经济与政治的关系以及军队的装备和战略战术对经济条件的依赖性。他阐明了生产、流通和消费的关系以及经济规律的客观特征。他驳斥了杜林自称的独创性,证明了他的做法是非历史的、抽象唯心主义和机械主义的,并揭露了其经济学观点的庸俗特征。

1876年5月底,恩格斯对杜林的著作《作为严格科学的世界观和生活形态的哲学教程》有了更进一步的认识。这时,他同马克思商定以后,最终决定作深入的研究,并详细阐述了自己的计划设想。这本书为他更加全面地揭示杜林体系的哲学世界观基础和方法论基础,批判其社会主义观点提供了可能。在利用《哲学教程》一书时,恩格斯的另一组准备材料,即《〈反杜林论〉笔记》很可能于1876年5—9月就已基本完成。随之他又写出了整部著作的引论草稿。《笔记》大部分篇幅记录着杜林著作,特别是涉及杜林自称同某些理论界前辈的关系以及对社会主义的解释的著作的页码和具有代表性的段落。《笔记》还记录着一些关于暴力在历史上的起源和作用方式的深刻思想以及后来编入第一编的拟稿。恩格斯在这里阐明了认识论的重要方面、物质与意识的关系,以达尔文主义为出发点阐明了有机界的进化问题和平等观念的历史发展以及否定之否定这一辩证法的基本规律。从《笔记》中我们就可以看出,这部计划中的著作分为"哲学"、"政治经济学"和"社会主义"等编。这种打算反映出恩格斯的工作方法是通过有的放矢地搜集资料,为每一编做好准备。

《反杜林论》是恩格斯和马克思一起长期进行理论研究的产物,是在马克思的直接参与下完成的。它的诞生史有力地表明,任何制造两人观点间的对立的企图都是徒劳的。

马克思曾以各种方式支持恩格斯的写作。恩格斯在第2版序言中写道,他的阐述都是经过马克思过目的。他在付印前曾把整部手稿念给马克思听。在撰写过程中，两人多次就研究的计划和内容进行讨论，这既涉及全书，也涉及其中的某些章节。

《政治经济学》一编反映出他们两人的合作尤为密切，而这一编正是特别用来捍卫和宣传《资本论》第1卷里的认识的。马克思为恩格斯草拟了一系列提纲，撰写了第十章《〈批判史〉论述》的手稿。而在此之前已写了大量的草稿和进行了专门的研究。针对杜林的主观主义、唯心主义和非历史的历史编纂学，马克思指出，政治经济学的历史只有以对资本主义生产方式的运动机制的认识过程为对象，它才能够称得上科学。他在形式上仿照《批判史》，通过对劳动价值理论的初次表述和对配第的利润和利息的成因的相应解释，论述了资产阶级古典政治经济学的形成过程，描述了休谟的经济学成就，研究了政治经济学由于重农学派对魁奈《经济表》的分析而分裂成独立的学科的情况。

此外，马克思为第二编写的准备性材料还包括一篇论述魁奈《经济表》的补充草稿以及《斯密和洛贝尔图斯论述收入种类和地租的摘录》。恩格斯在撰写第八章和第九章时使用了这些材料。马克思的准备材料在本卷有一部分是首次发表，而且是第一次系统地发表。恩格斯在同马克思商量的时候可能就碰到了在《资本论》第2卷和第3卷中论述的问题。

马克思还帮助恩格斯准备"社会主义"一编。他帮着收集文献和作摘录。可以认为，恩格斯曾使用了这些文献和摘录的内容。①

恩格斯自己就这部论战性著作表述说：杜林的冗长繁琐促使"我不能不跟着他到处跑，并以自己的见解去反驳他的见解。因此消极的批判成了积极的批判；论战转变为马克思和我所主张的辩证方法和共产主义

---

① 《马克思恩格斯全集》历史考证版第1部分第27卷第1062—1063页。

世界观的比较连贯的阐述,——而这一阐述包含了相当广泛的领域。"①正如他后来所写的,这个机会是他写此书进行攻击的主要原因。②

《反杜林论》是在大约两年之内,很可能是从1876年9月至1878年6月,为德国社会主义工人党机关报《前进报》写的组文。这就决定了每一章乃至某几篇文章都具有相对的独立性。恩格斯说,他在每一章里都利用机会,在"各种极其不同的领域中……正面地发挥我对争论问题的见解,这些问题在现时具有较为普遍的、科学的或实践的意义"③。同时,他暗示了他所阐述的观点的"内在联系"④。

《反杜林论》可以说是哲学、经济学和社会主义学说的统一体,"多少系统地阐述了……辩证方法和共产主义世界观",因而反映了工人阶级的科学世界观的一般结构和内在逻辑。恩格斯以此表述了辩证唯物主义和唯物主义历史观在马克思主义经济学说中得到具体化的过程,认为马克思主义经济学说是证明其规律性和解释社会主义与共产主义的特征的直接的理论基础。《反杜林论》同时表明了无产阶级世界观是如何具体历史地产生的。

每编的内容主要都是叙述辩证唯物主义、历史唯物主义、政治经济学和社会主义学说,然而并不是全面论述当时已经取得的马克思主义的认识。问题的取舍以及论述方式和方法均受着论战的制约,在论战中,恩格斯一开始就以自己的马克思主义构想为出发点。同时,各编的内容并不局限于哲学、经济学和社会主义学说。例如,"政治经济学"编在

---

① 《马克思恩格斯全集》第1版第20卷第11页。
② 参看恩格斯:《空想社会主义和科学社会主义》1892年伦敦版第6—7页。
③ 《马克思恩格斯全集》第1版第20卷第8页。
④ 《马克思恩格斯全集》第1版第20卷第8页。

论述经济与政治的关系时还探讨了历史唯物主义问题,"社会主义"编既研究了资本主义生产方式的经济过程,又研究了辩证矛盾的作用方式。在一系列特定的问题中,恩格斯详细研究了可以专门论述的、但也可以在别处探讨的重大理论问题。例如,他在分析杜林的暴力理论时就探讨了武器技术的发展和作战问题。总的来说,《反杜林论》就像恩格斯后来所写的,是"我们百科全书式地概述……我们在哲学、自然科学和历史问题上的观点"的尝试。①

所有的三编都论述了基本的理论和方法问题。这些问题涉及唯物主义历史观和唯物主义辩证法。他还全面地探讨了科学社会主义的理论前提。在所有三编里,他详细论述了社会主义改造的规律性和新社会的特征。因此,恩格斯满足了人们要求详细论证和阐述科学社会主义及其理论的质和政治目标这一普遍愿望。

马克思主义世界观的内在联系在恩格斯的方法中也得到了体现。对于重大问题,他不仅从哲学的角度,而且从经济学和社会主义的角度加以综合研究。特别是在"政治经济学"编和"社会主义"编,他从一开始就承上启下地拟定了一系列问题。

各编所讨论的问题按照这样的顺序排列,是有历史原因的,那就是同杜林论战。后来恩格斯渐渐地放弃了这种做法。比如他在第一编中亦步亦趋地跟着《哲学教程》走,当然在选择时他还是有自己的计划考虑的。而在第二编中,重点就开始转入对《经济学和社会经济学教程》中阐发的原始计划的分析。在第三编中,首先正面论述,其次才是直接的论战。

恩格斯在《反杜林论》"引论"第一章中阐述了整部著作的理论任

---

① 《马克思恩格斯全集》第 1 版第 36 卷第 139 页。

务和政治任务。他描述了工人阶级的科学理论——他在《反杜林论》中为了有别于其他的各种社会主义理论而称之为科学社会主义——,因为他第一次系统地研究了这一理论的历史基础和社会经济基础以及它的理论前提,并证明,由于马克思的功绩,社会主义获得了新的世界观的质。

恩格斯指出,科学社会主义只有在一定的物质条件基础上才能够诞生,那便是资本主义生产方式的矛盾,尤其是资产阶级同无产阶级的阶级斗争的矛盾是随着大工业的发展而发展的,他以此说明了,社会主义只有从工人阶级的角度才能得到科学的论证,才是工人阶级利益的理论体现。

科学社会主义同抽象唯心主义的论证和伦理道德的论证相反,它的基础是理解自然界和历史上的各种现象及其自身的运动和发展的彻底的唯物主义。恩格斯称这种唯物主义是"本质上辩证的"[①]。他阐明了唯物主义与辩证法的理论联系,并据其内容第一次阐述了辩证唯物主义这个概念。

这种"现代的"唯物主义内容包括辩证唯物主义的自然观,恩格斯在先前的自然科学研究中就已为这种自然观制定了基本原理。这样的一种自然观同时也是深刻理解人类社会历史的基础。恩格斯证明了进行理论阐述的辩证唯物主义方法,因为他暗示了辩证唯物主义历史观和自然观所必需的客观前提:历史发展过程和自然科学的研究成果。因而他点明了无产阶级世界观同科学的基本关系,而科学是人们理解自然界、社会和思维的客观运动规律和发展规律的重要中介。

在"引论"第一章中,恩格斯研究了科学社会主义的、对证明其

---

① 《马克思恩格斯全集》第1版第20卷第28页。

哲学世界观有着重要意义的理论前提：法国的启蒙运动、从古代到德国古典的辩证法、自然科学和自然研究史的成果以及空想社会主义和共产主义。在这部著作的后几编中，他探讨了这些来源以及科学社会主义的其他来源。

他多次引用资产阶级古典哲学，特别是黑格尔哲学，并证明，批判过黑格尔的杜林却多次抄袭黑格尔。在第二编第一章中，他描述了资产阶级古典政治经济学的世界观基础和历史局限性。在第五章他根据马克思主义的价值理论论及了李嘉图的功绩。第十章探讨了资产阶级古典政治经济学的形成过程。而第三编第一章是专门论述空想社会主义的，他针对受到杜林影响的小资产阶级社会主义而多次强调空想社会主义的功绩。

恩格斯的愿望是让人们了解科学社会主义的来源，以便驳斥杜林的攻击。① 同时他认为，必须在工人运动中宣传这些理论前提，并指明，科学社会主义是"国际性的产物"②。

恩格斯在研究中采用了历史唯物主义的意识形态分析原则，因为他把精神现象评价为阶级利益的表现，并根据理论家所处的那一时代的历史条件来衡量其功绩和局限，他以此阐述了分析资产阶级哲学的思想原则，同时指出，工人阶级的世界观是如何保护和继承资产阶级为了建立合理社会而要求认识自然、认识历史这一进步遗产的。

恩格斯认为，社会主义和共产主义学说是对资产阶级社会的矛盾的理论反思，是法国启蒙运动思想的继续发扬。在这里，他根根马克思和他自己早在40年代就阐发的思想，第一次系统概述了马克思主义以前

---

① 《马克思恩格斯全集》历史考证版第1部分第27卷第669—679页。
② 《马克思恩格斯全集》历史考证版第1部分第27卷第627页。

的社会主义和共产主义史的主要阶段。在这方面，他特别重视从现实历史发展过程的规律性反映，即从人民大众的革命运动中引出社会主义和共产主义思想，把人民大众的革命传统作为无产阶级觉悟的重要因素唤发出来。

恩格斯认为，让人们历史地理解理论界前辈的功绩与局限同时也是让人们理解科学社会主义的新的质的手段。在《反杜林论》中他明确说明了这一点，因为他第一次阐明了社会主义通过马克思的两大发现，即"唯物主义历史观和通过剩余价值揭破资本主义生产的秘密"[①] 而成为科学的过程。恩格斯指出了唯物主义历史观的客观历史条件，并且强调唯物史观本身就是构成马克思主义剩余价值论的理论基础。早在为《资本论》第1卷写的书评中，恩格斯就高度评价了马克思主义的剩余价值理论，并在《论住宅问题》一文中描述了剩余价值理论和唯物主义历史观及其对论证社会主义的重要意义。《反杜林论》中所作出的规定表明，马克思主义作为科学如今已成熟到这样的程度：它已能够反思自身思想历史的发展过程和把握这一过程中的关键环节。之后，当恩格斯评价马克思的功绩，把它与达尔文对自然科学所作的贡献相提并论时，他再次提到了有关这两大发现的思想。

恩格斯在谈到这两大发现（他自己也对此作出了重要的贡献）时指出，在历史唯物主义和政治经济学的基础上科学地论证社会主义已成为可能。他确认，由于马克思的这两大发现，"社会主义已经变成了科学，现在的问题首先是对这门科学的一切细节和联系作进一步的探讨"[②]。《反杜林论》为完成这一任务作出了重要的贡献。

---

① 《马克思恩格斯全集》第1版第20卷第30页。
② 《马克思恩格斯全集》第1版第20卷第30页。

在"引论"第二章中，恩格斯把第一章所阐述的发展过程同杜林的典型见解作了对比，因为杜林的见解无视过去的理论成就，而为他自称的在哲学、经济学和社会主义中进行的严格科学的变革辩解。这样一来，马克思所论证的社会主义的科学性质就愈加明显了。

在第一编中，恩格斯阐述了工人阶级的科学世界观的哲学基础。《反杜林论》同《自然辩证法》一起代表着马克思主义哲学发展过程中一个崭新的阶段。这个阶段以继续发展唯物主义哲学和丰富唯物主义辩证法为标志。第一编含有在写作《自然辩证法》时所取得的成果，而且在本卷是首次发表①。在制定哲学自然观时，恩格斯继续发挥并深化了唯物主义哲学的基本见解。它们涉及世界的物质统一性，物质、运动、空间和时间的统一，在一定条件下相互转化的、物质的本质各不相同的运动形式的存在。在对自然科学进行哲学上的探讨时，恩格斯进一步阐述了一般的哲学原理和方法，即唯物主义辩证法。他在《反杜林论》中把唯物辩证法的对象定义为科学，阐述了它的基本规律，并运用它分析自然、社会和认识过程。恩格斯针对杜林的唯心的、形而上学的思想指出，在马克思主义哲学中，唯物主义同辩证的观察方式是融为一体的，而且，这二者的统一就是它们的关键特征。他以对自然科学的理论总结为出发点，第一次表达了一系列辩证唯物主义的范畴。

恩格斯论证了迄今为止他同马克思一起所掌握的哲学观点的普遍性，同样，马克思在社会理论领域，尤其通过对资本主义生产方式的详细分析，阐述了这种普遍性。马克思为《资本论》所做的工作不仅对于系统地阐述无产阶级的整个世界观，而且对于阐述他们的哲学学说都是必不可少的前提。而恩格斯在《反杜林论》中的阐述为列宁在20世

---

① 《马克思恩格斯全集》历史考证版第1部分第27卷第1040—1041页。

纪初在《唯物主义和经验批判主义》一书中捍卫和继续发展辩证唯物主义、批驳唯心主义和哲学修正主义奠定了基础。

对于工人阶级来说，认识到世界是物质的，是按照客观规律发展并且原则上是可知的，就意味着具备了革命行动的基本的哲学前提。所以，恩格斯在同杜林的先验论和世界模式的争论中首先着手研究了唯物主义的一般基本问题，即思维与存在的关系，世界的物质统一性，认识过程问题和唯物主义的反映论问题。

同以前与马克思一起在《德意志意识形态》中同青年黑格尔派哲学的唯心主义的争论一样，恩格斯在第三章中彻底唯物主义地回答了思维与存在的关系问题。他以此表明了对哲学基本问题的态度。当时还没有"哲学基本问题"这一概念，这个概念是他在《路德维希·费尔巴哈和德国古典哲学的终结》一书中创造出来的。杜林把从思维中引出的永恒原则说成是研究哲学对象的出发点，并根据这些原则构造现实世界，而恩格斯解释说，这些原则，更确切些说，是研究的"最终结果"，"这些原则不是被应用于自然界和人类历史，而是从它们中抽象出来的；不是自然界和人类去适应原则，而是原则只有在适合于自然界和历史的情况下才是正确的。"① 他在第一个《〈反杜林论〉笔记》中着手研究了这一思想并阐述说："主观思维与客观世界服从于同一规律，因而在它们的结局里……二者也应当一致"。② 他认为思维和意识是人脑的产物，甚至是自然界的产物。③

接着，像在"引论"和后来的第十三章中所做的那样，恩格斯阐

---

① 《马克思恩格斯全集》第 1 版第 20 卷第 38 页。

② 《马克思恩格斯全集》历史考证版第 1 部分第 27 卷第 108 页。

③ 参看《马克思恩格斯全集》第 20 卷第 33—39 页。

述说，唯物主义观点要求积极了解自然、社会和思维及其发展。因此，一种高居科学之上的哲学，"关于总联系的任何特殊科学"① 都是多余的，剩下的只是关于思维及其规律的学说。恩格斯谈到，以往意义上的哲学被"'扬弃'了，就是说，'既被克服又被保存'"。"这已经根本不再是哲学，而只是世界观，它……应当在现实的科学中得到证实和表现出来。"② 因此，恩格斯反对任何从思辨思维中寻求哲学的企图。

恩格斯对哲学的基本问题作了唯物主义的回答，因而把各种形式的唯心主义远远甩到了后面，并因此为论述所有其他的哲学问题创造了条件。列宁写道："恩格斯同杜林的全部斗争始终是在彻底贯彻唯物主义这个口号下进行的。"③

在分析杜林的先验论时，恩格斯揭示了唯心主义的认识论根源。同时，他系统地阐述了辩证唯物主义认识论的基本方面。阐明认识论问题有什么意义，恩格斯早在进行自然科学和历史科学研究时就意识到了。当时的自然科学家和社会科学家在理论思维中之所以遇到困难，是由于他们未能把握人类认识过程的复杂性与矛盾性。

早在"引论"中，恩格斯就论述了人类认识的三大阶段：他指出，人的认识随着古希腊的朴素辩证法的发展，经过形而上学，发展到了德国古典哲学的唯心主义辩证法，从对全貌的一般特征的理解，经过对具体细节的研究，达到对总联系的更高的辩证的理解。

在《自然辩证法》中，恩格斯断言，人类改变自然成了人类认识

---

① 参看《马克思恩格斯全集》第1版第20卷第28页。
② 参看《马克思恩格斯全集》第1版第20卷第151页。
③ 《列宁全集》第2版第18卷第354页。

的直接基础。① 从这一点出发,他在《反杜林论》中也把现实世界视为认识的出发点。他在《〈反杜林论〉笔记》中写道:"思维的唯一的内容就是世界和思维规律。"② 他把观念称之为现实、自然和社会的影像③,把数学这一产生于人的需要的科学的公理称为对现实世界的抽象④。他在这本《〈反杜林论〉笔记》中详细阐述了这一思想。⑤

在《反杜林论》中,恩格斯研究了认识的过程及其复杂性。在《笔记》中,他指出了正确地反映自然现象乃至社会现象的困难。⑥ 他在第九章分析有关永恒真理的观点时分析了各个领域的认识过程,同时分别论述了关于有机界和无机界、历史和思维的科学。⑦ 他断定,在这几大科学中,任何科学都不拥有永恒真理,至少社会科学是如此,因为在这里,认识是最复杂的,而且始终是"基本相对的"⑧。

恩格斯深化了认识过程的辩证性观点。他揭示了世界的原则上的可知性和无限的认识进步以及人的因历史关系而产生的认识局限性之间的关系,并且认为,这个矛盾是智力进步的主要杠杆。此外,他还研究了人的认识能力的绝对性同各代和各人的相对的认识能力之间的辩证矛盾。因而他是把人的认识作为一个无穷的过程来描述的,同时强调指出了人的知识的相对性。他概述了绝对真理与相对真理的辩证关系,从而

---

① 参看《马克思恩格斯全集》历史考证版第 1 部分第 26 卷第 22 页。
② 参看《马克思恩格斯全集》历史考证版第 1 部分第 27 卷第 68 页。
③ 参看《马克思恩格斯全集》历史考证版第 1 部分第 27 卷第 64 页。
④ 《马克思恩格斯全集》第 1 版第 20 卷第 41 页。
⑤ 参看《马克思恩格斯全集》历史考证版第 1 部分第 27 卷第 112—113 页。
⑥ 参看《马克思恩格斯全集》历史考证版第 1 部分第 27 卷第 64 和 67 页。
⑦ 《马克思恩格斯全集》第 1 版第 20 卷第 95—28 页。
⑧ 《马克思恩格斯全集》第 1 版第 20 卷第 48 页。

为界定辩证唯物主义认识论和教条主义以及相对主义创造了条件。

随着对哲学基本问题作出的唯物主义的回答,就产生了世界是统一的整体这一辩证唯物主义观点。恩格斯在第四章阐述了这一观点。同杜林的唯心主义的、关于世界概念不可分的观点(他据此推导出了现实存在和现实世界的不可分的统一性)相反,恩格斯表述了唯物主义一元论的观点:"世界的真正的统一性是在于它的物质性,而这种物质性不是魔术师的三两句话所能证明的,而是由哲学和自然科学的长期的和持续的发展来证明的。"① 恩格斯首先从哲学上总结了科学带来的认识,然后阐述说,应当把世界的物质统一性理解为物质的所有运动形式和发展形式的联系。他断定,世界的发展是以它自身的客观规律为基础的,所以他分清了工人阶级的科学世界观同那些认为世界的变化与发展是由于超自然的、物质世界以外的原因、并需要外部推动或创世主的观点的界限。

马克思主义哲学的唯物主义一元论的新的质在于,它完全是辩证唯物主义地解释自然、社会和思维的关系,还在于它认识到世界是按照辩证的运动规律发展的。为了普遍地证明这一点,恩格斯不得不研究了辩证运动规律在自然界、社会和思维中的作用方式。他首先根据论述自然哲学的四章中挑选的论战问题,探讨了无机界和有机界的运动规律和发展规律。然后他考察了物质和运动的联系,并在考虑《自然辩证法》中的思想的同时,在第六章中完成了总结性论断;"**运动是物质的存在方式**……没有运动的物质和没有物质的运动是同样不可想象的。"② 恩格斯认为,这二者是不可创造,不可消灭的。他考虑了运动着的物质,

---

① 《马克思恩格斯全集》第 1 版第 20 卷第 48 页。
② 《马克思恩格斯全集》第 1 版第 20 卷第 65 页。

时空关系及其基本的存在形式。物质的无限的自我运动思想包括了静止和平衡的相对性。对这些原则的思考在列宁论证和捍卫唯物主义哲学的著作中得到了继续发展。

恩格斯从自然科学的成果出发阐述了他的运动观。早在开始写作《自然辩证法》时,他就表达了这样一种指导思想:物质有着不同的运动形式,这些运动形式是自然科学的主要研究对象,物质的运动形式从低级向高级循序转化,而这种转化在各门科学的相互关系中得到反映。恩格斯分别阐述了机械的和物理的运动,化学的变化和有机生命。

这就是《反杜林论》第一编的重要设想。恩格斯以此同杜林展开论战,同时对当时自然科学中的一些相应的讨论表明了态度。笔记"论'机械的'自然观"也是论述这一思想的。① 针对机械唯物主义和形而上学的思维方式,他指出了物质运动形式的客观联系,而在这种联系中每一种物质都有机械的形式,但不能说就是机械的,而是还有特殊的规律性。恩格斯认为,关于物质运动形式的构想是理解力学、物理学、化学和生物学及其相互联系和区别的基础。

从这些思考出发,恩格斯高度评价了科学的发展所带来的卓越成果。这个思想对于研究物质的无限的自我运动具有重要意义,即"自然界也有自己的时间上的历史"②。所以,恩格斯在研究伊始就提出了康德的与进化思想同时被引进天文学和自然科学的天体演化学说。他把这一学说评价为天文学自哥白尼之后最大的进步,——用《自然辩证法》中的话来说——是打开了适合于形而上学思维方式的自然观的"第一个

---

① 《马克思恩格斯全集》历史考证版第1部分第27卷第113—118页。
② 《马克思恩格斯全集》第1版第20卷第28、62页。

缺口"①。

为证明自然界中普遍的进化的联系,一个有待解决的争议颇多的问题,是无机界向有机界过渡,即生命的产生问题。恩格斯根根自己的构想,即把自然界的辩证进化过程理解为运动形式的相互转化,提出了一个符合当时研究水平的总的规定:"**生命是蛋白体**的存在方式,这种存在方式本质上就在于这些蛋白体的化学组成部分的不断的自我更新。"②恩格斯自己也认识到他的定义具有相对性。③ 然而,他指出,生命必须有个物质载体,生命的起源只应被辩证地理解为自然的进化过程。

达尔文的理论对于把有机形式的进化解释为符合自然规律的过程具有特别重要意义。围绕着进化论的内容和结论展开的世界观争论影响了广大群众,而且在工人运动中也引起了反响。当时出现了这样的倾向:把达尔文的进化论原封不动地搬到社会上、进而伪科学地论证社会主义。④

恩格斯在《反杜林论》第七和第八章中第一次对达尔文作出了公开的评价。他强调了达尔文学说的客观前提、理论任务、历史意义和相对的有效性,并指出,即使在有机界矛盾也是进化的动力。他把物种变异称为适应和遗传的结果,就是说,是一种辩证的进化过程,在这里,他利用了恩斯特·海克尔的思想。在评价达尔文的学说时,恩格斯利用并继续发展了他在写作《自然辩证法》时所获得的认识。

关于世界的物质统一性,关于物质运动形式的统一性和特殊性的观

---

① 《马克思恩格斯全集》第 1 版第 20 卷第 366 页。
② 《马克思恩格斯全集》第 1 版第 20 卷第 88 页。
③ 《马克思恩格斯全集》第 1 版第 36 卷第 313—314 页。
④ 《马克思恩格斯全集》历史考证版第 1 部分第 27 卷第 1039、1060 页。

点实际上是要证明，社会的发展也受着物质原因的制约。恩格斯在《反杜林论》第二编和第三编中阐述了这一思想。在第一编的第九至十一章中，他论述了社会发展的动力问题，因为他跟着杜林的《哲学教程》，分析了下面的观点，这些观点认为历史的发展过程是由正义、平等和自由这些人的本性中固有的、具有永恒真理性质的观念和道德原则决定的。在这里，恩格斯同各种形式的唯心主义历史观相反，阐明了唯物主义历史研究的基本观点。

历史唯物主义地回答社会发展的动力问题对确定工人阶级的方向具有原则性的意义，因为自由、平等和正义虽然关系到无产阶级运动从一开始就为之奋斗的传统目标，但是它们更多的是以资产阶级天赋人权理论为出发点的。因此进行科学论证是十分必要的，更何况从抽象的、普通人的、所谓永恒的道德观念和法的观念中推导社会主义要求已成为当时正在蔓延的小资产阶级（包括杜林）社会主义观念的基本特征。

恩格斯绝没有低估社会关系的道德评价作为争取历史进步的斗争中的精神动力所具有的鼓动作用和历史合理性。然而诉诸道德和法的做法以及道义上的愤怒并不能科学地论证工人阶级的历史使命。[①] 恩格斯证明，诸如平等和自由等观念来源于社会关系，反映社会关系，并同社会关系一起历史地发展。恩格斯的做法表明了这一问题的世界观论证过程中的新的质。他把社会发展是否由永恒原则、永恒真理决定的问题归因于是否存在真的永恒真理的问题，并以辩证唯物主义的认识论为基础否定了这个问题。

恩格斯在分析杜林关于道德和法的观点时研究了社会的局限性，并第一次系统地研究了人的意识的不同形式的历史发展。同时，他深深思

---

① 《马克思恩格斯全集》第1版第20卷第163页。

索，直至得出社会主义和共产主义的结论，并以此证明了唯物主义历史观与社会主义的科学论证之间的联系。

恩格斯在第九章中指出，人的道德观受着经济关系制约，是一定的阶级利益的体现，因而，在阶级社会中总是存在着阶级道德。恩格斯把体现社会发展过程中不同阶级的道德形式分为基督教封建的道德、现代资产阶级的道德和无产阶级的未来道德。同时，他着重指出，不同的历史发展阶段和阶级力量的道德理论有着共同之处，可归结为，在一定的社会条件下，不同阶级的相同的道德规范，就其内容来说，我们都可以承认是有效的，但不能因此而抽掉道德的阶级性。"只有在不仅消灭了阶级对立，而且在实际生活中也忘却了这种对立的社会发展阶段上，超越阶级对立和超越对这种对立的回忆的、真正人的道德才成为可能。"[①]恩格斯以此概述了一个漫长的历史发展过程，在这个过程中，社会关系会发生变化，但人的意识也会发生根本的变化。

同样，恩格斯在第十章中研究了平等的观念这个"历史的产物"。[②]平等原则在杜林的理论体系中是一个重要的范畴。正如恩格斯所指出的，在法国大革命（1789—1795）的准备阶段和进行当中，平等要求具有重大的理论意义和实践政治意义，它"今天差不多在一切国家的社会主义运动中仍然起着很大的鼓动作用"。[③]

恩格斯第一次完整地历史地概述了古代公社以来的平等观念和平等要求。他引用《资本论》指出，随着资产阶级的历史性崛起和商品生产的确立，自由和平等就"最强烈地表现在现代资产阶级经济学的价值

---

① 《马克思恩格斯全集》第 1 版第 20 卷第 103 页。
② 《马克思恩格斯全集》第 1 版第 20 卷第 117 页。
③ 《马克思恩格斯全集》第 1 版第 20 卷第 113 页。

规律中"①,并被宣告为普遍人权。马克思在《资本论》中曾指出,这些人权在流通和商品交换领域内居支配地位,因为在这里商品所有者是作为自由的、法律上平等的人平等地交往和交换等价物的。②

恩格斯在"引论"中阐述说,历史地崛起的资产阶级在法国大革命之前和之中可以暂时把自己的阶级利益同普通人的利益合二为一。在反对封建制度的斗争中,他们以所有公民的平等、正义和人权的名义代表着各个不同的劳动者阶级的利益。恩格斯明确指出,然而,这种人权带有特殊市民的特征,从一开始就孕育着资产阶级同无产阶级的不可调和的矛盾。他指出,资产阶级在确立了自己的阶级统治之后就背弃自己的口号,为自己的剥削制度辩护。资产阶级仅在政治领域实现了的平等要求又被无产阶级提了出来,而且推而广之,要求社会和经济的平等。恩格斯证明,无产阶级在历史发展过程中提出平等要求在运动的初期或者是"对极端的社会不平等……的自发的反应",或者它是从对资产阶级的平等要求的反应中产生的,它从这种平等要求中吸取了"或多或少正确的、可以进一步发展的要求"。恩格斯确信,"在上述两种情况下,无产阶级平等要求的实际内容都是消灭阶级的要求。"③ 只有以建立无阶级社会为目标的无产阶级才能实现真正的平等。恩格斯从而指明了,工人阶级的世界观从一开始就代表着普通人的利益。他进而概述了一个以生产资料的社会所有制的建立为起点的漫长的历史过程,但没有像马克思在哥达纲领批判草案中那样详细描述这个过程的各个阶段。恩格斯在《〈反杜林论〉笔记》中,就像他在1875年3月18日和28日给倍倍

---

① 《马克思恩格斯全集》第 1 版第 20 卷第 115 页。
② 《马克思恩格斯全集》第 1 版第 33 卷第 199—200 页。
③ 《马克思恩格斯全集》第 1 版第 33 卷第 117 页。

尔的信中所做的那样，通过界定抽象的平等理论和平等主义而阐述了关于平等的历史唯物主义观点这一历史的产物。①

恩格斯从人类能够认识社会规律、按照这些规律行动并改造世界这个历史唯物主义观点出发，在第十一章中论述了自由问题的几个方面。同杜林的个人具有无限意志自由的假设相反，恩格斯认为，必然性与自由的关系就是现实的、具体历史的社会关系。黑格尔把自由理解为对必然性的了解。恩格斯根据这种理解把"意志的自由"描述为"借助于对事物的认识来作出决定的那种能力"。②

他超越了黑格尔，把自由的获得不仅看做是精神活动的产物，而且看成是人的实际社会活动的结果，同时有计划地利用了在一个滚滚向前的历史发展过程中考虑客观规律的可能性："因此，自由是在于根据对自然界的必然性的认识来支配我们自己和外部自然界；因此它必然是历史发展的产物。"③生产力的发展总是前提。恩格斯的论述为在第三编中阐述自由问题奠定了总的哲学基础，在这一编的第二章中，他描述了社会主义革命和共产主义社会的基本特征。

恩格斯在分析杜林的关于道德与法的观点时，探讨了社会存在决定社会意识的问题。在《〈反杜林论〉笔记》中，他指出了这种关系的辩证的相互作用和历史特征。他断定，"在或远或近的将来"存在着这样一种可能性，"人们将会预先认识到由于关系的改变而引起社会状况（如果允许我这样说的话）改变的必然性，并且愿意实现这种改变，而

---

① 《马克思恩格斯全集》历史考证版第1部分第27卷第80页。
② 《马克思恩格斯全集》第1版第20卷第125页。
③ 《马克思恩格斯全集》第1版第20卷第125—126页。

不是无意识地被迫地这样认识和这样做。"① 恩格斯以此指出了社会意识的能动作用和历史进程随着无产阶级将完成的社会变革而会逐步达到的新质。

恩格斯在探讨马克思主义哲学中的唯物主义和辩证法的统一的同时，在第十二和第十三章中着手研究了辩证法的基本问题。在这里，他分析了杜林的《批判史》中的观点。

恩格斯在《反杜林论》中多处阐述并完全利用了唯物辩证法，在重要问题上有了进一步发展。他在"引论"中同形而上学相反，详细地描述了辩证法的特征，并指出了这两种思维方式同各自的科学前提的联系。在"哲学"编中，他系统地论述了唯物主义辩证法的基本规律和基本范畴。

恩格斯深为关切的是用一种科学的世界观武装工人阶级，使它能够辩证地思维，从而科学地认识世界，为他们进行革命变革奠定基础。同时还要抵制普遍的反辩证法行为，尤其是必须反击那些资产阶级思想家。他们攻击马克思主义、继而攻击马克思主义辩证法，把《资本论》中所运用的辩证方法同黑格尔的辩证方法混为一谈，对二者都加以诋毁。而杜林就是这样做的。

像马克思早在《资本论》第2版跋里就做过的那样，恩格斯指出，资产阶级放弃了曾经属于它的世界观的进步遗产，即黑格尔辩证法。而科学社会主义对黑格尔辩证法则是扬弃，也就是说，是去粗取精。它捍卫了辩证法，驳斥了那种认为辩证法是思辨的设计方法或科学赝品的指责。恩格斯证明，辩证规律是客观起作用的，因而应从自然、社会和思维里推引出来。他的论证方法同马克思一样，后者曾通过首先对经济过

---

① 《马克思恩格斯全集》第1版第20卷第671—672页。

程的具体历史的分析揭示了辩证规律在社会中的作用，同时指出，为了挖掘黑格尔辩证法中的合理内核，必须克服它的唯心主义。恩格斯在研究自然科学时深为关切的是证明辩证运动规律的客观特征和普遍性。自然科学的研究使他认识到："在自然界里，同样的辩证法的运动规律在无数错综复杂的变化中发生作用，正像在历史上这些规律支配着似乎是偶然的事变一样；这些规律也同样地贯串于人类思维的发展史中，它们逐渐被思维着的人所意识到"。① 在"哲学"编中他把辩证法称为"关于自然、人类社会和思维的运动和发展的普遍规律的科学"。②

在第十二章和第十三章中，恩格斯以"量和质"以及"否定的否定"为题，根据内容阐述了唯物主义辩证法的三个基本规律。他以此为出发点，接着进一步论述了他为写作《自然辩证法》所作的思考，在该书中，他详细表述了他想单独加以研究的辩证法的三个"主要规律"③。

在同杜林的论战中，恩格斯阐述了矛盾这一发展动力的作用。早在《〈反杜林论〉笔记》中，他就一般性地考虑了对立和矛盾的特征④、社会发展中的矛盾的作用。⑤ 在《哲学》编中，他首先分析了那种认为在现实世界中不存在矛盾、只有思维中才存在矛盾的唯心主义观点。恩格斯证明，矛盾是客观存在的，并举出现实中许多领域里的例子加以说明。

在论战中，恩格斯尽可能以《资本论》为基础。他关于否定之否

---

① 《马克思恩格斯全集》第 1 版第 20 卷第 13 页。
② 《马克思恩格斯全集》第 1 版第 20 卷第 154 页。
③ 《马克思恩格斯全集》第 1 版第 20 卷第 401—408 页。
④ 《马克思恩格斯全集》历史考证版第 1 部分第 27 卷第 69 页。
⑤ 《马克思恩格斯全集》历史考证版第 1 部分第 27 卷第 41—85 页。

定规律的论述具有特别重要的意义。因为杜林在这个问题上攻击马克思关于建立生产资料社会所有制是历史的必然这个论点,进而怀疑对社会主义的规律性的唯物主义论证。恩格斯证明,马克思绝没有把黑格尔的三段论强加给历史。更确切地说,他从对历史过程的分析中推导出,资本主义生产方式是在一定的阶段上产生的,并规律性地为自己的解体创造了条件,也就是说,否定之否定的辩证规律在这里得到了实现。

恩格斯指出,辩证规律同样适用于思维。由于思维规律是与客观现实相适应的,所以,掌握思维规律有利于揭示现实的规律。鉴于此,恩格斯也承认形式逻辑是寻找新结论的方法。他把形式逻辑与辩证法的关系同常数数学和变数数学作了对比。①

恩格斯明确指出,辩证规律不是单纯的论证工具,而是认识世界的科学方法,从而是阶级斗争的武器。

在《反杜林论》第二编中,恩格斯强调了政治经济学在工人阶级的科学世界观中的地位和作用,他指出,唯物史观,包括唯物辩证法是马克思所论证的政治经济学的哲学基础,并决定了政治经济学这一科学的对象和特征。恩格斯在论述对象和方法的第一章对此作了阐述,这一章对于《反杜林论》所论述的政治经济学问题具有世界观的关键作用。他断定,"一切社会变迁和政治变革的终极原因,不应当在人们的头脑中,在人们对永恒的真理和正义的日益增进的认识中去寻找,而应当在生产方式和交换方式的变更中去寻找;不应当在有关的时代的**哲学**中去寻找,而应当在有关的时代的**经济学**中去寻找。"②

马克思在《资本论》第 1 卷第 2 版跋中阐述说,他所运用的辩证法

---

① 《马克思恩格斯全集》第 1 版第 20 卷第 147 页。
② 《马克思恩格斯全集》第 1 版第 20 卷第 292 页。

"在对现存事物的肯定的理解中同时包含对现存事物的否定的理解,即对现存事物的必然灭亡的理解",因而"按其本质来说,它是批判的和革命的"。① 与此相一致,恩格斯解释说,马克思主义政治经济学揭示了资本主义生产方式的经济运动规律和论证了社会主义革命的必然性。这就证明,在资本主义生产方式条件下生产力得以发展,而这种发展可以表明这种生产方式必然解体,并使得一般性地阐述未来无剥削社会的经济成为可能。在此意义上,恩格斯称之为经济科学的任务,认为社会弊病"是现存生产方式的必然结果,同时也是这一生产方式快要瓦解的标志,并且在正在瓦解的经济运动形式内部发现未来的、能够消除这些弊病的、新的生产组织和交换组织的因素"②。

因此,对资本主义生产方式的科学分析是在科学的基础上解释社会主义和共产主义社会的前提。恩格斯在第三编第二章对此作了详细的阐述。在第二编中,他阐明了政治经济学和社会主义的内在理论联系,因为他在每一章几乎都得出了关于资本主义必然灭亡的规律性或关于社会主义革命的经济内涵和未来社会的基本特征的结论。而杜林,正如恩格斯所证明的,在其历史观中从唯心主义立场出发,采取了庸俗经济学的观点,并"把他的社会主义直接建立在最坏的庸俗经济学的学说之上"③。结果,他便非科学地完成了社会主义构想:"他的社会主义和这种庸俗经济学具有同样的价值。二者存亡与共"。④ 恩格斯在论述时指出,政治经济学丰富了唯物主义历史观和科学社会主义学说。

---

① 《马克思恩格斯全集》第 1 版第 23 卷第 24 页。
② 《马克思恩格斯全集》第 1 版第 20 卷第 163 页。
③ 《马克思恩格斯全集》第 1 版第 20 卷第 210 页。
④ 《马克思恩格斯全集》第 1 版第 20 卷第 210 页。

《反杜林论》是恩格斯为传播《资本论》第1卷的思想所作的各种方式的长期努力的最高点。在第二编和第三编某些章中他对这部著作作了当时最出色的论述,就其精确性而言具有独立的理论价值。恩格斯证明,马克思主义为科学地认识资本主义生产方式的本质取得了决定性进步,马克思吸取了资产阶级古典政治经济学的理论成就,从工人阶级的立场出发对它们作了进一步的发展,并在辩证的意义上加以保护。恩格斯从此出发揭露了杜林的经济学观点的庸俗性,分析了《资本论》第1卷出版之后资产阶级和小资产阶级的主要观点。

恩格斯在第一章中第一次为发表而论述了政治经济学的对象。在这方面他同马克思是基本一致的,后者在当时尚未发表的手稿,如《〈政治经济学批判大纲〉导言》中曾探讨过这个问题。在恩格斯这部同小资产阶级庸俗经济学家杜林进行论战的著作中可以看到同马克思在《〈大纲〉导言》中驳斥巴师夏、查·凯里、蒲鲁东和穆勒而运用的相同的辩证唯物主义论据。

恩格斯第一次区分了广义政治经济学和狭义政治经济学。他认为,广义的政治经济学是"一门研究人类各种社会进行生产和交换并相应地进行产品分配的条件和形式的科学"①。恩格斯分清了在这个范围内才开始创立的科学和狭义的政治经济学,关于后者,他说:"到现在为止,我们所掌握的有关经济科学的东西,几乎只限于资本主义生产方式的发生和发展"。②就内容而言,马克思早在《〈大纲〉导言》中就作了这样的区分。恩格斯是第一次明确地作了这种区分。

同样,恩格斯也像马克思在《〈大纲〉导言》中所做的那样,根据

---

① 《马克思恩格斯全集》第1版第20卷第163—164页。
② 《马克思恩格斯全集》第1版第20卷第163—164页。

政治经济学对象阐明了生产在社会再生产过程中的特殊地位以及各阶段的辩证的相互关系。与此有关的结论是：消灭资本主义社会不是靠分配原则的改变，而是需要生产关系的根本变革。

恩格斯以政治经济学对象的规定阐明了它所特有的彻底的历史主义："政治经济学本质上是一门历史的科学。它所涉及的是历史性的即经常变化的材料；它首先研究生产和交换的每一个发展阶段的特殊规律，而且只有在完成这种研究以后，它才能确立为数不多的、适合于一切生产和交换的、最普遍的规律。"[①]

恩格斯在分析杜林关于经济的最普遍的自然规律的观点时阐述了他通过对各种生产方式比较分析所得出的关于存在着客观的普遍的自然规律的思想。同时，他批判了资产阶级古典经济学家的非历史的观点，这些经济学家，如德国的启蒙学者，认为生产和交换的规律是从人的本性中推导出来的，是"永恒的自然规律"[②]，因而视资本主义生产为自然的、永恒的制度。像马克思在《〈大纲〉导言》中所做的那样，恩格斯也从资本主义生产方式的巩固阶段这一历史条件出发解释了这种非历史主义，并把它同后来出现的如今在社会上起着另一种作用的资产阶级和小资产阶级的诡辩论和庸俗经济学的非历史主义作了原则的区分。同时，他间接地抨击了根本否认客观经济规律的存在的年轻的历史学派。

随着对杜林的对象规定的批判，恩格斯分析了当时关于政治经济学这门科学的现状和任务的讨论。资产阶级出版物讨论的是政治经济学的解体或向社会科学的转化问题，而恩格斯则以广义的对象规定，概述了它包罗万象的人类历史范围、它在科学地说明经济基本过程在阶级社会

---

① 《马克思恩格斯全集》第1版第20卷第160页。
② 《马克思恩格斯全集》第1版第20卷第165页。

的形成、发展和转化过程中和无阶级社会中的规律性周期时所起的作用。列宁后来在同第二国际的代表们争论时利用了恩格斯对对象的阐述，这些人认为，只有资本主义生产方式才是政治经济学的对象，并且认为，它在社会主义这门科学中就停止了。

恩格斯在第二至第四章分析杜林的暴力论时，空前全面地研究了经济与政治的关系。在杜林的理论体系中，关于暴力在社会发展中起决定性作用的论点①占有主导地位。凭着这个论点，他在反对"暴力国家"和德意志帝国的反动政治制度时得到了工人运动的好评。杜林的出发点是经济的永恒自然规律的存在，并认为永恒的自然规律因暴力的作用而扭曲了，这表明他是唯心主义历史观的典型代表。杜林利用他的这个论点攻击由于承认生产起着决定性作用而成为马克思主义政治经济学基础的唯物主义历史观，进而攻击马克思主义政治经济学本身。所以，恩格斯在探讨马克思主义价值理论和剩余价值理论之前，首先对政治与经济的关系作了原则性的阐述。他以此证明了唯物主义历史观同剩余价值理论的联系，并阐述了唯物主义历史观的基本论点，而这些论点同时证明了马克思主义关于政治经济学的对象的观点，面对19世纪70年代中叶国家对经济的与日俱增的影响和资本主义所有制的国家形式的产生，也有必要对经济与政治的关系作出历史唯物主义的阐述。

在准备材料里，恩格斯为分析杜林的暴力理论概述了一些重要的思想，如暴力，包括军事形式，对经济条件的依赖性及其在一定历史阶段的作用。② 马克思在《资本论》第1卷中描述原始积累问题时以及早在

---

① 《马克思恩格斯全集》历史考证版第1部分第27卷第670、9—14、35—37和44页。

② 参看《马克思恩格斯全集》第1版第19卷第539—599页。

《〈大纲〉导言》中就探讨了这一问题。

恩格斯分析了政治与经济的关系及其历史发展和辩证的相互作用。同时，他研究了阶级社会的起源和产生形式。在同强调暴力是唯一的决定性因素的杜林论战时，恩格斯把重点放在证明经济条件是社会发展的基础和最终的决定性因素上。他指出，阶级社会的产生受着生产力发展水平的制约，并特别关注剩余劳动、剩余产品的历史形成及其各自的形式。他提醒人们注意，有了一定的社会劳动生产力，生产资料私有制才有可能形成，而私有制是可以占有他人劳动成果的基础。

恩格斯第一次系统地研究了阶级形成的两个原因：一是社会功能独立化，防止外部危险和进行内部组织，保护必要的集体劳动，二是随着剩余产品的产生而出现的公社内部的解体，而公社的解体是由其成员的分化和剥削的可能性以及俘虏和穷人的奴隶化造成的。恩格斯可能在写作《法兰克时代》①的同时，以法兰克人的封建制度的起源为例考察了这两个原因。

恩格斯在《反杜林论》中总结了他和马克思以前所获得的唯物主义历史观的形态理论的认识。他不仅探讨了东方专制制度②、奴隶制度、封建制度和资本主义制度形态顺序，而且探讨了下面三个阶段：以共同所有制为基础的社会、以私有制为基础的阶级社会和以共同所有制为基础的高级形式：共产主义③。同时，他评价说，阶级社会的产生是世界历史的进步和历史发展的必然阶段。

---

① 《马克思恩格斯全集》第 1 版第 19 卷第 197 页。
② 《马克思恩格斯全集》第 1 版第 19 卷第 151 页。
③ 《马克思恩格斯全集》第 1 版第 19 卷第 199—200 页。

恩格斯阐述了经济与政治的辩证的相互关系①。他证明，政治暴力总是为阶级利益服务的，它的发展是由经济原因决定的。同时，他指出了这种暴力对经济发展的推动或者阻碍的反作用。他像马克思在《资本论》中所做的那样②，强调了暴力在历史上对于新社会的建立所具有的革命性作用。恩格斯后来在进一步阐述经济基础和政治上层建筑的关系时，他暗示了《反杜林论》中对"历史唯物主义……最为详尽的阐述"③。

恩格斯根据武器技术的发展、作战以及军队的组织和战斗方式等广泛的事实材料，证明了经济对政治的决定性作用。早在他的一篇目前保存下来的《反杜林论》准备性材料中，他就注意到了军队的组织、装备、战略和战术对经济条件的依赖性④。他在第三章的打印手稿原始异文——恩格斯后来为这篇论文加的标题是《步兵战术及其物质基础。1700—1870》⑤中，比定稿更为详细地论述了武器技术问题和战斗方式问题。

恩格斯在《反杜林论》中还把握了这一领域的最新发展趋势。他要求人们注意正在日益加强的"统治着并且吞噬着欧洲"⑥的军国主义，并揭示了它的经济根源，暗示了越来越危险的军备竞赛。

恩格斯在《反杜林论》中的论述是他长期研究，特别是50年代他对这些问题的研究的结晶。他空前广泛地拟定了一系列普遍的理论问

---

① 《马克思恩格斯全集》第1版第23卷第819页。
② 《马克思恩格斯全集》第1版第37卷第462页，第39卷第198—201页。
③ 《马克思恩格斯全集》第1版第20卷第684页。
④ 《马克思恩格斯全集》第1版第20卷第689—695页。
⑤ 《马克思恩格斯全集》第1版第20卷第186页。
⑥ 《马克思恩格斯全集》历史考证版第1部分第27卷第1050—1051页。

题。他探究了武装力量的发展的物质基础,分析了中世纪以来的军事发展过程。恩格斯指出了生产水平和科技发展对装备和作战所起的决定性作用。他以北美独立战争(1775—1783)和法国大革命为例指出,诸如社会革命、社会和政治制度的性质等因素对此都有影响。他以人民大众创造的物质前提反对天才统帅的决定性作用。

在第五章至第九章中,恩格斯概述了曾经遭到杜林攻击的工人阶级政治经济学的理论体系和范围体系。对他来说,这关系到对社会主义的科学论证,所以他以《资本论》第1卷为基础,集中精力论述了价值论和剩余价值论问题。在第三编中他阐述了积累理论和资本主义生产方式的经济矛盾的发展与激化问题。恩格斯的论述实际上是对社会民主党的刊物关于价值论的讨论发表的看法。①

针对杜林的庸俗经济学的价值构想②,恩格斯阐述了马克思主义劳动价值理论的一系列基本论点,在第二编中主要是从逻辑的角度进行了探讨。在这方面他主要是阐述价值理论这一剩余价值论不可缺少的基础及二者的有机统一。所以,恩格斯首先专门研究了价值主体和价值量问题,而杜林常常混淆二者的内容,并没有对价值作出科学的解释。在第三编中则相反,恩格斯为了指出资本主义的暂时性,研究了价值理论的一系列历史逻辑问题,如价值形式、价值与货币的关系、货币职能和货币向资本的转化等等问题。

恩格斯同杜林的价值构想的争论,是从马克思的《政治经济学批判。第一分册》③ 以来一直在进行的,是同资产阶级和小资产阶级价值

---

① 参看《马克思恩格斯全集》第1版第20卷第203—213和327—378页。
② 《马克思恩格斯全集》历史考证版第1部分第27卷第1054—1056页。
③ 参看《马克思恩格斯全集》历史考证版第1部分第13卷第3—177页。

观念以及对马克思主义价值理论的攻击的斗争的系统继续。马克思为《反杜林论》写的准备材料和书信证明,他给了恩格斯全面的支持。早在《资本论》的草稿中,他就对以美国经济学家凯里为代表的再生产成本决定着价值的观点作了原则分析,在1868年翻阅杜林论述价值理论的主要著作《国民经济学批判基础》时,又遇到了这种庸俗经济学构想的、花样已经翻新的垄断主义附加理论。

此外,恩格斯还探讨了在庸俗经济学中随处可见的工资决定价值的观点。他指出,这个价值规定是以杜林要追求的"公正"分配观念为基础的。在杜林的价值规定问题上,恩格斯同马克思取得了一致的意见。① 他们两个人都认为需要同拉萨尔在社会民主党散布的、杜林又加以利用的幻想,即认为工人在未来社会里可以通过个人工资实现全部劳动所得的幻想,继续进行斗争。这场斗争之所以特别重要,因为拉萨尔的口号在工人运动中并没有被消除,而马克思在哥达纲领批判草案中所作的反驳还没有发表。

恩格斯详细地研究了经过反复讨论由于复杂劳动而产生的价值形成过程的问题。杜林捡来了认为《资本论》没有对此作出解释这种资产阶级的老调。恩格斯解释说,在复杂劳动中会涉及扩大了的简单劳动,并会生产出较高的价值量。同时,他驳斥了杜林的一切劳动价值相等的空话。恩格斯认为,这句空话没有触及一般的价值形成过程,而只是基于道义上的分配假设:一切劳动对社会都是有益的,所以就应获得相同的报酬。恩格斯指出,杜林的论点不适合于论证未来社会的生产和分配。他在第三编中就这个问题作了深入的研究。

马克思主义的剩余价值理论对于科学地论证工人阶级的世界观具有

---

① 参看《马克思恩格斯全集》第1版第20卷第221页。

重大意义。恩格斯在《引论》里把它誉为使社会主义成为科学的两大发现之一，并在第二编中作了阐述。恩格斯同杜林的论战驳斥了他对资本主义剥削所作的小资产阶级的唯心主义的道德化的解释，而他在《论住宅问题》一文中同蒲鲁东主义者米尔柏格进行的争论与此颇为相似。

恩格斯指出，早在马克思以前很久，人们就把剥削看成是通过资本和地产对剩余劳动的无偿占有；但只有马克思才最终证明，资本主义剥削并不违背商品生产的规律，而是以这些规律为基础，剩余价值是通过"排除任何欺骗，排除任何暴力的任何干涉，用**纯粹经济学的**方法来解决"①。

恩格斯就像在为《资本论》第1卷所写的大量书评中所做的那样，在《论住宅问题》一书和《卡尔·马克思》一文中强调了关于劳动力这个商品的学说的重要意义。这种学说是解释资本增殖的关键，并说明了资本主义剥削较之以前的种种剥削形式具有的社会经济上的特殊性。恩格斯论述了资本与劳动在劳动力这个商品的价值基础上进行交换及其使用价值在资本主义生产过程中得以实现的过程。由于马克思以这种方式已证明剩余价值的产生，所以"揭露了现代资本主义生产方式以及以它为基础的占有方式的结构，揭示了整个现代社会制度在其周围凝结起来的核心"。②

恩格斯称这一问题的解决——资产阶级古典经济学家以及空想社会主义者都徒劳地尝试解决这个问题——是马克思《资本论》的划时代功绩。"科学的社会主义就是从此开始，以此为中心发展起来的。"③ 剩

---

① 参看《马克思恩格斯全集》第1版第20卷第221页。
② 参看《马克思恩格斯全集》第1版第20卷第223页。
③ 参看《马克思恩格斯全集》第1版第20卷第222页。

余价值理论从生产优先于分配这一历史唯物主义的基本论点出发，完成了下面的证明：只有消灭了剥削的基础，即资本主义的生产资料私有制，才能消灭剥削。这就进一步科学地规定了无产阶级斗争的方向与方法。

恩格斯清楚地指出，马克思吸收了资产阶级古典经济学的代表对资本与利润这个历史统一的积极认识，但同这些代表和空想社会主义者不同的是，他根据唯物主义历史观把资本的主要经济学概念定义为历史的生产关系。① 因而就便于理解资本关系的历史形成和资本主义生产方式的历史特殊性。与此相反，杜林却从庸俗经济学观点出发，把所有剥削社会的生产资料都称为资本。

同他以前对《资本论》的思想所作的大量的阐述一样，他指出了剩余价值理论的普遍性，而剩余价值理论把资本主义剥削的所有形式都归因于雇佣劳动与资本的基本关系，并由此得到解释。在这个问题上他还考察了剩余价值的表现形式：利润、利息和地租。他把地租描述为资本主义土地所有制在经济学上的实现形式，进而描述为农村的资本主义剥削的范畴。恩格斯指出，马克思主义地租理论的世界观职能在于科学地论证了消灭农村资本主义大土地占有的必要性。他以此强调了建立工业无产阶级和农业无产阶级的联盟的可能性与必要性。他再次指出了政治经济学的历史特征，因为他解释说，地租理论的科学成分之所以只有在英国才能形成，是因为在英国农村存在着资本主义生产关系，并有着相应的剩余价值生产。恩格斯在论证利润和地租时也得到了马克思的支持。②

---

① 《马克思恩格斯全集》历史考证版第 1 部分第 27 卷第 850—854 页。
② 《马克思恩格斯全集》历史考证版第 1 部分第 27 卷第 1034—1036 页。

杜林在《国民经济学和社会主义批判史》中自称首次创立了关于政治经济学史的科学，这为恩格斯概要论述政治经济学这门科学的历史开端提供了根据。马克思在驳斥杜林的这种吹嘘方面也有一份功劳。① 他的"杜林《国民经济学批判史》边注"②便是第十章"《批判史》论述"的基础。

从理论史的角度来看，这一章是论战的总纲，它完善了以下的证明：只有在唯物主义的辩证法和历史观基础上，才有可能推动作为科学的政治经济学，并把握这一科学的历史及其科学阶段和庸俗阶段。同杜林的反映其哲学唯心主义和形而上学思维方式的主观主义评价相反，马克思和恩格斯以资产阶级政治经济学的各个阶段和理论家为例，阐明了政治经济学的总的社会经济规定性和由此产生的深刻的历史特征。

对杜林的《批判史》的批判突出地表明，恩格斯孜孜以求的是阐述资产阶级古典政治经济学这个马克思主义的来源。如果说，他以前集中于探讨资产阶级古典政治经济学的主要代表斯密和李嘉图，那么，现在他则评价它的从配第到魁奈的开端。《政治经济学批判。第一分册》和《资本论》第1卷中的论述以及其他由马克思根据未发表的手稿汇编而成的文字③已经说明从配第起，劳动价值理论就是贯穿于资产阶级政治经济学古典阶段科学的认识进步的一条红线，人们试图以此为基础，分析经济学的所有其他概念，特别是利润、利息和地租的本质。

恩格斯在《反杜林论》中证明，马克思在《资本论》中辩证地吸收了资产阶级政治经济学的科学阶段所取得的成就。杜林援引各种资料

---

① 《马克思恩格斯全集》历史考证版第1部分第27卷第831—846页。
② 《马克思恩格斯全集》历史考证版第1部分第27卷第180—209页。
③ 《马克思恩格斯全集》历史考证版第1部分第27卷第131—133页。

强调他的思想的庸俗经济学特征,而恩格斯,后来是马克思,则证明,根据唯物主义历史观,理论史研究本身就是对政治经济学这一马克思主义世界观的组成部分的形成和发展作出的一大贡献。

在第三编中,恩格斯总结了唯物主义历史观、唯物主义辩证法和马克思主义政治经济学的认识,旨在直接证明,一种更高级的社会制度规律性地代替资本主义社会的客观条件的成熟程度和工人阶级以革命手段完成这种更替的必要性以及它将要建立的制度的具体特征。他完成了论证和阐述科学社会主义这一完整的世界观、从而为工人阶级的革命行动创造理论基础的任务。在此意义上,他写道:"考察这一事业的历史条件以及这一事业的性质本身,从而使负有使命完成这一事业的今天受压迫的阶级认识到自己行动的条件和性质,这就是无产阶级运动的理论表现即科学社会主义的任务。"①

为强调科学社会主义的新的质,有必要把它同各种各样的空想社会主义彻底区分开来,同所有那些认为科学社会主义不是历史发展和资产阶级与无产阶级的阶级斗争的规律性结果、而是源自抽象唯心主义的、伦理道德的、形式法学的假设的观点彻底区分开来。

巴黎公社之后,反驳这类观点已成为同资产阶级思想作斗争、同越来越四处蔓延的小资产阶级社会主义的新变种作斗争中的一项重要任务。恩格斯指出,由于落后的社会状况,马克思主义以前的空想社会主义者在未来的设想方面必然停留在空想上。因此他的出发点是马克思在《法兰西内战》一文②里论述巴黎公社时所作的评价。与此相反,小资产阶级的追随者却在变化了的历史条件下以及社会主义已成为科学之后

---

① 《马克思恩格斯全集》第 1 版第 20 卷第 308 页。
② 参看《马克思恩格斯全集》第 1 版第 17 卷第 331—389 页。

又回到了空想社会主义的观点。

于是,更全面地、更有分析性地评价马克思主义以前的空想社会主义的功绩与不足、阐明并使人们意识到它是工人阶级的科学世界观的来源就显得更为重要了。马克思针对在德国死灰复燃的杜林式的空想社会主义及其"对未来社会结构的一整套幻想"写道:"当然,在唯物主义的批判的社会主义出现以前,空想主义本身包含着这种社会主义的萌芽,可是现在,在这个时代以后它又出现,就只能是愚蠢的——愚蠢的、无聊的和根本反动的。"① 这个基本评价是在他们一起开始为第三编准备材料②时写下的,因而也决定了恩格斯的思路。

《反杜林论》在继承社会主义和共产主义遗产过程中达到了顶点。恩格斯在《引论》第一章中考虑了这个原则评价以后,在第三编第一章中继《共产党宣言》之后第一次重新系统地论述了空想社会主义的问题,不过重点是评价"三个伟大的空想主义者"③圣西门、傅立叶和欧文。《宣言》的主要任务是界定科学社会主义和以前所有的社会主义理论。那时,马克思和恩格斯虽然十分赞赏空想社会主义者对资本主义社会弊端所进行的有利于教育无产阶级的批判,但认为他们关于未来社会的论述完全是空想。在《反杜林论》中,恩格斯首先强调了他们早期对科学社会主义所作的贡献。早在《〈德国农民战争〉一八七〇年版序言的补充》中,恩格斯就认为圣西门、傅立叶和欧文是"属于一切时代最伟大的智士之列的,他们天才地预示了我们现在已经科学地证明

---

① 《马克思恩格斯全集》第 1 版第 34 卷第 281 页。
② 《马克思恩格斯全集》历史考证版第 1 部分第 27 卷第 1061—1062 页。
③ 《马克思恩格斯全集》第 1 版第 20 卷第 21 页。

了其正确性的无数真理"①。恩格斯由于把历史唯物主义的观察方式彻底运用到了理论阐述和意识形态批判上,所以他得以有分析地将空想主义者的历史功绩同当时的需要和可能相比较,并首先着眼于"处处突破幻想的外壳而显露出来的天才的思想萌芽和天才思想"②。

他认为其中包括圣西门和傅立叶的可以发展成唯物主义的、同时也是辩证的历史观的萌芽。他在运用辩证法时曾把圣西门和傅立叶同黑格尔相提并论。恩格斯把在此基础上进行的社会批判誉为空想社会主义者的主要功绩。他在润色小册子《社会主义从空想到科学的发展》的正文时,从这种观点出发,补充了对圣西门的论述,并阐明了后者关于"劳动者"与"游手好闲者"的对立的观点。③ 恩格斯特别重视这一些社会主义观点的某些方面。他用大量的篇幅叙述了欧文的活动。④ 马克思在《资本论》中高度评价了欧文在新拉纳克的活动及其关于工厂制度对未来社会的教育的意义的观点并誉之为社会革命的出发点。⑤ 恩格斯还强调,欧文曾把资本主义所创造的强大生产力看做是社会变革的基础。恩格斯在这部著作中多次在不同的地方指出了空想社会主义者较之杜林式的小资产阶级社会主义的优越之处。

恩格斯在论述了空想社会主义是科学社会主义的一个理论前提以

---

① 《马克思恩格斯全集》第 1 版第 18 卷第 566 页。
② 《马克思恩格斯全集》第 1 版第 20 卷第 283 页。
③ 《马克思恩格斯全集》第 1 版第 20 卷第 704—705 页。
④ 《马克思恩格斯全集》历史考证版第 1 部分第 27 卷第 1202—1207 页注释 403.26—432.38。
⑤ 参看《马克思恩格斯全集》第 1 版第 23 卷第 331—333 页、第 530 和 550 页。

后，在"该书最重要的……一章"①，即第三编第二章中系统地、历史唯物主义地论证了社会主义革命和未来社会的规律性。他分析了非科学的、抽象唯心主义的和以伦理道德为基础的社会主义观点②，间接地抨击了杜林，因为后者认为个人素质是历史过程的动力，从而代表了当时资产阶级和小资产阶级思维中的典型的主观主义倾向。与此相反，恩格斯根据资本主义的客观经济规律性强调指出了社会主义代替资本主义的日益增强的物质前提。他的依据是马克思在《资本论》第1卷中作出的对资本主义生产方式及其历史发展趋势的分析；恩格斯极其简洁地概括了《资本论》的基本认识，从总的世界观角度在哲学上加以深化，并通过对资本主义的新趋势的总结作了进一步发展，所以他的这些论述具有独立的科学成就。他直接指出，在论证社会主义的规律性时，工人阶级的科学世界观是同哲学学说、经济学说融合在一起的。

恩格斯的出发点是唯物主义历史观。他第一次同马克思一起在《德意志意识形态》中论证了唯物史观的指导原则，而马克思在《政治经济学批判。第一分册》序言中规定了它的主要内容。③ 恩格斯在第三编系统地描述了这种历史观的主要方面。恩格斯把社会变化的原因应到物质生产的变化中去寻找这一基本思想同对一切发展的动力——矛盾的作用的唯物主义的辩证的认识联系在一起。马克思认为，"一种历史生产形式的矛盾的发展，是这种形式瓦解和改造的唯一的历史道路。"④ 恩格斯与此相一致，以资本主义生产方式的历史起源和发展为例，研究了

---

① 《马克思恩格斯全集》第 1 版第 36 卷第 351 页。
② 《马克思恩格斯全集》历史考证版第 1 部分第 27 卷第 1059—1060 页。
③ 《马克思恩格斯全集》第 1 版第 13 卷第 8—9 页。
④ 《马克思恩格斯全集》第 1 版第 23 卷第 535 页。

生产力与生产关系之间的矛盾作为生产的日益社会化与私人占有之间的矛盾的发展过程。在把这一章整理成小册子《空想社会主义和科学社会主义》以及《社会主义从空想到科学的发展》时，他为了使自己的论述更加明白易懂，对这一章进行了特别的润色加工，并作了大量的补充。①

恩格斯的依据是马克思在《资本论》第1卷中对生产和劳动在合作社、工场和大工业形成过程中随着生产力的发展而发展的社会化的分析。马克思在研究资本主义积累过程时曾指出，随着生产的日益社会化，资本和劳动同时也会更加两极分化，他早就指出，随着资本的集中，由于"整个资本主义生产的无政府状态和灾难"日益加重，"单个的工场"② 就要不断地加强组织管理。

恩格斯把马克思曾全面研究过的、在资本主义生产方式中产生作用的矛盾作了分类。他首次在《空想社会主义和科学社会主义》一文中把"社会化生产和资本主义占有的不相容性"③ 称为"根本的矛盾"④，在《社会主义从空想到科学的发展》德文本里把它称为"产生现代社会借以运动并在大工业中表现得特别明显的一切矛盾的基本矛盾"⑤。他断定，这个基本矛盾表现为"无产阶级和资产阶级的对立"⑥，表现为"个别工厂中的生产的组织性和整个社会的生产的无政府状态之间的

---

① 《马克思恩格斯全集》历史考证版第1部分第27卷第1262页和1313—1314页。
② 《马克思恩格斯全集》第1版第23卷第549页。
③ 《马克思恩格斯全集》第1版第20卷第295—296页。
④ 《马克思恩格斯全集》历史考证版第1部分第27卷第579页。
⑤ 《马克思恩格斯全集》第1版第19卷第246页。
⑥ 《马克思恩格斯全集》第1版第20卷第296页。

对立"①，并在周期性的生产过剩危机中爆发出来。鉴于1873年爆发了世界经济危机，而且资产阶级思想家企图以改革的设想来应付它的影响，恩格斯阐明马克思的证明就具有原则上的理论的和政治的意义，这个证明就是：危机起源于资本主义生产的内在运动规律，绝不是像杜林所声称的那样是由大众的低消费引起的，因而具有偶然性，是外部强加的。②恩格斯在《反杜林论》中论述了这个基本矛盾及其两种表现形式，这是马克思主义历史观、政治经济学和社会主义学说的发展作出的独立贡献。

恩格斯在研究这个基本矛盾的发展时，分析了股份公司和国家所有制这些体现了生产的日益社会化的资本主义所有制的新形式。此外，在《社会主义从空想到科学的发展》第4版中，他还提到了托拉斯③。恩格斯总结了资本主义生产方式向垄断资本主义过渡的发展趋势，因而为列宁以后分析帝国主义奠定了坚实的基础。

在包括《资本论》第3卷的唯一草稿在内的1863—1865年手稿中，马克思研究了股份公司，称它是"作为私人财产的资本在资本主义生产方式本身范围内的扬弃……是资本再转化为生产者的财产所必需的过渡点，不过这种财产不再是各个互相分离的生产者的私有财产，而是联合起来的生产者的财产，即直接的社会财产"④。

恩格斯认为，股份公司的产生和经济领域的国有化是一个客观的过

---

① 《马克思恩格斯全集》第1版第20卷第298页。
② 《马克思恩格斯全集》第1版第20卷第310—311页。
③ 《马克思恩格斯全集》历史考证版第1部分第27卷第1322页。
④ 《马克思恩格斯全集》第1版第25卷第493、494页。

程。他同庸俗经济学的解释和国家社会主义的幻想①相反，一方面认为国家所有制就是没有消灭资本主义所有制关系和剥削，更确切地说，是把资本关系推向了顶峰的资本主义所有制。另一方面，恩格斯认识到，国家所有制"包含着解决冲突的形式上的手段，解决冲突的线索"②。大多数居民沦为无产者，由于巨大的社会化的生产资料变为国家财产，所以解决资本主义的矛盾就有办法："**无产阶级将取得国家政权，并且首先把生产资料变为国家财产。**"③ 此时，国家是作为社会的代表出现的。恩格斯以此概述了一个将建立全社会所有制的漫长历史过程的开端，并指出，这包括"巨大的社会化的生产资料"④。他从而同时捍卫了马克思的全社会所有制的观点，反驳了杜林的攻击。⑤

恩格斯着重指出了社会主义革命的客观规律性，但绝不赞成历史过程自动论。他认为，社会变革是有组织的无产阶级自觉的革命行动，行动一开始就是夺取政权。恩格斯在界定国家社会主义的幻想、拉萨尔的空话、小资产阶级改良主义和无政府主义观点、在抨击杜林的暴力理论时阐述了这一思想⑥。他在这里利用了巴黎公社的经验和马克思的哥达纲领批判草案。他在《〈反杜林论〉笔记》中谈到，继现在的"军事官僚国家"之后将出现"资本家国家"⑦。他以此阐明了下面一个过程的

---

① 《马克思恩格斯全集》历史考证版第 1 部分第 27 卷第 1246—1247 页注释 533.31—34。
② 《马克思恩格斯全集》第 1 版第 20 卷第 303 页。
③ 《马克思恩格斯全集》第 1 版第 20 卷第 305 页。
④ 《马克思恩格斯全集》第 1 版第 20 卷第 305 页。
⑤ 《马克思恩格斯全集》历史考证版第 1 部分第 27 卷第 672 页。
⑥ 《马克思恩格斯全集》历史考证版第 1 部分第 27 卷第 670 页。
⑦ 《马克思恩格斯全集》历史考证版第 1 部分第 27 卷第 93 页。

长期性：一开始必须以争取民主关系为内容，即为争取社会主义做准备。在政治学说的范围内，关于无产阶级国家政权的建立、其本质及前景的问题在系统阐述工人阶级的世界观过程中占据重要地位。而回答这个问题对于引导工人运动具有根本的意义。

恩格斯又是继《共产党宣言》之后，而且以当时最完整的形式，在第二章中第一次系统地阐述了未来社会的特征与发展轨迹，在这里，他着重考察了整个共产主义的社会形态。其中两个要点表现了新的理论本质：一是恩格斯科学地分析了资本主义的发展趋势，从中推导出了新社会的基本特点：生产资料向社会财产的转化实现了它的社会性，从而为生产的提高提供了巨大可能性；二是他从世界观的角度考察了自然和社会，并从此出发强调了社会规律的特殊性和意识到新可能性的社会行动。在这里，他极其坚决地划清了自己的观点同所有空想的关于未来的推想和社会主义构想的界限。正如他后来在谈到《反杜林论》和《社会主义从空想到科学的发展》时所写的，他认为自己的论述"是从历史事实和发展过程中得出的确切结论"①，而不打算描绘细节。这样，恩格斯就可能预测广泛的、基本的特征，同时按他自己的说法又可以集中精力于经济方面。②

这样做的指导思想是，人类日益同自身的行为的规律发生新的关系，"由人们使之起作用的社会原因"将"在主要的方面和日益增长的程度上达到他们所预期的结果"③。恩格斯以此概述了使社会主义区别于以前所有社会制度的漫长的发展过程，因为第一次具备作为人类自觉

---

① 《马克思恩格斯全集》第 1 版第 36 卷第 420 页。
② 《马克思恩格斯全集》第 1 版第 36 卷第 420 页。
③ 《马克思恩格斯全集》第 1 版第 20 卷第 308 页。

的、目标明确的活动的事业去建立一个社会的可能性。

恩格斯从这个角度出发，把资本主义生产的无政府状态同"按照全社会和每个成员的需要"①对生产进行自觉的、有计划的调节作了对照。资本主义占有方式将"让位于那种以现代生产资料的本性为基础的产品占有方式：一方面由社会直接占有，作为维持和扩大生产的资料，另一方面由个人直接占有，作为生活和享乐的资料"。②这种区别是针对拉萨尔的"完整的劳动收益"的空谈的，对此，马克思在《哥达纲领批判》中也详细论述了在共产主义社会初级阶段社会总产品的分配原则。③

恩格斯把客观规律与自觉的行为之间的新关系同掌握已经认识了其作用方式的自然力作了对比。正如他指出的那样，新的社会条件为人类以新的方式合理地调节与自然的物质交换提供了可能。从而"人们第一次成为自然界的自觉的和真正的主人，因为他们已经成为自己的社会结合的主人了。人们自己的社会行动的规律，这些直到现在都如同异己的、统治着人们的自然规律一样而与人们相对立的规律，那时就将被人们熟练地运用起来，因而将服从他们的统治"。④恩格斯把人们对自然环境与社会环境的自觉的影响理解为改变与自我改变的辩证过程。为了阐明这一过程的质的转变和历史规模，他在像马克思在《资本论》第1卷中所作的那样⑤，把资本主义竞争与动物界的行为方式作了对比之后，认为这个过程是人类最终脱离动物界的过程。

---

① 《马克思恩格斯全集》第1版第20卷第304页。
② 《马克思恩格斯全集》第1版第20卷第305页。
③ 《马克思恩格斯全集》第1版第19卷第21—23页。
④ 《马克思恩格斯全集》第1版第20卷第308页。
⑤ 《马克思恩格斯全集》第1版第23卷第201、385页。

在此广泛的意义上，恩格斯还运用"人类从必然王国进入自由王国的飞跃"① 这一比喻标明了历史过程的新本质。恩格斯从第一编中关于自由与必然的关系的论述出发，认为这种关系是辩证的具体历史的关系，它的实现取决于一定的条件。即使在共产主义社会，这种必然性也不会被取消，因为人类还得被迫去从事物质财富的生产。但现在有了合理地调节、并在符合人类本性的条件下实现与自然的物质交换的可能，马克思在《资本论》第 3 卷草稿中对此也作了证明。

恩格斯从大的历史方面把握了未来社会的发展过程，同样，他也考察了国家的发展。他认为国家的历史合法性取决于剥削阶级的存在，他比以前更加深入地把握了阶级分裂的产生与发展的经济条件，从而也更加深入地把握了消灭阶级分裂的前提。

对于无产阶级夺取政权之后国家的发展，恩格斯强调了两个观点：他指出，国家作为剥削阶级的压迫工具将成为多余的，但社会的发展一如既往需要领导。1872—1873 年，他就在《论权威》一文中断定，生产的物质条件日益组合在一起，即社会化，因而越来越需要组织和领导，作为社会主义革命的结果，国家的政治职能转变为行政职能。② 他依据哥达纲领批判草案和圣西门的表述，认为未来社会的国家制度的转变了的职能是"对物的管理和对生产过程的领导"。③ 因此他自《社会主义从空想到科学的发展》之后在《反杜林论》以后的版本中都使用了国家的"消亡"这一表述。这种表述尤其是针对当时那些认为应"取消"国家的无政府主义观点的，当然也是针对"自由的人民国家"

---

① 《马克思恩格斯全集》第 1 版第 20 卷第 308 页。
② 《马克思恩格斯全集》第 1 版第 18 卷第 341—344 页。
③ 《马克思恩格斯全集》第 1 版第 20 卷第 306 页。

的口号的。①

在接下去的几章中，恩格斯着手分析杜林的社会主义模式、经济公社、一些具体的生产问题、分配和上层建筑等。同时他又追述了他在属于《〈反杜林论〉笔记》的一份准备材料《杜林，社会主义》中②曾概述过的、有些已在写作第二编时探讨过的问题。

分工问题就是一例。恩格斯在第二编第四章中认为分工是阶级分化的基础，并在第九章中指出，在第三编中将探讨分工如何提高生产力的问题。杜林简单地把分工看做是永恒的。为了驳斥这种观点，恩格斯在"社会主义"编重点论证了旧的分工的历史性和消灭的必然性，并由此得出了在共产主义社会劳动具有新的特点的结论。

早在《德意志意识形态》中，马克思和恩格斯就研究了分工这一生产发展的准绳，分析了它的起源、结果以及消灭的条件。马克思在其经济学著作中已全面地证明，随着工场手工业和大工业的发展，分工会达到迄今最高的发展，把人奴役在生产资料和生产条件之下，进而使人变成畸形物，但同时大工业的发展是全面发展的，它要求熟练的生产者，因而消灭旧的分工将成为生产条件本身。恩格斯对此作了直接的描述。

比如，他阐述说，随着生产资料向社会财产的转化和社会对它的有计划使用，每人都必须在其中承担一份，生产劳动的生产组织将取代旧的分工。生产劳动于是将从奴役人的手段变成解放人的手段，因为它"给每一个人提供全面发展和表现自己全部的即体力的和脑力的能力的

---

① 《马克思恩格斯全集》第 1 版第 20 卷第 306 页。
② 《马克思恩格斯全集》历史考证版第 1 部分第 27 卷第 52—59 页。

机会"①，从而使缩短劳动时间成为可能。杜林把抽象的、非历史的个人及其"天生的"特征设定为他考察历史的起点，恩格斯同他相反，阐述了个人在生产劳动过程中随着社会的解放而获得解放的客观物质前提。同时，他认为，消灭旧的分工，并不是消灭劳动的一切差异。应当被消灭的是这样的现象：让一定的阶级和阶层永远从事一定的活动，使他们单方面地一生束缚在一定的操作上。

恩格斯认为，消灭城乡对立就是消灭了第一次大的社会分工，接着进一步阐发了关于有目的地规划工业地址，保护和保持人类的自然环境的思想：排除当今"空气、水和土地的污毒"②。

恩格斯在分析杜林所代表的、根据以等量劳动的交换原则论证社会主义的庸俗经济学思想和由此得出的"全部劳动收益"的要求时，在第二编第四章，还有紧接着的第五章中，阐述了马克思主义价值论的其他几个方面。他在这里依据的是马克思在《资本论》里对资本主义商品生产的全面分析。恩格斯在同硬要把商品交换和货币关系作为固有的经济原则保留在其经济公社中的杜林争论时，集中精力，旨在证明，商品生产这一在资本主义下已成为占统治地位的生产形式将随着资本主义的被消灭而被消灭。在这里，他的出发点是，在生产资料全社会所有制条件下，劳动将直接具有社会性，并将直接用来满足需要和创造使用价值，从而使商品货币关系成为多余。他阐明了价值规律的物质内容在多大程度上继续有效的问题，因为他在谈到自己的《政治经济学批判大纲》时指出，即使到了共产主义社会，"对效用和劳动花费的衡量"③

---

① 《马克思恩格斯全集》第 1 版第 20 卷第 318 页。
② 《马克思恩格斯全集》第 1 版第 20 卷第 321 页。
③ 《马克思恩格斯全集》第 1 版第 20 卷第 335 页。

也仍然是它的任务。

恩格斯在结束其对工人阶级的科学世界观的系统阐述以前,还对宗教作了历史唯物主义的解释,他认为,宗教是社会意识的一种受着对超自然力量的信仰制约的、违反科学的世界观形式。如果说他在"哲学"编中就论述了道德的阶级性和历史局限性,那么他在第三编第五章中则第一次全面地研究了宗教及其起源和发展。俾斯麦国家的政治的和意识形态的争论——政府对天主教会的变化无常的策略和同"基督教"社会主义的对抗以及为把世界观问题纳入对社会主义的科学论证的努力——表明,必须从原则上说明工人运动同宗教的关系。恩格斯同马克思一致认为宗教是人类自身创造的、但统治着人类的、外部生存条件在精神上的反映。只有在经过一个很长的历史发展过程,摆脱了这种奴役之后,消灭宗教的条件才能具备。正如列宁从《反杜林论》的这些思想出发所指出的那样,马克思主义认为从宗教问题看,也需要进行阶级斗争。并非像杜林所要求的那样应禁止宗教,相反,党必须致力于启蒙和组织无产阶级,以便长期发挥作用,彻底从社会上扫除宗教思想。[①]

恩格斯阐述社会主义和共产主义社会的本质特征与发展轨迹,是同工人运动的迫切需要相一致的。对于那些创立于19世纪70年代和80年代的大多数革命的社会主义群众性政党来说,《反杜林论》和《社会主义从空想到科学的发展》是关于未来社会的科学思想的最重要来源。

恩格斯根据唯物主义历史观指出,在科学社会主义里,传统的目标限于客观的经济条件,因而立足于现实。他认为,新社会的建立是一个历史过程,并概述了这一过程的基本规律。他善于在考虑到各种具体历史条件下创造性地运用这些规律。他高瞻远瞩,把目标定为"保证一切

---

① 参看《列宁全集》第2版第17卷第388—401页。

社会成员有富足的和一天比一天充裕的物质生活,而且……保证他们的体力和智力获得充分的自由的发展和运用"①。这些目标在现实社会主义下将逐步地得到实现,逐步地得到历史的证明。

《反杜林论》的主要思想通过一本小册子在国际工人运动中得到了传播。这本小册子是恩格斯在1880年首先为法国工人党而把《反杜林论》中的三章汇编合成的,题为《空想社会主义和科学社会主义》,1883年他出版了德文版,题为《社会主义从空想到科学的发展》。马克思为这本小册子的出版也作出了贡献,他为法文版写了序言,概述了恩格斯的政治转变,并把小册子评价为"科学社会主义的入门"②。

这本由《反杜林论》中的三章汇编而成的小册子具有相对的独立性,有着自己的结构和内在逻辑。恩格斯在第一编中结束对空想社会主义的赞赏时,描述了在现实基础上建立社会主义这一个客观任务。在第二编中他证明,马克思的两大发现完成了这一任务,社会主义因此变成了科学。在第三编中,他着手研究唯物主义历史观和马克思主义关于资本主义生产方式的内在运动规律的经济学说,旨在证明社会主义革命的规律性,并推导出未来社会的本质特征。因此,这本小册子的结构反映了恩格斯所作推论的内在完整性和逻辑性。

恩格斯在法文版和德文版中所作的大量增补充实了理论内涵,并被收进了《反杜林论》的以后几个版本。这些增补首先涉及对科学地论证社会主义很重要的问题,如资本主义生产方式的发展过程及其复杂性与矛盾性等。恩格斯在法文版中,后来在德文版中,更加历史地具体地、更清楚地阐明了这个基本矛盾和它的两种表现形式。他更深入地研

---

① 《马克思恩格斯全集》第1版第20卷第307页。
② 《马克思恩格斯全集》第1版第19卷第263页。

究了社会规律较之自然规律所具有的作用方式以及分裂成阶级的经济条件和消灭阶级的经济前提。内容和风格的改变、标题的增加和序言使得该文扩充了预定发表的特别情况。同时，恩格斯在德文版序言中特别强调了科学社会主义的国际胜利。①

他在德文本中作了大量的增补，加了一篇题为《马尔克》的补遗。这是他"几年来……研究德国历史的第一个成果"②，在研究过程中，他除了作大量的摘录外，还写了《论日耳曼人的古代历史》和《法兰克时代》两篇手稿③。在《马尔克》一文中，恩格斯描述了日耳曼人的马尔克公社的发展与解体。他指出，在日耳曼人中同几乎所有的民族一样，最初存在土地公有制，土地私有制形成后，农民便日益受到奴役，农民们的希望在于重新建立土地的社会所有制。当然必须是这样的一种"土地关系的变革"④，这种变革要考虑到社会的利益，同大工业企业和农业机器的应用所取得的所有好处联系起来。

恩格斯作出这种历史概述，目的在于支持德国社会民主党在农村开展思想工作，争取使农业工人和小农结成同盟⑤，因为他吸取了社会主义宣传活动史上的经验。与此同时，他以此深化了在写作《社会主义从空想到科学的发展》时所取得的关于建立生产资料社会所有制的历史必然性的证明。

《马尔克》一文为进一步制定唯物主义历史观作出了重要的贡献。恩格斯依照具体的历史进程研究了社会形态解体过程中的共同制与私有

---

① 《马克思恩格斯全集》历史考证版第1部分第27卷第627页。
② 《马克思恩格斯全集》第1版第35卷第416页。
③ 《马克思恩格斯全集》第1版第19卷第478—538、539—599页。
④ 《马克思恩格斯全集》历史考证版第1部分第27卷修正第1356页。
⑤ 《马克思恩格斯全集》历史考证版第1部分第27卷修正第1342—1343页。

制的辩证法。他早在《反杜林论》第一编第十三章中就概述了这一辩证法①。恩格斯以及马克思认为，在对这一辩证法作进一步研究时，重要的是分析日耳曼人的农业状况。这项研究在马克思1881年初写给查苏利奇的书信草稿中得到了反映，他在其中研究了日耳曼人在占领区内施行的农业公社——农村公社。

《社会主义从空想到科学的发展》法文版，以及后来的德文版是无数译本的基础。这本小册子在恩格斯生前被译成了14种语言，出了50多版全本或节本。它是由两位科学社会主义创始人撰写的、继《共产党宣言》之后传播最广的著作。

列宁在纪念恩格斯逝世的文章中称《反杜林论》是恩格斯1870年以后写成的最重要的一部著作，认为它"分析了哲学、自然科学和社会科学中最重大的问题"②。由于列宁依据的是马克思主义这一各个组成部分的有机统一，所以他能够在新的历史条件下加以运用和进一步发展。以后，马克思主义和列宁主义相结合，因而科学社会主义证明了自己的普遍性和创造性，成了现实的革命改造的基础，同时表明是可靠的理论指导，这是恩格斯在《反杜林论》中从其新的质和内在完整性方面首次系统阐述的工人阶级的科学世界观。

(原载《马克思恩格斯全集》历史考证版第1部分
第27卷第15—66页)

(蒋传中 译　蒋仁祥 校)

---

① 《马克思恩格斯全集》第1版第20卷第150—151页。
② 《列宁全集》第2版第2卷第9页。

巴黎公社时期马克思恩格斯对科学共产主义理论的重大贡献

——《马克思恩格斯全集》英文版第 22 卷说明*

《马克思恩格斯全集》英文版第 22 卷包括他们从 1870 年 7 月下半月到 1871 年 10 月底所写的著作。

在这个相对短暂的时期发生了 1870—1871 年的普法战争，以及列宁所说的"19 世纪最伟大的工人起义"①，即 1871 年 3 月 18 日的巴黎无产阶级革命，在这次革命中，第一次在历史上建立起了工人阶级的国家巴黎公社。这些事件的发生起源于欧洲好些年来已经形成的社会政治危机和革命危机。巴黎公社是工人阶级在反对资产阶级的资本主义剥削和政治统治的斗争中所取得的伟大胜利。巴黎公社的教训使工人运动的进一步的任务和前景变得非常突出。马克思和恩格斯根据巴黎公社的经验极大地丰富了科学共产主义理论。

本卷中马克思和恩格斯的许多著作都直接反映了他们在国际工人协会（国际）中的实践活动。

在普法战争造成的条件下，国际总委员会不得不从思想上武装无产阶级，特别是法国和德国的无产阶级，使他们明白自己的阶级目标，并

---

* 本文选自《马克思恩格斯研究》1993 年总第 14 期。
① 《列宁全集》第 2 版第 8 卷第 181 页。

防止泛滥于交战双方的沙文主义浪潮淹没工人阶级运动。这是国际胜利地经受住了的一次考验。它成功地唤起了工人队伍中最先进的工人,使他们从自发的行动和本能的阶级兄弟感情中意识到无产阶级作为一个整体有必要进行国际团结和统一行动。

本卷的第一篇文章是马克思起草的《国际工人协会总委员会关于普法战争(1870年7月)的第一篇宣言》。这个文件包含马克思主义关于工人阶级对军国主义和战争的态度的基本原理。马克思认为,侵略战争是由统治阶级为了克服国内危机,镇压革命运动,首先是无产阶级的革命运动而发动的。他分析了导致普法战争的欧洲国际矛盾的发展,为各国工人制定了在当时形势下的具体任务。

马克思揭露了法国波拿巴政府以维护和巩固帝国、加强它在欧洲的统治地位并阻止德国的统一为名而发动战争。在德国方面,这次战争在最初阶段是防御性的。① 与此同时,马克思揭露了普鲁士统治集团在战争的准备阶段所起的侵略作用。他把德国人民的民族利益和普鲁士容克以及德国资产阶级所追求的王朝的和掠夺的目的明确地区别开来。马克思警告德国工人说,普鲁士军国主义者领导的战争很可能变成一场反对法国人民的侵略战争:"如果德国工人阶级容许目前这场战争失去纯粹防御性质而变为反对法国人民的战争,那么无论胜利或失败,都同样要产生灾难深重的后果"。②

马克思在论证波拿巴帝国的军事失败将开创法国的复兴,并将消除德国统一的主要障碍之一时,表示支持国际的法国会员们所进行的反对拿破仑第三的统治的运动。这篇宣言有助于德国社会民主党人看清俾斯

---

① 参看《马克思恩格斯全集》第1版第17卷第5页。
② 《马克思恩格斯全集》第1版第17卷第6页。

麦的普鲁士政策的侵略本性，看清这种政策与德国人民合理的民族抱负是丝毫不相容的。

马克思和恩格斯相信，德国民族统一目的的实现是符合德国工人阶级的利益的，并会为把德国工人阶级组织起来创造有利的条件，而这反过来又会有助于整个国际无产阶级的团结。

这篇宣言提出了加强工人阶级、特别是交战两国的工人阶级的国际团结的任务。马克思高度赞扬了德国和法国的国际会员反军国主义的活动，并且把这看做是"全世界工人的联合终究会根绝一切战争"① 的迹象。马克思强调指出，工人们不顾统治阶级的沙文主义宣传而建立的国际兄弟情谊的发展"表明，同那个经济贫困和政治昏聩的旧社会相对立，正在诞生一个新社会，而这个新社会的国际原则将是**和平**，因为每一民族都将有同一个统治者——**劳动！**"②。

第二帝国在军事上遭到的毁灭性失败宣告了它的崩溃。马克思注意到，在普鲁士统治集团中，兼并阿尔萨斯和洛林的要求正被提出来。在这种情况下，帮助德国社会民主党人采取真正的阶级立场和加强他们的国际主义观点就特别重要了。马克思和恩格斯在给德国社会民主工党委员会的一封信中，敦促德国无产阶级挺身而出坚决反对普鲁士军方和资产阶级的兼并计划。

总委员会关于普法战争的第二篇宣言写于第二帝国垮台及1870年9月4日法兰西共和国建立之后，当时，这场战争对德国来说已失去防御性质而变为公开的扩张战争③。这篇宣言为国际制定了新的策略路线。

---

① 《马克思恩格斯全集》第1版第17卷第7页。
② 《马克思恩格斯全集》第1版第17卷第7—8页。
③ 参看《马克思恩格斯全集》第1版第17卷第285页。

它向欧洲各国的无产阶级指出了同普鲁士容克和德国资产阶级的侵略计划进行坚决斗争的方向。宣言声明，兼并阿尔萨斯和洛林毫无正当理由，根据"军事利益"决定国界只会播下"新战争的种子"①。马克思以罕见的洞察力预见到了俾斯麦侵略的后果以及欧洲以后几十年竞争势力的阵容。

宣言在发展无产阶级国际主义原则的同时，为国际无产阶级的各支队伍制定了策略，从而指导它们理解国际目标和民族目标的统一。马克思在给德国社会民主工党的一封信中指引德国工人阶级及其政党进行斗争反对普鲁士军国主义，拥护与法国缔结光荣的和约，赞成承认法兰西共和国。他强调指出了这一国际任务同反对国内反动派的斗争，以及反对俾斯麦企图利用对法国的胜利来进攻本国人民的民主权利的计划之间的联系。

国际还鼓励英国工人承认法兰西共和国。②

对法国工人来说，至关重要的是，一方面要利用共和国的一切自由"去加强他们自己阶级的组织"③，另一方面要避免被沙文主义的漂亮词句所迷惑。马克思警告法国工人说，当敌人已在巴黎城门下时，任何推翻新政府的企图都是不合时宜的。

这两篇宣言都是国际的正式文件，它们为工人运动提供了有科学根据的指导方针，为无产阶级面临的国际国内问题提供了彻底的解决方法。它们的重要特征之一就是坚决谴责军国主义和征服战争。

恩格斯在伦敦《派尔—麦尔新闻》上发表的关于1870—1871年普

---

① 《马克思恩格斯全集》第1版第17卷第288页。
② 参看《马克思恩格斯全集》第1版第17卷第293页。
③ 参看《马克思恩格斯全集》第1版第17卷第293页。

法战争的59篇文章在本卷中占重要位置。这些文章虽是以单独的军事评论文章的形式写的,但实际上,它们之间有密切的联系并构成一个完整的和统一的整体。尽管根据该报编辑所规定的条件,这些文章应该局限于纯粹的军事问题,但恩格斯往往超越这些限制赋予他的评论以犀利的文风并提供政治信息。在他的《战争短评》(它们的政治导向同总委员会关于普法战争的宣言是紧密相连的)中,恩格斯实际上是使国际在战争的各阶段上的策略具体化了。

恩格斯的这些文章表明他熟谙交战各国的对内对外政策情况,它们的经济制度和政治制度,特别是各阶级和政党的立场。所有这一切加上恩格斯作为一个军事历史学家和理论家真正百科全书式的知识,使他在许多情况下都能预见到事件的准确进程及其结果。他揭示了波拿巴军队和普鲁士军队指挥部的战略计划,确定的第一次主要会战的地区和日期以及将参加会战的兵力[1],预见到了将导致麦克马洪领导下的法军向色当退却的形势[2],还预见到了进行决战的地点、大致的日期及结局[3]。这些文章的主要思想是表明军事行动和战争的结局依赖于一个国家的内部条件。恩格斯的最重要的预言是,波拿巴法国的军事失败以及继之而来的第二帝国的垮台是不可避免的。

《短评》包含对波拿巴主义的无情的和深刻的批判。恩格斯生动地描绘了波拿巴政权及其主要支柱军队的衰败。"军队的组织到处都显得不适用了。一个高尚而勇敢的民族眼看着自己为了自卫而作的一切努力白费,这是因为20年来它听凭一群冒险家主宰它的命运,而这些冒险

---

[1] 参看《马克思恩格斯全集》第1版第17卷第18—20页。
[2] 参看《马克思恩格斯全集》第1版第17卷第36—37页。
[3] 参看《马克思恩格斯全集》第1版第17卷第75页。

家已经把行政机关、政府、陆军、海军,实际上把整个法国都变成了他们牟取暴利的源泉。"① 恩格斯强调指出,波拿巴政权即使在战争期间对军队仍有致命的影响,因为军队的行动与其说是从军事上考虑,不如说是从政治上考虑。他表明,波拿巴政府由于害怕巴黎群众如何拒绝把军队的主要兵力派往前线,而宁愿让它们驻扎在首都作为防止革命的保卫设施。②

恩格斯揭露了普鲁士统治集团的军国主义宣传,这个集团企图把普鲁士军队说成是真正"人民的"军队,是"武装的人民"。"'全民武装'这句空话是用以掩盖建立一支实行寡头统治的对外政策和反动的对内政策为目的的庞大的军队。"③ 他无情地谴责了德军司令部策划的野蛮行为——在军事上毫无道理地对城市进行狂轰滥炸,残忍地对待市民,对法国游击队员即自由射手采取严厉措施。

《战争短评》是对发展马克思主义军事理论的重要贡献。它们以事实为根据考察了战争的性质——扩张主义的、防御的和人民的,并揭示了战争发展的辩证法。恩格斯证明了"德国最初仅仅为了抵御法国 Chauvinism〔沙文主义〕而进行的战争"是如何"看来正逐渐地但是确实地变为一种为了新的德国 Chauvinism 的利益而进行的战争……"④。恩格斯深入细致地考虑了许多有关战争艺术的一般理论问题——后勤的作用、国家的政治和经济情况对作战过程的影响、战争前夕军队的正确部署、奇袭因素等等。他还指出,在战争爆发前军队的武装和装备方面

---

① 《马克思恩格斯全集》第 1 版第 17 卷第 83 页。
② 参看《马克思恩格斯全集》第 1 版第 17 卷第 60 页。
③ 《马克思恩格斯全集》第 1 版第 17 卷第 134 页。
④ 《马克思恩格斯全集》第 1 版第 17 卷第 112 页。

已经发生了多大的变化，以及这些变化是怎样影响军事作战过程的。

在法国正规军被击败后，恩格斯把注意力集中在创建新的兵团和组织反对侵略者的游击战争的可能性上。他在政治和军事方面对武装抵抗干涉力量问题、人民战争、包括游击运动问题都表示了特殊的兴趣。恩格斯与总委员会第二篇宣言所采取的路线完全一致，坚决维护法国人民以一切手段捍卫自己的国家抵御外敌入侵的权利。恩格斯认为真正的解放战争是"人民本身参加的"① 战争。他期望游击队员的作战会给敌人以物质上和精神上的毁灭性打击。他写道："人民战争的浪潮不断消耗着敌人兵力，将把一支最大的军队逐渐地损坏和零敲碎打地摧毁……"② 与此同时，恩格斯认识到如果没有一支强大的正规军，在军事作战中就不能实现决定性转变。他揭示了法国的将军们和新的资产阶级共和政府不愿充分调动国家的一切手段的原因，因为他害怕群众革命情绪的高涨甚于害怕外部敌人。

恩格斯的文章像总委员会关于普法战争的宣言一样清楚地表明，历史唯物主义的方法能够卓有成效地被运用来分析复杂的军事和政治形势。

马克思和恩格斯密切注视着法国发生的事件，在总委员会会议上对这些事件进行了系统的讨论。在关于普法战争的第二篇宣言中，马克思预见到了法国阶级矛盾的进一步激化，他提醒法国工人注意加强他们自己的阶级组织的必要性。他写道，这将赋予他们以"海格立斯般的新力量，去为法国的复兴和我们的共同事业即劳动解放事业而斗争"。③

---

① 《马克思恩格斯全集》第 1 版第 17 卷第 208 页。
② 《马克思恩格斯全集》第 1 版第 17 卷第 224 页。
③ 《马克思恩格斯全集》第 1 版第 17 卷第 293 页。

1871年3月18日法国首都爆发了无产阶级革命，结果是历史上第一个工人阶级政府巴黎公社宣布成立。马克思和恩格斯从一开始就把公社看做是具有世界历史意义的事件。他们认为公社是国际的精神产物，是工人阶级把它的运动的伟大原则付诸实践的尝试。马克思把它看做是世界历史上新纪元的开始。"工人阶级反对资本家阶级及其国家的斗争，由于巴黎人的斗争而进入了一个新阶段"，马克思在1871年4月17日给路德维希·库格曼的信中评论说，"不管这件事情的直接结果怎样，具有世界历史意义的新起点毕竟是已经取得了"①。

马克思和恩格斯以无产阶级革命家的全部热情欢迎公社的成立，并以各种可能的方式支持它的英勇斗士。他们在总委员会会议上的发言中，报告了巴黎公社社员反对凡尔赛反革命同普鲁士干涉者的联合力量的斗争。② 马克思利用各种渠道同公社领导人建立联系，以便帮助他们避免错误并制定正确的政策。他给欧洲和美国的工人运动领导人写了许多书信③阐明事件的真正性质、揭露统治阶级散布的谣言。在马克思领导的总委员会的帮助下，一场支持公社的运动在许多国家开展起来了。英国工人阶级和进步知识分子的先进部分也加入了这场运动。

巴黎公社一成立，马克思就着手研究和分析它的活动。收入本卷的《法兰西内战》的初稿和第二稿（马克思在这里对大量的实际材料进行了概括）证明了马克思用以考察公社社员的革命创造性工作的罕见的科学彻底性。

---

① 《马克思恩格斯全集》第1版第33卷第210—211页。

② 《马克思恩格斯全集》第1版第17卷第667—668、671—672、674、675—676、677—680页。

③ 参看《马克思恩格斯全集》第1版第33卷第71—77页。

马克思的杰出著作《法兰西内战》在本卷中占有中心地位。这部著作是以总委员会致国际在欧洲和美国的全体会员的宣言的形式写的。在1871年5月30日总委员会会议上被一致通过。这部著作是在公社失败两星期后作为国际工人协会的正式文件发表的，它在各国广为人知。

　　在以尖锐的政治讽刺形式写成的《法兰西内战》中，马克思阐明了革命理论的主要原理。国家、革命和无产阶级专政的理论在巴黎公社经验的基础上得到了发展。列宁把这部著作看做是科学共产主义的基本文献。他写道，马克思在这部著作中对巴黎公社作了"极其深刻、准确、出色而**有影响的**、革命的分析"①。

　　《法兰西内战》分析了巴黎公社起源的历史条件。正像恩格斯在他的1891年的导言中所写的那样，这部著作是一个典范，它证明了作者有惊人的天赋，他"在伟大历史事变还在我们眼前展开或者刚刚终结时，就能正确地把握住这些事变的性质、意义及其必然后果"②。马克思依靠多年来对法国历史尤其是对波拿巴政权的历史的研究（这项工作在《路易·波拿巴的雾月十八日》③中就已开始了）揭示了引起巴黎革命的因素。

　　马克思以辛辣的讽刺揭露了对巴黎工人进行残酷报复的煽动者和组织者——凡尔赛反革命政府的领导人。马克思把公社社员们的勇敢、无私和英雄主义同那些"维护'秩序'的嗜血恶狗们"④的行为作了对比，他们由于害怕革命而堕落为民族叛徒，并同外敌勾结。

---

① 《列宁全集》第2版第26卷第51页。
② 参看《马克思恩格斯全集》第1版第22卷第216页。
③ 参看《马克思恩格斯全集》第1版第8卷第117—227页。
④ 《马克思恩格斯全集》第1版第17卷第378页。

多年以前,当马克思分析1848—1849年的革命事件时,他就得出结论说,无产阶级将在未来的革命中起决定作用。公社的经验证实了这一结论。"这终究是工人阶级被公认为能够发挥社会首倡作用的唯一阶级的第一次革命。"① 无产阶级第一次在历史上尝试坚持自己在政治上的至高无上的权威并建立一个新的社会制度。

对巴黎公社的经验的研究为马克思进一步考察像国家这样的社会机构提供了新的材料。马克思根据自己以前在这方面所进行的研究,在《法兰西内战》及其初稿中考察了资本主义国家上层建筑的起源和发展阶段、这一上层建筑同经济基础即资本主义生产关系之间的辩证关系,以及作为压迫劳动人民的工具的资产阶级国家的作用。马克思写道,资产阶级国家作为"进行社会奴役而组织起来的社会力量"和"阶级统治机器",不管它以什么形式出现,它的本质都不会改变。②

由于资产阶级国家的阶级性质及其压迫机器的政治功能,粉碎资产阶级国家机器便成为无产阶级争取社会解放的决定条件。马克思在《路易·波拿巴的雾月十八日》(1852年)中得出的这一结论为公社的经验所证实。"但是,"马克思写道,"工人阶级不能简单地掌握现成的国家机器,并运用它来达到自己的目的。奴役他们的政治工具不能当成解放他们的政治工具来使用"。③ 马克思特别重视革命理论中的这一主要原理,这一原理在马克思和恩格斯为1872年《共产党宣言》德文版所写的序言④中得到了更明确的阐述。正像我们所知道的那样,这一原理在

---

① 《马克思恩格斯全集》第1版第17卷第363页。
② 《马克思恩格斯全集》第1版第17卷第356页。
③ 《马克思恩格斯全集》第1版第17卷第642页。
④ 参看《马克思恩格斯全集》第1版第17卷第18页。

列宁的著作中，在列宁把它运用于帝国主义时代的特征时得到了进一步的发展。

马克思在《法兰西内战》中运用了辩证的和具体的历史方法，即对待国家机器的各种要素的不同态度。他没有排除获得胜利的工人阶级利用资产阶级国家经过民主改造的社会必要的机构的可能性。

在巴黎公社之前，无产阶级斗争的历史还没有提供国家机器被摧毁后工人阶级能用什么东西替代它的实际例子。公社存在的时间尽管很短，但马克思在公社中看到了新型的国家即无产阶级国家的特征，这种国家可以代替为压迫工人群众而建立的资产阶级国家。巴黎公社的经验使马克思能够用关于无产阶级国家的形式（它对于建立无产阶级的新的社会主义社会的历史使命来说是必要的）的具体结论来丰富革命理论。他在《法兰西内战》中写道，公社的"真正秘密就在于：它实质上是工人阶级的政府，是生产者阶级同占有者阶级斗争的结果，是终于发现的、可以使劳动在经济上获得解放的政治形式"①。

马克思还在1871年9月庆祝国际成立7周年大会上的发言中谈到了新型国家的性质。他说，公社"就是工人阶级夺取政权——关于这一点不可能有任何异议"。马克思在讲话中强调指出，1871年革命的经验清楚地证明，要摧毁现存的压迫状况，"必须先实行无产阶级专政"②。恩格斯概括了马克思在《法兰西内战》中所得出的关于新型国家的结论，他在这部著作德文第3版（1891年）（纪念巴黎公社20周年）所写的导言中说道，"请看巴黎公社吧。这就是无产阶级专政"。③

---

① 《马克思恩格斯全集》第1版第17卷第361页。
② 《马克思恩格斯全集》第1版第17卷第468页。
③ 《马克思恩格斯全集》第1版第22卷第229页。

巴黎公社为马克思提供了用来论证作为国家政权的一种形式的无产阶级专政的真正民主性质的具体事实。公社主要是由"工人，或者是公认的工人阶级的代表"①组成的。一切权力机关和官员的选举、撤换和对人民负责的原则、行政和立法系统的民主组织原则被付诸实践。马克思强调指出，公社"不应当是议会式的，而应当是同时兼管行政和立法的工作机关"②。

　　马克思指出了公社活动的创造性质，它把摧毁资产阶级国家机关这个从物质上和精神上压迫人民的工具同建立新的革命机构联系了起来。从这个立场出发，他分析了公社的主要创举，即用武装的人民来代替常备军，废除警察，宣布教会与国家分离，没收教会财产，在公共教育方面废除宗教教育和政府监督。他非常重视公社的社会创举，重视公社在剥夺大资本对生产资料的所有权，把被企业主抛弃的已停业的工厂交给工人合作社方面所采取的第一批措施。

　　马克思指出，新型国家的重要特征之一是无产阶级的利益同整个民族的利益相一致。他评论说，公社是"法国社会的一切健全成分的真正代表，也就是真正的国民政府"。但同时它又是"工人的政府……是争取劳动解放的勇敢战士"③。公社是无产阶级民主的最高形式，是"民主实行到一般所能想象的最完全最彻底的程度，就由资产阶级民主转化成无产阶级民主"④的政府形式。

　　马克思以公社的经验为借鉴，继续考察无产阶级在革命中的同盟军

---

① 《马克思恩格斯全集》第1版第17卷第358页。
② 《马克思恩格斯全集》第1版第17卷第358页。
③ 参看《马克思恩格斯全集》第1版第17卷第366页。
④ 《列宁全集》第2版第31卷第40页。

问题。他分析了不仅把巴黎的贫民而且还把法国社会的中等阶级吸引到公社方面来的社会创举。他坚信,作为无产阶级国家的巴黎公社的政策完全符合劳动农民的切身利益,如果不是由于凡尔赛当局的封锁切断了巴黎同外省的联系,法国农民都会站在公社社员这一边。①

马克思在《法兰西内战》中提出了关于从资本主义到社会主义的过渡时期问题。他在第一稿中指出了这个过程的长期性和复杂性,以及经历阶级斗争的各个阶段的必要性。他写道,工人阶级知道,"这个复兴事业将不断地遭到既得利益和阶级自私的反抗,因而被延缓、被阻挠"②。以公社的形式存在的政治组织,即无产阶级国家,对于把这些社会经济改革付诸实施是必要的。"工人阶级并没有期望公社做出奇迹……",马克思在《法兰西内战》中写道:"他们知道,为了谋得自己的解放,同时达到现代社会由于本身经济发展而不可遏制地趋向着的更高形式,他们必须经过长期的斗争,必须经过一系列将把环境和人都完全改变的历史过程"③。

关于过渡时期的任务以及作为这个时期的国家的无产阶级专政的经典提法,后来由马克思在《哥达纲领批判》(1875年)中阐明了。马克思从公社的活动中还吸取了阐述工人阶级争取解放斗争的国际性问题的材料,在法国的特殊历史环境中产生的公社,通过在争取劳动解放的伟大事业中采取的第一批实际措施,体现了各国工人阶级的愿望,因而它是"十足国际性的"④。欧洲和美国的工人阶级的先进阶层都热烈欢迎

---

① 《马克思恩格斯全集》第 1 版第 17 卷第 594—597 页。
② 《马克思恩格斯全集》第 1 版第 17 卷第 594 页。
③ 《马克思恩格斯全集》第 1 版第 17 卷第 362—363 页。
④ 《马克思恩格斯全集》第 1 版第 17 卷第 366 页。

公社，把它当做自己的切身事业。

公社表明了把工人运动中的自发性和自觉性有机地结合起来是至关重要的。公社社员的阶级本能告诉他们应采取什么措施。但是，在改造社会的伟大事业中，仅靠革命的本能和热情是不够的。由于大部分公社社员都是马克思以前的社会主义形式的拥护者，所以公社缺乏思想上的统一，它没有用能够保证实行彻底的革命政策的革命理论武装起来。公社的经验肯定地证明，无产阶级有必要建立用科学共产主义理论武装起来的战斗先锋队——政党。这正是马克思和恩格斯在伦敦代表会议上向国际和工人阶级提出的任务，由于有了巴黎公社的经验，它已变得非常明确了。

《法兰西内战》的初稿和第二稿在许多方面都是这部著作的内容的补充。尽管初稿中有些部分仅仅是草稿，但大部分是成品，并且就其表现力和生动性而言，与最后的定稿不分轩轾。两个草稿都具有独立的理论价值。在这两个草稿中，马克思对一些重要原理的阐述比定稿中还彻底。在这里，我们可以看到他关于公社的历史起源的论断，他对公社的社会经济创举的分析，他关于公社对中产阶级的政策的评述，以及他对无产阶级国家的历史使命和任务的理论概括。

在初稿中提出的关于从资本主义到社会主义的过渡时期的阶级斗争的思想具有非常重要的意义。马克思指出："公社并不取消阶级斗争，工人阶级正是通过阶级斗争致力于消灭一切阶级，从而消灭一切阶级统治"，但是，公社"提供合理的环境，使阶级斗争能够以最合理、最人道的方式经历它的几个不同阶段"。①

马克思在两个草稿中深入研究了国家政权在社会改造过程中发展的

---

① 《马克思恩格斯全集》第 1 版第 17 卷第 593 页。

辩证法，指出了无产阶级国家和无产阶级专政的历史暂时性，马克思认为它们是国家消亡的自然历史过程中的一个阶段。他写道，公社"是反对**国家**本身、这个社会的超自然的怪胎的革命……"，它是社会把国家政权重新收回，"把它从统治社会、压制社会的力量变成社会本身的生命力；这是人民群众把国家政权重新收回……"。①

马克思不仅从公社的经验出发，而且从他自己的经济研究结果出发，在《法兰西内战》初稿中强调指出，在建立无产阶级社会的时期，无产阶级国家的经济活动将变得日益重要。在新的基础上改组整个经济，使生产的各种社会形式"在全国范围内和国际范围内进行协调的合作"②，是无产阶级国家的使命。

在分析公社社员的错误时，马克思宣布，尽管无产阶级国家的民主组织具有很大的广泛性，但它必须拥有充分有效的革命权力机关，它必须能够击退来自革命的内部敌人和外部敌人的进攻，必须能够保卫人民所赢得的一切。

马克思没有掩盖在公社的活动中所存在的缺点。但是他很看重公社在艰难困苦的条件下着手建立新社会的尝试。他揭示了革命的巨大改造能力，它改变了法国首都的面貌。"努力劳动、用心思索、艰苦奋斗、流血牺牲而又精神奋发地意识到自己的历史创造使命的巴黎！"③ 这正是马克思著作中的真正主人公。

马克思从巴黎公社的经验和教训中得出的结论，他和恩格斯在自己的整个一生中都不断予以发展。它们成为列宁深刻研究和在新的历史时

---

① 《马克思恩格斯全集》第1版第17卷第587、588页。
② 《马克思恩格斯全集》第1版第17卷第594页。
③ 《马克思恩格斯全集》第1版第17卷第369页。

代创造性地加以运用的对象。列宁在发展马克思主义思想时,为苏维埃形式的无产阶级国家的必要性提供了可靠的、令人信服的根据,但同时也承认,在社会主义革命斗争的具体的国内历史条件下,其他形式的无产阶级国家的存在也是很可能的。

国际反革命势力企图利用巴黎公社的失败来镇压整个工人运动。欧洲各国政府纷纷把力量联合起来以加强对工人阶级及其组织、特别是国际各支部的镇压措施。在许多国家,国际支部不得不采取非法的或半合法的立场。反动报刊通过出版各种伪造的文件和散布流言蜚语竭力诋毁国际及其领导人。

马克思和恩格斯寄给各种报刊的许多文章(《总委员会关于茹尔·法夫尔的通告的声明》、《总委员会给〈泰晤士报〉编辑部的声明》、《马克思致〈工人报〉编辑部》、《马克思致〈舆论报〉周报编辑》、《马克思致〈高卢人报〉编辑》、《马克思致〈真理报〉编辑》,等等)都是以总委员会的正式文件的形式发表的,这些文件反映了马克思和恩格斯所进行的反对资产阶级报刊对国际的迫害、反对歪曲国际的原则和目的以及削弱国际权威的企图的坚决斗争。

马克思以总委员会的名义起草的、题为《美国驻巴黎大使华施贝恩先生》的宣言,揭露了资产阶级外交在巴黎公社时期所起的挑衅作用。这个文件揭露了美国资产阶级"民主"的外交代表对公社所采取的不体面的、伪善的态度。①

巴黎公社是国际工人运动发展中的一个转折点。无产阶级革命团体都吸取了公社的教训。他们的迫切任务是加强自己的组织并达到思想上的统一。马克思和恩格斯集中全力帮助国际在意大利、西班牙和其他国

---

① 《马克思恩格斯全集》第 1 版第 17 卷第 411—415 页。

家的新支部，建立各国支部同总委员会之间的密切联系，把国际的任务和目标告诉他们。①

与此同时，公社还促进了工人运动中各种思潮的两极分化。《法兰西内战》中关于国际的革命纲领的明确表述，使动摇不定的改良主义分子脱离了国际。1871年夏，总委员会不得不谴责英国工联的领导人鲁克拉夫特和奥哲尔，他们无视无产阶级的国际主义原则，撤销了他们在总委员会宣言《法兰西内战》上的署名，并且站到了资产阶级一边。②

总委员会谴责了右翼蒲鲁东主义者托伦，并且将他开除出国际，因为他宁愿在反革命的凡尔赛议会中担任议员，而不愿为公社而斗争。决议强调，"国际工人协会的每一个会员无疑地应该站在巴黎公社的队伍中"。③

本卷提供的材料反映了马克思主义同以巴枯宁主义的形式表现出来的无政府主义的彻底斗争。巴枯宁主义是当时马克思主义在意识形态上的主要对手，它的影响在西班牙、意大利、瑞士罗曼语区以及法国南部不断增长，这主要是由于工人阶级中新的阶层卷入了工人运动，而这些人同资产阶级社会中的其他贫困阶层还没有显著的区别。

巴枯宁主义的危险在巴黎公社失败后达到了新的顶峰。巴枯宁主义者歪曲公社的经验，他们不把公社看做是无产阶级的国家，而把它看做是废除一切国家制度、放弃工人阶级的一切政治活动的榜样，是他们的"联邦制思想"的体现。他们断言，公社已证明他们的、建立在无论何

---

① 参看《马克思恩格斯全集》第1版第17卷第296—298、303—306、320页；第33卷第211—212页。
② 参看《马克思恩格斯全集》第1版第17卷第403—404、691—692页。
③ 《马克思恩格斯全集》第1版第17卷第321页。

时何地的、不管历史前提如何都可能进行革命这个思想基础上的策略是正确的。当巴枯宁主义者声称要领导国际工人运动时,他们正沿着分裂活动的道路前进。他们在许多国家建立了以他们的纲领为基础的支部,并鼓吹他们的纲领是国际的纲领。巴枯宁主义者客观上阻碍了无产阶级的阶级意识的觉醒,妨碍了无产阶级在新的条件下制定战略和策略。同巴枯宁主义决裂对于进一步发展革命的工人运动及其政治组织是非常必要的。1871年9月17—23日召开的国际伦敦代表会议在这个过程中起了很重要的作用。

本卷包括伦敦代表会议的各种文件,其中马克思和恩格斯的讲话以及他们起草的后来被总委员会通过的会议决定和决议占有重要地位。

这次会议的召开是为了指出国际工人协会在新的历史条件下的活动的基本方向。

从会议的记录中可以看出,会议的任务集中在建立无产阶级政党和讨论它的纲领原则和策略原则的问题上。马克思在代表会议开幕式上发表的演说中说,召开这次代表会议是为了"着手进行符合形势需要的新的组织工作"①。

伦敦代表会议是在马克思和恩格斯的直接领导下举行的国际的第一个国际性讨论会。马克思是所有重要问题的主要报告人。恩格斯在筹备和指导会议方面,起了非常积极的作用。

正如恩格斯后来在1893年纪念公社的群众大会上所说的那样,在代表会议期间,在国际的历史上第一次提出了"建立不同于并独立于所有其他政党的政党问题"②。这个问题成为同巴枯宁主义和改良主义的

---

① 《马克思恩格斯全集》第1版第17卷第693页。
② 《马克思恩格斯全集》第1版第45卷第734页。

思想进行斗争的焦点。

在随后的辩论中,马克思和恩格斯着重指出,那些甚至在巴黎公社以后仍然否认工人阶级必须进行"政治行动"的人,也摒弃工人阶级获得政权的机会,而政权是工人运动可能赖以达到自己的目的的唯一手段。恩格斯在他的发言中说,"现代生活的实践,现存政府——为了政治的和社会的目的——对工人施加的政治压迫,都迫使工人不得不从事政治",最高的政治行动是革命,是确立无产阶级的政治领导权,为此所需的第一个条件是创立工人阶级的政党,它"应当成为一个独立的政党,它有自己的目的和自己的政策"①。由马克思和恩格斯起草的代表会议的第九个重要决定声明:"工人阶级在它反对有产阶级联合权力的斗争中,只有组织成为与有产阶级建立的一切旧政党对立的独立政党,才能作为一个阶级来行动……工人阶级这样组织成为政党是必要的,为的是要保证社会革命获得胜利和实现这一革命的最终目标——消灭阶级……"。②

这个决议明确指出了工人阶级争取解放斗争的进一步发展的基本方向,规定了1871年后摆在各国工人面前的主要目标——建立群众性的无产阶级政党。后来一个时期的实践证明,这正是工人运动所采取的方针。

正像收入本卷的文件所表明的那样,在其他一些问题上也展开了辩论,比如:工人阶级争取民主权利斗争的重要性,吸收农民参加工业无产阶级的运动,女工运动的发展,工人阶级的政治组织同工会的相互关系等等。所有这些问题都是与解决无产阶级政党和无产阶级政

---

① 《马克思恩格斯全集》第1版第17卷第449、450页。
② 《马克思恩格斯全集》第1版第17卷第455页。

党的组织原则和策略原则的制定有机地联系在一起的。马克思和恩格斯指出，工人阶级及其政党在自己的政治行动中应当利用资产阶级社会的各种手段，因时因地制宜地把合法的与非法的斗争形式结合起来。他们非常重视参加议会选举和使工人阶级的代表选入议会。在马克思关于工人阶级的政治行动的发言中，他援引社会主义议员倍倍尔和李卜克内西在德国国会上的演说作为为了工人阶级的利益成功地利用议会讲坛的一个范例，他们所讲的话"全世界都能听到"。马克思说，"每一个被选进议会的工人，都是对统治阶级的一次胜利，但是必须选出真正的人……"。①

马克思和恩格斯为反对无政府主义的宗派主义和冒险主义的讲话以及在这方面通过的决议都收进了本卷。他们尖锐地批判了巴枯宁主义者关于放弃政治行动的教条，并证明说，事实上，这种放弃将意味着工人对资产阶级政策的被动服从。② 代表会议有一个决议禁止成立宗派主义的、分裂主义的组织。加入国际的任何支部的章程都应符合《国际工人协会共同章程》中的纲领性原则和组织原则。

代表会议反对巴枯宁主义者和布朗基主义者用秘密的阴谋团体来代替群众性的工人阶级组织的企图。在马克思关于秘密团体的发言中说，"这种组织形式妨碍无产阶级运动的发展，因为这些团体不是对工人进行教育，而是要工人服从那些束缚工人的独立自主和模糊他们意识的强制性的和神秘的法规"。③

---

① 《马克思恩格斯全集》第 1 版第 17 卷第 697 页。
② 参看《马克思恩格斯全集》第 1 版第 17 卷第 443—444 页，还可参看英文版第 22 卷第 413—414 页。
③ 《马克思恩格斯全集》第 1 版第 17 卷第 703 页。

在伦敦代表会议上，巴枯宁主义遭到了致命的打击，在后来的反对巴枯宁主义者的宗派主义的斗争中，代表会议的决议为国际中的革命派提供了可靠的指导。

代表会议委托总委员会出版新《章程》，把国际代表大会所提出的一切修改建议考虑进去。

伦敦代表会议成为国际工人运动发展史上的一个里程碑，成为马克思主义同无产阶级的群众运动相结合的过程中的一个新台阶。会议的决议确定了无产阶级政党（一些国际的工人已经开始创立）的纲领性和策略性目标。会议期间进行的讨论和会议的决议反映了科学共产主义的发展，尤其是它在关于社会主义的革命理论、关于工人阶级政党、关于无产阶级的阶级斗争策略这些方面的创造性发展。马克思和恩格斯在会议上的发言，他们所起草的文件证实了马克思主义同工人运动的实际目的之间的有机联系。

马克思在纪念国际成立七周年庆祝大会上的讲话（已收入本卷）揭示了伦敦代表会议的决议的重要性和巴黎公社的历史教训。马克思指出了国际工人协会在团结各国无产阶级的富有斗争精神的力量方面所起的作用。他在结束他的讲话时说："工人阶级必须在战场上争得自身解放的权利，国际的任务就是把工人阶级的力量组织起来、团结起来，以迎接即将到来的斗争"。① 在这个争取对社会进行根本改造的斗争中，国际依靠的是第一个无产阶级国家即巴黎公社的历史经验。

（原载《马克思恩格斯全集》英文版第22卷）

（阎月梅 译 李俊聪 校）

---

① 《马克思恩格斯全集》第1版第17卷第468页。

马克思恩格斯在第一国际时期同各种非社会主义流派的斗争

——《马克思恩格斯全集》英文版第 23 卷说明*

《马克思恩格斯全集》第 23 卷包括马克思和恩格斯从 1871 年 10 月到 1874 年 7 月之间所写的小册子、文章以及国际工人协会（第一国际）的一些文件。

这几年是国际工人运动的一个重要发展阶段。在 1871 年的巴黎公社以后，总的社会政治形势以及工人运动自身所发生的变化，迫切需要有一些独立的无产阶级政党根据本国的具体条件来领导工人阶级的斗争。第一国际的各项活动有助于为建立这样的政党准备思想和组织基础。马克思和恩格斯竭力完成的正是这个历史任务。

本卷的材料表明科学的无产阶级世界观在这几年的全面发展和传播，以及马克思和恩格斯对敌视无产阶级的各种倾向的斗争。

他们集中精力从理论上总结巴黎公社的历史经验，这项任务，马克思在他的《法兰西内战》①中就已开始了。马克思和恩格斯根据巴黎公社的经验，发展并丰富了关于国家的理论，关于工人阶级在资产阶级社会中的地位和作用、工人阶级赢得政权所需要的条件以及无产阶级国家

---

* 本文选自《马克思恩格斯研究》1994 年总第 16 期。
① 参看《马克思恩格斯全集》第 1 版第 17 卷。

的机能的理论。与这些问题有密切联系的是关于无产阶级政党的性质和任务的问题。这些问题正是同非无产阶级的社会主义派——蒲鲁东主义、拉萨尔主义、巴枯宁主义等等论争的主题。

本卷的第一篇文章是新版的《国际工人协会的共同章程和组织条例》，这是马克思和恩格斯在1871年伦敦代表会议之后不久起草、由总委员会用三种语言发表的。这份文件在巴黎公社以后的一段时期，对于传播国际的思想原则和组织原则起了重要作用。根据公社的教训，共同章程关于政治斗争对解放工人阶级的作用这条纲领性原理（这一点在蒲鲁东主义者的出版物上多次被歪曲）是尤为重要的。

马克思很想强调国际的这条纲领，使它的组织结构根据民主集中制的原则更加完善，这个表现在《国际工人协会共同章程和组织条例的修正案》中。为海牙代表会议准备的这些修正案，再次提到了国际伦敦代表会议上通过的关于工人阶级的政治行动的决议。马克思主义思想早已作出，并由1871年巴黎事件的分析所证实的一个基本结论：工人阶级必须有自己的政党才能保证无产阶级革命的胜利，终于被首次纳入国际工人协会的纲领性文件。

马克思和恩格斯不厌其烦地向工人阶级解释巴黎公社的世界历史意义。例如，在1872年3月为国际会员和公社流亡者在伦敦的群众集会所写的决议中，马克思指出，无产阶级将把公社看做是"伟大的社会革命的曙光，使人类永远摆脱阶级社会的统治"①。

改良主义者企图掩盖公社的革命本质，无政府主义者认为公社是摧毁国家的一个典型例子，相反地，马克思主义认为公社是工人阶级打碎资产阶级国家机器并用一种新的、无产阶级国家——对社会进行社会主

---

① 《马克思恩格斯全集》第1版第18卷第61页。

义改造的工具——来代替它的第一次尝试。马克思和恩格斯特别重视这个历史教训,1872年,他们认为必须对《共产党宣言》作重要的补充。在新的德文版序言中,他们写道,公社已经证明,"工人阶级不能简单地掌握现成的国家机器",为了达到自己的目的,必须建立一个具有另一种阶级性质的真正的民主国家制度。①

马克思在他的《政治冷淡主义》这篇文章中揭露巴枯宁主义者鼓吹的蒲鲁东主义者的学说,即工人阶级应当放弃政治斗争,立即"废除国家"这种无政府主义思想,在理论上是站不住脚的,在政治上是有害的。他指出,这些思想在实践中会使工人解除武装并沦为资产阶级顺从的奴仆。在批判这些无政府主义思想的同时,马克思指出,用革命的工人阶级专政来代替资产阶级专政,是历史的需要。

马克思主义关于无产阶级革命对待国家的态度的原理,在恩格斯的《论权威》一文中也得到了论证。这篇文章表明,无政府主义者否认权威,否认任何种类的领导或组织原则,这与现实生活、与物质生产的实际条件是完全背道而驰的。恩格斯说,没有权威,就不可能组织现代工业、交通和农业。在未来的社会主义社会中,权威也显然是必要的,因为这个社会必须建立在高度发展的、科学地组织生产的基础上,要求严格的管理和控制。

恩格斯论证了无政府主义思想的反科学和反革命的本质,他们认为,废除政治权威应当是社会革命的第一个行动,在那些产生权威的政治国家的社会关系废除以前,就应当一举"废除"权威的政治国家。"革命无疑是天下最权威的东西。革命就是一部分人用枪杆、刺刀、大炮,即用非常权威的手段强迫另一部分人接受自己的意志。获得胜利的

---

① 《马克思恩格斯全集》第1版第18卷第105页。

政党如果不愿意失去自己努力争得的成果,就必须凭借它的武器对反动派造成的恐惧,来维持自己的统治。要是巴黎公社不依靠对付资产阶级的武装人民这个权威,它能支持一天以上吗?反过来说,难道我们没有理由责备公社把这个权威用得太少了吗?"①

1868—1874年西班牙的资产阶级革命、特别是它发展的高峰阶段的经验,也是使革命理论得以充实的资料之一。在这个阶段,共和制于1873年初建立了,这一年夏天,左翼资产阶级共和派的激进团体"不妥协派"及其巴枯宁派同盟分子煽动了自治州的起义。恩格斯的文章《西班牙的共和制》以及系列文章《行动中的巴枯宁主义者》分析了这些事件。这两部著作是对关于工人阶级在资产阶级民主革命中的策略的马克思主义理论的贡献。

在前一部著作中,恩格斯反对把资产阶级共和国理想化,同时,仍然认为这种共和国在某种意义上对无产阶级比对资产阶级更有利,因为它是"那种使阶级斗争摆脱其最后桎梏……的国家形式"②。他指出,要成功地反对资产阶级的统治,一个必备条件就是工人运动在思想上的成熟,而西班牙工人当时尚未达到这种成熟。恩格斯警告工人们不要仓促行动,一再劝告他们利用共和制来巩固和组织他们的队伍。果真他们这样做,资产阶级共和制将"在西班牙给无产阶级革命打好基础"③。

恩格斯在他的系列文章《行动中的巴枯宁主义者》中指出,巴枯宁主义策略的最有害的一个方面是他们忽视资产阶级民主革命的任务。当时有相当大一部分西班牙无产者支持的巴枯宁主义者,不能确定一个

---

① 《马克思恩格斯全集》第1版第18卷第344页。
② 《马克思恩格斯全集》第1版第45卷第167页。
③ 《马克思恩格斯全集》第1版第45卷第169页。

正确的政治方向,因此在实践中不可避免地注定要同资产阶级共和派的激进分子同流合污。他们错就错在把代表真正力量、能够以民主精神影响事件进程的西班牙工人引入煽动当地起义的人的冒险行动,结果是惨重的失败。恩格斯强调指出,"巴枯宁主义者在西班牙给我们提供了一个不应当如何进行革命的绝好的例子"。①

针对巴枯宁主义者的立场,恩格斯提出了在一个向工人阶级移交政权的条件尚未成熟的国家中先进工人应当采取的策略路线。他相信,无产阶级群众热情参加民主革命,积极参与政治活动,一定能加速这个成熟过程,工人阶级的代表应当进入革命政府,把下面的群众行动同上面的革命权力机关的行动协调起来。恩格斯指出,一旦可以进行武装斗争,就应当根据武装起义赖以成功的军事艺术的规则进行斗争。尤其重要的是,必须防止起义力量发生分裂和失去联系,必须建立集中的领导,利用进攻行动来阻止政府军队的集结,把起义扩大到全国。

1872年9月8日,海牙代表大会以后在阿姆斯特丹举行的国际会员大会上,马克思发表演说,精辟地阐述了社会主义革命的一些基本理论。当选择建立工人阶级政权和建立社会主义社会的策略手段和斗争形式时,马克思说,必须根据总的革命原则,考虑一些具体的历史条件——"必须考虑各国的制度、风俗和传统"②。马克思在发挥他于19世纪50年代就已经提出的关于发动无产阶级革命可能有不同的道路即非和平的与和平的道路这个论点时,他承认,在某些当时还没有强大的军事官僚国家机器的国家,特别是在英国和美国,无产阶级可能通过和平手段来达到自己的阶级目的。另一方面,考虑到当时大多数欧洲国家

---

① 《马克思恩格斯全集》第1版第18卷第540页。
② 《马克思恩格斯全集》第1版第18卷第179页。

的现状，马克思强调说，"暴力应当是我们革命的杠杆"①。他还设想可能会发生这种情况：在英国或其他类似处境下的国家，革命的和平进程也许会因剥削阶级的抵抗而中断，因为工人阶级将不得不同自己的敌人进行武装斗争。

科学社会主义的最重要的著作之一——恩格斯的《论住宅问题》，证明并捍卫了马克思主义理论的许多基本原理。这部著作是以论战形式写成的，目的在于，既要反对那些小资产阶级思想家，他们认为住宅缺乏现象是整个资本主义制度的主要祸害，又要反对那些资产阶级社会改良主义者，他们认为只要使工人摆脱资本主义发展所带来的灾难，特别是改善他们的生活条件，就能拯救现存剥削制度并使它永世长存。恩格斯严厉地批判了德国蒲鲁东主义者米尔柏格的观点，因为他提出的空想观点认为，使每个工人成为他自己住宅的所有者，就是按照蒲鲁东的"永恒公平"的理想解决社会问题的一种手段。在揭露这副药剂的缺陷时，恩格斯指出蒲鲁东及其追随者所持的这种观点具有小资产阶级特性和反科学性。在这部著作中，恩格斯就这样继续马克思在《哲学的贫困》中开始的对蒲鲁东主义的批判，把蒲鲁东主义描绘成为小资产阶级社会主义的一种最典型的表现。恩格斯还抨击了蒲鲁东主义的其他变种。他发现，用表面上关心工人的福利来掩盖对资本主义制度的保护的倾向，是许多资产阶级论住宅问题的文章的特征，并认为它们的作者都是资产阶级社会主义的代表人物。他写道，就像一些小资产阶级思想家那样，资产阶级社会主义者特别敌视革命工人运动，引导工人远离阶级斗争，鼓吹阶级利益和谐的错误观点，"资产阶级社会主义向小资产阶

---

① 《马克思恩格斯全集》第1版第18卷第179页。

级社会主义伸出了手!"①

恩格斯告诉我们,住宅缺乏现象是资本主义制度的必然结果。它决不会随着资本主义的发展而变得并不严重。但是,在影响工人和中等阶层的许多人的切身利益方面,住宅问题并不是主要决定性的社会问题。资本主义社会的那些难解的矛盾并不在于承租人和房主之间的关系这个领域。这些矛盾根源于生产领域,根源于资本家剥削劳动力这种状况。为了证明这些真理,恩格斯简明扼要地阐述了《资本论》中的一些主要原理。像他撰写许多其他著作那样,他写这篇文章时也是不倦地宣传马克思的经济理论。他指出,为了消灭住宅缺乏现象,为了解决住宅问题和资本主义制度造成的其他社会问题,必须废除资本主义生产方式,消灭剥削雇佣劳动的条件,这就意味着工人阶级必须赢得政权,必须废除资产阶级的政治和经济统治。为了达到这些目的,无产阶级需要有一个以科学社会主义理论武装的、实行一贯的阶级政策的独立政党。②

在论述对社会进行社会主义改造的各种可能的道路问题时,恩格斯提出了很重要的思想,即这些道路将取决于各该国的具体历史条件。这些条件将决定胜利的无产阶级对资本家所拥有的生产工具和生产资料怎样和以什么方式实行社会化。③

恩格斯把对社会的社会主义改造同消灭城乡对立的问题联系起来。对米尔柏格的论点即这种对立是"自然的",要想消灭它就是一种"空想",恩格斯在反驳时指出,社会主义革命最终将消灭剥削阶级,这将为完全解决这个问题扫清道路。在社会主义社会中,工农业生产之间的

---

① 《马克思恩格斯全集》第1版第18卷第263页。
② 《马克思恩格斯全集》第1版第18卷第299页。
③ 《马克思恩格斯全集》第1版第18卷第314—317页。

紧密的内在联系将使农村人口从数千年来的孤立和落后状态中挣脱出来。

在《论土地国有化》这份关于土地问题的马克思主义纲领性文件中，马克思指出，经济发展，人口的增长和集中，理所当然地要求在农业中采用集体劳动。只有在广泛利用科学和技术成就的基础上，农业生产才能够得到稳步发展。马克思强调说："……我们所具有的科学知识，我们所拥有的进行耕作的技术手段，如机器等，只有在大规模耕种土地时才能有效地加以利用"①。

在阐述土地国有化的社会经济意义时，马克思分别研究了各国土地制度的特点。至于英国，那里的土地不在农民手中而是集中为一些大的庄园，马克思认为，土地国有化已成为"一种社会必然性"。与此同时，马克思揭露了一些改良主义观点，即在资本主义社会制度内实行土地国有化就能完全解决土地问题。他强调说，只有在工人阶级掌握政权的国家，"农业、矿业、工业，总而言之，一切生产部门都将逐渐地用最合理的方式组织起来。生产资料的全国性的集中将成为由自由平等的生产者的联合体所构成的社会的全国性基础，这些生产者将按照共同的合理的计划自觉地从事社会劳动"②。

收入本卷的许多著作和文件揭露了当时特别活跃的巴枯宁主义者的宗派活动。巴枯宁主义者代表了一些经济落后国家例如意大利和西班牙的濒临破产、被抛进无产阶级队伍的小资产阶级的情绪，兜售这些人所欢迎的"极左"词句，再次企图把他们的教条强加给工人运动并篡夺其领导权。他们的活动严重地威胁国际的统一和团结，可能削弱国际对

---

① 《马克思恩格斯全集》第1版第18卷第65页。
② 《马克思恩格斯全集》第1版第18卷第67页。

反动势力发动的全面进攻的抵抗。这种危险变得愈加严重,因为支持攻击国际的领导及其路线的有其他一些宗派和改良主义流派,例如比利时蒲鲁东主义者、美国的资产阶级和小资产阶级改良主义者、英国的改良主义者、拉萨尔的德国追随者。

国际中的马克思主义思潮同无政府主义的斗争是在伦敦代表会议(1871年)之后展开的,这次会议关于工人阶级必须赢得政权并建立独立的工人阶级政党的决议遭到巴枯宁的追随者的强烈反对。1871年11月,在桑维耳耶召开的巴枯宁主义者的代表大会以工人应当放弃政治活动的教条来反对这个决议,并提出完全自治和不要纪律的原则。正像恩格斯在他的文章《桑维耳耶代表大会和国际》中所指出的,巴枯宁主义者的教条倾向于剥夺无产阶级把自己组织起来的权利。巴枯宁的思想同国际的宗旨以及创办独立的无产阶级政党的任务是不可调和的,因此迫切需要从思想上战胜工人运动中的无政府主义。

马克思和恩格斯写的总委员会的内部通告《所谓国际内部的分裂》对巴枯宁主义是一次打击。写这部著作的本意是坚持无产阶级政党原则,以对抗无政府主义的宗派主义。通告指出,巴枯宁分子的社会主义民主同盟的行动充满着宗派主义的好斗精神,目的在于暗中破坏国际这个"在反对资本家和土地占有者……的共同斗争中联合起来的"[①]各国的无产阶级的真正战斗的组织。马克思和恩格斯指出,宗派主义是工人运动早期的、不成熟阶段的特征,他们认为巴枯宁主义者企图恢复它,是彻底的倒退。

马克思和恩格斯在揭露无政府主义者的假革命词句时指出,他们的纲领只"不过是在响亮词句掩饰下的一些早已被埋葬了的思想的杂乱堆

---

① 《马克思恩格斯全集》第1版第18卷第36页。

集而已"①。无政府主义者忽视工人阶级争取解放斗争的基本任务,即赢得政权并运用它来建立一个无阶级的社会,其前景是国家的消亡。他们主张,革命一开始就要摧毁全部国家机器。对工人运动来说,最有破坏性的是企图在工人运动自身的队伍中散布无政府主义,这种策略等于使无产阶级在同掌握国家机器全部权力的剥削者的斗争中解除了武装。巴枯宁主义者攻击民主集中制的原则和党的纪律,他们要求把总委员会的作用降为一个简单的统计通讯局,这就无异于剥夺国际的集中领导权,他们的这一要求就是制造分裂和混乱。马克思和恩格斯就总委员会的作用和权力问题向无政府主义者开展的这场战役,本质上是一场维护无产阶级政党组织原则的战役。

在《所谓国际内部的分裂》发表以后,反对巴枯宁主义者的战役进入一个新阶段。马克思和恩格斯获悉,巴枯宁主义者声明已经解散的社会主义民主同盟实际上是一个严格的密谋团体。恩格斯指出,那些指责总委员会有"权威主义"的人,"事实上正是这些人组织了一个'按教阶制'建立起来的、不仅实行权威主义制度,而且实行不折不扣的独裁制度的秘密团体"②。

在国际工人协会内部存在一个有自己的章程和纲领的巴枯宁主义者的秘密国际组织,意味着巴枯宁及其支持者实际上正在分裂协会。恩格斯写道:"在工人阶级斗争的历史中,我们第一次在工人阶级内部遇到了一个目的不是要摧毁现存的剥削制度,而是要摧毁为反对这种制度而进行最坚毅斗争的协会秘密阴谋。"③ 这时,国际的领导者的任务是:

---

① 《马克思恩格斯全集》第1版第18卷第37页。
② 《马克思恩格斯全集》第1版第18卷第129页。
③ 《马克思恩格斯全集》第1版第18卷第133页。

不仅要从思想上战胜巴枯宁主义者的同盟,而且要有充分根据地采取一些组织措施,把这个异己的团体逐出协会。

从收入本卷的许多文件中,特别是从《总委员会告国际工人协会全体会员书》、《代表总委员会向海牙代表大会提出的关于社会主义民主同盟的报告》中,可以看出,马克思和恩格斯及时采取行动,向国际的所有会员揭露了秘密的巴枯宁同盟的真实面目,指出了这个秘密团体在工人阶级组织内部的非法存在,已经对工人阶级组织造成了危害。他们认为,把西班牙和意大利工人眼中的巴枯宁主义者的假面具撕下来,具有特别重要的意义。在他们的《致国际工人协会西班牙各支部》的呼吁书中,他们解释说,同盟的目的和性质以及它的活动显然违反国际章程的精神和文字。恩格斯写的就里米尼代表会议告意大利各支部书[①]和其他文件击败了意大利的一些无政府主义集团盗用国际名义的企图。

在揭露巴枯宁主义者的反无产阶级活动时,马克思、恩格斯及其支持者还不得不开展一场运动来根除那些同革命的工人运动格格不入的分子。这些人正试图利用国际工人协会来达到自己的目的。例如,当美国的资产阶级和小资产阶级改良主义者企图这样做时,马克思和恩格斯坚决地反对他们破坏国际的无产阶级性质。他们关于这个问题的立场,反映在马克思写的《国际工人协会总委员会会议通过的关于合众国联合会的分裂的决议(1872年3月5日和12日)》和他的手稿《美国的分裂》,以及恩格斯的文章《国际在美国》[②]中。

马克思和恩格斯还不得不击退小资产阶级政客和新闻工作者的进

---

① 参看《马克思恩格斯全集》第1版第18卷第140页。
② 参看《马克思恩格斯全集》第1版第18卷第56—59页,第44卷第562—571页,第18卷第106—113页。

攻，这些人正试图歪曲国际工人协会的目的和意义并诋毁它的领导人。在总委员会反驳英国下院议员亚历山大·柯克伦的演说的几篇声明中，在1871年12月20日《致〈东邮报〉编辑》、1872年9月12日《致〈海盗报〉编辑》这几封信中，在《再论斯蒂凡诺尼和国际》一文和其他文件中，他们揭露了在资产阶级人士中传播的对工人运动的恶意诽谤。

与国际海牙代表大会（1872年9月2—7日）有关的一些文件和文章，是本卷最重要的一组篇目。

国际工人协会海牙代表大会（第五次），是马克思、恩格斯和各国先进工人为在国际工人运动中牢固确立无产阶级革命世界观而进行的长期斗争中的一个重要里程碑。整个1872年，马克思和恩格斯为这次代表大会做了大量的准备工作。代表大会的议事日程和日期都是他们提出的。

这次代表大会召开时，巴黎公社失败已经过了一年多了，当时国际上的反动派正惊恐万状。这次代表大会的各项活动得到了马克思、恩格斯的直接指导和积极参与。一场尖锐的思想冲突在团结在马克思、恩格斯周围的无产阶级革命路线的倡导者和受到英国改良主义者支持的无政府主义代表之间展开了。讨论集中于两个密不可分的问题：作为国际的纲领性建议，公开承认无产阶级应当赢得政权的思想；作为国际工人运动的指导原则，宣布建立一批不受资产阶级政党支配的群众性的无产阶级政党。根据马克思、恩格斯和他们的同志的建议的精神来解决这些问题，意味着马克思主义的重要思想在国际工人协会的纲领中得到了体现，标志着马克思主义理论对无政府主义和改良主义思想的胜利。

马克思代表总委员会向海牙代表大会作的报告，深刻地分析了巴黎公社以后国际所面临的形势以及工人运动中所发生的质的变化，这都是国际工人协会积极活动的结果①。

海牙代表大会的大多数决议都是马克思和恩格斯起草的,其余的决议是根据他们在筹备这次代表大会期间在总委员会的几次会议上提出的一些建议起草的。根据海牙代表大会的决定,上述伦敦代表会议关于工人阶级的政治行动的决议的基本内容被列入国际的《共同章程》,规定和扩大总委员会权力的一些条款,包括在《组织条例》中。关于巴枯宁的社会主义民主同盟的决议,实际上宣布这个组织同国际不能并存,把同盟领导人——巴枯宁和吉约姆——开除出国际工人协会。

按照马克思和恩格斯根据19世纪70年代初形成的欧洲的实际历史形势提出的建议,通过了一项决议,即把总委员会驻地迁移到纽约②。之所以要采取这个措施是因为当时有这样一种危险:如果总委员会驻地仍设在伦敦,它就可能被大多数英国改良主义者或那些专门采取冒险密谋策略的流亡布朗基分子控制。

总之,海牙代表大会的各项决议为新的历史条件下的工人运动规定了任务,明确了前景,为不久的将来在一些民族国家内建立群众性的无产阶级政党奠定了理论基础。

与海牙代表大会的文件直接有关的是马克思和恩格斯为发表代表大会的重要决议而写的一组文章。它们包括上述马克思在阿姆斯特丹国际会员大会上的演说,以及恩格斯的文章:《关于国际海牙代表大会》、《海牙代表大会(给恩利科·比尼亚米的信)》、《伦敦来信。二、再论海牙代表大会》和《海牙代表大会的限权代表委托书》。

在已发表的关于海牙代表大会的著作中,马克思和恩格斯指出了这

---

① 参看《马克思恩格斯全集》第1版第18卷第143—152页。
② 参看《马克思恩格斯全集》第1版第44卷第603页。

次代表大会的历史意义,揭示了在那里发生的那场无产阶级革命派同无政府主义—改良主义集团之间的斗争的实质。

他们在应海牙代表大会的要求而写的《社会主义民主同盟和国际工人协会》这本小册子中,总结了同巴枯宁主义者斗争的结果。这本小册子根据大量文件,详尽地叙述了巴枯宁同盟在国际内部的分裂活动,揭露了同盟的领导人为了坚持他们对国际工人协会的领导权而施展的阴谋诡计。

小册子的作者批判地分析同盟的纲领性文件及其领导人公诸报端的文章,然后指出,巴枯宁主义者的思想武库是毫无可取的,他们根据"简陋的共产主义"设想未来社会的观点只有小资产阶级的水平,他们只号召造反和破坏,竟然把社会的下层认定为最革命的力量。马克思和恩格斯认为,同盟领导人无视工人运动所接受的道德标准,胡乱选择斗争的方法,他们神秘诡谲,一举一动都是根据"只顾目的,不计手段"的原则,这简直不配称为革命者。

"同盟在俄国"这一章论述了巴枯宁和涅恰也夫的冒险主义活动对俄国革命运动所造成的危害。马克思和恩格斯把巴枯宁主义路线同在他们很尊敬的尼古拉·车尔尼雪夫斯基的影响下所形成的革命派加以对比。从马克思的书信中可以看出,他正是在这个时候想写一部关于俄国革命民主主义者和社会主义者的传记。

小册子指出,海牙代表大会后,无政府主义的宗派主义者发动了一场旨在诋毁大会各项决议的敌对运动,在他们单独召开的代表大会和地方集会上公然拒不服从这些决议。英国改良主义者立即仿效他们的榜样。对这些分裂活动的反应是,1873年1月26日和5月30日纽约总委员会通过的决议,这标志着与无政府主义者最后割断了组织关系。根据这些决议,所有拒不承认海牙代表大会决议的联合会、支部和个人已经把自己置于国际工人协会的队伍之外。

本卷包括的一批内容充实的材料反映了马克思主义创始人对国际的各国组织的活动的一贯支持。在海牙代表大会之前，他们主要是作为总委员会在一些国家——马克思为德国和俄国，恩格斯为意大利、西班牙和葡萄牙——的通讯书记来执行这项工作的。他们以这种身份写了大量文件以及对国际的一些支部和个别会员的呼吁书，阐明国际无产阶级组织面临的各种任务并宣传它的各项决议①。在总委员会的会议上，马克思和恩格斯经常汇报各国工人运动的情况。在海牙代表大会以及总委员会迁到纽约以后，这些活动并没有停止，尽管他们还身兼各种职务。马克思和恩格斯作为总委员会在欧洲的代表，经常协助总委员会，并向它提供重要信息②。

由于他们所享有的崇高威望，他们对各国工人运动发挥了直接的影响。他们加强同各国工人阶级队伍的领导人的联系，同这些人的交往也更加密切。马克思主义的创始人给各国工人阶级报刊所投的稿件，他们的新闻写作，对于激励和锻炼那些参加无产阶级斗争的人，继续起着重要作用。马克思和恩格斯的文章和电讯发表在德国的《人民国家报》、在美国出版的德文报纸《工人报》、英国的《东邮报》和《国际先驱报》、西班牙的《解放报》、葡萄牙的《社会思想报》、意大利的《人民报》和《玫瑰小报》等报刊上。

例如，恩格斯为意大利《人民报》撰写的文章对意大利工人运动

---

① 参看《马克思恩格斯全集》第 1 版第 17 卷第 507—508、511—513、526—528 页；第 18 卷第 68—69 页；第 33 卷第 465、490 页；第 18 卷第 114、135—138、140、203—208 页。

② 参看《马克思恩格斯全集》第 1 版第 18 卷第 350—352 页。

的开创具有非常重大的意义。他的那些关于英国农业工人罢工、海牙代表大会、国际的爱尔兰会员保护被捕的芬尼亚社社员的行动以及西班牙形势①的文章,曾以《伦敦来信》这一总标题发表,使意大利工人了解其他国家的无产阶级运动,有助于意大利工人阶级加强自身的国际联系并克服无政府主义的影响。

本卷发表的一些文件是有关马克思和恩格斯在那几年对英国工人运动所起的作用的。国际公开宣布与巴黎公社团结一致,这一立场导致了总委员会同许多工联领导人的决裂,这些人曾参加过国际工人协会的创立和活动,但对公社持否定态度。1871年10月根据国际伦敦代表会议的决议成立的不列颠联合会委员会,使马克思和恩格斯有了一个据点,能从1871—1873年争取了英国工人阶级的广大群众。他们大力支持英国工人运动中的革命派,同时还帮助不列颠联合会委员会加强它与工人的联系,通过它的会员普及科学社会主义的思想,为对付混入总委员会的改良分子的斗争出谋划策。

马克思和恩格斯竭力吸引爱尔兰工人运动的参加者加入国际。他们同意创办国际的一个独立的爱尔兰组织,认为它将是建立一个不依赖资产阶级民族主义者的爱尔兰工人阶级政党的基础。马克思和恩格斯努力克服英国资产阶级故意煽动的英国工人与爱尔兰工人之间的敌意,消除英国改良主义领导人所散布的沙文主义偏见。"如果属于统治民族的国际会员号召被征服的和继续受压迫的民族忘掉自己的民族性和处境,'抛开民族分歧'等等,这就不是国际主义,而只不过宣扬向压迫屈服,是企图在国际主义的掩盖下替征服者的统治辩护,并使这种统治永

---

① 参看《马克思恩格斯全集》第1版第18卷第81—83页、第198—199页、第210—212页及第213—215页。

世长存"①，恩格斯在1872年5月14日总委员会的会议上这样说。

马克思和恩格斯认为，在同改良主义思想斗争中，影响英国工人的一个重要的手段是为《国际先驱报》撰写文章，它实际上是不列颠联合会委员会的机关报。为了利用这份报纸来拓宽英国工人读者的视野，让他们关心其他国家阶级兄弟的解放斗争，恩格斯在1873年该报的好几期上发表了《关于大陆情况的报道》和《关于国际工人运动的简讯》。

改良主义分子反对海牙代表大会决议的行动，使不列颠联合会的内部冲突日益加剧。1872年12月，终于导致不列颠联合会委员会的分裂。许多文件都反映了马克思和恩格斯不遗余力地团结国际的不列颠各个组织中的革命力量。马克思写的《不列颠联合委员会告国际不列颠联合会各支部、分部、所属团体和会员书》和《对不列颠联合会委员会中所谓多数派的新通告的答复》，以及恩格斯写的题为《曼彻斯特外国人支部致不列颠联合会所有支部和全体会员》，揭露了已被开除出国际的改良主义者的分裂活动。马克思和恩格斯帮助巩固1873年6月不列颠各支部曼彻斯特代表大会对改良主义的胜利。这次代表大会的决议——承认必须建立工人阶级政党，必须把一切生产资料收归国有，承认工人有权武装、反抗剥削者，宣布国际不列颠组织的旗帜为红色旗帜，等等——证明英国工人阶级先锋队接受了马克思主义思想。恩格斯指出，"从来还没有一个英国工人代表大会提出过这样深远的要求"。②国际不列颠联合会的活动，在马克思和恩格斯的指导下，一直保持着生机勃勃的革命倾向，尽管运动中的改良主义暂时处于支配地位。

---

① 《马克思恩格斯全集》第1版第18卷第87页。
② 《马克思恩格斯全集》第1版第18卷第517—518页。

马克思和恩格斯发现了在英国资本主义的特殊发展时期，在当时英国经济状况下，改良主义思想对已经加入工联组织的英国工人的影响越来越大的原因。恩格斯在1874年2月写的《英国的选举》中说，"自从五十年代宪章派政党崩溃以来，英国再也没有工人自己的政党。这种情况在这个国家里是可以理解的，因为这里的工人阶级从大工业的巨大高涨中得到的利益，比任何地方的工人阶级所得的要多，在英国称霸世界市场的情况下也不能不是这样……"① 恩格斯强调指出，总的来说，英国工人"几乎是专门作为'伟大的自由党'的极左翼"来参加政治斗争的，他说英国无产阶级面临的任务，就是组织一个强大的独立的工人阶级政党。

马克思和恩格斯认为，开展德国无产阶级的解放斗争具有特别重要的意义。普法战争和巴黎公社以后的事态进程，逐渐证实了马克思和恩格斯的结论：欧洲工人运动的中心正在从法国转向德国，在德国早就有一个同意国际的革命原则的民族工人阶级政党，它从1869年以来就一直在不停地活动。他们认为德国社会民主工党是团结国际工人阶级力量的堡垒，是它的先锋队。在当时的条件下，最紧迫的任务就是使德国社会民主党建立在更坚实的理论基础上，向它灌输反对小资产阶级倾向的思想，加强它与群众的联系。马克思、恩格斯一直保持着同倍倍尔、李卜克内西和党内其他领导人的联系，帮助他们制定策略纲领，克服个人错误，他们成为党的机关报《人民国家报》的固定撰稿人。恩格斯尤其是一个经常的撰稿人。他向德国工人阐释国际工人运动的情况，揭露拉萨尔派心怀恶意地企图歪曲革命的无产阶级在海牙代表大会期间和大

---

① 《马克思恩格斯全集》第1版第18卷第543页。

会以后所开展的那场反巴枯宁主义者的运动。①

恩格斯经常利用社会民主党的报刊所提供的机会，认为它也是一种手段，可以锻炼德国工人阶级及其政党坚决反对统治阶级反动的内部制度和侵略的对外政策，坚决反对军国主义和沙文主义。他在《普鲁士"危机"》和《帝国军事法》这两篇文章中指出，1871年在普鲁士容克庇护下建立的德意志帝国是一个军事警察国家，是一个加强军备竞赛和准备新的侵略战争的基地。恩格斯指出，俾斯麦政府所实行的政策是敌视群众，特别是敌视无产阶级的，它企图最大限度地保护最反动的阶级即那些竭力维护自己封建特权的容克的利益。恩格斯藐视自由资产阶级，嘲笑他们对俾斯麦奴颜婢膝。他写道，"普鲁士资产阶级不想要政权；就像远在伏尔泰时期的官方俄国一样，尚未成熟就已腐朽了的普鲁士资产阶级，还没当政就已经堕落到法国资产阶级经过80年斗争和长期统治之后所达到的那种退化的地步。"②

恩格斯在他这几年所写的著作中，揭露了德意志帝国国家制度的波拿巴主义本质及其上层的政策。他指出，曾在普鲁士发展的国家形式和根据同样的形式在德国建立的帝国制度，"就是伪装的宪政制度；这个国家形式既是旧日专制君主国的现今的解体形式，也是波拿巴主义的君主国的存在形式"③。恩格斯以波拿巴国家的普鲁士——俾斯麦形式为例，刻画了波拿巴主义的本质特征：资产阶级社会中主要的相互竞争的阶级尔虞我诈，权力集中在军事官僚特权阶级手中，显然不受国家机器支

---

① 参看《马克思恩格斯全集》第1版第18卷第516—520、356—358、359—362页。
② 参看《马克思恩格斯全集》第1版第18卷第329—330页。
③ 参看《马克思恩格斯全集》第1版第18卷第289—290页。

配，统治集团衰败腐朽，等等。

对19世纪70年代初期德国社会政治形势的深刻分析，可以参看恩格斯1874年写的对《德国农民战争》1870年版序言的补充。恩格斯根据这种分析，系统地阐述了先进的德国工人所面临的任务，列宁把恩格斯在这方面表述的思想描述为"对实践上和政治上都已经巩固的德国工人运动所作的指示"[①]。恩格斯认为，革命理论对于社会主义工人运动是非常重要的。他指出，无产阶级政党只有用科学社会主义理论武装起来并学会把这一理论同革命斗争的实践结合起来，才能完成自己的历史使命。恩格斯写道，"……社会主义自从成为科学以来，就要求人们把它当做科学看待，就是说，要求人们去研究它。必须以高度的热情把由此获得的日益明确的意识传布到工人群众中去，必须日益加强团结党组织和工会组织"[②]。恩格斯指出，在进行工人阶级的斗争时有三个密不可分的方面——理论方面、政治方面和经济实践方面，他一再强调，成功的保证就在于阶级斗争的这三个方面的统一。

恩格斯高度重视向德国工人灌输无产阶级国际主义思想。他指出，德国社会民主党，作为高度组织起来的国际工人运动的先锋队，肩负着特殊的责任。他劝德国民主党"必须维护真正的国际主义精神，这种精神不容许产生任何爱国沙文主义，并且欢迎无产阶级运动中任何民族的新进展"[③]。

除了已发表的恩格斯的这些著作，还有他的一份手稿《关于德国的札记》，这是一个没有完成的计划，原来是打算写一篇详细的历史论文，

[①] 《列宁全集》第2版第6卷第24页。
[②] 《马克思恩格斯全集》第1版第18卷第567页。
[③] 《马克思恩格斯全集》第1版第18卷第567页。

帮助德国工人从他们国家的以往历史中吸取正确的教训。这些《札记》以简洁的形式阐述了对中世纪后期的德国史的马克思主义的观点。恩格斯揭示了德国四分五裂的原因,指出它在政治和经济上的落后性以及反动的历史根源。德意志各邦的统治阶级尤其是普鲁士容克执行冒险主义的、反人民的政策,德国的自由民及其后继人资产阶级在同封建主义的斗争中不能找到一个革命的解决办法,因此在德国直到 19 世纪中期,还没有完成资产阶级的改革过程。恩格斯把德国的历史发展同其他一些欧洲国家的历史作了对比,提出了一些关于民族和民族国家的形成过程以及关于德国的文化、文学和哲学的深刻思想。

展望未来,恩格斯预言,普鲁士德国这个军事国家必将崩溃。

到 1873 年秋,在筹备国际日内瓦代表大会时,马克思和恩格斯得出了结论:国际工人协会,作为一个团结无产阶级战斗力的组织,已不再适应新的历史条件。他们对有关无产阶级斗争组织的问题,并不拘泥于教条,他们处理其他问题时也是这样。他们认为,正是无产阶级斗争的发展过程要求改变它的组织形式。这种发展实际上使国际工人协会的活动于 1873 年底就结束了。尽管直到 1876 年协会才正式解散。"第一国际完成了自己的历史使命,随之而来的是世界各国工人运动空前大发展的时代,即工人运动向广度发展,以各个民族国家为基地建立群众性的社会主义工人政党的时代。"①

马克思和恩格斯所领导的第一国际,完成了自己的历史任务。它卓有成效地推动了工人阶级解放斗争的发展,把欧洲和美洲成千上万的无产阶级团结在无产阶级国际主义的旗帜周围。工人运动作为社会进步的一个有利因素,作为争取和平、民主和社会主义的斗争的旗手,第一次

---

① 《列宁全集》第 2 版第 26 卷第 51 页。

出现在国际舞台上。由于马克思、恩格斯及其志同道合者们的努力,才有了向广大群众灌输科学社会主义思想这样一个重要的步骤。在国际存在的那几年,革命理论的思想宝库由于一些新的结论而更加充实。形形色色的前马克思主义的小资产阶级社会主义已被击败,它们的影响越来越小。一个革命的政党在德国建立起来了,为在其他各国建立类似的政党准备了基础。在马克思和恩格斯的指导下,在国际工人协会的队伍中形成了大批无产阶级革命者——组织者、新闻工作者、宣传鼓动者。国际为制定无产阶级组织的策略,为建立工联,为发挥工人报刊的作用,作出了重大贡献。各国工人团结一致地捍卫劳动人民的经济和政治利益,反对侵略战争,支持民族解放运动,国际的这种革命传统对以后几代的无产阶级战士具有不朽的价值。"第一国际是不会被人遗忘的,它在工人争取自身解放的斗争史上是永存的。"①

(原载《马克思恩格斯全集》英文版第 23 卷)

(阎月梅 译 孙家衡 校)

---

① 《马克思恩格斯全集》第 1 版第 36 卷第 218 页。

巴黎公社以后马克思主义在各国工人运动中的广泛传播

——《马克思恩格斯全集》英文版第 24 卷说明*

《马克思恩格斯全集》第 24 卷包括他们从 1874 年 5 月至 1883 年 5 月这个时期所写的著作。

这些年是从 1871 年巴黎公社以后开始的国际工人运动的一个重要的发展阶段。巴黎公社使无产阶级赢得了非常宝贵的阶级斗争经验,但同时也说明,向工人移交政权的客观条件和主观条件尚不成熟,还缺乏一些以科学社会主义理论武装的、能够领导工人阶级彻底改造社会的独立的群众性的无产阶级政党。公社失败后,工人阶级面临的任务是团结本身的力量,准备新的革命战斗,尤其是需要在个别国家建立无产阶级的政党。马克思主义的传播时期开始了一个"由阶级即无产阶级组成的群众性的社会主义政党建立、发展和壮大的时期……"①

在本卷所收入的著作中,马克思和恩格斯仍然继续分析国际工人协会和巴黎公社的历史经验。他们指出,在新的历史条件下,国际的组织形式已不再符合无产阶级的阶级斗争目标。由于国际的努力,对无产阶级国际主义思想的理解,对工人阶级的目标和任务的统一的理解,达到

---

* 本文选自《马克思恩格斯研究》1994 年总第 17 期。
① 参看《列宁全集》第 2 版第 23 卷第 382—383 页。

了一个新的水平。马克思写道:"在德国、瑞士、丹麦、葡萄牙、意大利、比利时、荷兰和美国或多或少是在全国范围内成立的社会民主工党都是国际性的团体,这些团体已经不是少数分散在各国以及由独立存在的总委员会联合起来的一些支部,而是在经常的、积极的、直接的交往中,由思想交流、相互帮助和共同意愿团结起来的工人群众自己组成的团体。"① 马克思和恩格斯巧妙地把各国工人政党的任务同整个国际工人运动的目标联系起来。

马克思主义思潮的代表人物同工人阶级中那些社会成分复杂的人所固有的各种阶级影响和小资产阶级观点,同工人运动本身中的改良主义、机会主义和无政府主义思潮进行激烈的思想斗争,一些社会主义政党就是在这时形成的。在科学社会主义的基础上争取思想的统一,是马克思和恩格斯作为领导人在回顾国际工人运动时所进行的理论和实践活动的主要本质。

马克思和恩格斯当时居住的伦敦,仍然是国际工人运动的思想中心。工人政党的一些杰出人物向公认的权威马克思和恩格斯呼吁,要求得到帮助和忠告。他们的通信、他们给工人阶级报刊撰写的稿件、他们的新作的发表以及旧作的再版,在国际工人运动中宣传了马克思主义思想。

巴黎公社的经验要求全面阐述国家和革命问题,马克思主义关于无产阶级专政和政党的作用的基本原理,以及无产阶级在彻底改造社会的斗争中应当与谁结盟的问题。最重要的任务就是完整地、系统地阐述马克思主义,捍卫它的理论原则,揭示其辩证方法的普遍特征,教导革命的社会主义者怎样创造性地运用理论,怎样为他们的政党制定科学的纲

---

① 参看《马克思恩格斯全集》第1版第19卷第168—169页。

领和策略，怎样驳斥马克思主义的对手。

本卷包括马克思和恩格斯专门为德国无产阶级写的大量著作。这是因为在普法战争时期（1870—1871年），欧洲工人运动的重心已经从法国转移到了德国。① 正如恩格斯所说："德国工人之所以处于欧洲运动的先导地位，主要是由于他们在战争期间采取了真正国际主义的态度。"② 对德国社会民主党的成就和错误的分析，使马克思和恩格斯能够深入研究整个国际工人运动的一般理论和策略问题。毋庸置疑，这方面的最重要的著作是马克思的《哥达纲领批判》和恩格斯的《给奥·倍倍尔的信》（1875年3月18—28日），这两篇论著体现了哥达代表大会的纲领草案。这次代表大会使德国社会民主工党（爱森纳赫派）这个由奥古斯特·倍倍尔和威廉·李卜克内西领导的、根据第一国际的原则建立的第一个群众性的政党，和斐迪南·拉萨尔的追随者所领导的全德工人联合会合并了。

马克思和恩格斯曾认为，这种合并应该实现，只要拉萨尔派领导人准备"放弃他们的宗派口号和他们的'国家帮助'，并基本上接受1869年的爱森纳赫纲领或这个纲领的和目前情况相适应的修正版。我们的党在理论方面……绝对没有什么要向拉萨尔派学习的"③。

马克思和恩格斯把哥达纲领草案看做是在思想上对拉萨尔主义的让步和投降。他们认为，纲领中的论点，即对工人阶级说来，其他一切阶级都只是反动的一帮，以及以错误的理论为前提的"铁的工资规律"④，

---

① 参看《马克思恩格斯全集》第1版第19卷第139页。
② 参看《马克思恩格斯全集》第1版第19卷第5页。
③ 参看《马克思恩格斯全集》第1版第19卷第3—4页。
④ 参看《马克思恩格斯全集》第1版第19卷第4—6页。

是完全不能允许的。他们谴责这个纲领实际上抛弃了"工人运动的国际主义原则"①，漠视工联问题和其他问题。他们确凿地论证，这些论点歪曲党的理论，势必给德国工人运动造成严重的危害。恩格斯在给倍倍尔的信中强调指出："一个新的纲领毕竟总是一面公开树立起来的旗帜，而外界就根据它来判断这个党。"② 他认为，哥达纲领同爱森纳赫纲领相比，是后退了几步。

对哥达纲领的批判分析，使马克思有一个机会根据他以前的社会经济研究成果，特别是《资本论》来进一步阐述他对科学社会主义的一些重要理论问题的观点。《哥达纲领批判》主要是论述马克思主义关于国家和社会主义革命的理论。在《哥达纲领》中国家被当做"一种……独立的实质"③，相反地，马克思却揭露了资产阶级国家的阶级性和剥削性。他还考虑了国家在社会主义革命胜利后的作用，并强调说，对社会进行革命改造的大量的创造性工作，不可避免地需要一个相对长久的时期。"在资本主义社会和共产主义社会之间，有一个从前者变为后者的革命转变时期。同这个时期相适应的也有一个政治上的过渡时期，这个时期的国家只能是无产阶级的革命专政。"④

马克思在《哥达纲领批判》中，关于未来共产主义社会这个根据客观规律发展的社会形态的理论，阐述了一些新的见解。正是在这部著作中，他第一次提出了关于共产主义社会的两个阶段的论点，这一伟大的改造过程的两个阶段既包括生产和生产关系领域，也包括物质财富的

---

① 《马克思恩格斯全集》第 1 版第 19 卷第 4 页。
② 《马克思恩格斯全集》第 1 版第 19 卷第 9 页。
③ 参看《马克思恩格斯全集》第 1 版第 19 卷第 30 页，译文稍有变动。
④ 《马克思恩格斯全集》第 1 版第 19 卷第 31 页。

分配、人们的政治和精神生活、道德和权利。在第一个阶段即社会主义制度下,我们所说的是这样一个社会,它"是刚刚从资本主义社会中产生出来的,因此它在各方面,在经济、道德和精神方面都还带着它脱胎出来的那个旧社会的痕迹"①。

马克思批判了拉萨尔派纲领的论点,即在社会主义社会中,每个工人将获得其劳动的全部产品,即"不折不扣的劳动所得"②。他指出,即使在废除生产资料私有制后,在用于个人消费之前,社会总产品中将不得不扣除用于补偿生产资料的更新、扩大再生产和满足公共需要的基金。在共产主义的第一个阶段,社会成员的平等只体现在对已经变成公共财产的生产资料的平等关系,对工作平等地承担义务,对各种社会商品和服务的平等权利。这种分配形式体现了社会主义社会的社会正义:"每一个生产者,在作了各项扣除之后,从社会方面正好领回他所给予社会的一切。"③

只有在下一个阶段,生产力和社会劳动生产率高度发展了,人们的物质生活水平、劳动条件和意识才会发生根本的变化。马克思描绘了一幅共产主义社会的图画,在这个社会中,个人不再操心日常生计,不再担心未来,就一定能够实现他个性的全部才能、实现个性的和谐发展,就能够摆脱几百年形成的占有欲和民族偏见。"只有在那个时候",马克思写道,"才能完全超出资产阶级法权的狭隘眼界,社会才能在自己的旗帜上写上:各尽所能,按需分配!"④

---

① 《马克思恩格斯全集》第 1 版第 19 卷第 21 页。
② 《马克思恩格斯全集》第 1 版第 19 卷第 19 页。
③ 《马克思恩格斯全集》第 1 版第 19 卷第 21 页。
④ 《马克思恩格斯全集》第 1 版第 19 卷第 23 页。

《哥达纲领批判》所针对的不仅是拉萨尔主义、德国工人运动中的各种机会主义思潮，而且是整个庸俗社会主义。它暴露了本身固有的方法论的基本缺陷——不理解社会生产的决定作用，在批判现存社会和规划社会改造时，想把重心转移到分配领域。"庸俗的社会主义仿效资产阶级经济学家（一部分民主派又仿效庸俗社会主义）把分配看成并解释成一种不依赖于生产方式的东西，从而把社会主义描写为主要是在分配问题上兜圈子。"①

社会民主党在德国的影响急剧增长，席卷了德国工人群众，社会主义工人党在帝国国会选举中获得成功②，这都是使俾斯麦忧心忡忡的原因。1878年10月19日，政府借口对威廉一世的两次行刺（社会民主党根本没有参与其事），通过了一项《镇压社会民主党危害社会秩序法》，它直到1890年还有效。这项所谓的反对社会主义者的非常法，人们都知道就是反社会党人法，实际上宣布了德国社会主义工人党为非法组织。

1878年9月，在这项法律提出之前，马克思就根据一次讨论政府议案的帝国国会会议记录，写了一篇揭露真相的文章，标题为《帝国国会关于反社会党人非常法的辩论》，在这篇文章中，他坚决驳斥反动派企图指控革命的社会民主党犯有恐怖主义罪行，企图把它等同于无政府主义分子；他揭穿俾斯麦政府在帝国国会中所采取的各种挑衅的警察手段，竭力为它的行动蒙上一层合法的外衣。马克思写道："实际上政府是企图以暴力镇压它所不喜欢的、而从法律观点是无懈可击的发展。"③

---

① 《马克思恩格斯全集》第1版第19卷第23页。
② 参看《马克思恩格斯全集》第1版第45卷第197页，第19卷第170页。
③ 《马克思恩格斯全集》第1版第45卷第195页。

在这篇文章中,马克思提出了无产阶级斗争的和平形式和非和平形式的辩证关系问题。他强调指出,在条件有利的国家,工人阶级可以指望和平获得政权。但即使如此,也必须看到,这种和平的道路可能因那些"同旧秩序利害相关的"① 力量而受阻。选择和平道路或非和平道路,不决定于运动的领导人的主观愿望或他们的学说,而是决定于阶级力量的阵容、统治阶级的行为以及它反对日趋成熟的社会变革所采取的形式。马克思写道:"只有当该社会中掌握政权的那些人不用暴力方法来阻碍历史发展的时候,历史发展才可能是'和平的'。"②

在德国社会民主党人的艰难时期,马克思和恩格斯帮助他们找到新的活动形式,制定正确的策略路线。马克思和恩格斯在1879年9月写的《给奥·倍倍尔、威·李卜克内西、威·白拉克等人的通告信》起了主要作用。这是马克思主义反对工人运动中的机会主义的一份重要文献。马克思和恩格斯尖锐地批判了党内改良主义一翼的机会主义纲领(所谓的苏黎世三人团——卡尔·赫希伯格、爱德华·伯恩施坦和卡尔·施拉姆——的宣言)。《通告信》中说,"这是些小资产阶级的代表,他们满怀恐惧地声明,无产阶级被自己的革命地位所推动,可能'走得太远'。不是采取坚决的政治上的反对立场,而是全面地和解;不是对政府和资产阶级作斗争,而是企图争取他们,说服他们;不是猛烈地反抗从上面来的迫害,而是逆来顺受,并且承认惩罚是罪有应得。"③

当马克思主义已经开始在群众性的工人运动中广泛传播时,它的意识形态上的对手都不敢再公然自称是它的反对者。他们试图从内部来修

---

① 《马克思恩格斯全集》第1版第45卷第195页。
② 《马克思恩格斯全集》第1版第45卷第194页。
③ 《马克思恩格斯全集》第1版第19卷第187页。

正马克思主义，把一大堆唯心主义的和伪社会主义的观点当做科学社会主义来到处兜售。起草这封《通告信》就是为了防止这种危险。《通告信》揭露了机会主义的阶级根源和思想根源，证明必须把它们连根清除。马克思和恩格斯指出，这是因为小资产阶级影响了无产阶级，小资产阶级思想侵蚀了工人运动。鼓动人们不同意同资产阶级进行阶级斗争，往往是打着马克思主义旗帜的。《通告信》指出，"在纸上是承认这种斗争的，因为要否认它简直已经是不可能的了，但是实际上是在抹杀、冲淡和削弱它"①。《通告信》的作者敦促德国社会民主党同工人党中的"冒牌货"②决裂，加强自己的阶级性。马克思和恩格斯写道："将近40年来，我们都非常重视阶级斗争，认为它是历史的直接动力，特别是重视资产阶级和无产阶级之间的阶级斗争，认为它是现代社会变革的巨大杠杆；所以我们决不能和那些想把这个阶级斗争从运动中勾销的人们一道走。"③

正像马克思和恩格斯所强调的，随着反社会党人非常法的实施，党的机关的立场变得特别重要。它应当"打着旗帜前进"④，以革命的阶级斗争精神，教育无产阶级群众，捍卫工人阶级的利益。工人阶级政党只有清楚地明白无产阶级运动的革命目的，始终毫不动摇地忠于这个目的，才能起先锋队的作用。

在警察恐怖的统治下，党必须学会把合法的斗争形式与非法的斗争形式结合起来，利用议会讲坛，竭力按照鲜明的阶级目的，支持国会中

---

① 《马克思恩格斯全集》第1版第19卷第187页。
② 《马克思恩格斯全集》第1版第19卷第189页。
③ 《马克思恩格斯全集》第1版第19卷第189页。
④ 《马克思恩格斯全集》第1版第19卷第181页。

的社会民主党团,并且严守党的纪律。马克思和恩格斯警告德国社会民主党不要犯"议会症"①的毛病。正像恩格斯在《德国反社会党人非常法。——俄国的状况》这篇文章中所写的,议会选举的胜利,使"某些人开始觉得,似乎为了达到无产阶级的彻底胜利,并不需要其他任何东西了"②。

马克思和恩格斯为工人报刊所写的许多文章,非常有利于传播无产阶级国际主义思想和阶级斗争的革命理论,使正在建立的社会民主党的思想纲领更加完善。这些文章也提高了他们作为公认的国际工人运动领导人的威望,加强了他们同各党领导人的个人联系。这几年,马克思的健康状况下降,这项为报刊撰稿的工作就越来越多地落在恩格斯的肩上了。

恩格斯为德国工人的报纸,为德国社会民主党的机关报《人民国家报》、《前进报》、《新世界》,以及从1881年开始为《社会民主党人报》等报纸写的文章,都是很重要的。恩格斯表明,他与马克思的观点是共同的,总是积极主动地揭穿有人企图把德国社会民主党与披着各种伪装存在于德国和国际工人运动内部的一些无政府主义派别等同起来。他们都主张破除错误的观点,即科学社会主义的学说怂恿人民做出越轨的恐怖行动,引导他们一意孤行。在本卷的第一篇文章《流亡者文献》中,恩格斯详细地研究了巴黎公社后被迫流亡的布朗基主义者所起草的纲领。他缕析他们的论点,即所谓只要有少数人"根据预定的计划"就可以进行革命,革命"在任何时候"③都可以开始。他强调指出,不能

---

① 《马克思恩格斯全集》第1版第19卷第180页。
② 《马克思恩格斯全集》第1版第19卷第170页。
③ 《马克思恩格斯全集》第1版第18卷第581页。

"把革命当做儿戏",同时反击了布朗基主义者关于拒绝妥协的错误论点。恩格斯讽刺地写道:"他们以为,只要他们愿意跳过各个中间站和各种妥协,那就万事大吉了。"① 无论是他本人还是马克思,在谴责宗派主义和无政府主义时,都同样是坚定不移的。自从反社会党人非常法实施以后,在德国社会民主党内就有了这种倾向,约翰·莫斯特以其创办的伦敦流亡者报纸《自由报》竟公然为之论证。②

恩格斯在他的著作《半官方的战争叫嚣》、《德意志帝国国会中的普鲁士烧酒》和《布雷的牧师》中,揭示了俾斯麦帝国反动的侵略本性,指出了普鲁士的"烧酒容克们"所施加的政治影响的社会经济根源以及普鲁士的军国主义。③ 恩格斯写的关于他和马克思的最亲密的朋友威廉·沃尔弗的一组文章、马克思写的《〈揭露科隆共产党人案件〉一书第2版跋》以及马克思和恩格斯于1876年2月7日在伦敦德意志工人教育协会上的演说,使新一代工人了解了德国无产阶级运动的历史和革命传统。

除了关于威廉·沃尔弗的一组文章,恩格斯写的《马尔克》这篇揭示从古代公社(马尔克)直到19世纪70年代德国土地关系的变化的文章,对于制定社会民主工党对德国农民的策略具有非常重要的意义。恩格斯在这里追溯了农民从自由社员转变为农奴过程中的几个主要阶段,揭露了19世纪上半叶在德国实行的半心半意的改革的真实本质。④ 他强调指出,小规模的农业经营日益变成"一种过时的、不再有生命力

---

① 《马克思恩格斯全集》第1版第18卷第585页。
② 参看《马克思恩格斯全集》第1版第19卷第386页。
③ 《马克思恩格斯全集》第1版第19卷第56页。
④ 参看《马克思恩格斯全集》第1版第19卷第366—368页。

的经营方式"①。对农民来说，未来的希望就在于恢复马尔克，"但不用陈旧的过时的形式，而用新的形式"，这样，农民"不用资本家，而依靠公社本身的力量"② 就能得到大规模经营和采用现代机器的好处。于是，农民将会发现，工人和无产阶级政党就是自己的天然同盟军。③

马克思和恩格斯都曾为1877年因茹尔·盖得的倡议而创办的法国社会主义者报纸《平等报》撰稿。1880年3月，该报刊登了恩格斯的两篇文章，标题是《俾斯麦先生的社会主义》，文章抨击了波拿巴主义变种的社会性的蛊惑造谣。恩格斯用俾斯麦政策的具体例子，说明了在一些法国社会主义者中流行的国家社会主义这种思想的迷惑性，这些人认为，资产阶级国家能够完成社会改革，动摇资产阶级关系的基础。

马克思应法国社会主义者的请求起草的法国工人党纲领的理论部分(《法国工人党纲领导言》)具有特别重要的意义。该党是1879年10月在马赛举行的代表大会上成立的。这篇不仅在《平等报》上，而且在其他许多报上发表的导言，正如马克思在1880年11月5日给阿道夫·左尔格的信中所说的，其中"说明了共产主义的目的"④。这篇导言认为，无产阶级的解放是"不分性别和种族的全人类的解放"。马克思为工人制定的任务是把生产资料拿过来，把它们变成集体所有并指出，"这种集体占有制只有通过组织成为独立政党的生产者阶级——无产阶级的革命活动才能实现"⑤。

法国社会主义运动的理论发展受到恩格斯写的《社会主义从空想到

---

① 参看《马克思恩格斯全集》第1版第19卷第368页。
② 参看《马克思恩格斯全集》第1版第19卷第369页。
③ 参看《马克思恩格斯全集》第1版第19卷第369页。
④ 《马克思恩格斯全集》第1版第34卷第451页。
⑤ 《马克思恩格斯全集》第1版第19卷第264页。

科学的发展》的深刻影响，这部著作是他应保尔·拉法格的请求而写的，马克思把它称之为"科学社会主义的入门"①。这部著作第一次发表在法文杂志《社会主义评论》上，同年，即1880年，又以单行本的形式发行，恩格斯根据《反杜林论》中的三章以很清晰明快的形式写的这本小册子非常适合于广大工人阶级读者。恩格斯在世时，这本经作者同意用德文和英文出版的小册子，被翻译成欧洲其他许多语言，在整个国际工人运动中对于马克思主义思想的宣传起了重要作用。

在这部著作中，恩格斯决定让无产阶级运动的先锋队理解空想社会主义和科学社会主义的关系。这是对那些企图抹杀二者的区别、把马克思学说当做另一种社会主义乌托邦的人的反击。恩格斯承认空想社会主义的历史作用，认为它是马克思主义理论的理论来源之一。他系统地阐释了科学社会主义的起源，正像他所说的，它的出现是由整个历史过程决定的一个必然现象。马克思主义之所以诞生是因为需要解释无产阶级的革命斗争，需要为无产阶级运动建立科学的理论，它是以前的科学和文化成就的综合结果。恩格斯写道："和任何新的学说一样，它②必须首先从已有的思想材料出发，虽然它的根源深藏在物质的经济的事实中。"③

恩格斯从马克思主义思想的全部成就中特意挑选出马克思的两个伟大发现，这两个发现在社会主义从空想变为科学的过程中起了决定性的作用。一个是唯物主义历史观，它揭示了社会发展规律并证明社会主义革命的不可避免性，另一个是剩余价值理论，它揭露了资本主义的剥削

---

① 《马克思恩格斯全集》第1版第19卷第263页。
② 指现代社会主义。——本丛书编者注
③ 《马克思恩格斯全集》第1版第19卷第205页。

本质。

恩格斯指出，开创人类思想史新阶段的马克思主义的出现，也彻底革新了社会主义思想。空想社会主义者纯粹是从理论上构思设想，相反地，科学社会主义的结论是根据对现实做深刻的理论分析，对社会现象的彻底了解，对社会生活客观规律的剖析。这就是科学社会主义所以能为工人的革命斗争提供真正的理论基础，为社会主义的社会改造提供真正理论基础，为社会主义的社会改造提供思想武器的原因。恩格斯写道，随着它的出现，这一斗争遂被置于现实的基础上。正是科学社会主义明确规定了无产阶级的历史使命，就是一定要联合全体工人，通过暴力进行社会主义革命，正是科学社会主义克服了社会主义理论同工人运动的彼此脱节，使无产阶级群众能看到斗争的前景，能科学地预见未来的社会。

恩格斯发展了社会主义革命的理论，指出资本主义的基本矛盾——生产的社会性同私人占有制之间的矛盾只有通过无产阶级革命才能解决。掌握政权的无产阶级将首先把生产资料变成公共财产。恩格斯认为，在财产社会化的基础上组织社会主义生产，是建立未来社会的决定条件。他预言，社会主义社会将首先能够通过有意识地利用其自身发展的客观规律来调节社会生产。社会意识的作用将因此变得非常重要。社会将能够根据计划来指导经济活动，并控制重要的社会进程。恩格斯写道："完成这一解放世界的事业，是现代无产阶级的历史使命。"①

19世纪70年代末，英国工人运动中开始出现变化的征兆。1877—1878年的经济危机严重地打击了一大批工人，使改良主义幻想的经济基础越来越缩小，于是人们纷纷关心社会问题了。恩格斯认为，这时有

---

① 《马克思恩格斯全集》第1版第19卷第247页。

利于他在英国工联报纸《劳动旗帜报》上阐述他的观点，从1881年5月初至8月初，他为《劳动旗帜报》一共撰写了11篇文章。在这些文章中，他通俗地阐述了科学社会主义和马克思主义政治经济学的主要原理，向英国工人解释了资本家的剥削手法。恩格斯在一篇文章的标题中提到流行的工联的口号"做一天公平的工作，得一天公平的工资"，并证明说，资本主义根本就不讲公平。他竭力强调这样一个思想，即无产阶级斗争的基本要求的口号应当是："劳动资料——原料、工厂、机器——归工人自己所有！"①

恩格斯在为《劳动旗帜报》写的那些文章中指出，资产阶级同无产阶级之间的阶级斗争在历史上是不可避免的。它注定要成为一场政治斗争，争夺权力的斗争。② 恩格斯从理论上阐述了工人经济斗争的意义，指出了工联作为斗争的组织者的作用。同时他也指出，工联的活动并不能使工人摆脱资本主义的奴役。③ 他强调指出，无产阶级要取得成功，必须把工人阶级作为一个阶级组织起来，必须有一个无产阶级的独立的政党。恩格斯对这个重要问题写了一篇重要文章，即《工人党》。他写道："在英国只有工人党才可能是真正民主的政党。……可是任何民主的政党，无论在英国或在其他任何国家，除非具有明显的工人阶级的性质，就不可能取得真正的成就。"④ 恩格斯指出，由于缺乏独立的无产阶级政党，使英国工人阶级差不多有25年好像是甘愿充当"'伟大的自由党'的尾巴"⑤。恩格斯的这些文章对英国社会主义运动的年轻

---

① 《马克思恩格斯全集》第1版第19卷第276页。
② 《马克思恩格斯全集》第1版第19卷第284页。
③ 《马克思恩格斯全集》第1版第19卷第283页。
④ 《马克思恩格斯全集》第1版第19卷第306页。
⑤ 《马克思恩格斯全集》第1版第19卷第304页。

一代发挥了一定的影响。后来成为英国社会主义者中马克思主义派的代表之一的詹姆斯·麦克唐纳说,真正把他引向社会主义方面的正是恩格斯在《劳动旗帜报》上发表的那些文章(《我是怎样成为一个社会主义者的》1896年伦敦版第61—62页)。

恩格斯在1877—1878年为意大利社会主义报纸《人民报》写的几篇文章(《英国农民要求参加国内政治斗争》、《德国、法国、美国和俄国的社会主义运动》等)已被收入本卷。在这里他向意大利工人传授了各国无产阶级斗争的经验和成就,并写了一些关于英国农业工人运动的情况,这是意大利社会主义者当时特别感兴趣的。恩格斯阐述了关于工农联盟的思想,尤其注意吸引广大农业无产阶级参加革命斗争。

在19世纪70年代和80年代初,马克思和恩格斯密切注视着美国的经济和社会的发展,注视资本的空前集中和许多大公司的增长,它们控制着主要工商部门的活动,在土地、金融和铁路方面拥有大量财产。恩格斯的文章《对法国的通商条约》、《美国的食品和土地问题》等以及马克思和恩格斯合写的《共产党宣言》俄文第2版的序言,把欧洲工人的注意焦点集中于英国工业垄断权的丧失以及美国支配世界市场的不可避免性。① 马克思和恩格斯根据欧洲工人运动的前景和美国无产阶级进行的斗争分析了这些过程。恩格斯为美国社会主义者的周报《劳动旗帜》写了一系列关于欧洲工人运动的文章,标题为《一八七七年的欧洲工人》,使无产阶级国际主义思想大为普及。

收入本卷附录中的两个文件记述了马克思接见《芝加哥论坛报》通讯员,接受《太阳报》这家有影响的进步资产阶级报纸的编辑约翰·温斯顿访问的情况,这说明美国人对他本人及其思想很感兴趣。这

---

① 参看《马克思恩格斯全集》第1版第19卷第290—291页。

些文件不仅向读者展现了马克思的主要传记材料和国际的历史,而且阐述了他对美国工人运动问题的观点。马克思驳斥了社会主义思想"不适用于"美国这种武断的论点,强调指出,"社会主义在这个国家的产生并没有外国人插手,只是由于资本的集中和工人与企业主之间的关系的变化而造成的"①。马克思发展了关于一向有规律可循的革命性质和革命动力的思想,强调说:"任何一次革命都不可能由一个政党来完成,**只有人民才能完成革命**"②。

这几年,马克思和恩格斯特别注意俄国的经济和社会形势以及俄国革命运动的发展。他们研究了1861年农奴改革后俄国的经济、土地制度和社会关系,大量阅读了俄国的学术文献和小说。他们结识了许多俄国革命者、科学家和政论家。于是,对俄国文化和语言的研究便显得特别重要了,用恩格斯的话说,俄语是"活的语言中最有力量和最丰富的语言之一,所以无论就其本身而言,或者就其所展示的文学作品而言,都是值得大力学习的"③。马克思和恩格斯都尊重尼古拉·车尔尼雪夫斯基和尼古拉·杜勃罗留波夫,认为他们是深刻的革命民主主义思想家和作家。恩格斯称他们为"两个社会主义的莱辛"④。

在工人阶级还没有成为有组织的力量、还不能够领导民主范围的斗争的国家,代表俄国革命运动的是民粹派。马克思和恩格斯很想帮助俄国的革命者,曾经批评他们的唯心主义观点,批评他们不理解合法的政治制度同社会的特定阶级利益之间的联系。恩格斯在他的系列文章《流

---

① 《马克思恩格斯全集》第 1 版第 45 卷第 712 页。
② 《马克思恩格斯全集》第 1 版第 45 卷第 716 页。
③ 《马克思恩格斯全集》第 1 版第 18 卷第 598 页。
④ 《马克思恩格斯全集》第 1 版第 18 卷第 592 页。

亡者文献》的第 3 篇和第 4 篇中,支持民粹主义的著名思想家之一彼得·拉甫罗夫向另一个民粹主义者彼得·特卡乔夫辩论关于俄国革命宣传的任务问题。恩格斯坚决反对不负责任地说"大话",毫不考虑客观条件和初步的革命宣传就主张立即起义①,坚决反对特卡乔夫自以为是地说什么"一个革命者……应当认为自己有权号召人民实行起义……他不等待历史事件的潮流本身向他指示时刻"②。

在《流亡者文献》的最后一篇文章(《论俄国的社会问题》)中,在给《祖国纪事》杂志编辑部的信以及给维拉·查苏利奇的复信草稿中,恩格斯和马克思深刻分析了俄国 1861 年农奴改革后的社会经济关系。他们认为,那是俄国历史上的一个里程碑,是这个国家的发展过程中一个新阶段的开始。③ 1861 年俄国废除了农奴制,这是因为农民的不满日益增长,农民运动日益壮大。马克思和恩格斯指出了 19 世纪 70 年代俄国革命形势蓬勃高涨的几个决定性因素:农民因 1861 年的改革受到了劫掠,群众性的农民运动越来越发展,"开明的国民阶层"④ 提出了抗议。恩格斯预见了 19 世纪 70 年代末和 80 年代初的俄国革命形势。在 1875 年,他就坚信,那个国家的革命"比乍看起来要快得多"⑤。马克思和恩格斯还希望,沙皇政府在 1877—1878 年俄土战争中所经历的对外政策上的麻烦会加速俄国的革命事件。

马克思和恩格斯认为,日益临近的俄国革命应当是一场资产阶级民

---

① 参看《马克思恩格斯全集》第 1 版第 18 卷第 607 页。
② 参看《马克思恩格斯全集》第 1 版第 18 卷第 606 页。
③ 参看《马克思恩格斯全集》第 1 版第 19 卷第 129 页。
④ 《马克思恩格斯全集》第 1 版第 18 卷第 623 页。
⑤ 《马克思恩格斯全集》第 1 版第 18 卷第 578 页。

主革命，主要是农民革命。① 他们认为，这次革命的前景是将紧密地联系着欧洲无产阶级的阶级斗争。恩格斯在1878年写道，这次革命"意味着欧洲整个形势发生变化，这种变化一定会受到各国工人兴高采烈的欢迎，把它看做是向他们的共同目标——劳动的普遍解放大大迈进了一步"②。马克思和恩格斯曾经以为，俄国革命将开始一个"经过斗争，也许是长期而激烈的斗争，最终肯定要导致俄国公社的建立"③ 的过程。

马克思和恩格斯提出了具有理论意义的问题，即：俄国是否可能经过非资本主义的发展，它是否必须忍受欧洲工业发展国家的人民曾经忍受的经济发展各阶段的种种痛苦。这个问题的核心就是农民公社的命运。马克思和恩格斯指出，土地公社所有制并不是俄国特有的现象，而是最古老的社会制度之一，是一种在"从印度到爱尔兰的一切印欧人民"中都可以发现的制度。④

只有保证公社具备"自由发展所必需的正常条件"，公社才能成为"俄国社会新生的支点"⑤。这些条件只有在俄国经过成功的民主革命以后才能创造出来，而且将使公社摆脱"商人、地主和高利贷者"以及"新资本主义寄生虫"的剥削。⑥ 无论是劳动组合还是公社本身，都不能成为过渡到社会主义的手段。这就意味着社会生产力应当"发展到能

---

① 参看《马克思恩格斯全集》第1版第19卷第133—134页。
② 《马克思恩格斯全集》第1版第19卷第158页，并参看第326页。
③ 《马克思恩格斯全集》第1版第19卷第270页。
④ 参看《马克思恩格斯全集》第1版第18卷第618页。
⑤ 参看《马克思恩格斯全集》第1版第19卷第269页。
⑥ 参看《马克思恩格斯全集》第1版第19卷第439—440页。

够彻底消灭阶级差别"①。

马克思和恩格斯认为,只有俄国的革命,只有发达资本主义国家的胜利的工人阶级对它的支持②,才能够提供机会来恢复古代的农村公社制度,并按照社会主义方针改造它。只有这样的革命才能为俄国展现不经过资本主义发展阶段过渡到社会主义的前景。马克思和恩格斯承认有这种可能性,恰当地估计了俄国资本主义经济的发展以及这种发展可能出现的后果。马克思强调指出,"如果俄国继续走它在1861年所开始走的道路,那它将会失去当时历史所能提供给一个民族的最好的机会,而遭受资本主义制度所带来的一切极端不幸的灾难。"③

在马克思和恩格斯为格奥尔基·普列汉诺夫翻译的《共产党宣言》第2个俄文本(1882年)所写的序言中,有他们对俄国革命运动发展的有益的见解。他们写道,在1848—1849年,一些反动政府和欧洲的资产者"都把俄国的干涉看做是帮助他们对付……无产阶级的唯一救星",而现在沙皇已经成了"革命的俘虏","俄国已是欧洲革命运动的先进队伍了"④。他们还清楚地阐述了他们关于农民公社命运的观点:"假如俄国革命将成为西方无产阶级革命的信号而双方互相补充的话,那么现今的俄国土地公社所有制便能成为共产主义发展的起点。"⑤ 对俄国来说,这条道路并没有以这种方式在历史的过程中出现。但是这个论点说明,马克思和恩格斯曾认为,如果在生产力高度发达的国家社会主义革命取得胜利,工业不发达国家走非资本主义发展道路在理论上是

---

① 参看《马克思恩格斯全集》第1版第18卷第610页。
② 参看《马克思恩格斯全集》第1版第19卷第326页。
③ 参看《马克思恩格斯全集》第1版第19卷第129页。
④ 参看《马克思恩格斯全集》第1版第19卷第326页。
⑤ 参看《马克思恩格斯全集》第1版第19卷第326页。

可能的。

马克思和恩格斯认为,解放波兰问题、欧洲其他被压迫民族的各种革命运动以及奥匈帝国的革命变化,直接联系着俄国革命的任务和前景。恩格斯在《流亡者文献》的第一篇文章中重复并发展了他在1847年首次表述的观点:"压迫其他民族的民族是不能获得解放的。"① 这部著作以及马克思和恩格斯在1830年和1863年波兰起义纪念会上的演说都提出了这样一个问题:工人阶级反对剥削社会的斗争与被压迫民族争取民族解放的斗争,二者之间是有机联系的。② 让波兰人挣脱社会压迫和民族压迫,与俄国人民推翻沙皇专制的斗争,二者就这样联系起来了。

《准备材料》部分包括马克思写的两部非常重要的手稿,在马克思或恩格斯生前都没有发表过。第一部手稿是马克思于1874年和1875年初写的《巴枯宁〈国家和无政府状态〉一书摘要》,在这部手稿中,可以说,他总结了同第一国际中的巴枯宁主义的思想斗争。巴枯宁主观唯心地断定社会革命随时随地都可能进行,与此相反,马克思发挥了这样一个论点:"彻底的社会革命是同经济发展的一定历史条件联系着的"③。马克思指出了巴枯宁立即"废除国家"的口号的荒谬性,同时他也想到了必须建立无产阶级的统治,即建立无产阶级的国家,工人有了政权,就会去镇压"反抗他们的旧世界各个阶层",并把他们手中的权力保持到"阶级存在的经济基础被消灭的时候为止"④。在这里,马

---

① 《马克思恩格斯全集》第1版第18卷第577页。
② 参看《马克思恩格斯全集》第1版第19卷第630—631页。
③ 《马克思恩格斯全集》第1版第18卷第695页。
④ 参看《马克思恩格斯全集》第1版第18卷第701页。

克思陈述了他关于无产阶级政党对待农民的策略的观点。在掌握政权后，无产阶级必须"直接改善农民的状况，从而把他们吸引到革命方面来；这些措施，一开始就应当促进土地私有制向集体所有制的过渡，让农民自己通过经济的道路来实现这种过渡；但是不能采取得罪农民的措施"①。在这部手稿中，一些重要的观点，例如关于社会主义革命的社会前提条件是否成熟，关于无产阶级专政，关于工人阶级同农民和一般小资产者阶层的联盟，以及无政府主义和唯意志论对社会改革工作的危害，等等，马克思和恩格斯在《哥达纲领批判》、《流亡者文献》、给维拉·查苏利奇的复信草稿以及其他以上提到的著作中，都有所反映，有所发展。

第二部手稿是《评阿道夫·瓦格纳的〈政治经济学教科书〉》。马克思在批判资产阶级经济学家阿道夫·瓦格纳这位"讲坛社会主义者"时，把他自己的经济学理论、它的对象和方法的一些相当重要的原理详加阐释。他揭露一些资产阶级经济学家在批判他时所使用的虚伪的花招，指出他们用唯心主义的方法分析经济现象，认为经济现象反映了正常标准的发展。马克思回击瓦格纳对《资本论》中的价值理论的批判，同时强调指出，对他来说，对象不是"价值"和"交换价值"，而是商品。② 在这里，他提出了他的分析商品的方法，提出了商品的"二重性"的基础，这种"二重性"是由体现在商品中的劳动的二重性来决定的，一方面是它特有的确定性，另一方面只是作为对人的劳动力的支付。马克思也提到他的经济理论的历史主义，在他的分析中，使用价值"始终只是在这样一种场合才予以注意，即这种研究是从分析一定的经

---

① 《马克思恩格斯全集》第 1 版第 19 卷第 695 页。
② 参看《马克思恩格斯全集》第 1 版第 19 卷第 412 页。

济结构得出的,而不是从空谈'使用价值'和'价值'这些概念和词得出的"①。马克思强调指出,他的调查并不涉及抽象的逻辑结构,只涉及对现存的经济现实的分析。

本卷包含恩格斯写的一些有关马克思的生动的传记材料。这些材料是:1877年为《人民历书》写的《卡尔·马克思》,恩格斯为纪念他的1883年3月14日逝世的朋友而写的讣告和悼词(《马克思墓前悼词草稿》、《卡尔·马克思的葬仪》、《卡尔·马克思的逝世》)。恩格斯如实地分析了马克思的一生和工作。他认为马克思是一位伟大的科学家,把科学"首先看成是历史的有力的杠杆,看成是最高意义上的革命力量"②。根据恩格斯的观点,对马克思来说,理论与实践始终是不可分割的:"为雇佣工人阶级摆脱现代资本主义经济生产制度的桎梏而斗争",恩格斯写道,"这是他真正的爱好"③。恩格斯指出了马克思这位无产阶级阶级斗争的组织者和领导者、这位共产主义者同盟和国际工人协会的真正的创建者所起的作用。他在马克思的葬礼上说:"这个人的逝世,对于欧美战斗着的无产阶级,对于历史科学,都是不可估量的损失。"④ 恩格斯以预言式的话结束了他的悼词:"他的英名和事业将永垂不朽!"⑤

本卷包括马克思和恩格斯的66篇文章,其中28篇是第一次用英文发表的,包括恩格斯写的《德意志帝国国会中的普鲁士烧酒》、《威廉·沃尔弗》、《德国反社会党人非常法。——俄国的状况》、《俾斯麦

---

① 参看《马克思恩格斯全集》第1版第19卷第414页。
② 参看《马克思恩格斯全集》第1版第19卷第372页。
③ 参看《马克思恩格斯全集》第1版第19卷第373页。
④ 参看《马克思恩格斯全集》第1版第19卷第374页。
⑤ 参看《马克思恩格斯全集》第1版第19卷第376页。

先生的社会主义》和马克思写的《巴枯宁〈国家制度和无政府状态〉一书摘要》。在收入附录部分的材料中,有四个文件是第一次用英文发表的。本卷中马克思给维拉·查苏利奇的复信草稿的主要部分也是第一次用英文全部发表,并与手稿严格核对过。

  本卷中的文章是按年代顺序编排的,其中恩格斯1875年3月18—28日给奥古斯特·倍倍尔的信例外,因为按照惯例它通常与马克思写的《哥达纲领批判》放在一起。恩格斯在本卷包括的这个时期所写的手稿《论日耳曼人的古代历史》和《法兰克时代》被收入本版第26卷,因为这两部著作与恩格斯的《家庭、私有制和国家的起源》有关。

(原载《马克思恩格斯全集》英文版第24卷)

(阎月梅 译　孙家衡 校)

马克思主义哲学发展的一个重要阶段

——《马克思恩格斯全集》英文版第 25 卷说明*

《马克思恩格斯全集》英文版第 25 卷包括恩格斯的两部最著名的著作:《反杜林论》和《自然辩证法》。

恩格斯在他的最通俗的和广为人知的著作之一《反杜林论》中,不仅阐述了马克思主义的基本原理,而且在发展革命理论方面取得了重大进步。列宁写道,《反杜林论》分析了"哲学、自然科学和社会科学中最重大的问题"①。《反杜林论》为马克思主义战胜改良主义和空想社会主义的各种流派作出了最大贡献。

《反杜林论》是马克思主义对从 1871 年巴黎公社社员的英勇斗争开始国际工人运动发展新阶段的要求的科学回答。巴黎公社的经验证明:没有建立在科学共产主义原则基础上的群众性的工人阶级政党,无产阶级革命就不可能获得胜利。正是由于这个原因,19 世纪 70 年代在各国建立这样的政党的任务便成为首要的任务。由于国际工人运动获得了动力以及科学社会主义在无产阶级先进分子中的影响的加深,马克思主义的思想敌人——无政府主义、改良主义和小资产阶级空想社会主义的代

---

* 本文选自《马克思恩格斯研究》1993 年总第 14 期。

① 《列宁全集》第 2 版第 2 卷第 9 页。

表对马克思主义的攻击变本加厉了。而且,工人运动的迅速发展和正在建立并成为统治阶级的主要反对派的社会民主党的威望正把其他阶级特别是小资产阶级的成员吸引到这个党的队伍中来。这就导致了敌视马克思主义的非科学观点在工人运动中的传播,它使无产阶级背离自己的经济斗争和政治斗争的真正目标。

这些现象是整个工人运动中固有的现象,但是到19世纪70年代中期,它们在德国表现得最明显,那里阶级斗争的加剧促进了无产阶级的政治觉悟和组织的迅速发展,使无产阶级变成一支重要的政治力量。巴黎公社失败后,欧洲工人运动的中心转移到了德国。德国是第一个在1869年爱森纳赫代表大会上根据马克思主义的思想原则和组织原则建立起群众性工人政党的国家。在19世纪70年代前半期,在那些积极参加社会主义运动的德国工人中,存在着一种想把社会民主工党(爱森纳赫派)和全德工人联合会(拉萨尔派)联合起来的日益增长的倾向。1875年,在哥达代表大会上,两个组织合并成一个党。爱森纳赫派接受了同拉萨尔派机会主义观点的思想妥协。马克思和恩格斯认为爱森纳赫派的这种让步是充满严重后果的一个严重错误。①

马克思和恩格斯的忧虑得到了证实。在哥达合并代表大会后,德国社会民主党的理论水平大大下降了,当时柏林大学的讲师欧根·杜林博士的观点在包括党的领导人在内的一些党员中广为流传。由于杜林所作的捍卫被压迫群众利益的演讲,由于他同那所大学的反动教授的斗争,使他成为一个知名的人。杜林的观点是各种庸俗唯物主义、唯心主义、实证主义、庸俗经济学和假社会主义的观点的折中主义大杂烩。与过去主要反对马克思主义政治原则的马克思主义的敌人不同,杜林攻击马克

---

① 参看《马克思恩格斯全集》第1版第19卷第11—35页和3—10页。

思主义的一切组成部分，声称他已建立一个新的包罗万象的哲学、政治经济学和社会主义体系，公开用他的观点来反对无产阶级的革命世界观。

杜林的观点在德国社会民主党党员中的传播对国际工人运动这支主要队伍及其理论基础是一个真正的威胁。因此恩格斯认为在德国社会民主党的运动中捍卫和宣传马克思主义原则是他的义务。在1876—1878的两年里，他写了一部重要著作，起初发表在德国社会民主党的报纸《前进报》上。1878年以《欧根·杜林先生在科学中实行的变革》为标题出版了单行本。恩格斯在这部著作中对杜林的观点进行了毁灭性的批判。恩格斯在批判杜林的同时，阐述了他自己对当时一些具有学术意义和实践意义的问题的观点。恩格斯对杜林的批判，用他自己的话来说，转变为对"辩证方法和共产主义世界观"的正面阐述。①

《反杜林论》不仅揭示和捍卫了马克思主义的基本原理，而且还阐明了许多新的基本的革命理论问题。它有史以来第一次全面地说明马克思主义是一门完整的、不可分割的科学。恩格斯的著作满足了工人运动对一门真实的社会科学，即马克思主义的客观需要。

后来，恩格斯在《论住宅问题》第2版的序言中解释了他本人不得不主动同杜林进行思想斗争的原因："由于马克思和我之间有分工，我的任务就是要在定期报刊上，因而特别是要在同敌对见解的斗争中，发表我们的见解，以便让马克思有时间去写作他那部伟大的基本著作。因此，在大多数情况下，我都必须采用论战的形式即在反对其他种种观点的过程中，来叙述我们的观点。"②

---

① 参看《马克思恩格斯全集》第1版第20卷第11页。
② 《马克思恩格斯全集》第1版第21卷第375页。

马克思也直接参加了《反杜林论》的写作，恩格斯在计划写这部著作的时候就同马克思进行了磋商；马克思还帮助恩格斯搜集必要的资料，写了对杜林的经济学说史观点的批判大纲（这个大纲构成《反杜林论》第二编第十章的基础），最后，他阅读并认可了全部手稿。因此，《反杜林论》是马克思和恩格斯创造性地合作的结果，它反映了他们的共同观点，概括地阐述了马克思主义的主要原理。

恩格斯的这本书是在马克思主义在19世纪70年代中期这一发展阶段所创造的理论基础上产生的。恩格斯出色地运用了他和马克思共同制定的唯物主义辩证法。他利用了他在哲学、政治经济学、历史方面的大量知识，利用了他在自然科学和战争艺术方面的研究成果。《反杜林论》还利用了马克思和恩格斯在多年的思想斗争中所获得的经验。这部著作的论战技巧是非常出色的，自他们的早期著作问世以后马克思和恩格斯就在经常完善这种技巧。恩格斯在《反杜林论》中不仅利用和传播了《资本论》和《政治经济学批判》中的材料，而且还利用和传播了包含在马克思的经济学手稿、首先是1857—1858年和1861—1863年手稿①中的思想，以及当时还没有发表的马克思的《哥达纲领批判》中的一些原理。马克思和恩格斯在私人信件和他们所写的通讯中对所有这些思想进行过多次讨论。

在《反杜林论》的引论中，恩格斯简明扼要地阐述了科学社会主义理论前提的发展。他在充分肯定圣西门、傅立叶和欧文的功绩的同时，强调指出，他们的"社会主义是绝对真理、理性和正义的表现，只要把它发现出来，它就能用自己的力量征服世界"②。和空想社会主

---

① 参看《马克思恩格斯全集》第1版第46卷、第47卷。
② 参看《马克思恩格斯全集》第1版第20卷第22页。

者不同，马克思主义把社会主义置于现实的基础之上，证明社会主义同社会的经济发展以及阶级斗争有密切联系。恩格斯写道："这样一来，唯心主义从它的最后的避难所中，从历史观中被驱逐出来了……用人们的'存在'说明他们的'意识'而不是像以往那样用人们的'意识'说明他们的'存在'这样一条道路已经找到了。"① 恩格斯在这部著作中第一次得出结论说，马克思的两个伟大发现，即唯物主义历史观和剩余价值理论为科学社会主义奠定了理论基础。②

在《反杜林论》第一篇中，马克思主义的哲学学说得到了系统的阐述，解决哲学基本问题的严格的唯物主义方法贯穿于恩格斯的整个阐述中。和杜林相反，恩格斯表达并论证了唯物主义的最重要的论点，即"世界的真正的统一性是在于它的物质性"③。恩格斯在阐述关于物质和运动是不可分割的这一辩证学说时指出，自然现象的无限多样性只是物质运动和发展的各种形式。思维是物质世界的反映。恩格斯写道："对我来说，事情不在于把辩证法的规律从外部注入自然界，而在于从自然界中找出这些规律并从自然界里加以阐发。"④ 恩格斯在这里对物质和运动的相互关系下了一个经典的定义："**运动是物质的存在方式。**"⑤ 在这部著作中，对作为一切存在的基本形式的空间和时间的唯物主义解释也得到了发展。⑥

恩格斯详细地阐述了辩证法并说明了它同形而上学的思维方式的根

---

① 参看《马克思恩格斯全集》第 1 版第 20 卷第 29 页。
② 参看《马克思恩格斯全集》第 1 版第 20 卷第 30 页。
③ 《马克思恩格斯全集》第 1 版第 20 卷第 48 页。
④ 《马克思恩格斯全集》第 1 版第 20 卷第 15 页。
⑤ 参看《马克思恩格斯全集》第 1 版第 20 卷第 65 页。
⑥ 参看《马克思恩格斯全集》第 1 版第 20 卷第 56—57 页。

本区别。"在形而上学者看来，事物及其在思想上的反映，即概念，是孤立的、应当逐个地和分别地加以考察的、固定的、僵硬的、一成不变的研究对象。"① 而辩证法则是在事物的相互联系、运动、产生和消失中观察事物及其在思想上的反映。

恩格斯详细地考察了对立面的统一和斗争规律、量变转化为质变的规律和否定之否定的规律。在提到马克思的《资本论》时，恩格斯特别引证了经济关系领域中的一些量变引起事物的质变，同样，事物的质变也引起它们的量变的例子。② 在强调否定之否定规律的基本意义时，恩格斯指出，和把否定看做是简单的消灭这种通常的理解不同，辩证的否定是新质产生的重要因素，是发展过程中的普遍形式。恩格斯指出，否定之否定规律"是一个极其普遍的，因而极其广泛地起作用的，重要的自然、历史和思维的发展规律"③。

恩格斯在给辩证法下了一个定义，认为它是"关于自然、人类社会和思维的运动和发展的普遍规律的科学"④ 之后，还揭示了辩证法的范畴的内容，这些范畴是：必然性和偶然性，本质和现象，因果关系和相互作用。他阐明了形式逻辑和辩证逻辑之间的相互关系，并制订出了辩证逻辑的基本规律；他揭示了马克思主义的认识论的主要问题，包括绝对真理和相对真理之间的相互关系问题。恩格斯在批判杜林的主观唯意志论观点时，指出了自由和必然之间的实际的相互联系；恩格斯在阐明这两个范畴之间的辩证关系时指出，自由是建立在对必然的理解以及对

---

① 《马克思恩格斯全集》第1版第20卷第24页。
② 参看《马克思恩格斯全集》第1版第20卷第139页。
③ 《马克思恩格斯全集》第1版第20卷第154页。
④ 参看《马克思恩格斯全集》第1版第20卷第154页。

自然和社会的客观规律的认识和运用的基础上的。恩格斯写道："意志自由只是借助于对事物的认识来作出决定的那种能力。"①

恩格斯为证明辩证唯物主义方法的必要性在《反杜林论》中写道，这个方法的运用以及实践对理论的证实使它能够解决自然科学和社会科学中最复杂的问题。

《反杜林论》的经济学部分吸收了马克思的政治经济学的成果。恩格斯详细地说明了对政治经济学的对象的科学理解，指出了广义的政治经济学和狭义的政治经济学之间的区别，指出了这门科学的规律和范畴的历史性。② 他还阐述了马克思在1857—1858年经济学手稿中发挥的关于生产、交换和分配的辩证关系的思想，强调指出了生产所占有的首要地位。恩格斯特别突出了马克思主义关于价值、资本和剩余价值的观点。

《反杜林论》是马克思主义政治经济学的发展，首先是科学共产主义理论在经济学上的具体化的一个前进阶段。恩格斯指出，马克思对资本主义剥削的性质的阐述以及他所创立的剩余价值理论是科学社会主义的中心。

恩格斯在《反杜林论》中指出了后来在垄断资本主义时代有了广泛发展的资本主义社会经济中的一些新现象：股份公司的增长，国民经济的许多部门转入资产阶级国家手中。而且，恩格斯着重指出，这些倾向并没有改变资本主义生产方式的剥削本质，它们也没有削弱资本主义社会的矛盾，相反，却使这些矛盾加剧了："但是，无论转化为股份公司，还是转化为国家财产，都没有消除生产力的资本属性。在股份公司

---

① 《马克思恩格斯全集》第1版第20卷第125页。
② 参看《马克思恩格斯全集》第1版第20卷第160—165页。

那里，这一点是十分明显的。而现代国家却只是资产阶级社会为了维护资本主义生产方式的共同的外部条件使之不受工人和个别资本家的侵犯而建立的组织。现代国家，不管它的形式如何，本质上都是资本主义的机器，资本家的国家，理想的总资本家。它愈是把更多的生产力据为己有，就愈是成为真正的总资本家，愈是剥削更多的公民。工人仍然是雇佣劳动者，无产者。资本关系并没有被消灭，反而被推到了顶点。但是在顶点上是要发生变革的。生产力的国家所有不是冲突的解决，但是它包含着解决冲突的形式上的手段，解决冲突的线索。"①

恩格斯依靠对资本主义发展中各种流派的研究，在《反杜林论》中提出了一个有科学根据的关于未来共产主义社会的经济基础的概念，阐述了这个社会的许多规律，特别提醒人们注意它的发展的计划性质，并揭示了生产和分配的相互作用的本质和机制。恩格斯写道：分配"将由生产的利益来调节，而最能促进生产的是能使一切社会成员尽可能地全面发展、保持和运用自己能力的那种分配方式"②。他谈到了合理配置生产力的必要性，并且预言了共产主义制度下的劳动所固有的某些特点。

恩格斯在这部著作的第三编中，详细阐述了科学共产主义的历史和理论，指出了马克思主义思想比起前人来所达到的质的新阶段。③

在《反杜林论》中，恩格斯发展了马克思主义关于科学共产主义是无产阶级运动的理论表现这一基本原理，他利用马克思对资本主义社会中各种对抗性矛盾的研究成果，揭示了在《资本论》第1卷中最终

---

① 参看《马克思恩格斯全集》第1版第20卷第303页。
② 参看《马克思恩格斯全集》第1版第20卷第218页。
③ 参看《马克思恩格斯全集》第1版第20卷第281—289页。

提出的关于资本主义必然崩溃和社会主义革命必然胜利的原理。恩格斯根据唯物主义历史观指出了资本主义的基本矛盾,即生产的社会性同私人占有形式之间的矛盾,这个矛盾表现为每一单个企业的生产的有组织性和整个社会生产的无政府状态之间的对立,表现为无产阶级和资产阶级之间的对抗。这个矛盾只有通过无产阶级革命才能得到解决。无产阶级掌握政权并把生产资料转变为公有财产。

恩格斯考察了未来的共产主义社会的主要特点。他和批判空想社会主义的代表不同,后者"从头脑中构思出新社会的轮廓,因为这些轮廓在旧社会本身中还没有普遍地明显地表现出来"①,恩格斯则指出了在资本主义生产方式的结构内,导致向新的社会制度转变的条件是如何成熟起来的。

恩格斯在探讨由资本主义向共产主义的过渡时强调指出,随着生产资料转入社会主义社会手中,随着新的、没有人剥削人的生产关系的确立,生产的无政府状态将为整个社会范围内生产的有计划的组织所代替。生产力将迅速发展,而一旦进入更高阶段的共产主义社会,这就会导致分工给个人发展所带来的消极后果的完全消失,劳动将由沉重的负担变成生活的第一需要。② 脑力劳动和体力劳动之间、城市和乡村之间的对立将消失。③ 阶级差别将被消除,国家将消亡;对人的支配将由对物的管理和对生产过程的领导所代替。④ 教育将与劳动相结合。⑤ 宗教

---

① 《马克思恩格斯全集》第 1 版第 20 卷第 290 页。
② 参看《马克思恩格斯全集》第 1 版第 20 卷第 306—308、318—319 页。
③ 参看《马克思恩格斯全集》第 1 版第 20 卷第 321—322 页。
④ 参看《马克思恩格斯全集》第 1 版第 20 卷第 304—306 页。
⑤ 参看《马克思恩格斯全集》第 1 版第 20 卷第 347 页。

将消失。① 人们将成为自然和社会的真正的和自觉的主人。"一直统治着历史的客观的异己的力量，现在处于人们自己的控制之下了。只是从这时起，人们才完全自觉地自己创造自己的历史；只是从这时起，由人们使之起作用的社会原因才在主要的方面和日益增长的程度上达到他们所预期的结果。这是人类从必然王国进入自由王国的飞跃。"②

恩格斯的著作从理论上彻底驳倒了杜林的观点，消除了它们对德国社会民主党人的影响。恩格斯无可辩驳地论证说，声称创造了一个优越于一切社会主义理论包括马克思主义在内的自己的体系的杜林，不过是这种"很流行，并把一切淹没在它的高超的胡说的喧嚷声中"的"放肆的假科学"的一个典型的代表。③《反杜林论》促使国际工人运动的许多代表接受了马克思主义。由于这部著作，德国和国际工人运动的许多优秀成员自己承认，他们接受马克思主义是一个完整的包含着哲学、政治经济学和社会主义的世界观，是无产阶级的阶级斗争的战略和策略。国际工人运动获得了一部真正的马克思主义和知识的百科全书，它培养了各个国家的许多代社会主义者。正如列宁所说，《反杜林论》成了"每个觉悟工人必读的书籍"④。

还在开始写作《反杜林论》的前几年，恩格斯就已着手写作一部名为《自然辩证法》的重要著作。从1873年到1876年，他收集了大量材料，并为这部计划中的著作写了一篇导言。事实上，恩格斯在写作《反杜林论》时（1876—1878年）继续在认真思考这些问题，尤其是他

---

① 参看《马克思恩格斯全集》第1版第20卷第343页。
② 参看《马克思恩格斯全集》第1版第20卷第308页。
③ 参看《马克思恩格斯全集》第1版第20卷第8—9页。
④ 参看《列宁全集》第2版第23卷第42页。

在《反杜林论》中还利用了《自然辩证法》的草稿。但是《自然辩证法》中的主要章节和文章，还有一些片断都是在《反杜林论》出版以后，即在1878年至1882年间写的。但是《自然辩证法》的写作仍然没有完成，因为在马克思逝世后，恩格斯便担负起了领导国际工人运动并准备出版还是手稿形式的《资本论》第2卷和第3卷的重任。《自然辩证法》在德国社会民主党的档案馆中搁置了将近半个世纪之久，直到1925年才在苏联第一次发表。尽管这部著作没有完成，并且其中的某些组成部分是初稿和不连贯的札记，但事实上它是一个由总的基本思想和全面计划联系起来的完整的整体。

马克思和恩格斯在制定完整的世界观的过程中，不仅批判地改造了他们的前辈在哲学、政治经济学以及社会主义和共产主义学说方面所取得的成果，而且他们还不可避免地要用哲学术语来概括当时的自然科学的主要成就，揭示自然发展的辩证性质，从而指出唯物辩证法的基本规律的普遍性。恩格斯在《反杜林论》第2版序言中写道："马克思和我，可以说是从德国唯心主义哲学中拯救了自觉的辩证法并且把它转为唯物主义的自然观和历史观的唯一的人。可是要确立辩证的同时又是唯物主义的自然观，需要具备数学和自然科学的知识。"①

马克思和恩格斯对自然科学和技术发展所表现出来的浓厚兴趣既不是偶然的，也不是暂时的，这种兴趣很早就有了。他们对自然科学的兴趣非常广泛；他们密切关注着生物学、解剖学、生理学、天文学、物理学、化学和其他科学领域中的一切杰出发现。而且他们各自都有自己的特殊兴趣。马克思非常热衷于数学和实用自然科学以及技术史和农业化学，这在很大程度上是由他对政治经济学的研究所决定的。恩格斯对物

---

① 参看《马克思恩格斯全集》第1版第20卷第13页。

理学和生物学的成就更为熟悉，他非常注意自然科学理论问题。

自从马克思完全致力于他的主要著作《资本论》以后，恩格斯就承担了解决自然科学的整个发展过程所提出的最新理论任务的重任。这种实际可能性是在恩格斯离开了曼彻斯特的公司并移居伦敦后出现的。但是由于必须在普法战争和巴黎公社造成的新的历史条件下为工人阶级制定战略，由于恩格斯忙于国际的活动，所以只有从1873年起他才能致力于理论工作。

恩格斯在写作《自然辩证法》（作为《反杜林论》的第一编）时给自己规定了任务，关于这一点在《反杜林论》第2版序言中是这样叙述的："在我对数学和自然科学作概括叙述时，我在细节上也确信那种对我来说在总的方面已没有任何怀疑的东西，这就是：在自然界里，同样的辩证法的运动规律在无数错综复杂的变化中发生作用，正像在历史上这些规律支配着似乎是偶然的事变一样。"[①]

在《自然辩证法》中，恩格斯根据有关自然科学史的大量材料证明：生产力发展的需要已促进了技术和科学，尤其是自然科学，特别是那些以这种或那种方式与实践即生产本身的需要相联系的自然科学的进步。

在上一世纪自然科学的发展中有三个伟大的里程碑：1838—1839年由 M. J. 施莱登和 T. 施旺发现的有机体的完整的细胞理论；1842—1847年由 R. 迈尔、J. P. 焦耳、W. R. 格罗夫、L. A. 柯尔丁和 H. 赫尔姆霍茨发现和证实的能量守恒定律；以及达尔文的有机生命的进化理论的出现。马克思在1860年12月19日给恩格斯的一封信中强调说，达尔文的《根据自然选择的物种起源》是一部"为我们的观点提供了自然

---

① 《马克思恩格斯全集》第1版第20卷第13页。

史的基础"① 的书。

这些自然科学的发现的哲学意义在于，它们以高度集中的形式证明了自然过程的辩证性质。但是，正像恩格斯在《自然辩证法》中所指出的那样，19世纪下半叶在新的自然科学材料的辩证性质和绝大多数自然科学家中盛行的形而上学方法之间明显地出现了矛盾。"大批自然科学家还是束缚在旧的形而上学的范畴之内，而且在必须合理地解释这些最新的事实……并把它们彼此联系起来的时候，便束手无策。"②

这种倾向在庸俗主义和实证主义的代表中表现得最为明显。尽管庸俗唯物主义和实证主义之间有很大的区别，但它们在解决哲学和自然科学之间的相互关系这个问题上却在很大程度上是一致的。庸俗唯物主义在德国的代表——K.福格特、L.毕希纳和J.摩莱肖特——发现他们自己在否认哲学和辩证法，认为它们是思辨的"胡言乱语"，对实证科学毫无用处这个总的倾向方面同实证主义的创始人A.孔德更接近。

恩格斯的贡献是，在马克思主义的历史上，在《自然辩证法》中，第一次全面地考察了哲学和自然科学的相互关系问题，确定了它们之间的不可分割的联系和相互作用。他指出："在自然科学中，由于它本身的发展，形而上学的观点已经成为不可能的了"，"摆脱了神秘主义的辩证法，变成了自然科学绝对必需的东西"。③ 他向自然科学家们提出了自觉地掌握辩证唯物主义的方法的任务。

恩格斯揭示了唯物辩证法的内容，认为它是关于普遍联系、关于一切运动的最一般的规律、关于自然、社会和人类思维发展的规律的科

---

① 参看《马克思恩格斯全集》第1版第30卷第131页。
② 参看《马克思恩格斯全集》第1版第20卷第546页。
③ 参看《马克思恩格斯全集》第1版第20卷第357、546页。

学。正像在《反杜林论》中所做的那样，他把现实世界的客观辩证法和对现实世界的反映——思维的主观辩证法区别开来。他指出："辩证的规律是自然界的实在的发展规律，因而对于理论自然科学也是有效的"。①

恩格斯在《自然辩证法》中详细地阐述了辩证法的一些问题和范畴，如因果关系和相互作用、必然性和偶然性、判断形式的分类、归纳和演绎的相互关系、作为自然科学的发展形式的假说的作用等等。②

恩格斯发展了辩证唯物主义关于物质和运动、空间和时间的基本原理。他在《自然辩证法》中制定了物质运动形式的分类和相应的科学分类。恩格斯指出："**科学分类**。每一门科学都是分析某一个别的运动形式或一系列互相关联和互相转化的运动形式的，因此，科学分类就是这些运动形式本身依据其内部所固有的次序的分类和排列，而它的重要性也正是在这里。"③

恩格斯在概括地论述不同科学——数学、力学、物理学、化学和生物学的发展时，在数学中提出了数学抽象的表面上的先验性问题④，在天文学中提出了太阳系的起源和发展问题⑤，在物理学中提出了能量转化的学说⑥，在化学中提出了原子结构问题⑦，在生物学中提出了生命

---

① 《马克思恩格斯全集》第1版第20卷第402页。

② 参看《马克思恩格斯全集》第1版第20卷第401—407、566—570、583—584页等。

③ 《马克思恩格斯全集》第1版第20卷第593页。

④ 参看《马克思恩格斯全集》第1版第20卷第366、370—371、377页。

⑤ 参看《马克思恩格斯全集》第1版第20卷第572—573、611—616页。

⑥ 参看《马克思恩格斯全集》第1版第20卷第567页。

⑦ 参看《马克思恩格斯全集》第1版第20卷第403—405、595—596页。

的起源和本质问题①、细胞理论②和达尔文主义③，恩格斯对各门科学的基本问题的分析方法是运用辩证唯物主义原则来研究哲学和自然科学的相互关系的典范。对具体科学的分析丰富了马克思主义哲学，反过来，马克思主义哲学又为某一门知识奠定了方法论基础。

恩格斯在《劳动在从猿到人转变过程中的作用》这篇论文里，阐述了人类起源和社会起源的劳动理论。他指出了劳动和工具的制造在人的形成以及人类社会的诞生过程中的决定作用。他根据自然科学的最新事实特别是达尔文的发现，指出了作为漫长的历史过程的结果，在本质上不同的、有思想和创造力的生物——人是怎样从猿类祖先中发展起来的。

恩格斯分析了人和自然之间的相互作用问题的各个方面。和19世纪的通常轻视研究实践活动和劳动对人类思维发展的影响的大多数自然科学家和哲学家不同，恩格斯写道："人的思维的最本质和最切近的基础，正是**人所引起的自然界的变化**，而不单独是自然界本身；人的智力是按照人如何学会改变自然界而发展的"。④

恩格斯批判了那些假借达尔文的名义企图把"历史的发展和错综性的全部多种多样的内容"归结为"贫乏而片面的公式'生存斗争'"⑤的科学家的观点。他在一个片断中写道："自然界中死的物体的相互作用包含着和谐和冲突；活的物体的相互作用则既包含有意识的和无意识的合作，也包含有意识的和无意识的斗争。因此，在自然界中决不允许

---

① 参看《马克思恩格斯全集》第1版第20卷第373、378—379页。
② 参看《马克思恩格斯全集》第1版第20卷第369、371—373页等。
③ 参看《马克思恩格斯全集》第1版第20卷第509—512、538页等。
④ 《马克思恩格斯全集》第1版第20卷第573—574页。
⑤ 参看《马克思恩格斯全集》第1版第20卷第652页。

单单标榜片面的'斗争'"。① 恩格斯甚至以更坚决的口气反对以同样的精神对待社会历史的庸俗化的企图。他指出了根据唯物史观的基本原理来分析人类社会的发展过程的辩证唯物主义方法是多么重要："把历史看做一系列的阶级斗争；比起把历史单单归结为生存斗争的差异极少的阶段，就更有内容和更深刻得多了。"②

恩格斯非常注意考察理论思维在认识世界中的作用。他指出，每个时代的理论思维都具有不同的形式和不同的内容，"关于思维的科学……是一种历史的科学，关于人的思维的历史发展的科学"③。恩格斯还谈到了辩证法在哲学史上的命运：关于辩证思想在古希腊思想家当中的诞生，以及关于黑格尔的辩证哲学的发展。他指出了作为马克思主义哲学的理论来源之一的黑格尔的辩证法的历史意义。然而，恩格斯在称黑格尔的体系是"一个广博的辩证法纲要"时也指出，它是"从完全错误的出发点"发展起来的。④ 他在《自然辩证法》中指出，只有用唯物主义的术语改造过的辩证法才能成为马克思主义哲学的组成部分。

恩格斯一贯强调唯物辩证法是给认识自然和社会的发展规律提供线索的唯一方法。他指出，"蔑视辩证法是不能不受惩罚的"⑤，辩证法是最高的适合于自然科学的当时发展阶段的唯一的思维方法⑥。恩格斯对D. I. 门得列耶夫创造了化学元素周期表大为赞扬，他指出，"门得列夫不自觉地应用黑格尔的量转化为质的规律，完成了科学上的一个勋

---

① 参看《马克思恩格斯全集》第1版第20卷第652页。
② 《马克思恩格斯全集》第1版第20卷第653页。
③ 参看《马克思恩格斯全集》第1版第20卷第382页。
④ 参看《马克思恩格斯全集》第1版第20卷第386页。
⑤ 《马克思恩格斯全集》第1版第20卷第399页。
⑥ 参看《马克思恩格斯全集》第1版第20卷第555页。

业，这个勋业可以和勒维烈计算尚未知道的行星海王星的轨道的勋业居于同等地位"。① 恩格斯指出，进步的哲学不仅是自己时代的自然科学的理论基础和方法论基础，而且在一定程度上预见到科学的具体领域的发展并预言未来的发现。恩格斯自己在《自然辩证法》中也预见到了后来自然科学中的某些发现。

恩格斯在《自然辩证法》中分析了科学进步的规律及其前景。他断言，科学进步增加了人们考虑人的实践活动对于自然环境和社会环境的一切更加长远的后果的可能性。现有的一切生产方式都只着眼于劳动的最近的、最直接的效果，而不能充分调节它的后果。恩格斯写道："但是要实行这种调节，单是依靠认识是不够的。这还需要对我们现有的生产方式，以及和这种生产方式连在一起的我们今天的整个社会制度实行完全的变革。"②

恩格斯在《自然辩证法》中对自然科学中的各种反科学的倾向——庸俗唯物主义、形而上学、唯心主义和不可知论，以及片面的经验论和机械论，降神术和其他宗教思想的影响——进行了不可调和的斗争。恩格斯在《神灵世界中的自然科学》这篇论文中指出，轻视辩证思维对科学来说会带来最有害的后果："经验主义轻视辩证法便受到这样的惩罚：连某些最清醒的经验主义者也陷入最荒唐的迷信中，陷入现代降神术中去了。"③ 恩格斯坚决反对任何同当时的自然科学的最新成就不相符的和不再进一步进行研究的思想。譬如，他在《自然辩证法》中抨击了 R. 克劳胥斯、W. 汤姆生和 J. 劳施米特关于所谓的"宇宙热

---

① 参看《马克思恩格斯全集》第 1 版第 20 卷第 407 页。
② 《马克思恩格斯全集》第 1 版第 20 卷第 521 页。
③ 《马克思恩格斯全集》第 1 版第 20 卷第 399 页。

寂"的假说。

不用说,由于在过去的这些年代里自然科学有了蓬勃的和革命的发展,恩格斯所依据的那些事实材料以及他所提出的某些原理不可避免地过时了。但是《自然辩证法》中的一般方法论和一般观点仍然并将继续保持它们持久不变的意义。恩格斯的这部著作尽管没有完成,但是它的理论内容是十分丰富和深刻的。《自然辩证法》代表辩证唯物主义发展中的一个重要阶段。恩格斯在这本书中坚实地发展了唯物辩证法,指出了解决当时的自然科学的主要问题的道路。

(原载《马克思恩格斯全集》英文版第25卷)

(阎月梅 译 李俊聪 校)

恩格斯晚年的理论活动和政治活动

——《马克思恩格斯全集》英文版第27卷说明*

《马克思恩格斯全集》第27卷的内容包括恩格斯从1890年初到1895年逝世这一时期的著作。本版到本卷为止,马克思和恩格斯的著作除经济学方面的之外都已出齐,经济学著作收入第28—37卷。

本卷中的著作反映了恩格斯在他人生的最后几年所做的广泛工作。这些工作包括:整理《资本论》第3卷手稿以备出版,帮助社会主义政党制定纲领和策略,同各国工人运动的代表保持日常的联系,设法加强国际无产阶级革命力量的团结。面对欧洲战争危险日益加剧的情况,恩格斯还特别重视对外政策问题。

读者在本卷中将会读到许多虽简短但具有重要理论意义的著作。这些著作形式迥异,有为报刊写的文章、为马克思和他本人的著作的新版本所写的序言和导言、给社会主义政党和工人组织的贺信以及各种笔记等等。

本卷的内容与收有恩格斯1890—1895年书信的各卷(第48、49、50卷)有密切联系。许多在本卷中只是顺便提到的问题,在他的书信中都有更详细的阐述。恩格斯在他这个时期的著作和书信中,可以说是

---

* 本文选自《马克思恩格斯研究》1994年总第17期。

在总结他对几十年来无产阶级解放斗争的历史经验，同时还探讨经济和政治方面的新倾向，试图评价这些方面的变化对国际革命前途的影响。

贯穿整卷的思想是，已经可以证明资本主义生产方式表现得比以前稳定，它有能力进一步发展并扩大其影响范围。针对这一点，恩格斯强调指出，社会主义政党必须利用资产阶级民主制度把广大工人阶级和劳动人民的其他阶层争取过来，同时继续为建立新的社会秩序这一最终目标而斗争。

恩格斯既从最紧迫任务的角度又从工人阶级斗争远景的角度出发，考察了这一历史时期所特有的一切主要问题。他把注意力集中于欧洲许多国家的政治生活的变化、工人阶级运动的令人瞩目的成就（建立和巩固社会主义政党，创立新的无产阶级国际联盟——第二国际），以及这些运动成为一支重要政治力量的发展进程。他在承认马克思主义是社会主义政党的理论基础的同时，也察觉到机会主义和无政府主义在一定程度上的复活以及把马克思的学说庸俗化或加以歪曲的倾向。恩格斯指出了资本主义发展的日益不平衡和主要资本主义国家之间矛盾的加剧，以及由此而产生的欧洲战争的危险。

恩格斯的研究工作总是具体的。他的理论著作同他参加工人阶级斗争的实践活动是分不开的。在他一生的最后时期也是如此。本卷中发表的著作，几乎全都要么是针对工人阶级社会主义运动中的具体事件，要么是为了阐述和讲解马克思主义理论中的极重要的问题的需要而写的。

有关马克思经济学说方面的问题在这些工作中占有重要位置。恩格斯认为，自己的首要任务是完成马克思《资本论》的整理工作和致力于这部著作的传播。1894年底出版了《资本论》第3卷。恩格斯整理手稿的工作历时约10年之久。他在发表于本卷的《马克思的〈资本论〉。第3卷》和《关于〈资本论〉第3卷的内容》两文中，简要地概括了第3卷的内容并介绍了该卷同前两卷的联系。在第3卷的序言（见本版第37卷）中，恩格斯描述了在工作中遇到的困难，指出推迟出版这一卷的原因是国际工人运动方面的工作任务紧迫。《资本论》第1卷德文第4版于1890年出版，第2卷的第2版于1893年出版，这两个版本都经过他整理加工。在第1卷德文第4版的序言（见本版第35卷）中，恩格斯再一次指出，某些资产阶级经济学家企图指责马克思捏造引文从而破坏马克思的学者声誉是枉费心机（又见本卷《布伦坦诺CONTRA马克思》一文，引文也是专为这一问题而写的）。

由恩格斯准备的马克思通俗著作《雇佣劳动与资本》的新版（1891年）也是为了宣传马克思的经济学说。恩格斯对这一著作（写于1849年）的原文按照马克思的经济学说后来的发展做了一些修改和补充。这一版的导言通俗地阐述了马克思主义政治经济学的原理，尤其是资本主义剥削的机制。

恩格斯直到他最后的日子里还密切注视着资本主义经济中发生的各种过程的进展。他把注意力集中于资本主义生产的组织形式的变化。早在19世纪70年代，这种变化还处于萌芽状态时就已经为马克思和恩格斯本人所察觉，而在19世纪的最后10年里这种变化表现得更加明确具体了。恩格斯在他所写的《1891年社会民主党纲领草案批判》以及其他几篇文章中指出，像股份公司、卡特尔和托拉斯这种生产形式迅速地起着越来越重要的作用，它们"支配着和垄断着工业部门"[①]，是"有组织的垄断势力"[②]。恩格斯认为，这个现象，还有股票交易所的经营活动和资本的输出所起的日渐增大的作用，以及各国发展的日益不平

---

① 《马克思恩格斯全集》第1版第22卷第270页。
② 《马克思恩格斯全集》第1版第22卷第389页。

衡，都是决定着资本主义生产方式未来发展的主要趋势。这些趋势到后来，即到了世纪之交的时候，导致了资本主义进入一个质的新阶段，即帝国主义。前述的这些思想，恩格斯有更详尽的阐释见于以下各处：《〈资本论〉第3卷增补》中的《交易所》（见本版第37卷）、该卷正文的一些脚注、1891年发表的《社会主义从空想到科学的发展》德文第4版的补充①和该书对《反杜林论》正文的补充②。

自由竞争的资本主义向垄断资本主义发展的这种倾向和资产阶级国家在管理经济方面日渐增大的作用，在恩格斯看来一方面证明资本主义的相对稳定——它能够创造出同日益发展的生产力更相适应的新的生产组织形式——另一方面又是促进主要资本主义国家之间矛盾加剧的一个因素。

恩格斯理论著作的一个重要部分是，针对过去20年当中欧洲国家经济和政治生活方面所发生的变化，尤其是工人运动本身所发生的变化，为社会主义政党制定相应的策略。本卷中的著作有相当大一部分是分析工人阶级斗争的形势与前景，确定适合每个国家具体民族特点的、完成当前任务与达到最终目标的方式方法。这些著作中有许多是恩格斯为马克思著作和他本人著作的新版写的序言和导言。在出版新版本时恩格斯挑选的都是这样一些著作，这些著作阐述的是过去几十年斗争中的关键问题，因此对前10年至15年中形成的社会主义政党尤为适用；这些著作帮助他们掌握分析时事的马克思主义方法并找到最有效的实际斗争手段。出版诸如马克思的《法兰西内战》和《1848年至1850年的法兰西阶级斗争》、他们合著的《共产党宣言》、恩格斯的《英国工人阶

---

① 参看《马克思恩格斯全集》第1版第19卷第238—239、244页。
② 参看《马克思恩格斯全集》第1版第20卷第707—708、710页。

级状况》以及其他著作的新版本，使得恩格斯有机会在导言和序言中不仅表述他本人关于解放斗争的形式和前景的观点，而且还向读者介绍研究当代政治问题和策略问题的马克思主义方法。

还有一批著作是针对工人运动中或者个别国家的政治生活中的具体事件而写的文章。这些著作已被证明对于整个国际社会主义运动具有重大意义。

人们感到德国的政治气候变化最大。这与德国社会民主党这支当时国际社会主义工人运动中最强大的小分队取得的成就有直接的关系。本卷开头的两篇文章《德国1890年的选举》和《今后怎样呢？》论述了德国社会主义者在1890年2月20日帝国国会选举中的重大胜利。恩格斯在文中高度评价了这个事件，认为它意味着反动的资产阶级容克政府集团镇压德国工人阶级革命先锋队的企图失败。这就决定了反社会党人非常法的命运。此项法律于同年秋天被废除。炮制此法和在组织迫害社会主义者方面起主要作用的俾斯麦，甚至在这之前，在选举以后不久就引退了。俾斯麦政权的垮台不仅仅是对德国工人阶级意义重大。它还表明，那种用赤裸裸的办法镇压社会主义工人运动的政策已经过时。很清楚，现在资产阶级在制定它的政策时将越来越着眼于使它的政治霸权同工人阶级运动的合法化相结合。这种倾向在西欧其他国家也已经表现出来。社会主义政党面临的任务是，必须对政治生活中的质的变化做出解释，制定适合于新形势的策略。恩格斯号召他们这样做，他强调指出，在目前的情况下，合法的斗争手段会比在毫无成功之可能的情况下蛮干的做法有效得多。恩格斯在《给〈社会民主党人报〉读者的告别信》中写道："应当设法暂时用合法的斗争手段对付下去。不仅我们这样做，凡是工人拥有某种法定的活动自由的所有国家里的所有工人政党也都在这样做，原因很简单，那就是用这种办法能获得最大的成果。"①

《德国的社会主义》一文分析了德国在过去20年里议会选举的结果。恩格斯在该文中再次强调指出，合法性"在如此出色地为我们效劳。如果在这样的情况下，我们来破坏合法性，那我们就是傻瓜"②。他在自己的最后一篇著作《卡尔·马克思〈1848年至1850年的法兰西阶级斗争〉一书导言》（1895年）中极其详尽地阐明了这些结论。他再次提醒读者，社会主义者现在必须在全新的形势，即相对和平的发展时期进行斗争，这个时候，在大多数资本主义国家，他们都能够成功地用合法手段在群众中为群众的利益工作。恩格斯认为德国社会民主党人所取得的最重要的国际性的成就是，他们在反社会党人非常法施行的情况下也竟然能成为一个真正的群众性政党，并由此证明他们选择合法手段与不合法手段相结合而不使用暴力的策略是正确的。"德国所作出的利用选举权夺取我们所能夺得的一切阵地的榜样，到处都有人模仿。"③

历史经验，尤其是巴黎公社的历史经验证明，没有广大群众自觉参加，无论什么形式的社会主义革命，都不可能取得胜利。因此，恩格斯坚持认为，必须利用一切可能的手段来赢得群众："凡是问题在于要把社会制度完全改造的地方，群众自己就应该参加进去，自己就应该明白为什么进行斗争，他们为什么流血牺牲"。④恩格斯在这里指的不仅是工人，而且还包括劳动人民中的其他阶层，尤其是农民。他继续写道："甚至在法国，社会主义者也日益认识到，他们只有预先把广大人民群

---

① 《马克思恩格斯全集》第1版第22卷第91页。
② 《马克思恩格斯全集》第1版第22卷第292页。
③ 《马克思恩格斯全集》第1版第22卷第607页。
④ 《马克思恩格斯全集》第1版第22卷第607页。

众——在这里就是指农民——争取过来,才可能取得持久的胜利。"①

然而,在这篇著作以及本卷发表的其他著作中,恩格斯同时还告诫说,不要专门依靠合法的斗争手段,他不断强调,如果统治阶级再次采用强暴方法镇压工人运动,如果历史发展进程导致革命的危机,那么社会主义政党就应当随时准备运用其他策略,包括暴力手段。

与此同时,恩格斯也看到了社会主义政党在新的历史条件下所面临的复杂情况和困难。对德国社会民主党来说尤其如此。向新的斗争形式的转变在他们的队伍中引起一些令恩格斯担忧的现象。在本卷发表的《给〈萨克森工人报〉编辑部的答复》、《答保尔·恩斯特先生》以及其他文章中,恩格斯谴责了19世纪90年代初"青年派"这个反对派团体的活动。他们蛊惑性地利用党的个别领导人的机会主义错误,指责党的所有领导人放弃革命目标。这个反对派团体还企图强迫党接受"那种极其轻率的"和冒险主义的"策略"②,企图使党把议会活动等减少到最低限度。恩格斯指出,这样的策略会不可避免地导致脱离群众,并且有可能诱使政府重新恢复迫害,简言之,他们"可能把一个甚至最强大的、拥有数百万成员的党……毁灭掉"③。恩格斯的讲话以及他给战友的许多书信(见本版第48卷)为党的领导人在同"青年派"团体的斗争中提供了重要的帮助。不久以后,"青年派"即不复存在。

恩格斯在党内许多活跃分子的机会主义情绪中看到了另一种,甚至是更大的危险。这种情绪越来越明显地反映出改良主义倾向。他对改良主义观点所做的揭露对于在1891年为德国社会民主党起草新的纲领具

---

① 《马克思恩格斯全集》第1版第22卷第608页。
② 参看《马克思恩格斯全集》第1版第22卷第99页。
③ 参看《马克思恩格斯全集》第1版第22卷第81页。

有特别重要的意义。正因如此，恩格斯认为应该把迄今只为党的一些领导人所知的马克思的《哥达纲领批判》手稿（见本版第24卷）公开出版。恩格斯在该书序言中写道："我认为，如果我还延迟发表这个有关这次讨论的重要的——也许是最重要的——文件，那我就要犯隐匿罪了。"① 这篇序言的中心就是要使德国社会民主党人认识到革命理论在工人阶级运动日常实践中的重要性，目的是要抵消机会主义者，特别是拉萨尔的追随者的实用主义。序言沉重地打击了当时在德国社会民主党人中间仍很盛行的对斐迪南·拉萨尔的崇拜。此书的出版起初使党的一些领导人感到不高兴，但在党内各个方面的人士当中受到了广泛的欢迎。马克思这部著作的出现，为克服新党纲中的拉萨尔派影响创造了很大的可能。

《1891年社会民主党纲领草案批判》是以评论纲领草案的形式撰写的，当时并未准备发表。这是一个极其重要的文件。这个文件反映出恩格斯在马克思主义纲领原则和策略原则在德国社会民主党内取得的胜利中所起的作用。恩格斯强调指出，这个草案"大大优于以前的纲领"，并且"整个说来是立足在现代科学的基础上"②，另一方面他对这个纲领做了许多评论，这些评论的理论意义远远超过对草案的个别论点的具体批判。他特别指出工人越来越贫困这一武断说法的错误："这样绝对地说是不正确的。工人的组织，他们的不断增强的抵抗，会在可能范围内给贫困的增长造成某些障碍。而肯定增长的，是生活的无保障。"③

恩格斯在这篇著作中精确地、恰当地为机会主义的性质做了界定，

---

① 《马克思恩格斯全集》第1版第22卷第105页。
② 参看《马克思恩格斯全集》第1版第22卷第265页。
③ 《马克思恩格斯全集》第1版第22卷第270页。

矛头直接指向德国社会民主党人右翼代表:"为了眼前暂时的利益而忘记根本大计,只图一时的成就而不顾后果,为了运动的现在而牺牲运动的未来……这是机会主义,始终是机会主义。"①

恩格斯对纲领草案的批判,大部分都是针对关于政治要求那一节的。他强调指出,对社会进行社会主义改造的斗争同争取民主权利的斗争有着深刻的内在联系。他指出,在德国的具体条件下,无产阶级的主要任务是废除"半专制制度的、而且是混乱得不可言状的政治制度"②,并建立一个民主共和国,这是无产阶级取得政权的首要前提。恩格斯不排除这个过程在具有牢固民主传统、"人民代议机关把一切权力集中在自己手里"③的国家和平进行的可能性。

尽管恩格斯的建议并没有全部被充分接受,但他对1891年德国社会民主党在爱尔福特代表大会上通过的纲领的文本还是满意的。总的说来,这个纲领具有马克思主义的性质,并且在许多年的时间里对其他国家的社会主义者起着典范的作用。

恩格斯在《卡尔·马克思〈法兰西内战〉一书导言》中研究了国家问题,并且还探索了未来的社会。他根据巴黎公社以后20年的经验,深刻地分析了公社的历史意义和教训。他特别指出了公社为"保证自己有可能防范它自己所有的代表和官吏"④、为防止"国家和国家机关由社会公仆变为社会主人"⑤而作出的努力,即保证所有官吏都由选举产生,并且随时可以根据选民的决定予以罢免,取消官吏的一切物质特

---

① 参看《马克思恩格斯全集》第1版第22卷第274页。
② 参看《马克思恩格斯全集》第1版第22卷第273页。
③ 参看《马克思恩格斯全集》第1版第22卷第273页。
④ 参看《马克思恩格斯全集》第1版第22卷第227页。
⑤ 参看《马克思恩格斯全集》第1版第22卷第228页。

权。他相信,"这样"就会"可靠地防止人们去追求升官发财了"①。

在谈到社会主义的社会关系建立以后国家的远景时,恩格斯表示确信它将继续存在,"直到在新的自由的社会条件下成长起来的一代能够把这全部国家废物完全抛掉为止"②。他在为《〈人民国家报〉国际问题论文集》(1871—1875)写的序言中重申了这一观点。他补充说,党的最终目的是"消除整个国家因而也消除民主"③。

恩格斯对国家的阶级本质的阐述是直接针对社会民主党的庸人的,这些人怀有"对国家……的崇拜"④。恩格斯的最后著作之一《法德农民问题》也是针对国际社会民主主义运动中的机会主义分子的。

恩格斯在这一著作中进一步阐述了无产阶级政党的土地纲领中的原则及其在农民问题方面的策略。这一著作的写作是由两件事促成的。第一是由于1894年9月法国工人党代表大会通过了一个土地纲领,其中规定,党的任务之一是在资本主义条件下保留农民占有的小块土地,捍卫所有农民,包括那些剥削雇佣劳动者的人的利益,这直接违背了社会主义者的最终目的。第二是由于德国社会民主党的巴伐利亚组织的领导人格奥尔格·福尔马尔在德国社会民主党代表大会上所作的补充报告,他在报告中也提出了类似的目标,并且否认对各种类型农民区别对待的必要性。这些事实证明,社会主义者当中缺乏对这个问题的明确认识,这是促使恩格斯撰写这一著作的原因。

正是恩格斯阐明了在资本主义制度下,农民不应当被看做是一个单

---

① 参看《马克思恩格斯全集》第1版第22卷第228页。
② 参看《马克思恩格斯全集》第1版第22卷第228—229页。
③ 参看《马克思恩格斯全集》第1版第22卷第490页。
④ 参看《马克思恩格斯全集》第1版第22卷第228页。

独的整体，因为他们正处于分化过程中，这种类别的农民利益也各不相同。因此，社会主义政党在对待大、中、小三种农民方面的策略应当是不一样的。恩格斯阐明了无产阶级同小农结成联盟对于农民自身的历史命运和社会的社会主义改造的成功所具有的双重重要意义。他写道，社会主义政党应当向小农阐明资本主义的发展给他们造成的危险，他们的切身利益同工人阶级利益的一致性，以及资本主义制度的废除肯定会给他们带来的好处。恩格斯认为，社会主义革命胜利后，农业发展的主要途径在于农户的合作社经营，在于把小规模的占有"变成合作社的占有和合作社的生产"①。他特别强调指出，把农户组织成为合作社，应该在严格自愿的基础上进行，在这件事情上要切忌操之过急。

关于未来的社会，恩格斯多次强调指出，人们只能够谈论某些主要特征、基本规律，这些可以根据已知的事实和发展趋势来断定，但不可能谈论具体细节，因为生活还没有为我们提供谈论具体细节的材料。"我们是不断发展论者，我们不打算把什么最终规律强加给人类。关于未来社会组织方面的详细情况的预定看法吗？"恩格斯这样问1893年5月拜访他的法国《费加罗报》记者，然后接着说道，"您在我们这里连它们的影子也找不到。当我们把生产资料转交到整个社会的手里时，我们就会心满意足了。"②

本卷的全部内容雄辩地证明，恩格斯就在他一生的最后几年里仍然在国际社会主义工人运动中起着突出的作用。正像恩格斯本人在他为《资本论》第3卷写的序言中所说，"各国的社会主义者和工人在本国

---

① 参看《马克思恩格斯全集》第1版第22卷第582页。
② 《马克思恩格斯全集》第1版第22卷第628—629页。

进行的运动之间的联络工作"① 在马克思去世后完全落到了他的肩上。恩格斯始终如一地把这种工作同他的理论研究结合在一起,即使这影响了后者的进程。"但是谁要是像我这样五十多年来一直在这个运动中从事活动,"他继续写道,"他就会把由此产生的各项工作看做一种义不容辞的、必须立即履行的义务"②。运动本身越壮大,社会主义政党和新的社会主义报刊出现得越多,恩格斯的国际联系就越广泛、越牢固,他作为全世界社会主义者的导师和顾问的威信就越高。他直接为德国、法国、意大利、奥地利、英国和其他国家的社会主义报刊以及俄国流亡者的刊物撰稿。本卷发表的许多文献,诸如给工人阶级运动的各国分支组织的贺信、给报刊的信以及演说等等,都表明他在国际工人阶级运动中影响之广泛,表明他怎样为加强马克思主义作为无产阶级斗争思想基础的地位而进行着不知疲倦的斗争。

恩格斯直到他生命的最后几天,还与几乎所有的欧洲国家和美国的社会主义者照常保持着联系,在解决理论问题和策略问题方面给他们以有价值的帮助。他在国际社会主义运动中的地位还可以从下述事实中看出来。这就是,如本卷附录所载他的那些谈话所显示的那样,资产阶级报刊的记者常来采访他。

本卷的一些著作反映了恩格斯亲身参加当时的英国工人阶级运动的情况,以及他对那些致力于在英国建立群众性的无产阶级政党的人所给予的帮助。恩格斯希望,这样的一个党会"一下子永远结束为使资产阶级统治永存而轮班执政的两个旧政党的跷跷板游戏"③。他希望1893年

---

① 参看《马克思恩格斯全集》第1版第25卷第3—4页。
② 参看《马克思恩格斯全集》第1版第25卷第3—4页。
③ 参看《马克思恩格斯全集》第1版第22卷第383页。

建立的独立工党将起到这样的作用,但这个希望没有实现。

恩格斯尽最大努力不断地对他在法国社会主义运动中的追随者给予帮助。他欢迎奥匈帝国的社会主义运动取得的成就,并且满意地指出斯拉夫国家中社会主义事业取得的明显初步进展(见《致保加利亚〈社会民主党人〉杂志编辑部》、《五一节致捷克同志们》以及其他文章)。他在《〈共产党宣言〉1892年波兰文版序言》中,指出了年轻的波兰无产阶级在争取波兰独立和民族复兴斗争中所起的日益增大的作用。

19世纪90年代前半期,恩格斯对1889年成立的第二国际给予极大的关注。他参与了第二国际最初几次代表大会的准备工作,力求确保马克思的拥护者的影响占支配地位,为维护国际工人阶级运动的团结并把群众性的工人组织,特别是英国工联吸收进这个新的国际联盟而斗争。[①] 他写道:"为了不致蜕化成为宗派,我们应当容许讨论,但是共同的原则应当始终不渝地遵守。"[②] 恩格斯在1893年苏黎世国际社会主义工人代表大会上致词时满意地指出,把各个独立的社会主义政党联合起来而建成的新国际,要比前一个国际强大得多了。[③]

恩格斯认为1890年首次举行的五一节庆祝活动具有重大意义。这次活动是在第二国际巴黎代表大会作出决议之后,以争取8小时工作日为口号而进行的。他称这个事件是"战斗工人阶级第一次国际行动"[④]。恩格斯本人亲自参加了在伦敦举行的五一节集会,并向各国工人发出五一节贺信。他努力要把这种庆祝活动变为一种显示国际无产阶级团结的

---

① 参看《马克思恩格斯全集》第1版第22卷第86—87页。
② 《马克思恩格斯全集》第1版第22卷第480页。
③ 参看《马克思恩格斯全集》第1版第22卷第480页。
④ 参看《马克思恩格斯全集》第1版第22卷第69页。

传统，认为它是对劳动群众进行国际主义教育并把他们争取到社会主义方面来的一个重要手段。

国际社会主义的革命力量的团结对于提高工人阶级的切身利益、对于同军国主义和欧洲战争的威胁进行斗争都具有很大意义。本卷中的一些著作，诸如《俄国沙皇政府的对外政策》、《德国的社会主义》以及《欧洲能否裁军?》，写的都是国际关系问题，分析了主要资本主义国家之间矛盾加剧的原因，并制定了社会主义者在反对战争威胁的斗争中的任务。

关于当时形成的以德国、奥匈帝国和意大利三国同盟为一方，以19世纪90年代初终于组成的法俄同盟为另一方的两个军事政治集团，恩格斯写道："两个阵营都在准备决战，准备一场世界上从未见过的战争，一场将有1000万到1500万武装的士兵互相对峙的战争。"[①] 他特别把重点放在俄罗斯帝国统治集团所起的作用及其外交活动方面，并且认为，尽管从19世纪70年代初国际力量的组合发生了很大变化，但是，专制的沙皇政府仍然是欧洲反动势力的主要堡垒。

俄国革命运动的方式和未来命运因此就与国际工人阶级运动的前途紧密地联系在一起。他的《俄国沙皇政府的对外政策》一文是专门为在日内瓦出版的第一家俄国马克思主义杂志《社会民主党人》而写的，恩格斯想通过这篇文章引导俄国社会主义者和其他国家的社会主义政党重视即将来临的俄国人民革命的国际意义。

鉴于沙皇俄国作为欧洲反动势力的"最后堡垒"在世界政治方面所起的作用，恩格斯密切关注俄国的社会经济发展以及那里即将来临的

---

① 参看《马克思恩格斯全集》第1版第22卷第53页。

革命危机日趋明显的征兆。他最后得出结论说,俄国正以很快的速度"转变为资本主义工业国,很大一部分农民愈来愈快地无产阶级化,旧的共产主义公社也愈来愈快地崩溃"①。恩格斯论证说,专制的沙皇政府一旦崩溃将对欧洲的政治气候起决定性影响,将削弱反动政权的地位,也许还会导致它们的垮台。他在《〈论俄国的社会问题〉跋》(1894年)中写道:"俄国的革命还会给西方的工人运动以新的推动,为它创造新的更好的斗争条件,从而加速现代工业无产阶级的胜利。"②

鉴于爆发一场规模空前的战争的危险日益增长,而这场战争又主要是给交战各国的劳动群众造成巨大损失,恩格斯始终强调维护和平关系到国际工人阶级切身利益。他竭尽全力支持社会主义者反对军国主义和战争威胁的一切行动。鉴于德意志帝国国会即将讨论一项新的军事法草案,恩格斯发表了一组题为《欧洲能否裁军?》的文章,旨在支持社会民主党议员在这个问题上所采取的行动。他提出了一个经过充分论证的逐步裁军和把常备军改变成"以普遍武装人民为基础的民兵"③的方案。恩格斯并不幻想欧洲各强国会接受他的计划,然而他相信,他的建议会为社会民主党人提供新的武器,以揭露统治集团的反人民的军国主义政策,并且会有助于扩大社会民主党人的影响。

本卷中的许多理论著作展示出唯物主义历史观及其在具体的历史研究中的运用。恩格斯的《社会主义从空想到科学的发展》英文版(1892年)导言具有其本身的理论意义。他在这篇导言中第一次使用了"历史唯物主义"这个术语,并且简明而精确地阐述了马克思主义的这

---

① 参看《马克思恩格斯全集》第1版第22卷第509—510页。
② 《马克思恩格斯全集》第1版第22卷第510页。
③ 参看《马克思恩格斯全集》第1版第22卷第435页。

一重要组成部分。他把它界定为一种"关于历史过程的"观点,"这种观点认为一切重要历史事件的终极原因和伟大动力是社会的经济发展、生产方式和交换方式的改变、由此产生的社会之划分为不同的阶级,以及这些阶级彼此之间的斗争"。① 恩格斯在指出不可知论者企图证明世界不可知乃是徒劳无益之举时,创立并论证了人类实践是真理标准的论点。这篇导言生动地描述了资产阶级同封建主义的思想斗争和政治斗争的各个主要阶段,并且指出,随着工人阶级运动的发展,资产阶级抛弃了思想自由,再次转向宗教,把宗教看做是同革命的工人运动进行斗争的一种手段。

《论早期基督教的历史》、《关于原始家庭的历史》这两篇文章是把唯物主义历史观运用于具体历史问题的范例。恩格斯在后一篇文章中根据最新科学资料修改了《家庭、私有制和国家的起源》第4版。

恩格斯对德国社会民主党中的反对派——"青年派"的领袖之一保尔·恩斯特的回答,抨击了对历史唯物主义的庸俗化。他坚定地站出来反对过于简单化地、公式化地运用马克思的学说来解释历史现象。他写道:"如果不把唯物主义方法当做研究历史的指南,而把它当做现成的公式,按照它来剪裁各种历史事实,那么它就会转变成自己的对立物。"② 这封信是恩格斯于19世纪90年代前半期撰写的一批也称做"关于历史唯物主义的书信"中较早的一封。这些书信阐述了唯物主义历史观方面的许许多多的问题。恩格斯解释说,经济是历史过程的唯一推动因素这个观点,只不过是对历史唯物主义的最初步的理解。

---

① 参看《马克思恩格斯全集》第1版第22卷第346页。
② 参看《马克思恩格斯全集》第1版第22卷第94页。

本卷收入恩格斯的著作93篇。其中有45篇，包括《布伦坦诺CONTRA马克思》、《欧洲能否裁军?》等第一次用英文发表，有11篇以前曾用英文部分地发表过。

（原载《马克思恩格斯全集》英文版第27卷）

（阎月梅 译　冯世熹 校）

关于弗·恩格斯的文章《行动中的巴枯宁主义者》

——恩格斯同无政府主义斗争的历史[*]

〔苏〕H.M.皮鲁莫娃

在国际革命运动的历史上不乏马克思主义同无政府主义进行尖锐思想斗争的例子，也不乏两派领导者思想交锋的例子。但是恩格斯反对巴枯宁和巴枯宁主义的斗争在这方面占有独特的地位。

在第一国际时期，无政府主义对国际工人运动具有特别的危险性。正是这个时候，恩格斯反对无政府主义的斗争在揭露这种危害无产阶级运动的空想主义思潮方面起了主要作用。

如果说反对巴枯宁主义者的分裂政策和策略的大部分工作是由恩格斯和马克思共同完成的，那么另一部分工作，即使很小的部分，则落到了恩格斯一个人的肩上。

1871年，恩格斯担任了国际总委员会西班牙通讯书记。正在经历第四次革命的西班牙，当时是巴枯宁主义的主要基地。通报西班牙的事件和给予西班牙无产阶级的年轻的、人数还不多的马克思主义力量以生动的、具体的帮助都是恩格斯的任务。

1873年的革命事件是巴枯宁主义充分自我暴露的时期。恩格斯的文章《行动中的巴枯宁主义者。关于1873年夏季西班牙起义的札记》

---

[*] 本文选自《马列主义研究资料》1986年第3—4辑合刊（总第45—46辑）。

说明了巴枯宁主义在这些事件中的作用。

这篇文章不仅对"不应当如何进行革命"① 作了一个绝好的分析，并且说明，"关于无政府状态和自治、关于消灭一切权威，特别是国家权威、关于立即完全解放无产阶级等等极端革命的词句"② 实际上会带来什么后果。无政府主义的学说受到了一次最致命的打击。

本文要说明的是恩格斯这篇文章的产生背景，内容和意义。

但是，在谈我们感兴趣的问题之前，先简略地说明一下恩格斯和巴枯宁二十五年间相互关系的历史。

从他们相识时（40年代中期）起到60年代末，恩格斯对这位俄国流亡者一直是友好的。但是，这种友好关系并没有影响他对巴枯宁观点的批评。如1849年，巴枯宁所写的《告斯拉夫人书》问世之后，恩格斯在《新莱茵报》上发表了《民主的泛斯拉夫主义》的文章。恩格斯在这篇文章的开头认为有必要告诉读者："巴枯宁是我们的朋友。但这并不妨碍我们批评他的小册子。"③

1868年，在另外的历史条件下，波克罕决定转载这篇文章并利用它来证实巴枯宁的路线是"爱国的泛斯拉夫主义的"。为了这件事，马克思写信给恩格斯："我只是要对他④说，你是巴枯宁的老朋友，因此你的文章无论如何不应该被用来侮辱后者。"⑤

但是，这样提到同巴枯宁的友好关系，无论是在马克思和恩格斯的通信中，还是在公开的论战中，仅此一次。

---

① 《马克思恩格斯全集》第1版第18卷第540页。
② 《马克思恩格斯全集》第1版第18卷第521页。
③ 《马克思恩格斯全集》第1版第6卷第323页。
④ 波克罕。——作者注
⑤ 《马克思恩格斯全集》第1版第32卷第184页。

巴枯宁所举起的好斗的无政府主义旗帜，他在国际巴塞尔代表大会上的发言以及他在报刊上所发表的文章，不仅不能使他们保持友好关系，而且连保持普通的正常的关系都不可能了。

以马克思、恩格斯和国际总委员会为一方同以巴枯宁及其追随者为另一方之间的尖锐的思想斗争在广阔的战线上展开。

巴枯宁的无政府主义观点体系形成于60年代中期，然而，1868年他参加国际工人协会日内瓦支部之后，这种思想体系便严重地侵入国际。

国际不是只联合科学共产主义拥护者的组织。在它的队伍里有各种各样的社会政治思潮。巴枯宁主义是一种好斗的思想形态，巴枯宁本人具有组织者和政治战士的非凡才能，但真诚地、彻底地醉心于这个他认为是唯一正确的思想体系。

在巴枯宁的空想主义观念中有许多完全矛盾的因素令人惊奇地结合在一起。一方面，他否认任何权力原则，无论是革命时期还是革命以后，另一方面，他要求他自己所建立的完全秘密的国际"社会主义民主同盟"要有最严格的纪律和组织。他认为，能够同欧洲各国反动派联盟对抗的，只有秘密的、严格进行地下活动的革命者的同盟，而不是公开的国际。

巴枯宁在"同盟"的纲领中写道："这个组织排除任何专制和执行监护任务的统治权力的思想。但是，正是为了建立这种革命同盟，为了革命战胜反动，有必要在构成生活本身和革命的全部毅力的人民的无政府状态中**使革命思想和行动的统一有某种机关作为自己的体现。这种机关应当是秘密的、世界性的国际兄弟同盟。**"①

---

① 《国际社会主义同盟纲领》，见《马克思恩格斯全集》第1版第18卷第511页。

巴枯宁于1868年①建立了"半秘密的,半公开的"组织"同盟"之后,开始努力争取接收它加入国际工人协会。

1869年夏天总委员会决定在解散其组织的条件下接收"同盟"的支部为国际成员。"同盟"宣布自行解散,但这并不意味着停止了它的活动。巴枯宁所操纵的"半秘密的"组织变成了秘密的组织。

巴枯宁在罗曼语诸国开展了自己的活动。无政府主义的思想在这些国家的一部分工人当中受到一定的支持,他的宣传在意大利、瑞士、西班牙以及法国南部取得了最大的成就。

西班牙的情况是最复杂的。在西班牙巴枯宁的拥护者所建立的第一批国际支部是用"同盟"的纲领武装起来的。因此,西班牙工人运动在国际工人协会中的代表一开始就是无政府主义者,而巴枯宁主义在西班牙革命时期(1868—1874年)成为该国最有影响的社会主义思潮。②

国际的马克思主义派开始同巴枯宁主义斗争在很大程度上是同保尔·拉法格的西班牙之行有关。西班牙联合会第二次代表大会(1872年4月4—11日)在萨拉哥沙开会期间,拉法格第一次得悉秘密"同盟"的存在。

他把这个情况立即告诉恩格斯,并于1872年5月5日在布鲁塞尔《自由》报上发表通讯,报道秘密的巴枯宁主义的组织在西班牙国际组织内部进行反对总委员会的活动。

拉法格的报道影响了秘密"同盟"的一部分成员。莫拉、梅萨、

---

① 纲领上相近、但取了另一个名称——"国际兄弟会"的组织成立于1865年。

② A.郭萨列斯的文章《西班牙马克思主义反对巴枯宁主义的斗争史》阐述了1869—1872年巴枯宁主义在西班牙发生影响的原因和程度(《西班牙工人和反法西斯运动问题》论文集,1960年莫斯科版)。

伊格列西亚斯和其他马德里小组的参加者宣布解散这个小组，此后他们建立了积极参加反对巴枯宁主义斗争的新马德里联合会，《解放报》是它的喉舌。恩格斯同报纸编辑梅萨保持着经常的联系。恩格斯把当时为准备小册子《社会主义民主同盟和国际工人协会》而写的若干片断寄给梅萨，梅萨就把它刊登在《解放报》上。

梅萨自己及其他马克思主义拥护者在他们的文章中对无政府主义的教条，尤其是否认"权威原则"展开了尖锐的批判。对后一个问题的批评的重要性也促使恩格斯本人撰写了《论权威》一文。他写道：反权威主义者要求，"把废除权威作为社会革命的第一个行动。这些先生见过革命没有？革命无疑是天下最权威的东西。革命就是一部分人用枪杆、刺刀、大炮，即用非常权威的手段强迫另一部分人接受自己的意志"。①《论权威》一文是恩格斯于1873年10月完成的。在写作这篇文章的同时，在9月，他就已经开始撰写《行动中的巴枯宁主义者》。这篇文章于10月31日、11月2日和5日在《人民国家报》上发表。一年以后，在莱比锡出版单行本（1874年）。1894年，《行动中的巴枯宁主义者》收入柏林出版的恩格斯的《〈人民国家报〉国际问题论文集》。现在来分析我们感兴趣的这篇文章的内容。

* * *

1873年2月11日，西班牙成立了共和国。掌握政权的是资产阶级共和派。它的左翼领袖皮-伊-马尔加耳是官方共和主义者中间唯一——按照恩格斯的说法——了解共和国必须依靠工人的人物。

革命的进一步发展取决于西班牙工人阶级的态度和积极性。恩格斯

---

① 《马克思恩格斯全集》第1版第18卷第344页。

对当时形势的特点作了如下的说明："西班牙是一个工业很落后的国家，那里根本谈不上工人阶级的立即完全解放。在达到这步以前，西班牙还必须经过各种预备发展阶段，并清除道路上的许多障碍物。在尽可能短的时期内走过这些预备阶段，迅速清除这些障碍物，——这就是共和国所提供的可能性。但是，只有通过西班牙工人阶级积极干预政治的办法才能利用这些可能性。"①

制宪会议的选举就是工人积极干预的直接原因。

形势要求提出具体的政治纲领并制定无产阶级的策略路线。恩格斯在给梅萨的信中拟定了国际活动的基本策略方针。这封信没有保存下来，但 H. Ю. 科尔平斯基根据梅萨的复信恢复了它的内容。"恩格斯认为，西班牙的主要任务是为彻底实现资产阶级民主主义的革命改造而斗争。他认为工人阶级必须积极参加国内的政治生活，其中包括以提出并力争实现自己的专门纲领的独立政党的身份参加议会选举……恩格斯号召在保持独立的无产阶级革命组织的条件下同资产阶级共和主义者左翼建立统一行动。"②

恩格斯的建议帮助集合在《解放报》周围的人们确定了策略路线，但《解放报》本身并不具备能够引导工人的大多数追随自己的影响。

巴枯宁主义的占优势的影响，加上缺乏具体的领导，致使工人们未能利用非常有利的政治条件。

保皇党③拒绝参加选举。剩下的仅仅是分裂为两派的共和主义者和

---

① 《马克思恩格斯全集》第 1 版第 18 卷第 522 页。
② 《第一国际》1965 年莫斯科版第 2 册第 428 页。
③ 阿尔丰斯派是波旁王朝未来国王阿尔丰斯的支持者。卡洛斯派是另一个西班牙王位的追求者小唐·卡洛斯的支持者。

工人群众。恩格斯写道:"由于国际的名称当时在西班牙工人中间还有巨大的吸引力,由于当时在西班牙至少在实际上还存在着国际支部的良好的组织,因此毫无疑问,在卡塔卢尼亚工厂区、在瓦伦西亚、在安达鲁西亚各个城市等地,由国际提出和支持的任何候选人都会取得光辉的胜利……"①

大部分西班牙支部的国际代表都是无政府主义者。这种政治思潮在它存在的短时期内首先在复杂的现实政治斗争中表现出来,而且必定在实践上确定自己的立场并在行动中表现自己。

恩格斯详细地观察和周密地分析巴枯宁主义者在议会选举时和以后一系列事件中的全部行动,并令人信服地指出了他们给西班牙工人阶级所带来的全部危害和实现无政府主义理想企图是不能得逞的。

为了更清楚地说明巴枯宁主义者的理论和实践的脱节,我们先谈谈巴枯宁主义的理论问题。巴枯宁的一个基本原理就是,革命者不应当把这种或那种思想体系"强加于人民",不应当教育人民,只应当创造条件来表现他们的自然生活、自然组织。"我们是无政府主义的革命者,全民解放和社会生活广泛发展的拥护者,因此是国家和任何带有国家色彩的东西的敌人,同一切形而上学者,实证主义以及科学之神的有学问的和无学问的崇拜者相反,我们确信,自然生活和社会生活始终先于思想,后者只是前者的机能之一而从来不是前者的结果。根据这种信念,我们不仅不打算和丝毫不想把我们从书本上读到的或者自己臆构出来的任何理想的社会制度强加给我国人民和他国人民,而且深信人民具有自己未来正常组织的一切因素,所以我们在人民本身中寻找这个理想。"②

---

① 《马克思恩格斯全集》第 1 版第 18 卷第 524 页。
② 巴枯宁:《国家制度和政府状态》1982 年商务印书馆版第 147 页。

巴枯宁认为，革命者的直接任务是立即组织社会革命，这样就可以实现社会的变革，确立"无政府状态和社会主义"。

他否认争取政治自由的斗争。他相信，这种斗争不能给人民带来生活的改善，只能加强资产阶级，使群众丧失反抗情绪，使他们沉溺于对国家的幻想。按照巴枯宁的意见，国家形式不起任何作用。他看不见君主制和民主共和国之间所特有的区别："把用来打人民的棍棒称之为人民的棍棒，绝不会使人民好受多少"。① 因此，他鼓吹完全否认政治斗争，放弃一切形式的政治活动，尤其是参加选举。

巴枯宁写道："只要人民、工人群众在经济上被占有财产和资本的少数人所统治，在这样的社会实行选举权，人民在政治方面不论有多大程度的独立和自由，或者说有什么样的政治地位，选举在任何时候都不会是别的什么，只能是虚幻的，反民主的，绝对违反居民的需要、本能和真实意志的东西。"②

作为立即实行社会革命，立即完全解放无产阶级的拥护者，巴枯宁否认在实现最终和主要目的的道路上有任何中间阶段。既然政治议会，"即使它完全是由工人组成的"，不能在今天就立即给予人民以真正的自由，他说，这种议会只能是服务于资产阶级利益的政治虚构。

在《"同盟"的抗议书》这部著作中，巴枯宁试图论证自己渴望真正自由的观点，他写道："我们如此强烈地……热爱自由，以至于希望它成为完全的、充分的自由，因此，我们坚决拒绝同资产阶级的任何联盟，我们相信，在资产阶级政治的帮助下，用资产阶级的手段和武器，或者用'被欺骗的老实人同资产阶级的联盟'所争取到的任何自由对

---

① 巴枯宁：《国家制度和政府状态》1982年商务印书馆版第23页。
② 《巴枯宁选集》1919年莫斯科版第2卷第34页。

于资产阶级的统治可能是完全现实的和十分有益的，但对于人民来说则始终只能是虚幻的。"①

按照巴枯宁的意见，"被欺骗的老实人同资产阶级的联盟"就是人民参加选举这种或那种立法机关可能产生的一种结果。

巴枯宁认为，建立清一色的人民代表的政权也不是什么最好的办法。他说，工人出身的人只要一成为"管理者"或人民的代表，他们"就不再是工人并开始从国家高度看待普通工人；就不再代表人民，而代表自己，就有了管理人民的野心，谁怀疑这一点，谁就完全不了解人的本性"②。

巴枯宁自以为自己的理论结构具有一定的现实性，而实际上却完全是从唯心主义的前提出发的。他指出人的自然属性在国家条件下的表现，并说道，在通过自下而上自由联合的道路所组织起来的社会里，这些人会变成完全另外的人。

赫尔岑在《致老友书》中说："国家是一种暂时的形式，据此也不能得出结论说，这种形式已经是过时的了。……既然摆脱国家的主要条件是多数人的成年，那么否定国家意味着什么？"③

但是，巴枯宁没有领会这些显而易见的论断。他重复说，只要有完全的自由，就能够产生自由的社会组织。按照他的意见，任何国家组织，其中包括无产阶级专政，都只能导致对人民的新的奴役。在这些根本问题上，巴枯宁牌号的无政府主义是科学共产主义的最凶恶的敌人。

---

① 《巴枯宁选集》1919年莫斯科版第2卷第19页。

② 尤·斯切克洛夫：《米哈依尔·阿列克山大洛维奇·巴枯宁》1927年莫斯科—列宁格勒版第3卷第213页。

③ 《西方哲学原著选读》1982年商务印书馆版下卷第525页。

只有人民自己，只有全体人民才能够建立社会共同生活的自由的组织形式——巴枯宁的坚定信仰就是这样。照巴枯宁所说，建立这种社会的真实道路是怎样的呢？巴枯宁在自己的《国际社会主义同盟纲领》第六条中对此作了详细的分析。在这里首先提出了应当废除、破坏和没收的东西的全部清单，然后发出起义的人民应当如何建立公社的指令。就在这里，巴枯宁陷入自相矛盾的境地——原来"公社委员会可以从委员会内部选出为公社的革命管理机关的每一个部门所特设的执行委员会"①。

于是，在无政府主义的社会组织的中心应当有管理机关，为了管理，这种机关不能不拥有权力。

马克思和恩格斯指出了巴枯宁体系的这种特点。他们分析了"同盟"的纲领，他们写道：巴枯宁的体系规定"完整的联盟议会，其主要任务应当是组织这种社会强制力。这个议会同公社委员会一样，应当把执行权力交给一个或几个委员会，这些委员会仅仅由于这一事实便具有权威的性质，这种权威性质在斗争过程中要愈来愈加强。这样一来，'权威主义国家'的一切因素又会逐渐恢复，而我们就是把这个机器称为'自下而上地组织起来的革命公社'，那也没有多大意义。"②

其实，巴枯宁自己就在他的纲领的第八条中对新社会下了一个定义。他在全部反国家的宣传之后下这个定义是完全出乎意料的。他写道："通过革命代表团自下而上地组织起来的……包括为了同样的原则而举行起义的一切国家的、新的、革命的国家的任务，将是管理各个社

---

① 《马克思恩格斯全集》第 1 版第 18 卷第 510 页。
② 《马克思恩格斯全集》第 1 版第 18 卷第 384 页。

会机关，而不是管理各国人民。"①

巴枯宁主义——和一切小资产阶级的社会空想一样——力图在口头上实现理想的社会组织，而这种组织却以这种管理各个机关、而不管人民的"新的革命的国家"的形式出现在巴枯宁面前。关于这类带有宗派运动性质的空想，马克思和恩格斯写道："总之，这是无产阶级运动的童年，正像占星术和炼金术是科学的童年一样。"②

巴枯宁的天真的、不彻底的反国家的主张，他否认政治斗争以及企图立即实现社会革命的主张，正是"无产阶级运动的童年"。

然而，年轻的西班牙工人阶级一开始就把巴枯宁主义当做某种社会主义的启示加以领会。无论是在"同盟"的纲领中，还是在巴枯宁的理论著作（《德意志专制帝国和社会革命》、《国家制度和无政府状态》）中，以及最后，在他的大量信件——给西班牙盟员托·冈·莫拉哥、法尔加·佩利塞尔、加斯帕尔·散蒂尼昂、弗朗西斯科·莫拉③及其他人的指令——中所叙述的巴枯宁的思想都号召立即行动。他和他在西班牙的追随者估计，行动的时刻已经到来。议会选举已经确定，必须明确自己对待它的态度。

"巴枯宁学派的首领们"是怎样行动的？

让我们跟着恩格斯来认真研究一下"行动中的"巴枯宁主义者。

首先，他们提出了一个常见的政治冷淡主义的旧口号，拒绝参加选举。但这只是一个方面，另一方面又提议每一个组织的成员自行投票。

---

① 《马克思恩格斯全集》第1版第18卷第511页。
② 《马克思恩格斯全集》第1版第18卷第36页。
③ 弗·莫拉、祖·梅萨以及"同盟"支部的许多其他成员于1872年脱离了巴枯宁主义。

关于这一点，新马德里联合会向国际第六次代表大会的报告作了报道："于是决定，国际作为一个组织，根本不应该从事政治活动，但是国际的会员可以由自己负责去任意行动，并且可以参加他们认为适当的任何党派，——因为他们要实行臭名昭彰的自治！实行这种荒谬学说的结果如何呢？——国际的基本会员群众，包括无政府主义者在内，在没有纲领，没有旗帜，没有自己的候选人的情况下参加了选举……"①

恩格斯写道，结果，"工人像在这种情形下所常见的那样，投票选举了伪装为最激进的人……"② 这些执行极端冒险政策的激进派原来就是联邦共和主义者（不妥协派）。放弃了自己的领导听从命运摆布的巴枯宁主义者放弃从事政治——但按照梅萨和伊格列西亚斯的说法，却投身于"最糟糕的资产阶级的政治"③。在进入政府机关并在那里成为少数派之后，他们只能充当不妥协派的帮凶。

就这样，第一个实践经验就把巴枯宁主义者推上了资产阶级政治的道路并迫使他们在实质上放弃了纲领中最重要的一条，但这不是为了工人阶级的利益，而是为了资产阶级的利益。

巴枯宁主义者在实践中怎样解决另一个基本问题，即关于废除国家的问题呢？为了回答这个问题，让我们跟着恩格斯来谈谈巴塞罗那和亚尔科事件。

当皮-伊-马尔加耳所领导的共和政府在同联盟主义者就激进的改革纲领进行谈判的时候，在安达鲁西亚发生了起义。领导这次起义的是联邦共和主义者，他们要求给予各州和各城市以无限的自治，并且立即

---

① 《马克思恩格斯全集》第1版第18卷第523页。
② 《马克思恩格斯全集》第1版第18卷第524页。
③ 《第一国际》1965年莫斯科版第2册第427页。

实行政府所答应的改革。

从参加选举以来就和他们厮混在一起的同盟盟员,这时继续支持他们的政策,然而却采用了完全不同的方法。

他们在像巴塞罗那这样大的工人中心具有强大的影响,有可能促使这个城市共同参加起义。但是,他们不去号召武装行动,只局限于号召总罢工。

恩格斯写道:"在巴枯宁主义的纲领中,总罢工是实现社会革命的杠杆。"① 这决不是什么新的方法,"……法国社会主义者以及比利时社会主义者从1848年以来就常常是骑着这匹战马横冲直闯的,不过这匹马原来是英国种"。②

继巴塞罗那之后,在亚尔科也开始罢工。但是,在这里罢工发展成同警察的武装冲突,结果是巴枯宁主义者取得了胜利。他们怎样利用这个胜利呢?马上成立了一个"物质福利委员会",照恩格斯的说法,这个委员会具有革命政府的形式。

恩格斯写道:"这个物质福利委员会做了些什么呢?它为了实现'工人的立即完全解放'采取了些什么措施呢?委员会禁止所有男子离开这个城市,但是却允许妇女离开,只要她们……持有身份证!反对权威的人竟然又采用了身份证!至于其他方面,则是极端软弱无力、束手无策和没有毅力。"③ 几天以后,政府军开抵城下,并在赦免所有起义参加者的条件下,没有遭到任何抵抗就占领了这个城市。

但是,亚尔科事件只是整个斗争过程中的一个插曲。在安达鲁西亚

---

① 《马克思恩格斯全集》第1版第18卷第524页。
② 《马克思恩格斯全集》第1版第18卷第525页。
③ 《马克思恩格斯全集》第1版第18卷第530页。

开始的起义不断地扩大再扩大。塞维尔，马拉加，格拉纳达，加迪斯已经被联邦主义者所占领。除了马德里和巴塞罗那以外，几乎西班牙所有的大城市都很快地落入他们手中。

看来，起义是按照巴枯宁主义者的理想观念进行的。还在不久以前，在普法战争期间，巴枯宁在《给法国人的信》中正是号召这样的起义。

他当时写道："如果法国还有可能得到拯救，那只有各省的自发起义"，"这种起义是可能的吗？是可能的，如果里昂、马赛、圣太田、卢昂及其他许多大省会的工人的血管里的血还在流动，如果他们的头脑还有智慧，心脏还有活力，肌肉还有力量——如果他们是活着的人，是革命的社会主义者，而不是死守书本的社会主义者。"①

即使从巴枯宁的观点看来，西班牙工人也不是"死守书本的社会主义者"。他们无疑具有智慧、活力和力量。但是，由于巴枯宁主义者，他们在没有自己的纲领、没有自己的领导的情况下参加了革命。

起义在很大程度上是自发发展的；一般地说，各省的起义又没有互相联系起来。

恩格斯写道："不妥协派以及他们的巴枯宁派的仆从们的联邦主义恰恰就在于，让每一个城市独自行动，并宣布最重要的事情不是和其他城市共同行动，而是和它们分开，从而排除了发动总攻势的任何可能性。"②

由于西班牙革命运动是在没有中心领导的情况下发展起来的，又是自下而上地进行的，巴枯宁主义的首领们就认为有可能参加革命政权的

---

① 《巴枯宁选集》1920年莫斯科版第41卷第168页。
② 《马克思恩格斯全集》第1版第18卷第533页。

所有机关。

新马德里联合会的报告指出，巴枯宁主义者，"那些曾经激烈反对政治权力，指责我们有权威主义的人〈巴枯宁主义者〉却争先恐后地参加这些自治州的政府。在塞维尔、加迪斯、桑卢卡尔-德-巴腊梅达、格拉纳达及瓦伦西亚等大城市，许多自称为反权威主义者的国际会员却参加了各自治州的洪达，他们除了主张省或自治州的自治以外，没有任何别的纲领"。①

可能，后一个情况，报告的作者说得不完全正确。除了省的自治以外，巴枯宁主义者宣布必须实行"工人阶级的真正的完全的解放"。但是，作为各城市和各州政府中的少数，如同恩格斯所证实的，他们的一切要求都遭到拒绝。

就在这时，丧失了同联邦主义者继续进行谈判的可能性的皮-伊-马尔加耳政府被迫辞职。

取得政权的共和主义者——恩格斯称他们为"毫不掩饰的资产者"——开始组织力量来反击起义者。虽然这些力量并不算大，但联邦主义者的分散状态却帮助政府转入反攻。

大多数城市都没有进行反抗，指挥政府军的帕维亚将军，没有经过正经的战斗，在两周之内就成功地征服了全部安达鲁西亚。

恩格斯所叙述的起义的最后一个片断是卡塔黑纳要塞的抵抗。一个西班牙最强大的要塞，一面由大海保卫着，一面有无法攻克的堡垒，如果不是它的保卫者连续采用巴枯宁主义的理论所提供的方法的话，就有可能经受得住长期的围攻。

恩格斯说，关于"同盟"的报告"说明，巴枯宁怎样幻想'放纵

---

① 《马克思恩格斯全集》第1版第18卷第537页。

一切恶欲'，他把俄国的强盗奉为真正革命者的楷模"。① 众所周知，强盗阶层，作为未来革命军队的一个组成部分，在巴枯宁的理论中有着显著的作用。他写道："人民流浪者是人民革命的最好的最忠实的引导者，全体人民骚动的准备者，这些全民起义的先驱。"② 他继续写道："我拥护人民的抢劫行为，我认为这是未来俄国人民革命的一个最重要的手段。"③

关于这样的论断，恩格斯讽刺说："对俄国人是合理的，对西班牙人也是公平的。"④

按照巴枯宁主义者的提议，卡塔黑纳政府释放了一千八百名罪犯，用来加强要塞保卫者的力量。照恩格斯的说法，这些"西班牙穷凶极恶的强盗和杀人犯"不仅没有给要塞的保卫者增添力量，却使自己的纪律败坏到了极点。就这样，巴枯宁学说的这个原理及其他原理的危害性和毫无用处就在实践中表现出来了。

大部分西班牙无产阶级还没有自己的纲领，也没有准备自觉地参加具有决定意义的革命事件就追随巴枯宁主义者，于是遭到了惨重的失败。

不仅如此，在实践中对巴枯宁主义者的失望使许多工人继续错误地把"同盟"和国际工人协会混为一谈，并退出了国际。恩格斯写道：最后的结果是"组织良好和人数众多的国际（假的和真的）西班牙支部……覆灭"⑤。

---

① 《马克思恩格斯全集》第1版第18卷第537页。
② 《苏俄社会手册》1967年法文版第7卷第4册第648页。
③ 《苏俄社会手册》1967年法文版第7卷第4册第650页。
④ 《马克思恩格斯全集》第1版第18卷第537页。
⑤ 《马克思恩格斯全集》第1版第18卷第539页。

巴枯宁主义终究在全部国际工人运动面前表明自己在实践中没有能力领导群众革命行动和在理论上没有原则。小资产阶级的革命狂热转变为在反动势力面前的软弱无力和叛变行为。

恩格斯在其文章的结论部分指出:"首先,他们牺牲了自己的必须放弃政治活动、特别是放弃参加选举的学说。其次,关于无政府状态、消灭国家的学说也遭到了同样的命运;他们不是消灭国家,相反地,而是试图建立许多新的小国家。接着,他们把工人不应当参加不以无产阶级的立即完全解放为目的的任何革命这一原则抛弃了,他们自己参加了显然是纯资产阶级的运动。"①

总之,恩格斯令人信服地指出,工人运动中的极左的词句和冒险主义的政策会带来什么样的后果。恩格斯文章的这一观点,无疑在我们今天尚未过时,它使这部著作并未丧失全部意义。这篇文章中尖锐地提出了在资产阶级革命中的无产阶级策略问题。恩格斯文章的这个方面,在同俄国社会民主党内的小资产阶级派别进行思想斗争的复杂条件下被列宁所采用了。

1905年4月18日(5月1日),在俄国社会民主工党第三次代表大会上,列宁作了关于社会民主党人参加临时政府的报告。按照列宁的说法,"我们所以讨论"这个问题,"与其说是迫于实际形势,不如说是迫于理论上的争论"②,这个问题还是由马尔托夫在1月9日以前提出来的。普列汉诺夫在《火星报》第96号上支持马尔托夫③,并援引马克思的权威来证明,无产阶级的代表不能同小资产阶级的代表在政府里

---

① 《马克思恩格斯全集》第1版第18卷第538—539页。
② 《列宁全集》第1版第8卷第352页。
③ 普列汉诺夫:《关于夺取政权的问题》,载《火星报》第96号。

共同工作。列宁论证了普列汉诺夫没有正确地理解和引证马克思,并提出了一个总的原则问题:"允不允许从下面或者也从上面来进行革命活动。这个问题可以在马克思和恩格斯那里找到答案。我指的是恩格斯的一篇有意思的文章:《行动中的巴枯宁主义者》。"①

简短地转述了恩格斯这篇文章的内容之后,列宁说:"恩格斯强调指出,那时根本谈不到立即解放工人阶级的问题②。当时的任务是:使无产阶级迅速通过准备社会革命的预备阶段;消除它前进道路上的障碍。共和国提供了实现这一目的的可能性,——恩格斯说:'巴枯宁主义者许多年来一直宣传说,任何自上而下的革命行动都是有害的;一切都应当自下而上地组织和进行'。这就是恩格斯对《火星报》提出的关于从上面和从下面,这个总问题的答案。《火星报》的'只能从下面,无论如何不能从上面'的原则,是无政府主义的原则。"

但是,像我们上面所说的,巴枯宁主义者不得不违反自己的原则来行动,而且如此地不善于行动,以至于在政府机关中"成为软弱无力的少数派"。

列宁做出结论说:"**由此可见,恩格斯所不喜欢的只是巴枯宁派成为少数派,而不是他们在那里参加了会议。**"③

为了证明恩格斯立场的正确,列宁从他的另一篇文章(《维护帝国宪法的运动》)中举出了一个例子,并写道:"请看,恩格斯并不害怕从上面来行动,并不害怕无产阶级过高的组织性和强大有力会使他参加临时政府。相反,恩格斯感到遗憾的是,由于工人毫无组织而使运动进

---

① 《列宁全集》第 1 版第 8 卷第 361 页。
② 参看《列宁全集》第 1 版第 8 卷第 361—362 页。
③ 《列宁全集》第 1 版第 8 卷第 362 页。

行得不够成功，不够无产阶级化。"①

恩格斯关于巴枯宁主义的著作是非常锐利的思想武器，所以如列宁在《社会民主党在民主革命中的两种策略》一书中所说，在1905年夏天暴风雨般的日子里，《无产者报》编辑部的一部分编辑人员打算全文译出恩格斯的小册子《行动中的巴枯宁主义者》以及马克思的小册子《共产主义者同盟执行委员会的通告》（1850年3月）。②列宁担任了恩格斯著作的校订工作。这部著作的俄文本于1905年在日内瓦出版。1906年这本小册子又在彼得格勒翻印。

总之，恩格斯在尖锐的阶级斗争的极端复杂的条件下所制定的思想和策略指出了无政府主义关于"放弃"政治和玩弄革命的教条毫无根据，并继续为无产阶级的事业服务。

（原载《恩格斯和历史问题》1970年莫斯科科学出版社版第244—258页）

（刘怀璋 译）

---

① 《列宁全集》第1版第8卷第365页。
② 《列宁全集》第1版第9卷第108页。

关于恩格斯的《自然辩证法》中科学分类的一些问题[*]

〔苏〕П.С.萨夫金

恩格斯在他的著作《反杜林论》的《道德和法·永恒真理》这一节中，表述了科学分类领域中极为重要的思想。[①] 正是在这里，他勾勒出了总的科学系统的主要顺序的基本轮廓，并且根据历史唯物主义的原则，发表了关于社会科学的结构、次序的重要想法。[②] 本文要谈的是，恩格斯在他的手稿《自然辩证法》中为科学分类作出了哪些贡献，以及一些研究者就这个问题所提出的，在我们看来是不完全正确的观点。

科学分类既是信息学、各种图书分类学体系的基础，也是制定科学规划和确定科学和教育设施的结构等等的基础，因此它具有科学意义和实践意义。科学分类有其哲学的视角，它以辩证唯物主义和历史唯物主义的思想成就，首先是依靠唯物辩证法关于社会经济形态、基础和上层建筑的学说，反映论为依据，同时它也促进这些学说的进一步发展。但是不管科学分类具有多么巨大的意义，不能从这个有关哲学和科学学的

---

[*] 本文选自《马克思恩格斯研究》1991年总第6期。
[①] 参看《马克思恩格斯全集》第1版第20卷第92—104页。
[②] 萨夫金:《弗·恩格斯与科学分类》，载苏联《哲学科学》1989年第4期第109—115页。

问题中作出不切实际的概括,也不能夸大马克思主义的创始人对这个问题的关切程度。因此,想对博·米·凯德罗夫院士的下列观点提出疑问,他认为,恩格斯对科学分类倾注了"特殊的热忱",马克思完成了"全部科学的综合",而这种综合对科学分类的发展具有"巨大的意义"。①凯德罗夫断定,恩格斯很长时间都在研究认识体系,甚至不仅仅在他撰写手稿《自然辩证法》的整个时期,即从1873年到1886年,而且在60年代(准备阶段)。② 在《科学分类》第1卷第2章《恩格斯创立并发展了马克思主义的科学分类》里,凯德罗夫更加认为:"科学分类问题从恩格斯写《自然辩证法》一开始就成了他注意的中心。分类的基本思想的产生是同这部著作最初构思紧密联系在一起的,确切些说,这个基本思想也就是这个构思本身。后来,他制定《自然辩证法》的总计划及其全部阐述都与这个思想密切相联。在恩格斯写作《自然辩证法》的各个阶段上,对科学分类的问题以不同的方式作了解答。"③凯德罗夫大致提出了恩格斯写作的下列重要阶段:

1. 恩格斯为马克思主义的科学分类准备自然科学基础。细胞理论和能量转化理论的问题(1858年)。

2. 研究达尔文主义问题和新原子论的问题(1859—1867年)。

3. 表述科学分类的总思想。发现科学分类的新论据(1873年5月)。

4. 在研究上述发现时,恩格斯在确立顺序方面迈出了最初步骤:

---

① 博·米·凯德罗夫:《科学分类》第1卷,1961年莫斯科版第298—302、303—381页。

② 博·米·凯德罗夫:《科学分类》第1卷,1961年莫斯科版第306—364、365—366、367—381页。

③ 博·米·凯德罗夫:《科学分类》第1卷,1961年莫斯科版第317页。

力学——物理学——化学——生物学（1873—1874年）。

5. 对科学分类作进一步研究。逻辑的东西同历史的东西（在认识上）的一致：数学——力学——物理学——化学——地质学——生物学——医学（1874—1875年）。

6. 恩格斯对科学分类理论的进一步发展。逻辑的东西同历史的东西（在自然界）的一致。确立作为《自然辩证法》基础的科学顺序。数学——力学——物理学——化学——生物学——人类起源和发展的理论（1875—1876年）。

7. 研究关于物质运动形式承担者的复杂情况的问题。确立顺序：数学——天文学——力学——物理学——化学——地质学——生物学——历史（1878年）。

8. 将物质运动形式承担者划分的逆向序列运用于科学分类（1879年）。

9. "以太粒子"使科学分类的总顺序复杂化。

10. 在科学分类中考虑到自然发展路线的二重化。并因此而拟定作为《自然辩证法》基础的科学顺序。数学——力学——生物学——物理学——化学——以太物理学（1885年）。

11. 恩格斯承认他在科学分类方面所作的具体研究已经过时（1886年）。①

大概是按照《自然辩证法》主要计划的11点加以类推，凯德罗夫看到了恩格斯研究科学分类的11个阶段。

整个这种划分没有反映过程的实质，不能使人对恩格斯如何写作

---

① 《马克思恩格斯全集》第1版第20卷第15—17页；又见博·米·凯德罗夫：《科学分类》第1卷，1961年莫斯科版第362—363页。

《自然辩证法》以及科学分类在这部手稿中占有怎样的地位有一个准确的概念。毫无疑问，恩格斯在某个时候对这个理论课题有过很大的兴趣。然而，与凯德罗夫的意见相反，在这里对科学分类本身几乎没有谈到。①

在阐述我们的观点之前，我们先指出，认为对于《自然辩证法》来说"科学分类具有中心性质"的思想对苏联哲学家的其他一些著作有影响。在收有恩格斯的著作《反杜林论》和《自然辩证法》的《马克思恩格斯全集》俄文第2版第20卷的前言中，该卷的编者巴加图利亚同意凯德罗夫的观点，认为"《自然辩证法》的中心思想是物质运动形式的分类，和研究这些运动形式的科学的相应的分类"②。在《苏联大百科全书》第3版，巴加图利亚在《自然辩证法》这一条目中提出了近似的、但是略有不同的见解。他写道："物质运动形式的分类以及与此相应的研究这些运动形式的科学的分类，是《自然辩证法》主要部分（第二部分）的中心思想。"③ 因此，自然就产生这样的问题：在《自然辩证法》中第二部分是否是主要部分，研究物质运动形式的科学的分类是否确实是全书的或者该书第二部分的中心思想、主要思想，也就是说，凯德罗夫和巴加图利亚提出的有关这个问题的观点是否正确。

只有分析恩格斯在1878年下半年的《自然辩证法》总计划，才能回答这些问题。让我们对《自然辩证法》的总计划④加以分析。我们叙述一下计划前两点的内容并援引计划的第三点和第四点。在第一点中，

---

① 《马克思恩格斯全集》第1版第20卷第357—358页。
② 《马克思恩格斯全集》俄文第2版第20卷第XVII页。
③ 《苏联百科全书》，1972年莫斯科第3版第230页；又见《哲学百科全书》第1卷第479页（博·米·凯德罗夫写的条目）。
④ 《马克思恩格斯全集》第1版第20卷第357—358页。

恩格斯打算阐述整个自然科学的无限发展的问题，由于这种科学的无限发展，形而上学的观点已经成为不可能的了。应该提出的是，恩格斯1876年的从内容深度和风格来说都极为出色的《自然辩证法》导言①，在这部未完成的书中也可以看到。在导言中，我们看到了自然科学历史发展的清晰画面，这是始于文艺复兴时代的令人惊奇的、革命的、开创性的创造过程。接着到来的是形而上学思维方式占统治地位的积累、收集事实的时代（17—18世纪）。从19世纪30—40年代证实自然界中存在辩证唯物主义联系的伟大发明和成就的时代开始了，尽管完成这些发明的自然科学家们总的说来在不少场合坚持保守的观点，而且往往是形而上学的。

在计划的第2点，恩格斯打算分析从黑格尔以来的德国自然科学的理论发展并指出科学家们认识辩证法实质的过程的复杂性。② 现在我们按恩格斯起草的原来形式援引计划的第3点和第4点。

"3. 辩证法是关于普遍联系的科学。主要规律：量和质的转化——两极对立的相互渗透和它们达到极端时的相互转化——由矛盾引起的发展，或否定的否定——发展的螺旋形式。

4. 各种科学的联系。数学、力学、物理学、化学、生物学。圣西门（孔德）和黑格尔。"③

在分析计划的第3点和第4点的时候，很容易弄清楚，无论是物质运动形式还是科学分类，都不是它们的中心或主要的思想，因为第3点论述的完全是作为关于普遍联系的科学及其反映自然和社会本质的主要

---

① 《马克思恩格斯全集》第1版第20卷第360—379页。
② 《马克思恩格斯全集》第1版第20卷第357页。
③ 《马克思恩格斯全集》第1版第20卷第357页。

规律的辩证法，而第 4 点论述的是自然科学的"各种科学的联系"。然而，各种科学的联系和科学分类含义并不相同，确切些说，这是两个不同的东西。科学分类是一个广泛的概念，它以各种科学的许多原则和相互关系为基础，不仅以各种科学的联系为基础，而且以各种科学的差别为基础，况且这些联系的性质迥异。应该强调指出的是，如果既不考虑到差别，又不考虑把事物统一起来的相同点，任何分类（科学分类、客体分类、现象分类、思维实质的分类）都是不可能的。

在恩格斯看来，人们所确立的自然科学的顺序应该反映自然界起源和发展的最一般的、近似的特征，而且，对他来说，这个问题的最主要之点就是力图证明，研究和反映各种客体和过程的各种科学的联系是同自然界中各种宏观和微观客体的巨大总和的辩证的相互联系，同这些物质客体系统中无数极为复杂的简单的过程相一致的，而这些普遍的规律应该为辩证的思维所揭示。尽管在计划的第 4 点中列举了自然科学的顺序，但这并不意味着这里表达的是科学分类，而且恩格斯也没有这样称呼它。他始终力图使概念与概念所反映的内容相符。恩格斯在他的计划中除了圣西门（孔德）以外还提到了黑格尔的名字，这一情况也说明，第 4 点的主要内容不是，或者几乎不是要论述科学分类。众所周知，黑格尔并没有确立科学分类，他的知识体系是人们从他的著作的逻辑中推引出来的，尽管他也试图在自己的著作中对自然科学所达到的水平和各种科学的相互联系做出概括。因此，在《反杜林论》中，恩格斯强调指出，在 19 世纪最初 20 多年中，有两位伟人即圣西门（他有始无终）和黑格尔担负起了对自然科学的蓬勃发展、积累的大量材料、各种重大成就进行理论总结的任务。[①] 当然，并没有排除如下情况，即在弄清作

[①] 《马克思恩格斯全集》第 1 版第 20 卷第 26—27 页。

为物质世界客体和过程联系的反映的各种科学的联系这个问题时，恩格斯也打算发表自己对科学分类的看法，包括对康德有关这方面的理论作出分析和批评。总之，在上述的四点（该书的第一部分）中科学分类不是中心的、主要的思想。应该强调指出，在《自然辩证法》相当详细的总计划草案中，无论是科学分类还是物质的运动形式都没有提到，因为恩格斯使用概念是很严谨而准确的。特别是恩格斯认为，物质运动形式是分析物质的自然界，首先是它的无机部分的发展的一般过程的主线。然而在化学领域，恩格斯就认为，宁可不讲物质运动的化学形式，而讲亲合力、化合、化学作用、化学能、化学过程等反应。①

现在我们从第5点开始再看看《自然辩证法》计划的第二部分。

"5. 关于各门科学辩证内容的简要叙述：

（1）数学：辩证的辅助工具和表现方式。——数学的无限出现在现实中；

（2）天体力学——现在被看做一个过程——力学……

（3）物理学——分子运动的相互转化。克劳胥斯和劳施米特；

（4）化学：理论。能量；

（5）生物学：达尔文主义。必然性和偶然性。

6. 认识的界限。杜布瓦-雷蒙和耐格里。赫尔姆霍茨、康德和休谟。

7. 机械论。海克尔。

8. 原生体的灵魂——海克尔和耐格里。

9. 科学和讲授——微耳和。

10. 细胞国家——微耳和。

---

① 《马克思恩格斯全集》第1版第20卷第417—418页。

11. 达尔文主义的政治学和社会学说——海克尔和施米特。——因劳动［Arbeit］而产生的人的分化。——经济学之应用于自然科学。赫尔姆霍茨的'功'［《Arbeit》］（《通俗讲演集》第2卷）。"①

对计划第6点到第11点的分析表明，在计划的第二部分很难找到科学分类的问题。② 计划第二部分的许多点与物质的运动形式毫无关系，例如，第6、8、9—11点。③

第5点接近所指出的范畴（但并不总是主要的），首先是在材料排列的意义上（数学——力学——物理学——化学——生物学）；其次，在其所属的各点，特别是第3点中，恩格斯可能会对运动形式的看法进行分析。几乎在计划第二部分的其他各点中，科学分类都没有得到"阐述"。

这一切都使我们有理由认为，科学分类不是《自然辩证法》的"轴心"、中心的思想，无论对它的第一部分，还是第二部分来说都是如此。我们还要指出，按照恩格斯的构想，在前面所引的该书计划中第二部分不是主要的，因为在前5点中集中了下列最根本的问题，如辩证法规律、发展的螺旋形式、自然科学的历史、对一些最重要的自然科学的概述，而在后面各点谈的是比较局部的问题，可见，巴加图利亚在这里犯了不准确的毛病。

综上所述可以得出如下结论。在1873年到1878年这个时期，无论是在撰写《反杜林论》的时候，还是为《自然辩证法》撰写一批片断的时候，恩格斯都注意科学分类问题。《反杜林论》问世以后，我们认

---

① 《马克思恩格斯全集》第1版第20卷第357—358页。
② 《马克思恩格斯全集》第1版第20卷第470—471页。
③ 《马克思恩格斯全集》第1版第20卷第474—475页。

为,恩格斯没有再回到这个问题上来。恩格斯在出版他这部论战性著作以后发表的数十篇文章中,没有一篇是论述各种科学系统的,而且在这些文章中,甚至根本没有提到过这个概念。

(原载《弗里德里希·恩格斯:纪念恩格斯诞辰170周年论文集》1990年莫斯科版)

(邢艳琦 译　刘晬星 校)

恩格斯对狄德罗《百科全书》的兴趣[*]

〔德〕福尔克尔·米勒

《自然辩证法》一书收入《马克思恩格斯全集》原文版第一部分第26卷,差不多有一年了。为出版该书而进行的学术研究工作和编辑工作促使我们去探讨下列一些广泛的问题:恩格斯的哲学史前提和科学史前提;他自己对原始材料的理解;思想传统其中包括马克思主义自然与自然科学观这个工人阶级统一世界观的一个重要因素。许多注释、批注和较短的文稿片断屡屡为我们提供一些能更准确地确定这一传统的依据。例如,恩格斯在考察自然观的历史和认识自然的历史时还研究了《百科全书》。对恩格斯来说,其中重要的是科学可分类性的问题。18世纪的法国唯物主义者在德尼·狄德罗(1713—1784)主持下集体编纂了一部启蒙巨著:《百科全书》。正是这些人拒绝了目的论和神学,并试图"从世界本身说明世界"[①]。

恩格斯指出,传统自然观的凝固不变的性质提供了把整个自然科学作为一个整体加以一般概括的根据。以此为基础的有法国的《百科全

---

[*] 本文选自《马克思恩格斯研究》1992年总第8期。

① 《马克思恩格斯全集》第1版第20卷第365页。

书》，后来同时期还有圣西门和由黑格尔完成的德国自然哲学。①"在上世纪②末叶，在大多数是机械唯物主义者的法国唯物主义者之后，出现了要把旧的牛顿—林耐学派的整个自然科学作百科全书式的概括的要求，有两个最有天才的人物投身于这个工作，这就是圣西门（未完成）和黑格尔……但是，当现在自然界中发展的普遍联系已经得到证明的时候，外表上的顺序排列，如黑格尔人为地完成的辩证的转化一样，是不够了。转化必须自我完成，必须是自然而然的。正如一个运动形式是从另一个运动形式中发展出来一样，这些形式的反映，即各种不同的科学，也必然是一个从另一个中产生出来。"③

因此，恩格斯在《自然辩证法》（约1874年9月和1876年初）中指出，在牛顿和林耐之后，百科全书式地概括自然科学是很有必要的。法国百科全书派就投身于这一工作。恩格斯尤其推崇圣西门为撰写两部新百科全书所作的但未完成的尝试，赞赏黑格尔为在自然科学的内在联系中把握自然科学并对它进行百科全书式的描述所作的种种努力。与18世纪法国唯物主义者相比，黑格尔和圣西门则强调各门科学之间的相互联系，但他们还没有能够认识到各门科学的转化。恩格斯就此强调指出，某一门科学是和物质的运动形式及其转化相适应的。各门科学的统一和联系反映世界的物质统一，反映相互渗透地转化而又彼此分开地

---

① 《马克思恩格斯全集》第1版第20卷第365页。

② 18世纪。——作者注

③ 《马克思恩格斯全集》第1版第20卷第593页。这里，还必须参看1874年9月21日恩格斯给马克思的信。恩格斯在信中讨论了英国和德国回到真正合理的自然观的问题，但在这两个国家中，18世纪的法国人依旧是禁果（参看《马克思恩格斯全集》第1版第33卷第127页）。这样就间接表明，法国人具有合理的自然观。

产生的各物质运动形式以及这些形式客观辩证的转化。

在18世纪起主导作用的法国启蒙学者们关注的是，从1751到1772年出版一套正文为17卷图片为11卷的《百科全书》，以此来完成一部百科全书式地概括当时各门科学的著作。① 这部由狄德罗构思、集体完成的著作一定会有助于科学技术的进步和社会的发展。百科全书派宣传理性思维和世界的无限可知性，它们将成为征服自然和改造社会的思想前提。《百科全书》还在理论上和意识形态上为法国资产阶级革命做好了准备。我们将在整整两年半的时间里庆祝这场革命开始的200周年纪念日。

狄德罗在1750年的《〈百科全书〉内容简介》中阐述了该书的两项任务②：

1. 《百科全书》应该囊括各门科学、人文学科和机械工艺的全部认识，这样就成为一种专业词典，一部全面介绍各种知识的词典。

2. 对狄德罗来说，重要的是指出各门科学与艺术之间的远近关系和联系。自然界创造了它们并使之成为人类研究的对象。

除了传播知识外，对狄德罗来说，扩展对自然现象和社会现象的联系的更深入更普遍的理解，也相当重要。百科全书派还要实现"整体观念"，并以此为基础，而不再加入"任何哲理"③。为唯物主义哲学与自然科学和社会科学作媒介，成了狄德罗编纂《百科全书》的构思基础。

---

① 参看安内利泽·格里泽和福尔克尔·米勒：《知识和智慧》，载《德国哲学杂志》1984年第7期第615页。

② 参看德尼·狄德罗：《〈百科全书〉内容简介》，载《狄德罗哲学文集》第1卷，1961年柏林版第113页。

③ 德尼·狄德罗：《关于解释自然的思想》，载《狄德罗哲学文集》第1卷，1961年柏林版第425页。

出版合作者达兰贝尔在他写的《出版者引论》中继续运用了狄德罗《〈百科全书〉内容简介》中的思想。① 这篇引论发表在1751年出版的《百科全书》第1卷的开头。

狄德罗编纂百科全书的第一步是制定一个人类知识体系，即各门科学和艺术的谱系，这个谱系"应表现我们知识的每一个分支的起源，它们的相互结合和它们与共同的品系的联系，而且应该有利于我们把各词条和它们各自的主要学科联系起来"②。人们可以用两种方式制定这一谱系："要么我们的各种知识同我们人的各种能力联系起来，要么我们的各种知识同作为各种知识对象的存在物联系起来。"③ 狄德罗认为第二种方法太艰难，因为自然界提供给我们的"仅仅是特殊的、无限多的事物，没有任何一个固定的和确定的分类"④，加之自然界还通过觉察不到的微妙转化使一切任其自然。狄德罗选择了第一种方法，即从人的智慧的主要能力，从而从人的认识能力中得出人的知识，主要依据的是培根的科学分类计划。⑤

狄德罗在人类知识体系方面的出发点是，物质的东西作用于感官，

---

① 参看让·巴蒂斯特·勒龙德·达兰贝尔：《〈百科全书〉（1751）引论》，1958年柏林版第9页。

② 德尼·狄德罗：《〈百科全书〉内容简介》，载《狄德罗哲学文集》第1卷，1961年柏林版第116页。

③ 德尼·狄德罗：《〈百科全书〉内容简介》，载《狄德罗哲学文集》第1卷，1961年柏林版第116页。

④ 德尼·狄德罗：《〈百科全书〉内容简介》，载《狄德罗哲学文集》第1卷，1961年柏林版第116页。

⑤ 参看弗兰西斯·培根：《论科学的尊严和发展》，普芬斯顿出版，1783年佩斯版第169页。

并在人的知性中引起知觉。① 按照人智力的三个主要能力，知性（entendement）致力于人的感觉。这三个能力决定人类知识体系中的科学分类和艺术分类的基本结构：它包括以记忆（memoire）为基础的历史、以理性（raison）为基础的哲学和出自现象力（imagination）的诗歌。

圣西门在确定科学分类的基础和对科学进行百科全书式概括方面超过了狄德罗②：自然现象之间的关系，现有的不同类别的自然现象，自然现象在简单和复杂程度上的差异，都是科学分类的基础。圣西门的出发点是，研究科学史是研究各门科学之间的系统联系的前提。尽管孔德于1830年从圣西门那里接受了百科全书式的科学整理法的思想③，但其科学分类的内容及其哲学世界观的和意识形态的功能却是截然不同的。④

恩格斯在《自然辩证法》中多次赞赏黑格尔对百科全书式地概括自然科学所起的作用。⑤ 但是，他也批判了黑格尔"人为地"完成的一门科学向另一门科学的辩证转化。不过，重要的是在转化的自然性和现实性中把握转化。⑥ 1842年黑格尔在其《自然哲学讲演录》中把自然界

---

① 德尼·狄德罗：《〈百科全书〉内容简介》，载《狄德罗哲学文集》第1卷，1961年柏林版第128页。

② 参看克劳德·昂利·圣西门：《十九世纪科学著作引论》，1807年巴黎版；《新百科全书纲要》，1810年巴黎版。

③ 参看《马克思恩格斯全集》第1版第20卷第593页。

④ 参看《实证哲学教程》第1卷，1830年巴黎版。恩格斯在1895年1月24日给斐迪南·滕尼斯的信中就圣西门和孔德之间的关系作了重要说明（参看《马克思恩格斯全集》第1版第39卷第374—375页）。

⑤ 参看《马克思恩格斯全集》第1版第20卷第366、546、593页。

⑥ 参看《马克思恩格斯全集》第1版第20卷第593页。

分成三个独立的王国:"1. 在彼此分离、无限孤立的规定中的自然界,物质及其观念体系——力学;2. 在特殊性的规定中的自然界,自然的个体——物理学;3. 在主观性的规定中的自然界(在主观性中形式所具有的真正差别回到观念的统一)——有机化学。"①

恩格斯在批判地吸收所描述的事态时也研究了各门自然科学的辩证内容及其联系。它们是各物质运动形式的联系的表现。众所周知,接受德国自然哲学,首先是接受黑格尔和康德的自然哲学,在这里起了重要的作用。1755年康德在这个僵化的自然观上打开了第一个缺口,再次把发展的思想引进自然科学。② 而18世纪的唯物主义者则特别是由于他们坚定不移的唯物主义自然观和自然科学观而受到恩格斯的重视。③ 这种观点是法国启蒙运动的伟大历史作用的理论基础。按照恩格斯的评论,法国唯物主义的伟大影响力也是与《百科全书》有关的。恩格斯早在1844年就强调唯物主义和自然科学在历史上的联系。"18世纪科学的最高峰是唯物主义,它是第一个自然哲学体系,是……自然科学形成过程的产物。"④ 一门学问变成与哲学和实践结合在一起的科学。在18世纪,天文学、数学、力学、物理学、化学、地理学和自然历史,都具有了科学性。"百科全书思想是18世纪的特征;这种思想的根据是认为以上所有这些科学部门都是互相联系着的,可是它还不能够使各门

---

① 参看乔治·威廉·弗里德里希·黑格尔:《自然哲学讲演录——哲学全书缩写本》第2部分,卡·米希勒出版,1842年柏林版。

② 参看《马克思恩格斯全集》第1版第20卷第366页。

③ 参看《马克思恩格斯全集》第1版第2卷第159页,第19卷第205—209页,第20卷第19—21页,第21卷第319—321页。

④ 《马克思恩格斯全集》第1版第1卷第657页。

科学彼此沟通，而只能够把它们简单地并列起来。"①

1892年恩格斯又开始对此进行研究。他写道，法国的唯物主义者没有把他们的批判仅仅局限于宗教，而且还批判每一个科学传统和政治设施。"而为了证明他们的学说可以普遍应用，他们选择了最简便的道路：在他们因以得名的巨著'百科全书'中，他们大胆地把这一学说应用于所有的知识对象。这样，唯物主义就以其两种形式中的这种或那种形式——公开的唯物主义或自然神论，成了法国一切有教养的青年的信条。"②

(原载《马克思恩格斯研究论丛》柏林版第23辑)

(张为民、周福海 译 单志澄 校)

---

① 《马克思恩格斯全集》第1版第1卷第657页。
② 《马克思恩格斯全集》第1版第22卷第352页。

绝对不仅仅是出于好奇[*]

〔德〕安纳里泽·格里泽　格尔德·帕维尔齐克

马克思恩格斯理论创作中的自然科学摘要

毫无疑问，卡·马克思和弗·恩格斯特别重视自然科学（和数学），并掌握了它的各个领域的详尽知识，这一点已经以多种方式在他们的理论著作中表现出来。但是，我们对这些的了解还不完全，例如：他们进行自然科学研究的范围到底有多大；具体包含哪些方面；马克思和恩格斯在其创作的各个不同时期密切关注的是哪些课题。虽然在他们两人生前出版了一些重要著作，如《资本论》和《反杜林论》（这些著作证明了他们的理论工作的这个方面），并且在他们逝世后，一些信件和手稿——首先是《自然辩证法》——的发表使我们有可能获得新的更深入的了解。但是，直到今天，由于《马克思恩格斯全集》历史考证版的出版，才使我们真正有了先决条件去全面探索马克思和恩格斯的自然科学研究，并且根据这个版本的原则全面地、忠于原著地从他们的发展中介绍他们的自然科学研究。为此，建立一个相应的科学的准备阶段，是最近几年甚至几十年马克思恩格斯研究的重点。就此而论，《马

---

[*] 本文选自《马克思恩格斯研究》1993年总第14期。

克思恩格斯全集》历史考证版第 4 部分具有特殊的意义，因为其中许多卷载有关于机械学、物理学、化学、地质学、生理学等著作的摘录。与这些卷有联系的可能有哪些重要问题；怎样才能找到解决它们的办法，我们将在下面根据第 4 部分第 39 卷加以讨论。① 在此，我们以两种较普遍的考虑为指导。其一，我们的出发点是，这些自然科学摘要为更好地了解经典作家的思想方式和工作方式以及马克思主义的历史提供了一个前提。其二，我们确信，尤其是以自然科学摘要为明确目标的马克思恩格斯研究，将继续显示出它具有现实的广阔天地。

在 19 世纪后三分之一的时期内欧洲的先进国家在生产力的体系中、在科学与物质生产的关系中完成了质的变化。发展进程从这里开始了，不管此后发生的所有社会变革怎样，这一发展进程的结果一直影响到现在。因而，更进一步地深入了解马克思和恩格斯研究这一发展的方式和方法，深入了解他们对当时的生产方式、生产力发展、自然科学认识过程与一般的精神文明之间的联系所持的看法，了解他们所特有的关于所有这些问题与工人阶级政治斗争的结合，有助于我们掌握那些与当今的科学技术进步紧密联系着的新的社会问题和世界观问题。

---

① 在此我们依据的是《马克思恩格斯全集》历史考证版第 4 部分第 39 卷研究小组于 1986 年 12 月向德国统一社会党中央委员会马克思列宁主义研究院提出的修订本。

关于《马克思恩格斯全集》历史考证版第 4 部分第 39 卷的内容

这一卷只刊登马克思和恩格斯的自然科学摘要，这对绝大部分手稿来说还是首次。其中恩格斯的几篇短文只是例外，收进本卷的他的摘要总共有 9 印张，此外有两篇简短的札记。这些摘要涉及威廉·汤姆生、彼得·加思里·台特、卡尔·弗拉斯、海尔曼·冯·黑尔姆霍尔茨、让－巴蒂斯特·勒龙德·达兰贝尔和古斯塔夫·维德曼等人的著作。[①] 除弗拉斯以外，上面提到的这些作者详细论述了机械学、物理学和电化学的问题。与《自然辩证法》联系起来看，这些摘录可能是 1879 年底到 1880 年初和 1881 年底到 1882 年初做的。在它们的基础上，恩格斯撰写了《运动的基本形式》、《运动的量度。——功》、《潮汐摩擦。康德和汤姆生—台特》、《热》和《电》等篇章。[②] 他所关注的是：从关于无生命自然的各个学科的理论发展出发，系统地突出其中存在的辩证内容；并且批判地分析自然科学研究者那里的认识方面的难题。恩格斯在他准备的摘要中已概述了他的论据的重要线索。1882 年 7 月和 11 月的两篇札记是对《自然辩证法》的补充。

---

① 参看威廉·汤姆森和彼得·加思里·台特：《自然哲学论文》第 1 卷，1867 年牛津版；卡尔·弗拉斯：《当代气候和植物界。一篇论其历史的文章》，1847 年兰茨胡特版；海尔曼·冯·赫尔姆霍茨：《论保存力量》，1847 年柏林版；（让·勒龙德）达兰贝尔：《动力学论文》，1743 年巴黎版；占斯达夫·亨利希维德曼：《电镀和电磁学》第 1 卷，1874 年不伦瑞克版第 2 章第 1 节和第 2 章第 2 节。

② 参看《马克思恩格斯全集》第 1 版第 20 卷第 408—508 页。

马克思的摘录中与化学有关的总共有26印张。它们是以洛塔尔·迈耶尔、亨利·恩菲尔德·罗斯科和卡尔·肖莱马的书为根据的。① 这些名字就已表明，马克思像恩格斯一样，取向于当时先进的知识水平。他的研究中心是化学分子理论问题，令他感兴趣的是化学化合物的结构、它们之间的亲缘关系以及它们的形成、转化、分解的规律。马克思特别注重60和70年代的洛塔尔·迈耶尔和德米特里·门得列耶夫创立的元素周期律，就这一方面而言，他认识到，首先是有机化学对化学这门学科的理论变革及其广泛的实际运用起到重要的推动作用。值得注意的还有马克思对化学史的兴趣。他确定了各种各样的历史联系，同样也探讨了一些超越当时知识水平提出的问题。这里包括生理化学、蛋白质化学以及可能与它们相近但仍未能探明其究竟的其他化合物等等问题。马克思的工作方式的特征表现为：以他自己独特的方式加工他的原始资料——其他作者的著作。虽然他一般都遵循原书的分段和标题，但也常常对此作比根据的原始资料多得多的阐述。虽然他偶尔简化其内容，但在许多情况下还是拿出独立的东西，如概况和图表，而在原始资料中根本就没有这种形式。因此，详细地说明材料的出处是相当复杂的，对原文的出处往往要提到多种著作。马克思的关于无机化学和有机化学的摘要迄今为止被认为有可能是在1882年或是在1882年6月至1883年1月

---

① 参看洛塔尔·迈耶尔：《现代化学理论以及对化学静力学的意义》，1872年布雷斯劳版；亨利·恩菲尔德·罗斯科和卡尔·肖莱马：《以科学的最新观点为依据的简明化学教科书》，1873年不伦瑞克版；亨利·恩菲尔德·罗斯科和卡尔·肖莱马：《详尽化学教科书》第1卷和第2卷，1877年和1879年不伦瑞克版；卡尔·肖莱马：《碳化物或有机化学教科书》，1874年不伦瑞克版。

这段时间内完成的。① 与恩格斯的摘录不同，马克思的摘录没有介绍它们与其作者的某些著作之间的明确关系。

后人对迈耶尔、罗斯科和肖莱马这些人的著作摘要的注意，要比对马克思的地质学、农业化学和数学的著作的注意晚得多。恩格斯那里也没有与此相关的提示，不管是在1883年3月到1884年3月，也就是在大家知道他在百忙中整理马克思遗产的这段时间的信件中，还是在其他的证明中，都没有提示，例如，1892年发表在《社会政治科学手册》上的关于恩格斯战友的生平和活动的文章只是明确地称赞了马克思的地质学研究工作。② 甚至弗兰茨·梅林在他的《马克思传》中也没有提示，相反，却表达了下面这个观点，即科学社会主义创始人的创造性的科学活动实际上在1878年就已结束。③ 迄今为止，在奥古斯都·倍倍尔、爱德华·伯恩施坦和卡尔·考茨基论述马克思和恩格斯的文学遗著时同样也没有涉及这些文稿。第一次发现这些文稿是在1932年柏林社会民主党档案馆为准备纪念马克思逝世50周年而编制的马克思遗稿目录中，这大概是第一个这样的目录。在《化学研究》这个标题下列举了下列材料：1. 化学方程式卡片；2. 关于无机化学和有机化学的对开本；3. 关于无机化学（结尾），关于有机化学（对开页）；4. 对开本：肌肉组织中存在的物质。④

---

① 参看《马克思恩格斯全集》第1版第19卷第692页。还可参看苏联共产党中央委员会马克思列宁主义研究院出版的《卡尔·马克思传》，1984年柏林版第708页。

② 参看《马克思恩格斯全集》第1版第22卷第400页。

③ 参看《梅林全集》第3卷《卡尔·马克思及其生平》，1979年柏林版第529—533页。

④ 参看柏林马列主义研究院中央党务档案馆。

尽管此事已经提过，但迄今为止在马克思恩格斯研究和马克思恩格斯出版物中几乎没有重视这些令我们感兴趣的摘要．连《马克思恩格斯全集》以及1968年在莫斯科出版的《马克思传》也只有关于马克思在80年代初期研究无机化学和有机化学的一般提示。1969年库尔特·赖普里希发表过关于马克思和恩格斯的自然科学摘要的概况，但没有列举这些摘要，而只是让人们参阅马克思收藏的洛塔尔·迈耶尔的著作以及其中的旁注。① 紧接在赖普里希之后，曼弗雷德·克利姆也谈到马克思1878—1879年的自然科学文稿，但未谈及他以后对化学的研究。② 这样看来，随着对《马克思恩格斯全集》历史考证版第4部分第39卷的研究，我们将迈进一个新的重要领域。虽然苏联的马克思恩格斯研究者们几年以前为了内部目的对本卷的摘要进行过首次文稿辨认，但仍然缺少对它们的更细致的研究。这种研究是指按照《马克思恩格斯全集》历史考证版的要求对原文进行辨认和复制，也包括全面的科学的评注。

在本卷的准备过程中要完成哪些科学出版的任务？怎样才能理解本卷中马克思和恩格斯的极其特殊的专门学科研究？

在我们到目前为止的工作中首先有两个问题是显而易见的。其一，确定手稿的可靠日期。对于恩格斯的摘要来说，根据它与《自然辩证法》的联系，做到这一点不是十分复杂的。在《马克思恩格斯全集》历史考证版第1部分第26卷上对此就有相对准确的说明，尽管这些说

---

① 参看库尔特·赖普里希：《卡尔·马克思和弗里德里希·恩格斯的哲学自然科学著作》，1969年柏林版第121—130页。

② 参看由曼弗雷德·克利姆整理并注解的《卡尔·马克思一生的文献(1818—1883年)》，1970年莱比锡版第474页。

明还需要进一步检验。① 在这里，真正的问题是要确定马克思摘要的日期。对于在己提到过的《马克思传》中举出的那段时期，即1882年6月到1883年1月期间所作的摘要有下列看法：根据一致的报道，马克思在这段时间的身体状况出现了暂时的好转。许多信件都证实：马克思虽然主要是在旅行，但同时又竭力争取再次投入工作，并且还对自然科学予以关注。马克思早在1882年3月27日从阿尔及尔给他女儿燕妮的信中写道：暂时还谈不上做什么工作②，而他在同年11月10日给爱琳娜的一封信中又写道：他还没有开始真正工作，而是在做各种准备。③ 12月23日，马克思索取约翰·兰克的《生理学》一书④，因为早在1876年春他就从这本书中作过摘录。最后，卡尔·肖莱马于1883年1月25日把自己写的一首咏蜡烛诗送给马克思，附言是"赠马克思，为重温其有机化学而作"⑤。尤其是后面两封信可以用来作证，证明马克思在上述时间内确实从事过自然科学问题的研究，而且肖莱马很有可能知道此事。同样，1882年8月到12月这段时间马克思和恩格斯涉及自然科学和数学问题的相互通信，也提供了类似的情况。⑥

这些假定的日期有多少准确性，现在还难以判断，因为缺少明确的

---

① 参看《弗里德里希·恩格斯〈自然辩证法〉的产生和传播》，载《马克思恩格斯全集》历史考证版第1部分第26卷第589—593页。

② 参看《马克思恩格斯全集》第1版第35卷第290页。

③ 参看《马克思恩格斯全集》第1版第35卷第397页。

④ 参看《马克思恩格斯全集》第1版第35卷第417页。

⑤ 卡尔·肖莱马1883年1月25日给马克思的信。柏林马克思列宁主义研究院中央党务档案馆。

⑥ 参看《马克思恩格斯全集》第1版第35卷第83—87、89、100、108—109、110、114—115、121、127—129页。

证据。从被摘抄的原始资料来看，以前的写作日期还是可能有的。那些马克思使用过的书籍也已于1872、1873、1874、1877和1879年发表过。正像肖莱马1875年4月2日给马克思的信中所强调的那样，后者大概在这段时期对洛塔尔·迈耶尔的思想和成就已有了一定程度的了解。① 正如手稿所表明的那样，马克思写作时通常同时使用很多原始资料，这一事实表明：这些摘要不是在1879年以前完成的。这些摘要的形式也证明摘录时间较晚，因为它们的形式与弗里德里希·克里斯托夫·施洛塞尔的多卷本的世界史摘要中（1881年底到1882年底完成）的表现形式是最容易比较的，而比较可以涉及以下方面：字形、原始资料特征、摘录上空缺的目录和作者本人标明的写作日期。当然，化学摘要是否确实是直到马克思生命的最后几个月才做的，这个问题还有待进一步地探讨。就此而言，这个问题有较普遍的意义，因为迄今为止对马克思在这段时间进行科学研究的内容和范围的了解还是不够的。从这个问题的答案中人们会得到新的认识，即马克思在他生命的最后岁月中计划并试图完成哪些研究项目。

其二，问题在于了解马克思对作为其理论工作重要因素的无机化学和有机化学的研究情况，其出发点是什么？他打算以此实现哪些愿望？这些研究仅仅是为了追求更加完备的知识，还是从属于一定的科学目的和政治目的？马克思的化学研究在马克思主义的发展史上是否占有一席之地，以及从哪些方面看这些研究具有现实意义？

当今对这些手稿在理论史上的编排存在着各种各样的假设，对我们来说，这些假设是不能接受的。因为，一方面，仅仅是确立了与马克思

---

① 参看卡尔·肖莱马1883年1月25日给马克思的信。柏林马克思列宁主义研究院中央党务档案馆。

经济学著作的关系；另一方面，也不过表明了这样一种推测：马克思在他生命的最后年代曾考虑过自然科学的哲学基础。① 我们认为应该避免一切草率的片面的判断。我们需要的是尽可能有分歧的答案，而且也要这个答案恰如其分地虑考到在确定手稿日期方面的每一次认识上的进步。

关于理论史上的编排

如果我们把马克思的摘要看做是一个单独的部分，或者仅仅从它与化学史的联系中去分析它，那么上述这两个问题就得不到解决。我们现在只是进一步谈谈综合历史考察法。在德国统一社会党中央委员会马克思列宁主义研究院和民主德国马克思恩格斯研究科学委员会于1986年10月为今后继续编辑出版《马克思恩格斯全集》历史考证版的工作而举行的科学会议上普遍要求采用这种考察法。② 这一要求含有哪些内容？这个要求对《马克思恩格斯全集》历史考证版第4部分第39卷产生了哪些结果？

综合历史考察法的第一步是：揭示与马克思的其他自然科学摘要以及与恩格斯的有关研究的联系。一种只看重第4部分第39卷的观点是不恰当的。从第4部分的内容简介中可以得知：这一部分的一系列卷册的内容，全部或者部分取自马克思的自然科学摘要。摘要涉及各种科学

---

① 参看由曼弗雷德·克利姆整理并注解的《卡尔·马克思一生的文献（1818—1883年）》，1970年莱比锡版第476页。

② 参看埃里希·孔德和亚历山大·马利施：《〈马克思恩格斯全集〉历史考证版的继续出版和马克思恩格斯研究的前景》，载《马克思恩格斯研究丛刊》1987年第21期第16—42页。

领域，而且完成于各个不同时期：物理（1866年、1876年和1882年），农业化学（1851和1875年），土壤学和人工栽培植物史（1868年），动植物生理学和人类生理学（1876年），地质学、矿物学和农业化学（1878—1879年），最后是无机化学和有机化学（1882年）。马克思的数学手稿完成于1881年，对此的准备性研究是在1863、1878和1881年进行的。他在1878至1879年间所作的一些摘要证明，马克思此外还密切注意过去和当时进行的关于自然科学的哲学问题的讨论。

这一概况已经让我们认识了马克思自然科学研究的本质特征。第一，马克思的科学兴趣的广泛性，他取向于19世纪下半期代表当时知识进步的几乎所有领域。除摘要之外，还应该考虑与此有关的旁注，首先是马克思书信中对自然科学问题的各种意见。例如，马克思专心致力于查理·达尔文的著作，这就是我们从来往信件中搜集到的。①

第二，马克思多年来从未间断地遵循着某些既定方针，这一点是十分清楚的。其中之一就是他从事化学的研究，可以证实，他早在50年代初就对化学深感兴趣，而60年代和70年代他又回到化学研究上，并且有可能在80年代初又重新开始积极地从事这一方面的研究。显然，马克思首先是对农业化学、特别是尤斯图斯·冯·李比希和詹姆斯·芬利·韦尔·约翰斯顿的著作感兴趣，而且这些都与他分析托马斯·罗伯特·马尔萨斯的人口论有关。恩格斯在1858年7月14日给他朋友的一封信中高度评价"有机化学的巨大发展"②，并且他还单独地从这一发展中得出一个结论，即更准确地检验黑格尔辩证法和自然科学认识进程之间的联系。马克思在1866年2月13日的一封信中强调了他的化学研

---

① 参看《马克思恩格斯全集》第1版第30卷第131、251、574页。
② 参看《马克思恩格斯全集》第1版第29卷第324页。

究与地租问题的联系①,然而在60年代这一研究已不限于此了。马克思在《资本论》第1卷中就已经阐述了这样一个结论:黑格尔发现的从量变到质变的转化规律像在自然科学中一样,在经济领域里也得到证实;他还指出这一规律是化学分子说的基础。②马克思在《资本论》第1版序言中把政治经济学方法和物理、化学的研究方法作了比较。③像恩格斯那样,他也在1867年阅读了1866年出版的奥古斯特·威廉·冯·霍夫曼的《现代化学通论》一书。④同年,马克思急切地想看到罗斯科和肖莱马的《简明化学教程》一书,并且在拿到这本书之后表示他特别喜欢这本书。⑤这本书的第2版发表之后,马克思在1869年3月重新研究第二部分,即为有机化学而写的那部分。⑥可见,当他转向积极研究以摘要为依据的著作时,他已经十分熟悉化学问题了。至于谈到《简明化学教程》一书,马克思早已研究过这本书的较早版本。

第三,有一点我们不能忽视,尽管马克思持续不断和较早地致力于探讨自然科学的范围,但与此相关的研究显然还在加强。十分明显,重点是在70年代和80年代初。恩格斯的自然科学研究也集中在这同一时间内,这时他还撰写了《自然辩证法》(1873—1882年)和《反杜林论》(1876—1878年)。

---

① 参看《马克思恩格斯全集》第1版第31卷第181页。
② 参看《马克思恩格斯全集》第1版第23卷第342—343页。
③ 参看《马克思恩格斯全集》第1版第23卷第8页。
④ 参看《马克思恩格斯全集》第1版第31卷第309、312页。
⑤ 参看《马克思恩格斯全集》第1版第31卷第397、412页。
⑥ "明天我将开始重新阅读第二部分,即有机化学(我估计,正是在这里该会看到一些改动),作为星期天的一种享受。"(《马克思恩格斯全集》第1版第32卷第264页)

第四，80年代初，和恩格斯一样，马克思除了研究化学以外，第二，也就是对工业发展至关重要的重点，即电学及其技术运用。后来，他的兴趣又回过来发展到这个领域。威廉·李卜克内西在他的回忆录中提到1850年夏的谈话，马克思在交谈中表达了这样的观点："上个世纪曾改变了世界的蒸汽王已经失去了其统治地位，取而代之将会有一个还要伟大得多的革命者出现，它就是电火花。"① 马克思"十分热心"地向他阐述："几天来在里真特大街上展览了能牵引火车的电器模型。'现在这个问题得到了解决，但后果是难以预测的。经济革命必须随着政治革命而进行，因为经济革命只不过是政治革命的表现。'"② 大概在1882年，马克思研究了同年在巴黎出版的爱德华·奥斯皮塔利埃③的《现代物理。电的运用原则》一书，并划了许多线，做了4页摘抄。④在这里他高度评价杰出人物的功绩，例如，由格奥尔格·西蒙·欧姆或者是詹姆斯·普雷斯科特描述的电学理论基础，而在最后编制了最重要的计量单位一览表。他还明确提到1881年秋在巴黎举行的第一次"电学家"国际代表会议。1882年11月，马克思对法国物理学家马塞尔·德普勒1882年在慕尼黑国际电气展览会上做的远距离输电实验发生了兴趣。关于此事，他在1882年11月8日给恩格斯的信中这样写道："慕尼黑电气展览会上展出的德普勒的实验你认为怎样？龙格答应给我

---

① 威廉·李卜克内西：《回忆卡尔·马克思。简历和回忆》，载《摩尔和将军。回忆马克思和恩格斯》，1982年柏林版第46页。

② 威廉·李卜克内西：《回忆卡尔·马克思。简历和回忆》，载《摩尔和将军。回忆马克思和恩格斯》，1982年柏林版第46—47页。还可参看《马克思恩格斯全集》第1版第27卷第263—265、270—271、275页。

③ 参看国际社会史研究所：《马克思恩格斯遗产》，第146页。

④ 《马克思恩格斯全集》第1版第35卷第100页。

找德普勒的著作（专门证明可以通过普通电报线进行远距离输电）已经将近一年了。"① 恩格斯在回信中强调，他也对这次实验感兴趣，然而他不明白迄今为止仍然在应用的导线电阻计算律在这种情况下怎么还能存在。② 1883年春，恩格斯在给伯恩施坦的一封信中又回过头来谈这一题目，有可能他在这段间隔时间内对它进行了更加仔细的研究。恩格斯写道："蒸汽机教我们把热变成机械运动，而电的利用将为我们开辟一条道路，使一切形式的能——热、机械运动、电、磁、光——互相转化，并在工业中加以利用。循环完成了。德普勒的最新发现，在于能够把高压电流在能量损失较小的情况下通过普通电线输送到迄今连想也不敢想的远距离，并在那一端加以利用——这件事还只是处于萌芽状态——这一发现使工业几乎彻底摆脱地方条件所规定的一切界限，并且使极遥远的水力的利用成为可能，如果在最初它只是对城市有利，那么到最后它终将成为消除城乡对立的最强有力的杠杆。但是非常明显的是，生产力将因此得到极大的发展，以至于资产阶级对生产力的管理愈来愈不能胜任。"③

第五，如果我们从整体上综观马克思的自然科学研究，就会从中发现独特的、内在的逻辑，如果想要正确理解个别摘要对马克思理论的作用，就需要把握这个逻辑。我们已经指出，马克思在50年代和60年代，按照当时的知识水平，首先从事的是农业问题的研究，特别是致力于研究植物生长、土地肥沃程度和气候条件之间的联系。他仔细阅读了

---

① 参看《马克思恩格斯全集》第1版第35卷第100页。
② 《马克思恩格斯全集》第1版第35卷第445—446页。
③ 参看弗里德里希·克里斯托夫·施洛塞尔：《供德国人民阅读的世界史》第1—19卷，在作者参与下由G.L.克里格克修订，1844—1857年美因河畔法兰克福版。

尤斯图斯·冯·李比希、詹姆斯·芬利·韦尔·约翰斯顿、卡尔·弗腊斯以及弗兰茨·克萨维尔·赫卢贝克的著作,并且在他所作的摘要中主要强调了那些关于自然与社会之间的相互关系是人类生存和发展的条件这个观点。这是一个复杂的课题。从原则上说,马克思从40年代起就和恩格斯一起对这一课题表示十分关注。从这里开始引导出清楚可见的关于他在70年代和80年代初的自然科学研究的线索。马克思力图做到,不仅使他自己的认识达到当时的最新水平,而且还要逐渐深入地探讨他感兴趣的课题的自然科学基本原理。显然,他的这些努力都与各门学科的不断进步的认识过程有关。这就使马克思首先要研究植物生理学和人类生理学、矿物学和地质学;同时,正如我们从摘要中得知的那样,他还不得不面对许许多多的物理概念、化学概念和事实。因此,他以后转向物理,特别是转向化学,这本来就是合乎逻辑的事。

最后,第六,马克思和恩格斯从事各门社会科学研究的原因也是清楚的。首先,这涉及时间的相同。马克思在70年代和80年代初重新从事各类经济著作的研究,当然还包括历史名著。在1880年和1882年之间,他摘录了1877年出版的划时代著作——路易斯·亨利·摩尔根的《古代社会》(《马克思恩格斯全集》历史考证版第4部分第34卷)。恩格斯后来曾把这篇著作连同马克思遗留下来的摘要作为他撰写《家庭、私有制和国家的起源》这本著作的依据。从1881年底到1882年底,以上提到过的对施洛塞尔多卷集著作中世界史方面的内容丰富的摘要完成了。①

除了时间的相同之外,还要研究的就是:马克思晚年对自然科学和社会科学的研究之间究竟在多大程度上存在内容的联系。马克思和恩格

---

① 参看《马克思恩格斯全集》第1版第37卷第106页。

斯共同创立的工人阶级的科学世界观的基本因素就是自然与社会是统一的这种思想，在承认这两个领域的客观规律的同时，也强调它们的特殊性。因此，他们的观点与资产阶级哲学家和历史学家的企图是根本不同的，后者不是把关于自然的科学思想和关于社会的科学思想等同起来，就是把它们相互对立起来。在这种比较普遍的背景上，必须讨论下述问题：马克思和恩格斯从事自然科学和社会科学研究，其目的是否也是在于找出这两个科学领域在理论形成过程中的平行现象；尤其是马克思在1870年以后从事的对他来说是新颖的关于自然和社会的科学研究是否抱有更深远的目标。

我们认为，要相当可靠地确定使我们感兴趣的无机化学和有机化学摘要的日期，并加以注释，而且把这些摘要看做是马克思理论工作的重要因素，必要的先决条件就是要比较分析特别是在70年代和80年代初马克思从事的各种各样的科学研究，当然也包括恩格斯的研究。

我们认为，综合历史考察法的下一步主要以这些内容为重点：

特别是鉴于19世纪后三分之一的时期内生产力发展在质上全新的因素以及改变了物质生产和科学之间的关系，更需研究19世纪资产阶级发展的一般特征；比较研究德国、英国、法国和美国的历史以及各个国家的资产阶级的科学政策和教育政策。

自然科学和技术科学中的发展趋势；物理、化学和生物学的联系，自然科学和社会科学的联系；哲学思想中和一般精神文明中的趋势。

了解德国工人运动和国际工人运动中的历史发展；1870年以后这一运动开始进入一个新阶段，其新的要求是全面制定并宣传工人阶级的科学世界观；当时的工人教育运动和意识形态辩论中的自然科学、社会发展和哲学。

下面我们想从这里提出的各种各样问题中选出两个问题作比较详细

的探讨。它们涉及自然科学中重要的发展趋势和生产力发展的其他特征。我们在较宽的时间范围内讨论前一点，同时只分析一下70年代和80年代初生产力发展的其他特征。

19世纪自然科学的几个发展趋势

恩格斯在1888年10月15日写给丹尼尔逊的一封信中把19世纪评述为"达尔文、迈尔、焦耳、克劳胥斯的时代"，"进化论和能量转换的时代"。① 因此，他引人注意地赞同当时较早的优秀自然科学家的观点。海尔曼·冯·赫尔梅霍茨、路德维希·波尔茨曼和恩斯特·海克尔对此都有完全相似的评价。② 在《自然辩证法》的新版本——《马克思恩格斯全集》历史考证版第1部分第26卷的准备过程中，我们可以证明，事实上恩格斯把他的自然科学研究主要集中在19世纪自然科学思想的这两条发展路线上；在这一著作的资料中包含的哲学思想实质上是以领会这两条发展路线为基础的。由此出发，不仅在理论史导言中，而且在注释里都详细地阐述了热力学和以它为依据的原子论以及自然科学的发展思想及其在天文学、地质学和生物学上的积极作用。③ 马克思的摘要、旁注、信件都表明，两条发展路线对于他的自然科学研究来说十分重要。然而，同时我们不得不提出这样的问题：这里规定的范围是否足够？或者更确切地说，19世纪化学的发展和其他科学领域存在哪些

---

① 参看《马克思恩格斯全集》历史考证版第1部分第26卷《前言》第40页。
② 参看《马克思恩格斯全集》历史考证版第1部分第26卷《前言》第39—57页。
③ 参看艾琳·施特鲁布、吕迪格尔·施托尔茨和霍斯特·雷马内：《化学史。从起源到现在的概况》，1986年柏林版第60—102页。

联系？这些问题同样也适用于电学。

科学史上的评价表明，1770年到1870年间，化学由于工业革命而经历了根本性的改变。在这一发展初期就有了安东-罗朗·德·拉瓦锡、约翰·道尔顿和阿马德奥·阿伏加德罗等人的发现。拉瓦锡大约在1785年驳斥了迄今仍在起作用的燃素说，并且仔细说明了诸如"元素"、"化合物"这样重要的化学概念。在这个基础上，人们得以首次表述了用那些适合于化合物成分的量比的规律性，如定比定律（1801年，约瑟夫·路易·普鲁斯特）和倍比定律（1803年，约翰·道尔顿）。道尔顿在1805年和1807年就此指出，它们的一个理论基础是他的化学原子论，按照这个理论，任何一个化学元素都是由同质、同量度、同形状的原子组成，不同元素的原子以这三种标志而互相区别，化学反应被理解为原子的分离或重新组合。阿伏伽德罗进一步发展了化学分子论，并以同类和不同类的原子来区别分子。所谓的古典化学的基础随着这一发展而确立，一直到19世纪末，它包括以无机化学、有机化学和物理化学为代表的三大领域。

弗里德里希·维勒早在1828年用无机物质合成尿素从而提供实际的证明：无机界和有机界中各种化学过程之间没有不可逾越的鸿沟。有机化学、碳化合物化学，或如肖莱马给这一分支下的定义那样，碳氢化合物化学及其衍生物化学，大约在19世纪中期取得了领先地位。它们对整个化学结构中的变化起到重要的推动作用。这尤其关系到不断发展的，关于有机化合物合成的理论观念。这些观念从化学中类型论的各种不同变异（1840年让·巴蒂斯特·杜马和1853年沙尔·热拉尔），经过对化学元素的价的认识（1857年由弗里德里希·奥古斯特·凯库勒发现的一般形式），到1861年发展为亚历山大·布特列罗夫的化学结构论。凯库勒和肖莱马为化学结构论的创立和运用作出了重要贡献。

迈耶尔和门得列耶夫在1868年和1871年间发现的化学元素周期律是古典化学发展的最高点和相对的终点。这是一个基本规律，按照这个规律，元素的特性由它的原子量决定，而化学性质相似的元素则分类排列（按原子量排列的元素性质的周期性），不过这也只是后来由于对原子内部结构的分析才得以充分认清的。①

现在我们所能了解到的是，马克思密切注视着这一发展，并特别对化学理论基础中的变革感兴趣。值得注意的是，他还特别关注迈耶尔，并且熟悉他的著作《现代化学理论及其对化学静力学的意义》中的主要部分。正是这部著作反映了在化学中达到的理论知识水平及对此进行的重要讨论。迈耶尔在第1版序言中首先给整个自然科学的任务下了如下定义：自然科学必须探索事物的因果关系，并且事先认识到从现有条件中出现的现象。甚至化学现象都遵从一般的力学原则。这就是说，一个单独的原子的曲线正如行星的轨迹一样是固定不变的。②

马克思接着高度评价了道尔顿创立的原子论的意义，因为它使化学获得了一个全新的、独特的面貌。从原子论出发，化学不仅是作为一门记述的、进行分类的科学在发展，而且它的理论部分和思辨部分也在不断完善。当然，人们不应忽视：19世纪初物理学的状况，首先是与热素说有联系的对原子论的否定，曾经是化学发展的障碍。只有热力论才使物理理论和化学理论有了新的结合点。遗憾的是，还缺少一个相应的电理论来解释电现象与光、热以及化学现象的联系。③

---

① 参看洛塔尔·迈耶尔和德米特里·门得列耶夫：《天然的化学元素系。精密科学的经典作家奥斯特瓦尔德》，1895年莱比锡版第68页。

② 参看洛塔尔·迈耶尔：《现代化学理论及其对化学静力学的意义》，第2页。

③ 参看洛塔尔·迈耶尔：《现代化学理论及其对化学静力学的意义》，第5—10页。

迈耶尔的这些考虑中有两点对当前的情况来说十分重要。第一，迈耶尔对电学水平的评价与恩格斯不久以后在《自然辩证法》中阐述的相似。[①] 他们的评价是切合实际的：迈克尔·法拉第和詹姆斯·克拉克·马克斯韦尔创立的电磁场理论——电动力学在当时仍被物理学家们视为与其他假说并列的一个假说，而且它的创立者们仍坚持某些确定的力学观念和以太假说。因此，他们深信，电磁现象是以具有力学特性的介质为基础的。这与他们完成的变革的现实内容相矛盾，因为他们通过电磁场发现了一个新的物理结构形式，其规律即所谓的马克斯韦尔方程式，成为统一把握电、磁、光的现象的基础，并且不会还原为力学性质的规律。虽然早在1831年（法拉第发现电磁感应）和1865年（马克斯韦尔在理论上从他的方程式推导出具有光波的所有特性的电磁波的存在）间就已获得了新的、决定性的结论，然而，只是由于亨利希·赫尔茨1888年通过实验证实电磁波的存在，才为法拉第—马克斯韦尔理论得到广泛认可和物理学在非力学基础上进一步发展创造了真正的前提，其结果就是在本世纪初产生了相对论和量子力学。

第二，迈耶尔对原子论的阐述和他把原子论视为物理学和化学的统一基础，这使我们极感兴趣。我们也在此明确申言完全赞同马克思和恩格斯的相应观点。他们不仅仅把注意力集中到热力论，而且也集中到化学中的分子论和化学元素周期律，他们这样做的依据是下面的这些结论：他们那个时代的物理学和化学所取得的重大进步都以原子论为基础；原子论本身也经历了根本的变革，并导出关于无生命自然的科学在质上全新的结构思想。这种结构思想和关于天文学、地质学和生物学的发展思想一道，共同成为马克思和恩格斯进行自然科学研究的重要基准点。

---

① 参看《马克思恩格斯全集》第1版第20卷第453—454页。

70年代末和80年代初生产力发展的几个典型特征

马克思和恩格斯特别致力于研究化学和电学,这一点不只限于可以从他们的科学工作进程的内在逻辑得到解释。如果我们考察一下当时工业最发达的国家中生产力的发展,就会确信,正是在那些年代开始了生产力发展的一个质上全新的阶段,但它丝毫未引起经济基础中任何结构变化。我们有理由这么说,当时化学化和电气化已运用于生产与消费,同时这两种潮流又在密切的相互影响下向前发展。这时,无论是电气工业还是现代化学工业,它们的典型特征就是:一方面,它们比较快地导致大企业、康采恩和垄断组织的形成;另一方面,它们的形成和扩展归功于自然科学的基本结论和发现。因为这些结论和发现清楚地表明了科学与生产之间的新的相互关系,正如当时在精密机械和光学仪器制造方面也以同样方式形成了这种相互关系一样。①

虽然在40年代由于电报设备,特别是由于铁路的建设,电气工业开始发展,并由于1866年首次铺设连接欧洲和美国的海底电缆而庆祝胜利,但是,在许多企业中电气工业仍被视为副产业或只是由较小的专业厂家利用(例如,从1850年起由柏林西门子—哈尔斯克商行利用)。电气工业在这种情况下仍在发展。60年代特别是在英国,电缆工业方兴未艾并推动了化学工业(绝缘材料、导体铜的纯度要求,只有通过电解净化——电解铜——才能得到满足)。然而,真正的繁荣开始于70年代末,因为1866年到1867年,威纳尔·西门子发现的电动原理在技术

---

① 关于这一点参看《1800到1845年德国的生产力史》第2卷《1870到1917和1918年之间的德国生产力》,1985年柏林版。

和经济方面合理地解决了机械能和电能相互转化的问题。托马斯·爱迪生在1879年到1881年间制造了第一批可供使用的炭丝白炽灯,大约在同一时期电弧灯(街道照明)得到广泛的应用。在1882年9月慕尼黑国际电工技术展览会期间,几条街道的电灯照明显示了它可在公众中使用。恩格斯从劳拉和路易·菲勒克1882年11月21日的信中得知了这些情况。①

现在,在小型住房设备的试验阶段结束之后,为城镇和居民点的住房以及街道照明建设公用发电厂,显得尤为重要。1882年在纽约、1883年在彼得堡、1884年在柏林,都有类似的发电厂。那时进行了首批卓有成效的尝试,把电能用于运输这一目的。威纳尔·西门子在1879年柏林手工业展览会上介绍了第一个电气机车。大约在同一个时期,俄国进行了各种各样的实验,1881年在柏林的利赫特费尔德第一辆有轨电车开动了,行程2.5公里。80年代这样的电车在许多城市出现,并且从1890年起在伦敦,从1896年起在布达佩斯,都开通了地铁。

首先,遇到的麻烦是,当时不能把可生产的较大的电能量输送到远方。法国物理学家马塞尔·德普勒1882年在慕尼黑展览会之际作了一次从米斯巴赫到慕尼黑的距离为57公里的高压(1.5到2千伏特)直流输电实验,在上面已提到的马克思1882年11月8日的信中的反应表明,他早已知道此事。

虽然只是由于90年代过渡到交流电,远距离输电才有真正的突破,即进行了第一次实际的示范,从劳芬到美因河畔法兰克福,距离为175

---

① 参看劳拉和路易·菲勒克1882年11月21日给恩格斯的信。莫斯科苏共中央马克思列宁主义研究院中央党务档案馆。

公里，电压为15千伏特。与此同时水力的可用性也作了演示。但是，马克思和恩格斯对德普勒实验给予的高度评价大概在今天仍然不能认为是过高的。

恩格斯1882年同样关注卡尔·威廉·西门子（威廉先生）的演说。威廉先生作为新当选的"不列颠科学促进协会"主席在他的《就职演说》中，阐述电学和电工学领域中的进步时强调过，1881年巴黎首届世界电学家代表大会一致通过了一个有约束力的电量单位体系，一个可供技术应用的"实用体系"。作为对这个体系的补充，他提出用瓦（像今天一样，定义是伏特×安培）来代替不适用于这个体系的功率单位——马力（此外，它在英国、法国、德国往往有其他用处）。[①] 从实用的原因出发，它证明自己是合理的，因为在公众广泛使用电的情况下有必要规定一种可确定、可测量的电量（千瓦小时）。因此，西门子在细算与煤气灯相比用电灯为整个城区照明的费用时为何建议使用这个计量单位，就可以理解了。它甚至获得国际认可，并一直到今天还是适用的。[②]

---

① 卡尔·威廉·西门子：《就职演说》，载1882年8月24日《自然界》（伦敦—纽约）第26期。

② 虽然恩格斯正如他1882年8月26日给马克思的信中证实的那样（参看《马克思恩格斯全集》第1版第35卷第86页）马上就知道了这次演说，然而他的注意力还是首先转向另一件事。当西门子1882年11月15日在"皇家艺术协会"的一次同样内容的演说（参看卡尔·威廉·西门子：《电、石，电力传送》，载1882年11月16日《自然界》第27期）中打算用这种新的计量单位重新计算费用时，恩格斯在一张卡片上用公式说明了这个计量单位与其他计量单位的联系，而后又以电

（续前注）镀车间为例核算了一些相应的关系。1882 年 11 月 22 或 23 日的这个札记构成第 4 部分第 39 卷的结尾，其中部分已在第 1 部分第 26 卷（第 1004—1005 页）中被引用。这篇札记的日期保证是特别准确的，因为恩格斯在 1882 年 11 月 22 日给马克思的信（邮戳为下午 5:30）中没有提到这些情况，而是在次日给马克思的信中详细地谈到，他甚至还举出这个札记和他的著作《自然辩证法》之间的联系："我在电学方面获得了一个小小的胜利。你可能还记得我对笛卡尔—莱布尼茨关于 mv 和 mv^2 作为运动量度争论所发表的意见；这些意见归结为：mv 是机械运动在传递机械运动本身的量度，而 $mv^2/2$ 是其运动形式改变时的量度，按照这种量度，它转化为热、电等等。而对于迄今为止问题只是由物理学在实验室中得到解决的电学来说，被看做电能代表的电动势的量度是伏特（E）——电流强度（安培，C）乘电阻（欧姆，R）的积。

$$E = C \times R$$

当电能在传递中不变为另一种运动形式时，这是正确的。但是西门子在不列颠协会最近一次会议上以主席身份发表的演说中，与此同时提出了新的单位——瓦特（称之为 W），它应表示电流的实际能（即区别于其他运动形式，俗称能），它的值等于伏特乘以安培（$W = E \times C$）。

但 $W = E \times C = C \times R \times C = C^2 R$ 电气中的电阻和机械运动中的质量是一回事。因此，无论在电的运动中还是在机械运动中，这种运动在量上可以测量的表现形式——一种是速度，一种是电流强度——在不变换形式的简单传递中，作为一次因数发生作用，反之，在变换形式的传递中——作为平方因数发生作用。可见，这是由我首先表述出来的运动的普遍自然规律。但是现在必然尽快地结束自然辩证法。"（《马克思恩格斯全集》第 1 版第 35 卷第 114—115 页）马克思在他 1882 年 11 月 27 日的信中对此表示赞同（参看《马克思恩格斯全集》第 1 版第 35 卷第 115 页）。

上面提到的后来举行的国际电工技术展览会，如1881年在巴黎、1882年在慕尼黑以及1883年在维也纳，都引起了公众的注意。早在1867年就创办了米特韦达技术学校，这是一个专门培训电工和电器装配工的场所。

在19世纪后四分之一的时期内，化学工业在广阔的范围内发展。值得强调的是下述两项生产：硫酸生产和染料工业，特别是纺织染料的生产。1886年恩格斯在为驳斥不可知论而提出的论据中所作的如下阐述不是没有理由的："对这些以及其他一切哲学上的怪论的最令人信服的驳斥是实践，即实验和工业。既然我们自己能够制造出某一自然过程，使它按照它的条件产生出来，并使它为我们的目的服务，从而证明我们对这一过程的理解是正确的，那么康德的不可捉摸的'自在之物'就完结了。植物和动物身体中所产生的化学物质，在有机化学把它们一一制造出来以前，一直是这种'自在之物'；当有机化学开始把它们制造出来时，'自在之物'就变成为我之物了，例如茜草的色素——茜素，我们已经不再从田地里的茜草根中取得，而是用便宜得多、简单得多的方法从煤焦油里提炼出来了。"① 茜素是1869年经合成的第一种广泛使用的纺织染料，不久在工业中用焦炭工业和煤气工业的副产品——焦油生产出这种染料。此后，系统的化学研究提示了一种又一种的有机染料的化学结构，从而使这些染料可以在工业中再生产出来。例如，阿道夫·冯·巴耶尔早在1870年就已合成靛蓝类染料。

恩格斯肯定也是在科学及其工业应用的这种系统发展的影响下于1882年作了以下表述："在化学中，特别是由于道尔顿发现了原子量，

---

① 《马克思恩格斯全集》第1版第21卷第317页。

现已达到的各种结果都具有了秩序和相对的可靠性，已经能够有系统地、差不多是有计划地向还没有被征服的领域进攻，就像计划周密地围攻一个堡垒一样。"①

在这一发展的过程中，60年代德国还是价值高达千百万马克的纺织染料进口商，而到19世纪末—20世纪初已取得最大的纺织染料出口商的地位。② 不断进展的工业化还要求较快地提高硫酸的生产。19世纪下半叶加工方法的发展，使越来越好地把先产生的二氧化硫气体用作原料成为可能。二氧化硫气体越来越多地附带产生于冶炼硫化有色金属矿石、还有部分硫化铁矿石的过程中，这尤其是在50和60年代严重地危害了森林，萨克森地区就是这样（在开姆尼茨和各个矿区）。只有转为用它来生产硫酸，这些地区的环境才会得到显著改善。

化学生产的这两个领域验证了马克思早在1867年所作的论断："化学的每一个进步不仅增加有用物质的数量和已知物质的用途，从而随着资本的增长扩大投资领域。同时，它还教人们把生产过程和消费过程中的废料投回到再生产过程的循环中去，从而无需预先支出资本，就能创造新的资本材料。正像只要提高劳动力的紧张程度就能加强对自然财富的利用一样，科学和技术使执行职能的资本具有一种不以它的一定量为转移的扩张能力。"③

---

① 《马克思恩格斯全集》第1版第20卷第453页。

② 德国在1913年拥有世界上大约87%的合成纺织染料产量，从而获得了它在第一次世界大战中失去的垄断地位。后来，为了再次巩固这一地位，大型化学企业从1916年起联合成染料利益组合。

③ 《马克思恩格斯全集》第1版第23卷第664页。

因为自然科学对发展物质生产和整个生活方式的作用也在更大范围内变得日益明显,所以就不难理解,特别是力求在 70 和 80 年代赶上英法的德国,越来越猛烈地涌现出相应的科学文化政策方面的成果。一些著名的自然科学研究者,如亚历山大·冯·洪堡,早在 19 世纪中叶就开始致力于用讲和写两种方式向广大民众介绍自然科学知识,尽管这些努力在不断加强,但再也满足不了需要,改革教育制度的愿望越来越清楚地表露出来。因为早在前几十年,工业和商业资产阶级考虑到工业革命对教育的需要,想让地方行政部门负责创办并维持一个迅速扩大的包括工艺学校、高等工艺学校和商业学校在内的网络,所以从 80 年代起他们与教育制度方面的现有特权和传统规定之间的冲突越来越尖锐,特别是在超出初等教育范围的地方。1871 年帝国的建立首先在这方面没有作什么根本的改变。会员众多的初级实科中学教师协会坚决主张在工业上获得极广泛发展的萨克森、莱茵河和上西里西亚地区加强自然科学课程教学,还主张减少古代语教学,将其费用用于现代外语教学。协会创办了初级实科中学,贯彻高级实科中学进级制,并承认(无拉丁文的)市立高等中学,人们都承认在这些学校结业就是中学毕业,毕业生有权自愿服一年兵役,这就是预备役军官的经历。在这一方面值得注意的是,实科中学的教学计划也为军官学校所采用。

自然科学家们都十分支持这些努力。在德国自然科学家和医生的年会上,除了科学策略问题外,教育政策问题始终是会议议程的固定组成部分。因此,恩斯特·海克尔在 1877 年 9 月慕尼黑第 50 次年会上要求在课程中吸收达尔文进化论的基本思想,并由此引发了一场在公众中引起巨大反响的、与鲁道夫·微耳和二者之间的著名的辩论。微耳和在谈到巴黎公社时告发了达尔文主义与社会民主党之间的联系,再次给海克尔以口实，把达尔文理论解释为社会达尔文主义。①

总之，资产阶级在生物学教学方面的改革热情明显比不上数学、物理学和化学教学方面的改革热情。在文科中学教育领域，教育需求的实现久拖不决，特别是在反社会党人非常法时期。奥托·冯·俾斯麦以他普鲁士首相的身份没有把决定批准创办新的文科中学或者增办更多的学校的事务委托给主管大臣去做，而是把此事留给自己，至于批准，则是罕见的例外。他作为帝国首相要求其他德语国家政府采用相似的限制性的处理方式。此外，他的儿子威廉作为公使馆参赞在普鲁士宗教和教育事务部只关心遵守相应的政策。正如从与此相关的文件中所得知的那样，在这里起决定性作用的绝对不是财政方面的原因，而仅仅是政治原因。因为不管怎样大多数的建议总是导致城市的、也就是由城市资助的文科中学的建立。②

---

① 参看弗里德里希·恩格斯《自然辩证法》的注释，载《马克思恩格斯全集》历史考证版第 1 部分第 26 卷第 971—972 页注释 162、35—37 和第 981—982 页注释 174、3。

② 例如，威廉·冯·俾斯麦对请求把当地的初级中学提升为文科中学的"施拉瓦（东波美拉尼亚的县城）市政府的申请书"持否决态度，他写道，他认为对国家来说不断增加这些古典语学校是一个错误，迟早要受到惩罚，因为"还有相当多的不知满足的追逐虚荣者，以他们受过古典语教育为由强行提出一些国家在这种情况下还不能满足的要求……在俄国，主要是由于一种愚众的教育制度滋生了虚无主义，在这种制度下，可以吸收国家公职中容纳不下的许多人和其他的就读于职业班的人，让他们接受古典语教育，但他们完成学业后找不到与他们付出的精力以及由此产生的自信相称的用武之地。从我本人的观点来看，我的印象是，东波美拉尼亚现在已经深受古典语学校过多之害，甚至乡村学校的标准定得比后来工人就业合同

（续前注）所要求的还要高。"（波茨坦中央国家档案馆，国务总理办公室，案卷2181，第71—72页。）

因在舍讷贝克（当时还是柏林郊区）建立一所文科中学引起的内阁争吵，于1889年初敦促主管大臣冯·格斯勒在1889年1月2日的内阁会议上阐述了所奉行的政策，按这个政策，据记载，文科中学的设置数目自1870年和1871年以来迅猛增长，甚至在一些较小的地区也是如此，这样，就导致学者的生产过剩。从80年代初开始，教育部试图用以下手段抵制这个现象：1. 关闭没有生存能力的学校，改造不完全的学校，合并等等；2. 暂不考虑新建学校；3. 支持创办其他形式的学校，如高等市立中学（俾斯麦的旁注："还是太多！"）、实科中学，有人说这样会在各个城市形成严重缺少文科中学的现象。（俾斯麦的旁注："不对！"）（参看波茨坦中央国家档案馆，国务总理办公室，案卷2183，第86页。）

此后，俾斯麦更广泛地直接过问教育政策问题。主要表现在亲手为陛下拟定了许多关于学校改革的勒令草案，当时学校改革成为1889年4月30日枢密院会议的第一个审议重点。对此，记录中这样写道："皇帝和国王陛下愿向各部大臣说明，他任用他们主要是为了更有效地反对在协商中出现的社会民主倾向。为反对社会民主党而公布的法律、规定和其他章程，也许是一种用来制止该党对外的不法行为的治标剂。然而，要找到这些不法行为的根源并尽量把它们消灭在萌芽状态，还必须先对年轻人施加影响。因此，主要战场在学校。"（波茨坦中央国家档案馆，国务总理办公室，案卷2183，第136页。）于是，1891—1892年广泛的学校改革的政治思想主线在这次会议上确立了。

尽管如此，在这个时期技术的和农业的教育设施网仍在不断扩大。首先，一个男童手工协会要求一般学校都有工艺教育内容。此后，有了经济法的强制，正如马克思1867年指出的："但是，如果说劳动的变换现在只是作为不可克服的自然规律，并且带着自然规律在任何地方遇到障碍时都有的那种盲目破坏作用而为自己开辟道路，那么，大工业又通过它的灾难本身使下面这一点成为生死攸关的问题：承认劳动的变换，从而承认工人尽可能多方面的发展是社会生产的普遍规律，并且使各种关系适应于这个规律的正常实现。大工业还使下面这一点成为生死攸关的问题：用适应于不断变动的劳动需求而可以随意支配的人员，来代替那些适应于资本的不断变动的剥削需要而处于后备状态的、可供支配的、大量的贫穷工人人口；用那种把不同社会职能当做互相交替的活动方式的全面发展的个人，来代替只是承担一种社会局部职能的局部个人。工艺学校和农业学校是这种变革过程在大工业基础上自然发展起来的一个要素"。① 资产阶级在扩充和确定职业学校教育内容上有相当的自主权。有技术能力的熟练的德国工人的专长形成了，但在工人阶级内部也由此产生了差别。

80年代末，在德国大约有2000多学生在大学和高等技术学院学习化学，其中有90%的学生进入化学工业。② 化学家是受过高等教育的自然科学家的第一个职业集团，他们紧随着工学士们直接在工业中工作。而物理学家们约在19世纪到20世纪初才在工业中被雇用。

科学与生产之间的新型关系也体现在：改进大学和高等技术学院实验室的实验装置，不仅仅是工业的要求，并且也由于工业的有力的物质

---

① 《马克思恩格斯全集》第1版第23卷第534—535页。
② 参看波茨坦中央国家档案馆，帝国国会，案卷2040，第232—233页。

支援而得到推动。工业家们转向通过奖学金、助学金以及类似的方法为自己培养穷困的天才。

工业家们以各种各样的途径对科学政治抉择施加影响，而且常常懂得把他们的利益同军事领域紧密联系在一起。无论是在公众之中还是在内阁内部存在着没完没了的政治和思想争论，直到国家通过建立相应的设施或以新的方式改组现有行政机关来履行科学政策的职能时才告结束。地方行政官员、医生、自然科学家和工业家们以德国自然科学家和医生的多次年会上修订的种种计划草案（虽然这些草案大大超过了当时已经实现的东西，也可能超过了可以实现的东西）为基础开展了一次群众运动。此后，直到1876年才建立了皇家卫生局，它是第一个以预防疾病为宗旨的国家卫生事业的中心设施。罗伯特·科赫1882年在卫生局实验室中辨认出肺结核病的病菌，并于1883年辨认出霍乱病菌，他的助手弗里德里希·勒夫勒于1882年辨认出鼻疽病病菌，1884年又辨认出白喉病菌。

工业部门，尤其是高精科学工业部门（电工学、化学、精密机械学）的科学技术利益和军事利益紧密联系在一起，其结果是，早在1872年产生的想法于1887年终于付诸实施，即建立王国物理技术机构。这样，一个全新型的科学技术研究场所出现了。它由国家领导和掌握，并直接对国会负责。①

---

① 参看格德·帕维尔齐克：《1871年帝国建立后德国科学技术进步中的政策和意识形态》，载《马克思恩格斯研究丛刊》1987年第23期第292—298页；另参看《柏林的科学。从开始直至1945年后的重新开始》，1957年柏林版第172—303页。

在社会和国家的多方资助下,通过承担义务的私人倡议,一个广泛的农业实验机构网形成了。国家机关,如度量衡器检定局和专利局已独树一帜并不断扩大,它们的工作方式也建立在科学基础之上。1884年到1885年间对气象服务部门实行了改组和集中,在其准备过程中可以清楚地看出,当局仍然对怎样从国家这一方对待科学这个问题犹豫不定。①

70和80年代开始以一种具有新结构和新职能的形式把科学、生产和国家结合起来,这个过程直到世纪交替后才得到充分发展,并作为国家垄断统治体系的组成部分取得重要的社会地位。

在一百多年后的今天,马克思和恩格斯的自然科学著作摘要会为我们提供什么呢?毫无疑问,它们证明:科学社会主义创始人具有广泛的兴趣;他们甚至在年迈之时还具有对新的自然科学知识的学习能力和兴趣;他们想要完善和丰富与最新的自然科学知识水平相适应的世界观,证明他们不仅努力使自己具有专业知识,而且还要了解正在出现的社会与人类发展的可能性和前景,以便从中找到为社会进步而进行有目的的斗争的方向。

诚然,这些摘要还有很多。它们正是当前科学技术迅猛变革时代的一种教材,它教人们现在应当怎样详细了解自然科学领域的最新发展,怎样在许多领域和知识中致力于促成生产力发展中质的飞跃,又怎样从知识素材中选出一些素材,为自己所用,批判地予以加工,并把它们置

---

① 1883年俾斯麦在大臣中间就气象服务的任务提出的咨询,清楚地表明了这一点。大臣们不支持"官方天气预报",是因为不可靠的天气预报可以在政治上败坏政府的名声。(参看彼茨坦中央国家档案馆,国务总理办公室,案卷975,第21—23页。)

于更广泛的联系中。与其他摘要、著作和信件联系起来看,这些摘要是这样的教材,它教人们不仅要宣告自然与社会、自然科学与社会科学的统一,而且在思想上把握世界时要实现这一统一。

(原载《马克思恩格斯年鉴》[柏林] 第 12 卷)

(张为民 译 单志澄 校)

《哥达纲领批判》创作和发表的历史

〔苏〕A.K.沃罗比约娃

马克思的著作《哥达纲领批判》是在1891年1月底,即在这部著作写成后过了差不多十六年,在德国社会民主党的理论刊物《新时代》杂志上发表的。对于科学共产主义的这一极其重要的纲领性文献的发表,国际工人运动首先应该感谢弗里德里希·恩格斯的倡议和努力,为了发表这个文献,恩格斯不得不克服德国社会民主党一些领导人的明显的反对态度。

《哥达纲领批判》发表的历史具有很大的原则性意义,因为这段历史揭开了恩格斯为反对机会主义,在德国社会民主党纲领中确立科学共产主义原则,为马克思主义在国际工人运动中取得思想上的胜利而斗争的一个重要的、富有教育意义的篇章。

---

* 本文选自《马列著作编译资料》1980年第8辑。

这个题目在历史著作中已经得到了某些反映。[①] 本文打算更加详细地阐述一下这个文献的历史，补充一些新的事实。

*　　*　　*

大家知道，马克思在1875年5月初写的《几点意见》中批判了应该作为德国社会民主工党（爱森纳赫派）和全德工人联合会（拉萨尔派）在即将于同年5月底在哥达举行的代表大会上实行合并的基础的那个纲领草案。《几点意见》的手稿，用马克思的话来说，是一本小册子（《马克思恩格斯全集》第34卷第136页），马克思把它连同1875年5月5日写的一封附信寄给了住在不伦瑞克的威·白拉克，请他阅后转交给爱森纳赫党的其他领导人——盖布、倍倍尔、奥艾尔和李卜克内西过目。同时，马克思在给白拉克的信上（在信文的上方）加了一个说明："注意。信稿必须退回到您手中，以便在必要时我可以使用它。"（《马克思恩格斯全集》第34卷第129页）

这个说明和《几点意见》中有名的结尾那句话："我已经说了，我已经拯救了自己的灵魂。"证明马克思写这两篇手稿，并不是要拿去发表，而且他也不指望他对爱森纳赫派向拉萨尔派作思想让步所进行的这种尖锐批判，会对哥达纲领草案的修改产生决定性的影响。因为正如恩格斯后来所指出的，在写《几点意见》以前，马克思和他就清楚地认

[①] 见《恩格斯传》1977年莫斯科版；尼·叶·奥夫查连科：《在争取革命的马克思主义的斗争中》1967年莫斯科版；B.邱宾斯基：《威廉·李卜克内西——革命战士》1968年莫斯科版；埃·孔德尔：《马克思和恩格斯为争取工人的革命统一而斗争》1962年柏林版；罗尔夫·德卢贝克和埃里希·孔德尔：《〈哥达纲领批判〉是科学共产主义的基本文献》，载德文杂志《工人运动史论丛》1975年第3期；《党的革命纲领——工人的革命统一》1975年柏林版等。

识到，在妥协性协议的基础上实行合并的问题已经事先就决定了。（《马克思恩格斯全集》第38卷第83页）纲领草案是1875年3月7日同时在两家报纸——《人民国家报》（爱森纳赫派的机关报）和《新社会民主党人报》（拉萨尔派的机关报）上作为双方代表一致同意并达成了协议的文件发表的。同一天，两家报纸还同时发表了合并委员会委员们告德国社会民主主义者的呼吁书，其中就选举代表大会代表的程序、大会议程和召开日期发出了通知。除拉萨尔派的代表以外，奥艾尔、盖布、伯恩施坦、李卜克内西、莫特勒等人代表爱森纳赫派在呼吁书上签了字。

威·李卜克内西在同拉萨尔派领导人进行谈判的各个阶段上，在起草合并纲领草案的过程中都起了主要作用。当马克思和恩格斯知道了李卜克内西的立场以后，他们就更加确信，实现妥协性合并已经事先决定了。1875年3月18—28日，恩格斯在给倍倍尔的那封著名的信中表达了马克思和他两人的共同意见。差不多在同一个时候，恩格斯曾经给李卜克内西写了并寄去了一封短信。（同上书，第34卷第126页）结果，恩格斯于1875年4月下旬接到了李卜克内西的两封复信。很可惜，恩格斯那封短信没有保存下来，恩格斯对李卜克内西进行了尖锐的批判，而且指责李卜克内西"直到可以说太迟的时候"都没有把筹备召开合并代表大会的事及时告知他和马克思。（同上）

1875年4月21日，李卜克内西为了回答恩格斯的批评，写信给恩格斯说："你所指出的纲领的一些缺点，毫无疑问是存在的……但是，只要不想使关于合并的协商破裂，这些缺点在代表会议上就是不能避免的……无论如何事情就是这样：要么就是这个纲领，要么就没有合并。因此，问题仅仅在于：合并是否是一个值得争取的目标，合并所带来的损失是否值得？回答是肯定的：值得！"李卜克内西甚至想使恩格斯相信,"我们在实践上和原则上将不会受到什么损害"!①

1875年4月23日,李卜克内西在第二封信中又谈及合并的问题。②看来这不是偶然的。这封信是在同奥·倍倍尔会面后第二天写的③,而且大概不会不受倍倍尔的影响。不能排除这样的情况,就是倍倍尔在出狱后(他于1875年4月1日出狱)接到恩格斯1875年3月18—28日的那封长信,会面时也把信给李卜克内西看了。只要把这两封信加以对照,很自然会产生这种推测。李卜克内西指出,"已经作出的让步即使在形式上也没有使新的纲领比起爱森纳赫纲领来是退步的"。李卜克内西说这些话,实质上是对恩格斯在给倍倍尔的信中提出的相应指责所作的答复。恩格斯认为合并纲领草案是向拉萨尔主义投降,而李卜克内西在回信中写道:"合并是拉萨尔主义的死亡,是'马克思的'共产主义对拉萨尔的宗派主义的彻底胜利",为了取得这个胜利,"即使再作一些让步我都是愿意的"。李卜克内西的这封信在一定程度上可以看做是他对恩格斯给倍倍尔上述那封信的复信。④

从李卜克内西的信中,马克思和恩格斯已经看得很清楚,李卜克内西极力不惜任何代价要实现合并,他已经走得太远了。当然,在马克思和恩格斯看来,李卜克内西的解释和辩白并不能证明纲领草案所包含的严重理论错误是有道理的。毫无疑问,正是这两封信促使马克思赶快写成了《几点意见》,并且在哥达代表大会召开以前就把它寄给了爱森纳赫党的领导人,以便警告他们,首先是李卜克内西不要再进一步采取失

---

① 《研究〈哥达纲领批判〉参考史料》1977年三联书店版第161—162页。
② 《研究〈哥达纲领批判〉参考史料》1977年三联书店版第163—164页。
③ 《研究〈哥达纲领批判〉参考史料》1977年三联书店版第164页。
④ 对于恩格斯3月份写的这封信,倍倍尔本人直到1875年9月才写了回信。《研究〈哥达纲领批判〉参考史料》1977年三联书店版第181—183页。

策的步骤。马克思在给白拉克的附信中通知德国党的同志们说，在合并代表大会以后，他和恩格斯可能要发表一个简短的声明，说明他们同妥协性纲领毫不相干，马克思强调指出，这个纲领是一个"极其糟糕的、会使党堕落的纲领"。(《马克思恩格斯选集》第3卷第3页)

  白拉克收到《几点意见》的手稿以后，于1875年5月10日写信给马克思说，他怀着极大的兴趣读完了手稿，并完全同意手稿的内容。白拉克强调指出："我也必须坦白地说，我觉得对目前这个草案根本无法进行讨论和修改。只有完全抛弃它，才能走出这个烂泥潭。"① 同时，他仍然抱有一点希望，认为马克思的《几点意见》来得正是时候，会促使李卜克内西对草案再作一次修改。白拉克在同一天写给恩格斯的信中说："无论如何，马克思的信将使李卜克内西等人更加明确地认识到，即使对目前的草案作重大修改，这个纲领也只能看做是临时性的，纲领问题要推迟到下次代表大会去解决。"② 马克思和恩格斯还知道，奥·倍倍尔对纲领草案也发表了尖锐的批评意见，认为它是不能接受的。③ 倍倍尔还在狱中的时候，就起草了一个草案，并把它连同一封信寄给了李卜克内西。④ 但是，倍倍尔自己也承认，他起草的这个草案太长、太

---

  ① 《马克思、恩格斯和白拉克通信集 (1869—1880)》1978年人民出版社版第38页。

  ② 《马克思、恩格斯和白拉克通信集 (1869—1880)》1978年人民出版社版第39—40页。

  ③ 《马克思、恩格斯和白拉克通信集 (1869—1880)》1978年人民出版社版第10页。

  ④ 《威·李卜克内西和德国社会民主主义者通信集》1973年亚琛版第630—632页；《研究〈哥达纲领批判〉参考史料》1977年三联书店版第188页。

繁琐，不仅李卜克内西不能接受，而且白拉克也不赞成。①

倍倍尔和白拉克的信表明，他们两人原来都打算公开反对通过正式的草案。但是后来，由于某些情况，特别是由于李卜克内西和其他同志坚决要求不要使合并遭到破裂的危险，倍倍尔没有采取坚决的行动。倍倍尔后来回忆说："我向这个要求让了步，因为合并也是我的心愿。此外，党内要求合并的愿望非常强烈，必须把对于纲领的缺点的一切考虑置而不谈。最后，所犯的错误将来还可以纠正。"②

白拉克也表现动摇，没有敢去反对党的领导机构中的同志们。③

这样一来，甚至像倍倍尔和白拉克这样的在理论方面最成熟的爱森纳赫派领导人，实质上也当了该党大多数领导人在同拉萨尔派谈判中达成的妥协性协议的俘虏。

白拉克看完了马克思的《几点意见》后，首先把它转寄给莱比锡的李卜克内西，他1875年5月10日告诉马克思说，奥艾尔和盖布将要从柏林前往莱比锡。④ 白拉克没有提到倍倍尔，显然是认为，不言而喻，李卜克内西同倍倍尔住在一个城市里，他会把文件转交给倍倍尔看的。恩格斯也确信，倍倍尔当时一定知道马克思的《几点意见》。(《马克思恩格斯全集》第34卷第151页) 但是，直到1891年才发现，倍倍

---

① 《马克思、恩格斯和白拉克通信集（1869—1880）》1978年人民出版社版第37—39页。

② 倍倍尔：《我的一生》1978年三联书店版第2卷第264页。

③ 《马克思、恩格斯和白拉克通信集（1869—1880）》1978年人民出版社第11页。

④ 《马克思、恩格斯和白拉克通信集（1869—1880）》1978年人民出版社第37页。

尔并不知道这个文件的内容。1891年1月21日，倍倍尔在回答恩格斯的一封可惜也没有保存下来的信①时写道："你在来信中告诉我的关于哥达纲领和马克思的批驳的事，**我直到今天连一个字都不知道**……这篇批驳传到谁的手里去了？传到李卜克内西、盖布还是白拉克手里去了：我从谁那里也没有听到什么。"② 看来，李卜克内西非常担心合并受到损害，甚至在倍倍尔拒绝公开反对纲领草案以后还不敢让倍倍尔看马克思的手稿。

当时不仅指名要过目的那些人（除倍倍尔以外），而且莱比锡社会民主主义者中的其他一些爱森纳赫派也都知道这个文件。特别是党的出版社的领导人、《人民国家报》编辑部成员，曾经积极参加合并谈判的海尔曼·朗姆，了解这个文件。因此，恩格斯给他寄去了一封同给倍倍尔的信内容相似的信，并不是偶然的。恩格斯在那封信中直率地谈了他对纲领草案的意见。（同上书，第126页）可惜这封信也没有保存下来，但是朗姆1875年5月24日即已经是在哥达代表大会期间写的回信保存下来了。如果把这封回信分析一下，那么有根据可以认为，这封信是朗姆不仅看到了恩格斯的信，而且也看到了马克思的手稿以后在李卜克内西知道的情况下写的，这封信实质上是他们两人对上述两个文件所作的共同答复。朗姆写道："您给我的信和马克思给白拉克的信都传阅过了。从大会的讨论中您可以看到，我们已经努力尽可能地考虑了您和马克思的意见。"接着，朗姆说，他不能对信中的各个论点做出答复，因为他收到信以后没有再去看过，但是应该说，"您对纲领草案的批评意见到

---

① 《研究〈哥达纲领批判〉参考史料》1977年三联书店版第188页。
② 由于准备发表《哥达纲领批判》，恩格斯大概在1891年1月15日曾写信给倍倍尔（见《马克思恩格斯全集》第1版第38卷第9页）。

处都为大家所完全承认,我已经指出,这些意见在哥达将得到反映"。至于谈到策略,朗姆着重指出,"那是另一种情况",因为"它没有使我们产生任何怀疑"。朗姆表示相信,"我们在伦敦和其他地方的朋友们不久就会确信,我们是做得对的,我们没有错过把彼此敌对的兄弟们彻底联合起来的机会,让其他一切问题留待将来再解决"。最后,朗姆说,他希望"试图削弱我们的行动给您造成的不良印象"。①

在历史著述中有一种说法,认为似乎在莱比锡的社会民主主义者中,除了李卜克内西以外谁也不知道马克思和恩格斯对纲领草案的意见。认为以一批"莱比锡党员"的名义在哥达代表大会上提出的,要求按照马克思和恩格斯的意见修改纲领的那些建议是由李卜克内西起草的看法,也是以上述说法为根据的。② 上面引证过的朗姆那封信可以对上述说法作一些更确切的说明。我们看到,马克思和恩格斯的意见不仅李卜克内西知道,而且朗姆也知道,根据朗姆的信来看,可能其他一些社会民主主义者也知道。莱比锡建议中包含的某些观点同李卜克内西于1875年5月24日即朗姆写信的同一天在代表大会上所做的关于党纲的报告的有关论点是一致的。我们认为,首先这一点就证明李卜克内西参加了起草这些建议的工作。无论是李卜克内西的报告,还是莱比锡的建议都包含有对纲领草案的重要补充,例如,关于德国社会民主党意识到工人运动的国际性质并决心履行由此而来的一切义务的那段条文。③ 在党纲报告中也根据马克思《几点意见》的精神,提出了宗教是私人的

---

① 《工人运动史论丛》杂志1976年第6期。

② B.邱宾斯基:《威廉·李卜克内西——革命战士》1968年莫斯科版第111页,埃·孔德尔:《马克思和恩格斯为争取工人的革命统一而斗争》第280页。

③ 《研究〈哥达纲领批判〉参考史料》1977年三联书店版第12、48页。

事情的论点；这个在当时具有很大鼓动意义的论点，在莱比锡建议中也有。① 代表大会把这两个论点都写入了纲领的最后文本中去了。朗姆告诉马克思和恩格斯说，他们的意见在哥达得到了反映，看来，这是想提醒他们注意莱比锡建议和李卜克内西关于纲领的报告。在马克思和恩格斯的意见影响下对纲领所做的不大的修改，基本上就是如此。代表大会代表科柯斯基和李卜克内西1875年5月26日即在纲领通过以后写给白拉克的信中说，"已经修改了好些东西"②，这远远不符合实际情况。

从上面几封信中可以发现，爱森纳赫派领导人对待马克思和恩格斯的意见的态度有些矛盾。一方面，他们对这些意见表示同意、"完全承认"，另一方面，对于要使党通过一个原则性的、在理论上经得起考验的纲领的重要性显然估计不足，因为他们把合并的任务提到了首位，而其余一切，特别是纠正纲领中的错误，则推迟到将来再说。爱森纳赫派的领导人认为，他们的策略是不应该受到怀疑的，实质上是要同马克思在给白拉克的信中提出的那条策略路线进行论战。在这里，他们表现出对马克思的策略路线在某种各度上是不理解的。马克思和恩格斯并不反对合并，但看来爱森纳赫派领导人不是这样认为的。马克思和恩格斯是警告这些领导人不要花费"太高的代价"仓促实现合并。

正如马克思和恩格斯所预料，他们对纲领草案的意见并没有对哥达代表大会所通过的最后文本产生决定性的影响。恩格斯亲自证实了这一

---

① 《研究〈哥达纲领批判〉参考史料》1977年三联书店版第13、51页。
② 《研究〈哥达纲领批判〉参考史料》1977年三联书店版第171—172页。在这封信中，李卜克内西要求白拉克写信告诉伦敦，"我们已经修改了好些东西"，"纲领已被一致通过"，"国际的原则得救了"。

点，他根据代表大会记录的单行本仔细研究了纲领的最后定稿。① 他在给白拉克和倍倍尔的信中明确指出，纲领是由拉萨尔的教条、庸俗民主主义的要求和假共产主义的空话组成的。(《马克思恩格斯全集》第34卷第148、150—151页) 马克思和恩格斯本来打算公开反对哥达纲领，但是后来改变了主意，这只是由于不论是朋友还是敌人都按照革命的精神去解释这个纲领。恩格斯在1875年10月12日给倍倍尔的信中强调指出："仅仅是由于这种情况，马克思和我才没有公开声明不同意这个纲领。当我们的敌人和工人都把我们的见解掺到这个纲领中去的时候，我们可以对这个纲领保持沉默。"(《马克思恩格斯全集》第34卷第151页) 恩格斯在1875年10月11日给白拉克的信中，也指出了这种使马克思和他没有公开批判纲领的情况。(《马克思恩格斯全集》第34卷第34页)② 显然，马克思和恩格斯也注意到了合并这一事实本身的积极方面，合并促使德国工人运动克服了分裂状态。恩格斯说："这样的合并……是一个很大的成功。但是，它无疑是可以用便宜得多的代价取得

---

① 《在哥达举行的德国社会民主党人合并代表大会记录（1875年5月22日至27日）》（1875年莱比锡版）上面有恩格斯做的记号。在许多页上都有恩格斯做的记号：划的线、着重号、惊叹号。例如，在小册子第38页拉萨尔派领导人哈赛尔曼宣称他放弃自己关于纲领的发言，因为他"完全同意李卜克内西的讲话"。在这页的边上，恩格斯打了两个惊叹号，表示了自己的明确态度。在第76页上恩格斯划了线并打了惊叹号，对于把三个拉萨尔派和两个爱森纳赫派选入党的执行委员会的选举结果表示不满意，认为这是爱森纳赫派降低了要求（《马克思恩格斯全集》第1版第34卷第151页）。

② 恩格斯这些非常明确的言论并不能为那种认为似乎只是"由于白拉克的干预"马克思和恩格斯才放弃了对纲领的否定态度的说法（见《威·李卜克内西和德国社会主义者通信集》德文版638页）提供根据。

的。"(《马克思恩格斯全集》第34卷第152页)从白拉克和倍倍尔的信可以看出,他们是同意恩格斯对已通过的纲领所作的评价的。1875年6月28日白拉克写信给恩格斯说:"纲领实在糟糕……对原草案所作的'修改'也表明或多或少是糟糕的。"白拉克认为这样做的原因之一是李卜克内西匆忙行事和一味让步,错误地"不惜一切代价要实现合并"。①

其他国家从事革命运动的一些活动家也知道马克思和恩格斯批评了纲领这个情况,不久前发表的他们之间的书信就证实了这一点。② 当时住在巴黎的洛帕廷在一封信中告诉住在伦敦的拉甫洛夫说,俄国的革命流亡者们不满意报纸《前进!》"至今不刊登爱森纳赫派同拉萨尔派妥协的纲领……即这一妥协的基础"③。拉甫洛夫在回信中告诉洛帕廷说,纲领草案将登在下一期的《前进!》上,还说,编辑部不知道如何对待这个纲领,因为纲领"很糟糕,某些方面甚至糟糕得令人无法容忍,应该痛骂它一顿才好。但是**这样做不合适,也不符合我们的方针**。原来以为各家工人报纸会发表评论文章,用不着自己去骂它,但是大家都不做声。马克思对纲领很不满意,恩格斯写信给李卜克内西说,如果不作修改,他们就要大声地公开表示抗议。但是目前还没有说话"④。

---

① 《马克思恩格斯和白拉克通信集(1869—1880)》1978年人民出版社版第42页。

② 拉甫洛夫:《流亡年代。档案资料,两卷集》第1卷,《拉甫洛夫和洛帕廷(1870—1883年通信)》1974年多特莱希特—波士顿版。

③ 拉甫洛夫:《流亡年代。档案资料,两卷集》第1卷,《拉甫洛夫和洛帕廷(1870—1883年通信)》1974年多特莱希特—波士顿版,第263页。

④ 拉甫洛夫:《流亡年代。档案资料,两卷集》第1卷,《拉甫洛夫和洛帕廷(1870—1883年通信)》1974年多特莱希特—波士顿版,第264页。

最后，报纸《前进!》还是把提交哥达代表大会讨论的各项文件——德国工人党纲领和章程草案，以及告社会民主主义者书——都发表了，未加任何注释，但是编辑部写了一个简短的后记，其中提到了发表这些文件而未加有关说明的理由。"我们等待着代表大会，期望在代表大会上将审查这些草案，并且对草案做很大的修改，因为根据我们得到的完全可靠的消息，这些草案遭到许多人的反对……"后记最后说："而现在我们要记住，并不是纲领就能把革命事业推向这个或那个方向的。"① 毫无疑问，这种"可靠的消息"只能来自马克思和恩格斯。拉甫洛夫当时住在伦敦，常常同他们见面，肯定知道他们对哥达纲领草案的意见。前面引自后记的那句话，实质上是用另一种说法转述恩格斯1875年3月18—28日给倍倍尔的信中的论点，那封信中说："一个政党的正式纲领没有它的实际行动那样重要。"（同上书，第124页）

报纸《前进!》向俄国读者广泛地介绍了德国社会民主主义者的活动，报纸有好几期在"工人运动大事记"专栏里刊登了关于代表大会各次会议的正式报道。但是，本来打算撰写的对哥达纲领的批判性评论后来没有发表，在德国和其他国家的工人报刊上也没有见到。其原因显然不仅是因为工人运动的理论水平还不高，而且首先是因为其他国家的社会主义运动的活动家主要是根据德国社会民主党在实际革命斗争中取得的成就来评价它的领导作用的。而这种成就无疑是存在的。

因为《几点意见》的手稿不是供发表用的，所以白拉克在哥达代表大会以后不久就根据马克思的愿望把手稿归还给了作者。1875年6月28日白拉克写信把寄还手稿的事告诉恩格斯，他说，他是从李卜克

---

① 报纸《前进!》1875年4月15日第7号，第217页。

内西那里把手稿要回来的，李卜克内西本来想把原稿留在他身边，现在要求得到一个抄本，他正在撰写一个关于新纲领的小册子，需要用这个东西。白拉克未能满足李卜克内西的要求，因为据他说，无论是他还是他"能够托付手稿的人，都没有必要的时间"①。李卜克内西对此表示遗憾②，看来，当时，在把手稿寄还给白拉克以前，他做了摘录，过了十五年以后他在哈雷代表大会上做的关于党的纲领的报告中部分地利用了这个摘录。

这样一来，1875年6月底，《哥达纲领批判》的手稿便归还给了马克思，补充了他的遗稿的最重要的部分。这部著作在作者生前虽然没有发表，但是它在马克思主义创始人后来的全部理论和实践活动中，在他们反对机会主义、为在德国和国际工人运动中确立科学共产主义原则而进行的斗争中起了巨大的作用。

马克思和恩格斯给德国社会民主党的领导上了严肃而具体的一堂课，后来德国社会民主党的领导逐渐领会了这一堂课的内容，首先是在关于经过科学论证的党的纲领对德国工人阶级进行有成效的斗争所具有的意义这个问题上。就是在哥达代表大会上，李卜克内西在肯定合并所提出的纲领的同时，也强调指出，这是一个妥协的纲领，它考虑到党内存在着的两个不同的潮流，但是它"是可以改善的"③。在以后的年代里，党的革命一翼的领导人不止一次地提出修改纲领的问题。比如说，

---

① 《马克思、恩格斯和白拉克通信集》第41页。

② 在1875年6月28日给白拉克的信中，李卜克内西写道："你不能给我设法弄到马克思通告信的抄件，使我感到十分遗憾——原来我想，我不必那么准时地寄还。"（《研究〈哥达纲领批判〉参考史料》1977年三联书店版第175页）。

③ 《研究〈哥达纲领批判〉参考史料》1977年三联书店版第46、51页。

倍倍尔在1878年发表在《未来》杂志上的一篇文章中写道："我们党的纲领……须要作很认真的审查和修改。"① 80年代初，在瑞士出版的党的中央机关报《社会民主党人报》编辑部甚至打算开展一次修改党纲的运动，并为此征求过恩格斯的意见。② 但是，在党无法就原则性的理论问题进行广泛讨论的情况下，在实行反社会党人非常法的条件下，恩格斯认为开展这种运动是不合时宜的，因为这样做可能会加剧党内的纷争。1882年11月4日恩格斯写信给伯恩施坦说，"修改纲领会使右翼有借口把自己装扮成真正捍卫党的原则、忠于经过考验的旧纲领等等的人"，他让编辑部"在把这个纠纷的苹果抛到被捆住了手脚的党里来以前"要好好考虑考虑。（同上书，第35卷第392页）1887年在德国社会民主党圣加伦代表大会上，根据海·施留特尔的提议通过了关于制定新纲领的决定，并选出了有倍倍尔、奥艾尔和李卜克内西参加的委员会。③ 这个决定和参加纲领委员会的都是原来的爱森纳赫派这一事实，说明在德国社会民主党中科学共产主义思想的影响已经增长，马克思主义核心在党内的阵地得到了巩固。但是，代表大会关于准备起草新纲领的决定只是到了90年代初才有可能付诸实施，那时才为此创造了必要的前提条件。

俾斯麦的垮台和1890年10月反社会党人法的废除，为德国社会民主党的活动创造了新的条件。"党开始了广泛而深入地迅速发展的时期，

---

① 奥·倍倍尔：《演讲和论文选集》第1卷（1863—1878年）1970年柏林版第532页。

② 《爱·伯恩施坦和恩格斯通信集》1970年亚琛版第151页。

③ 《德国社会民主党圣加伦代表大会讨论记录（1887年10月2日至6日举行）》1888年霍廷根—苏黎世版第47页。

当时无产阶级的力量不仅在政治组织内而且在工会、合作社、教育机关以及其他组织内发展起来。"(《列宁全集》第19卷第268页)党面临着针对已经变化了的阶级斗争条件确定自己的战略和策略的任务。因此，党的队伍中又出现了分歧，重新发生了"几乎同70年代中同样性质的党内危机"。(《列宁全集》第19卷第268页)

左倾无政府主义集团"青年派"首先出来反对党的策略。他们无视由于党转入合法状态而出现的新的形势，否认议会活动的重要性，谴责党的领导人首先是倍倍尔和李卜克内西搞小资产阶级蜕化，力图把冒险主义策略强加于党。恩格斯在给倍倍尔和李卜克内西的信中提出的劝告和指示，他在党的报刊上发表的揭露"青年派"的冒险主义观点和宗派主义策略的言论，帮助德国社会民主党比较迅速地战胜了这一"文学家和大学生骚动"（这是恩格斯对左倾无政府主义反对派的称呼）。(《马克思恩格斯全集》第22卷第80页)

但是，当时党内出现了以巴伐利亚社会民主主义者的领导人福尔马尔为首的改良主义派别，这个危险并不比"青年派"更小些。恩格斯经常提醒德国社会民主党的领导人注意，必须坚决克服改良主义的影响，这种影响的根源之一仍然是拉萨尔主义。当党内根据哈雷代表大会的决议为了起草新的纲领草案而对哥达纲领开始进行讨论的时候①，这种影响的危险性增大了。

恩格斯非常担心，机会主义分子的积极活动也可能会对将来纲领的

---

① 1890年10月12—18日在哈雷召开的德国社会主义工人党代表大会根据李卜克内西的提议责成党的执行委员会在下一次于爱尔福特举行的代表大会以前起草一个新的纲领草案，并在代表大会召开前三个月公开，以便进行讨论。

性质产生影响。这种担心是有根据的。①1891年1月8日,党的中央机关报《前进报》就刚刚开始的纲领讨论发表的第一篇编辑部文章《关于修改纲领的问题》,已经表现出了要维护哥达合并的原则和不要对纲领进行根本性修改的倾向。文章认为,必须修改纲领的根据,只是在于其中有"过时的拉萨尔主义的论点",应该删去,但是,"这次修改不会触动纲领的基本原则,问题只是要更加科学地表述这些原则"。②

在这种对党来说是至关重要的时刻,当问题牵涉到党是将用战斗的马克思主义的纲领武装起来呢,还是向党提出"一个同样糟糕的纲领"(《马克思恩格斯全集》第38卷第9、36—37页)的时候,恩格斯作出了发表马克思的《哥达纲领批判》的决定,从而帮助党在马克思主义的基础上制定一个新的纲领。恩格斯在发表时加的序言中直接写道,在讨论纲领的时候,"如果我还延迟发表这个有关这次讨论的重要的——也许是最重要的——文件,那我就要犯隐匿罪了。"(《马克思恩格斯全集》第22卷第105页)促使恩格斯赶快发表马克思手稿的有决定意义的原因之一,就是李卜克内西在哈雷代表大会上关于纲领的讲话。在这个讲话中,在分析哥达纲领和论证未来纲领的原则性论点的时候,李卜克内西一方面利用了从马克思的《哥达纲领批判》中抄来的东西,另一方面又不指明文件本身和作者的姓名对手稿进行攻击。(《马克思恩

---

① 曾经作为外国来宾出席哈雷代表大会的爱琳娜·马克思-艾威林,曾经告诉恩格斯说,机会主义分子的影响在党内有所增强。在她看来,福尔马尔及其支持者对运动来说是比"青年派"领导人"更大得多的危险"。她认为,"我们的人没有充分认识到福尔马尔的危险性,他们正在犯错误。"[见爱琳娜·马克思-艾威林致恩格斯(1890年10月16日),载《历史科学杂志》1965年第7期第1203页]。

② 《前进。柏林人民报》1891年1月8日第6号。

格斯全集》第38卷第9、36—37页）恩格斯非常熟悉《哥达纲领批判》的内容，一看到李卜克内西的讲话，就知道这篇讲话实质上是围绕着《哥达纲领批判》的。（《马克思恩格斯全集》第38卷第82页）

从书信中可以看出，恩格斯在哈雷代表大会以后不久就从马克思的存稿中把手稿找了出来，1890年12月，他中断了小册子《马克思 contra 布伦坦诺》的写作，开始准备把手稿付印。1890年12月13日，他写信给《新时代》杂志的编辑考茨基说："不久，你会收到马克思遗著中的一篇东西，完全是新的，而且非常切合时宜和有现实意义。手稿已经重抄过，但我还要再看一遍，可能还写几句引言。但是暂时请你不要说出去"。① （《马克思恩格斯全集》第37卷第515—516页）

1891年1月6日，恩格斯把马克思著作的手稿抄件连同他自己写的序言②（《马克思恩格斯全集》第22卷第105—106页）一起寄给了斯图加特的《新时代》杂志编辑部，第二天在给该杂志编辑的信中又对这个问题发表了自己的意见。首先，恩格斯谈了他要在德国本国发表手稿的坚定意图。由于预料到书报检察机关可能要进行阻挠，恩格斯允许编辑部在极端必要的情况下删去一些地方，用省略号代替。至于从上下文来看不能删略的地方，他要求考茨基在校样上把这些地方标出来，

---

① 苏共中央马列主义研究院中央党务档案馆保存着由当时担任恩格斯秘书的路易莎·考茨基手抄的马克思手稿的抄件。这个手稿抄件是恩格斯逝世后在他的文件中发现的，长期以来它一直是马克思这一著作的各种版本（包括《马克思恩格斯全集》俄文第一版）的原件。直到1960年，《哥达纲领批判》的原稿由马克思的外重孙马尔塞·查理·龙格赠送给苏共中央马列主义研究院。

② 恩格斯在写序言时利用了马克思在给白拉克的信上写的要把手稿退还给作者的说明，但是在发表时把说明删掉了。

以便恩格斯能加以改动，加上括弧，并在序言中说明这些地方改动过。恩格斯写道，如果发表这份手稿，除了警察当局以外，"可能还有某些人不赞成"（恩格斯暗指《新时代》杂志编辑部成员，首先是杂志的出版人狄茨），他要求把手稿转寄给维也纳，那里"大概可以全文刊印"。最后，恩格斯断然地说："既然你们反正不能阻止手稿的发表，那么，在德国本国，就在专门为了刊登这类东西而创办的党的机关刊物《新时代》上发表，岂不好得多。"（《马克思恩格斯全集》第38卷第5页）

由于恩格斯的坚决要求，编辑部表示同意发表手稿。考茨基收到《哥达纲领批判》以后，1891年1月8日兴高采烈地写信给恩格斯说："文章写得好极了，而且来得正是时候。关于纲领的全部讨论因此获得了一个新的基础……发表是必要的。而且恰好是现在。"① 同时，考茨基和狄茨建议把一系列涉及对某些人的评价的地方改得缓和些。②（《马克思恩格斯全集》第38卷第9、21页）恩格斯只好同意，因为这样做不会改变《批判》的内容，当时对他来说主要的是"纲领一提出讨论，就发表这份手稿"。（《马克思恩格斯全集》第38卷第36页）

1891年1月底，马克思的手稿连同恩格斯的序言发表在《新时代》上，用的标题是《对社会民主党纲领的批判。卡尔·马克思的遗著》。党的执行委员会的某些委员曾经企图劝说《新时代》杂志编辑部拒绝发表手稿并停止发行已经印好的这一期杂志，但未能得逞。③（《马克思恩格斯全集》第38卷第21、25页）过了一些时候，党的中央机关报

---

① 《研究〈哥达纲领批判〉参考史料》1977年三联书店版第184页。
② 《研究〈哥达纲领批判〉参考史料》1977年三联书店版第185页。
③ 《研究〈哥达纲领批判〉参考史料》1977年三联书店版第190—194页；《前进报》1891年2月26日第48号。

《前进报》也被迫转载了马克思的《几点意见》。①

恩格斯十分注意了解各方面对发表马克思著作的反应。恩格斯知道，发表这篇著作首先会使作为马克思这封信的收信人而又不顾马克思的反对居然通过了妥协性纲领的德国社会民主党的那些领导人感到不快。他断定他们不会同意发表这篇东西，因此事先没有把自己的决定告诉他们。后来，1891年5月1—2日，恩格斯写信给倍倍尔解释这件事说："如果我能只同你一人讨论这个文件，然后立即把它寄给卡尔·考茨基发表，我们两小时就能谈妥。但我认为，在这种情况下，从个人关系和党的关系来说，你也必须征求李卜克内西的意见。而这会引起什么后果，我也是清楚的。或者是文件不能发表，或者，如果我仍然把它发表的话，那就要发生公开争吵，至少是在一个时期内，而且和你也要争吵。"（《马克思恩格斯全集》第38卷第82—83页）马克思这篇著作对拉萨尔主义的改良主义幻想作了无情的批判，第一次把马克思同拉萨尔的关系讲得一清二楚。恩格斯明白，他发表这篇著作，就会打击机会主义，打击党内机会主义分子长期支持搞的对拉萨尔的个人迷信。恩格斯写道，在反社会党人法统治时期，"在党内反对对拉萨尔的迷信当然没有任何可能。但是，这种状况必须结束，而我已经着手进行。我再也不容许靠损害马克思来维持和重新宣扬拉萨尔的虚假声誉。同拉萨尔有过个人交往并崇拜他的人已经寥寥无几，而所有其他的人对拉萨尔的迷信纯系人为的，是由于我们违背自己的信念对它采取沉默和容忍的态度造成的。因此，这种迷信甚至也不能以个人感情来解释。既然手稿是发表

---

① 《前进。柏林人民报》1891年2月1日和3日第27和28号附刊1。在转载马克思的《几点意见》时，该报编辑部删去了给白拉克的信和恩格斯的序言，并且指出，"除倍倍尔以外，信中提到的人全都看过手稿。"

在《新时代》上,也就充分照顾了缺乏经验的和新的党员。但是,我决不能同意:在十五年的耐心等待之后,为了照顾情面和避免党内可能出现的不满而把这些问题上的历史真相掩盖起来。"(《马克思恩格斯全集》第38卷第87页)恩格斯知道,由于谴责对拉萨尔的迷信,他会触痛党内一部分人,首先是原来的拉萨尔派的感情。

恩格斯在作出发表《哥达纲领批判》的决定时,也预料到采取敌视态度的资产阶级报刊可能要攻击德国社会民主党和整个社会主义运动。因此,他坚决要求在党的正式机关刊物上发表这个手稿。1891年2月3日,他写信给考茨基说:此文在正式机关报上发表,"会使我们敌人的进攻锋芒减弱,也使我们能够这样讲:请看,我们是怎样自己批评自己的,我们是唯一能够这样做的政党;你们也这样试试看吧!"(《马克思恩格斯全集》第38卷第21页)

恩格斯把这一切情况都估计到了。但是他相信德国党的力量,他确信德国党是坚强的,足以经受得住马克思的《哥达纲领批判》的直率的语言,足以经受得住对自己错误的毫不容情的自我批评,并且将会感谢他发表这篇手稿。(《马克思恩格斯全集》第38卷第21、36页)

恩格斯的推测果然不错。前面已经提到,对于发表马克思的这篇著作,德国党的领导人,特别是社会民主党国会党团表示不同意,国会党团还打算公开声明,说明发表这篇著作事先没有通知他们,他们也不赞成发表。(《马克思恩格斯全集》第38卷第28—29页)为了表示不同意恩格斯采取的这个步骤,党的几乎所有领导人都不再同恩格斯通信,甚至倍倍尔也两个多月没有给恩格斯写信。在党的领导机构中唯一继续同恩格斯通信的是执行委员会书记理·费舍。他不同意领导机构的观点,领导机构认为发表马克思《哥达纲领批判》的时间"对党来说是十分不合适的"。

　　相反，在党内，在普通党员中间，正如恩格斯所预料的，发表马克思的手稿受到了热烈欢迎。有人给恩格斯写信谈到这一点①，恩格斯在党的报刊上也看到了这一点（恩格斯十分注意党的报刊的情况）。1891年2月份，党的所有主要地方报刊都转载了马克思的这篇著作，其中包括德勒斯顿的《萨克森工人报》、《不伦瑞克人民之友报》、慕尼黑的报纸《劳动权》、莱比锡社会民主主义者的机关报《竞选者》。《前进报》转载马克思这篇著作时删去了给白拉克的附信和恩格斯的序言，而上述几家报纸与《前进报》不同，它们转载的内容同《新时代》刊登的一样，从而实质上同党的中央机关报发生了分歧。

　　社会民主党的有些地方报纸不仅转载了《哥达纲领批判》，而且为此登了专门的文章。例如，《萨克森工人报》于1891年2月10日以《马克思主义和拉萨尔主义》为题刊登了一篇非常值得注意的社论，完全赞成恩格斯发表《哥达纲领批判》。这篇社论指出，这篇《批判》"应该使我们感到高兴"，"我们在制定新纲领时可以利用马克思的意见"。该报在反驳反对马克思的资产阶级批评家们的诽谤时写道："让敌人们别由于马克思对哥达纲领的尖锐批判而过分欢喜。我们感谢发表这篇《批判》，并且将通过自己的报纸把它传遍各个角落，在会议上加以讨论。"社论还指出，党的首要义务就是尽一切方法在群众中传播马

---

① 1891年2月6日，考茨基告诉恩格斯说，马克思的文章对广大社会民主党人产生了深刻的印象，受到了赞同（《研究〈哥达纲领批判〉参考史料》1977年三联书店版第190页）。1891年2月27日，费舍通知恩格斯说，"除了国会党团和一小部分原来的拉萨尔派以外，党员们都赞成发表马克思的著作。党的全部报刊都从《新时代》转载了这篇文章，没有发表任何不同意见或反驳这篇文章的言论。"

克思和恩格斯的思想。①

　　1891年2月8日社会民主党报纸《汉堡回声报》第三十三号以《对社会民主党纲领的批判》为题发表社论。恩格斯在1891年2月11日给考茨基的信中认为这篇社论写得"很不错",特别是如果考虑到该报的编辑们"还受到拉萨尔主义的强烈影响"。(《马克思恩格斯全集》第38卷第31页) 这篇社论也指出了马克思的《批判》对于制定德国社会民主党新纲领的重要意义。

　　正当《哥达纲领批判》已经在党内得到传播和承认的时刻,1891年2月13日《前进报》以《马克思关于纲领的一封信》为题发表的社论②听起来就显得十分刺耳和不协调,这篇社论表达了社会民主党国会党团的正式立场。虽然这篇社论指出了马克思的理论意见具有迫切的现实意义,在起草新纲领时应该加以分析,但是,社论的作者基本上是不赞成发表的,作者声明,发表这篇著作事先没有通知党的国会党团和领导机构。社论表示不同意马克思对拉萨尔所做的评价,它为哥达纲领进行辩护,认为爱森纳赫派不顾马克思的批判而通过了这个纲领是他们的功绩。社论中还有这样有名的可悲词句:"德国社会民主党人既不是马克思派,也不是拉萨尔派,他们是社会民主党人。"这种言论实质上是表现了对党内分歧的原则性质的不理解,表现了恩格斯所指出的在理论问题上的含糊不清,特别是对李卜克内西说来是如此。(《马克思恩格斯全集》第38卷第84页)

　　恩格斯认为《前进报》的这篇社论是对他和马克思的攻击,起初

---

① 这篇文章的更加详细的摘录,见尼·叶·奥夫查连科:《在争取革命的马克思主义的斗争中》第256—257页。

② 《研究〈哥达纲领批判〉参考史料》1977年三联书店版第231—236页。

打算公开给以答复。他不无根据地认为李卜克内西是这篇文章的作者①,(《马克思恩格斯全集》第38卷第38,42,73,82页)看来是在社会民主党国会党团那些机会主义领导人施加压力的情况下写出来的②,这些人极力要冲淡发表马克思这篇著作对党内群众产生的良好印象。

虽然有些报纸也转载了《前进报》的这篇社论③,但是这篇社论并没有改变它们对马克思著作的肯定评价,没有能阻止它们发表马克思的著作④。《新时代》杂志看来是为了服从党的纪律,也转载了《前进报》的社论⑤,但同时加了如下一个编辑部注释:"我们不认为自己有义务

---

① 《研究〈哥达纲领批判〉参考史料》1977年三联书店版第38、42、73、82页。保存下来的《前进报》这篇文章的校样上有李卜克内西所作的修改,这也证实李卜克内西是该文的作者。从他的修改可以看出,他力图强调指出这篇文章中对哥达纲领所作的肯定评价。例如,在"我们并不为我们旧的哥达合并纲领感到羞耻"这句话前面,李卜克内西加了一个"不"字,从而加强这句话的分量。梅林1891年2月14日给李卜克内西的信也说李卜克内西是上述那篇文章的作者。

② 苏共中央马列主义研究院中央党务档案馆保存着一份大概是李卜克内西在德国社会民主党国会党团讨论即将发表的编辑部文章的会议上写的提要草稿。做出这种推测是因为草稿上提到了机会主义派的领导人之一弗罗梅的名字和一个问题:"为什么信寄给白拉克?"还注明"关于恩格斯"。

③ 《萨克森工人报》1891年2月14日第37号;《选民报》1891年2月14日第37号。

④ 例如,《选民报》编辑部在转载了《前进报》社论以后开始登载马克思这篇著作时,在编辑部的注释中指出了"这个文献的巨大意义,特别是由于正在进行关于修改纲领的讨论",并且表示希望"这个文件通过报纸转载最广大的读者都将能够读到"。(《选民报》1891年2月18日第40号)

⑤ 《新时代》1890—1891年第1卷第21期第683—686页。

把马克思的这封信提交社会民主党国会党团或党的领导机构讨论……也没有隐瞒我们发表这封信的意图。发表的责任只由我们承担。"①

恩格斯同意这个注释,但是同时也提醒编辑考茨基说:"你在《新时代》第 21 期上承担起发表的责任,对你来说,这是很值得称赞的,但是不要忘记,第一个推动力毕竟是我给的,而且在某种程度上是我使你没有选择的余地。所以我要承担主要的责任。"(同上书,第 36 页)在发表马克思这篇著作的问题上,考茨基基本上采取了正确的立场,根据恩格斯的评价,他在当时那样的环境中表现得"很勇敢"(同上书,第 28 页)。但是在支持并公开捍卫马克思的《哥达纲领批判》免遭别人攻击方面,他却表现出不彻底性和骑墙态度。这不仅反映在他不加任何批判分析就转载了《前进报》的上述社论上,而且也反映在《新时代》杂志第二十一期上发表的编辑部文章《我们的纲领》上,那篇文章实质上是持有和《前进报》社论同样的观点,特别是在对拉萨尔的看法上。那篇文章说:"马克思对拉萨尔所采取的立场,并不是德国社会民主党的立场。"②

社会民主党国会党团成员、国会议员格里伦贝格尔于 1891 年 2 月 27 日和 28 日在帝国国会的讲话中谴责革命的斗争方法,宣扬资本主义和平长入社会主义的思想,放弃《哥达纲领批判》中包含的关于无产阶级专政的要求。而《新时代》的编辑也不给予应有的还击。而且机

---

① 《新时代》1890—1891 年第 1 卷第 21 期第 686 页。

② 《新时代》1890—1891 年第 1 卷第 21 期第 680 页。这篇文章是这一期发表的下面几个纲领性文件的引言:全体工人联合会章程、国际工人协会章程和爱森纳赫纲领。文章最后指出,这几个文件是"德国社会民主党的准则"。(《研究〈哥达纲领批判〉参考史料》1977 年三联书店版第 227—230 页)

会主义者的这个首领竟把自己的所有这些看法硬说成是整个德国社会民主党的立场。① 考茨基在给恩格斯的一些信中对国会党团那些领导人的行为表示愤怒。例如，他在1891年3月9日给恩格斯的信中谈及格里伦贝格尔的讲话时写道："关于无产阶级专政，有人做了许多荒谬文章；而格里伦贝格尔的鼓噪尤其响亮。他实质上是声称，人们应该感激德国社会民主党，因为它没有听从马克思要把专政写入纲领的要求！……现在代替专政的，到处都是李卜克内西的'长入'社会主义。我本来想对这个问题写点什么……"② 但是考茨基并没有在报刊上出面捍卫《哥达纲领批判》。他在给恩格斯的一些信中解释他沉默的原因，说什么他"既没有可能也没有兴趣去同国会党团作斗争，并把它进行到底"③，他"不愿意被人看做是一个爱好争吵的人"，而且写了东西也没有地方发表，因为在他看来，《新时代》不是一个战斗性机关报，在这个问题上出版人不支持他。本来倒可以利用维也纳的《工人报》，但是，考茨基解释说，这家报纸在德国并不发行。这些辩解不过是一种遁辞罢了，它可以用来掩盖党的理论刊物的编辑对国会党团那些机会主义领导人向马克思的革命学说的进攻所采取的不彻底的模棱两可的立场。

恩格斯在他给1891年为纪念巴黎公社二十周年而出版的马克思著

---

① 民族自由党人卞尼格先在一次讲话中援引了《哥达纲领批判》中关于无产阶级专政的论点，格里伦贝格尔在反驳他的这次讲话中宣称，"社会民主党并不赞成马克思的这个纲领性要求"，在党的纲领中"从来没有谈到过无产阶级的革命专政"。(《帝国国会讨论速记记录。第八个立法时期，1890—1891年第一次会议》第3卷第1805页；《前进报》1891年3月1日第251号)。

② 《研究〈哥达纲领批判〉参考史料》1977年三联书店版第201页。

③ 《研究〈哥达纲领批判〉参考史料》1977年三联书店版第196页。

作《法兰西内战》德文第三版所写的著名导言中回击了机会主义者们的公开攻击。导言的最后一段话是直接针对格里伦贝格尔及其支持者的："近来，社会民主党的庸人又是一听到无产阶级专政就吓得大喊救命。先生们，你们想知道无产阶级专政是什么样子吗？请看看巴黎公社吧。这就是无产阶级专政。"（《马克思恩格斯全集》第22卷第229页）

恩格斯亲眼看到，发表马克思的著作一事"在党内并没有引起任何愤懑"，"《前进报》上的攻击并没有击中要害，也没有起什么作用"，而担心《哥达纲领批判》"会给敌人提供武器，证明是没有根据的"，（《马克思恩格斯全集》第38卷第36、52页）后者认为同党的中央机关报进行公开论战是不合适的，为的是不给敌人以可乘之机来诽谤社会主义运动。此外，他毫不怀疑，由于发表《哥达纲领批判》而产生的同党内革命派领导人的暂时不和和龃龉很快就会被克服，友好关系将会恢复。果然，1891年4月初，恩格斯接到了奥·倍倍尔的来信，随后党的执行委员会主席保·辛格尔也给他写了信。①

倍倍尔在1891年3月30日的信中说明自己的立场时写道，他并不反对发表本身，但是不同意发表的形式。首先，倍倍尔认为发表附信是不合适的，因为"它并不涉及纲领，它涉及我们——而且我完全是无辜的，——由于当时我不知道这封信，所以也不能按照它的精神行事"。从倍倍尔的解释可以看出，他对纲领草案没有及时修改那些遭到马克思批判的论点感到遗憾。"但是没有这样做，这一点在我看过马克思的信以后觉得是一个谜。"最后，倍倍尔说："如果这个事件逐渐被人忘记，

---

① 《保·辛格尔致恩格斯（1891年4月2日）》，信保存在苏共中央马列主义研究院中央党务档案馆。

我将感到高兴。"①

恩格斯对于能同党的领导人恢复通信联系感到十分欣慰。1891年4月8日，他写信给左尔格，高兴地谈及收到了倍倍尔和辛格尔的"非常亲切的信"。(《马克思恩格斯全集》第38卷第72页)

《哥达纲领批判》的发表在德国国外引起了广泛的反应。恩格斯收到了他的战友们和拥护者们、其他国家工人运动和社会主义运动积极评价这一做法。1891年2月7日和12日，保尔·拉法格先后写信给恩格斯，指出："您给社会党帮了大忙"，"马克思关于哥达纲领那篇文章好极了"。②

1891年3月2日，弗里德里希·左尔格写信给恩格斯说："《新时代》发表马克思的信使我感到非常高兴。"左尔格谴责了国会党团和《前进报》编辑部对发表这封信所持的态度，他劝恩格斯不必同他们进行解释，因为他强调指出，"你有更重要的事情要做"。③海尔曼·施留特尔也十分高兴地欢迎发表马克思的《哥达纲领批判》，他于1891年3月10日写信给恩格斯说，"这篇文章将起荡涤一切的作用"。④

德国经济学家和哲学家康拉德·施米特在1891年3月5日给恩格斯的信中对《哥达纲领批判》作了高度的评价。他表示希望，"党的新纲领将建立在这个批判的基础上"。⑤

---

① 《研究〈哥达纲领批判〉参考史料》1977年三联书店版第206—210页。
② 《恩格斯和拉法格通信集》第3卷（1891—1895）1959年巴黎版第16、20页。
③ 信保存在苏共中央马列主义研究院中央党务档案馆。
④ 信保存在苏共中央马列主义研究院中央党务档案馆。
⑤ 信保存在苏共中央马列主义研究院中央党务档案馆。

德国工人运动的老战士斐迪南·沃尔夫在1891年2月28日的信中感谢恩格斯"为马克思的《批判》写了一篇出色的序言",同时谴责了《前进报》对马克思的信的反应。①

意大利社会主义者安东尼奥·拉布奥里拉在1891年2月21日给恩格斯的信中对发表马克思的著作表示满意。②

马克思的著作在社会主义和民主主义的报刊上引起了相当大的共鸣。1891年,奥地利社会主义报纸《人民之友报》、美国的《纽约人民报》都从《新时代》上把它全文加以转载。③ 同年,《哥达纲领批判》还刊登在丹麦的《社会民主党人报》上,并出版了瑞典文的单行本,1894年出版了法文译本。④

在一些报纸和杂志上还发表了文章,转述了马克思著作的内容,指出这篇著作不仅对德国社会民主党,而且对整个社会主义运动都具有重要意义。

奥地利社会民主党的机关报——维也纳《工人报》1891年2月6

---

① 《斐·沃尔夫致恩格斯(1891年2月28日)》,信保存在苏共中央马列主义研究院中央党务档案馆。

② 《马克思、恩格斯和意大利人通信集(1848—1895)》1964年米兰版第370页。

③ 《人民之友报》1891年2月26日和3月26日第3、4、6、12号;《纽约人民报》1891年2月22日和3月1日第7—9,15号。

④ 《政治经济学评论》1894年巴黎版第8卷。关于《哥达纲领批判》发表情况的更详细的介绍,见苏共中央马列主义研究院编的《马克思和恩格斯著作在作者生前出版和发表的情况》第2册(1865—1895)1977年莫斯科版。

日发表了《寄自德国》的通讯①，作为第一批报刊之一对这篇著作的发表作出了反应。通讯中说，恩格斯在德国发表了具有巨大理论意义和实践意义的文件——马克思的信，此信对1875年通过的、现在仍然有效的党的纲领进行了批判。作者强调指出，马克思的《哥达纲领批判》"是一部杰作，它无疑会对讨论纲领的进程产生良好的影响。它是我们导师的丰富遗著中最珍贵的部分，恰好在现在，在需要十分明确地、毫不妥协地制定我们党的理论基础的时候，恩格斯把它发表出来，这是恩格斯的功绩。"

1891年2月24日《纽约人民报》以《马克思对党的纲领的批判》为题发表了一篇详细而尖锐的文章。② 文章的作者是施留特尔，是左尔格劝说他写的（同上书，第52页）。文章激烈地抨击了资产阶级报刊的恶意诽谤，它们抓住马克思的著作，主要是抓住这篇著作的论战形式，作为可以利用的借口来破坏社会主义者的威信。为了回答这种攻击，作者摘引了一些德国工人报纸赞成恩格斯发表马克思著作的言论。文章强调指出："1875年马克思以书信的形式表达了他对纲领的意见，这是他的权利。恩格斯和《新时代》杂志编辑部发表了这封信，这是他们的功绩。在这种场合不能把形式同内容割裂开来。"施留特尔还批评了《前进报》编辑部企图阻挠发表马克思著作的错误立场。他公正地指出，党的中央机关报过分重视了资产阶级报刊由于发表马克思的信而发出的叫喊。恩格斯对施留特尔这篇文章作了肯定的评价，指出它语

---

① 《工人报》1891年2月6日第6号。通讯的作者大概是阿道夫·布劳恩，《前进报》编辑之一，他不同意编辑部认为发表马克思这篇著作不合时宜的意见。（见《马克思恩格斯全集》第38卷第28、31页。）

② 《纽约人民报》1891年2月28日第51号。

调坚决。

　　法国工人党机关报《社会主义者报》对发表《哥达纲领批判》的反应也很有意思。该报在1891年2月11日发表了一篇题为《革命后的第二天》的文章，① 文章说："目前常常有人问社会主义者，如果他们执政的话，他们将怎么办？"文章指出，《前进报》发表的马克思的几点意见非常深刻而又明确地回答了这个问题。接着就援引了《哥达纲领批判》中马克思谈到在资本主义和共产主义之间有一个过渡时期，谈到无产阶级的革命专政的那一段话。（《马克思恩格斯选集》第3卷第21页）这篇文章证明，法国社会主义者的机关报引导读者把主要注意力放在《哥达纲领批判》的深刻的理论内容上，放在马克思关于无产阶级专政是用革命方法把资本主义社会改造成为共产主义社会的决定性武器的学说上。这篇文章也表明，法国社会主义者把马克思这篇著作当做整个国际工人运动的斗争纲领。

　　意大利社会主义者的机关刊物《社会评论》也在1891年2月20日发表了一篇题为《卡尔·马克思的一篇遗著》的社论。文章也强调指出了马克思这篇著作的巨大理论意义。② 该杂志的编辑屠拉梯把该杂志的前三期寄给了恩格斯，并且在附信中对发表马克思著作表示高兴。③ 1891年3月7日恩格斯回信给屠拉梯说，在《新时代》上发表马克思这篇著作，他"仅仅是尽了对已故的马克思和对德国党应尽的义务"。（《马克思恩格斯全集》第38卷第48—49页）

　　瑞士民主派报纸《苏黎世邮报》也对发表马克思的手稿做出了反

---

① 《社会主义者报》1891年2月11日第21号。
② 《社会评论》1891年2月20日第3期。
③ 《马克思、恩格斯和意大利人通信集》1964年米兰版第371—372页。

应，该报在1891年2月10日那一期的社论有一部分专门论述了这件事。这篇社论的作者是弗兰茨·梅林①，他在对哥达纲领，首先是对拉萨尔的评价上虽然并不完全同意马克思的看法，同时却指出，发表这个文献证明了德国社会民主党的力量和战斗能力，证明德国社会民主党力图完全客观地用自我批评的方式弄清楚自己斗争的目标。②

马克思的《哥达纲领批判》以及恩格斯本人不久以后写的著作《1891年社会民主党纲领草案批判》（同上书，第22卷第263—280页）对全党讨论的进程，对制定德国社会民主党的新纲领草案产生了决定性的影响。1891年10月爱尔福特代表大会上通过的新纲领，基本上是一个马克思主义的纲领，这就是恩格斯为反对机会主义、争取在德国社会民主党纲领中确立科学共产主义原则而进行的坚韧不拔的不调和的斗争的结果。

通过发表《哥达纲领批判》，恩格斯表现出他是在维护马克思主义理论的纯洁性方面具有非常的坚定性和党的原则性的典范。他用自己的行动给革命的马克思主义者上了十分有教益的、直到现在还没有丧失其现实意义的一课。

（原载《马克思主义和国际工人运动史论丛》，1977年莫斯科版）

（刘晫星 译）

---

① 《弗·梅林致威·李卜克内西（1891年2月14日）》，信保存在苏共中央马列主义研究院中央党务档案馆。
② 《苏黎世邮报》1891年2月10日第34号。1891年2月14日《前进报》第38号也转载了这篇文章的一部分。

《哥达纲领批判》关于社会主义的创新*

〔法〕伊莎贝尔·加罗①

近年来围绕超越资本主义问题的重新讨论，使社会主义及其不同版本的议题再次回到人们的视野中。从最根本的意义上来讲，"社会主义"这个词指出了在价值规律和利润率下的社会走向，它将生产方式的社会化与促进人类社会的需求结合起来，以实现自由生产者联合体的民主化前景。关于社会主义的争论中，许多都是明确地沿用了马克思主义的传统理论。这些成果也恰恰说明马克思是创造了另一种生产关系的伟大理论家，这种生产关系包含了社会关系的改造、民主化和个体的解放。然而，马克思自己把这样的一个后资本主义的创新，命名为"共产主义"而不是"社会主义"。一方面，这个关于命名的问题反映出这些词语在历史上应用的多样化和复杂性：无论是在马克思生前还是去世后，这两个词的相继传播实际上是与工人运动中的不同政治结构相对应的，不同的政治组织会根据自身利益需求去选择是否拥护或反对前人对这两个词语的使用。由此看来，这两个词其实都包含了积极和消极的含

---

* 本文选自《当代世界与社会主义》2013 年第 5 期。
① 伊莎贝尔·加罗（Isabelle Garo）为法国马克思、恩格斯著作法文版编译工程（GEME）负责人。——译者注

义,也正因如此,与之相关的争论一直延续至今。

从另外一个更重要的方面来看,这其实是关于术语选择的简单问题,要在任何情况下都具有说服力,并经得起推敲。这就涉及后资本主义的本质问题,而且了解对马克思在这方面的任何评论可能都至关重要。所以,该问题还同时关系到这种即将到来的生产方式的特点、准备条件和介质,尤其关系到它的政治层面的意义。这个选择题的紧迫性和重要性是显而易见的。本文正是竭力通过分析马克思留下的一些参考资料,来进一步阐释他在经济、社会或政治层面的一些相关观点。从这个意义上来讲,只要这个关于建设非资本主义的世界及其实现途径的问题是值得探究的,那么,围绕"社会主义"和"共产主义"的争论就只是一个分析的出发点。在马克思看来,这些方式和途径与终极目标是紧密联系的,值得我们冒险一试,去推翻一些习惯性的政治伦理秩序。

但是马克思在《哥达纲领批判》里表现出来的主张和这个设想看起来是很矛盾的:它清晰地区分了同一进程中两个不同的阶段,而这种区分从时间的接续和关联上成为"社会主义"和"共产主义"经典定义的基础。由此我们可以提出一个全新的阅读假设,这一假设从根本上颠覆了对这篇经典文章的传统解读。这个假设如下:马克思在这篇文章中并没有提到阶段的区分,他的目标不是给社会主义和共产主义下定义,而是表达关于过渡进程和政治调解问题的重要性,因为这个问题的解决是废除和超越资本主义的重要前提。

社会主义和共产主义的经典区分是由马克思本人作出的,主要依据就是《哥达纲领批判》。该文在列宁的笔下变成了经典依据,后来还成为第三国际的参考准则。

然而,关于这篇文章,马克思本人仅在1875年德国社会民主工党合并致函其领导人时提到过,而且当时只是用了"批注"一词。近期重译和再版这段文字，是由 GEME 小组（马克思、恩格斯著作法文版编译工程小组）组织牵头的，并作了全新的评论，由索尼娅·达扬-赫茨布伦（Sonia Dayan-Herzbrun）和让-努马·迪康热（Jean-Numa Ducange）负责翻译工作，这使我们可以从一个新的角度来重新阅读它。事实上，该文清楚地展示了马克思的一些逻辑严密而富有策略性的观点，但这些也不是单纯的理论陈述，它们已经构建起了处在合并进程中的德国工人政党的框架。

从这个意义上说，阅读马克思的这篇文章时应认识到：它是一个政论性的纲领文件，也就是说，该文本身的论述中已然涵盖了所处的历史条件和作者的明确意图。同时，马克思也是以理论家的身份来撰写该文，即使在撰写文章的注释时他也表现出战士般的斗志：抓紧时间为未来的政党留下一些可以影响其纲领的东西。尽管当时的条件不是很有利，但他清楚地知道：在写这些东西的时候有所保留是最好的选择，这也在给威·白拉克（Wilhelm Bracke）的信中得到了证实。马克思在文章最后总结道："我已经说了，我已经拯救了自己的灵魂"。可见他对评论的影响感到悲观，才引用了以西结（Ezéchiel）的这句带沮丧意味的名言。

这篇文章中专门用了一小部分笔墨来描述从资本主义到共产主义的两个阶段，这个简短的过渡描述在马克思的其他著作中是没有的：我们重点要关注马克思专门提到的财富分配的问题，而这个问题也正是拉萨尔提出的实现社会政治转型的关键。所谓的公平分配显然不能忽略当时的资本主义生产条件、生产关系和分配关系之间的紧密联系以及当时的阶级斗争和政治前景。这些都是马克思最为关注的方面，但是通过细节来论证每个方面又显得特别复杂。要揭露拉萨尔方法的缺陷，只有把《资本论》的观点提炼总结出来才显得更为有力，才能彻底批驳拉萨尔把劳动问题简化为抽象的荒谬方式。

然而，在当时的背景下，马克思并没有把自己的选择强加给任何人。自从1849年被流放到伦敦以后，他就一直为《资本论》的出版和发行操心。1864年拉萨尔去世后，威·李卜克内西（Wilhelm Liebknecht）向他发出了邀请。由于当时的马克思并没有直接参与全德工人联合会和德国社会民主工党统一纲领的制订，因此当他看到1875年3月7日公开的合并纲领草案时，自然感到非常愤怒，并立即给威·白拉克写信，同时还寄出了《对德国工人党纲领的几点意见》，对纲领草案进行批驳。马克思的这种干预，保持了一定的距离并且没有表达任何强硬的政治立场，目的只是引起党派领导人的内部争论，并没有考虑将之作为共产主义问题的一个理论尝试。另外，当时的马克思还在与巴枯宁主义作斗争，《哥达纲领批判》中涉及的国家问题实际上是要批判固有的无政府主义论调。当然，马克思的这种干预和批评，并没有被当时的领导人接受，甚至出现了抵制。马克思描述自己像被设了陷阱一样，被置于一种沉重的境地，被迫发表自己的观点，这完全是因为自己和这篇被"修订"过的纲领的论调南辕北辙。用马克思自己的话说：这个合并的纲领是一个极其糟糕的、会使党堕落的纲领。

在《哥达纲领批判》的第一部分中，马克思用了较大篇幅来评论"有益的"劳动的价值以及"公平分配"等问题，也正是在这一部分中，出现了关于两个发展阶段的著名论述："我们这里所说的是这样的共产主义社会，它不是在它自身基础上已经发展了的，恰好相反，是刚刚从资本主义社会中产生出来的，因此它在各方面，在经济、道德和精神方面都还带着它脱胎出来的那个旧社会的痕迹。"[①]

---

① 《马克思恩格斯文集》第3卷第434页，北京：人民出版社2009年版。

肯定的表达方式和直陈式现在时的运用,使人们相信这个论题,而马克思在随后描述中把它纳入了一个更加宏伟的目标。正因如此,这里的社会主义仿佛就是共产主义的第一个阶段。然而,至少有三个原因可以证明这种解读是站不住脚的。

第一点是在给白拉克的信中,整个纲领从头到尾遭到批驳,马克思丝毫没有进行让步。他对战略层面的干预非常重视,这也是他花费大量时间、不顾当时身体状况而写下那些批语的主要动机。

第二个原因是在马克思的其他作品中,再也没有出现类似的描述:虽然马克思的著作没有完成,但是如果说在这篇文章中马克思是以一种非常有条理而又简练的方式来提出这个论题,并且他认为这种方式是很适宜而又相当重要的话,那么在他的其他作品中不再涉及这些问题真的让人无法理解。实际上,马克思不止一次地提到过关于共产主义的问题,但只是点到为止,而没有进行长篇大论。此外,马克思在这篇文章中肯定了制定严格的政治纲领的重要性。

第三个原因在他文章的后面被简单提及。这种写作架构是具有战略思维的,马克思的目的是通过该文产生实际的效果。实际上,在马克思看来,用"权利"来衡量也是很荒谬的。马克思在文中虽然引用了他所批判的观点,但这也只是为了衬托出其论题所批驳的谬误。因此,假设每个劳动者所给予社会的,就是他"个人的劳动量",那么分配的原则从根本上来说是与商品等价物的交换中通行的同一原则。马克思这样总结道:"在这里平等的权利按照原则仍然是资产阶级权利"。① 因此,纲领关于公平分配的诉求其实并没有触及资本主义的根本:这恰恰也是马克思反对的蒲鲁东要用"劳动券"代替货币的想法。

---

① 《马克思恩格斯文集》第 3 卷第 434 页,北京:人民出版社 2009 年版。

为了批判所谓"公平分配"的错误观点，马克思提出了几个质疑，并指出了其中存在的弊病，他强调指出："要避免所有这些弊病，权利就不应当是平等的，而应当是不平等的"。① 根据自己政治经济学批判中关于此方面的结论，马克思认为，资本主义生产方式的社会特点不允许个体生产者占有大规模社会合作生产的成果：生产社会化和生产资料私人占有之间的矛盾是导致并孕育超越资本主义的一个重要矛盾。因此，只要在资本主义生产条件下就不会存在真正的公平分配，但是哥达纲领中关于分配和平等权利的观点是保守的，甚至是倒退的。

考虑到这篇文章的重要地位以及马克思想要达到的目的，如果采取直接谴责甚至挖苦的方式，很明显会产生相反的效果。其实文章的字里行间暗含的谴责之处并不少见，而在两个发展阶段的诠释中，马克思的语言更是把形式上的让步与实质上的谴责巧妙地结合起来，这种策略性的语言运用就是为了婉转地提醒纲领的制订者。文章接下来的段落是为了批判那些错误观点，实际上还分成几个层面来解释，但是这些层面的解释相对于今天的实际来说已然不同了。即使不考虑背景因素，马克思后面所陈述的内容也让我们产生了疑问："但是这些弊病，在经过长久阵痛刚刚从资本主义社会产生出来的共产主义社会第一阶段，是不可避免的。权利决不能超出社会的经济结构以及由经济结构制约的社会的文化发展。"②

如果只看到这里，我们会认为第二个阶段在某些部分抵消了第一阶段的情形：如果权利的影响不能产生任何效果，那么交换条件和分配方式的变革必然是毫无结果的。况且，这种变革也不可能实现，因为它直

---

① 《马克思恩格斯文集》第3卷第435页，北京：人民出版社2009年版。
② 《马克思恩格斯文集》第3卷第435页，北京：人民出版社2009年版。

接涉及正在进行的革命运动所作的政治决定，而哥达纲领中并没有相关的暗示，只是指出要遵循严格的选举和法律程序。如果一个政治战略只是把权利的改革作为手段，那么它绝不会产生任何根本性的转变。

在这种情况下，那些习惯性的解读很容易被推翻：第一个阶段其实对应的是一个不成熟的政治理论初级阶段，是德国社会主义者的错误阶段。对于这个阶段，马克思认为明智的做法是表面上以模棱两可的方式承认其关联性。

从马克思的所有著作，包括早期的一些文章中，我们可以得出这样的结论："第一个阶段"既不是指"社会主义"，也不是任何形式的"生产资料的社会主义化"，而是要纠正一个错觉，即把平等权利作为推翻资本主义的切入点，或是作为实现社会正义的资本主义改良手段（哥达纲领中明确把消除一切社会的和政治的不平等作为奋斗目标）。但是在这一点上，马克思所作的努力却没有结果：除了他的信没有被李卜克内西披露外，新修订的纲领也只是在"生产合作社"一词前加上一个"社会主义"的形容词而已，且不作任何详解。

因此，我们可以认为：既然不指定任何形式的社会主义，既不是指过去，也不是指将来，"第一个阶段"这个表达包含了三个相关的功能，这就使得理解《哥达纲领批判》这篇文章非常困难。首先，这个表达指出了一个政治性分析的时间点，即已过时的1875年，这意味着曾经尝试的社会主义方案已然失败。其次，这个表达保留了与德国社会民主工党领导人进行对话的可能性。最后，这个表达指出了马克思最为关切的一个现实问题，即过渡时期，但对于这个问题马克思是从政治层面考虑的，文章随后的内容也部分涉及，并提到了这个时期的无产阶级专政问题。

由此看来，关于社会主义的问题实际上是政治过渡的问题，同时也与经济和社会问题紧密相连,尽管这篇文章中并没有说明也没有作出否定:实际上,通读整个《哥达纲领批判》,这个问题并没有涉及。如果关于过渡的问题并没有被马克思专门提到,那么从马克思的角度来看,关于共产主义的构想应该是一种关于根本变革的线性过程,这个过程是要达到新的目标和标准。在"共产主义社会高级阶段"的下一段中,马克思再次提到"平等的权利"和"公平的分配",就是为了指出:"这些人犯了多么大的罪,他们一方面企图把那些在某个时期曾经有一些意义,而现在已变成陈词滥调的见解作为教条重新强加于我们党,另一方面又用民主主义者和法国社会主义者所惯用的、凭空想象的关于权利等等的废话,来歪曲那些花费了很大力量才灌输给党而现在已在党内扎了根的现实主义观点。"① 我们很难想象"陈词滥调"和"空洞的废话"这些词是否适合对共产主义第一个阶段的描述。我们可以对初期阶段进行不完整的判断,但我们很难理解这些带有强烈谴责和贬义的词汇怎么能够描述关于人类解放的历史进程的一个建设性时刻。而且在下面一段中,马克思又重提"分配"的问题,指出了资本主义生产方式的基础,并对"庸俗的社会主义"进行了批评。

在这种情况下,如果我们采取这样一种阅读假设:把对第一个阶段的描述看做是一个简单的修辞上的让步,以达到强烈谴责庸俗社会主义的目的,那么关于共产主义描述的那个段落确实提出了以下重要问题:如果按照进程分析,社会主义和共产主义是否会出现岔路口,是否还存在更加复杂的运行问题?马克思真实的意思是想表达什么,他又采用了怎样的方式呢?让我们重读一遍这个段落:

"在共产主义社会高级阶段,在迫使个人奴隶般地服从分工的情形

---

① 《马克思恩格斯文集》第3卷第436页,北京:人民出版社2009年版。

已经消失,从而脑力劳动和体力劳动的对立也随之消失之后;在劳动已经不仅仅是谋生的手段,而且本身成了生活的第一需要之后;在随着个人的全面发展,他们的生产力也增长起来,而集体财富的一切源泉都充分涌流之后,——只有在那个时候,才能完全超出资产阶级权利的狭隘眼界,社会才能在自己的旗帜上写上:各尽所能,按需分配!"①

如果这段文字可以很好地呼应马克思在这方面的论点,那么以下问题会特别引起我们的重视:首先是描述中对共产主义特征的不完整、简洁的表达,其中提出的唯一要求是超出资产阶级法权;不管我们承认与否,这实际上都是对第一阶段特征的描述。这些表明马克思的论据实际上是有所保留的,因为这必然会引起更大争议,当然他主要针对的是那些纲领的起草者们,因为他们把权利和劳动全部抽象化了:马克思可能想尽力去纠正他们的一些偏见和错误观点。此外,在纠正把"有益的劳动"抽象化时,马克思还引入了资本主义的劳动分工以及生产力问题;同时,马克思重点强调的是一个分析的过程,而不是一个具体的历史进程,是一个逻辑阶段,而并非一个实际阶段。

我们假设马克思再一次采用了灵活的方式来强调这个纲领的政治目标中应当包含的内容:如废除资本主义的生产关系以及与之紧密相连的劳动分工,取消那种激进的超越历史阶段的民主等,也就是文章后面明确提到的"社会的革命转变过程"。实际上,这段末尾借用了路易·勃朗(Louis Blanc)提出的"各尽所能,各取所需",这句话再次指出了财富分配的一个简单原则。假如没有"社会主义"这个词,那么马克思在这里指的就是诞生在法国的这种政治传统,因此他清楚地了解这种传统的决定性历史作用。其实,路易·勃朗的政治主张就是创建国家工

---

① 《马克思恩格斯文集》第3卷第435页,北京:人民出版社2009年版。

厂，而哥达纲领则继承了他的思想。

如果不考虑马克思对这段简洁论述的深层思考（当然，他肯定能够表达出一个更加完善的政治目标），那么最后一句的表述实际上指出了工人联合组织的国家干涉主义设想，并以此作为摆脱资本主义或者对其进行改良的政治道路。在马克思看来，路易·勃朗的设想或许比拉萨尔的思想稍微灵活和超前一些，因此，马克思借用了他的一句口号，而这个口号符合哥达纲领制定者们的思路，同时也带有一定程度的革命色彩。因此，正是由于这个表述本身具有的可塑性及其比较准确的政治定位，才使得马克思选择在这里使用，因为他既关心支持两派的合并，又坚持不能为了合并作无原则的妥协和让步。

因此，我们认为，不能将这段内容视为马克思原本设想的最终表达。因为他是从双重视角去考虑共产主义的：不仅要废除资本主义的生产关系，同时将其作为一个政治过程，并广泛发动革命群众，在这个过程中可以采用普选形式，而这样的一个过程在这里却没有提到。共产主义社会的定义对于马克思来说是一个行动中的定义，要通过广泛的民主化运动来实现，而且并无前人的模式可参考，是与创新和解放的具体历史进程紧密相连的。因此，即使共产主义的整体目标能够定义，也无法事先在程序上对其进行概括。

假如这样的阅读理解不能得到公认，那么马克思的这篇文章的性质就发生了根本的变化。对于马克思而言，他并非是想提供一本革命的必备指导，这篇文章仅仅是对当时特定情况的一个干预，目的是让纲领的制订者接受并进行一些改正，至少是对纲领中充斥的错误观点作出修改。因此，"第一个阶段"是对一个不成熟的、带有国家干涉主义色彩的社会主义传统的委婉定义，而第二个阶段的目的是引导纲领的制订者在他们的论题方向再迈进一步，同时要谨慎对待路易·勃朗的个人观点。但是，关于第二个阶段的表述与马克思对共产主义的理念还是有根本差距的，虽然马克思本人并没有给出详细的描述。此外，这个表述与其作为一个政治过程的定义也是不相符的，必须要随着这个政治过程的自我修正、自我调整而建立前提。

因此，对这篇文章的"传统"理解其实是不合逻辑的，因为它把马克思的观点分为了两个时间段。其实把这两个阶段理解为不同的层次或是相融相连的时刻并不重要。为了深入了解这段文字的含义，我们必须要阅读由恩格斯在1877—1878年写成的著作《反杜林论》中的三章编成的《社会主义从空想到科学的发展》。恩格斯在这篇文章中对问题进行了明确的阐释，即对社会主义和共产主义之间的关系以及革命进程的政治性质问题，提供了一个紧密围绕《哥达纲领批判》展开的解说，同时也加入自己原创的设想。首先，恩格斯在文章中对两个阶段的情况进行了深入阐释。即使恩格斯1891年发表《哥达纲领批判》时处在非常特殊的条件下，但他的论述无疑向我们表达了另一种观点。其次，恩格斯论著的重点很清晰，就是强调历史和政治因素，这似乎更直接、更具体地说明了马克思当初的设想。马克思原本想要解释的东西由于受到当时具体条件的限制，并且为了顾全大局，没有清晰地表达出具体含义。

尽管我们应当避免将恩格斯与马克思去作比较，但是恩格斯的论述对了解《哥达纲领批判》是非常有启发性的。首先，他提出最初社会主义的不成熟是与资本主义生产状况的不成熟相关联的。文中的"共产主义"一词被用来形容欧文在政治方面的进步，他用激进的态度去质疑"私有财产"。因此，这里是欧文而不是马克思所描述的阶段："作为向完全共产主义的社会制度过渡的措施，一方面他组织了合作社（消费合作社和生产合作社）……另一方面他组织了劳动市场，即借助以劳动小时为单位的劳动券来交换劳动产品的机构"。恩格斯随后的评论更接近《共产党宣言》的一些说法:"这种机构必然要遭到失败,但是充分预示了晚得多的蒲鲁东的交换银行,而它和后者不同的是,它并没有被说成是医治一切社会弊病的万灵药方,而只是被描写为激进得多的社会改造的第一步。"① 这里所说的遭遇失败的"第一步"不是指欧文的共产主义试验本身,而是其实践的理论化:作为一个政治理论形成的阶段,这个"第一步"虽然受到种种条件的限制,但它仍赋予"共产主义"一个比较贴切的定义,但这并不是平静的发展过程,而是超越与消灭,即革命的过程。

此外,恩格斯写道:"无产阶级将取得国家政权,并且首先把生产资料变为国家财产"。② 正是从这个初始时刻起(不再和财富的分配有关,而是在政治层面将生产资料私有制通过改革变成社会公共财产),一个超越资本主义的革命进程正式开启。此时无需维护资产阶级法权,也不再有个人的分配标准,而是涉及国家权力的问题。这个问题同样分为两个阶段,根据马克思在分析法国政治史的文章中所提到的那样,首先是夺取国家政权,随后是消灭国家。很明显,这是马克思主义的论述,也是恩格斯的著作中所作的评论;此外,列宁也对恩格斯的论述作出了评论,他们的评论都环环相扣,并总是与当时的政治环境相关,也带有由于当时的历史背景而导致的局限性。

事实上,列宁也坚持国家逐渐消亡的观点,而恩格斯在与"自由的人民国家"观点论战时(这恰恰是哥达纲领中的观点),也提到国家不是"被废除"的,它是自行消亡的。这既不涉及国家干涉主义,也不

---

① 《马克思恩格斯文集》第9卷第280页,北京:人民出版社2009年版。
② 《马克思恩格斯文集》第3卷第561页,北京:人民出版社2009年版。

是无政府主义,而是提出这样一个解决方案:将具体、直接的经济社会变革与政治维度相结合。如果我们再看一下1875年马克思的评论,就会发现一个非常类似、概述了恩格斯观点的政治解决方案。事实上,在文章的最后一段关于民主问题的论述上,马克思重新回到对国家问题的分析,而这次是从政治层面向共产主义的转变进行的。与对待劳动和权利的方式相同,哥达纲领将这个问题抽象为一个复杂和不断变化的历史现实。另一个关于社会主义和共产主义的核心问题,就是国家命运的问题。马克思在文中写道:"于是就产生了一个问题:在共产主义社会中国家制度会发生怎样的变化呢?换句话说,那时有哪些同现在的国家职能相类似的社会职能保留下来呢?这个问题只能科学地回答;否则,即使你把'人民'和'国家'这两个词联接一千次,也丝毫不会对这个问题的解决有所帮助。在资本主义社会和共产主义社会之间,有一个从前者变为后者的革命转变时期。同这个时期相适应的也有一个政治上的过渡时期,这个时期的国家只能是无产阶级的革命专政。"①

让我们再回到过渡的问题,因为马克思想用这些词语来说明如何走向共产主义,而这个向共产主义的过渡应该是一个持续的、并且不断自我调整的过程,而不是瞬时的转变。简单地说,这种转变肯定不是上面描述的两个阶段:这里所定义的阶段或者时刻,作为一个政治过程,完全不同于以前的本质概念;这个过程是通过分配方式和交换条件的改革来实现的。其实革命的转变应当是一个运动的状态,即"持续革命"或"政治过渡",其中需要全民动员,并且要与时俱进,在前行中根据实际不断去界定和重新界定具体的转变。实际上我们要强调的"真正的过渡"就是这种情况。这也就是为什么马克思在文章中要有意加上下面

---

① 《马克思恩格斯文集》第3卷第445页,北京:人民出版社2009年版。

这句话:"但是,这个纲领既不谈无产阶级的革命专政,也不谈未来共产主义社会的国家制度。"① 马克思并没有预先判断未来的体制形式,但他确实提到夺取政权的时期恰恰与摧毁资产阶级国家机器的时刻相对应:但是这个破坏和建设的过程绝不是与革命和演变同时进行的过程。这的确是一个激进和突发的革命进程,并为社会关系、财产及分配关系的变革创造了真正的条件。这里的"过渡"实际上就是马克思提出的"对不切实际的过渡"的一个替代方案。因为从他的角度来看,这种做法更能摆脱僵局。因此,这部分内容有助于我们更深入地了解文本的第一部分。但是由于这篇文章的表达过于婉转,甚至晦涩,因此作者想达到的教育目的并没产生明显效果,尤其是当相应的写作背景消失之后,有关内容更是难以理解。

但所有这些分析并没有落到社会主义的问题上。如果我们不把社会主义这个词语定义为一种独特的道路或固定阶段,而是指变革过程中经过深思熟虑、蕴藏于当下的社会矛盾和政治力量之中的具体实现方式,那么,《哥达纲领批判》中并没有提到对此的评论,也没有描述具体的内容。

列宁被视为社会主义和共产主义阶段理论的推动者,我们可以认为他的分析是这个理论框架的基础,同时也要认识到其写作的局限性,他撰写于十月革命前夕的文章也非常复杂,与1875年的背景十分不同。可以说,列宁也没有提供阅读理解的策略:他的沉默不亚于马克思。在列宁设想的两个阶段中,即社会主义和共产主义,前者旨在部分地废除资产阶级法权,同时实现生产资料的社会化,后者是国家消亡和实现民主的阶段。如果将马克思作品中所划分的两个时刻放在一起考虑,一方

---

① 《马克思恩格斯文集》第3卷第445页,北京:人民出版社2009年版。

面是对阶段的分析，另一方面是对无产阶级专政的强调，我们会发现，第一个时刻实际上是内容，第二个时刻则为其提供了实现形式。然而，列宁却停留在了马克思设想的政治层面。他的错误是在这个政治过程中既要体现社会化的初始阶段，又要维系资产阶级法权。同时，他还认为：要在一定的时期内，保留没有资产阶级的资产阶级国家，他将一个革命的过程与一个给定的内容联系在一起，提前设计出了社会化的各个步骤，而这正是马克思在批评哥达纲领时指出的相反观点：不改革生产方式而空谈分配。

将社会主义作为共产主义第一阶段的学说就是从这里诞生的，即使列宁坚持将这个进程高度政治化，并对其创造性保留了一定的开放度："……即实现'各尽所能，按需分配'的原则。至于人类会经过哪些阶段，通过哪些实际措施达到这个最高目的，那我们不知道，也不可能知道"。①

然而，这里的历史背景和自身的时间性导致在社会主义和共产主义两个阶段之间增加了一个不确定的时间段；共产主义阶段要求并实现全面改造，"既不是现在的劳动生产率"，也同时包含了对人的改造，使他们"能够自愿地尽其所能来劳动"。因此，这个共产主义阶段就染上了乌托邦的色彩，无论称其为"共产主义阶段"或"完全的共产主义"都是一个遥远的目标，要受到前一阶段内部变革步伐的制约，同时也为国家干涉主义留有余地，以作为过渡："在共产主义的'高级'阶段到来以前，社会主义者要求社会和国家对劳动量和消费量实行极严格的监督，不过这种监督应当从剥夺资本家和由工人监督资本家开始，并且不

---

① 《列宁专题文集　论社会主义》第39页，北京：人民出版社2009年版。

是由官吏的国家而是由武装工人的国家来实行"①。这里所说的国家消亡是一个无产阶级国家创建的过程，而对于马克思来说，"无产阶级专政"不是一种持续，而是一种转变，不是人民群众监督的制度化，而是革命的动员。

结合之前的阅读理解，我们可以认为，对于马克思来说，提前确定甚至规划好的阶段划分并不重要，重要的是转型的过程，即一个结合了政治动员、民主运转、经济与社会转型以及平等分配的持续的过程。通过对过渡和运转假设的思考，我们得出如下结论：如果从认识论和政治性的角度把这个历史的创造过程命名为"社会主义"，那么这个词确实是恰当的、中肯的，尤其是作为一个固定阶段的定义更是如此。但是，假如我们将这个词归入社会民主主义思潮，那么它就可能被赋予完全不同的含义。然而，从词源学角度来看，顾名思义，这个词让我们自然地想到了生产资料的社会化，而这个问题恰恰是左派几个组成部分争论至今的问题。因此，社会主义这个词仍然具有现实性，在这个问题上既有理论的、历史的，又有政治的争论。

对这个问题的战略性思考由来已久。正是在为国际舞台中出现的激进的、民主的社会主义的辩护中，我们发现《哥达纲领批判》对它的解读与传统解读相比更具有创造性。从这个角度来看，社会主义和共产主义是完全相容的，二者的区别只不过是进程与目的、建构与成型、中间过程与最终结果的区别，却又辩证地相互依存。如果将共产主义简单设想为突发事件、和平演变或者有计划的暴力行动，那么这种设想就完全忽视了包括组织和纲领在内的关键性政治问题。总之，如果说社会主义一词并没有失去其有效性，那是通过世界范围内的一些具体实践来证

---

① 《列宁专题文集　论社会主义》第37页，北京：人民出版社2009年版。

明的。当然,这些实践由于极为不利的背景而具有一定的局限性。一些人认为共产主义应当从理论和历史两个层面与其悲剧性的复杂过去剪断关系。然而,与此相反,我们认为,只要与资本主义明确决裂,21世纪的社会主义模式一定会让我们充满期望。

(本文选自《马克思与历史的创新》[*Marxet l'Invention Historique*, 2012]一书,该书由 Syllepse 出版社出版)

(张春颖 编译)

关于《反杜林论》产生过程的历史考证
——《马克思恩格斯全集》原文版研究成果[*]

〔德〕蕾娜特·默克尔

"亲爱的摩尔:你说得倒好。你可以躺在暖和的床上,研究具体的俄国土地关系和一般的地租,没有什么事情打搅你。我却不得不坐硬板凳,喝冷酒,突然把一切都搁下来去收拾无聊的杜林。但是,既然我已卷入一场没完没了的论战,那也只好这样了;反正我是得不到安宁的。"①

这是恩格斯1876年5月28日给马克思的一封信的开头几句话;这封信表明,恩格斯是多么不情愿地决定,对多次敦促,首先是威廉·李卜克内西对他的敦促做出让步,开始与柏林大学私人讲师欧根·杜林进行论战。此人在社会民主党的某些人中有一些危险性的影响,如果说他的观点是恩格斯写作《反杜林论》的直接原因,那么,这场论战则为批判伪科学的社会主义观点和社会主义思想提供了机会。因为这种观点和思想当时正在党内流传,这场论战还为围绕基本的理论问题阐述马克思主义观点提供了机会。恩格斯对此作出决定后就以他所固有的一丝不苟的精神着手进行这项工作。这项工作占去了他两年多的时间,结果诞

---

[*] 本文选自《马克思恩格斯研究》1992年总第9期。
① 《马克思恩格斯全集》第1版第34卷第18页。

生了他最重要的理论著作。这部著作第一次系统地阐述了工人阶级的科学世界观与其三个组成部分的统一。

开头援引的那封信对于确定下面这种看法具有决定性的作用，即恩格斯写作《欧根·杜林先生在科学中实行的变革》是在1876年5月底，保存下来的与此有关的准备材料是5月份之后完成的。① 最新公布的一批材料提供了一些有关这部著作产生的新情况，但没有对迄今为止所认定的产生时间提出怀疑。②

由于准备将《反杜林论》收入《马克思恩格斯全集》原文版第1部分第27卷，所以必须进一步准确说明该著作的产生经过。这涉及的方面有：该著作产生的背景、更为详细地研究德国社会民主党的理论观点和当时党内的争论以及欧根·杜林的见解。他在公开反对马克思主义的同时阐述了他自己的"体系"——机械唯物主义、唯心主义社会理论、庸俗经济观以及伪社会主义学说的折中主义大杂烩。然而，杜林在他的体系中也探讨了一些现实问题，并做出了回答，从而提供了工人运动的一系列共同点：他用尖锐的语言鞭挞了剥削者国家的所作所为，承认工人阶级有能力改变社会关系，在这方面他甚至还提出了披上科学性的伪装的构想。

但是人们更加准确地说明了这部著作本身直接产生的历史，并纠正了过去对此的部分认识。这便是我们要在下面阐述的内容。事实表明，恩格斯1876年5月28日的信在《反杜林论》的产生过程中占有关键位

---

① 参看弗·恩格斯：《欧根·杜林先生在科学中实行的变革》、《自然辩证法》；另参看《恩格斯逝世40周年特刊》1935年莫斯科—列宁格勒版第XXII页。

② 参看E.孔德尔：《论〈反杜林论〉的形成史》；《威·李卜克内西和海尔曼·朗姆写给马克思和恩格斯的未发表的信》，载《马克思恩格斯年鉴》1978年柏林版第2卷第271—310页。

置,但它并不构成写作的开端。恩格斯在此以前就已开始了这部著作的工作,他开始准备的时间也与迄今为止所认为的时间不同。他也不是一开始就打算把《反杜林论》分成哲学、经济学和社会主义这三编的;这一结构只是在进一步考虑方案的过程中才形成的。最后可以证明,马克思对写作《反杜林论》所给予的合作要比迄今我们所认定的大得多。大量新的证据证实了这一点。人们甚至会说:《反杜林论》是恩格斯和马克思直接合作的产物。

1873年,恩格斯第一次收到了由《人民国家报》编辑阿道夫·赫普纳提出的与杜林论战的建议——在此之前恩格斯和马克思早在1868年因杜林写的一篇评论《资本论》的文章而已经注意到了此人。赫普纳请恩格斯注意杜林1871年出版的《国民经济学和社会主义批判史》。也许还为他搞到了这本书,并指出了与之进行论战的必要性。① 1874年1月28日赫普纳问恩格斯:"你批判杜林的文章写得怎么样了?"② 恩格斯是否在这时就做出过什么许诺,有关这一点没有材料保存下来,也许这里需要马克思在回忆社会民主党领导人请他写批判杜林的文章的情形时所说的话:"多年来(因为事情是从我第一次自卡尔斯巴德回来时开始的),我们把这看做是次要的工作,没有接受下来。"③ 马克思这里指的是1874年9月他在莱比锡与威廉·李卜克内西和威廉·布鲁斯的谈话,随后主要是李卜克内西一再敦促恩格斯同杜林论战。李卜克内西听了杜林讲的课,了解了《批判史》第2版的内容(杜林在这里粗暴

---

① 参看阿·赫普纳1873年7月3日,8月5日,9月1日和10月26日给恩格斯的信,莫斯科原苏共中央马列主义研究院中央党务档案馆档案。

② 参看阿·赫普纳1873年1月28日写给恩格斯的信,阿姆斯特丹国际社会史研究所档案馆档案。

③ 《马克思恩格斯全集》第1版第34卷第15页。

地攻击和诽谤马克思主义），在这之后，就请恩格斯"（彻底）地收拾杜林"①。没过几星期他再次提出了这个请求。②

当马克思写道，恩格斯和他没有接受与杜林论战这一"次要的工作"时，提到李卜克内西又补充道："正如他所知道的和他给我们的信件所证明的那样，只是在他多次寄来各种无知之徒的信件，使我们注意到那些平庸思想在党内传播的危险性的时候，我们才感到这件事情的重要性。"③ 在这些无知之徒的信件中有一封是居住在瑞士的小资产阶级社会主义者、杜林的追随者阿伯拉罕·恩斯写的。恩斯要求李卜克内西立即发表一篇时评，在时评中杜林被装扮为"我们在科学领域内的最热心、最坚决、最勤奋的先驱者"④，并称赞他最后出版的三本书，李卜克内西断然拒绝了这个无理要求，他让恩斯知道，尽管杜林对马克思进行了攻击，但他仍把"承认杜林的不可否认的功绩"当做自己的义务。"但是现在不是要进行新的赞美，而要进行批判，一场严肃的不偏不倚的批判。"⑤

1875年10月15日，李卜克内西把恩斯的信寄给恩格斯，并写道："必须在《人民国家报》上刊登深入批判杜林的文章。"为此他再次请

---

① 威·李卜克内西1876年2月1日给恩格斯的信，载1976年《德国工人运动史论丛》第6期1041页。

② 参看威·李卜克内西1876年4月21日写给恩格斯的信，载1976年《德国工人运动史论丛》第6期，1042页。

③ 《马克思恩格斯全集》第1版第34卷第15页。

④ 引自1875年11月5日《人民国家报》。

⑤ 威·李卜克内西1875年10月15日给阿·恩斯的信，载阿·恩斯：《恩格斯对常识的谋杀或马克思主义的社会主义在科学上的破产》1877年格兰—萨康涅（瑞士）版第19页。

求恩格斯，并在信的末尾写道："如果你不愿写批判杜林的文章，那就请快一点告诉我。"① 10天以后，李卜克内西又求助恩格斯：他反对崇拜杜林，并预示要进行批判。"但你必须尽快把批判文章写出来"，他这样写道并在信的末尾再次提醒恩格斯："不要忘记杜林。狠狠收拾他。"②

恩格斯对李卜克内西1875年10月15日来信的回信没有保存下来。从李卜克内西10月25日写的一封信的口气中可以推测，恩格斯可能答应了，李卜克内西1875年11月1日写给恩格斯的信，特别是写给约翰·菲力浦·贝克尔的信也说明了这一点。他在给恩格斯的信中写道："但现在请你尽快又彻底地对杜林的胡说八道进行批判。"③ 有趣的是，李卜克内西这时已经提请恩格斯注意《哲学教程》一书。该书在后来准备写作《反杜林论》的阶段中具有决定性意义。李卜克内西告诉贝克尔，《人民国家报》不久将发表一篇详细的批判文章，并且预示还要在该报的"信箱"栏里反击恩格斯。④ 反击文章在11月5日发表了，同时还宣布，编辑部将"试图争取不久发表一篇深入的科学的批判性论述文章，批判"⑤ 杜林的著作。1875年11月中旬，李卜克内西再次请

---

① 威·李卜克内西1875年10月15日给恩格斯的信，载《马克思恩格斯年鉴》柏林版第2卷第284页。

② 《马克思恩格斯年鉴》柏林版第2卷第285页。

③ 威·李卜克内西1875年11月1日给恩格斯的信，载《马克思恩格斯年鉴》柏林版第2卷第286页。

④ 参看威·李卜克内西1875年11月1日给菲力浦·贝克尔的信，载《威廉·李卜克内西和德国社会民主党人通信集》第1卷（1862—1878年）1973年阿森版第655页。

⑤ 1875年11月5日《人民国家报》。

求恩格斯,"清算杜林的事不要"让他"等得太久"。①

所有这些陈述都可以使人得出结论,恩格斯在1875年10月份的下半个月,可能是在10月15日至25日之间就同意与杜林论战了。

最初考虑的方案和准备材料是以杜林的《国民经济学和社会经济学教程》第2版为基础的。这部分早在1875年10月初就行了,而它的扉页上印有1876年出版的字样。② 因此,恩格斯事实上本来可以于1875年10月中旬就开始《反杜林论》的准备工作的。

但他也许没有立即开始工作。10月底他开始去德国旅行,11月6日返回。③ 11月他开始了写作《自然辩证法》的一个新阶段,这个阶段直至1876年5月。在此期间他做了大量笔记,并写了一篇内容丰富的引论,恩格斯在这个写作阶段首先探讨了数学的哲学问题,研究力学的热理论和天文学问题,从而继续了他的自然科学研究。他还研究达尔文主义的问题,开始思考自然认识史的问题。④

第一个能表明恩格斯研究杜林的迹象出现在1875年12月底,在李卜克内西寄给恩格斯的一张盖有12月26日邮戳的明信片上有这样一句话:"令人高兴的是,我所期待的事情已在酝酿中。"⑤ 另外保存下来一封约瑟夫·狄慈根1876年1月16日给马克思的一封信,他在信中告诉

---

① 威·李卜克内西1875年11月16日给恩格斯的信,载《马克思恩格斯年鉴》柏林版第2卷第287页。

② 参看1875年10月5日《德国书报业行市报》第230号第3552页。

③ 参看《马克思恩格斯全集》第1版第34卷第155页。

④ 参看《马克思恩格斯全集》原文版第1部分第26卷第580—582页。

⑤ 威·李卜克内西1875年12月23日给恩格斯的信,原苏共中央马列主义研究院中央党务档案馆档案。

马克思说，他从李卜克内西那里得知："恩格斯正在研究杜林。"① 2月27日《人民国家报》上发表了一篇文章题为《德意志帝国国会中的普鲁士烧酒》，文章中的一段话证明，恩格斯在1876年年初就研究了《国民经济学教程》。②

可以肯定地说，恩格斯在1876年春天，也就是在5月底以前就开始进行撰写《反杜林论》的准备工作了。第一个写作阶段基本上于5月底结束，在这个阶段恩格斯通读了第2版的《国民经济学教程》。这本书是恩格斯的藏书之一，被保存了下来。书中有大量恩格斯亲手勾画的记号和写的批注③，其中大部分可能是他第一次使用这本书时留下的。

恩格斯最初订制了几张单页，并在它们的右上角标上了一个词目和页码。有一部单页的左边一栏里摘录了《教程》中的内容，右边一栏里是他自己写的大量批注和评论，后面几页还摘录了《批判史》中的内容，在这些评注中有一个地方提到了1876年4月20日的《科隆日报》，它进一步证实，恩格斯1876年春正在写作这部手稿。摘录到《教程》的第81页便中断了。这几张单页上的页码和词目部分作过纠正和补充，然而人们还能从原件上看出最初的文稿。

我们在一本摘录中新发现了几张恩格斯以同样方式编了页码、内容

---

① 约·狄慈根1876年1日16日给马克思的信，原苏共中央马列主义研究院中央党务档案馆档案。

② 参看《马克思恩格斯全集》第1版第19卷第52页。

③ 参看原苏共中央马列主义研究院中央党务档案馆档案——这本书的1873年第1版也保存下来了（中央党务档案馆图书馆藏书，书号Ma719）。上面有恩格斯划的横线和写的批注，这些横线和批注与杜林的庸俗经济学典型的观点有关但还不能说明它们是为论战所作的准备。

显然和上面提到的那些有联系的单页，两种情况都使用了同样的纸张，其中有几张单页恩格斯没有再用于摘录《反杜林论》所需的准备材料。他在这些单页的背面摘录了厄内斯特·库尔蒂乌斯的《希腊史》（1868年第3版）①，这部分摘录的标题是"奴隶制"。恩格斯所作的这些摘录可能是用于计划起草的有关奴隶制三种基本形式的文章，这是他于1876年3月底或4月初对李卜克内西作过的许诺。②恩格斯在1876年5月28日给马克思的信中提到了"对古代史的重新研究"③，这对他批判杜林大有帮助。因此，从库尔蒂乌斯著作中摘录的内容显然是一个证据，因为在《反杜林论》的准备材料中以及该书本身中可以找到其中的论述。这就说明，这个摘录和在它之前形成的编了页码和写上词目的几张单页以及对《国民经济学教程》的摘录早在1876年5月28日之前就存在了。而《国民经济学教程》的摘录直至今日标明的日期是1877年，并作为恩格斯的第二部分准备材料发表在《反杜林论》中。④

通过研究准备材料以及这本摘抄本的空页上保存下来的词目可以得出这样一个结论，即恩格斯在已准备好的稿纸上拟定出了与杜林论战的第一个设想，从中可以确定以下几点：

欧根·杜林、《国民经济学和社会经济学
教程、兼论财政政策的基本问题》
1876年莱比锡第2版   杜林1

---

① 参看阿姆斯特丹国际社会史研究所档案。
② 参看威·李卜克内西1876年4月7日给恩格斯的信，原苏共中央马列主义研究院中央党务档案馆档案。
③ 《马克思恩格斯全集》第1版第34卷第20页。
④ 参看《马克思恩格斯全集》第1版第20卷第680—688、792页。

暴力论	杜林2
价值论	杜林3
开普勒定律	杜林5
财产的赁金（剩余价值）	杜林6
共同社会的先驱者	杜林7
共同社会	杜林8

1、2、5三个问题包括在准备材料中（一部分被删去，一部分则得到了补充），3、6、7、8等问题写在库尔蒂乌斯著作摘录的背面。写有"杜林4"的一张稿纸没有保存下来。第1—6个问题经过修改后成为后来《反杜林论》中第二编的结构基础。

重新确定这个最初的设想使我们了解到许多关于恩格斯如何着手撰写《反杜林论》的情况。他按照杜林在《国民经济学教程》中论述的顺序选择了几个中心问题，不过选择的原则和概念构成就使我们看出恩格斯自己要写的那部著作的内容和方法了。

本来在引论中可以首先论述经济学研究对象的定义和研究方法的问题，这样设想的根据是，杜林在他的著作的第一章中就探讨了这些问题，恩格斯可能相应地把他准备材料的前面几页的词目改为"**引论和暴力**"。他后来在第二编第一章中论述了政治经济学的对象和方法。

在"暴力"这个词目下，恩格斯打算阐述经济和政治的关系这样一个历史唯物主义的基本问题。弄清楚这种关系并证明政治暴力始终是一定的经济条件和经济利益的表现，是具有重大的理论意义和现实的政治意义的。杜林坚决站在马克思的对立面，提出了政治优先于经济的说法。他的这个论点有引起一些混乱的危险，杜林对俾斯麦国家的抨击在社会民主党中受到了重视。但他的观点却妨碍人们认清国家不过是统治阶级经济利益的管理人，从而也就看不到国家的可能性和限度。杜林诅咒暴力是绝对的恶魔，从而他同时也就否认了暴力在无产阶级阶级斗争中的革命作用。

然后恩格斯又转而研究政治经济学的几个中心问题。这里，价值这一重要的范畴是首先要论述的。正是杜林对于价值理论的论述表明他是"最坏的"[①]庸俗经济学的一位代表。他对经济规律的看法也证明他正是这样的人。他把经济规律看做是永恒的自然规律，恩格斯在批注中讽刺地称之为"开普勒定律"。与此相反，强调经济规律的历史性质对于证明资本主义生产方式是暂时的，必须被一种更高级的生产方式所取代是非常重要的。按照恩格斯的编排，接下来应该是"财产的资金（剩余价值）"。它讲的是通过揭露剥削的本质来揭示资本主义的内在运行机制。所有这些问题杜林都在《教程》的前三编中作了论述，在1873年爆发的危机的影响下，人们进一步讨论了剥削的原因和消灭剥削的可能性。在这方面关于现存生产方式的基础以及支配生产方式的规律等问题的讨论特别重要。因此批判在讨论过程中暴露出来的庸俗经济学的和小资产阶级社会主义的观点以及阐明马克思在《资本论》中论述的马克思主义政治经济学的一些最重要的范畴，便具有特殊的意义。

恩格斯还在他最初考虑的提纲中就拟定了研究社会主义思想史问题（"共同社会的先驱者"）。第2版《批判史》为论战提供了资料。杜林在该书中几乎把空想社会主义贬得一钱不值，并向马克思及其学说发起了猖狂的进攻。恩格斯的一些思考都归属于同杜林关于"社会主义"即所谓"共同社会"的观点所进行的论战。杜林在《国民经济学教程》的最后一章中用所谓经济公社的形态阐明了他的"共同社会"的基本

---

① 《马克思恩格斯全集》第1版第20卷第210页。

特征。杜林在论述未来社会形态的问题时特别需要了解工人运动。1871年以后，在新时期的条件下，即在巴黎公社的影响下，以新的方式客观地提出了尽可能对斗争的道路和目标有明确的认识的问题。依据科学来回答这个问题现在更加迫切，因为德国社会民主党1875年在哥达合并后涌进了大批新党员，这样，对理论和意识形态方面工作的要求就进一步提高了，但同时许多小资产阶级的庸俗空想社会主义的观点却得到了传播。因此，科学地论证和阐述作为以往发展的经济和理论结果的社会主义是非常必要的。可见，这个以词目形式列出的提纲表明恩格斯打算在《国民经济学教程》和《批判史》的基础上与杜林的历史观、经济观和社会主义观念进行论战。同时，恩格斯从一开始就把握了哲学、经济学和社会主义领域里理论上重大的基本问题。

恩格斯1876年5月底了解了《哲学教程》中的观点后又拟出了新的提纲，此时《国民经济学教程》的使用价值就退到次要地位了。拿杜林自己的话来说，《哲学教程》"在一定程度上"是他的理论大厦的"拱顶石"。[①] 正如杜林后来在他的自传中所宣称的那样，《哲学教程》是"穿过世界的一条通道，它在普遍的逻辑模式中以一切存在为起点，在穿越自然领域以及人道和正义方面之后以更好的共同社会和变高尚的精神保护的模式为终点。"[②]

恩格斯最初是从李卜克内西寄给他的一篇由约翰·莫斯特撰写的内容丰富的评论中知道这本书的。莫斯特要求在《人民国家报》上发表

---

① 参看欧·杜林：《事业、生命和敌人》1882年卡尔斯鲁厄和莱比锡版第168页。

② 参看欧·杜林：《事业、生命和敌人》1882年卡尔斯鲁厄和莱比锡版第168—169页。

这篇评论。他详细地介绍了杜林的这本书，并且建议人们对它进行研究。恩格斯也不得不冒险发表一篇书评，为什么说冒险，那是因为莫斯特是帝国国会议员和柏林社会民主党机关报《柏林自由新闻》的编辑，他有相当大的影响力。莫斯特是一位热心的宣传员，他撰写的小册子《资本和劳动》为传播《资本论》的思想做出了贡献。因此马克思同意，参加1876年小册子第2版的修订工作。①

恩格斯收到莫斯特的信和手稿后——在马克思的支持下——作出最后决定，中断《自然辩证法》的写作，集中精力与杜林论战。② 同时，恩格斯就他行动的进攻方向和进攻方法阐述了新的想法。他给马克思这样写道，为了论战，《哲学教程》"一定要仔细读一读"，因为它"更明显地暴露了《经济学》中所提出的论据的弱点和基础。我将立即订购这本书。实际上，该书根本没有谈到真正的哲学——形式逻辑、辩证法、形而上学等等，它倒论述了一般的科学理论，在这里，自然、历史、社会、国家、法等等都是从某种所谓的内部联系方面加以探讨的。该书还有一整章描写未来社会或所谓'自由'社会，其中从经济方面说得极少……"③ 由此恩格斯决定，深入研究杜林的哲学观点，更密切地注意杜林建立包罗万象的体系的要求，更仔细地考察他详细论述的未来设想。

因此，恩格斯进一步深入地思考了在哲学、经济学和社会主义方面同杜林展开论战的提纲。从这个提纲出发便形成了把《反杜林论》分

---

① 参看 M. 燕奇：《论恩格斯〈反杜林论〉第一编的产生和结构》，载《马克思恩格斯研究文集》第14辑第65—72页。
② 参看《马克思恩格斯全集》第1版第34卷第15—16页。
③ 参看《马克思恩格斯全集》第1版第34卷第18页。

成哲学、经济学和社会主义三编的最终计划。

恩格斯1876年6月和7月写信告诉马克思，他直接利用了《哲学教程》，① 从而出现了另一组准备材料，它们这时就表现为新的结构。这组材料迄今一直作为第一部分出版的。在《马克思恩格斯全集》原文版第1部分第27卷中，这一组材料根据对《国民经济学教程》所作的评论性的摘录扩充了一些材料，并第一次按时间顺序出版。②

在编辑《马克思恩格斯全集》原文版的过程中发现了关于《反杜林论》付排稿产生的新情况。第一编产生的时间可以被认为是可靠的；恩格斯在作了大量准备工作后，于1876年9月开始直接撰写正文，并于1877年1月结束第一编。恩格斯1877年1月9日写给李卜克内西的信保存下来了，他随这封信寄发了手稿的剩余部分。③

迄今为止，第二编被认为是1877年6—8月完成的。④ 这里，在此之前，也有一个准备阶段。所以恩格斯在1877年3月初再次阅读了《国民经济学教程》，并把这件事告诉了马克思。⑤ 马克思早在3月5日就把他研究政治经济学历史的成果——《关于杜林的〈国民经济学批判史〉批注》——寄给了恩格斯。根据这一事实我们可以认为，恩格斯原来是打算以历史章作为第二编的开头的。他在写作哲学编时就是这样做的，后来写的《引论》第一次在《前进报》上发表时是哲学编的开头。同样，恩格斯也把《历史》作为第三篇的开头，至于第二编，他可能放弃了这一打算，并用经过修改的经济部分的结构来完成他原来

---

① 参看《马克思恩格斯全集》第1版第34卷第22、28页。
② 参看《马克思恩格斯全集》第1版第20卷第661—679、792页。
③ 参看《马克思恩格斯全集》第1版第34卷第222页。
④ 参看《马克思恩格斯全集》第1版第20卷第714页。
⑤ 参看《马克思恩格斯全集》第1版第34卷第39页。

提纲中列举的问题。

恩格斯大概是在1877年6月开始修改手稿的。然而这项工作的完成时间比迄今人们认为的要晚得多。如果我们研究一下那些保存下来的向恩格斯索要新手稿的书信，以后各篇章发表的日期，就可以得出这样的结论。

恩格斯1877年7月2日告诉李卜克内西说第四篇论文已经写好了，第五篇正在写。① 第四篇论文是暴力论的最后一篇，发表在9月7日和14日的《前进报》上。恩格斯继续撰写第五章，但显然还没有寄出去。这里的各种原因可能起了决定性的作用：他自己提出的"各种各样的打扰的阻碍"②。但还有一个是他希望同马克思一起商量文章中探讨的问题，恩格斯可能于1877年8月2—7日在兰兹格特和马克思见了面。8月8日，马克思显然根据他们的商定把其他一些资料寄给了恩格斯。③

当杜林1877年7月7日被取消授课资格时，《前进报》的反应方式促使恩格斯向李卜克内西提出坚决抗议。这也可能造成恩格斯没有太抓紧其他章节的写作。8月初，恩格斯终于中断了《反杜林论》的写作。他和他生病的妻子在兰兹格特一直逗留到8月28日。9月5—20日他们在苏格兰逗留。直到10月中旬恩格斯才重新开始工作。④

9月17日，李卜克内西告诉恩格斯，莱比锡联合印刷所负责人海尔曼·朗姆请他把后面的手稿送去。这时第五章显然不在印刷所。由于《前进报》于10月28日发表了第五章，而从手稿寄出到发表有时需要

---

① 参看《马克思恩格斯全集》第1版第34卷第260页。
② 参看《马克思恩格斯全集》第1版第34卷第260页。
③ 参看《马克思恩格斯全集》第1版第34卷第52、59、68页。
④ 参看《马克思恩格斯全集》第1版第34卷第278、280页。

两个星期的时间，所以不能排除恩格斯在休息了一个夏天之后于10月中旬重新开始工作时，已经写好了第五章。①

第六章发表于11月4日。一天前，海尔曼·朗姆再次向恩格斯索稿②，他这时显然是在等待后面的章节。如果人们注意到，第九章和第十章于1877年12月30日发表在《前进报》上，那就必然会认为，恩格斯在11月，或许在12月初还在写作第二编。无论如何他在12月份还在作校订工作。

迄今为止，人们认为第三编的写作时间是1877年8月初至1878年3月底或4月初。③ 但是由于恩格斯直至1877年底都在写作第二编，所以从8月份起他只能首先为《社会主义》这一编作些准备工作。马克思1877年8月8日写给恩格斯的信便是确定这个日期的依据。马克思在信中附上了第二编第十章的补充材料，并谈到了收集空想社会主义文献的情况。④ 信中提到的傅立叶的著作是马克思从保尔·拉法格那里得到的⑤，对这些著作所作的摘录可能与《反杜林论》的准备工作有关。一篇摘自《经济的和协会的新世界》的摘录在《反杜林论》的准备材料中保存了下来。⑥ 一本摘录本上载有从《关于四种运动的理论》一书

---

① 参看威·李卜克内西1877年9月17日给恩格斯的信，载《威廉·李卜克内西与马克思和恩格斯通信集》1963年海牙版第240页。

② 参看海·朗姆1877年11月3日给恩格斯的信，载1987年《马克思恩格斯年鉴》柏林版第2卷第300页。

③ 参看《马克思恩格斯全集》第1版第20卷第714页。

④ 参看《马克思恩格斯全集》第1版第34卷第68页。

⑤ 参看保·拉法格1877年8月7日给恩格斯的信，载《恩格斯与保尔·拉法格、劳拉·拉法格通信集》（一）1979年人民出版社版第128页。

⑥ 参看《马克思恩格斯全集》第1版第20卷第680页。

中摘录的材料，标题是《关于历史观》。① 恩格斯在第三编第一章中说明傅立叶如何巧妙地把辩证法运用于他的历史观时研究过那些摘录中所包含的思想②（例如，他把迄今为止的历史进程划分为四个彼此相联的发展阶段）。

11月底，当第二编最后一章快要完结时，恩格斯又着手撰写第三章。他首先试图继续收集一些文献，并写信给托马斯·奥耳索普，这显然是接受了马克思的建议。托马斯·奥耳索普是交易所经纪人和政论家，他曾援助过流亡的公社社员，并和马克思保持着友好关系。奥耳索普则请一位叫佩尔的熟人帮忙，但一无所获。佩尔告诉奥耳索普他没有欧文的著作，但他向奥耳索普的德国朋友推荐了大英博物馆的图书馆。③ 奥耳索普把这封信寄给了恩格斯，并加上了几句话："我希望这个信息足够了。如果不是这样，请立即告诉我。我将把我所有的罗伯特·欧文的著作以及他的一位已故的朋友的著作送给你。这样，大体上你就会拥有充足的资料。"④

恩格斯可能利用了奥耳索普向他提供的书；他在私人的藏书中有一本《新道德世界》（1835年伦敦版第1卷），上面有罗伯特·欧文给他朋友的亲笔题词。⑤ 这本书上有许多用铅笔划的线，可能是恩格斯划

---

① 参看阿姆斯特丹国际社会史研究所档案。
② 参看《马克思恩格斯全集》第1版第20卷第284页。
③ 参看C.佩尔1877年11月29日给托·奥耳索普的信，原苏共中央马列主义研究院中央党务档案馆档案。
④ 参看C.佩尔1877年11月29日给托·奥耳索普的信，原苏共中央马列主义研究院中央党务档案馆档案。
⑤ 参看C.佩尔1877年11月29日给托·奥耳索普的信，原苏共中央马列主义研究院中央党务档案馆档案。

的。划线的地方多半都是欧文对宗教、私有制和婚姻的抨击。

奥耳索普显然还把其他文献寄给了马克思。因为马克思在1878年1月1日对"欧文的演讲和声明"表示了感谢。① 这件事可能和为恩格斯收集材料有关。

很可能,马克思除此以外对恩格斯研究罗伯特·欧文的工作还给予了其他帮助。在一份保存下来的马克思亲笔写的书单上开列了欧文1813—1823年的著作。② 马克思可能以这张书单为基础在他1877年的摘录笔记本中(在那里他也为《批注》收集了一些材料)摘录了书单上列举的那些著作以及某些其他著作的内容。所以在这个笔记本的31页半的稿纸中有19个标题,大多数是从罗伯特·欧文的著作中,或从论述罗伯特·欧文的著作中摘录的材料,有一部分还写上了书目号。③ 马克思可能在大英博物馆为恩格斯通读了这些著作,因为这些摘录是在1877年11月中旬至1878年3月中旬完成的。而这时恩格斯正在写作第三编。这些摘录前面有一段摘录是从赛米尔·穆尔1877年11月8日写给马克思的一封信中摘下来的。在3篇其他资料的后面有一张标明3月27日的书单。马克思在得到奥耳索普提供的信息后,在大英博物馆通读了那些著作。如果这种情况是可能的话,摘录便产生于1877年12月。

此外,这些摘录涉及恩格斯研究欧文时所论述的问题:他的关于以人类劳动价值为基础,通过劳动纸币进行交换的理论的基本思想;合作

---

① 参看卡尔·马克思1878年1月1日给托·奥耳索普的信,原苏共中央马列主义研究院中央党务档案馆档案。

② 参看卡尔·马克思1878年1月1日给托·奥耳索普的信,原苏共中央马列主义研究院中央党务档案馆档案。

③ 参看阿姆斯特丹国际社会史研究所档案。《马克思恩格斯全集》原文第1版也提到了这些摘录,分析证实,这些摘录可能是马克思为恩格斯作的准备工作。

社；广泛使用机器的优点；以成本计算为例说明的欧文共产主义的实际性质；性格培养的作用。

有关圣西门的论述可能也受到了马克思的影响。有一本圣西门的书《实业》（第2卷1817年巴黎版）保存了下来，它很可能是马克思的私人藏书。① 在这本书的第86页和第103页上有用红铅笔划的横线，可能是马克思划的，在划横线的地方，把政府说成是一种必要的罪恶。恩格斯在表述圣西门有关政治和政治与经济的关系的观点时，很可能也使用了马克思的这本书，或者，和马克思交换了想法。②

恩格斯可能于1878年才开始撰写这部手稿的第三篇，当然也不排除，他这时还在做这方面的准备工作。威廉·李卜克内西1月22日写信给马克思说，他们要恩格斯迅速送去批判杜林的手稿。③ 1878年3月和4月，恩格斯肯定在撰写《反杜林论》的最后一编，他在第二章中引用了1878年3月发表的一个材料，并于4月30日告诉白拉克，他的工作已经结束。④

《反杜林论》的写作过程证明，工人阶级的科学世界观是在马克思和恩格斯极为密切的合作下制定出来的。同时我们还可以看到，恩格斯为撰写这部著作进行了多么长期和周密的准备。

（原载1985年《德国工人运动史论丛》第6期）

（周福海 译　李俊聪 校）

---

① 参看原苏共中央马列主义研究院中央党务档案馆档案。
② 参看《马克思恩格斯全集》第1版第20卷第283—284页。
③ 参看威·李卜克内西1878年1月22日给马克思的信，载《马克思恩格斯年鉴》柏林版第2卷302页。
④ 参看《马克思恩格斯全集》第1版第34卷第307页。

《反杜林论》准备阶段的一次"搏斗"*

〔德〕卡尔-埃里希·福尔格拉夫

1. 代引言

不言而喻,卡尔·马克思十分关注柏林讲师欧根·杜林的著作、理论和社会改革方案,因为杜林于1867年底作为第一位德国理论家评论了刚刚出版的《资本论》第1卷①,——而且从一切迹象来看,他也确是第一位评论者。1868年春,马克思在很短时间内设法弄到杜林的几本著作,同时,还去伦敦的英国博物馆阅读他的其他著作。马克思和恩格斯多次通信就杜林对《资本论》的解说、他的史料和理论要求以及他对当时占统治地位的德国资产阶级政治经济学派别——历史学派——的态度,取得一致意见。

马克思和恩格斯也清楚我们将在后面予以表明的丑事,在这件事上问题并不在于把所有可探讨的方面全部包括进去。事件表明:杜林之所

---

* 本文选自《马克思恩格斯研究》1995年总第23期。
① 欧根·杜林《马克思〈资本论。政治经济学批判〉1867年汉堡版第1卷》,载《现代知识补充材料》杂志,1867年希尔德堡豪森版第3卷第3期第182—186页。

以在几乎长达10年之久的时间内获得一定的而且在70年代中期并非微不足道的对社会民主党和其他倾向社会主义的团体的影响，是因为他是以普鲁士国家机器的毫不妥协的反对者身份出现的。探讨一下下面将予以说明的杜林和海尔曼·瓦盖纳的斗争的色彩，是值得的，因为对《反杜林论》的历史，人们知之不多（虽然有一米长的著作目录），而对于杜林所接受的观点则知之更少——这两种情况显然是两种刻板的、不准备妥协的《反杜林论》解说之间的一场粗暴争论的结果。不管怎样，根据到目前为止的文献来看，杜林大约在1874年才以他的《国民经济学教程和社会经济学教程》一书而引人注目。不过，事实上，如下文所表明的，他的政治和理论活动从1866年起就受到社会民主党人士的重视。例如，威廉·李卜克内西那时与其他社会民主党人的通信中就包含着对杜林著作的种种评论。① 知道了这种情况，特别有助于了解德国工人运动中接受马克思思想的具体过程。例如有关出版马克思恩格斯著作的研究，至今往往还只是提出这样的问题：由于杜林在多大程度上出现了背弃那时的马克思主义的危险，而从未反映过相反的机械论，也就是说，杜林的同情者们——例如，70年代初在柏林大学兴高采烈地聆听杜林的社会主义课程的那些人中的一部分——由于杜林的设想，在多大程度上接近了马克思。简言之，弄清有重要意义的历史和思想的连带关系，只会使马克思和恩格斯乃至杜林的功绩更为鲜明地显现出来。

---

① 例如，国际工人联合会柏林支部的创始人之一齐格弗里特·迈耶尔认为，杜林在其著作《资本和劳动》中用拉萨尔的武器同曼彻斯特学派进行斗争。（参看齐格弗里特·迈耶尔1866年1月8日给威廉·李卜克内西的信，载《威·李卜克内西与德国社会民主党人的通信集》，由格奥尔格·埃卡尔特出版和修订，1973年阿森版第1卷第144页。）

2. 俾斯麦对杜林的委托

大家知道,奥托·俾斯麦公爵在政治策略上是十分灵活的,他力图让一些有名望的反对者参与他的社会改革项目,以便在政治上约束他们并使之失去作用。不过这种笼络人心的姿态对于斐迪南·拉萨尔和马克思来说则是徒劳的。1866年俾斯麦宣布了一系列的改革措施,无疑是为了获得国内的政治稳定,为了在相对安定的环境内准备与哈布斯堡君主国进行军事斗争。就在这时,他也尽力与杜林建立联系,因为与流行的经济自由主义不同,杜林在其国民经济学著作中强调:日益扩大的个人物质自由同国家对经济和社会的不断加强的调节是可以相容的。例如,他在其《国民经济学说批判基础》(1866年)一书的颇为典型的论述中谈到,个人的自由和国家的权力必然同时增长:"纯粹的个人主义……在经济领域也无非是无政府主义,也就是否定秩序和社会公正。另一方面,这种……观念:即国家必须通过管理去吸收整个社会经济直至个体私人经济的活动,也是根本站不住脚的,只适合于幻想出来的社会主义阶段"。① 由于杜林这种外表上介于自由主义和社会主义之间的立场,俾斯麦注意到他②,并于1866年4月委托这位柏林学者草拟一个《条陈》供内阁内部使用,其中谈到通过国家帮助改善工人阶级社会状况的可能性。枢密顾问兼内阁参事官海尔曼·瓦盖纳转交了委托书。杜林接受了委托,这不仅仅因为他感到荣幸,而且还因为在与"曼彻斯

---

① 欧根·杜林:《国民经济学说批判基础》1866年柏林版第Ⅸ—Ⅹ页。
② 参看格尔哈特·阿尔勃莱希特:《欧根·杜林。一篇社会学史的论文》1927年耶拿版第126页。

特"经济学家和历史学派的辩论中有个靠山是非常惬意的。6月他就把《条陈》呈交上去。

3.《条陈》的核心思想

自从探讨经济和社会课题的早期文章和小册子发表以来,杜林就认为,科学的任务是为社会实践指明活动场所,特别是在解决社会问题时。在他看来,教育工人阶级的职能应落在面向社会的科学身上,这样,"劳动世界就能获得意识和力量"[①],因为"被压迫的社会阶级,应该主要依靠自己的力量和主动精神求得自身的解放"[②]。在这里,杜林所考虑的决不是革命变革。他在其60年代的论文和著作中作为进步的资产阶级理论家出现,力求通过改革达到社会中的"力量平衡"以及由此而产生的"社会公正"。公正原则是他的全部改革建议的出发点和理论基础。他的所有伦理的、社会的和经济的要求都以此为中心。

从伦理学角度制订资产阶级的工资基金理论,这在杜林的改革思想中占有重要地位。苏格兰经济学家约翰·拉姆赛·麦克库洛赫认为,有必要使同业公会为提高工资进行的斗争合法化,这样,在各种力量的自由角逐中,就有可能使劳动的"市场价格"与"自然的"、"公正的"、"合理的"工资二者互相接近,这种接近对经济和阶级关系进一步协调

---

① 欧根·杜林:《国民经济学和社会经济学教程,兼论财政政策的基本问题》1873年莱比锡版第211页。

② 欧根·杜林:《资本和劳动。老问题的新答复》1865年柏林版第V页。

发展十分必要①，而杜林又继续迈进了一步。他从工人阶级在为实现"经济公正"的斗争中的积极作用出发，认为为提高工资的斗争恰恰是"全体工人的职责……只有当互相对立的倾向把（提高工资和降低工资）自身的力量发挥出来，成果才会出现，使未来的经济活动变成协调的，也就是能为所有参加者带来尽可能多的利益"②。杜林尤其反对资产阶级经济学的"新英国派"，他所说的这个派别指的是亚当·斯密以后的英国经济学家及其主要人物大卫·李嘉图和托马斯·罗伯特·马尔萨斯。杜林谴责这些人及其德国译者，说他们把资本主义生产方式视为天生的和不可更改的，这样就使无产阶级的贫困状况合法化。杜林认为，李嘉图把工人只看成是一种"惰性材料"③，对待他们像对待一种商品一样④，并要把这种商品的价格降到最低限度。更有甚者，马尔萨斯和李嘉图通过关于人口日益增加而耕地产量日益减少的设想，预测社会贫困会日益加剧。杜林批评道，李嘉图关于最低工资的概念竟被像斐迪南·拉萨尔这样的"辩证的笨蛋"⑤ 所接受。

杜林用美国经济学家和协调论者亨利·查理·凯里所倡导的"扩展制度"来反对"压制劳动"的制度。按照杜林的说法，凯里的制度力图"用改变国民经济的形式和使力量高度紧张的办法来消除当时的贫

---

① 关于这一点，参看卡尔－约瑟夫·布尔卡德：《托马斯·霍吉斯金对政治经济学的批判。谈谈1823—1835年英国反资本主义的理论和工人阶级运动的关系》1980年汉诺威版第22—23页。

② 欧根·杜林：《资本和劳动》1865年柏林版第90页。

③ 欧根·杜林：《国民经济学说批判基础》1866年柏林版第205页。

④ 欧根·杜林：《作为工人经济学家的凯里。I》，载1865年12月3日《柏林政治和学术问题王国特权报》（《福斯报》）第184号，附刊I.，第1—2页。

⑤ 欧根·杜林：《国民经济学说批判基础》1866年柏林版第200页。

困。它不主张戒绝欲望和道德强制,而是从下述自然前提出发:用劳动,即用正确使用一国人民的力量和才能的办法,使需求与满足达到平衡。它认为贫困只不过是提醒大家放弃守旧的惰性,使国民经济的繁忙活动服从于供应目的"①。杜林从进行道德说教的伦理学立场出发,从完全无视资本主义生产和生产力发展的真正动力的立场出发,肯定了大生产的所有形式。在他看来,这些形式意味着大量生产,也意味着大量消费。同时他还把凯里的协调分配规律继承下来。这个规律说明,随着时间的推移,在生产总量不断增长的情况下,工资的增长相对地说快于利润的增长。在这里,凯里有意识地撇开了起反作用的诸因素,因为他把它们视为暂时的人为的障碍。著名的协调论者弗雷德里克·巴师夏也持有这种分配论点,但他否认有任何障碍。杜林在其早期著作中积极研究凯里和巴师夏,他与二者的区别在于:他按照自己暴力论观念着重指出,资本将会利用它的政治权力地位去阻碍上述的发展,因此必须在政治和经济上与这种权力作斗争。这一看法是他的整个改革方案的基础。另一方面,杜林的改革思想不禁使我们想起路易·勃朗的观点。

现在来谈谈《条陈》中的相应内容:杜林在其小册子的第1部分讨论了下述问题:工人们的经济联合体——例如,弗朗茨·海尔曼·舒尔采-德里奇所宣传的那种联合体——能在多大程度上有助于普遍提高工人的社会地位。杜林否定了这样的可能性。他坚决反对消费合作社,因为它们只有利于工资的有效使用,而不是有利于工资数量的增加。这类合作社是按资本主义方式组织起来的,它们的"生存原则"符合企业家的利益。它们适用于把工人的联合愿望转移到"经济上漠不关心、

---

① 欧根·杜林:《国民经济学说批判基础》1866年柏林版第17页。

同时政治上易于被利用的方向上"①。消费合作社一旦普遍推广，也许会促进现代工业发展，但宁可说是会压低"劳动的货币价值"②。杜林认为，关于生产联合体（贷款合作社、原料合作社和商店联营）的思想，实际上是它们的发起人无可奈何地承认：生产的集中是客观必然的，而且未来占统治地位的工业形式是大规模的并拥有巨大资产的企业。因此，生产联合体"就其本质来说是倒退"。生产联合体面向小企业和小资本，而试图"在与现代工业生存条件相背的方向上找到摆脱现代形态造成的困境的出路"③。杜林正如他已在其《资本和劳动》（1865年）一书中那样反对拉萨尔关于由国家帮助建立生产合作社的观点，声称生产联合体在管理、组织和销售方面无力与资本主义企业竞争，而且是孤立的。④

相反，杜林在其《条陈》的下半部分赞同无限制地放开和促进工人同盟。同盟应以阶级的总体利益为出发点和内容，特别是在为工资进行的斗争中。但是，同盟至今仍然局限于为工资进行斗争和与此有关的罢工行动。当然这是可以理解的，因为工资决定工人的状况。同盟的未

---

① 欧根·杜林：《关于经济联合和社会同盟的条陈。海尔曼·瓦盖纳［正确地说，欧根·杜林］著》，莱比锡附近的诺伊申费尔德第2版（1867年）第8—9页。

② 参看欧根·杜林：《关于经济联合和社会同盟的条陈。海尔曼·瓦盖纳［正确地说，欧根·杜林］著》，莱比锡附近的诺伊申费尔德第2版（1867年）第12页。

③ 欧根·杜林：《关于经济联合和社会同盟的条陈。海尔曼·瓦盖纳［正确地说，欧根·杜林］著》，莱比锡附近的诺伊申费尔德第2版（1867年）第23页。——马克思在其所藏的《条陈》中，在这一段下面划了线。

④ 参看欧根·杜林：《关于经济联合和社会同盟的条陈。海尔曼·瓦盖纳［正确地说，欧根·杜林］著》，莱比锡附近的诺伊申费尔德第2版（1867年）第24页。

来目的应该是限制企业主的恣意妄为和制定"天然的劳动法"①。

在这里,杜林也看到了使俾斯麦最感兴趣的由国家采取措施来解决社会问题的可能性。国家不应当只限于允许工会和罢工合法化,因为一方面,资本仍处于优势地位(限制生产,把生产转移到国外和吸收外来劳动力,等等),另一方面,资本和雇佣劳动之间持久的经济战总的说来不可能是正常的状态。国家应该通过有条不紊的法律帮助来影响雇佣劳动和企业主之间的总关系,完善这种关系;平衡来自这方或那方的过分要求以及双方的有利于国民经济发展和政治安定的国际行动,——而且,生产越集中,大企业活动的社会范围越大,则国家就越加迫切地要这样做。② 但是,在这里双方都需要有一个稳固的团体作为与国家谈判的伙伴。从工人方面来说,这不可能是松散的偶然凑合的联合体,而只能是稳定的经法律批准的"合作社"。它是"公认的维护工人利益的辩护团",其主要任务在于"代表工人的某些权利"。③ 杜林认为,这些权利包括:工时和工资的固定化,对工厂的规章制度和现有的疾病保险实行监督,保证工人不短时或偶然失业,以及保证关怀无工作能力的老人。

---

① 参看欧根·杜林:《关于经济联合和社会同盟的条陈。海尔曼·瓦盖纳[正确地说,欧根·杜林]著》,莱比锡附近的诺伊申费尔德第2版(1867年)第34—35页。

② 参看欧根·杜林:《关于经济联合和社会同盟的条陈。海尔曼·瓦盖纳[正确地说,欧根·杜林]著》,莱比锡附近的诺伊申费尔德第2版(1867年)第34—46页。

③ 欧根·杜林:《关于经济联合和社会同盟的条陈。海尔曼·瓦盖纳[正确地说,欧根·杜林]著》,莱比锡附近的诺伊申费尔德第2版(1867年)第54页。

杜林认为，一旦劳资双方不能取得一致，国家一般说来应以调解方式参与双方的谈判。为此必须逐步扩大作为法律根据的社会立法。

4. 杜林反对瓦盖纳

在杜林不知道和未经他同意的情况下《条陈》于 1867 年发表，未具姓名，标题是《关于经济联合和社会同盟的条陈》。卡尔·亨利希·洛贝尔图斯将此事以及资产阶级理论家尤利乌斯·孚赫和奥托·米夏埃利斯的尖刻评论告知杜林。① 这时，洛贝尔图斯把杜林看做资本主义社会逐渐改革中可以合作的伙伴。后来，在《条陈》第 2 版的扉页上，海尔曼·瓦盖纳已作为作者跃然纸上。杜林当然十分恼怒，于是请求俾斯麦对瓦盖纳的违法乱纪进行调查，并在调解谈判的过程中要求瓦盖纳辞职，此外，还要求向他本人公开赔罪。这一切都被拒绝，瓦盖纳方面甚至以控告杜林诽谤相威胁。在此之后，杜林诉诸舆论，在《福斯报》（原名《柏林政治和学术问题王国特权报》）上刊登了一篇声明。声明被其他报纸转载，还在一些讽刺杂志上得到反响，其中有柏林的《喧声》。这家幽默讽刺的周刊立即登载了几篇讽刺评注。例如，1868 年 3 月 29 日这一期上有一幅吸引读者的漫画，画中有两个男子：一个在书封面上正襟危坐，封面上还有"瓦盖纳的条陈"的字样，另一个打着威胁的手势站在他前面。画的下面有这样的解说词："一件非常有趣的冒名顶替的事出台了，枢密顾问瓦盖纳连同他的名字端坐在一本小册子

---

① 参看欧根·杜林：《事业、生平和敌人。一部主要著作及其全集的线索》1903 年莱比锡增补第 2 版第 147 页。

上,以致人们普遍地把他当做杜林博士。"① 瓦盖纳试图硬说《条陈》的莱比锡出版者擅自在扉页上用了他的名字,丑闻持续曝光,因为他的企图同样在报刊上遭到出版者的驳斥。由杜林最后提起的关于索赔的民事诉讼起初在一审中被否决,后来在二审中杜林胜诉。在两次审讯之间,杜林写了一本小册子《我致普鲁士内阁的社会条陈的命运。兼论著作权及运用法律的历史》,他在其中对整个事件作了细致入微的描述。②《喧声》杂志对这一出版物作了如下反应:"讲师杜林博士应当选用大家所熟知的小学生警句:'我喜欢这本小书,谁偷了它,谁就是贼'来做自己新作的题词,以防止别人未经许可就占有自己的思想。"③

5. 马克思和恩格斯从何处得知有关丑闻的消息

杜林和瓦盖纳之间的事件与杜林的上述抗议文章,是友好的革命民主主义者西吉兹蒙特·波克罕告诉马克思的。马克思在1868年3月14日的信中向恩格斯询问道:"你是否读过杜林与'枢密顾问'瓦盖纳之间的丑闻(这是波克罕告诉我的):前者指责后者偷了他关于工人合作社的手稿或诸如此类东西。"④ 波克罕随时向马克思报告最新情况。"关于杜林和瓦盖纳之间的事,至今前者是有理了,而瓦盖纳则大出其丑。

---

① 《喧声。幽默讽刺周刊》(柏林)1868年3月29日第14—15期合刊。

② 参看欧根·杜林:《我致普鲁士内阁的社会条陈的命运。兼论著作权及运用法律的历史》1868年柏林版。

③ 《喧声。幽默讽刺周刊》(柏林)1868年3月15日第12期。

④ 马克思1868年3月14日给恩格斯的信,载《马克思恩格斯全集》第1版第32卷第44页。

我们等着瞧吧!"① 此外,"《喧声》杂志也报道了一些有关杜林和瓦盖纳的消息"。② 以上是波克罕的两封信中谈到的。

路德维希·库格曼也告知马克思:"杜林现在正与《十字报》的瓦盖纳进行一场可笑的争吵。详情附上。"但该信无任何附件,只是在下面写道:"杜林—瓦盖纳的小册子,我将于最近寄给您。"③ 库格曼把他自己的一册《条陈》第2版寄给了马克思。他于1868年4月8日写信给马克思;"附上一本挂着瓦盖纳名字的杜林呈文。"④

最后社会主义者编辑卡尔·威廉·艾希霍夫在给马克思的信中提到杜林和瓦盖纳之间的争论,这可能彻底表明,从社会主义者方面来说,对这个在报界被当做日常政治调味品的问题表示了强烈的关注,对杜林表示了赞同。艾希霍夫还举出类似的事,即他与普鲁士政治警察局长威廉·施梯伯进行的司法争端,原因是他在1859年写的一组文章《普鲁士十年腐政剪影》中抨击了普鲁士警察的专横跋扈。艾希霍夫案曾于1860年在柏林引起很大轰动。艾希霍夫在1868年4月9日给马克思的信中比较了那时的事态和现在的事态:"瓦盖纳也像施梯伯那样稳扎稳

---

① 西吉斯蒙特·波克罕1868年3月13日给马克思的信。藏于原莫斯科马列主义研究院中央档案馆,全宗1,目录5,文件1830。
② 西吉斯蒙特·波克罕1868年3月16日给马克思的信。藏于原莫斯科马列主义研究院中央档案馆,全宗1,目录5,文件1834。
③ 路德维希·库格曼1868年3月13日给马克思的信。藏于原莫斯科马列主义研究院中央档案馆,全宗1,目录5,文件1831。
④ 路德维希·库格曼1868年4月8日给马克思的信。藏于原莫斯科马列主义研究院中央档案馆,全宗1,目录5,文件1849。

打,杜林事件和图拉贝尔特事件可能会有个什么样的结局。"①

显然,马克思也想从艾希霍夫那里得到杜林的抗议文章。艾希霍夫于1868年6月29日写信给马克思说:"杜林的小册子已经订购。""如果不能早点,那么下周一定会到您手中。顺便说一下,杜林已经转向或者说日益转向社会民主主义阵营这边。看来,他对凯里的绝对狂热也有些减弱,但在对曼彻斯特学派的态度上仍然持凯里的立场。您不是知道杜林是个盲从者吗?"②

十分清楚,杜林为工人问题辩护以及他在与腐败的普鲁士官僚制度的斗争中毫不妥协,这在当时已经对社会主义鼓动产生了影响。波克罕于1868年3月24日把艾希霍夫的讲演告知马克思:"艾希霍夫经常谈论经济学,刚刚又大谈危机、银行、信贷、黄金、白银,并对舒尔采、巴师夏、凯里、杜林、拉萨尔和马克思作了比较分析。我急于想知道,他到底决定选择警察顾问还是经济顾问?!"③艾希霍夫本人于1868年3月25日把《未来报》和《北德总汇报》上关于他的一个讲演的短评寄给马克思。他在信中说,他也利用了杜林的东西来取笑舒尔采-德里奇。他就附寄的短评作了说明:"正如您将从中看到的那样,我至今只是间接地抨击舒尔采-德里奇,而且由于我以杜林作掩护,事实上已成

---

① 威廉·艾希霍夫1868年4月9日给马克思的信。藏于原莫斯科马列主义研究院中央档案馆,全宗1,目录5,文件1850。
② 威廉·艾希霍夫1868年6月29日给马克思的信。藏于原莫斯科马列主义研究院中央档案馆,全宗1,目录5,文件1865。
③ 西吉斯蒙德·波克罕1868年3月24日给马克思的信。藏于原莫斯科马列主义研究院中央档案馆,全宗1,目录5,文件1838。

功地进行了抨击。"① 艾希霍夫的讲演《现代商业危机的原因》，因其内容显然是折中主义的、由种种可以收集到的理论拼凑起来的而未能得到马克思和恩格斯赞许。马克思于3月6日就上述短评指出："我没有看到艾希霍夫的大作，我老早就根本看不到《未来报》了。因为艾希霍夫的兄弟是个书商，他专门跟政治经济学书籍打交道（他是杜林博士某些著作的出版者），这就使艾希霍夫有充分的理由就这个题目作讲演。"②

6. 争论给杜林带来的酬报

杜林和瓦盖纳之间的斗争留在人们的记忆里，而且在后来几年一再在政论界起着突出的作用。同时，杜林被描述为反对普鲁士国家专横的无畏战士，或者说，通过《条陈》一事说明了国家官员的肆无忌惮。例如，1873年在政治和文学周刊《天平》上一篇传记体的小品《瓦盖纳先生剪影》中谈到：他在一个卑劣的事件中拿杜林的精神财产变戏法，使这位盲目的学者失去一笔微薄的物质资助。③ 奥古斯特·倍倍尔于1874年3月在社会民主党的《人民国家报》上评论杜林的《国民经

---

① 威廉·艾希霍夫1868年3月25日给马克思的信。藏于原莫斯科马列主义研究院中央档案馆，全宗1，目录5，文件1838。载罗尔夫·德卢贝克和汉内斯·斯卡姆布拉克斯：《卡尔·马克思的〈资本论〉在德国工人运动中（1867年至1878年）》1967年柏林版第136页。

② 马克思1868年3月6日给恩格斯的信，载《马克思恩格斯全集》第1版第32卷第39页。

③ 《瓦盖纳先生剪影》，载政治和文学周刊《天平》（柏林），吉奥·魏斯出版，1873年10月17日第3期第38页。

济学和社会经济学教程》第1版时，也回忆了杜林与瓦盖纳之争，他给杜林冠以新"共产主义者"的头衔，并把杜林的书称为《资本论》之后的最重要著作。①

杜林成为现实国家的敌人，这使他和他的著作在社会主义鼓动家那里身价倍增。他在柏林大学关于哲学、国民经济学和社会主义的晚间讲课，得到社会主义者的赞许。他在各工会组织的讲演，听众踊跃并在报刊，其中包括《人民国家报》上，得到反响。② 他的书陈列在工会图书室里，例如，在著名的柏林手工业者联合会（索菲娅街15号）的图书室里。③

在此期间，杜林确实大大加强了对国家及其思想代表的批判。他在《国民经济学和社会主义批判史》（1871年版，1870年出书）中，尖锐抨击了以威廉·罗雪尔和阿道夫·黑尔德为核心的历史学派，在该书第2版（1875年版，1874年出书）中把对它的批判扩大到在此期间出现的讲坛社会主义者。他的反对立场1874年又一次为他引来一场与一位"瓦格纳"的冲突，不过，这次是阿道夫·瓦格纳——知名的讲坛社会主义者、社会政治同盟的创始人之一。在1874年12月2、8和15日的《柏林交易所报》上，双方发生了一场激烈的争吵，彼此都用了难听的话攻击对方，原因是杜林在"年轻商人同盟"作了一次有关"所谓讲坛社会主义者"的讲演。杜林在讲演中谴责讲坛社会主义者利用了他的《条陈》，而且套上他早就脱掉的衣服抛头露面。他认为：这些人在学

---

① 奥古斯特·倍倍尔：《一个新"共产主义者"》，载1874年3月13日和20日《人民国家报》（莱比锡）。

② 参看《社会主义在美国》，载1870年11月26日《人民国家报》（莱比锡）。

③ 参看欧根·杜林：《资本和劳动。老问题的新答复》1865年柏林版。

术和著作上没有自己的成就,却剽窃了拉萨尔和马克思的许多东西。① 瓦格纳反驳了这种谴责和所有其他的谴责,认为这是一个精神失常的、患有自大狂的、失去影响的讲师的叫骂。② 当事双方都因公然的不体面举止而受到大学校方的警告,而讨厌的反对派分子杜林则受到如再发生类似情况即予辞退的威胁。因此,《人民国家报》为杜林说话了。③ 此外,拉萨尔一派的柏林机关报《新社会民主党人报》详细引证了《批判史》,并在按语中说:"柏林大学讲师杜林博士在其著作《国民经济学和社会主义批判史》中对讲坛小丑作了恰如其分的评价。这些小丑通常喜欢被人抬举,喜欢被人称做'社会改良者'或'讲坛社会主义者'。对这些以科学的名义胡说八道的人的毁灭性评价,我们将在下面告知读者。"④

7. 马克思所藏的一册《条陈》

1868年春,马克思已经翻阅了杜林的早期著作:《资本和劳动》、《凯里在国民经济学说和社会科学中实行的变革》、《凯里的贬低者和国民经济学的危机》、《国民经济学说批判基础》和《自然辩证法》⑤,并

---

① 参看1874年12月2日《柏林交易所报》。
② 参看1874年12月8日《柏林交易所报》。
③ 参看《政治评论》,载1875年3月26日《人民国家报》。
④ 《对讲坛小丑的恰如其分的评价》,载1875年7月16日《新社会民主党人报》(柏林)。
⑤ 马克思除那本评《资本论》的书之外还藏有杜林的下列著作:《凯里在国民经济学说和社会科学中实行的变革。十二封信》1865年慕尼黑版;《凯里的贬低者和国民经济学的危机。十六封信》1863年布雷斯劳版。

作了部分摘录。① 从马克思通信中的言论来看，他认为杜林对社会科学根本改革的要求是建立在唯心主义、庸俗唯物主义和庸俗经济学观点的折中主义大杂烩的基础上。另一方面，杜林的分析体系是在这样一个抽象阶段上构成的。他可以抱怨资本主义的永恒矛盾和看到它日益尖锐，而根本不去注意正是集中这种矛盾的资产阶级生产关系的具体历史范畴。这种历史禁忌，马克思既不是第一次、也不是最后一次碰到。（但是，这种禁忌促成了像《反杜林论》这样的著作。）我们在评价《条陈》（马克思于1868年4月深入和全面地阅读过）的边注时，这两方面都必须考虑到。

《条陈》第1部分是边注最集中的地方，这说明，马克思对这里的问题特别感兴趣。本文因此而在第3节比较详细介绍过的杜林核心思想，在书中被划线标出或批点，有时是又划线又批点，部分打了叉。② 在许多页上可以看到马克思即兴阅读方式的特有风格，即在继续阅读时把所划的线一再延长，以致出现了锯齿形的线。而在马克思所藏的杜林论凯里的著作中可以见到的评语、赞同意见或批判性的反对意见，在这本藏书中却没有。不过，我们也许可以认为其原因是：马克思同意杜林对在资本主义经济机构中建立工人生产联合会的成功机会所持的否定态度，以及他对消费合作社和贷款合作社的评价。

---

① 参看卡尔·马克思：欧·杜林：《资本和劳动》1865年柏林版，载摘录笔记；欧·杜林：《经济学说批判基础》，载摘录笔记；杜林《批判基础。结尾部分》，载摘录笔记。以上笔记本收于阿姆斯特丹国际社会史研究所"马克思—恩格斯遗著"。

② 欧根·杜林：《条陈》1867年莱比锡附近的诺伊申费尔德第2版。从边注上看到的虽然是马克思（和恩格斯）所特有的标识，但是因为该书来自库格曼，所以并不排除有个别边注是库格曼写的。

马克思为何作这种或那种批点或者在下面划线,这即使对于非常熟悉他的著作和思路的人来说,的确也难以捉摸透。有一些解释,也难以用一两句话就排除掉。还有一些解释,也许可以着重提一下,因为马克思直截了当地同意所表述的内容,例如,已提到过的论断,在小生产基础上组织的生产联合,历史地说是倒退①,或这样的论断:由于罢工或劳动力的再分配而造成的损失,资本家企图通过增加生产成本来弥补②。如果说,马克思在杜林的下述观点下面划线:大工业大量收购原材料以做到极大的节约③,那么,实际上这与他自己在《资本论》第3卷草稿中所说的不变资本的节约自然是相联系的。还有对信贷和利息问题的批点④,用《资本论》的继续加工就可以解释。最后再举一个例子,这个例子对当时的社会主义观念来说自然是容易引起注意的,因而我们稍微详细地加以注解:马克思在下述的杜林论断上也划了线:"集中的经济设施"越来越被看成"公共利益的设施"。⑤ 作者和读者从自己的立场出发以此反思了下述流传甚广的观点:像把各个企业或资本合在一起这样的社会化过程和把交通和通讯设施(铁路、邮政)国有化,

---

① 参看欧根·杜林:《条陈》1867年莱比锡附近的诺伊申费尔德第2版第23页。

② 参看欧根·杜林:《条陈》1867年莱比锡附近的诺伊申费尔德第2版第38、40页。

③ 参看欧根·杜林:《条陈》1867年莱比锡附近的诺伊申费尔德第2版第19页。

④ 参看欧根·杜林:《条陈》1867年莱比锡附近的诺伊申费尔德第2版第21页。

⑤ 参看欧根·杜林:《条陈》1867年莱比锡附近的诺伊申费尔德第2版第48页。

都是社会主义的措施。随着 70 年代帝国统一之后以及由于世界经济危机而产生的集中现象显著增多（无数的企业破产），那种经济决定论的解释更加盛行了。伴随这些观点频繁出现的清静无为是灾难性的。所叙述的过程以及对它们的反思，决定性地推动了马克思——至少作者是这样想的——对《资本论》第 1 卷法文版关于资本主义积累的一节作根本的修改。同时，他第一次目的明确地有系统地从社会后果上来区分资本的积聚——一个资本通过剩余价值变为资本而增加——和资本的集中——各个资本合为一个资本。他强调了集中过程的明显资本主义性质及其大大加速典型资本主义生产关系（其中包括阶级两极化）的确立的功能。与此类似，后来恩格斯在《反杜林论》中阐明：资本主义的国有制不是破坏资本关系，而宁可说是使之总体化。

《条陈》第 2 部分中的批点和所划的线，从形式上看与上面不同，而且是一直划到底的，不像马克思所划的那种紧挨正文。在这里，看来恩格斯有他自己的"书中手迹"。

8.《条陈》和《反杜林论》

当时已经过去 10 年的杜林和瓦盖纳的丑闻，在《反杜林论》中当然只起次要的作用，不过，它毕竟起了作用，这就肯定是有意义的，而且可以算是恩格斯和马克思的论战著作的精微之处。

马克思于 1877 年 1—2 月研究了《国民经济学和社会主义批判史》第 2 版（1875 年），当时，他已经表示要协助恩格斯工作，并示范性地说清杜林对政治经济学的发展所作的主观主义的和非历史的阐述①,他也注意到杜林从心底里对大卫·休谟表示的尊重。马克思反驳了杜林关于这位苏格兰饱学之士是超党派人士的论断,列举了他的公职——首先是驻巴黎大使馆秘书,接着是副国务大臣,不过,马克思不无讽刺地承认;休谟并未与当时一个叫做"瓦盖纳"的人有过"文字上的共事关系"②。

恩格斯于1877年11—12月根据马克思的《杜林〈国民经济学批判史〉一书边注》编写成著名的第十章《〈批判史〉论述》。编写当中他放弃了不少重要的理论史片段,但没有割舍上面所暗示的东西。③ 其原因除了他们所叙述的反响外可能在于:杜林和瓦盖纳的事件几个月前在《前进报》上又重新掀起波澜,确切地说,在于对杜林现在被免去大学职务的反应。这就是,在一份抗议书中,左派自由党人和帝国国会议员欧根·李希特尔的声明——杜林于1867年受瓦盖纳之托为俾斯麦撰写了一个反对合作社的《条陈》,瓦盖纳对此十分满意,最后便以自己的名字发表了——被怒斥为诽谤性的虚假消息而遭到下述反驳:"把杜林和瓦盖纳拴在一起了!能够想象出比这更卑鄙、更阴险的侮辱和怀疑吗?而且是在这个时刻?"李希特尔"以这种可耻的方式污蔑"杜林这个"正直的人","向他泼污水"。④ 抗议书的撰写人怀着《前进报》上经常引证的为"科学自由"也做点什么事的信念,从一开始就排除了

---

① 参看卡尔-埃里希·福尔格拉夫:《〈反杜林论〉创作经过的理论史研究。马克思参加〈反杜林论〉的写作》(博士论文)1988年柏林版第78—105页。

② 参看卡尔·马克思:《杜林〈国民经济学批判史〉一书边注》,载《马克思恩格斯全集》历史考证版第1部分第27卷第197页。

③ 参看《马克思恩格斯全集》第1版第20卷第265页。

④ 《欧根——不高尚的骑士》1877年7月22日《前进报》(莱比锡)。

瓦盖纳和杜林之间早先有联系的可能性。

对恩格斯来说，追述上述的丑事一方面是他对杜林的"特殊普鲁士的社会主义"①的许多讽刺性评注的一部分。他想借此说明：杜林的理论不管有多少引人注目的反对作用，仍然足以提供可能性，使他在改革道路上与普鲁士国家妥协。

恩格斯在撰写第十章时再次研究了杜林的《条陈》。从1877年11月14日《法兰克福报》上剪下的一块报纸使我们注意到这一点。这块剪报是在遗留下来的马克思所藏的《条陈》中发现的。剪报包含着杜林的一篇与德国社会民主党保持距离的声明。它是1877年11月15日库格曼寄往伦敦给恩格斯的。②据此看来，恩格斯在11月15日之后几天就通读了《条陈》，而且也许把剪报夹在那里作为已阅记号或标志。很可能恩格斯在这里，特别是在《条陈》第2部分开始作这样或那样的批点，第2部分探讨了国家的社会政治作用。毫无疑问，《条陈》第59和60页上的两个"挖苦的"惊叹号，是出自恩格斯手笔，因为在这两页上，杜林认为第四等级参与立法是它"表达"自身利益的机会③，以及杜林要求审查和"事先限制从事危害公众的写作行业"④。对于这类语句、陈词滥调和狂妄的表述，恩格斯在整部《反杜林论》中特别喜欢拿出来示众。

---

① 《马克思恩格斯全集》第1版第20卷第322页。
② 参看路德维希·库格曼1877年11月15日给恩格斯的信，藏于原莫斯科马列主义研究院中央档案馆，全宗1，目录5，文件3859。
③ 参看欧根·杜林：《条陈》1867年莱比锡附近的伊诺申费尔德第2版第59页。
④ 参看欧根·杜林：《条陈》1867年莱比锡附近的伊诺申费尔德第2版第60页。

恩格斯的论战著作的基本特征在于表明，杜林并不是简单地在他的书的扉页上宣告了增订的版次，而是在主要问题上也变了调子。在这里，杜林和瓦盖纳的对抗是有说服力的材料。在关于政治经济学的对象和方法的一章中，恩格斯把杜林在其旨在反对瓦盖纳的诡计的抗议文章《我致普鲁士内阁的社会条陈的命运》（1868年）中有关所有制的言论与他后来在1876年再版的《国民经济学和社会经济学教程》所说的作了比较。杜林在上面的小册子中说：文明倾向于使所有制具有日益显著的特点，现代发展的实质和前途就在于此，而不在于权利和统治范围的混淆（恩格斯在《反杜林论》中引用了这段话）。杜林认为，根本弄不清楚，"**雇佣劳动向另一种谋生形式的转变，怎样能够在某一时候符合于人类本性的规律，符合于社会机体的自然必要的构造**"。① 相反，杜林在《教程》中把私有制和雇佣劳动看成是暴力和掠夺的结果，并要求消灭它们。杜林对国家的看法也是前后相反的。他在《条陈》中谈论了国家可以用调节的方式干预资本家和工人的关系，而后来在《教程》中却不要国家作为暴力行动对经济进行任何干涉。恩格斯在《反杜林论》中言简意赅地指出："我们不可能知道，这位如此突飞猛进的天才几年以后会认为什么东西是道德的和正义的，所以无论如何，在考察财富的分配时，我们最好还是遵循现实的客观的经济规律，而不要遵循杜林先生关于正义和非正义的一时的、易变的主观想象。"②

如果说有结论，那会是怎样的呢？

首先，我们再说一下，问题不在于了解在主题上和时间上都已过去

---

① 《马克思恩格斯全集》第1版第20卷第170页，参看欧根·杜林：《我致普鲁士内阁的社会条陈的命运》1868年柏林版第5页。

② 参看《马克思恩格斯全集》第1版第20卷第171页。

的杜林在社会民主党内被接受的历史。为此需要全面分析杜林的思想，也需要全面分析社会民主党的理论思想的巩固性，这种分析由《马克思恩格斯全集》历史考证版第 1 部分第 27 卷的出版者第一次提供出来。至少应该说明：杜林自其《国民经济学和社会经济学教程》第 1 版（1873 年）问世以来之所以引起共鸣，还因为——正如上面已经指出的——他要求消灭资本主义剥削关系，并认为这是工人自己的事业。

就杜林和瓦盖纳的争论，我们可以概述为：一个重要的共同点就可成为一些至少是暂时有共同语言的思想流派和行动的基础。今天，每个为了解决当前迫切问题而参加各种社会力量同盟的人，都对此十分清楚。社会民主党的领导人，当时把杜林视为一个可以合作的伙伴，因为他激烈反对普鲁士国家及其思想的近卫团——柏林大学，而且不怕报复。自 1866 年以及杜林与瓦盖纳斗争以来，他们日益密切地关注他的进一步发展。而杜林则懂得如何靠拢社会民主党。① 因此，对于约翰·莫斯特等人来说，要懂得《反杜林论》是绝对必要的，并不那么容易，因为这些人很想阻止各种社会主义力量（尽管杜林不赞成马克思主义，但他们还是把杜林算在里面）自相摩擦。资产阶级方面已对此做出确切的估计，其证据是 1878 年 3 月戈尔茨的一位男爵对《前进报》编辑部作了下述质询："最尊敬的编辑部：如果恩格斯的具有丰富思想的、尽管在对于社会主义倾向完全不感兴趣的地方仍被公认为十分重要的反杜林的言论（既有哲学的也有国民经济学的），能尽快作为一本独立的书出版，那将具有普遍的科学意义。不能让有学识的和思想敏锐的作者对

---

① 参看卡尔－埃里希·福尔格拉夫：《边注中的〈反杜林论〉》，载《马克思恩格斯年鉴》第 12 卷第 126—157 页。

此做出安排吗？一人为多数人"。① 资产阶级理论家满心欢喜地看到恩格斯指出杜林在科学上毫无根据，并从而替他们除掉一个尖刻的批评家——关于这一点下述富有启发性的库格曼书信摘录也是个证明。1878年12月20日库格曼在给恩格斯的信中说："昨天一位柏林讲师告诉我，阿〔道夫〕•瓦格纳教授（！——作者）对他说，您的《杜林先生的变革》是一本非常出色的书。"②

（原载《马克思恩格斯研究论丛》1992年新序列2）

（单志澄 译）

---

① 威廉•李卜克内西1878年4月5日给恩格斯的信，载《威•李卜克内西与卡•马克思和弗•恩格斯通信集》，格奥尔格•埃卡尔特出版和修订，1963年海牙版第250—251页。

② 路德维希•库格曼1878年12月10日给恩格斯的信，藏于原莫斯科马列主义研究院中央档案馆，全宗1，目录1，文件3988。

马克思恩格斯反对杜林主义斗争史略[*]

俞长彬 钱学敏

100年前,在欧洲工人运动的中心——德国,马克思、恩格斯同杜林展开了一场激烈的思想论战。这是继马克思主义反对蒲鲁东主义、拉萨尔主义和巴枯宁主义之后又一次重大的斗争,是马克思主义同反马克思主义的全面决战,它在国际工人运动史和马克思主义发展史上占有很重要的地位。

(一) 最初的批判

欧根·卡尔·杜林(Duhring, Eugen Karl, 1833—1921)出身于德国普鲁士的一个官吏家庭。1853年进入柏林大学,学习法律,毕业后在柏林高等法院当律师,后因长期患眼疾,视力衰退,不得不离开法律界,转而研究哲学、经济学。1861年他在柏林大学哲学系获得哲学博士学位,开始著书立说。1863—1877年杜林在柏林大学担任私人讲师,讲授哲学、国民经济学和历史。

这时,欧美一些主要国家资本主义生产迅速发展,工人阶级队伍不

---

[*] 本文选自《马克思恩格斯研究》1994年总第16期。

断壮大,无产阶级的革命斗争重新兴起。1864年建立了第一国际,它标志着工人运动进入了一个新的时期。当时德国已从一个落后的农业国发展成为一个比较先进的工业国,工人阶级的力量日益增强,他们反对资产阶级的斗争也进入了一个新的阶段。1963年成立了"全德工人联合会",1869年建立了"德国社会民主工党(爱森纳赫派)"。在这样的革命形势下,资产阶级忧心忡忡,拼命鼓吹"劳资合作",散布改良主义的幻想,破坏无产阶级的革命运动,力图维护资产阶级的剥削和统治。

杜林这个时期的著述,适应了资产阶级的需要。他害怕矛盾,害怕斗争,极力搞折中主义,搞调和主义,表现了小资产阶级思想家的特点。

在哲学方面,杜林在他的《自然辩证法》一书中,反对黑格尔的辩证法,并且企图把唯物主义的自然观和康德的唯心主义观点结合起来,他一方面肯定逻辑规律反映事物之间的客观关系,另一方面又认为无限性这一概念是从思维的内在固有的能力中产生出来的。在经济学方面,杜林从小资产阶级立场出发,竭力为私有制辩护,硬说没有私有制就没有自由,消灭私有制只是一种幻想。美国庸俗的资产阶级经济学家凯里认为在资本主义社会里资本家和工人的利益是一致的可以调和的,杜林就对凯里十分钦佩,称他是国民经济学和社会科学的改革家,是自己的老师。为此,他还专门写了《凯里在国民经济学和社会科学中实行的变革》一书,宣扬凯里的观点。杜林在1868年出版的《国民经济学说批判基础》也是以凯里的观点为出发点。书中有关实物信贷的观点,还受到当时统治阶级的重视和称赞。他甚至认为自己的任务就是在德国宣传实现凯里的体系。他反对贬低凯里的功绩,写了《贬低凯里功绩的人》,恩格斯曾经指出这是一本厚颜无耻的书。

杜林从二十几岁起就很狂妄自大，不可一世。他吹嘘自己的博士论文《论时间、空间和因果性。兼论微分逻辑》，说什么这个完整的标题就"已经指明了世界模式的哲学的核心问题"①。他在《资本和劳动》一书里，还自命不凡地宣布"决定经济和社会的正当要求的未来策略的普遍思想，现在由我独特地、第一次以完整的意识在这些篇幅里表达出来了"。

杜林60年代的著作，基本上都是重弹资产阶级的老调，没有多少新鲜玩意儿，所以当时在社会上没有什么影响，也没有人重视他。杜林从1863年起就申请参加柏林大学哲学系和经济系教授的考试，一直未能如愿，只好当了14年的私人讲师。

这个时期，马克思和恩格斯的主要精力是深入研究社会的各种基本问题，并同蒲鲁东主义、拉萨尔主义、工联主义和巴枯宁主义进行斗争，积极宣传无产阶级的革命理论和科学的世界观，引导无产阶级进一步认清自己的阶级利益、阶级地位和历史使命，组织无产阶级的队伍，促进无产阶级的国际团结，迎接新的革命高潮。马克思还专心致力于科学共产主义的伟大著作——《资本论》的创作。所以，马克思和恩格斯这时根本没有注意到杜林。

杜林这个人最早引起马克思和恩格斯的注意是在1867年底。从此以后，他们也就开始了对杜林的批判。

1867年9月马克思的巨著《资本论》第1卷问世了，这部著作运用唯物辩证法精辟地分析了资本与劳动的关系，透彻地说明了无产阶级与资产阶级的矛盾，详尽而科学地论证了资本主义必然灭亡社会主义必然胜利的客观规律，它引导无产阶级登上高山之巅，纵览世界风云，展

---

① 欧·杜林:《事业、生平和敌人》1903年德文版第92页。

望共产主义壮丽美景。

《资本论》的出版使得资产阶级惶惶不安，而又故作镇静，于是以沉默的方法来贬低这部著作的伟大意义。马克思曾在《资本论》第1卷第2版跋中指出："德国资产阶级的博学的和不学无术的代言人，最初企图像他们在对付我以前的著作时曾经得逞那样，用沉默置《资本论》于死地。"① 正是在这万籁俱寂的时刻，1867年12月杜林发表了一篇评论《资本论》的文章，题为《马克思的〈资本论。政治经济学批判〉》。他是第一个评论《资本论》的"专家"，打破了资产阶级制造的沉寂，从此引起了马克思和恩格斯的注意。

杜林在自己的评论中接受了《资本论》的某些观点，当时马克思指出：杜林的评论总的来说对《资本论》是持赞许的态度，对书中《原始积累》那一章他几乎完全接受，这当然已经是很不容易了。恩格斯后来也说过：杜林1867年给《资本论》做出对他那类思想家来说算是比较合理的该书的内容提要。②

杜林之所以急于评论《资本论》决不是因为他真正理解和完全赞成这部巨著的观点，而是出于狭隘的个人目的。众所周知，马克思在《资本论》第1卷中批判了德国庸俗经济学家、莱比锡大学教授罗雪尔的观点。而罗雪尔曾经妨碍过杜林的个人前程，杜林早就怀恨在心，因此他借评论《资本论》的机会，对罗雪尔加以报复。其实，马克思在《资本论》中不仅批判了罗雪尔的观点，而且还有力地批判了形形色色的资产阶级经济理论，其中也包括杜林的老师——凯里的观点。因此，马克思在《资本论》里虽然没有直接批判杜林，但实际上也就驳斥了

---

① 《马克思恩格斯全集》第1版第23卷第18页。
② 参看《马克思恩格斯全集》第1版第20卷第135页。

杜林60年代著作中的一些错误。马克思当时就说过：杜林出版过两本书，"一本（以凯里的观点为出发点）《国民经济学说批判基础》（约五百页），和一本新《自然辩证法》（反对黑格尔辩证法的）。我的书①在这两方面都把他埋葬了"。② 由此可见，《资本论》第1卷的出版，本来对杜林也是很不利的，可是无知的杜林为了发泄私愤，还没读懂《资本论》就迫不及待地对它妄加评论。所以，马克思说杜林是一个极为傲慢无礼的家伙，是一个柏林狂人。

杜林对马克思主义的价值理论和辩证方法的理解是根本错误的。他怀疑劳动价值论，说"什么劳动时间决定价值并非无可争议，什么有人怀疑劳动价值由劳动生产费用决定是否正确"③。杜林也不了解马克思的价值理论和李嘉图的价值理论的本质区别，胡说把马克思的学说去掉一些奇形怪状的外衣之后，充其量不过是英国的，首先是李嘉图的经济学的老生常谈而已。杜林还把马克思的方法和黑格尔的方法混为一谈，硬说马克思的学说在形式上表现了"黑格尔的非逻辑学"的特点，而在内容上却没有表现出"显著的独特性"，杜林甚至把马克思的辩证法和施泰因④死板的三分法相提并论。杜林抹杀马克思主义和资产阶级经济学、马克思主义哲学和德国古典哲学的根本区别，这就曲解了无产阶级的世界观，否定了马克思主义在人类思想史上的杰出贡献和革命变革。

但是，真理是在马克思一边，杜林企图否定它必然理屈心虚，恩格

---

① 《资本论》第1卷。——作者注
② 《马克思恩格斯全集》第1版第32卷第525页。
③ 《马克思恩格斯全集》第1版第32卷8页。
④ 罗仑兹·施泰因（1815—1890）德国法学家，历史学家，庸俗经济学家，普鲁士政府的密探。

斯第一次看完了杜林的评论以后，就从字里行间敏锐地觉察出杜林写作时的恐惧心情，他在给马克思的复信里生动地说：杜林的评论可笑极了，"整篇文章显得狼狈不堪，惶恐不安"，"写完时兴高采烈，付邮时无疑胆战心惊"。①

在《资本论》出版以前，马克思和恩格斯都不止一次地阐述过马克思的辩证法和黑格尔的辩证法的联系与区别，阐述过马克思的价值理论和李嘉图的价值理论的联系与区别，而《资本论》第1卷更是创造性地运用唯物辩证法详尽地论证了马克思主义的价值理论。当时以经济学家和哲学家自居的杜林，在评论《资本论》第1卷时竟然对这一切都视而不见，这只能归因于他智力的低下、理论的贫乏以及阶级的偏见。

那么，《资本论》第1卷在价值理论方面的新贡献是什么呢？马克思自己回答说："经济学家们毫无例外地都忽略了这样一个简单的事实：既然商品有二重性——使用价值和交换价值，那么，体现在商品中的劳动也必然具有二重性，而像斯密、李嘉图等人那样只是单纯地分析劳动，就必然处处都碰到不能解释的现象。实际上，这就是批判地理解问题的全部秘密。"②可见，马克思在价值理论方面的新贡献就在于从商品的二重性进一步分析出劳动的二重性，因而揭示出资本主义剥削的秘密——剩余价值生产，它暴露出资本主义制度的残酷性，戳穿了资产阶级自由、平等、博爱的虚伪性。

由于杜林曲解《资本论》的研究方法和阐述方法，所以马克思在通信中反复强调他的方法和黑格尔的方法的根本对立，并且说明了唯物

---

① 《马克思恩格斯全集》第1版第32卷第8页。
② 《马克思恩格斯全集》第1版第32卷第11—12页。

辩证法的特点。当时马克思在给他的好友库格曼医生的信中说:"我的阐述方法和黑格尔的不同,因为我是唯物主义者,黑格尔是唯心主义者。黑格尔的辩证法是一切辩证法的基本形式,但是,只有在剥去它的神秘的形式之后才是这样,而这恰好就是我的方法的特点。"① 马克思和恩格斯谈起杜林时还轻蔑地说:"最可笑的是,他把我跟施泰因相提并论,因为我是搞辩证法的,而施泰因则是通过以某些黑格尔范畴为外壳的死板的三分法,把各色各样的渣滓毫无意义地堆积起来。"② 后来,马克思在《资本论》第1卷第2版的跋中还总结了自己几十年来对待黑格尔辩证法的态度,不指名地批评了杜林对待黑格尔辩证法的错误,又一次阐述了唯物主义辩证法和黑格尔的唯心主义辩证法的区别,指出在黑格尔那里,辩证法是倒立着的,必须把它顺过来,以便在神秘的外壳中,发现合理的内核。

为了彻底批判黑格尔的唯心主义辩证法,从中吸取"合理的内核",马克思很早就想结合自己的研究工作系统地论述唯物辩证法的基本原理。后来,大概也为了澄清杜林之流在这个问题上所散布的糊涂观念,马克思曾打算在写完《资本论》之后,写一部辩证法专著。③ 遗憾的是在马克思尚未最后完成《资本论》的时候,病魔就过早地夺去了他宝贵的生命,以致这个宏愿未能实现。但是,在马克思全力支持和热情帮助下,恩格斯所著的《反杜林论》却系统地论述了唯物辩证法的产生过程和基本内容,在一定程度上完成了马克思这个未竟之业。

杜林发表了评论《资本论》的文章,虽然引起了马克思和恩格斯

---

① 《马克思恩格斯全集》第1版第32卷第526页。
② 《马克思恩格斯全集》第1版第32卷第9—10页。
③ 参看《马克思恩格斯全集》第1版第32卷第535页。

的注意，但是在社会上当时知道的人仍不多。杜林真正在社会上"闻名"是由于他和俾斯麦政府的枢密顾问瓦盖纳打了一场笔墨官司。还在1866年，杜林为了破坏工人运动，也为了捞得一个教授的头衔，曾为俾斯麦政府出谋献策，给内阁写了一份《社会条陈》，鼓吹可以利用地主资产阶级国家的资金，来为工人谋福利。后来由于形势的变化，杜林未得到主子的赏识，《社会条陈》也未被采纳。瓦盖纳却把它作为自己的著作冒名发表了，题为《致普鲁士内阁的社会条陈》。这使杜林大为恼怒，便于1868年写了《我致普鲁士内阁的社会条陈的命运》一书，指责瓦盖纳剽窃他的"成果"，杜林也就因此在社会上出了名。这本书是杜林效劳俾斯麦政府，破坏德国工人运动的自供状。马克思得知这个消息以后，把它当做一件丑闻转告了恩格斯。后来，恩格斯在《反杜林论》中对杜林这本书的某些观点作了批判。

总之，19世纪60年代杜林还不是马克思主义的主要敌人，对当时的工人运动还没有多大的影响。所以，马克思和恩格斯就没有公开批判他，主要是在私人通信中断断续续地分析与驳斥了他的一些错误观点，这虽然只是初步的，但很重要，列宁曾经认为它"好像是预示了恩格斯（同马克思一起）在9年以后所写的有名的《反杜林论》一书的内容。"① 在70年代，马克思和恩格斯又联系到杜林60年代的著作和思想同他进行了全面的、系统的论战。因此，可以认为，马克思和恩格斯60年代对杜林的批判，在一定程度上为70年代同杜林的大论战，作了一些思想上和材料上的准备，是反对杜林主义斗争的一个前奏。

---

① 《列宁全集》第2版第14卷第375页。

（二）警惕杜林的影响

杜林投靠俾斯麦政府未能如愿，19世纪70年代以后便"改信"社会主义，靠拢德国社会民主工党（爱森纳赫派）企图在党内找到信徒，得到支持，用杜林主义影响德国的工人阶级政党。

巴黎公社失败以后，革命的中心从法国转移到德国，因而德国工人阶级政党的革命斗争经验，不仅对德国工人运动，而且对世界的无产阶级革命运动都有极其重大的影响。但是，当时德国工人阶级内部存在着两个不同的派别：爱森纳赫派和拉萨尔派。两派时常在集会上，在各自的机关报上，互相指责，互相攻击。为了消除德国工人阶级内部的分裂，共同反对俾斯麦的反动统治，爱森纳赫派曾多次向拉萨尔派伸出手来，建议和解或合作，但每次都遭到拉萨尔派的无礼拒绝。拉萨尔派竭力要把拉萨尔主义强加于整个德国工人运动，并想压垮爱森纳赫派，攫取工人运动的领导权，他们还利用倍倍尔被监禁的机会，企图把爱森纳赫派的机关报《人民国家报》变成某种"诚实的"《新社会民主党人报》（拉萨尔派的机关报）。拉萨尔派的领导人甚至断然要求《人民国家报》采取另外的编辑方针，不刊登科学论文，而刊登《新社会民主党人报》式的社论。①

然而，德国社会民主工党并没有被拉萨尔派压垮，他们从1869年成立以后，遵照马克思和恩格斯的教导，在李卜克内西和倍倍尔的领导下稳步前进。德国社会民主工党在普法战争中，反对普鲁士对法国的侵略，在国会中反对侵法的军事预算，执行了国际主义的政策，因而在世

---

① 参看《马克思恩格斯全集》第1版第33卷第590页。

界各国的工人运动中享有崇高的威望。同时,德国社会民主工党还不顾俾斯麦政府的迫害和恐怖政策,英勇地领导了工人阶级举行罢工,开展了反对资产阶级的斗争,使工人阶级和劳动群众在斗争中逐渐认识到这个党能够代表自己的利益,因而愈来愈多的群众拥护它、支持它、全德工人联合会的一部分工人也靠拢它,甚至加入了爱森纳赫派。结果,德国社会民主工党在1874年帝国国会选举中获得了巨大的胜利,得到171000张选票(1871年只得到38000张选票),有9个党员当选为国会议员(其中包括李卜克内西和倍倍尔)。那时,恩格斯得知这一喜讯以后,高兴地说:"德国的选举使德国无产阶级站在欧洲工人运动的前列。工人第一次万众一心地选举自己的人,并作为独立的政党行动,而且是在全德国范围内出现"。①

在这革命事业逐步发展的形势下,德国社会民主工党犹如初升的太阳,广大工人群众纷纷拥向她,有产阶级中也有一些人来参加她、靠拢她,以便在这灿烂的阳光照耀下,得到温暖,找到出路。

杜林就是在这样的历史情况下,"改信"社会主义,伪装进步,靠近社会民主党的。

杜林"改信"社会主义的另一个原因,是为了压倒前人,标榜自己。在杜林看来,除了李斯特和凯里,自亚当·斯密以来所有发展了经济学思想的人,结成了一条强大的战线,反对被压迫的人民群众,即形成了一个"反社会的派别"。而社会主义是和这条战线相对立的。所以,尽管杜林认为在他以前的各种社会主义都是"梦想的社会主义",可是为了压倒前人,标榜自己在理论上、科学上的贡献与成就,他还是宁愿打着社会主义的旗号。当资产阶级一些思想家反对和攻击社会主义

---

① 《马克思恩格斯全集》第1版第33卷第618页。

的时候，杜林曾公开宣称："……从我这方面来说，我宁可同社会主义者一道作正当的梦想，而不跟那些有狭隘的利己主义的代表们去追求一种对'健全的理智'的共同的崇拜"。①

因此，从19世纪70年代起，杜林在自己的著作中，在大学的讲坛上，都公开宣称"拥护"社会主义。1871年他的《国民经济学和社会主义批判史》一书在柏林出版，1873年他的《国民经济学和社会经济学教程，兼论财政政策的基本问题》一书又在柏林与公众见面。在这两本书中，杜林提出了自己的社会主义理论和改造社会的详尽计划。

但是，杜林的社会主义不是科学的社会主义，而是小资产阶级幻想的社会主义。杜林颠倒了政治与经济的关系，认为政治关系是历史上基础性的、本源的、起决定作用的东西，因而是第一等的；而经济关系则是从属的、派生的、不起决定作用的东西，因而是第二等的。从这种观点出发，杜林就把暴力当做一切经济现象的终极原因和最后说明。杜林认为社会主义根本不是社会历史发展的必然产物，更不是现代资本主义社会经济条件发展的产物，而是建立在"普遍的公平原则"的基础上的一种社会制度。杜林还认为：资本主义的生产方式很好，可以继续存在，但是资本主义的分配方式很坏，一定得消除。杜林不了解暴力在历史上的起源和作用，因而他否认暴力革命，幻想用商品生产的基本规律去反对资本主义社会生产发展中的弊病。总之，杜林看不到现代大工业生产的发展，看不到无产阶级的革命力量，他的眼界只局限在当时施行普鲁士邦法的地区之内，所以就把科学的社会主义庸俗化了，使它堕落为特殊的普鲁士的社会主义。高傲的杜林曾经极端轻蔑地咒骂过空想社会主义者圣西门、傅立叶、欧文，把他们当成罪人，说得一无是处。然

---

① 参看柯帕：《欧根·杜林的"共同社会体系"》。

而，杜林与这三位伟大的、进步的、空想社会主义者相比，不过是一个渺小的、反动的、最新的空想社会主义者。

杜林为了掩盖其社会主义思想的反动本质，以便在社会上，特别是在德国社会民主党内部，笼络人心，争取群众，扩大影响，他搜索枯肠千方百计地把自己的理论装扮成貌似进步，貌似科学的革命理论，其主要特点是：

1. 采取激进主义的姿态和言词。巴黎公社失败以后，资产阶级恶毒诽谤巴黎无产阶级的英勇行动，攻击马克思主义，迫害革命者，镇压工人运动和工人政党。1873年俾斯麦甚至在上院声称，要用严厉的法令来对付工人阶级的政党。在反动派的这种高压之下，一个毫无资产、无党无派，双目失明的柏林大学讲师，能够公开站出来宣讲社会主义，这件事本身就带有激进主义的色彩，很引人注意。杜林不仅赞扬拜伦、雪莱、马拉、巴贝夫的激进主义，而且还为巴黎公社及其某些活动家说了一些好话，1873年他在《国民经济学和社会经济学教程》中对巴黎公社还专门论述了一番。杜林也曾口口声声地把德国社会民主工党所代表的国际社会主义，称之为极其深刻的和极其坚定的社会主义。同时，他对俾斯麦的某些政策表示不满，激烈地抨击普鲁士的大学制度，甚至说什么在现存的社会制度内，试图实行的一切改革都是行不通的。因而，杜林当时不仅赢得了德国先进舆论界的好感，而且获得了一个民主斗士的声誉。

2. 披着科学的外衣。杜林以专家学者自居，在自己的演讲和著作中，不仅利用了前人的一些思想，而且还编造了一些所谓科学的概念和术语，竭力论证自己的社会主义学说是科学的、没有谬误的，是从科学信念出发，与工人阶级站在一起，追求社会主义远大目标的。他吹嘘自己的著作，是以唯一的严格的科学研究方法写成的，提供了"在历史方面和体系方面渊博的著作",其中历史著作由于有了他的"具有伟大风格的历史记述"而更加卓越,在经济学中则促成了"创造性的转变",如此等等。

3. 提出了改造社会的完备计划。杜林设想以"共同社会"的形式来改造当时普鲁士的反动制度,他不仅力图从历史上和理论上论证"共同社会"的必然性和合理性,而且还为这个"共同社会"制定了一个从生产到分配,从国家到家庭,从教育到文化的完备的实践计划。当时,德国社会民主党在宣传社会主义最终目的的同时,比较重视解决日常的政治问题和社会问题,而劳动群众已不满足于对社会主义的一般宣传,希望对未来的社会主义和共产主义社会有一个具体的了解,对于怎样才能达到这样的社会也很关心。因此,杜林这个改造社会的完备计划,具有一定的诱惑力。

杜林如此挖空心思粉饰自己的理论还嫌不够,进而施展政治手腕,对德国社会民主党的一些党员和领导人,吹吹拍拍,阿谀奉承。当时杜林和德国社会民主党的一些党员打得火热,杜林自己不是党员,而与他们往来时,却以"同志"相称,仿佛他是社会民主党的党员或战友。伯恩施坦几次登门拜访,杜林都很高兴,表示希望伯恩施坦经常到他那里去并说任何时候去都欢迎。伯恩施坦曾建议杜林挪动讲课时间,以便有更多的听众,杜林愿意认真考虑。因为能有更多的人,特别是社会民主党人来听他的讲课,这是他求之不得的。杜林对莫斯特更是曲意逢迎,莫斯特本来是一个不学无术而又要舞文弄墨的浅薄之徒,他对《资本论》一窍不通,竟敢写出一本小册子《资本和劳动。卡尔·马克思〈资本论〉浅说》,介绍整卷《资本论》。当时马克思对这本小册子并不满意，而杜林则吹捧道："唯有莫斯特使《资本论》成为合理的东西"。① 后来伯恩施坦和莫斯特对待杜林也是一往情深，特别卖劲地赞扬杜林，介绍他的思想，推荐他的著作。

杜林在理论上的这些特点和他的手法，所以能在德国社会民主党内部发生作用，主要是由于当时马克思主义在整个工人运动中，还没有广泛传播，而德国社会民主党对马克思主义也缺乏深入系统的研究，理论上不够成熟，分不清什么是科学社会主义，什么是假社会主义。因而，他们当时不但受到了拉萨尔主义的影响，还轻信了杜林的某些动听的言词，未能识破他的思想本质。尽管马克思于1873年1月在《资本论》第2版跋中，不指名地批判了杜林的错误，把他看做是猖狂自负的、平庸的、现在仍然在德国知识界吹牛的后生小子，但是，杜林的观点对一些社会民主党人的吸引力仍日甚一日。后来倍倍尔在回忆自己的一生时说："当时杜林做到了使柏林运动领导人几乎全体赞成他的学说。"② 伯恩施坦在他的《柏林工人运动史》一书中，也曾这样写道："当时在柏林党内，大学生的一切东西几乎都处在杜林的影响之下；除了莫斯特之外，还有弗·威·弗里茨舍、保尔·格罗特考、弗·米耳克、约·多林斯基等工人阶级出身的领导同志，也都受杜林的影响。"

那么，杜林主义最初是怎样在党内传播开来的呢？伯恩施坦是杜林主义在党内的第一个狂热信徒和鼓吹者。伯恩施坦于1872年加入德国社会民主工党（爱森纳赫派），但并没有真正接受马克思主义的观点。他毫无思想原则，起初企图和拉萨尔派妥协，杜林大肆贩卖小资产阶级社会主义以后，伯恩施坦很快就成了杜林的热烈拥护者。1874年11月

---

① 参看《马克思恩格斯全集》第1版第34卷第16页。
② 奥·倍倍尔：《我的一生》1978年三联书店版第2卷第317页。

他高兴地写信给李卜克内西说:"柏林有这么一个即使只是永久的私人讲师的人,真是幸运。"那时,伯恩施坦不仅自己去听杜林的讲演,认为他的讲演很有特色,感到十分满意,而且还为杜林招揽听众,替他扩大影响。他一接触杜林的《国民经济学和社会主义批判史》一书就"心仪神往",而看到杜林《国民经济学和社会经济学教程》以后,更是"欣喜若狂",认为这是一本对宣传社会主义运动极有影响的书,说杜林"通过这本书为社会主义运动立下了非常特殊的功劳"[①]。为此,他还专程登门拜访杜林,向他表示感谢。伯恩施坦还向当时党的领导人以及其他各方面有威望的先锋战士推荐这本书。

社会民主党内的另一个杜林分子约·莫斯特当时和伯恩施坦往来友好,伯恩施坦后来说,莫斯特那时对杜林的兴趣几乎比我还大。

马克思和恩格斯当时侨居伦敦,对德国社会民主党内部的一些具体情况,并不十分清楚。至于伯恩施坦和莫斯特等人追随杜林的情况,开始可能也不了解。但是,他们却一直十分关注德国工人政党的统一与团结,特别是非常重视党的思想建设,他们要求爱森纳赫派的领导人坚持原则,不要对拉萨尔派做无原则的妥协与让步。然而,从倍倍尔当时给马克思和恩格斯的信中可以看出,他对拉萨尔主义的看法,和对拉萨尔派的态度,都是有错误的。他认为拉萨尔的著作事实上以其通俗的语言奠定了群众的社会主义观的基础。他认为对待拉萨尔派应该保持适当的和气而不应该强行争辩。鉴于这种情况,恩格斯在1873年6月给倍倍尔的信中提醒党的领导人,不要让"团结"的叫喊把自己弄糊涂了。特别告诉他们,在宣传上应该掌握正确的策略。恩格斯明确指出:"根

[①] 爱·伯恩施坦:《杜林运动和摩尔人俱乐部》,载《社会民主党学习年代》1928年柏林版第52—56页。

据我们的已经由长期的实践所证实的看法,宣传上的正确策略并不在于经常从对方把个别人物和成批的成员争取过来,而在于影响还没有卷入运动的广大群众。我们自己从荒地上争取到的每一个新生力量,要比十个总是把自己的错误倾向的病菌带到党内来的拉萨尔派倒戈分子更为宝贵"。① 就在这封信中,恩格斯还向倍倍尔指出了拉萨尔派的领导人企图把《人民国家报》变成《新社会民主党人报》的危险性。

此后事态的发展表明,德国社会民主党的领导人没有真正理解和接受马克思和恩格斯的正确意见,因而不仅在党的合并问题上,而且在对待杜林的态度问题上,都缺乏马克思主义的原则性。

1874年初春,倍倍尔看了伯恩施坦推荐的杜林的著作《国民经济学和社会经济学教程》以后,立即写了一篇文章,题为《一个新的"共产党人"》,送交《人民国家报》。李卜克内西委托当时该报编辑部的编辑布洛斯负责处理,将此文分两次先后匿名发表。倍倍尔错误地认为杜林在这本最新著作中已经转变到社会主义者左翼一边来了,他的观点同科学共产主义所理解的概念完全一致,基本观点是出色的。因此,倍倍尔毫不犹豫地宣布:"继马克思的《资本论》之后,杜林的最新著作属于经济学领域最近出现的优秀著作之列"。② 倍倍尔还积极推荐杜林这本书,希望协会、团体和个人都去购买,并要求人们对这本书加以研究。这样就在德国社会民主党的中央机报上,第一次公开地无原则地吹捧杜林,为杜林主义在党内的泛滥敞开了大门。

布洛斯在说明发表倍倍尔这篇文章的原因时说:这篇文章"没有任

---

① 《马克思恩格斯全集》第1版第33卷第591页。
② 奥·倍倍尔:《一个新的"共产党人"》,载《人民国家报》1874年3月13日、20日。

何崇拜的意思，而只是很平常地承认功绩而已"。①他还说："我自己只是粗略地翻阅了一下杜林的书。但是由于柏林的党内同志，包括议员们都赞扬她，去听他讲课，因此我想，既然迄今常常颂扬雅科比，也就不应轻视杜林。李卜克内西也表示了这种意思，于是，我就刊登了这篇文章。"②可见，倍倍尔的《一个新的"共产党人"》反映了当时德国社会民主党和《人民国家报》编辑部的领导人，特别是柏林地区党组织的某些领导人，对待杜林的态度。

由于倍倍尔的这篇文章是匿名发表的，事先既没有向马克思和恩格斯透露过，事后也没有及时地告诉他们，因此，文章发表以后，恩格斯对文章的作者究竟是谁，有过许多猜测，但都没有猜中。1874年4月22日《人民国家报》的一个编辑阿·赫普纳曾写信给恩格斯，也没有指明这篇文章的作者。直到两个月以后，恩格斯从威·布洛斯5月27日的来信中，才知道文章原来是出自倍倍尔的手笔。因此，恩格斯十分气愤，对德国社会民主党的领导人提出了严肃的批评。

当时，德国社会民主党的领导人、《人民国家报》的主编李卜克内西对杜林的面目也认识不清，因而对恩格斯的批评一度持抵触情绪，他在1874年6月13日写给恩格斯的信中说："你们是否有根据认为，此人是个无赖或暗藏的敌人呢？我了解到的关于他的情况使我深信，他虽然有些糊涂，但十分诚实，并且坚决站在我们一边。那篇受到你们指责的文章（指倍倍尔的《一个新的'共产党人'》。——引者注）并不是完全正确和令人太高兴的，不过，意思无疑是好的，也没有产生什么坏

---

① 参看1874年5月27日威·布洛斯致恩格斯的信。
② 参看《近代德国工人运动（论文和资料汇编）》1962年莫斯科版。

影响……"①

为此，1874年6—7月间，马克思和恩格斯曾写信给李卜克内西、布洛斯和赫普纳，警告他们要提防小资产阶级政论家杜林对社会民主党的影响和危害，并对杜林的《国民经济学和社会主义批判史》一书表示了坚决否定的态度。1874年7月1日恩格斯在《德国农民战争》第2版序言的补充中还向当时德国社会民主党的领导人明确指出，德国工人要想继续站在国际无产阶级斗争的前列，担负起光荣的职责，就必须在斗争和鼓动的各个方面都加倍努力，特别是领袖们有责任越来越透彻地理解种种理论问题，越来越多地摆脱那些属于旧世界观的传统词句的影响，而时时刻刻地注意到：社会主义自从成为科学以来，就要求人们把它当做科学看待，就是说，要求人们去研究它。必须以高度的热情把由此获得的日益明确的意识传播到工人群众中去。然而，对恩格斯这一深邃的思想，德国社会民主党领导人认识是很不足的。

还需指出，由于李卜克内西认识不清，思想上不坚定，《人民国家报》除了发表倍倍尔吹捧杜林的文章以外，还刊登了许多散布市侩幻想的文章。马克思和恩格斯对此也很不满意，马克思在致左尔格的信中指出："你也许已经看到，《人民国家报》上有时刊登一些不学无术之徒的市侩幻想。这种破烂货是从教师、医生和大学生那里来的。恩格斯已经把李卜克内西痛斥了一番，看来，有时这样做对他是必要的。"② 恩格斯在给马克思的信中也指出："威廉编辑的《人民国家报》，由于只是为了充塞篇幅而毫无批判地刊载各种材料，现在变得越来越枯燥和糟

---

① 1874年6月13日威·李卜克内西致恩格斯的信。
② 《马克思恩格斯全集》第1版第33卷第638页。

糕了。只是偶尔有点可看的东西。"①

这个时候，德国社会民主党受到了拉萨尔主义和杜林主义的双重危害。党的领导人深感斗争复杂，缺乏经验，迫切需要马克思和恩格斯的直接指导与帮助。1874年7月28日李卜克内西写信给恩格斯恳求说："你或是马克思究竟能不能在秋季到德国来一次呢？"② 马克思那时虽然身体很不好，不能过累，可是为了德国党的发展，还是尽力满足了李卜克内西的要求。1874年9月23日，马克思在卡尔斯巴德休养以后，和女儿爱琳娜一起来到莱比锡，同李卜克内西相会。马克思当面耐心劝告李卜克内西，无论如何不要向机会主义者让步。

这时，杜林的追随者，仍在想方设法扩大杜林的影响。《人民国家报》发表了倍倍尔那篇颂扬杜林的文章之后，伯恩施坦接着又向李卜内西推荐杜林的《国民经济学和社会经济学教程》，并把这本书寄给了他。伯恩施坦明知杜林的观点和马克思的观点不同，却还要求《人民国家报》就杜林的这本书展开讨论，并想亲自写文章，介绍杜林的著作。这实际上就是要利用党的机关报，进一步宣传杜林的思想。同时，伯恩施坦又建议李卜克内西去听杜林的讲演，说什么杜林的"一些表述颇具特色，您一定感到满意"③。不仅如此，1875年1月19日伯恩施坦还写信给倍倍尔，建议在党的合并问题上，爱森纳赫派应向拉萨尔派做出新的让步。

马克思和恩格斯对李卜克内西进行了诚挚而严肃的批评与帮助，杜林在柏林大学的演讲中更加放肆地攻击马克思，这就从正、反两个方面

---

① 《马克思恩格斯全集》第1版第33卷第126页。
② 参看海·格姆科夫等：《马克思传》，1978年三联书店版第328—329页。
③ 1874年11月26日爱·伯恩施坦致威·李卜克内西的信。

教育了李卜克内西，促使他开始改变了对杜林的态度。他没有接受伯恩施坦希望在《人民国家报》上宣传杜林思想的建议，反而逐渐地感到有必要对杜林主义展开批判。1875年2月1日，李卜克内西提笔给恩格斯写信，希望他出来批判杜林，信中说："……你是否愿意写篇文章（严厉地）清算杜林？他在他的《国民经济学批判史》第2版中重复了他对马克思充满忌妒的全部愚蠢谰言。我在圣诞节前曾听了此人的一次讲课：狂妄自大，咬牙切齿地忌妒马克思，无非是这类货色。他在我们许多人当中（特别是在柏林）影响很深，必须彻底收拾他。"①

然而恩格斯对李卜克内西的请求，没有立即给以答复。

总之，由于杜林"改信"社会主义，用激进的、科学的词句掩盖他的反动观点，而德国社会民主党当时在理论上也还不够成熟，缺乏斗争经验。所以，在1875年两党合并之前，杜林主义就已开始影响了德国社会民主党的健康发展。马克思和恩格斯看到了杜林主义的危险性，并提醒李卜克内西等警惕杜林的影响。

（三）坚决应战

1875年，爱森纳赫派和拉萨尔派合并以后，杜林在德国社会民主党内的影响继续增长，这是由两个因素促成的。

第一，爱森纳赫派对拉萨尔派的妥协和让步，导致对杜林主义的妥协与让步。拉萨尔派对党的合并与统一，本来就毫无诚意，合并以后总想挑起新的分裂。杜林虽然也谩骂过拉萨尔，但就思想体系来说，杜林主义与拉萨尔主义没有本质的区别。杜林攻击马克思和马克思主义，宣

---

① 1875年2月1日威·李卜克内西致恩格斯的信。

扬小资产阶级的社会主义,这正中拉萨尔派的下怀。因此,杜林主义自然就得到拉萨尔派某些领导人的支持与拥护。拉萨尔派的一些名流,成了狂热的杜林分子,在柏林,拉萨尔派的影响较大,杜林的影响也最深。柏林的党组织曾经特别卖劲地推销杜林主义,妄图在党内制造新的分裂。而爱森纳赫派的领导人,对此却缺乏认识,丧失警惕,放弃斗争,致使杜林主义在党内进一步泛滥。甚至爱森纳赫派的另一个创始人和领导人、马克思和恩格斯的好友白拉克,也曾传染上杜林的瘟疫,直到1876年,他还觉得杜林的"头脑敏锐,知识丰富,具有真诚的共产主义的思想"①。马克思后来分析杜林主义能够在党内泛滥的原因时曾明确地指出:"在德国,我们党内,与其说是在群众中,倒不如说是在领导(上层阶级出身的分子和'工人')中,流行着一种腐败的风气。同拉萨尔分子的妥协已经导致同其他不彻底分子的妥协:在柏林(通过莫斯特)同杜林及其'崇拜者'妥协,此外,也同一帮不成熟的大学生和过分聪明的博士妥协,这些人想使社会主义有一个更高的、理想的转变,就是说,想用关于正义、自由、平等和博爱的女神的现代神话来代替它的唯物主义的基础……"②

第二,杜林的著作一版再版广为发行,这是杜林主义的流毒在党内继续蔓延的另一个因素。1874年11月杜林的《国民经济学和社会主义批判史》再次出版,1875年2月他的《哲学教程》分册陆续出版完毕,1876年又再版了他的《国民经济学和社会经济学教程》。这三本书,对马克思主义的三个组成部分,提出了全面的挑战,是"向马克思主义进

---

① 1877年5月2日威·白拉克致恩格斯的信。
② 《马克思恩格斯全集》第1版第34卷第281页。

攻的三路论证大军"①。特别是杜林在他的《哲学教程》一书中,用唯心主义和形而上学的观点,为他的小资产阶级社会主义做论证。他还自命不凡地宣布,他的《教程》"看到的是朝气蓬勃的人生,是以充沛精力建造着人类的未来,并且在旧的思想体系衰亡着的时候就宣告一个美好制度业已成熟的力量"②。而他本人就是当代至未来这一力量的代表,他所说的真理都是最后的、终极的真理,谁不同意他,谁就是不同意真理。这样,他就把自己装扮成了一个一切时代的最伟大的天才,第一个超人,像教皇一样没有谬误的很不寻常的人物,如果人们不愿意堕入最不可饶恕的异教,那就只好干脆接受他的唯一能使人进入天国的学说。杜林的"豪言壮语"和"伟大的诺言"曾风靡一时,迷人眼目。李卜克内西甚至在1875年3月还允许《人民国家报》发表杜林《国民经济学和社会主义批判史》第2版中关于巴黎公社的部分。而正是这本书的第2版,更恶毒地攻击了马克思。可见,杜林著作的广为发行,对党的组织影响之深,危害之大。一些"诚实的人"由于政治嗅觉的迟钝,又一次上了江湖骗子的当。

然而,杜林并不满足于此,他抱怨《人民国家报》对他新近出版的3本著作未加大力推荐和介绍。杜林在给他的一个积极追随者阿·恩斯的信中说,《人民国家报》企图用沉默来扼杀他。

杜林分子利用李卜克内西的不坚定性,力图把《人民国家报》变成宣传杜林体系的讲坛。阿·恩斯很快于1875年10月3日就给《人民国家报》写了一封信并附短文要求刊登,短文狂热地吹捧杜林,称他是科学领域中最热心、最坚强和最勤奋的先驱,说他在一年的时间内,出

---

① 《马克思恩格斯全集》第1版第22卷第337页。
② 参看杜林:《哲学教程》1875年莱比锡版第IX页。

版了3本划时代的著作，其中《哲学教程》是一部具有非常明确性和透彻性的著作，它所包含内容之广和激进之程度，令人难以想象。阿·恩斯在信中还威胁地说："如果党要排斥这样的人物，党就会灭亡的。"他甚至毛遂自荐，说什么如果《人民国家报》能刊载他的短文，他将继续写文章介绍杜林的这3本书。① 同时，《人民国家报》收到了一些类似的稿件，编辑部内部也有人支持阿·恩斯的立场。

在马克思和恩格斯的帮助下，李卜克内西对杜林有了进一步认识，他拒绝了阿·恩斯的要求，认为这是对《人民国家报》的一种侮辱。他明确答复阿·恩斯说："对于人们正从某些方面越来越厉害、越来越令人憎恶地搞的那种杜林崇拜，《人民国家报》编辑部是绝对不会加以支持的，而要争取不久可以发表对杜林的著作进行详尽的、加以科学批判的文章。"②

这样，李卜克内西又再次要求恩格斯尽快地、尽量彻底地批判杜林的著作以粉碎杜林主义的进攻。

其实，从1875年的初春到深秋，李卜克内西以急切的心情，多次写信给恩格斯，请求他出来批判杜林，但是直到1876年5月以前，恩格斯始终未能下定决心接受这一任务，这是因为：

第一，马克思和恩格斯想利用世界历史上的平静时期，来完成自己的科学著作，即《资本论》和《自然辩证法》。由于他们当时估计这种平静可能是短暂的，所以不愿让其他的事情来烦扰，急于抓紧时间，在

---

① 参看1875年11月5日《人民国家报》上发表的威·李卜克内西致阿·恩斯的信。

② 参看1875年11月5日《人民国家报》上发表的威·李卜克内西致阿·恩斯的信。

理论方面做出应有的贡献。特别是恩格斯感到自己已年过半百,从切身的经验中知道,要完成一些较大的科学理论著作,同时又要积极参加实际的革命鼓动工作,已是力不从心,不可能的了。恩格斯认为写作《自然辩证法》对于论证和发展科学社会主义理论,具有重要的意义,为此必须付出长期艰苦的劳动。而一旦和无聊透顶的杜林开始论战,将耗费他很多宝贵的时间与精力。所以他迟迟没有挥笔应战。

第二,杜林主义在党内的影响和危害尚未充分暴露,因此,马克思和恩格斯当时比较注意的仍然是与拉萨尔主义的斗争,而把清算杜林主义当做是次要的工作。马克思在致恩格斯的信中写道:"多年来(因为事情是从我第一次自卡尔斯巴德回来时开始的),我们把这看做是次要的工作,没有接受下来。正如他所知道的和他给我们的信件所证明的那样,只是在他多次寄来各种无知之徒的信件,使我们注意到那些平庸思想在党内传播的危险性的时候,我们才感到这件事情的重要性。"①

第三,恩格斯曾经认为批判杜林是件不愉快的工作。他指出:"这件工作所以不愉快,是因为这个人是个瞎子,因而我们的装备不相等。"② 恩格斯后来把批判杜林的任务生动地喻为"啃酸果",也就是说他接受了一项内心里并不愿意做的事。

恩格斯虽然没有立即着手批判杜林,但是为了公开表明自己对杜林主义的态度,他在1876年写的《德意志帝国国会中的普鲁士烧酒》一文,对杜林的《国民经济学和社会经济学教程》中的一个观点进行了批判。杜林赞扬当时普鲁士的酿酒业"首先是……(工业)同农业活动的自然联系",并郑重其事地宣称:"酒精生产的意义如此巨大,与

---

① 参看《马克思恩格斯全集》第1版第34卷第15页。
② 《马克思恩格斯全集》第1版第34卷第210页。

其说对它可能估计过高，不如说可能估计不足！"① 对此，恩格斯一针见血地指出："目前，酿酒业是以现代普鲁士的真正物质基础的姿态出现的。没有酿酒业，普鲁士的容克们就会灭亡"。② 这就深刻地揭露了杜林为普鲁士容克们辩护的本质。也正是在这篇文章中，恩格斯第一次公开指名嘲笑杜林这个"社会主义最时髦信徒以及复兴者"③。

但是，杜林分子并没有停止活动，无论是李卜克内西在《人民国家报》上公开声明要详细地批判杜林也好，还是恩格斯公开嘲笑杜林也好，都没有使杜林和党内的杜林分子有所收敛，相反，他们千方百计地阻挠对杜林的批判，并继续写稿吹捧杜林，扩大杜林的影响。这些人认为，杜林对马克思进行了卑鄙的攻击，就使马克思和恩格斯无可奈何了，因为倘若马克思和恩格斯讥笑杜林在理论上的无稽之谈，那就会显得是对他的人身攻击，进行报复！按照他们的逻辑，杜林愈是蛮横无理，马克思和恩格斯就应该愈是温顺谦让、大慈大悲。

继阿·恩斯之后，莫斯特很快就写了一篇题为《一位哲学家》的长篇文章。文章详细介绍了杜林的《哲学教程》，说什么《哲学教程》的出版是文坛上一件极不寻常的事件，杜林是一位"不倦的、活跃的科学战士"，说杜林的"英雄气概使人赞叹不已，他时而沉重地打击腐朽思想的代表，时而更加激昂地挥舞手中高举的旗帜，日益向敌人的阵地进逼。看到这样一个形象，对于开始显露的力量就决不会丧失信心了"④。莫斯特当时把这篇文章寄给《人民国家报》要求刊登，被李卜

---

① 参看《马克思恩格斯全集》第1版第19卷第51—52页。
② 《马克思恩格斯全集》第1版第19卷第52页。
③ 《马克思恩格斯全集》第1版第19卷第51页。
④ 约·莫斯特：《一位哲学家》，载1876年9月、10月《柏林自由新闻》。

克内西拒绝，后来，他只好把稿子送到为杜林分子所控制的《柏林自由新闻报》上发表了。

1876年5月16日李卜克内西把莫斯特的《一位哲学家》一文寄给了恩格斯，并说："……它将向你表明，甚至头脑清醒的人也会传染上杜林瘟疫，清算是必要的"。①

莫斯特当时是德国社会民主党的领导人之一，帝国议会的议员，曾为革命坐过牢，也为马克思的《资本论》第1卷写过介绍，在党内外是有一定影响的人物。而这样一个人竟然也书写长篇文章，拜倒在杜林脚下，可见杜林主义对党的影响之深，危害之大。如果继续蔓延下去，听之任之，党内思想上的统一和组织上的巩固将难以维持。这表明马克思主义和杜林主义之间的一场大论战已迫在眉睫，不可避免。

因此，当恩格斯看了莫斯特的《一位哲学家》这篇稿件之后，深感燃眉之急，再也忍耐不住了。1876年5月24日他立即写信告诉马克思说："在德国，一批受雇佣的煽动家和浅薄之徒大肆咒骂我们党"，"难道不是认真考虑我们对待这些先生的态度的时候了吗？"② 马克思非常同意恩格斯的意见，坚决支持他的立场，第二天就给恩格斯回信说："我的意见是这样的：'我们对待这些先生的态度'只能通过对杜林的彻底批判表现出来"。③

后来，马克思和恩格斯又陆续从政治、组织、思想、科学等方面进一步阐明了批判杜林主义的必要性。

在政治上，马克思和恩格斯创立了科学社会主义理论，阐明了无产

---

① 1876年5月16日威·李卜克内西致弗·恩格斯的信。
② 《马克思恩格斯全集》第1版第34卷第13、14页。
③ 《马克思恩格斯全集》第1版第34卷第15页。

阶级的历史地位和历史使命，指出了人类解放的道路，描绘了共产主义的壮丽图景，从而武装了无产阶级，革命波涛滚滚向前。而杜林和杜林主义者却梦想以小资产阶级的空想社会主义取代科学社会主义，把无产阶级的革命斗争引入歧途，破坏无产阶级的革命运动，这是违背历史发展规律的反动的臆想，因而必须彻底清除。马克思曾经说道："几十年来我们花费了许多劳动和精力才把空想社会主义，把对未来社会结构的一整套幻想从德国工人的头脑中清除出去，从而使他们在理论上（因而也在实践上）比法国人和英国人优越。但是，现在这些东西又流行起来，而且其形式之空虚，不仅更甚于伟大的法国和英国空想主义者，也更甚于魏特林。当然，在唯物主义的批判的社会主义出现以前，空想主义本身包含着这种社会主义的萌芽，可是现在，在这个时代以后它又出现，就只能是愚蠢的——愚蠢的、无聊的和根本反动的。"①

在组织上，德国工人阶级政党刚刚统一起来，而杜林野心勃勃，在自己的周围建立了一个小宗派，并利用广告和各种阴谋手段妄图分裂德国工人阶级政党。为了维护德国工人阶级的团结和统一，马克思和恩格斯不得不起来斗争。恩格斯晚年回顾这段历史时曾说："德国社会党的两派——爱森纳赫派和拉萨尔派——刚刚实现了合并，因而不仅大大地加强了力量，而且更重要的是已经有能力运用这全部力量去反对共同的敌人。德国社会党正在迅速地成为一种力量。但是，要使它成为一种力量，第一个条件是不让这个刚刚赢得的统一受到危害。而杜林博士却公开地着手在自己周围建立一个宗派，一个未来的单独的政党的核心。因此，不管我们是否愿意，我们必须应战，把斗争进行到底。"②

---

① 《马克思恩格斯全集》第1版第34卷第281页。
② 《马克思恩格斯全集》第1版第22卷第334页。

在理论上，马克思和恩格斯直到写作《反杜林论》以前，还没有综合地、系统地、详尽地阐述过科学世界观的各个方面。由于杜林主义是一个十分庞杂的体系，它涉及自然、社会、思维的各个领域，这样就使马克思和恩格斯同在杜林的论战中，有可能从正面连贯地、充分地阐明马克思主义各个组成部分的基本原理，即马克思主义完整的世界观，从而给工人阶级提供一个科学的革命理论。恩格斯后来谈到写作《反杜林论》的原因时说："……我的对手的包罗万象的体系，使我有机会在同他的争论中阐明（而且是用比以前更连贯的形式）马克思和我对这许多形形色色的问题的见解。这就是使我把这个从其他方面来说是吃力不讨好的任务担负起来的主要原因。"①

此外，当时的德国，像杜林那样任意"创造体系"的并不是个别的现象，天体演化学、自然哲学、政治学、经济学等等体系相继出现，最蹩脚的哲学博士，甚至大学生，不动则已，一动至少就要创造一个完整的"体系"。他们所理解的科学自由和科学方法就是可以撰写他们所没有学过的一切东西。这种假科学那时在德国很流行，而杜林正是这种放肆的假科学的最典型的代表之一。所以，杜林"体系"一旦被摧垮，其他诸如此类的体系，也就必然遭到致命的打击。

总之，杜林主义在德国社会民主党内影响的增长，严重地危害着党在思想上的统一和组织上的巩固，为了避免党产生新的分裂，为了给工人阶级以完整的世界观，马克思和恩格斯决定向杜林"应战"。

这样，在马克思的坚决支持和紧密配合之下，恩格斯于1876年5月着手来啃"杜林体系"这个"酸果"，它不仅是很酸的，而且也是很大的。恩格斯深深懂得对于杜林体系要么不予理睬，要么认真对待，而

---

① 《马克思恩格斯全集》第1版第22卷第337页。

要认真对待就得耗费许多时间和精力。但是，为了使马克思能够集中力量完成编写《资本论》第 2 卷和第 3 卷的繁重任务，并准备出版《资本论》第 1 卷各种文字的译本，恩格斯做出了巨大的牺牲，暂时放下了已经搞了多年的自然辩证法方面的研究工作，承担起批判杜林主义的主要任务。马克思当时曾对李卜克内西说："现在恩格斯正忙于写他的批判杜林的著作。这对他来说是一个巨大的牺牲，因为他不得不为此而停写更加重要得多的著作"①（即恩格斯的《自然辩证法》）。而恩格斯也曾写信给他的亲密战友马克思诙谐地说："亲爱的摩尔：你说得倒好。你可以躺在暖和的床上，研究具体的俄国土地关系和一般的地租，没有什么事情打搅你。我却不得不坐硬板凳，喝冷酒，突然把一切都搁下来去收拾无聊的杜林。但是，既然我已卷入一场没完没了的论战，那也只好这样了；反正我是得不到安宁的。"② 如果以为这是恩格斯在抱怨马克思，那就错了。这样复杂的心情和风趣的话语只能表露在至亲密友之间。马克思和恩格斯为了共同的革命事业，他们是早有分工的，正如恩格斯自己所说："由于马克思和我之间有分工，我的任务就是要在定期报刊上，因而特别是要在同敌对见解的斗争中，发表我们的见解，以便让马克思有时间去写作他那部伟大的基本著作。因此，在大多数情况下，我都必须采用论战的形式即在反对其他种种观点的过程中，来叙述我们的观点。"③

也正是在上面那封饶有风趣的信中，恩格斯向马克思谈出了自己准备批判杜林的计划，说明莫斯特的《一位哲学家》这篇文章，使他明

---

① 《马克思恩格斯全集》第 1 版第 34 卷第 194 页。
② 《马克思恩格斯全集》第 1 版第 34 卷第 18 页。
③ 《马克思恩格斯全集》第 1 版第 21 卷第 375 页。

确了对于杜林应当从哪里进攻和怎样进攻。

从哪里进攻呢？杜林的著作很多，一些杜林分子曾把杜林的《哲学教程》、《国民经济学和社会经济学教程》、《国民经济学和社会主义批判史》3本书，狂热地吹捧为"划时代"的巨著，而当时党内的某些领导人李卜克内西、倍倍尔、莫斯特等也深受这三本书的影响，甚至撰文推荐，这就使恩格斯的注意力很快地集中到这三本书上，而其中最使恩格斯感兴趣的是《哲学教程》。这是由《哲学教程》的内容和特点所决定的，这本书"在许多关键问题上更明显地暴露了《经济学》中所提出的论据的弱点和基础"①，同样也暴露了杜林的社会主义理论的弱点和基础。首先，杜林在《哲学教程》中比较系统地阐明了他的唯心主义和形而上学的世界观和方法论，这也就是他的经济学理论和社会主义理论的哲学基础。杜林还狂妄地把自己的全部学说都说成是世界上永恒的、终极的真理，而杜林关于真理的观点，在《哲学教程》中也作了集中的论述。作为杜林的经济学和社会主义理论的出发点的那个赫赫有名的两个男人的把戏，在《哲学教程》中又表演得特别精彩可笑。其次，杜林的《哲学教程》暴露出的庸俗性比起他的经济学著作更直截了当，它的庸俗程度超过以往的一切。特别是一转到社会和历史方面，他的视野完全没有超越普鲁士公法的作用范围，他的理论观点一点也不敢触及普鲁士国家的根本制度，而在生活的价值和生活享乐的最好的方法上却费了不少笔墨，充满了庸人气味。最后，《哲学教程》还有一个"优点"，就是其中欺人之谈、浅薄之见，高超的胡说、混乱的观念，比比皆是，这样就可以从里面引证杜林自己许多典型的蠢话加以驳斥。由于这一切，恩格斯决定从《哲学教程》入手展开攻势，步步进攻，

---

① 《马克思恩格斯全集》第1版第34卷第18页。

使林杜的全部体系从根本上土崩瓦解。

怎样进攻呢？恩格斯胸有成竹地告诉马克思说："我已经订好了计划……开始时我将纯客观地、似乎很认真地对待这些胡说，随着对他的荒谬和庸俗的揭露越来越深入，批判就变得越来越尖锐，最后给他一顿密如冰雹的打击。这样一来，莫斯特及其同伙就失去了说什么'冷酷'等等的借口，而杜林则受到了应得的惩罚。应当让这些先生们看到，我们是善于用各种各样的办法来对付这种人的。"① 恩格斯后来确实就是这样和杜林进行论战，写作《反杜林论》的。

也就是从这个时候起，恩格斯集中精力着手为批判杜林作准备工作，他订购杜林的书籍，搜集杜林的文章，阅读了许多其他有关著作和资料，认真研究、摘录、分析、批判，写出了大量批判杜林的准备材料。

批判杜林的初步准备工作大体上进行了3个月的时间，1876年8月25日恩格斯从兰兹格特海边写信给在伦敦的马克思说：从今天算起，过一个星期，我们将返回伦敦，那时我立即着手批判杜林这个家伙。可见，恩格斯于1876年9月以前基本上结束了批判杜林的准备工作。

恩格斯挥笔上阵的时候，深深懂得由于马克思已经做出了两个伟大的发现，即唯物主义历史观和通过剩余价值揭破资本主义生产的秘密，社会主义已经从空想变成了科学，而"现在的问题首先是对这门科学的一切细节和联系作进一步的探讨"②。这就是恩格斯当时给自己规定的写作《反杜林论》的总任务。

这是个十分艰巨而紧张的任务。在前后将近两年的时间里，恩格斯

---

① 《马克思恩格斯全集》第1版第34卷第19页。
② 《马克思恩格斯全集》第1版第20卷第30页。

不仅要把主要的精力用以写作《反杜林论》,而且还要关注着世界政治风云和国际工人运动,为报刊书写了《卡尔·马克思》、《威廉·沃尔弗》、《德国、法国、美国和俄国的工人运动》、《一八七七年的欧洲工人》等文章。在这期间,对手的破坏,庸人的烦扰也花费了恩格斯一些时间,特别是这两年,恩格斯的夫人莉希·白恩士重病在身,即将离世,给恩格斯带来了不幸和痛苦。这一切都给恩格斯写作《反杜林论》增添了新的困难。

但是,恩格斯和马克思一样,是现代无产阶级卓越的导师、学者和马克思主义的创始人。他具有丰富的革命斗争经验、渊博的科学知识;他熟悉马克思主义的发展过程,善于总结实际经验,进一步阐发马克思主义理论;他能够敏锐而准确地抓住论敌的错误,给以科学的、致命的批判;他总是满怀信心,具有百折不挠、战胜一切困难的决心和毅力。因此,恩格斯能够迅速而圆满地完成彻底清算杜林主义,全面阐述马克思主义这一艰巨的历史任务。

恩格斯能够如此出色地完成批判杜林的任务,这也是与马克思的积极支持、诚恳帮助分不开的。恩格斯不是单枪匹马孤军奋战,马克思始终和他紧密合作,战斗在一起。

起初,是马克思帮助恩格斯最终下定决心批判杜林,使恩格斯明确了总的战斗任务。马克思还以极大的热情支持和赞同了恩格斯批判杜林的计划。马克思的两个伟大发现和唯物辩证法的观点,是恩格斯写作《反杜林论》的指导思想。

随后,在恩格斯具体写作过程中,马克思在著述《资本论》的紧张情况下,还抽出一些时间阅读、分析杜林的著作,及时和恩格斯交换意见,有时提醒恩格斯要注意熟悉杜林著作中所使用的手法。有时不辞劳苦为恩格斯搜集或向他推荐、寄送有关书籍和材料,恩格斯在写《反杜林论》的《第三编 社会主义》时，就利用了这些书籍和材料。

不仅如此，马克思还亲自参加论战，对杜林的《国民经济学批判史》一书第2版的前三章作了详尽的批判，恩格斯看到以后，禁不住内心的喜悦，十分感激和赞赏马克思在《批判史》方面所做的大量工作，认为马克思已把杜林批得体无完肤了。后来，恩格斯把手稿做了某些修改以《批判论述》为题收入《反杜林论》，作为第二编的第十章。

最后，在《反杜林论》付印之前，恩格斯按照和马克思多年合作的习惯，把全部原稿念给马克思听，得到了马克思的赞同。恩格斯曾谦虚地指出："本书所阐述的世界观，绝大部分是由马克思所确立和阐发的，而只有极小的部分是属于我的，所以，我的这部著作如果没有他的同意就不会完成。"①

总之，《反杜林论》的作者虽然只署名恩格斯，但是这部马克思主义的光辉著作，体现着两位无产阶级革命导师的友谊与合作，凝结着两位马克思主义创始人的心血与智慧。

（四）批判与反批判

马克思和恩格斯批判杜林主义的斗争，是马克思主义世界观和反马克思主义世界观的一场激烈的大论战。杜林及其追随者在这场论战中，自始至终都顽固地坚持他们的立场和观点，并且对马克思和恩格斯的批判多次进行干扰和破坏，形成了批判与反批判的形势，斗争尖锐复杂，道路坎坷曲折。马克思和恩格斯坚持原则，反对妥协，掌握策略，排除干扰，将斗争进行到底。

---

① 《马克思恩格斯全集》第1版第20卷第11页。

在恩格斯刚刚下定决心批判杜林的时候,《人民国家报》拒绝发表莫斯特的《一位哲学家》一文,杜林得知以后大为恼火,他一方面标榜自己的科学性和无党派性,一方面继续攻击马克思。杜林"认为马克思远远超出全部教授恶棍们,但他仍然不能不责备马克思的黑格尔主义"①。杜林早在90年代就对马克思提出这种污蔑,当时马克思在写给恩格斯和其他朋友的信中以及在《资本论》第1卷第2版的跋中都曾予以驳斥。现在,杜林又重弹他60年代的老调,无非是想在他即将受到批判,处于不利的形势下,为他的一些追随者撑腰壮胆,以便使他们继续为自己摇旗呐喊。

事情果然如此,莫斯特在拜访杜林以后,立即给李卜克内西写信说:"……至于论杜林的文章,你担心这样的文章可能有损马克思的尊严,那是完全多余的。见鬼!难道我们要搞个人迷信吗!我这个人曾替马克思辩护过,难道我不可以同样地对待杜林吗?如果不可以,那就显得我们似乎是某种教派了。"莫斯特在信中还一方面声称这里没有什么杜林的狂热信徒,一方面狂热地吹捧杜林是一个有创见的人,是个精华,认为他不应该受到《人民国家报》的"虐待"等等。② 1876年7月莫斯特在柏林作了一系列的报告,鼓吹"社会和平发展"的观点。这显然也是受杜林思想的影响。

这时,恩格斯正在"啃"杜林的《哲学教程》,他愈益感到这是一部荒诞透顶的书,尽是些胡说八道,高傲而又庸俗的言论。恩格斯一眼就看透了杜林及其追随者互相利用的诡计,深刻地揭露了杜林及其社会主义和哲学产生的社会历史条件和本质。关于这一点恩格斯曾生动地对

---

① 参看1876年7月20日约·莫斯特致威·李卜克内西的信。
② 参看1876年7月20日约·莫斯特致威·李卜克内西的信。

马克思说：杜林在《哲学教程》中的一切高超的胡说"都是经过精心炮制的，以便迎合作者所十分熟悉的读者，这些读者想依靠施给乞丐的稀汤毫不费力地迅速学会谈论一切。这个人好像是特意为几十亿赔款时期的社会主义和哲学而创造出来的"①。

不久，德国社会主义工人党于1879年8月在哥达又一次召开代表大会，准备结束合并工作，打算把两个中央机关报合并成一个统一的中央机关报。在讨论新的中央机关报设在何处时，两派发生了分歧，爱森纳赫派的代表主张设在莱比锡，拉萨尔派的代表主张设在柏林。在会上，原拉萨尔的一个副主席、狂热的杜林分子弗里茨舍还趁机就李卜克内西拒绝发表莫斯特的《一位哲学家》一文，攻击李卜克内西"实行专制"②。李卜克内西当即驳斥了弗里茨舍的诽谤，并且在这个代表大会上正式宣布恩格斯将亲自出来批判杜林。代表大会经过激烈的争论之后，决定将新的中央机关报设在原爱森纳赫派中央机关报所在地——莱比锡，改名为《前进报》，由李卜克内西和哈森克莱维尔担任中央机关报的总编辑。代表大会还决定《前进报》于1876年10月正式出版，恩格斯批判杜林的文章将在该报发表。

至此，德国社会民主党是否有必要公开批判杜林的问题，已经基本解决，马克思主义在斗争中取得了初步的胜利。1877年1月3日，恩格斯批判杜林的第一篇文章③在《前进报》上与广大党员、工人群众和其他读者见面了。

恩格斯批判杜林的文章连续发表几篇以后，立即受到各方面的赞许

---

① 《马克思恩格斯全集》第1版第34卷第22页。
② 参看恩格斯：《反杜林论》1959年德文版第XI页。
③ 即《反杜林论》引论的第一概论的前半部分。

和高度的评价。李卜克内西高兴地写信给恩格斯说：文章是出色的，各方面都令人满意。他还征求恩格斯的意见，希望能将批判杜林《哲学教程》的文章汇集成册，出一个单行本，以满足读者的需要。工人列斯纳认真地读了恩格斯的批判文章之后，于1877年1月9日满怀激情地写信给恩格斯，高度赞扬他的作品说："我刚刚在《前进报》上读到了您去年写的杰出的作品《欧根·杜林先生在哲学中实行的变革》的开始部分，我必须说，这个新年不可能有比这更好和更切实的东西来开始了。我原来已经打消了希望，认为它不会在《前进报》上发表，这个作品真是太好了，无论如何要使它比通过《前进报》所能传播的范围更广泛得多……"① 此外，俄国的社会学家和政论家、第一国际会员彼·拉甫罗夫当时也曾热情地称赞恩格斯批判杜林的文章。

马克思和恩格斯几十年来奋不顾身深入革命实际，亲自指导工人运动，赢得了工人群众的尊敬和爱戴，马克思主义深入人心，享有崇高的威望，马克思恩格斯和马克思主义的巨大影响，绝不是杜林的几本书、几次演讲所能抵消的。这一事实，就连杜林分子也不得不予以考虑，他们感到要使工人群众反对马克思主义，拥护杜林主义是很困难的。杜林的狂热信徒阿·恩斯就曾坦率地说过："热心的马克思主义者"会提出这样的问题："杜林为工人干了些什么？他建立了一个工会吗？他也像恩格斯、马克思和李卜克内西那样站在运动的最前列了吗？他们的回答是很明确的：关于杜林，我们……一无所知"。② 这段话充分表明杜林分子内心是很虚弱的。

尽管如此，他们并未善罢甘休。恩格斯批判杜林的文章相继发表，

---

① 参看恩格斯：《反杜林论》1959年德文版第XII页。
② 参看原民主德国《工人运动史论丛》1978年第1期第23页。

就像一颗颗炮弹射进敌人的阵地,使杜林及其追随者日益感到严重的威胁,他们恐惧而又恼恨,于是竭力起来想方设法阻止《前进报》继续刊登恩格斯的文章。在这方面,阿·恩斯起了特别恶劣的作用,他很快就抛出一篇文章,反对恩格斯对杜林的批判,并且毫无根据地对恩格斯本人进行恶毒的诽谤。阿·恩斯把文章寄到当时为杜林分子所控制的《柏林自由新闻报》,由于哥达代表大会上已有决定,所以《柏林自由新闻报》也未敢刊登。阿·恩斯只好把文章编成小册子出版,题为《恩格斯对人的健全理智的谋杀,或马克思主义的社会主义在科学上的破产。致我的柏林朋友们的一封公开信》,这个题目本身就足以表明阿·恩斯对马克思主义的敌视态度,对恩格斯的刻骨仇恨。他还要求他的"柏林的朋友们"联合起来,写一份有成百上千人签名的请愿书,抗议恩格斯对杜林的批判。阿·恩斯的这本小册子,杜林颇为赏识,称它是"出色的意见书"。由于阿·恩斯如此卖力地维护杜林主义,反对马克思主义,恩格斯便嘲笑他是跟在杜林这个现代唐·吉诃德后的威武的桑丘·潘萨。

杜林分子与某些好心肠的同志不同,对于恩格斯的文章,从内容上提不出任何像样的反对意见,便节外生枝,故意指责文章的"语调"过分激烈,借以从中作梗。恩格斯从李卜克内西那里得知这一情况以后,便对李卜克内西说:"……说实话。如果他们埋怨我的语调,那么,我希望你不要忘记反驳他们,向他们指出杜林先生对待马克思和他的其他先驱者的语调,而且特别要指出,我是在论证,而且是详细地论证,而杜林却简直是歪曲和辱骂自己的先驱者。他们要这样做,那我保证,他们必定会得到应有的惩罚"。① 这就有力地驳斥了杜林分子,也教育

---

① 《马克思恩格斯全集》第 1 版第 34 卷第 223 页。

了好心肠的同志。

　　对于杜林分子的干扰和破坏，几个月来，李卜克内西曾经同他们进行过猛烈的斗争，也忍受了不少不愉快的事情，但是由于批判与反批判的斗争十分尖锐，情况比较复杂，李卜克内西也做了些让步和妥协，这主要表现在对待恩格斯批判文章的发表方式和时间上。李卜克内西和恩格斯原来商定批判杜林的文章每周三次在《前进报》上连续发表。后来，在德国国会选举期间，为了能让《前进报》有较多的篇幅刊登选举活动的宣传材料，恩格斯认为每周能发表两次他的文章就心满意足了。事实上，在杜林分子的影响和压力下，李卜克内西没有完全履行这一协议。文章没有连续发表，而是时辍时续，半年内几乎中断六次，其中最长的一次足有一个月的时间没有发表恩格斯的文章，却去刊登各种没有多大意思的东西。对此，恩格斯很不满意，多次写信给李卜克内西，严厉批评李卜克内西"食言"、"软弱"，李卜克内西则否认有杜林的影响。后来，恩格斯曾严肃地警告他说："如果到星期二（17日）晚上我还没收到你的任何答复，或者你的答复不能令人满意，那么我就将撇开你，而自己想办法，使我剩下的论文不致受到迄今为止那样令人愤慨的待遇。在这种情况下，很可能迫使我或迟或早地把这全部过程公诸于众"。① 恩格斯这封最后通牒式的信件，使他俩之间的关系一时显得十分紧张，李卜克内西为了恢复同恩格斯的友好关系，当时除了通过马克思等向恩格斯做些解释以外，还亲自几次写信说明情况，并告诉恩格斯说：为了防止今后在刊登你的文章方面出现不正常现象，现在已经作好必要的安排了。并表示今后将更加尊重恩格斯的意见，他对恩格斯幽

---

① 《马克思恩格斯全集》第1版第34卷第244页。

默地说：你的"愿望就是命令"①。

恩格斯的文章虽然是断断续续发表的，但是它在党内和革命群众中的影响却相当明显，人们逐步通过恩格斯对杜林哲学体系的批判，认清了杜林世界观的本质，看穿了杜林这个江湖骗子的丑恶面目。这就使杜林及其信徒们越来越感到孤立。于是，他们就迫不及待地预谋在1877年5月底召开的哥达代表大会上发起新的进攻。党内的杜林分子不顾上次代表大会的决定，企图在这次代表大会上作出新的决定，以组织的压力阻止《前进报》继续发表恩格斯的文章。这样，批判与反批判的斗争便达到了高潮。

5月10日在哥达代表大会召开前的党代表会议上，在党内杜林分子的鼓动下，提出了一项准备在代表大会上正式提出的提案，这就是后来哥达代表大会上的第100项提案，内容是《前进报》应该效仿从前的《社会民主党人报》，多登载一些通俗文章。在讨论这个提案时，党内的杜林分子趁机对恩格斯批判杜林的文章提出种种无理的责难。

首先，指责文章不通俗。有人说《前进报》是一种鼓动性的报纸，应该多刊载一些通俗性的文章，而不应登载像恩格斯批判杜林那样的科学性很强的文章，否则读者就会减少，报纸的发行额就会降低。李卜克内西当即反驳了这种看法。他从党中央机关报的性质和任务出发，说明发表恩格斯文章的必要性。指出："《前进报》本来就不是一家鼓动性报纸，而是劳动人民思想战线上的一个先锋战士。……《前进报》首先得承担思想领导，如果不发表科学性文章，那么，对党来说，它就失去了自己的作用；这些文章是写给先进的党员同志，并通过他们再传播

---

① 参看1877年4月16日威·李卜克内西致恩格斯的信。

到群众当中去的……"① 李卜克内西还说明，《前进报》在选举运动期间没有像地方报纸那样增加订户，并不是由于它发表了恩格斯批判杜林的文章，而是因为地方报纸承担着选举的宣传鼓动工作，而《前进报》作为党中央的机关报，只是一般地参与选举运动。

其次，借口读者不感兴趣。莫斯特等人在代表大会上又提出一个提案："代表大会声明：恩格斯最近几个月以来所发表的反对杜林的批判文章，《前进报》大多数读者是不感兴趣的，这类文章今后不应在中央机关报上发表。"② 这一提案是毫无根据的，实际上，恩格斯的这些论文不仅在当时就受到了德国工人阶级和革命群众的热情赞扬，论文汇集成册以后一版再版，销售一空；而且其中的一些论文还译成了欧洲许多种文字，成为世界无产阶级宝贵的精神财富。那时，倍倍尔等不大赞同莫斯特等人的提案，而以恩格斯批判杜林的文章篇幅过长，又属纯粹的科学性的论战为理由，提出了一个新的提案："代表大会决定：停止在《前进报》的正刊上刊登恩格斯反对杜林的论文，这些文章可在《评论》上、也可在其前身——《前进报》的学术附刊上发表，或者是出一本小册子。同样，也停止在《前进报》的正刊上对这一争论问题作任何进一步的讨论。"③ 鉴于李卜克内西的发言有理有据，倍倍尔等的提案切实可行，莫斯特等人就再也没有勇气继续较量，只好在激战之前就撤退了，宣布收回自己的提案，赞成倍倍尔等的建议。

再次，胡说文章不符合党的利益。尤·瓦耳泰希不仅重复了上述的指责和借口，胡说恩格斯的文章使读者"胃口混乱"，而且硬说刊登恩

---

① 《德国社会民主党代表大会记录》德文版第 2 卷。
② 《德国社会民主党代表大会记录》德文版第 2 卷。
③ 《德国社会民主党代表大会记录》德文版第 2 卷。

格斯的这一著作是失策,对报纸和党都造成了巨大的损失。他希望马克思和恩格斯继续为党作好事。针对瓦耳泰希的发言,李卜克内西不得不再次起来反驳,他进一步强调指出:"自从马克思的《资本论》问世以来,这些反对杜林的文章是党内涌现出来的最重要的科学著作。从党的利益来说,这一著作也是必要的,因为杜林通过攻击拉萨尔和马克思攻击了党所特别感激的、为党奠定了科学基础的人物,攻击了党本身最核心的本质,因此,应该保卫党所赖以立足的基地。这一点恩格斯做到了,为此我们应该感谢他。"①

最后,代表大会通过了经李卜克内西修正的倍倍尔的提案:"在《前进报》科学附刊上或在科学《评论》(《未来》杂志)上或再以小册子形式发表这样的文章。"② 由于李卜克内西的坚持和努力,并征得恩格斯的同意,后来《反杜林论》的《第二编政治经济学》和《第三编社会主义》就陆续刊登在《前进报》的附刊上了。

通过这次哥达代表大会上批判与反批判的激烈斗争,定下了杜林集团失败的大局,而马克思主义取得了又一伟大的胜利。代表大会以后,马克思、恩格斯及其著作在党内外的威信更高了,这从李卜克内西和布洛斯的有关信件中可以看出。李卜克内西对恩格斯说,可以相信,"通过代表大会的辩论,你的文章的行市不是下跌了,相反,你的文章现在比以前读的人更多了,更受敬重了"。③ 1877年秋天,布洛斯写信对马克思说:哥达代表大会以后,德国工人比任何时候都更加重视马克思和恩格斯在报刊上发表的言论。他还写道,由于社会民主党人的宣传活

---

① 《德国社会民主党代表大会记录》德文版第2卷。
② 参看《马克思恩格斯全集》第1版第34卷第499页。
③ 1877年6月9日威·李卜克内西致恩格斯的信。

动，马克思和恩格斯的声望已经比他们自己所能想象的高得多。①

批判与反批判的斗争虽然已经取得了重大的胜利，但是杜林的影响尚未完全消除，他的思想流毒亦未彻底肃清，所以当柏林大学解除杜林的职务的时候，杜林分子及一些好心肠的人又掀起了一股吹捧、颂扬杜林的热潮。1877年7月柏林大学当局因杜林猛烈抨击了柏林大学的教授和大学的各种制度而解除了他的职务，剥夺了他在大学讲课的权利。这种做法是过分的、不公正的。人们对柏林大学当局的这一决定提出强烈的抗议，本来是无可非议的。但是，《柏林自由新闻报》却歪曲事实的真相，借机把杜林说成是一个社会主义的活动家。克勒米希还在私人印刷所出版了杜林的小册子《厚颜无耻的反动派》，并把自己的一篇文章作为这本小册子的附录，文章说什么杜林之所以被解聘，是因为他是"社会主义者"，"不愿抛弃真理和正义"。即将在1877年10月出版的社会民主党的理论刊物《未来》也准备广泛宣传杜林的观点。社会主义月刊《新社会》不仅希望马克思和恩格斯而且还邀请杜林为它写稿。甚至《前进报》在此期间也参加了抗议迫害杜林的宣传。它不但没有发表恩格斯批判杜林的文章，反而趁李卜克内西不在编辑部的时候，由哈森克莱维尔负责于7月6日发表了一篇署名"南德意志大学生E.B"写的一首长诗《致欧根·杜林博士》，肉麻地吹捧杜林，诗中写道：

"你奋不顾身地进击，
你，思想家、导师、精神的勇士，
哪怕复仇的牙齿正在把你噬咬，
哪怕仇恨的群犬正在你周围嚎叫，

---

① 参看《马克思恩格斯全集》第1版第34卷第539页。

> 你投身于神圣的火热斗争,
> 日复一日挺起高尚的胸膛,
> 为了人类的最高幸福,
> 英勇地将敌人的打击——抵挡。"①

所有这些表明,受到恩格斯致命打击的杜林,这时在党内外的威信有所回升,一部分社会主义的出版物,只是估计到杜林的"好意",而不加考虑地也相信了杜林的学说,并准备散布这个学说。

在人们抗议柏林大学当局解除杜林职务的浪潮中,杜林洋洋得意,错误地估计了形势,自以为能够左右一切了。他的个人野心高度膨胀,登峰造极。杜林像发了疯似地狂叫:"我是一种力量!""不完全拥护我,那就是反对我","我是真正的社会主义,唯一的社会主义。谁不相信这一点,谁就是一个叛徒!"等等。当人们听见杜林这番无可救药的胡言乱语之后,不禁想到:马克思早在60年代就称杜林是一个"柏林狂人",而恩格斯一开始批判杜林就讽刺他是"一切时代最伟大的天才",这是何等敏锐和深刻的思想啊!《反杜林论》对杜林这个江湖骗子丑恶面目的刻画,又是多么惟妙惟肖啊!

杜林的自我吹嘘,不但无法挽救他失败的命运,反而促使他迅速地垮台。恩格斯批判杜林的文章还没有全部发表完毕,杜林周围的小宗派就已日暮途穷,分崩离析,而风靡一时的杜林主义则濒于破产,和者甚寡。1877年11月17日,德国社会主义工人党中央选举委员会发表了反对欧根·杜林的声明,强调指出:如果杜林认为社会民主党在他身上找到了自己所缺少的"精神资本家"的话,那就大错而特错了。原来受

---

① 参看恩格斯:《反杜林论》1959年德文版第XVII页。

杜林主义影响很深的《柏林自由新闻报》也发表文章公开反对杜林，指出"社会民主党人之所以反对杜林……完全是因为社会民主党人不需要杜林这个一贯正确的罗马教皇"①。该报甚至要求撤销莫斯特的编辑职务。至此，尽管杜林仍然坚持他原来的立场和观点，但他在德国社会主义工人党内的影响，已大大削弱。

当恩格斯写完《反杜林论》第1版序言的时候，杜林的新作：《合理的物理和化学的新的基本定律》已经出版。恩格斯对于杜林是很知底的，相信他在这本书内所提出的物理和化学的定律，也会和过去的观点一样的谬误和陈腐，所以也就用不着专门去批判了。

恩格斯批判杜林的文章全部发表以后，于1878年秋天全部汇集成册出版了单行本，这标志着马克思恩格斯在理论方面，对于杜林的清算已告结束，标志着马克思恩格斯反对杜林主义斗争的彻底胜利。因为杜林于1865年在慕尼黑出版了《凯里在国民经济学和社会科学中实行的变革》一书，恩格斯为了讽刺杜林，就套用了这个书名，而把批判杜林的著作定名为《欧根·杜林先生在科学中实行的变革·哲学·政治经济学·社会主义》。以后德文各版都是用这一书名出版的，只是删去了副标题。1895年秋，列宁在《弗里德里希·恩格斯》一文中把这部著作简称为《反杜林论》，后来，人们就正式把《反杜林论》作为书名，而将原书名定为副标题了。从此，马克思主义的这部光辉著作就以《反杜林论》这个名称载入史册。

---

① 参看爱·伯恩施坦：《柏林工人运动史》1907年德文版第1卷第344页。

（五）历史意义

马克思和恩格斯反对杜林主义的斗争，经过批判与反批判的尖锐而曲折的较量，终于取得了彻底的胜利，《反杜林论》一书就是这场斗争的丰硕成果和胜利总结。因此，反对杜林主义斗争的意义和《反杜林论》一书的意义紧密联系。

通过反对杜林主义的斗争，马克思和恩格斯实现了他们预期的目的，有效地用科学的共产主义世界观教育了德国社会民主党的领导干部、普通党员和工人群众，及时地阻止了杜林主义在党内的蔓延，使德国社会民主党避免了一次新的分裂。这场斗争，使德国社会民主党进一步明确了自己的思想理论基础，为今后的革命斗争指明了方向，提供了强大的思想武器。这场斗争，还有力地推动了国际工人运动，促进了马克思主义在世界各国的迅速传播和发展。

马克思和恩格斯对杜林主义的批判，深刻地教育了德国社会民主党的一些领导人，使他们逐步认清了杜林主义的反动本质，摆脱了杜林思想的影响，提高了对杜林的假社会主义的识别能力，从而增强了同反马克思主义思潮作斗争的自觉性。

如前所述，德国社会民主党的领导人李卜克内西，起初对杜林主义的本质认识不清，对它的危害估计不足，在马克思和恩格斯耐心而诚挚地帮助下，他才转变过来，深感自己曾允许登载吹捧杜林的文章是干了"傻事"。后来，也正是他一再要求恩格斯出来"彻底收拾"杜林。他把当时德国社会民主党内一些杜林分子对杜林的狂热吹捧正确地称之为"杜林的瘟疫"、"杜林的丑剧"，认识到莫斯特等人在这场斗争中进行"捣乱"，扮演了不光彩的角色。他克服了许多困难，力争在《前进报》

上发表恩格斯的文章,并且想方设法在《反杜林论》全书出版以前,把恩格斯的文章分做三本小册子陆续出版,以便有更多的工人群众购买和阅读恩格斯的这些作品,学习和掌握马克思主义。《反杜林论》出版不久,1878年10月俾斯麦政府就颁布了《反社会党人非常法》,德国社会民主党被置于非法地位,马克思和恩格斯的著作,以及宣传社会主义的书籍和报刊遭到无理查禁,《反杜林论》一书也被禁止出版和发行。在这白色恐怖笼罩着德国大地的时候,李卜克内西勇敢机智地利用合法斗争的机会①,义正词严地揭露和抨击了俾斯麦的反动政策和罪行,高度地评价了《反杜林论》一书的重大意义。他在"关于延长惩治社会民主党危害社会治安法令的第三次法案会议"上说:"科学不自由!……如果在被查禁的著作中,有一部卓越地闪耀出科学光辉的著作,那就是我的朋友恩格斯的《欧根·杜林先生在科学中实行的变革》……这本书是以最严格的科学精神写成的,可以说是近代最光辉的政治著作和社会哲学著作;它详细地论述了政治生活与社会生活的各个方面(主要是经济的作用与历史的运动规律),它对哲学作了最深刻而又机智的批判考察,对现代世界观作了全面而完整的概述"。

党的另一位很有声望的领导人倍倍尔,也曾被杜林迷惑一时,写过文章推崇杜林。由于马克思和恩格斯的批评与警告,特别是他利用被监禁期间学习和钻研了马克思的《资本论》和恩格斯的《英国工人阶级的状况》,以及其他大量著作,使他在认识上有了转变,他在1876年写的《德国农民战争》一书中,实际上论述了与杜林主义根本对立的马克思主义的唯物主义。倍倍尔写道:唯物主义就是把物质理解为全部生

---

① 当时普鲁士宪法规定:"科学和科学理论是自由的","每一个普鲁士人有权用言语、文章和绘画自由发表自己的意见。"

活和一切运动的基础,而社会历史发展的基础就是物质关系即经济关系。他还驳斥了主观主义的历史观,指出:这种历史观把一切事件的实际关系都颠倒了,认为一切都是偶然的,整个人类社会的发展,仅仅是一些具有非凡的天赋才能的个人活动的结果,而人们只能崇拜他们,匍匐在他们面前感恩不尽。可见这时倍倍尔在思想理论上已经和杜林有了天壤之别。随着恩格斯对杜林主义批判的胜利,倍倍尔也越来越清楚地看到杜林的威信在他的社会主义追随者的心目中日益遭到破产,杜林的专横、狂妄,使得人们一个接一个地离开了他。倍倍尔也"很快就认识到各种'新'理论的全部腐朽性,并与这些理论和一切无政府主义的企图一刀两断"[①]。

爱森纳赫派的创始人之一白拉克,看到柏林的一些社会民主党人成了杜林的热心的代言人以后,有所警觉。他积极要求和支持恩格斯起来马上动手回击杜林,后来《前进报》发表了恩格斯批判杜林的文章,白拉克感到恩格斯的文章深刻有力,在科学上把杜林置于死地。他早先虽然对杜林也有过一些糊涂认识,但最终还是认清了杜林分子和拉萨尔分子一样,都是"宗派分子"。

爱森纳赫派的另一个创始人希尔施,在这场斗争中也受到了教育。马克思和恩格斯对杜林主义的斗争,使他看出了 1875 年两派在哥达实现的合并无论在理论方面或在实践方面都降低了党的水平。

马克思和恩格斯反对杜林主义的斗争,对于社会民主党的一般党员和工人群众也发生了巨大的影响。考茨基当时还只是一个二十三、四岁的青年大学生,虽然参加了社会民主党,但对马克思主义并不十分了解,甚至还有不少模糊观念。后来他所以能够为宣传马克思主义做了一

[①] 《列宁全集》第 2 版第 23 卷第 386 页。

些有益的工作，受到马克思和恩格斯的称赞和信任，这是和《反杜林论》对他的影响分不开的。考茨基通过《反杜林论》一书，才比较系统地学习和领会了马克思主义，看到了马克思主义理论的威力，他曾说："如果要我判定恩格斯的《反杜林论》对我的影响，那么对于理解马克思主义来说，没有别的书能比得上这部著作的作用了。诚然，马克思的《资本论》是很了不起的。但是，我们只是通过《反杜林论》才正确地阅读和学习《资本论》的。"①

《反杜林论》也深受工人群众的欢迎，当时他们专心致志地阅读了这些战斗的檄文，从中吸取力量。少数受过杜林思想毒害的工人，通过恩格斯的批判，很快改变了原来的错误认识。布洛斯在1878年8月1日给恩格斯的信里曾经这样叙述道："反对杜林的文章，特别是《地租》那一章，非常引人入胜。我昨天听说，汉堡唯一的一个杜林分子（是个理发师）也走上正道了……起初他说您的文章是'不道德的'，后来还是读了，现在已经完全改变看法了。"

《反杜林论》像特效抗生素一样，对于党的肌体，它既消除了病毒，又增强了抵抗力，及时制止了"杜林的瘟疫"，使杜林及其追随者彻底陷于孤立。杜林的思想流毒，基本上没能波及柏林地区以外的党组织，而受害最深的柏林地区党组织，也逐渐好转。据李卜克内西估计，党内的杜林门徒寥寥无几，总共不足一打。而伊·奥艾尔说：崇拜莫斯特的大学生，也只有半打。原来曾积极为杜林招揽听众的伯恩施坦，后来也不敢再为杜林效劳了，他自己回忆说："逐渐地杜林的讲课几乎只是发泄辱骂了，听众也就明显少了。最后，我甚至害怕带那些我比较重视其意见的人去听课。因为如果带他们去听课的话，我就会听这些人说

---

① 《恩格斯和卡·考茨基的通信集》1955年维也纳第2版第4页。

杜林给他们的印象不好"。他并声称："我根本不再把他作为榜样加以信任了"。① 杜林被柏林大学解职以后，于1877年10月创建了一个所谓的"自由大学"，企图继续贩卖他的假社会主义，由于他那早就被恩格斯指出的狂妄自大、专横独裁的充分表演，听众愈来愈少，"自由大学"也就很快地夭折了。

杜林这个风云一时的人物，就这样被人们抛弃了，资产阶级和党内机会主义者在杜林身上打的如意算盘全都落空了。俾斯麦试图通过杜林来瓦解社会民主党的团结，遭到破产，拉萨尔分子想利用杜林制造党内新的分裂，未能得逞。资产阶级各种报刊拼命抓住瓦尔泰西的发言②挑拨离间，不过是枉费心机；莫斯特希望党同杜林来个"第二次合并"，也只是一场黄粱美梦。由于马克思和恩格斯反对杜林主义的斗争，德国社会民主党避免了一次新的分裂，党在马克思主义基础上进一步加强了团结，增强了战斗力。

《反杜林论》出版后不久，俾斯麦政府颁布了反社会党人非常法令，党面临着严峻的考验，需要更大的勇气、更大的决心和更大的毅力才能度过乌云密布的黑暗岁月。马克思和恩格斯反对杜林主义的这场斗争，教育了德国的工人阶级，指明了斗争的方向。后来德国社会民主党的理论家梅林把《反杜林论》比做一盏光芒四射的明灯，他说："正当一片阴云使政治地平线变得阴暗的时候，这盏明灯安详地放射出它的光辉"③。

---

① 伯恩施坦：《杜林运动和摩尔人俱乐部》，原载《社会民主党学习年代》1928年柏林版。

② 瓦尔泰西在一次公开集会上，谈到"马克思派"和"杜林派"在社会民主党内有同等的地位。

③ 弗·梅林：《德国社会民主党史》1963年三联书店版第4卷第121页。

在马克思和恩格斯的引导下,社会民主党的广大党员和工人群众在反对反社会党人法的斗争中,逐渐认识到无论是莫斯特的左的革命空谈,还是三个苏黎世人的右倾机会主义,都不能推进革命,只有掌握和运用马克思主义的世界观,才能使革命的航船迎着风暴破浪前进。而《反杜林论》的发表,使他们进一步懂得了科学社会主义不仅要以唯物史观,而且也要以剩余价值学说作为基础,必须完整地系统地把握马克思主义的理论。正因为如此,德国社会民主党的党员和工人群众,在反社会党人非常法时期,能够不怕坐牢、不怕牺牲,排除种种艰难险阻,巧妙地通过各种形式大量出版并传播马克思和恩格斯的著作,其中恩格斯的《反杜林论》占有重要的地位。恩格斯把《反杜林论》中最重要的理论部分编成了一本小册子即《社会主义从空想到科学的发展》,马克思曾把这小册子称之为"科学社会主义的入门"①。这本小册子的德文版在1883年一年之内就印行了3版,共10000册,3年后出乎恩格斯的意料之外,《反杜林论》又出了第2版,印数达2300册。在反社会党人非常法废除以后《社会主义从空想到科学的发展》的德文第4版又与读者见面了,印数高达10000册,在恩格斯逝世的前一年即1894年,《反杜林论》第3版又问世了。马恩著作千家诵,革命思想万里传。

《反杜林论》对于批判俾斯麦的反动政策也具有重要的意义。1886年底恩格斯曾经打算把《反杜林论》第二编中暴力论的三章以及第一编中有关道德和法两章编成一本书,题为《论世界历史中的法和暴力》。后来,恩格斯改变了计划决定将《反杜林论》中暴力论的三章和《暴力在历史中的作用》作为第4章编成一本小册子,书名定为《暴力在历史中的作用》。在这本书中恩格斯把《反杜林论》中的基本原理具

---

① 《马克思恩格斯全集》第1版第19卷第263页。

体运用于1848年到1888年的德国历史,从批判"俾斯麦的全部政策"的观点来分析这段历史。虽然当时由于恩格斯忙于其他工作,这个计划未能最终实现,但是从后来发表的遗稿中可以看出《反杜林论》也是投向俾斯麦反动政策的一把利剑。

反社会党人法颁布以后,由于党的坚决反抗和斗争,俾斯麦反动政府通过暴力镇压无法摧垮工人阶级的革命运动,便妄图依靠小恩小惠来收买人心,推行了鞭子加糖果的政策,软硬兼施,通过一些所谓社会改革为工人谋取一点实际福利来欺骗工人阶级,瓦解革命斗志。与此相适应,统治阶级在意识形态方面则大力鼓吹国家社会主义的反动理论,他们胡说什么剥削阶级统治的国家能够而且愿意保障劳动群众的社会生活,保障社会进步,宣扬任何"国有化"都是走向社会主义的一步,幻想在保持资产阶级榨取利润的情况下来消除资本主义的病毒,甚至提出由剥削阶级的国家立法规定一种"按比例分配工资"的制度,以取消阶级斗争,如此等等。德国社会民主党根据马克思主义的世界观,特别是应用《反杜林论》所阐明的原理,彻底揭露了统治阶级的阴谋,1883年德国社会主义工人党哥本哈根代表大会决定绝不向统治阶级的迫害做出让步,也不相信他们的"宽大",大会指出统治阶级的所谓社会改革只是把工人引入歧途的一种手段,强调无产阶级必须把主要注意力集中在夺取政权上面。同时,德国社会民主党人还批判了德国的资产阶级政论家巴尔、庸俗经济家谢夫莱、改良主义者施拉姆等人的观点,剖析了这些观点的阶级本质和政治目的,从而进一步向广大革命群众宣传了无产阶级的历史地位和历史使命。

《反杜林论》对于抵制拉萨尔主义的影响所起的作用也是不容抹杀的。1875年爱森纳赫派和拉萨尔派提交哥达代表大会讨论的德国社会民主党纲领草案,是一个渗透着拉萨尔主义的纲领,马克思和恩格斯当时对这个纲领草案作了深刻的批判，马克思还写出了著名的《哥达纲领批判》，通过白拉克转给当时德国社会民主党的领导人过目。但是由于这些领导人没有能够接受马克思和恩格斯的意见，《哥达纲领批判》一直没有公开发表，积压了近16年之久，广大党员并不了解马克思和恩格斯对哥达纲领的态度。可是，杜林主义和拉萨尔主义本质上没有什么区别，所以马克思和恩格斯对杜林主义的批判客观上也就是对拉萨尔主义的批判，这就把广大党员的注意力吸引到马克思主义和革命的基本问题上来，有助于他们看清把拉萨尔和杜林这样的人物加以神化对于德国工人运动的严重危害。

《反杜林论》对国际工人运动也产生了巨大的影响。

在法国，1879年在盖得和拉法格的领导下，建立了工人阶级的政党，并创办了一些刊物，发表马克思和恩格斯的著作，宣传马克思主义。1880年恩格斯应拉法格的请求将《反杜林论》中的几篇论文改写成一本小册子，由拉法格译成法文，最初发表在《社会主义评论》上，同年以《空想社会主义和科学社会主义》为题正式在巴黎出版。"这本书在许多优秀的法国人的头脑中引起了真正的革命……""这本小册子在法国很受欢迎。多数人懒得读像《资本论》那样厚的书，因此薄本小册子的作用快得多"。① 在其他说法语的国家里，这本书对宣传马克思主义也起了很大的作用。

此后，恩格斯这本小册子在欧洲许多国家相继出版，对于肃清蒲鲁东主义和无政府主义的影响、广泛传播马克思主义发挥了重要作用。1882年波兰文本在日内瓦出版；1883年意大利文本在贝内万托出版；1884年俄文本在日内瓦问世；1885年丹麦文本在哥本哈根与读者见面；

---

① 《马克思恩格斯全集》第1版第35卷第343、394页。

1886年西班牙文本在马德里发行；同年在海牙出了荷兰文本；1891年在布加勒斯特出了罗马尼亚文本；1892年英文本在伦敦公诸于世，恩格斯还为此书写了长篇的导言。这样，恩格斯的这本小册子《社会主义从空想到科学的发展》连同法文和德文本在内就以10种文字流传开来，其译本和印数之多，当时都超过了《共产党宣言》和《资本论》。它和马克思主义的这两部伟大的著作一样，像一股春风，给人们带来新的勇气和希望。恩格斯在叙述巴黎公社以后国际工人运动的发展过程时曾经指出，在罗曼语各国（法国、意大利、比利时、西班牙等）的工人中，蒲鲁东主义有过极大的影响，在相当的一个时期里，他们除了蒲鲁东的著作以外，就没有别的精神食粮；后来，由于《共产党宣言》、《资本论》和《社会主义从空想到科学的发展》等著作在这些国家里广泛流传，蒲鲁东主义的著作渐渐被人们抛弃和遗忘。"马克思的主要要求——由上升到政治独占统治地位的无产阶级以社会的名义夺取全部生产资料，——现在也成了罗曼语各国一切革命工人阶级的要求。"①

《反杜林论》很快传到了俄国。1878年《反杜林论》出版不久，马克思和恩格斯就将此书寄给了他们的朋友、俄国的社会学家柯瓦列夫斯基和拉甫罗夫。1879年在柯瓦列夫斯基主编的杂志《批判评论》上发表文章，赞扬《反杜林论》，文章大部分是摘引《反杜林论》的内容。同年，在《语言》杂志上又以《辩证法在科学中的应用》为题，发表了《反杜林论》一书的大量摘要。《反杜林论》的思想武装了俄国的革命人民，沙皇统治集团心惊胆战，认为这本书是社会民主党的宣传品，是"社会主义的教义问答"，是一种"危险的武器"，禁止传播、翻译和出版。因而，在俄国《反杜林论》只能秘密出版，19世纪80年代

---

① 《马克思恩格斯全集》第1版第21卷第374页。

初,莫斯科的《编译者协会》出版了《反杜林论》的缩译本,1884年劳动解放社出版了《社会主义从空想到科学的发展》,19世纪末,莫斯科的马克思主义小组又翻译了《反杜林论》的许多片断。莫斯科、彼得堡、喀山、撒马尔、下新城等城市的地下组织都满怀革命热情,如饥似渴地秘密传阅和研究了恩格斯的《社会主义从空想到科学的发展》。1904年《反杜林论》第一次在俄国正式出版,列宁十分重视并高度评价了这部著作,他在同民粹主义、经验批判主义等的论战中,在制订革命的战略和策略的过程中,以及在科学研究工作中,都充分运用了这一伟大著作,并创造性地发展了《反杜林论》的思想财富。

苏联十月革命的伟大胜利,给中国人民带来了马克思列宁主义。中国人民在长期艰苦卓绝的斗争中深刻地认识到只有社会主义才能救中国,只有马克思列宁主义才是指导革命取得胜利的真理。中国共产党人在战火纷飞的年代里,不顾反动派的迫害和枪杀,大量翻译、出版、学习、研究马克思主义的经典著作。《反杜林论》最早是在1930年第二次国内革命战争时期从俄文译成中文,并由受地下党影响的上海江南书店出版。毛泽东同志对这部著作很重视,说《反杜林论》写得好,批得全面、彻底、有力。他后来在抗日战争初期所写的著名的哲学著作《矛盾论》就直接引用了《反杜林论》的内容来论述矛盾的普遍性,分析中国社会中错综复杂的矛盾问题,成为我党制订革命战略和策略的理论基础,从而丰富和发展了马克思主义。1942年党中央领导的延安整风运动是一次深刻的马克思主义的教育运动。当时,《社会主义从空想到科学的发展》一书是干部必读著作之一,《反杜林论》中其他一些重要内容编入了《马恩列斯思想方法论》一书,也作为广大党员和干部的学习材料。这无疑促进了马克思主义的普及。新中国成立以后,中国人民面临着新的任务,更加迫切需要马克思列宁主义,《反杜林论》如同其他马列著作一样,一版再版。广大党员和干部认真学习这些著作,这对于完整、准确、系统地理解和掌握马克思主义,端正党的思想路线和政治路线,坚持社会主义道路已经发挥并将进一步发挥重要的作用。

整整一个世纪,《反杜林论》像扑不灭的火种,在世界各国人民当中相互传送,它的伟大意义是无法估量的。尽管资产阶级及其思想家们一再宣称它已过时,或者竭力歪曲它的思想,但是《反杜林论》的光焰仍将继续照亮世界人民革命的前程。

马克思和恩格斯反对杜林主义的斗争*

〔民主德国〕曼·布尔　保·鲁本①

恩格斯的《反杜林论》写于1876年9月至1878年7月这一时期，从1877年1月3日至1878年7月7日第一次以一组论文的形式发表在德国社会主义工人党中央机关报《前进报》上。在报纸上发表以后，《反杜林论》就以单行本出版（1878年），后来，在作者生前又曾两次再版（1886年、1894年）。

随着政府通过的旨在反对德国一切革命运动的臭名昭著的"非常法"即"取缔社会民主党人危害治安的意向的法律"的颁布（1878年10月21日），《反杜林论》遭到查禁，被宣布为非法印刷品。但是，反社会党人非常法并没有能够妨碍工人阶级的第一个群众性政党的进一步发展。同样，反动派也无法阻止《反杜林论》和其他马克思主义著作的传播。同马克思主义敌人的图谋相反，正如列宁所说，《反杜林论》成了一本"每个觉悟工人必读的书籍"②。

---

*　本文选自《马列主义研究资料》1985年第5辑。
①　本文作者曼·布尔是民主德国科学院院士、哲学研究所所长，保·鲁本是哲学博士。——译者注
②　《列宁全集》第2版第23卷第42页。

《反杜林论》好像是马克思和恩格斯在19世纪70年代"干预"德国工人政党发展过程的直接结果。由于工人运动在60年代从政治上脱离了自由资产阶级，对1871年巴黎公社的成立及其后来的失败作出了积极的反应，最后，由于爱森纳赫派（社会民主工党）和拉萨尔派（全德工人联合会）在1875年党的哥达代表大会上合并成为德国社会主义工人党，德国工人阶级的政党按其社会声望来说，成了新的普鲁士德意志帝国的政治生活中的一个相当重要的因素。帝国国会的选举表明了党的影响的明显增长和加强：1871年党获得了选民所投的全部有效选票的3.2%，1874年获得了6.8%，而1877年获得了9.1%。同时，1873年开始爆发并且由于影响深远的农业危机在1878年更加加剧了的经济危机，向德国社会的所有阶级和阶层表明，社会问题，从而社会革命是当代的基本问题。

　　这一切情况使相当大一部分工人以及一些非无产阶级劳动者代表看到，年轻的社会民主党是他们利益的真正维护者。

　　弗·梅林对这种新情况作了如下的说明："不被人承认的发明家和改革家、反对种牛痘的人、主张自然疗法的医生和类似的奇怪的天才人物，得不到其他人的欢迎，就企图在极为活跃的劳动阶级中寻求支持。在变革腐败的旧世界的新热潮中，有阶级觉悟的无产阶级并没有表现出特殊的令人疏远的态度，它注意的主要是自己助手的善良愿望，而不是他们的实际力量。知识界的人物大量涌了进来……资产阶级激进主义传统，在进步党的政治瓦解中消失了。大学生们按其自然禀赋、出身和社会环境的不同，不是追求庸俗的功名利禄……就是力图向社会民主党靠拢。"①

---

① 参看《德国社会民主党史》1966年三联书店版第4卷第118页。

恩格斯在1879年11月24日给奥·倍倍尔的信中对这一情况作了更加深刻的描述:"小资产者和农民的大批涌入的确证明,运动有了极大的成就,但是同时这对运动也会成为危险,只要人们忘记,这些人是被迫而来的,他们来,仅仅是因为迫不得已。他们的加入表明,无产阶级已经确实成为领导阶级。但是,既然他们是带着小资产阶级和农民的思想和愿望来的,那就不能忘记,无产阶级如果向这些思想和愿望做出让步,它就无法完成自己的历史的领导使命。"①

正是为了促进无产阶级的"历史的领导使命"的实际实现,恩格斯才在马克思的直接参与下写成了《反杜林论》。为了这个目的,必须防止把无产阶级世界观同乱七八糟的小资产阶级学说混淆起来。恩格斯1878年1月11日写信给约·菲·贝克尔说:"……德国的重大错误还在于,让大学生和其他不学无术的'学者'以党的科学代表的身份向全世界大量散布荒谬透顶的胡言乱语。不过这是一种必然要经受的幼稚病,恰恰是为了缩短病程,我才以杜林为标本作了那样详细的分析。"②

鉴于柏林大学非公聘教师欧根·卡尔·杜林(1833—1921年)70年代中期在党内有很大的影响,威·李卜克内西一再要求恩格斯清算杜林在理论上的招摇撞骗行径。早在1876年5月,恩格斯就写信给马克思说:"亲爱的摩尔:你说得倒好。你可以躺在暖和的床上,研究具体的俄国土地关系和一般的地租,没有什么事情打搅你。我却不得不坐硬板凳,喝冷酒,突然把一切都搁下来去收拾无聊的杜林。但是,既然我已卷入一场没完没了的论战,那也只好这样了;反正我是得不到安宁的。此外,友人莫斯特对杜林的《哲学教程》的吹捧已明确地给我指

---

① 《马克思恩格斯全集》第1版第34卷第404页。
② 《马克思恩格斯全集》第1版第34卷第293页。

出,应当从哪里进攻和怎样进攻。"①

为了更详细地了解《反杜林论》的具体历史意义,当然必须知道,杜林的世界观立场实质上是怎样的,即杜林主义按其内容来说是什么东西。如果考虑到《反杜林论》对杜林观点后来命运的毁灭性影响,有人可能会认为,杜林主义是一种非常虚弱的现象,当时得不到任何支持,而杜林的名字之所以值得注意,只是因为马克思主义的第一部百科全书加了一个副标题:《欧根·杜林先生在科学中实行的变革》。但是,杜林主义是小资产阶级思想家的意愿的有代表性的表现,这些小资产阶级思想家打着社会主义的旗号,而实质上是敌视社会主义的,并且给社会主义事业带来了不小的损害。

马克思和恩格斯对杜林主义的批判,对我们说来是从科学社会主义立场出发必须进行的反对国际工人运动内外的资产阶级改良主义思想和小资产阶级无政府主义思想以及一切左倾空谈的斗争的典范。尽管在现代条件下,杜林主义作为同它的创始人的名字直接相联系的学说在工人运动中是没有影响了,但是,同杜林主义相似的思想和倾向仍然是有生命力的。

* * *

早在恩格斯开始收拾"无聊的杜林"以前很久,马克思主义的创始人就已经读过他的著作。杜林在60年代中期首先由于写了一些有关政治经济学的著作而开始为人所知②;他还在马克思《资本论》第一卷

---

① 《马克思恩格斯全集》第1版第34卷第18页。
② 见欧·杜林:《凯里在国民经济学说和社会科学中实行的变革》(1865年慕尼黑版)、《资本与劳动》(1865年柏林版)、《国民经济学说批判基础》(1866年柏林版)。

出版后不久就发表了对该书的评论①。应该考虑到，这是对马克思这部著作的第一篇"学术性的"反应，而当时在各个大学中仍然长期对这部天才著作的内容毫无所知，德国的教授们只是从传闻中知道这部著作。

马克思谈到杜林的评论时写道："……文章颇为大方，尽管我那样猛烈地抨击了他的老师凯里。有些东西杜林显然不懂。最可笑的是，他把我跟施泰因相提并论，因为我是搞辩证法的，而施泰因则是通过以某些黑格尔范畴为外壳的死板的三分法，把各色各样的渣滓毫无意义地堆积起来。"② 随后，马克思又指出："他几乎完全接受了《原始积累》这一章，这对他来说已经很不容易了。他还年轻。作为凯里的信徒，他是直接反对自由贸易派的。"③

当路·库格曼把1867年出版的杜林著作《贬低凯里的功绩的人和国民经济学的危机》寄给马克思时，马克思确信了自己以前提出的猜想，认为杜林所以写这篇值得怀疑的对《资本论》的评论，只是为了有机会去攻击他在大学里的论敌。在这里，马克思指出："特别显眼的是这个柏林狂人对穆勒、罗雪尔等人采用庸俗粗暴的口吻，而他对我还是小心翼翼的！按照他的见解，除了凯里，19世纪最伟大的天才是李斯特。今天我在博物馆看到了他的另一本小册子《资本与劳动》，他在里面大骂拉萨尔。"④ 后来，马克思写信给路·库格曼说，杜林先生是

---

① 欧·杜林：《马克思〈资本论。政治经济学批判〉1867年汉堡版第一卷》，见《现代知识补充材料》杂志1868年希尔德布尔格豪森版第3卷第3期第182—186页。
② 《马克思恩格斯全集》第1版第32卷第9—10页。
③ 《马克思恩格斯全集》第1版第32卷第11页。
④ 《马克思恩格斯全集》第1版第32卷第32页。

"一个极为傲慢无礼的家伙,他俨然以政治经济学中的革命者自居"。①

1861年,杜林在柏林写了学位论文《论时间、空间、因果性以及对无限小的分析的逻辑》,从而开始了他的学术生涯。他的学位论文的第一个评论者是黑格尔的反对者和亚里士多德的拥护者 Ф. A. 特伦德连堡,第二个评论者是著名的数学家 Э. Э. 库默,这是一个具有神学倾向的人,他认为数学领域"不是人之所为",而是"神的造化"。这两位评论者的评论保证了杜林于1863年获得柏林大学非公聘教师的头衔。1877年7月,他失去了在这所大学中的职位,因为他在自己的著作(《力学一般原理批判史》)第二版中对卓越的数学家 Э. Э. 库默和 K. T. B. 魏尔施特拉斯进行没有根据的污蔑,两位数学家做出了激烈的反应。失去在大学执教权利的杜林,成了一个政治宗派的创始人。但是,他始终没有成为一个真正的政治活动家。在以后的年代里,杜林主要仍然是一位政论家,研究哲学、政治经济学问题,在某种程度上也研究自然科学问题。②

早在60年代中期,杜林就发表了他对自己哲学"体系"的阐述,但是,这时他毕竟由于有关政治经济学的著作而更加著名。正如前面所

---

① 《马克思恩格斯全集》第1版第32卷第525页。
② 在90年代,杜林还研究过文艺学问题(见他的《对莱辛的评价》1881年卡尔斯鲁厄版和《从新的观点出发通俗地和批判地描述当代文坛的大人物》1893年莱比锡版)。此外,他还论证过狂暴的反犹太人运动(见他的《作为种族问题、风俗问题和文化问题的犹太人问题》1881年卡尔斯鲁厄版)。最后,他一次再次地研究过他心爱的关于宗教"完善化"的理想(见他的《用更完善的东西代替宗教并用当代各族人民的精神排除整个犹太教》1883年卡尔斯鲁厄版)。在自传(见他的《事业、生平和敌人》1882年卡尔斯鲁厄版)中,杜林对他在60和70年代的活动作了辩护性的总结。

说，在这些著作中，杜林依据的是北美经济学家亨·查·凯里的学说，凯里断言，资本家和雇佣工人之间的关系具有互利的和谐合作的性质。凯里的观点代表了从资产阶级古典政治经济学向资产阶级庸俗政治经济学的转变。资产阶级庸俗政治经济学抛弃了劳动价值论的思想，完全转到公开为资本主义辩护的立场上去了。凯里宣称，劳动生产率的提高会自动地引起工资的提高，工资增长的速度似乎会超过资本家利润的增长。如果在那里现实明显地不符合这个"基本规律"，那么在凯里看来，这是由于各种各样的偶然因素所致，例如政府在赋税政策方面采取了不正确的政策等等。凯里这个"北美唯一的有创见的经济学家"[①] 在他的学说中反映了年轻的美国资产阶级的经济利益，特别是这个阶级的状况。而杜林却把他的思想当做似乎是"在国民经济学说和社会科学中实行的变革"[②] 介绍给德国读者。

庸俗政治经济学的辩护性职能之一就在于，把本国的资产阶级说成是创造"真正的"和和谐的经济关系的阶级。杜林从德国小资产阶级激进主义者的立场出发去领会凯里的庸俗政治经济学。他乐于接受凯里学说中包含的对"从外部干预"经济生活的批判、反对政府对经济生活实行的"暴力"等观点。

杜林的著作《国民经济学说批判基础》（1866年）成了俾斯麦政府的官员们要求杜林为了政府的内部目的而撰写关于工人问题的条陈的缘由。杜林立即接受了这个建议，指望从中捞到提高声望的好处。但是，这份条陈却署上一个政府官员的名字发表了。1868年，杜林在《我致

---

① 《马克思恩格斯全集》第1版第46卷上册第4页。
② 欧·杜林：《凯里在国民经济学说和社会科学中实行的变革》1865年慕尼黑版。

普鲁士内阁的社会条陈的命运》一文中认为,这样做的原因是,政府决定不让他在今后,特别是在学术上成名发迹。

这一切事件导致了这样的结果,在社会民主工党(爱森纳赫派)内部一场意识形态争论的过程中,杜林对这个党的一些领导人产生了一定的影响。大家知道,在柏林,由于在1871年秋天开姆尼茨工人罢工中起了积极作用而广为人知的约·莫斯特、第一个全国性工人联合会的首领弗·威·弗里茨舍和年轻的爱·伯恩施坦,都成了杜林的信徒。莫斯特发表了小册子《资本和劳动》,其中对马克思在《资本论》中所阐述的对资本主义剥削性质的理解提出了一种极端简单化的解说。① 马克思表示反对该小册子的作者把他的名字同这本小册子联系在一起。② 但是,杜林在他的《国民经济学和社会主义批判史》一书第二版中宣称,莫斯特第一次使马克思的《资本论》变成"某种有价值的东西"。为了报答杜林的恩典,莫斯特在他的一篇文章中热情地向党员们推荐要研究杜林的《哲学教程》。就是这篇文章,威·李卜克内西在1876年5月16日曾经寄给恩格斯,希望这会使他确信,"甚至头脑清醒的人也会传染上杜林瘟疫……"③

---

① 这一著作现在又在德意志联邦共和国"苏尔康普"出版社出版的一套丛书中再次发表。

② 1873年在开姆尼茨发表的这本小册子,为了出第二版(于1876年出版),根据威·李卜克内西的请求,曾经由马克思和恩格斯看过。恩格斯说:"我们确信,如果我们不愿意从头到尾改写该书,那么只有删掉莫斯特最荒唐的谬论,没有任何别的更好的办法。马克思容许只有在下述不容改变的条件下才可以把他的修改加进去,这个条件就是他的名字永远不能在任何程度上同约翰·莫斯特的拙劣著作,即使是它的修订本联系在一起。"(《马克思恩格斯全集》第1版第19卷第386页)

③ 见《研究〈反杜林论〉参考史料》1980年三联书店版第131页。

这时，社会民主党内的思想状况已经明朗化了，这里指的是，甚至奥·倍倍尔也在爱森纳赫派的中央机关报——《人民国家报》上对杜林的观点表示赞赏。后来，倍倍尔对这一点作了如下的解释："我也认为，由于鼓动的理由，凡是像杜林那样猛烈攻击社会现状并表示拥护共产主义的文章，我们都应该加以支持和利用。"①

1877年1月，德国社会主义工人党中央机关报开始刊登恩格斯同杜林论战的文章。这时，党员中的杜林分子纠集在一起，要进行反攻。在党的哥达代表大会（1877年5月27—30日）上，他们要求停止在《前进报》上登载《反杜林论》，说什么这一论战性著作使大多数读者"丝毫不感兴趣"。尤·瓦耳泰希说什么这是"教授们的争论"。奥·倍倍尔宣称，这是"纯粹学术性的争论"。只有威·李卜克内西十分明确地向党代表大会的代表们解释说，自从《资本论》问世以来，《反杜林论》是党内出现的最重要的理论著作。党代表大会决定：在《前进报》后来的学术附刊上发表《反杜林论》，后来就是这样做的。后来创办了党的真正理论性刊物，它以《未来》为名称于1877年10月问世。

如果从广阔的背景下来考察杜林主义在社会民主工党内，后来是在社会主义工人党内的传播，那么可以有根据地说，杜林主义是在19世纪60年代特别是70年代斗争的特殊条件下，小资产阶级空想社会主义对工人运动的影响在意识形态上的表现。为了了解这一点，只需提醒一个情况就够了，就是德国工人运动在那个时期仍然同手工业者和农村手工业工人相联系，只是到60年代初，现代工业工人阶级的作用才明显地增长起来。在当年手工业者和农村手工业工人生活状况困难的条件下，关于"公平的工资"或者关于获得"劳动的全部利润"的幻想，

---

① 倍倍尔：《我的一生》1965年三联书店版第2卷第317页。

可能具有一定的思想影响。

正是在手工业生产中继续保留着这样一种状况，在这种状况下，私有制是建立在个人劳动基础上的，因此，同建立在对他人劳动的剥削基础上的资本主义私有制相反，造成了一种可以用"诚实劳动"的传统观念来为它辩护的外观。只需指出一点，年轻的德国工人运动的许多领导活动家都不得不以手工业者的身份去同资本家雇主进行争取自身生存的斗争。①

必须注意到一个情况，这个情况对于评价杜林主义在工人政党中的发展是极其重要的，那就是：70年代末和80年代初的经济危机加剧了小资产阶级的无产阶级化，而小资产阶级的代表在充实无产阶级队伍时，常常促进了机会主义倾向在工人运动中的发展。在这种条件下，反对拉萨尔的杜林就得以在拉萨尔的论敌——爱森纳赫派中间取得一定的影响。

最后，还想援引一种情况：自从德法战争以来，普鲁士夺取德国作为对1848年革命提出的关于国家统一问题的"自上而下的"事实上的解决，在国内政治方面造成了阶级斗争的崭新的条件。自由资产阶级反对派的残余在工人运动周围集结起来，因为他们仍然是1848年左翼反对派的拥护者。这种情况的典型例子就是约·雅科比的立场，他在指控李卜克内西和倍倍尔叛国的审判案开始审理以前（1872年）就宣布参加社会民主工党。

阶级分化的过程由于割让阿尔萨斯和洛林而产生的经济和政治后果而尖锐化了，这种后果首先表现在军国主义的急剧加强上面。小资产阶

---

① 倍倍尔在他的回忆录第一部分中就生动地描述了他自己的困难状况（见倍倍尔：《我的一生》1978年三联书店版第1卷第36—40页）。

级反普鲁士思潮的一系列思想家,把宣布声援巴黎公社的工人政党的反军国主义斗争看做他们活动的大有可为的目标。在巴黎公社和一切社会主义者遭到残酷迫害,而社会民主工党作为一个群众性的政党开始形成的条件下,对左翼自由主义思想家同年轻的党接近的任何事例,社会民主党人都没有足够地以批判的态度加以评价,因为对于拥护党的人要求不高,这个事实是可以理解的。年轻的党还需要在解决自己同非无产阶级运动关系的问题上积累实践经验。例如,雅科比参加社会民主工党的队伍一事具有巨大的鼓动意义。这样一来,1848年革命的英雄之一就对这个党表达了彻底肯定的政治判断。此外,正是他提出了一个有分量的论断:"创建一个最小的工人联合会,对于未来的文化史学家说来,其意义大于萨多瓦战役本身。"①

不过,雅科比虽然迈出了这勇敢的一步,但并没有成为无产阶级政党的有理论素养的政治家;他仍然是旧式的左翼自由主义反对派的活动家。雅科比在帝国国会选举中就十分明显地表现了自己的立场,他在反对反动的帝国宪法时拒绝接受委托书,结果使党重新失去了这张委托书。

雅科比在实践政治方面表现出来的东西,由杜林在经济学和哲学上表现出来了,就是说,杜林表现为"有性格的"小资产阶级英雄,他为了空想的原则而被卷入斗争,但是对于实际社会关系一窍不通。杜林所持的这种立场,常常转变为大吹大擂的无政府主义。而约·莫斯特,杜林的也许是最忠实的信徒,尽管他在年轻的德国工人运动发展方面的功绩是不能否认的,在反社会党人非常法颁布以后事实上就转到无政府主义立场上去了,而且作为一个慢性酒精中毒患者在美洲很不光采地了

---

① 约·雅科比:《工人运动的目的》1870年柏林版第11页。

结了他的一生，这并不是偶然的。

杜林在哲学上获得了"有性格的"小资产阶级英雄的荣誉，他利用了黑格尔和叔本华的思想，以爱·哈特曼的"无意识东西的哲学"的批判家的身份出现。虽然杜林批判了叔本华的哲学，但是，他认为叔本华是"有性格的"思想家，并且不反对为他辩护。杜林赞同叔本华对大学教授职位的激烈的批判性评价。问题在于，由于杜林不可能指望获得教授的头衔（虽然由于他在1873年发表了《力学一般原理批判史》一书，他作为一个学者重新引起了人们的注意），他把所有占据大学讲坛的教授毫无例外地都看做是无用的、没有性格的机会主义者。

杜林早就宣称，哲学不仅必须成为理论认识，而且必须确立"信念"，要求遵循相应的生活格言。杜林在经济学问题上毫无保留地接受了凯里的庸俗政治经济学，而在哲学上不仅求助于黑格尔和叔本华，而且还"养育了"庸俗唯物主义，认为它是一种行动纲领。杜林还谈论康德的"理性意识"。但是，如果从杜林的有关见解中把其"理性意识"的本质抽出来，那么这种"理性意识"原来是隐藏在抽象空话下面的小资产者的意识，这种小资产者以进攻的姿态为"诚实的劳动"和建立在这种劳动基础上的所有制辩护，而反对资本主义所有制的"恶劣后果"，也就是反对经常恰好使小资产阶级遭到破产的资本（但是，我们不会忘记，资本的发展不仅使小资产阶级遭到破产，而且也把小资产阶级再生产出来）。杜林宣称，资本的"恶劣后果"是政治暴力的结果，他认为，政治暴力一般说来是历史过程的最初原因。政治暴力在杜林那里表现为歪曲自然存在和社会存在的"真正的基本形式"并使其贬值的凶恶手段，这些"真正的基本形式"是由杜林的"理性意识"按照公理的方式确定的。

我们在这里碰到的是剽窃18世纪唯物主义的启蒙运动的思想并使

之改头换面的一种特殊形式,这种改头换面的手法是1848年以后左翼自由主义资产阶级的典型手法。由于法国工业资本主义和同它相联系的阶级对抗的发展使1789年革命的英勇幻想失去了声誉,德国自由资产阶级就开始把自己的观点不是作为发展着的客观理性的表现(就像黑格尔曾经做的那样),而是作为促进已经存在的资产阶级社会发展的纲领提出来了。这反映了一个事实,就是资本主义关系已经成了占统治地位的关系,而资产阶级思想家开始把经验地存在的资本主义关系说成是社会生活的"真正的基本形式"的表现。

19世纪60至70年代资本主义状况的特点是,一方面英国资产阶级在世界市场上占据工业垄断地位,另一方面,其他国家的民族资产阶级以英国资产阶级的有力竞争对手的身份出现。就是这种客观情况使资产阶级思想家能够把资本主义的日益加深的矛盾描绘成为由于从外部对经济过程的自然趋势进行"没有道理的"干预而产生的短暂的、暂时的震荡。资产阶级思想家企图用这种办法利用劳动群众的反资本主义情绪来维护资本主义。

杜林对资本主义的抗议,只不过是抗议大资本的"极端性",维护小资产阶级私有制。在杜林的思辨语言中,这种抗议表现为争取实现"理性意识"的珍贵指示的斗争和对超物质的"本质"的"神奇信仰"的毫不妥协的批判。不管这种"神奇信仰"是表现在基督教、佛教还是科学中,对于杜林来说,它到处都是"使现实贬值"的直接基础,是政治暴力的基础。从这种相当模糊的世界观立场出发,杜林既反对在数学中运用无限性这个概念,也反对黑格尔的辩证法。这两者都被杜林的"理性意识"看成是"神奇信仰"的结果。因此,它们都要受到这种"理性意识"的严厉判决。

杜林批判"使现实贬值"的现象,这使他得出了社会生活的"真正的基本形式"这种空想的构想,尤其是使他得出了臭名昭著的经济公社。对这种经济公社的论证是一个庸俗经济学的命题,根据这个命题,资本家的利润是由对雇佣劳动所施加的政治暴力产生的。杜林认为,对根本社会问题的解决办法在于建立"社会的自然体系",杜林把这种体系描绘成为经济公社的联邦,经济公社社员按照下述原则交换自己的产品:根据"普遍的公平原则","等值劳动同等值劳动"相交换。

因此,杜林的空想的社会体系的特点就在于,其中的私人生产者不把自己的剩余劳动交给公社。这恰好是小资产阶级把中世纪城市公社手工业者的私人劳动理想化的观点。

我们要指出,这种理想化的观点绝没有同杜林一起消失。目前,霍克海默和阿多尔诺的"批判理论"实质上就包含着同样的有害的社会理论观点:"对于作为思维的同一化原则的交换原则的批判追求的目标是,实现至今只不过是一种遁辞的自由的和公平的交换的理想……如果任何人的活劳动大部分不遭掠夺,那就达到了合理的同一性,社会就会克服同一化思维的框框。"① 在这里,我们又碰到了独立的私人生产者的公社的空想,这种空想是被当做理想奉献出来反对国家垄断资本主义的。跟杜林的观点不同,在法兰克福学派的学说中,压迫势力不仅表现为政治权力,而且也表现为哲学上的人道的"同一化"形象。但是,这不会使理论基础有任何变化:"同一化"实质上被理解为无非是强行歪曲事实的行为和由于臭名昭著的"合理性"也获得了政治暴力外貌的"统治"。

小资产阶级关于"自由的和公平的交换"的社会纲领,不管是由杜林还是阿多尔诺提出的,在企图把它实际加以实现时,它常常滑到无

---

① 阿多尔诺:《否定的辩证法》1966年美因河畔法兰克福版第148页。

政府主义和半无政府主义的泥潭中去，这是因为任何社会制度都是建立在剩余劳动的生产这个基础上的，而剩余劳动不可能通过个人交换来占有。剥削现象不可能通过消灭剩余劳动来消灭，而只能通过消灭社会的特殊阶级对剩余劳动的占有来消灭。但是，如果进行争取实现"自由的和公平的交换"或者争取实现杜林的经济公社的斗争，那么这种斗争恰好就是为争取消灭剩余劳动而斗争。这种斗争无疑是抽象否定任何社会生活制度。因此，这种斗争不可避免地会具有无政府主义的性质，而对资本主义的抗议就会变为个人的、对资本主义基础恰好并不危险的抗议和抽象的造反行动。由于统治阶级利用这种改头换面的手法使加强镇压的行为合法化，用法律文件把镇压措施固定下来，那么很明显，空想主义者拒绝对阶级斗争作科学的研究，这在根本上就会给反对资本主义制度的事业带来明显的不良后果。

* * *

1874年，恩格斯总结了三十年来争取把科学社会主义同工人运动结合起来的斗争的经验教训，得出结论说："特别是领袖们有责任越来越透彻地理解种种理论问题，越来越多地摆脱那些属于旧世界观的传统词句的影响，而时时刻刻地注意到：社会主义自从成为科学以来，就要求人们把它当做科学看待，就是说，要求人们去研究它。"①

如果仔细考虑一下科学社会主义反对杜林主义的斗争竟被党的一些首领们评价为只不过是"教授们的争论"，那么我们就会十分清楚地认识到维护作为社会主义革命条件的革命理论的纯洁性的斗争所具有的全部巨大重要性，也会认识到共产主义工人运动的领袖们和思想家们所必

---

① 《马克思恩格斯全集》第1版第18卷第567页。

须克服的这条道路上的不少困难。

在反对拉萨尔主义、杜林主义、无政府主义等等的斗争中，马克思和恩格斯为社会主义和工人运动的密切结合奠定了牢固的理论基础。但是，科学社会主义和工人运动结合的现实历史过程是很复杂的。在这条道路上有时会产生小资产阶级的糊涂虫和蛊惑者歪曲工人阶级世界观的危险。只有当革命理论的思想深入到共产党所领导的群众的革命活动本身时，才可能彻底达到社会主义和工人运动的真正结合。

马克思和恩格斯特别注意向德国社会民主党的领导人证明，杜林的观点在社会民主党人中间的传播隐藏着党退化的严重危险。大家知道，马克思在他著名的著作《哥达纲领批判》（1875年）中令人信服地向党的领袖们说明了这种危险的可能性。马克思和恩格斯为维护革命理论的纯洁性的斗争是在复杂的条件下进行的。就是决定把《反杜林论》作为《前进报》的学术附刊发表的那次哥达党代表大会，也通过了关于出版理论刊物《未来》的决定，还吸收卡·赫希柏格来领导这家杂志，此人是新康德主义者弗·阿·朗格的门徒，从事所谓感情社会主义的宣传，其中就有思辨的杜林主义的主张的回声。①

1879年8月，赫希柏格、伯恩施坦和施拉姆在《社会科学和社会政治年鉴》上发表了《德国社会主义运动的回顾》一文，该文要求把"真正的仁爱精神"作为党的未来政策的基础，并且拒绝进行"为产业工人争取自身利益的片面斗争"，认为这是把问题的实质"庸俗化"。

1879年9月，马克思和恩格斯讨论了由恩格斯起草的给德国社会主义工人党领袖们的通告信。这封信同《哥达纲领批判》和《反杜林论》一起，是马克思主义经典作家进行争取在德国社会民主党队伍中确

---

① 参看《马克思恩格斯全集》第1版第34卷第61、281页。

立科学社会主义思想的斗争的第三个重要文献。文献中说:"在阶级斗争被当做一种不快意的'粗野的'事情放到一边去的地方,当做社会主义的基础留下来的就只是'真正的博爱'和关于'正义'的空话。""将近四十年来,我们都非常重视阶级斗争,认为它是历史的直接动力,特别是重视资产阶级和无产阶级之间的阶级斗争,认为它是现代社会变革的巨大杠杆;所以我们决不能和那些想把这个阶级斗争从运动中勾销的人们一道走。"①

到 1881 年初,马克思和恩格斯反对杜林和赫希柏格的小资产阶级冒牌社会主义的斗争实质上就胜利结束了。80 年代标志着科学社会主义思想在德国工人运动中的广泛传播,1890 年德国社会民主党成了帝国国会中最强大的政党。1891 年 10 月,党的爱尔福特代表大会通过了党的马克思主义纲领,从而结束了这个过程。

现在,在评价马克思和恩格斯反对一切小资产阶级社会主义,特别是反对杜林主义的斗争的经验教训时,应该指出,在现代历史条件下,假社会主义有时也以新的变种的形式得到复活。这种复活的客观基础特别表现在,世界革命运动经常不断地吸收还不是工人阶级或产业无产阶级的组成部分的新的居民阶层参加反对资本主义的斗争。不断产生的新的"社会主义"不仅是帝国主义思想家的阴谋和修正主义者的诡计的产物,而且在某种程度上也是对于被投入资本主义工业化这个"火炉"中去的农民和小资产阶级群众对资本主义的模糊的、不成熟的抗议的一种投机。至于新产生的观念同杜林的臭名昭著的"社会主义"有某些思想上的联系,那是因为它们的社会背景在某种程度上具有部分的共同性。

---

① 《马克思恩格斯全集》第 1 版第 19 卷第 188、189 页。

因此，研究马克思和恩格斯反对杜林的斗争的经验教训，超出了丰富我们关于工人运动的历史知识这个任务的范围。现在，它成为争取实现现实的社会主义和共产主义，反对反共产主义的意识形态和肮脏事业的斗争的一个组成部分。

（原载 Л.Ф.伊利切夫等编《恩格斯的〈反杜林论〉和当代》一书［1978年莫斯科版］）

（屏羽 译）

德国社会民主党反对杜林主义的斗争史略[*]

〔苏联〕А.Б.切尔诺夫

巴黎公社失败和第一国际解散后,资产阶级反动派变本加厉地向工人阶级进攻,力图不仅在政治上和经济上,而且在思想上制服它。为了在思想上制服工人运动,资产阶级反动派利用了小资产阶级对无产阶级的影响。在德国,由于欧洲工人运动的中心从那时起转移到了这里,以及这里的阶级斗争在70年代达到了非常尖锐的程度,小资产阶级思想家拼命想把工人运动引上改良主义的轨道。例如,德国蒲鲁东主义者米尔柏格1872年就在《人民国家报》上发表了一组标题为《住宅问题》的文章。恩格斯在1872—1873年发表的《论住宅问题》这部名著中,对蒲鲁东主义的观点进行了严厉的批判。

1873年,几乎与米尔柏格发表文章的同时,柏林大学私人讲师欧根·杜林出版了《国民经济学和社会经济学教程》一书,这是形形色色的小资产阶级社会主义理论的大杂烩。该书受到了资产阶级报刊的热烈欢迎,并且在德国社会民主党内也获得了拥护者,虽然它有明显的反马克思主义的倾向性。党内有人开始公开宣传杜林的观点,请他为社会主义杂志撰稿。一个人数不多、但却有影响的杜林分子集团,力图把杜

---

* 本文选自《马列著作编译资料》1978年第1辑。

林的观点强加于党,把党推上机会主义道路。直到1877—1878年恩格斯在德国社会民主党中央机关报《前进报》上发表了一组标题为《杜林先生在科学中实行的变革》的文章,才使党获得了清除杜林影响的武器。

德国社会民主党同杜林主义的斗争,是马克思主义同工人运动中公开与马克思主义相敌对的资产阶级和小资产阶级流派斗争的一个阶段。本文的目的是要根据未发表过的档案文件和资料①,就引证的史料提供的可能性,尽量完整地恢复反对杜林主义的斗争的历史,从思想上粉碎杜林主义的历史。恩格斯的《反杜林论》这部卓越的著作,对于从思想上粉碎杜林主义起了决定性的作用。

马克思和恩格斯最初注意到杜林,是由于杜林对《资本论》第一卷的评论。马克思的这一天才著作于1867年问世时,德国官方经济学代表人物制造了一个对它沉默抵制的阴谋。杜林是第一个著文评论马克思的这本书的经济学家②。马克思当时就指出,杜林并没有觉察到《资

---

① 本文利用了下列资料:马克思和恩格斯之间以及他们同德国社会民主党的著名活动家之间的通信,1876年和1877年两次党代表大会的记录,社会民主党中央报刊和部分地方报刊以及回忆录。德国社会民主党的活动家(威·李卜克内西、白拉克、布洛斯等人)同马克思和恩格斯有关这个问题的通信,对于恢复同杜林斗争的历史的本来面貌,是重要的、在某些情况下甚至是唯一的史料,这些通信现在保存在苏共中央马克思列宁主义研究院中央党史档案馆(以下简称"档案")内。

② 杜林的评论载迈耶尔词典附刊(《现代知识补充材料》1867年第3卷第3期)。

本论》的基本观点的崭新因素①。恩格斯称他是"庸俗经济学家"②。马克思读了他的其他一些著作后,对他的评论就很不客气了。马克思写道:"这是一个极为傲慢无礼的家伙,他俨然以政治经济学中的革命者自居。"③

1871年,杜林出版了《国民经济学和社会主义批判史》一书,书中对马克思的《资本论》进行了粗暴的和疯狂的攻击,并且故意歪曲它的基本论点。《国民经济学和社会经济学教程》也是如此。对此,恩格斯写道,杜林在1867年"还能够作出对他那类思想家来说算是比较合理的该书的内容提要,还不急需一开头就把马克思的论述翻译成杜林的东西,而现在他声明非这样做不可了"④。

---

① 《马克思致恩格斯(1868年1月8日)》,《马克思恩格斯全集》第1版第32卷第11页。

② 《恩格斯致马克思(1868年1月7日)》,《马克思恩格斯全集》第1版第32卷第8页。

③ 《马克思致路德维希·库格曼(1868年3月6日)》,《马克思恩格斯全集》第1版第32卷第525页。

④ 恩格斯:《反杜林论》,见《马克思恩格斯全集》第20卷第135页。我们且看杜林的一个手法。他在《国民经济学和社会经济学教程》中写道:"如果同黑格尔化的马克思一起设想,首先是大企业对小企业的剥削和吮吸应当继续许多世纪并达到极端的程度,然后自然而然地会发生突变——剥夺剥夺者,那就不该向群众隐瞒这种奥妙的想法。然而不能不感到,一方面直接激起欲念和希望,另一方面又认为达到目的同人的努力毫无关系,把这些努力推迟到遥远的世代,那是违背常识的。"(欧根·杜林:《国民经济学和社会经济学教程》1893年圣彼得堡版第312页)。这样,杜林为了糟蹋马克思关于资本主义必然灭亡的理论的最重要结论,先把马克思说成是(我们且用较后出现的术语来说)资本主义自行崩溃论者,然后扬扬得意地宣称,他臆造出来的这种自行崩溃论同马克思关于阶级斗争的必然性的学说之间存在着"矛盾"。

起初，马克思和恩格斯对于杜林反对马克思主义的言论并不特别在意，那些言论和资产阶级学者的其他类似的言论没有多大的差别。

但是从70年代初起，特别是在《国民经济学和社会经济学教程》出版后，杜林的名声日高。而且，他不仅作为社会学科方面的著书立说者而出名①。杜林还发表物理、化学和天文学方面的著作。他的《力学一般原则批判史》1872年在哥廷根大学应征获得头奖。杜林在柏林大学讲授哲学和政治经济学大受欢迎，而且不只是在大学生当中。

杜林从事著述和讲学活动，一开始就极其自负。他大言不惭地一笔勾销了他以前的全部科学，自封为几乎精通所有科学领域的唯一行家。他把他在哲学、政治经济学和社会主义方面的理论说成是终极的真理。

实际上，杜林的理论著作并没有任何独创的东西。他的哲学是实证主义哲学理论和经济学理论、福格特的庸俗唯物主义和被误解与歪曲了的黑格尔唯心主义的折中混合物。杜林任意对待辩证法规律，用抽象的辩证法偷换具体的辩证法，或者索性宣布辩证法是荒谬的东西。恩格斯在评论杜林的哲学时写道："在哲学上，当他不是简简单单地胡说八道的时候（像在自然哲学中那样），他的观点是对18世纪的观点的歪曲。"②

在社会观点方面，杜林没有超出18世纪启蒙主张摹仿者的水平。他复活了旧的资产阶级暴力理论，根据那种理论，不平等、财产、阶级的产生，是直接的暴力，即无法解释的主观因素的行为的结果。当时马

---

① 这一时期，除了上述一些书籍外，杜林还出版了《自然辩证法》（1865年）、《凯里在国民经济学说和社会科学中实行的变革》（1865年）、《生命的价值》（1865年）、《资本和劳动》（1865年）、《国民经济学说批判基础》（1866年）和《哲学批判史》（1869年）。

② 恩格斯：《反杜林论》，见《马克思恩格斯全集》第1版第20卷第165页。

克思和恩格斯已经制定了唯物史观,到了这个时候还去宣传那种唯心主义的理论,就给工人运动造成很大的危害,因为那种理论歪曲了经济和政治的真正的相互关系,妨碍对社会生活规律的正确理解,用空洞的道德说教偷换阶级斗争。

杜林的另一个理论,即所谓"个人主权"的理论,对于树立工人阶级正确的革命的世界观,也产生同样的坏影响。根据这种理论,从两个人的相互关系的模式中推论出个人的自主或独立,然后把所得的结论机械地引申到整个社会。杜林大谈其抽象的、丧失阶级属性的人,掩盖资本主义社会的阶级矛盾,抹杀资本主义国家的阶级性质和引诱工人不去思考革命斗争的问题。杜林的暴力论、"个人主权"论以及其他理论,同拉萨尔主义一起,阻碍了同德国社会民主党内的机会主义的斗争。

在杜林的著作中还可以看到这样一些论点,如用唯心主义观点解释杰出人物和群众之间的相互关系,宣扬复仇是法的基础的理论,承认个人恐怖,等等。正是这些论点成了德国社会民主党的个别代表人物在反社会党人非常法颁布后的无政府主义策略的一种思想基础。

杜林宣称,他的"共同社会"理论比包括马克思和恩格斯的社会主义在内的现有的一切社会主义理论都优越,而实际上他并没有任何独创的见解。用恩格斯的话来说,他是那种"放肆的假科学"的典型代表之一,这种假科学"很流行,并把一切淹没在它的高超的胡说的喧嚷声中"。[1]

但是,杜林是在德国大学生开始转向社会民主主义方面这一时期[2]

---

[1] 恩格斯:《反杜林论》,见《马克思恩格斯全集》第1版第20卷第8—9页。

[2] 恩格斯:《反杜林论》,见《马克思恩格斯全集》第1版第20卷第9页。

开展自己的宣传的。这一时期,用梅林的话来说,"任何一个表示愿意效劳并且奉献出某种治疗社会恶疾的药方的人都被欣然接纳,而从学院里潮涌而来的那批人尤其受到欢迎——因为这有利于加强无产阶级和科学的联盟。一位大学教授,如果他按照对于'社会主义'的多种多样的理解中的任何一种来向社会主义靠拢,或者表示希望靠拢,他就不必担心他所兜售的知识货色会受到过分严厉的批评"。① 杜林到处把自己打扮成社会主义的拥护者和改革家。一个学术界人士维护社会主义,单是这件事本身,就引起对杜林的极大注意。

杜林发表维护巴黎公社活动家的言论,自然博得德国先进舆论界的好感。在普鲁士警察制度的条件下,杜林对"压迫的"国家所说的激进言词,使他获得了争取德国国家制度民主化的斗士的名声。

但是,尽管在杜林的激进辞藻背后多半隐藏着反动的观念②,正是这种激进辞藻使他在德国社会民主党的某些思想上不坚定和理论上不成熟的代表人物眼里成了一个领袖。爱·伯恩施坦、约·莫斯特和弗·弗里茨舍成了社会民主党内最狂热的杜林拥护者。从1872年起,伯恩施

---

① 梅林:《马克思传》1965年三联书店版第631页。
② 例如,杜林在《哲学教程》中写道:"暴力的和压迫的国家同崇高的人道精神是不相容的,新的变革就是要建立新社会以取而代之。"(杜林:《哲学教程》1875年莱比锡版第301页)除了这类含糊其辞的空话以外,杜林再也说不出别的了。而再过几页之后,在议论建立新社会的途径时,杜林竟说道:"这样的一些结构可以逐步地挤进压迫的国家的框框里面去,这些结构不仅对于这种国家来说将成为致命的东西,而且将为自由社会准备好的基础。"(第308页)虽然马克思已经阐明了打碎国家机器的必要性,杜林却还在说自由社会不是经过消灭"压迫的国家",反而是在这种国家的范围内建立起来的。杜林的国家观,以及哥达纲领关于所谓的"自由国家"的条文,都阻碍在德国社会民主党内树立正确的国家观。

坦就是最先在社会民主党领导人当中积极宣传杜林的一个。

倍倍尔在1898年描述过伯恩施坦的为人，下面这段话很能说明他的思想面貌："……在我们相识的近三十年中，你屡次为各种各样的印象和影响所左右，根本地改变自己的观点……你加入了爱森纳赫党，过了几年，你受杜林的著作和讲课的影响而成了热忱的杜林分子。后来你认识了赫希柏格，并受到他的影响"。① 正是思想上的极端不坚定可以说明，为什么一接触杜林的《国民经济学和社会主义批判史》一书，伯恩施坦就"心仪神往"②，看到《国民经济学和社会经济学教程》，他就"欣喜若狂"③。

后来伯恩施坦自己承认，他替杜林的《国民经济学和社会经济学教程》所作的宣传，比任何人都多。④ 正是他把这本书寄给了倍倍尔、白拉克、莫斯特、弗里茨舍等人。⑤ 1874年，他结识了杜林，在初次拜访时就提出请求，要杜林在大学开课讲授与社会主义有关的问题时，把课改在职工听讲方便的时间。而且，正像他在回忆录里所说的，"几乎所有或多或少受杜林影响的有名的同志，如倍倍尔、弗里茨舍、格罗特考、拉骚、米耳克、莫斯特等人……都被吸引去听杜林讲课"。⑥

---

① 维·阿德勒：《同奥古斯特·倍倍尔和卡尔·考茨基的通信》1954年维也纳德文版第256页。

② 爱·伯恩施坦：《童年和青年。1850—1872年》1928年莫斯科—列宁格勒俄文版第187页。

③ 《新时代》1894—1895年第1卷第103页。

④ 《新时代》1894—1895年第1卷第103页。

⑤ 古·迈耶尔：《恩格斯传》1934年海牙德文版第2卷第282页。

⑥ 爱·伯恩施坦：《社会民主党的学习年代。1872—1888年》1930年莫斯科—列宁格勒俄文版第52页。

这一时期，甚至爱森纳赫派的领袖奥·倍倍尔和威·李卜克内西也一度受到杜林的影响。

1872年夏天，倍倍尔和李卜克内西因为在帝国国会上勇敢抗议吞并阿尔萨斯和洛林，发言维护巴黎公社，一起被取消国会议员资格，并以"叛国"的罪名被判处监禁两年。倍倍尔利用了在狱中的时间研究马克思、恩格斯、拉萨尔、斯图亚特·穆勒、柏拉图、亚里士多德、托马斯·莫尔、达尔文、海克尔、毕希纳等人的著作。① 他在狱中把马克思的《资本论》第一卷仔细阅读了两遍。1873年夏天，伯恩施坦到狱中探望倍倍尔，给了他一本杜林的《国民经济学和社会经济学教程》，② 虽然倍倍尔当时已经认真地研究了马克思和恩格斯的许多著作，但他还不能马上独立地识别杜林所写的东西的反动实质。而且，正像后来李卜克内西告诉恩格斯的那样，倍倍尔"根本不知道"杜林对马克思进行了攻击③。他受了杜林的假革命词句的欺骗，在书中看到的首先是作者"猛烈抨击社会现状并表示拥护共产主义"④。1874年初，倍倍尔在监狱里写了一篇颂扬杜林这本书的文章（虽然附了一些批评意见），把它寄给了爱森纳赫派的中央机关报《人民国家报》。

倍倍尔在这篇文章中断言，杜林"对今天的国家的价值、议会主义的本质、国家权力的党派特性、巴黎公社等的看法"，同德国社会民主党的看法完全一致。文章的结尾这样说："我们对杜林的著作提出的这

---

① 格·文德尔：《奥古斯特·倍倍尔》1924年彼得格勒—莫斯科俄文版第47页。

② 爱·伯恩施坦：《一个社会主义者的发展过程》1930年莱比锡德文版第10页。

③ 《威·李卜克内西致弗·恩格斯（1875年10月25日）》，见"档案"。

④ 倍倍尔：《我的一生》1965年三联书店版第2卷第317页。

些异议并不涉及他的基本观点。他的基本观点是出色的,我们完全赞同,因此,我们毫不犹豫地宣布:继马克思的《资本论》之后,杜林的最新著作属于经济学领域最近出现的优秀著作之列。所以,我们赶紧推荐研究他这本书。"①

关于这篇文章,李卜克内西曾写信向倍倍尔指出,"马克思的方法和杜林的方法之间有重大的区别"②。但是,在3月份的《人民国家报》上,这篇文章以《一个新的共产党人》为题匿名发表了。在党的中央机关报上出现这篇文章,自然引起了马克思和恩格斯的极大愤慨,这说明报纸编辑部根本不了解杜林理论的危害性。但是主要的危险在于,报纸向广大的无产阶级读者推荐杜林的著作③。果然,正如《人民国家报》的一个编辑威·布洛斯后来指出的,倍倍尔的文章在德国社会民主党人当中引起了对杜林的很大兴趣④。

布洛斯在1874年5月27日告诉恩格斯,文章出自倍倍尔的手笔,在这以前,恩格斯不知道这篇文章是谁写的。布洛斯写信给恩格斯时替自己发表这篇文章辩护说:"我自己只是粗略地翻阅了一下杜林的书。但是由于柏林的党内同志,包括议员们都赞扬他,去听他讲课,因此我想,既然迄今常常颂扬雅科比,也就不应轻视杜林。李卜克内西也表示了这种意思,于是,我就刊登了这篇文章"⑤。从这封信清楚地看到,

---

① 《人民国家报》1874年3月20日。

② 爱·伯恩施坦:《一个社会主义者的发展过程》1930年莱比锡德文版第10页。

③ 《人民国家报》1874年3月20日。

④ 威·布洛斯:《一个社会民主党人的回忆录》1914年慕尼黑版第1卷第233页。

⑤ 《威·布洛斯致弗·恩格斯(1874年5月27日)》,见"档案"。

倍倍尔的这篇文章不仅表达了作者本人的意见，而且也合乎柏林社会民主党组织和《人民国家报》编辑部的某些领导人的情绪。

起初，社会民主党人当中没有一声反对的意见。相反，布洛斯不顾马克思和恩格斯的意见，在上述信件中断言，这篇文章"没有任何崇拜的意思，而只是很平常地承认功绩而已"①。《人民国家报》主编李卜克内西1874年6月13日写信问恩格斯："你是否有根据认为，此人是个无赖或暗藏的敌人呢？我了解到的关于他的情况使我深信，他虽然有些糊涂，但十分诚实，并且坚决站在我们这一边。"他接着又说，倍倍尔的这篇文章"并不是完全正确和令人太高兴的，不过，意思无疑是好的"②。

鉴于德国社会民主党领导人对杜林的观念抱这种态度，马克思和恩格斯在1874年6—7月写信给李卜克内西、布洛斯和赫普纳，指出杜林主义在党内的危险性。③

只是由于马克思和恩格斯作了坚持不懈的解释，也由于杜林在党内的影响不断增长，李卜克内西才逐渐地最终认识到必须批判杜林的理论。1875年2月1日，李卜克内西给恩格斯写信说道："你是否愿意写篇文章（严厉地）清算杜林？他在他的国民经济学批判史第二版中重复了他对马克思充满忌妒的全部愚蠢谰言。我在圣诞节前听了此人的一次讲课：狂妄自大，咬牙切齿地忌妒马克思，无非是这类货色。他在我

---

① 《威·布洛斯致弗·恩格斯（1874年5月27日）》，见"档案"。

② 《威·李卜克内西致弗·恩格斯（1874年6月13日）》，引自恩格斯：《欧根·杜林先生在科学中实行的变革》1956年柏林德文版第Ⅵ页，另见"档案"。（见《威·李卜克内西与卡·马克思和弗·恩格斯通信集》1963年海牙德文版第190页。——译者）

③ 《马克思恩格斯全集》第1版第18卷第864页。

们许多人当中（特别是在柏林）影响很深，必须彻底收拾他。"①

但是，尽管说得这么坚决，正好是一个月后，1875年3月2日，李卜克内西在《人民国家报》上辟出篇幅转载了《国民经济学和社会主义批判史》第二版关于巴黎公社的段落，而该书的这一版，正如给摘录加的按语所说的，不仅"没有把第一版的主要缺陷清除掉"②，而且更放肆地谩骂马克思，故意歪曲马克思的观点。在党的中央机关报上转载杜林书中的这些段落，意味着党接受了他的观点。

马克思和恩格斯被激怒了。李卜克内西为了替自己辩解，只好推说在转载关于公社的部分时，《人民国家报》"明确指出了杜林的著作的错误"③。这样的回答自然不能使恩格斯满意。

实际上，李卜克内西这种首尾不一贯的行为是杜林在党内的影响增长的反映。在爱森纳赫派同拉萨尔派于1875年5月合并之后，杜林的影响尤其增长了。合并时通过的纲领，是马克思之前的教条，特别是拉萨尔的教条，庸俗民主主义原则和被完全歪曲了的共产主义要求的混合物，这个纲领证明对极重要的理论问题缺乏正确的理解。在哥达实行的思想上的妥协，不可能不反映在党的发展上。正是在党的领导人当中和报刊上，机会主义开始泛滥起来。马克思对此说道："在德国，我们党内，与其说是在群众中，倒不如说是在领导（上层阶级出身的分子和'工人'）中，流行着一种腐败的风气。同拉萨尔分子的妥协已经导致

---

① 《威·李卜克内西致弗·恩格斯（1875年2月1日）》，见"档案"。（见《威·李卜克内西与德国社会民主党人通信集》1973年阿森德文版第593页。）

② 《人民国家报》1875年3月2日。

③ 《威·李卜克内西致弗·恩格斯（1875年4月21日）》，引自恩格斯：《欧根·杜林先生在科学中实行的变革》1956年柏林德文版第VII页，另见"档案"。（见《工人运动史论丛》1976年柏林第6期第1042页。——译者）

同其他不彻底分子的妥协：在柏林（通过莫斯特）同杜林及其'崇拜者'妥协，此外，也同一帮不成熟的大学生和过分聪明的博士妥协，这些人想使社会主义有一个'更高的、理想的'转变，就是说……代替它的唯物主义的基础。"①

党内思想上的摇摆的加剧和拉萨尔主义（尽管杜林冠冕堂皇地攻击拉萨尔，他在某些问题上是接近拉萨尔主义的）的影响的加强，助长了杜林主义在社会民主党内思想不坚定的分子当中的传播。杜林的拥护者力图把杜林的观点强加于全党。伯恩施坦后来直言不讳地写道，当时许多党员"开始用杜林的批判眼光去评判马克思和拉萨尔的学说的原理"②。

杜林本人也鼓励这种做法，他在社会民主党内的一些拥护者同他保持友好联系。例如，在1874年伯恩施坦初次拜访他时，他就说过他"很高兴能有较多的党员来听讲课"③。

为了达到自己的目的，杜林分子力图首先把党的中央机关报《人民国家报》变为宣扬杜林观点的讲台。杜林分子抓住李卜克内西不够坚定这个弱点，指责他专横和压制批评，要求他发表宣扬杜林著作的文章。

1875年10月，最狂热的杜林拥护者之一阿·恩斯要求《人民国家报》编辑部发表他的一封信，这封信通篇大肆吹捧杜林，把杜林称做"科学领域最勤奋的先驱"，把杜林的著作说成是"划时代的"著作。④

---

① 《马克思致弗里德里希·阿道夫·左尔格（1877年10月19日）》，见《马克思恩格斯全集》第1版第34卷第281页。

② 《新时代》1894—1895年第1卷第105页。

③ 爱·伯恩施坦：《社会民主党的学习年代》俄文版第52页。

④ 引自恩格斯：《欧根·杜林先生在科学中实行的变革》1956年柏林德文版第VII页（见《人民国家报》1875年11月5日）。

尽管阿·恩斯的要求在《人民国家报》编辑部中得到支持①，李卜克内西却拒绝刊登这封信。不过，虽然他写信告诉恩格斯，他对那个杜林分子的答复很不客气，事实上他的回信写得非常缓和。显然，李卜克内西不敢同杜林分子把关系搞紧张。他写信给阿·恩斯说："尽管（杜林对马克思）进行了攻击，我仍然认为承认杜林的无可争论的功绩是自己应尽的责任，这一点已经说过了。但是我现在要拿出来的不是一篇新的颂辞，而是批评，严肃公正的批评。"②

李卜克内西把阿·恩斯的信转给了恩格斯，并请恩格斯为《人民国家报》写评论杜林的文章，他写道："附上一封信，这类信不是独一无二的。这就急需《人民国家报》刊登详细批判杜林的文章；我再一次请求你来做这件事"。③ 由此可见，李卜克内西不止一次收到过这类信件。正因为杜林分子加紧施加压力，李卜克内西才日益频繁地请恩格斯批判杜林的著作。11月16日，李卜克内西再次提醒恩格斯赶紧写评论杜林的文章。

为了制止杜林分子的蛮横要求，李卜克内西11月5日在《人民国家报》信箱栏登载了对阿·恩斯的公开答复，同时宣布即将"对杜林

---

① 约·菲·贝克尔支持恩斯，见"档案"：《威·李卜克内西致弗·恩格斯（1875年11月1日）》。（参看《威·李卜克内西与德国社会民主党人通信集》1973年阿森德文版第656页。——译者）

② 阿·恩斯：《恩格斯对人的健全理智的谋杀，或马克思主义的社会主义在科学上的破产。致我的柏林朋友们的一封公开信》1877年格兰—萨康涅（瑞士）德文版第19页。

③ 《威·李卜克内西致弗·恩格斯（1875年10月15日）》，见"档案"。（见《威·李卜克内西与德国社会民主党人通信集》1973年阿森德文版第656页。——译者）

的著作进行详细的科学的批判性剖析"。

但是由于工作太繁重,恩格斯当时不可能写评论杜林的专题文章。他在载1876年2月底至3月初《人民国家报》的《德意志帝国国会中的普鲁士烧酒》一文中,只是顺便地表明了自己对"社会主义最时髦的信徒以及复兴者欧根·杜林先生"所持的立场。①

约·莫斯特是社会民主党内最有影响的杜林分子之一。② 他蹲了几年监狱,据他说,在监狱里研究了杜林的著作③。当时,莫斯特从倍倍尔那里打听到恩格斯准备批判杜林,他想加以阻挠,就写信给恩格斯,硬要马克思和恩格斯善意地私下向杜林指出他的错误。④ 同时,莫斯特把一篇吹捧杜林的《哲学教程》的长篇文章寄给李卜克内西,让《人民国家报》发表,希望他这篇文章能使恩格斯的批判对杜林来说"好忍受一些"⑤。

李卜克内西拒绝在《人民国家报》上刊载这篇文章,并把它转给恩格斯,恩格斯又寄给了马克思看。

恩格斯1876年5月24日写信给马克思,揭露了莫斯特及其追随者

---

① 《马克思恩格斯全集》第1版第19卷第51页。
② 威·布洛斯写信给恩格斯时曾这样描绘过莫斯特:"当他还不知道马克思的时候,拉萨尔是他的上帝。他读了《资本论》之后,拉萨尔的观点成了混乱不堪的、滑稽可笑的荒谬见解。他读了杜林的著作之后,又忘记了自己写过《资本论》的浅说"。[《威·布洛斯致弗·恩格斯(1877年8月14日)》,见"档案"]其实莫斯特并不懂《资本论》,他写的小册子《资本和劳动。卡尔·马克思〈资本论〉浅说》错误百出。
③ 约·莫斯特:《回忆录》1903年纽约版第4卷第88页。
④ 《恩格斯致马克思(1876年5月24日)》,见《马克思恩格斯全集》第1版第34卷第13页。
⑤ 《约·莫斯特致卡·瓦耳泰希(1876年2月21日)》,见"档案"。

的策略：显然，"这些人以为，杜林对你进行了卑鄙的攻击，就使我们对他无可奈何，因为倘若我们讥笑他在理论上的无稽之谈，那就会显得是对他的人身攻击进行报复"。恩格斯最后说："总之，这件事把我气坏了，试问，难道不是认真考虑我们对待这些先生的态度的时候了吗。"①

马克思第二天回信说，对莫斯特及其同伙的态度，应通过对杜林的彻底批判表现出来。"他显然在崇拜他的那些舞弄文墨的不学无术的钻营之徒中间进行了煽动，以便阻挠这种批判；他们那一方面把希望寄托在他们所熟知的李卜克内西的软弱性上。"②

确实，只有对杜林的著作进行详尽的分析，才能消除社会民主党的某些领导人在理论上的糊涂观念，制止杜林主义的传播。恩格斯接到马克思的信后，终于决定着手批判杜林。他回信告诉马克思，把一切都搁下了，现在要长期去收拾杜林。"此外，友人莫斯特对杜林的《哲学教程》的吹捧已明确地给我指出，应当从哪里进攻和怎样进攻。"③ 恩格斯在这封信中谈了自己的计划："开始时我将纯客观地、似乎很认真地对待这些胡说，随着对他的荒谬和庸俗的揭露越来越深入，批判就变得越来越尖锐，最后给他一顿密如冰雹的打击。这样一来，莫斯特及其同伙就失去了说什么'冷酷'等等的借口，而杜林则受到了应得的

---

① 《恩格斯致马克思（1876年5月24日）》，见《马克思恩格斯全集》第1版第34卷第13、14页。
② 《马克思致恩格斯（1876年5月25日）》，见《马克思恩格斯全集》第1版第34卷第15页。
③ 《恩格斯致马克思（1876年5月28日）》，见《马克思恩格斯全集》第1版第34卷第18页。

惩罚。"①

当然，恩格斯并不是因为莫斯特的文章才反对杜林的，莫斯特的文章只是证明了，杜林主义在党内的传播已经到了危险的程度。恩格斯自己后来写道："德国社会党正在迅速地成为一种力量。但是，要使它成为一种力量，第一个条件是不让这个刚刚赢得的统一受到危害。而杜林博士却公开地着手在自己周围建立一个宗派，一个未来的单独的政党的核心。因此，不管我们是否愿意，我们必须应战，把斗争进行到底。"②

但是恩格斯不仅考虑到粉碎杜林的谬论，而且另外还有一个更远大的目标，就是在哲学、政治经济学和社会主义领域，用马克思主义的思想体系对抗杜林的那套观点，根除党内在理论上的动摇。

事情的进一步发展表明，这一决定是非常及时的。

1876年6月莫斯特出狱，他同弗里茨舍和伯恩施坦等人成了公认的杜林分子的首领。柏林社会民主党组织的报纸《柏林自由新闻报》的编辑部由莫斯特领导，有杜林分子格罗特考和拉骚参加，当那种在《人民国家报》上宣扬杜林的企图遭到失败之后，这个编辑部便成了在党内传播杜林主义的主要基地。

莫斯特十分活跃而又能说会道，他很快就在柏林工人当中树立了杜林的名声。1876年7月，莫斯特在柏林以《社会问题的解决》为题作了一系列报告。在这些报告中，他显然是在杜林的影响下提出了社会和平发展的观点。伯恩施坦后来写道："莫斯特的观点在柏林不仅没有碰到反对意见，反而博得了一片赞同声。在这方面，他不过说出了当时柏

---

① 《马克思恩格斯全集》第1版第34卷第19页。
② 《马克思恩格斯全集》第1版第22卷第334页。

林社会民主党组织中很大一部分写作者和宣传员都同意的观点。"① 党内的机会主义情绪更加厉害了。

莫斯特出狱后还寄给李卜克内西一封信，抗议李卜克内西拒绝在党的中央机关报上刊登他的文章。但是李卜克内西在马克思和恩格斯的影响下，这时已经真正认识了杜林主义在党内的全部危险性，便在回信中，用他自己的话说，"剋了"莫斯特一顿。②

德国社会民主党的其他一些在理论上最成熟的活动家，也认识到杜林主义的危险性和刻不容缓地把它粉碎的必要性。1876年1月，约·狄慈根就写信对马克思说，他曾经不只一次提笔，要让杜林这个"万事通"明白自己的斤两，只是因为缺钱，买不起杜林的"冗长的"著作，才未能如愿。③ 威·白拉克是被马克思称做党内头脑最清醒的人的，他在1876年8月写信对恩格斯说："柏林人都是杜林的热心的代言人，莫斯特也是如此……在有才干的同志中间，我也不时地听到对杜林赞许的话……我看《人民国家报》无论如何必须表态……他杜林越来越受人重视，如果必须对他进攻的话，那就必须马上动手，不然就太迟了"。④

这番话说得很对，杜林分子在1876年8月召开的第二次哥达代表大会上提出种种蛮横的要求，再一次证实了这一点。弗里茨舍这个同莫

---

① 爱·伯恩施坦：《柏林工人运动史》1908年圣彼得堡俄文版第360页。
② 《威·李卜克内西致弗·恩格斯（1876年7月25日以前）》，见"档案"。（见《威·李卜克内西与德国社会民主党人通信集》1973年阿森德文版第688页。——译者）
③ 《约·狄慈根致卡·马克思（1876年1月16日）》，见"档案"。
④ 《威·白拉克致弗·恩格斯（1876年8月2日）》，见恩格斯：《欧根·杜林先生在科学中实行的变革》1956年柏林版第X页。（见《卡·马克思和弗·恩格斯与威·白拉克通信集》1963年柏林德文版第90—91页。——译者）

斯特一样的狂热的杜林分子，在代表大会上责问说，为什么对杜林讳莫如深，为什么不让在《人民国家报》上刊登任何关于杜林的文章。他说他明明知道莫斯特写了一篇很长的文章，但是有人不予发表。① 李卜克内西回答说，因为已经约好了恩格斯的文章，所以不登莫斯特的。李卜克内西这样做，获得了代表大会的代表们的赞同。

莫斯特没有争得在《人民国家报》上发表自己的文章，就把它登在1876年8月份的几期《柏林自由新闻报》上。②

恩格斯在1876年年中着手为自己的写作收集材料，并于9月份开始写头几篇反对杜林的文章。他告诉马克思，他对古代史概略的了解和他先前对自然科学的研究，给了他很大的帮助。③

李卜克内西1876年11月30日写信告诉恩格斯，说他收到了头两篇文章，而恩格斯在1877年1月9日就写信给李卜克内西，附上《反杜林论》哲学编的结尾部分了。④

第一编即哲学编的文章，从1877年1月3日起开始在《前进报》上发表。由于杜林写过一本书，书名是《凯里在国民经济学说和社会科学中实行的变革》，恩格斯就给自己的文章加上《杜林先生在科学中实行的变革》这一标题，以示讽刺。

恩格斯的最初几篇文章就使《前进报》的读者产生了极深的印象。广大群众第一次清楚地认识到革命理论的意义和杜林用革命词句掩盖起

---

① 《社会党人哥达代表大会记录（1876年）》德文版第78页。
② 爱·伯恩施坦：《柏林工人运动史》俄文版第359页。
③ 《恩格斯致马克思（1876年5月28日）》，见《马克思恩格斯全集》第1版第34卷第20页。
④ 《恩格斯致威廉·李卜克内西（1877年1月9日）》，见《马克思恩格斯全集》第1版第34卷第222页。

来的反动空想主义观念的危险性。列斯纳1877年1月8日写信对恩格斯说:"阅读你的文章,我感到真是从未有过的莫大享受……你的文章最大的好处毕竟是,这些文章可以一读再读,越读越有新的感受。"①次日,他又写道:"你最近的这一著作是你所有的著作中最必要的,应当把它译成法文和英文。"② 李卜克内西1月12日写信对马克思说"恩格斯反对杜林的文章真出色"③。最后,在发表之前就全部阅读过恩格斯这一著作的马克思本人认为,"不仅普通工人……而且真正有科学知识的人,都能够从恩格斯的正面阐述中汲取许多东西"。④

杜林分子则以完全不同的态度对待这些文章。他们在恩格斯的批判的实质方面无法提出什么反对的意见,就攻击说他的文章形式激烈。对于杜林分子的这种做法,恩格斯写信给李卜克内西说道:"如果他们埋怨我的语调,那么,我希望你不要忘记反驳他们,向他们指出杜林先生对待马克思和他的其他先驱者的语调,而且特别要指出,我是在论证,而且是详细地论证,而杜林却简直是歪曲和辱骂自己的先驱者。"⑤

最狂热的杜林分子要求不再在《前进报》上刊登恩格斯的文章。1877年2月4日,上面提到过的那个阿·恩斯写了一篇文章寄给受杜林

---

① 《弗·列斯纳致弗·恩格斯(1877年1月8日)》,见"档案"。
② 《弗·列斯纳致弗·恩格斯(1877年1月9日)》,见"档案"。
③ 《威·李卜克内西致卡·马克思(1877年1月12日)》,见"档案"。[参看《威·李卜克内西致弗·恩格斯(1877年1月12日)》,见《威·李卜克内西与卡·马克思和弗·恩格斯通信集》1963年海牙德文版第208页。——译者]
④ 《马克思致威廉·白拉克(1877年4月11日)》,见《马克思恩格斯全集》第1版第34卷第242页。
⑤ 《恩格斯致威廉·李卜克内西(1877年1月9日)》,见《马克思恩格斯全集》第1版第34卷第223页。

分子影响最甚的《柏林自由新闻报》，通篇都对恩格斯进行恶毒而又无力的攻击。但是甚至那里也不敢发表这类文章。

于是阿·恩斯就把它印成小册子，标题是《恩格斯对人的健全理智的谋杀，或马克思主义的社会主义在科学上的破产》。阿·恩斯在这本小册子中同杜林完全一个腔调，说什么"恩格斯的虚伪的假科学性"、"儿戏般仇恨的卑鄙企图"等等。① 同时，他要求他的"柏林的朋友们"往莱比锡寄一份"有成百上千人签名的请愿书"，强烈抗议恩格斯的文章。②

杜林支持自己的拥护者这种反对恩格斯的文章的行动，他把阿·恩斯的信称做"出色的意见书"③。

《柏林自由新闻报》编辑部拒绝刊登阿·恩斯的文章，这决不是说柏林的杜林分子不同意他的要求。马克思在 1876 年 5 月就说过，他们想"利用诽谤、心地善良的浑厚和义愤填膺的友爱"来使恩格斯对杜林的批判"永不能进行"。④ 莫斯特及其同伙暂时不敢公开反对恩格斯的文章，就千方百计拖延这些文章的发表，何况《前进报》发表这些文章时本来就已经分成一小段一小段，相隔很长时间了。他们在这方面

---

① 阿·恩斯：《恩格斯对人的健全理智的谋杀，或马克思主义的社会主义在科学上的破产。致我的柏林朋友们的一封公开信》1877 年格兰—萨康涅（瑞士）德文版第 4—5 页。

② 阿·恩斯：《恩格斯对人的健全理智的谋杀，或马克思主义的社会主义在科学上的破产。致我的柏林朋友们的一封公开信》1877 年格兰—萨康涅（瑞士）德文版第 19 页。

③ 《新时代》1894—1895 年第 1 卷第 100 页。

④ 《马克思致恩格斯（1876 年 5 月 25 日）》，见《马克思恩格斯全集》第 1 版第 34 卷第 16 页。

有些得逞。结果,恩格斯和李卜克内西之间在文章发表的问题上发生冲突。

上面已经说过,这些文章从1877年1月3日起开始发表。从第一号到刊登恩格斯这一著作的哲学编第五章结尾部分的第七号,文章是连续刊载的。接着就中断了,然后1月24日和26日在第十号和第十一号上登了第一编第六章。1月底,恩格斯两个星期没有收到校样(李卜克内西和恩格斯曾约定,只有在作者看过校样后,文章才能发表)。当恩格斯为此向李卜克内西表示不满时,李卜克内西答应每星期寄一次较长的校样给恩格斯。①但是这个诺言并未实现。而且,正如恩格斯写信对白拉克说的那样,当恩格斯"抱怨这个条件遭到违背时,李卜克内西让我等了十多天。在这期间,尽管他在莱比锡,但是看不出有丝毫的改善"②。2月9日在第十七号上登了第七章。然后到2月25日和28日在第二十四号和第二十五号上才登第八章和第九章。接着又中断了整整一个月,把这些文章搁在一边,却去刊登各种没有多大意思的文章,这样一直到3月25日的第三十六号。在第三十六号和第三十七号上发表了第十章,然后又中断了。第十一章到4月15日和18日,第十二章到4月27日和29日,最后一章即第十三章到5月11日和13日的第五十五号和第五十六号才见报。

同时,1876年秋天,恩格斯就《前进报》发表他的文章以及出版他的这一著作的单行本的问题,向李卜克内西明确规定了条件。李卜克

---

① 《威·李卜克内西致弗·恩格斯(1877年2月7日)》,见"档案"。(见《威·李卜克内西与卡·马克思和弗·恩格斯通信集》1963年海牙德文版第210页。——译者)

② 《恩格斯致威廉·白拉克(1877年4月24日)》,见《马克思恩格斯全集》第1版第34卷第250—251页。

内西在1876年10月16日的信中答应过认真恪守协议。① 恩格斯的那封信没有保存下来，协议的条件不得而知。但是1877年1月9日恩格斯写信给李卜克内西说："我想你们会等到选举结束，因为在这期间你们要利用报纸的篇幅进行鼓动。如果每星期有两号分批刊登我的著作，而第三号留给你们刊登别的东西，我也就十分满意了。"②

实际上这些文章恰恰是在选举活动期间一篇接一篇地登出，选举之后反而分成支离破碎的一小段一小段发表，而且间隔越拉越长，使读者（尤其是工人）根本看不出连贯性。

恩格斯认为，对发表他的文章采取这种态度，是同杜林的拥护者妥协的表现；尤其是，他对这种拖延提出了反对意见，李卜克内西却迟迟不予答复，然后就说些，正如恩格斯所说的，"空空洞洞的托词"。恩格斯气愤地写信对白拉克说，"这样的事至少已发生过六次，起先对我许下最明确、最肯定的诺言，而后一切又做得截然相反……"③

这样的发表方式，迫使恩格斯于1877年4月11日给李卜克内西发出一份最后通牒："如果到星期二（17日）晚上我还没收到你的任何答复，或者你的答复不能令人满意，那么我就将撇开你，而自己想办法，使我剩下的论文不致受到迄今为止那样令人愤慨的待遇。"④

---

① 《威·李卜克内西致弗·恩格斯（1876年10月16日）》，见"档案"。
② 《恩格斯致威廉·李卜克内西（1877年1月9日）》，见《马克思恩格斯全集》第1版第34卷第222页。
③ 《恩格斯致威廉·白拉克（1877年4月24日）》，见《马克思恩格斯全集》第1版第34卷第251页。
④ 《恩格斯致威廉·李卜克内西（1877年4月11日）》，见《马克思恩格斯全集》第1版第34卷第244页。

这一下可真正把李卜克内西吓慌了。他在4月14日和16日写了两封信，极力向恩格斯证明，发表的时间相隔长些并没有造成任何损失，因为差不多所有的读者都把报纸留起来，他们可以把所有的文章合在一起阅读。①4月16日他又给马克思去信，请"尽可能"帮助他同恩格斯"恢复先前的亲切关系"。②

李卜克内西解释说，由于鼓动工作和议会活动太忙，自己监督不够，因而拖延了文章的发表，他否认这同杜林分子的影响有关。他写道："如果你认为有杜林的影响，那就完全错了。蠢驴恩斯被大家看做是蠢驴，甚至是白痴。并且，除了杜林分子写来的一些粗暴的信件（这些信件已受到更粗暴的回答）之外，没有任何反对你的文章的事，所有明白事理的人都很喜欢你的文章。"③

但是马克思和恩格斯在听到这类话的同时，还得知了一些情况，使恩格斯后来有根据说，李卜克内西同他和马克思通信时，"不仅把一切消息以他惯用的美妙口吻加以渲染，而且把一切不愉快的事情向我们隐瞒起来"。④

当恩格斯询问党内对杜林的态度时，白拉克在1877年5月回信这样写道："在李卜克内西的事情上我是完全对的。他在我们所有的人

---

① 《威·李卜克内西致弗·恩格斯（1877年4月14日和16日）》，见"档案"。（见《威·李卜克内西与卡·马克思和弗·恩格斯通信集》1963年海牙德文版第214和216页。——译者）

② 《威·李卜克内西致卡·马克思（1877年4月16日）》，见"档案"。

③ 《威·李卜克内西致弗·恩格斯（1877年4月14日）》，见"档案"。（见《威·李卜克内西与卡·马克思和弗·恩格斯通信集》1963年海牙德文版第214页）

④ 《恩格斯致奥古斯特·倍倍尔（1883年5月10—11日）》，见《马克思恩格斯全集》第1版第36卷第24页。

(倍倍尔和我也不例外)当中,反对杜林还是最坚决的……杜林的真正追随者和朋友们……在柏林这里更是为数不少,我和他们发生过一些不愉快的争论。"① 同时德国社会民主党执行委员会委员盖布也告诉马克思,李卜克内西"好几个月来同杜林集团进行了猛烈的战斗"②。马克思就在给恩格斯的信中同情地指出:"李卜克内西大概忍受了不少不愉快的事情,还瞒着不让我们知道。"③ 还有,阿·恩斯写道,他的"柏林的朋友们"(指杜林分子)认为李卜克内西是"这场愚弄人民的骗局(指恩格斯对杜林的批判)的唯一的罪魁祸首"④。

显然,李卜克内西和《前进报》编辑部的其他成员不得不经常同杜林的拥护者进行斗争,因为杜林的拥护者们清楚地意识到恩格斯的批判具有毁灭性的力量,并竭力阻止这一批判。杜林分子施加的压力,终于也拖延了文章的发表。只是由于恩格斯经常督促,李卜克内西才履行了同恩格斯所订的协议,虽然打了不少折扣。

但是在定于1877年5月底召开的第三次哥达代表大会的前夕,杜林分子特别活跃起来。莫斯特在柏林公开进行煽动,反对在《前进报》上登载恩格斯的文章。杜林分子提出这种要求的论据是:《前进报》按

---

① 《威·白拉克致弗·恩格斯(1877年5月2日)》,见恩格斯:《欧根·杜林先生在科学中实行的变革》1956年柏林版第XV页。(见《卡·马克思和弗·恩格斯与威·白拉克通信集》1963年柏林德文版第130—131页。——译者)

② 《马克思致恩格斯(1877年7月25日)》,见《马克思恩格斯全集》第1版第34卷第59页。

③ 《马克思致恩格斯(1877年7月25日)》,见《马克思恩格斯全集》第1版第34卷第59页。

④ 阿·恩斯:《恩格斯对人的健全理智的谋杀,或马克思主义的社会主义在科学上的破产》1877年格兰—萨康涅(瑞士)德文版第18页。

其性质来说是鼓动性的报纸，因此不该刊登长篇科学论文。正如伯恩施坦后来回忆的，杜林本人曾支使莫斯特这样做。

与此同时，《前进报》编辑部为了使中央机关报减去刊登科学论文的负担，在代表大会之前几个月就计划出版《前进报》学术附刊。李卜克内西在4月14日答复恩格斯的上述最后通牒时就通知说，至迟在7月1日开始出版专门的学术附刊。他同时还问恩格斯，在这个附刊上登载《反杜林论》的经济学编是否适当。① 李卜克内西在4月16日又这样问了一次。

从李卜克内西6月27日的信中可以看出，恩格斯在代表大会前夕同意了李卜克内西的建议。李卜克内西写道："《前进报》学术附刊在评论出版后也仍旧出版。在代表大会前，甚至你本人是赞成这一发表方式的，我也认为比先前的方式更合适一些。"②

5月10日在柏林召开了代表会议，以便最后解决《前进报》学术附刊的问题。③ 在这次会议上，正如李卜克内西后来告诉恩格斯的，"柏林人受了一些爱吵闹和捣乱的人的挑唆，提出了一项提交代表大会

---

① 《威·李卜克内西致弗·恩格斯（1877年4月14日）》，见"档案"。（见《威·李卜克内西与卡·马克思和弗·恩格斯通信集》1963年海牙德文版第214页。——译者）

② 《威·李卜克内西致弗·恩格斯（1877年6月27日）》，见"档案"。（见《威·李卜克内西与卡·马克思和弗·恩格斯通信集》1963年海牙德文版第223—224页。——译者）

③ 《威·李卜克内西致弗·恩格斯（1877年5月9日）》，见"档案"。（见《威·李卜克内西与卡·马克思和弗·恩格斯通信集》1963年海牙德文版第218页。——译者）

的提案，反对在《前进报》上继续刊登你批判杜林的文章"。① 因此，学术附刊的问题没有得到解决，虽然如果解决的话，可以更好地利用《前进报》正刊的篇幅来进行实际的鼓动。

但杜林分子关心的并不是《前进报》的性质，他们主要是想不让党的中央机关报刊登恩格斯的批判文章。杜林分子打算在党的代表大会上进行决战，指望把多数争取到自己一边。

不来梅的一个杜林分子奈塞尔在代表大会上首先提出关于恩格斯的文章的问题。他极力把杜林分子的意见冒充为党内的共同意见，声称这些文章"对读者不合适，而且不符合大家的愿望"②。

李卜克内西接着发言，表示断然反对奈塞尔的意见，他说，这些文章是"有意识地"刊登的，他李卜克内西的观点同这些文章的全部内容相符合。③

稍后，当出版《前进报》学术附刊和在柏林创办学术杂志的问题已经解决的时候，莫斯特在关于报刊的一般性辩论过程中提出一项提案："代表大会声明：恩格斯最近几个月以来所发表的反对杜林的批判文章，《前进报》大多数读者是不感兴趣的，这类文章今后不应在中央机关报上发表。"④ 应当指出，莫斯特的提案写在记录上时，用词和缓了。例如，倍倍尔在自传里写道，莫斯特在表述自己的提案时是说，恩

---

① 《威·李卜克内西致弗·恩格斯（1877年5月10日以后）》，见"档案"。（见《威·李卜克内西与卡·马克思和弗·恩格斯通信集》1963年海牙德文版第218页。——译者）

② 《社会党人哥达代表大会记录（1877年5月27—29日）》德文版第65页。

③ 《社会党人哥达代表大会记录（1877年5月27—29日）》德文版第66页。

④ 《社会党人哥达代表大会记录（1877年5月27—29日）》德文版第70页。

格斯的文章"引起了极大的愤慨"①,莫斯特要求《前进报》不发表这些文章,同时又根本不提把它们登在学术附刊或杂志上。杜林分子希望根本停止发表恩格斯反对杜林的文章。

为了使代表们不去对恩格斯的文章进行原则性的评价,从而帮助莫斯特达到通过他的提案的目的,杜林分子克勒米希提议:"关于莫斯特的或者有关的提案(指有关在《前进报》上刊登恩格斯的文章的提案)的辩论,只应限制在材料是否适宜和有无好处的问题上,而决不应涉及原则性或科学性的问题上去。"②

这类策略收到了一定的成效。结果,以三十七票对三十六票赞成单纯从营业的角度去处理这部极其伟大的马克思主义著作。这一事实明显地表现出德国社会民主党对理论问题的轻视态度。莫斯特的提案得到了几乎全部柏林代表——弗里茨舍、芬、格罗特考、格兰德、卡佩耳、拉科夫的支持③,也得到其他地区的一些代表的支持。

瓦耳泰希的发言更为激烈。他声称,恩格斯的文章造成了危害,因为据他说,《前进报》是国内一些地区"唯一的精神食粮",而反对杜林的文章使它变得"不可口"了,恩格斯的调子"容易弄坏胃口"。瓦耳泰希是杜林分子当中唯一敢于建议代表大会为了党的利益利用杜林作有益的事的人。④ 在代表大会之后的一次公开集会上,瓦耳泰希说,马克思派和杜林派在社会民主党内应当享有同等的权利。

倍倍尔发言反对莫斯特的提案。他谴责杜林分子对恩格斯的文章的

---

① 倍倍尔:《我的一生》1965年三联书店版第2卷第317页。
② 《社会党人哥达代表大会记录(1877年5月27—29日)》德文版第70页。
③ 爱·伯恩施坦:《柏林工人运动史》俄文版第384页。
④ 《社会党人哥达代表大会记录(1877年5月27—29日)》德文版第71页。

攻击，但他自己对这些文章的实际政治意义估计不足，认为恩格斯向杜林的争论具有纯学术的性质。《德累斯顿人民报》详细地报道了代表大会的进程，该报写道，倍倍尔"不想同意对有关文章进行原则性的评价"，并引用了倍倍尔的话："学术讨论是自由的，但应寻找别的战场，不要找到面向广大读者的中央机关报头上来"。①

实际上，恩格斯反对杜林的争论决不是只有专家才感兴趣的纯学术争论。这场争论追求的目的，首先是要防止党受异己的杜林观念的影响，用真正的革命理论武装党，因为懂得真正的革命理论是对实际运动进行正确的领导所必需的。

由于出发点不正确，倍倍尔提出了一个妥协性的实际建议。倍倍尔认为，"这些文章连载得太长，使人不能很快看到结尾"，他从这一点出发，提议停止在《前进报》上发表恩格斯的文章，而以单行本的形式出版。②

这样的提案是对杜林分子的重大让步。因此，莫斯特收回了自己的提案并对倍倍尔的提案表示附议。③

在这个关键时刻，李卜克内西起来发言。他详细地说明了恩格斯的文章的巨大的科学意义，同时，为了设法纠正倍倍尔所犯的错误，提议在《前进报》学术附刊上登载这些文章的续篇。④

弗罗梅提出修正案，提议在《评论》杂志上刊载这些文章⑤。此

---

① 《德勒斯顿人民报》1877年6月13日。
② 《社会党人哥达代表大会记录（1877年5月27—29日）》德文版第70页。
③ 《社会党人哥达代表大会记录（1877年5月27—29日）》德文版第70页。
④ 恩格斯：《欧根·杜林先生在科学中实行的变革》1956年柏林德文版第XVI页。
⑤ 《社会党人哥达代表大会记录（1877年5月27—29日）》德文版第70页。

后，代表大会通过了如下一项把倍倍尔、李卜克内西和弗罗梅三人的提案都考虑在内的妥协性决定："应停止在《前进报》正刊上发表恩格斯反对杜林的文章，这些文章应在《评论》上或其前身即《前进报》的学术附刊上发表，或以单行本形式发表。"①

这样，杜林分子在代表大会上遭到了失败。他们既没有能够完全阻止恩格斯的文章的发表，也没有能够使中央机关报不登这些文章。当代表大会还在举行的时候，李卜克内西就写信告诉恩格斯："无论如何，我认为重要的是，把你的文章作为《前进报》不可分割的部分加以刊登，而不要刊登在读者很少的评论上。"② 以后，李卜克内西按照同恩格斯的协议并依据代表大会的决定，把恩格斯的文章登在《前进报》学术附刊上。

但是从另一方面看，这些辩论证明了党内对于革命理论的意义还缺乏足够的认识。反对恩格斯的文章企图把杜林同马克思和恩格斯相提并论，这对于德国社会民主党来说无疑是巨大的耻辱。因此，约·菲·贝克尔从日内瓦写信对恩格斯说："你在《前进报》上反对杜林的文章受到的检查，使我伤心透了。啊，没完没了的愚蠢，甚至在社会民主党内也长久不灭的市侩精神！"③

马克思和恩格斯对这次代表大会的态度，从马克思给布洛斯的信中可以看到："我们两人都把声望看得一钱不值……但是，最近一次党的代表大会上所发生的那类事件，——它们一定会被党在国外的敌人充分

---

① 《社会党人哥达代表大会记录（1877年5月27—28日）》德文版第70页。

② 《威·李卜克内西致弗·恩格斯（1877年5月31日）》，见"档案"。（见《威·李卜克内西与卡·马克思和弗·恩格斯通信集》1963年海牙德文版第220页。——译者）

③ 《约·菲·贝克尔致恩格斯（1877年10月1日）》，见"档案"。

利用——毕竟使我们要小心对待'德国的党内同志'。"①

与此同时发生了一个事件，它在一定程度上使杜林的名声增长了。

代表大会之后过了一个月，杜林由于批评德国的大学制度被柏林大学解聘了。为了维护他，社会上广泛掀起了抗议的浪潮。这一事件甚至在国外，包括俄国，也有反响。例如，当时受杜林影响的米海洛夫斯基就在《祖国纪事》杂志上（1877年11月）发表了《柏林大学的丑剧》一文，揭露了大学当局采取的行动。瑞士政府则甚至打算邀请杜林到苏黎世大学去担任政治经济学教授②。

在德国，甚至某些反动报纸也替杜林辩护。例如天主教的报纸《黑色报》1877年7月27日写道："解聘杜林就是侵犯科学自由。"在柏林、莱比锡、杜宾根、耶拿等城市，大学生和工人纷纷集会，通过表示抗议的决议。在柏林成立了所谓的"杜林委员会"，领导反对大学解聘杜林的斗争。在这个委员会里，社会民主党人占据显著的地位，柏林的大学生运动由社会民主党人大学生路易·菲勒克领导。弗里茨舍、莫斯特等人召开了工人集会，会上通过了维护杜林的决议。

特别卖力维护杜林的是《柏林自由新闻报》，它的编辑部成员大都是狂热的杜林分子。柏林社会民主党人进行反对大学解聘杜林的斗争无疑是对的。但是，正如从各种资料可以清楚地看出的，《柏林自由新闻报》力图把杜林说成不仅是反动派专横的牺牲品，而且是一个社会主义的活动家。例如，莱比锡一家进步党的报纸写道："柏林的社会主义者，首先是《柏林自由新闻报》编辑部以值得尊敬的方式替他们所尊崇的

---

① 《马克思致威廉·布洛斯（1877年11月10日）》，见《马克思恩格斯全集》第1版第34卷第288—289页。

② 《梅克伦堡工人之友报》1877年8月11日。

同党杜林辩护。"这家报纸认为柏林的社会民主党人与莱比锡的"马克思派"不同,"多数是杜林派"。① 欧根·李希特尔把柏林社会民主党的这一机关刊物的行动讲得特别清楚,他说:"社会主义的《柏林自由新闻报》千方百计把杜林吹捧为社会主义政党的拥护者,并力图在某种程度上把他描绘成社会主义事业的殉难者。"②

不仅柏林的社会民主党人表现出这类意图。在德累斯顿,克勒米希(我们在上面已经提到过他在哥达代表大会上的发言)在私人印刷所出版了杜林揭露大学当局的行动的小册子《厚颜无耻的反动派》。在这本小册子中收了克勒米希本人写的一篇文章作为附录,文章中说:"杜林之所以被解聘,是因为他是社会主义者,无论如何也不愿抛弃真理和正义。"③

与此同时,根据哥达代表大会的决定从1877年10月起开始出版的党的理论刊物《未来》,试图广泛宣传杜林的观念。该杂志的出版者是商人兼慈善家卡尔·赫希柏格,他早先就因反对恩格斯在《前进报》上的文章而出了名,该杂志最积极的撰稿人是莫斯特,他们都邀请杜林为《未来》撰稿。但是杜林拒绝了。

另一家社会主义杂志《新社会》(给这家杂志写稿的基本上就是给《未来》写稿的那些人)在创刊号前言中写道:"……《新社会》的出版者和编辑者认为自己的责任是要不仅邀请某一特定学派的拥护者,而且邀请持有其他流派的社会主义观点的思想家和学者参加杂志的工作。编辑部一方面请马克思和恩格斯,另一方面又请杜林和谢夫莱,同样还

---

① 《前进报》1877年7月22日。
② 《前进报》1877年7月22日。
③ 欧根·杜林:《厚颜无耻的反动派》1877年德勒斯顿版第15页。

请毕希纳、狄慈根、杜尔克、李卜克内西、莫斯特等撰稿。"①

这些事实证明，杜林的拥护者不仅在《柏林自由新闻报》上，而且在党的其他机关刊物上都很活跃。

党的中央机关报也没有置身于维护杜林的运动之外。《前进报》一听说对杜林起诉的事，就在6月13日明确了自己的立场："毫无疑问，我们是不可能有把杜林看做自己的党内同志之嫌的，但是我们公开声明：这一措施是对科学自由的侵犯，是主谋者的耻辱，是柏林大学的永久的耻辱。"6月24日，《前进报》再次揭露了大学当局的行为，并说明了这些行为的反动实质。

但是，这一原则立场并没有坚持到底。7月6日，《前进报》登了"南德意志大学生E.B."写的一首吹捧杜林的长诗。这首颂诗称杜林为"思想家、导师和精神的勇士"，而且连篇累牍地对杜林进行极其肉麻的吹捧。

恩格斯对中央机关报发表这首颂诗表示了义愤，而李卜克内西却回信说这件事只不过是"不妥当"而已。实际上，问题不是什么不妥当，而是《前进报》暂时盲从了杜林分子的政见了。李卜克内西在这封回信中谈到，当他不在的时候负责报纸编辑工作的哈森克莱维尔受了杜林分子的影响："我已经斥责过哈森克莱维尔，他完全同意我的意见，但认为，如果在柏林当选（当选为国会议员），就必须重视那里每一股可以使他获得或失掉哪怕是几张选票的潮流。"② 在所说的这段时间里，

---

① 《新社会》（苏黎世）1877年10月第1期第3页。
② 《威·李卜克内西致弗·恩格斯（1877年7月7日）》，见"档案"。（见《威·李卜克内西与卡·马克思和弗·恩格斯通信集》1963年海牙德文版第227页。——译者）

柏林最有影响的"潮流"就是杜林思潮。李卜克内西自己承认,《前进报》替杜林说"好话说得太多了"①。

李卜克内西在7月11日写的题为《柏林宗教裁判所》的社论中强调指出,社会民主党人在杜林事件中"只站在原则的基础上","在这个问题上根本不考虑个人,即使**特赖奈克**是个牺牲品,我们也会全力维护他的。在《前进报》的篇幅上,杜林的著作第一次受到一种全面的、丝毫未加赞扬的科学批判,并且在即将出版的学术附刊上还将继续刊登这种批判,因此《前进报》不可能有对杜林抱个人党派偏袒之嫌。"但是,《前进报》虽然表明了自己的原则立场,在这些日子里却没有责备过《柏林自由新闻报》一句话,尽管《柏林自由新闻报》在大肆宣传杜林这个"社会主义者"。而作为《前进报》附刊的《新世界》画刊也登了某个M.A.博士的文章,文章里有这样的话:"杜林是唯物主义者和社会主义者(在恩格斯证明了杜林是个黑格尔唯心主义者之后,居然还说这种话。——作者)……他不久前出版的《生命的价值》第二版,以极其通俗的形式表现了他的唯物主义世界观,表现了他对世界的富有理想而又实际的认识的全部强大力量,我可以有充分的理由向《新世界》的读者推荐这本书。在他的经济学和社会主义的著作中,最重要的是《国民经济学和社会经济学教程》与《国民经济学和社会主义批判史》"。②

7月,正当杜林由于整个这一事件而声名远扬的时候,学术附刊没

---

① 《威·李卜克内西致弗·恩格斯(1877年7月7日)》,见"档案"。(见《威·李卜克内西与卡·马克思和弗·恩格斯通信集》1963年海牙德文版第227页。——译者)

② 《新世界》1877年8月18日。

有登恩格斯的文章。事情是这样的。代表大会之后，即5月31日，李卜克内西立即写信对恩格斯说："如果你很快把文章续编寄来，那就太好了。如果我们在6月份就开始刊登，那么我们在10月1日，即评论问世时，就刊登完了。"①6月7日李卜克内西再次请求把《反杜林论》的经济学编快些寄来。可是由于"各种各样的打扰和阻碍"，恩格斯不能很快写完前几篇文章②。最后，6月27日，李卜克内西再次催恩格斯寄文章③，却不知道恩格斯在6月25日就已经把这一编的前三篇文章寄往莱比锡给朗姆了④。

原先是李卜克内西极力请求恩格斯快一点，可是现在，由于《前进报》编辑部的过错，文章收到之后，发表的时间已推迟了整整一个月。直到7月27日，《前进报》附刊才登了经济学编的第一章。推迟的原因是编辑部在维护杜林的运动期间不想同杜林分子把关系搞紧张。李卜克内西本人虽然安慰恩格斯说，反对这些文章的人只是"微不足道的少

---

① 《威·李卜克内西致弗·恩格斯（1877年5月31日）》，见"档案"。（见《威·李卜克内西与卡·马克思和弗·恩格斯通信集》1963年海牙德文版第220页。——译者）

② 《恩格斯致威廉·李卜克内西（1877年7月2日）》，见《马克思恩格斯全集》第1版第34卷第259—260页。

③ 《威·李卜克内西致弗·恩格斯（1877年6月27日）》，见"档案"。（见《威·李卜克内西与卡·马克思和弗·恩格斯通信集》1963年海牙德文版第224页。——译者）

④ 《恩格斯致威廉·李卜克内西（1877年7月2日）》，见《马克思恩格斯全集》第1版第34卷第259—260页。

数",但同时又提出,"必须重视这个少数,哪怕只是在表面上!"①

同时,随着杜林的名声的增长,杜林在前几年已经明显表现出来的自大狂也变本加厉了。他现在要求他的拥护者们毫无二话地承认他的全部观点。7月21日李卜克内西写信对恩格斯说:"由于他张大两个鼻孔吸足了焚香膜拜的烟雾,他的狂妄自大变本加厉,到了自大狂甚至是发疯的地步。'我是一种力量!''不完全拥护我,那就是反对我','我是真正的社会主义,谁不相信这一点,谁就是叛徒!'可怜的莫斯特甚至已被封为叛徒。"李卜克内西在这封信里还告知,杜林的拥护者对这些话反应如何:"昨天一些以'领袖'身份参与'运动'的大学生来见我,他们大发雷霆。弗里茨舍也是这样,他前天在这里,他以前是很欣赏杜林的。……杜林委员会——这暂时还是秘密——在悲愤交加之下自行解散了"。②

往后,杜林同他的社会民主党朋友们的私人关系迅速转变为冲突。在被大学解聘之后,杜林决定同柏林大学分庭抗礼,创建"自由大学",正如他最初声明的,以保护"自由科学"。1877年10月,杜林在这所大学开学时作了开学讲演,共分三讲,当时还有不少社会民主党人听讲。《柏林自由新闻报》登了几篇有关这些讲演的报道。在报道第三次讲演《在阐述自然科学任务方面的退步》时,就出现微弱的批判性

---

① 《威·李卜克内西致弗·恩格斯(1877年7月21日)》,见"档案"。(见《威·李卜克内西与卡·马克思和弗·恩格斯通信集》1963年海牙德文版第232页。——译者)

② 《威·李卜克内西致弗·恩格斯(1877年7月21日)》,见"档案"。(见《威·李卜克内西与卡·马克思和弗·恩格斯通信集》1963年海牙德文版第230—232页。——译者)

调子了。①杜林认为这是对自己的独立地位的侵犯。他同社会民主党人的关系紧张起来。当杜林企图在"自由大学"确定自己的个人独裁，拒绝聘请曾在"行会式大学"（杜林对德国的大学的称呼）任职的学者，并要求自由大学的每一个成员向他报告自己的行为时②，社会民主党人中的杜林分子就公开反对他了。杜林在自传里写道，他们"撕下了假面具"并"暴露了敌意"③。

社会民主党内的杜林拥护者没有能力使杜林免受恩格斯的毁灭性的批判，同时他们又反对杜林过分膨胀起来的狂妄自大，这就使杜林不得不同他们断绝一切关系。11月13日杜林在许多报纸（《人民报》、《国民报》等）上发表《声明》，断言他从未加入过社会民主党人的队伍，相反地，社会民主党人总是利用他的名字和著作去谋私利。他在《声明》中对社会民主党进行了许多恶毒的攻击④。

莫斯特及其同伙只好抛弃自己先前的老师。但是，柏林的社会民主党人同杜林的私人决裂，决不等于他们同杜林的观点实行决裂。

1877年年底，在柏林成立了所谓的"摩尔人俱乐部"（因坐落在摩尔人大街而取名）。奥艾尔曾说："俱乐部的成员就是那些曾在大学生当中掀起反对解聘杜林的抗议运动的人。"⑤伯恩施坦曾举出这一俱乐部的主要成员的名字："在参加'摩尔人俱乐部'的人中，路易·菲勒克是组织者，除了《柏林自由新闻报》的编辑和党的其他宣传员以外，还有卡·赫希柏格，保险公司代理人卡·奥·施拉姆……伊格纳茨·奥

---

① 爱·伯恩施坦：《柏林工人运动史》俄文版第385页。
② 《前进报》1877年11月8日。
③ 欧根·杜林：《事业、生平和敌人》1963年莱比锡德文版第217页。
④ 《前进报》1877年11月18日。
⑤ 伊·奥艾尔：《从哥达到维登》1901年柏林版第7页。

艾尔(他在1877年秋天参加《柏林自由新闻报》编辑部)也曾一度参加。"① 伯恩施坦也是这一俱乐部的成员。

俱乐部初期只讨论社会主义的理论问题。但是在1878年4月,俱乐部办了"工人自修学校"。杜林分子弗·米耳克是该校的首席领导人。这所学校开设历史、政治经济学、修辞学等课程。伯恩施坦写道:"卡·施拉姆讲授政治经济学时,听众特别踊跃,他被认为是很熟悉马克思著作的人。"② 实际上,正像马克思本人说过的,施拉姆对马克思的价值理论的理解是错误的。③ 毫无疑问,宣传杜林的观念以及其他唯心主义的和小资产阶级的观点,在这所学校中并不是占最末一位。不过"摩尔人俱乐部"始终只是宣传杜林主义的一个无足轻重的基地。

从1877年7月27日到12月30日,《前进报》学术附刊发表了《反杜林论》第二编,即政治经济学编的各篇文章。按照马克思和恩格斯之间彼此在各个专门领域互相帮助的习惯,马克思在1877年3月初为《反杜林论》写了经济学这一编的第十章《〈批判史〉论述》,对杜林的《国民经济学和社会主义批判史》的基本论点进行了毁灭性的批判。

《反杜林论》第三编——《社会主义》编从1878年5月5日到7月7日在学术附刊上发表。还在1877年,第一编《哲学编》就在莱比锡出了单行本。1878年7月出版了《反杜林论》的第二部分的单行本,包括《政治经济学》和《社会主义》这两编。

---

① 爱·伯恩施坦:《柏林工人运动史》俄文版第385页。
② 爱·伯恩施坦:《社会民主党的学习年代》俄文版第56页。
③ 《马克思致斐迪南·多梅拉·纽文胡斯(1880年6月27日)》,见《马克思恩格斯全集》第1版第34卷第423页。

《前进报》广大的社会民主党读者群众都阅读和研究恩格斯的文章。可见，莫斯特在代表大会上所说的似乎恩格斯的文章不能引起大多数读者的兴趣的那种言论，纯属诽谤。就在那次代表大会上，一个叫做海伊尔的代表在发言中说："即使不是所有的工人都对恩格斯的文章感兴趣，仍然有数以百计的工人非常专心地阅读这些文章。"①

应当指出，尽管莫斯特及其同伙玩弄阴谋诡计，杜林的观念除了在柏林以外，无论在任何地方，在群众中都没有获得多大的传播。社会民主党的普通党员对杜林主义的态度，在很大程度上取决于他们的领导人的态度。许多地方组织都给了杜林主义以应有的反击。例如，汉堡党的机关报编辑布洛斯告诉恩格斯："杜林主义在这里根本生不了根。我在我们的报纸上坚决表示反对杜林，在整个汉堡，没有一个替他说好话的。"② 即使在杜林的观念有某些影响的地方，在恩格斯的文章（这些文章对于在理论上和思想上粉碎杜林主义起了决定性的作用）的影响下，杜林观念造成的影响也迅速消逝了。布洛斯在另一封信中写道："反对杜林的文章，特别是《地租》那一章，非常引人入胜。我昨天听说，汉堡唯一的一个杜林分子（是个理发师）也走上正道了……起初他说您的文章是'不道德的'，后来还是读了，现在已经完全改变看法了。"③

恩格斯所作的毁灭性批判，向群众指明了杜林分子企图把杜林的观点强加于党的全部危害性。柏林开始有人要求不让莫斯特担任《柏林自由新闻报》的编辑。白拉克在1877年10月写信告诉马克思：在柏林，

---

① 《社会党人哥达代表大会记录（1877年5月27—29日）》德文版第72页。
② 《威·布洛斯致弗·恩格斯（1877年8月14日）》，见"档案"。
③ 《威·布洛斯致弗·恩格斯（1878年8月1日）》，见"档案"。

"有人迫切要求李卜克内西担任《柏林自由新闻报》的主编。据说李卜克内西对此也感兴趣"。①

恩格斯的文章使党获得了反对杜林的锐利的理论武器，从而结束了杜林在党内的影响。同时，这些文章成了全世界广大的劳动群众学习马克思主义理论的极其重要的文献。

同杜林主义斗争的历史，再一次以具体的事例表明马克思和恩格斯在建立德国工人阶级真正的革命政党的事业中的领导作用。

（原载苏联科学院历史研究所编《近代德国工人运动［论文和资料汇编］》1962年莫斯科俄文版第338—365页）

（胡文建、黄良平 译）

---

① 《威·白拉克致弗·恩格斯（1877年10月25日）》，见"档案"。

《反杜林论》中"现代社会主义"这个概念究竟是什么涵义？*

马 兵

[编者按] 恩格斯在《反杜林论》的《引论》中一开始就使用了"现代社会主义"（der moderne Sozialismus）这个概念。对这个概念我国理论界有两种不同的理解。一种意见认为，它专指科学社会主义；另一种意见认为，它指19世纪的社会主义学说，既包括空想社会主义，也包括科学社会主义。对这个概念的理解看来在苏联也存在着分歧。莫斯科科学出版社1988年出版的《社会主义学说史》一书刊载了 A. 施特克里《关于恩格斯新文献的发表》一文，提出了自己的看法。这里说的新文献是指苏联《共产党人》杂志1985年第18期重新发表的《反杜林论》中的引论初稿全文。施特克里在自己的文章中对"现代社会主义"这个概念的含义作了仔细的论述，对俄译文的不确切之处，提出了意见，还指出《马克思恩格斯全集名目索引》编者对这一概念的理解有误。鉴于人们对"现代社会主义"的理解有争议，而且《名目索引》一书已有中译本，新出版的《马克思恩格斯全集》原文版第1部分第27卷（即《反杜林论》专卷。参看资料卷第1439页）的名目索引也存在类似的问题，我们特摘录施特克里这篇文章，供大家研究参考。

---

* 本文选自《马克思恩格斯研究》1989年总第2辑。

恩格斯在《引论》中一开头写道："现代社会主义，就其内容来说，首先是对统治于现代社会中的有产者和无产者之间、资本家和雇佣工人之间的阶级对立和统治于生产中的无政府状态这两个方面进行考察的结果。但是，就其理论形式来说，它①起初表现为18世纪法国伟大启蒙学者所提出的各种原则的进一步的、似乎更彻底的发展。和任何新的学说一样，它②必须首先从已有的思想材料出发，虽然它的根源深藏在经济的事实中。"③

作者指出，从俄译文看，这段话可以作如下理解："现代社会主义"是指当时存在的社会主义。但是就其理论形式来说，社会主义起初——当它还是空想社会主义的时候——只是法国启蒙学者的各种原则的进一步的、似乎更彻底的发展。

然而，恩格斯这段话中的"它"，实际上是指现代社会主义，"它起初表现为……"系指其发展的起初的、空想的阶段，而不是其发展的科学阶段。因为下一句话说："和任何新的学说一样，它必须首先从已有的思想材料出发……"。

恩格斯的这段话在草稿中是这样的："现代社会主义虽然实质上是由于对现存社会中有产者和无产者之间、工人和剥削者之间的阶级对立进行考察而产生的，但是，就其理论形式来说，起初却表现为18世纪法国伟大启蒙学者所提出的各种原则的更彻底的、进一步的发展，社会主义④的最初代表摩莱里和马布利也是属于启蒙学者之列的。和任何新

---

① 俄文译为社会主义。——编者注
② 俄文译为社会主义。——编者注
③ 《马克思恩格斯全集》第1版第20卷第19页。
④ 德文原文为它，即现代社会主义，俄文译为这种社会主义，《全集》中译文看来是受了俄译文的影响。——编者注

的学说一样，它必须首先从已有的思想材料出发，虽然它的根源深藏在物质的事实中。"①

如果说从定稿中可以这样理解：社会主义最初（即空想社会主义）依据的是法国启蒙运动的原则，因为它必须从已有的思想材料出发，那么，初稿就不同了。初稿中的"它"显然指"现代社会主义"，而且明确指出，摩莱里和马布利是这种社会主义的代表。

但是，既然"现代社会主义"产生于18世纪中叶，因为它的来源是摩莱里和马布利，那么，我们设想恩格斯所说的"现代社会主义"是指那时的社会主义，也许是我们对恩格斯的话理解错了，也许是原稿和草稿有出入。

作者对俄译文与原文进行了仔细的核对，发现实际上出入来自俄译文，因为在应译为它（即现代社会主义）的地方，译成了"社会主义"。作者还指出，马克思和恩格斯对摩莱里和马布利在社会主义思想史所起的重要作用，在别的地方也讲到过。马克思在《外国杰出的社会主义者文丛计划》中就是以摩莱里和马布利开始的。②

从德文原文来看，草稿和定稿都是指"现代社会主义"，定稿只是没有草稿中最后一句，即"它③的最初代表摩莱里和马布利也是属于启蒙学者之列的"。恩格斯在《引论》中稍后一点也提到了摩莱里和马布利，只是把他们说成"直接共产主义的理论"的创始人，但这不改变恩格斯关于"现代社会主义"产生时间的看法的实质。

可见，恩格斯所说的"现代社会主义"不是指他写《反杜林论》

---

① 《马克思恩格斯全集》第1版第20卷第19页，最后一句是新译的。
② 参看《马克思恩格斯全集》第1版第42卷第272、508页注142。
③ 现代社会主义。——编者注

那时的社会主义。

那么恩格斯在《反杜林论》中究竟是怎样使用"现代社会主义"这个概念的呢?作者利用了《马克思恩格斯全集名目索引》,他发现《索引》提供的页码有的并不妥当。如恩格斯在《引论》开头那段话中提到"现代社会主义"的地方,《索引》的编者却要读者去查看"科学共产主义"的条目。[①] 这就可以使人认为,恩格斯所使用的"现代社会主义"这个概念可以看做是"科学共产主义"的同义语。

再看一下《反杜林论》中另一处提到"现代社会主义"的地方。"现代社会主义不过是这种实际冲突[②]在思想上的反映,是它在头脑中、首先是在那个直接吃到它的苦头的阶级即工人阶级的头脑中的观念的反映"。[③] 这段话在《索引》中也被列入"科学共产主义"的条目里。

作者指出,恩格斯明确地说过,科学社会主义是"无产阶级运动的理论表现",[④] 如果想到这一点,就不会把生产力和生产方式之间的冲突在工人阶级头脑中的任何反映都列入科学共产主义。大家知道,反映是各种各样的,其中包括空想的、非科学的,甚至像自认为是无产阶级利益表达者的拉萨尔那样的活动家,更不用说提出伪社会主义的杜林,也曾以自己"新的社会主义理论"对工人产生一定的影响。此外,从恩格斯这句话后面提到傅立叶的叙述中也可看出,"现代社会主义"在这个场合不可能理解为"科学共产主义"的同义语。[⑤]

作者提出,由于在这句话的草稿的俄译文中,后面的"它"译成

---

① 《马克思恩格斯全集》第1版第20卷第21页。
② 生产力和生产方式之间的冲突。——作者注
③ 参看《马克思恩格斯全集名目索引》上册第753页。
④ 《马克思恩格斯全集》第1版第20卷第293页。
⑤ 《马克思恩格斯全集》第1版第20卷第308页。

了"这种社会主义",就可能得出在摩莱里和马布利之前还可能有别的社会主义①。当然这不是恩格斯的原意。作者最后得出结论:显然,科学共产主义(或科学社会主义)是恩格斯所说的"现代社会主义"的一部分,它的最主要的部分。而"现代社会主义"发展的开始阶段则是"空想社会主义"。

作者进一步提出问题:既然现代社会主义就其理论形式来说,表现为18世纪法国伟大启蒙学者所提出的各种原则的进一步的、似乎更彻底的发展,那是否证明在启蒙运动以前存在另一种不是"现代"社会主义的社会主义呢?

作者就此考证了恩格斯对"现代的"(modern)一词的用法。他引证了《自然辩证法》的导言中的一段话:"现代自然科学同古代人的天才的自然哲学的直觉相反,同阿拉伯人的非常重要的、但是零散的并且大部分已经无结果地消失了的发现相反,它唯一地达到了科学的、系统的和全面的发展。现代自然科学,和整个近代史一样,是从这样一个伟大的时代算起,这个时代,我们德国人由于当时我们所遭遇的民族不幸而称之为宗教改革,法国人称之为文艺复兴,而意大利人则称之为五百年代,但这些名称没有一个能把这个时代充分地表达出来。这是从15世纪下半叶开始的时代。"②

恩格斯往下总结了自己的观察,指出正是在这个时代开始了自然科学发展的最初时期。③ 应当指出,这里说是"自然科学"发展的最初时期,而不是"现代自然科学"发展的最初时期。换句话说,承认"自

---

① 中文译成"社会主义"也可以产生歧义。——编者注
② 《马克思恩格斯全集》第1版第20卷第360页。
③ 《马克思恩格斯全集》第1版第20卷第360页。

然科学"(或"现代的自然研究")从文艺复兴时代开始这个事实,在恩格斯看来,并不是说在此以前的世纪里存在着不是"现代的自然科学"的"自然科学"。重复恩格斯的话说,在文艺复兴时代,"开始了自然科学发展的最初时期"。在此以前,自然科学本身并不存在,而只有天才的自然哲学的直觉和自发的发现。我们在分析了恩格斯在什么样的上下文联系中使用"der moderne Sozialismus"、"die moderne Naturforschung"等这类用语之后,可以得出结论:虽然正是"现代社会主义"起初表现为法国伟大启蒙学者所提出的各种原则的进一步的发展,这不是说要有某种更加早期的社会主义。

恩格斯在《反杜林论》中使用了"旧的社会主义",这不是用来称呼很久以前的空想主义者的著作,而是用来称呼欧文、法国"工人共产主义"、"魏特林的理论"。①

施特克里写本文的目的,主要是探讨恩格斯关于空想的社会主义和共产主义是怎样形成和发展的看法,以及空想社会主义史的最初阶段和分期问题,所以他在文章的最后写道:如果他的意见是正确的,他举出的《自然辩证法》的导言中"现代自然科学"的例子值得注意,那么这就有助于解决如下争论:16—17世纪要求财产公有的学说是否应当看做空想社会主义史的最初阶段或只是看做空想社会主义的前史。

正确弄清恩格斯在《反杜林论》中的《引论》草稿中所指出的"现代社会主义"的涵义,就不仅有可能更清楚地提出"现代社会主义"的最初阶段问题,而且有可能更清楚地提出现代社会主义同18世纪中叶的"禁欲共产主义"的关系问题。

---

① 《马克思恩格斯全集》第1版第20卷第363页。

恩格斯开始为《社会民主党人报》(苏黎世) 撰写政论文章——《不许通奸》一文的写作过程[*]

王宏道

1880年8月20—23日德国社会民主党维登代表大会，促使《社会民主党人报》转变了立场。这次党代表大会的决议，反映了马克思恩格斯在1879年9月的《通告信》中所提出的对阶级斗争实行革命领导的方针，通过了有关同《反社会党人法》进行斗争的策略的决定。这些决定直接涉及《社会民主党人报》的立场和办报方针。1880年8月23日与会代表一致通过的决定申明，在苏黎世出版的《社会民主党人报》，是德国社会民主党的唯一的正式的机关报。[①]《社会民主党人报》被提高到党的中央机关报的地位，突出了在非法斗争条件下，党对报纸的领导所具有的特殊意义。1880年12月间，奥·倍倍尔和爱·伯恩施坦前往伦敦访问马克思和恩格斯，此行对于把维登党代表大会的决议贯彻到《社会民主党人报》的编辑工作中去，无疑具有确定方针的作用。在充分交换意见当中，马克思和恩格斯介绍了经验，并保证会后将给予

---

[*] 本文选自《马克思恩格斯研究》1995年总第23期。

[①] 参看《德国社会民主党代表大会文件。1880年8月20—23日瑞士维登》1880年苏黎世版第47页。

帮助。①

　　1881年新年前后伯恩施坦和卡·考茨基取代格·冯·福尔马尔担任《社会民主党人报》的编辑工作。伯恩施坦之所以被委以此任，原因在于，他虚心接受了马克思恩格斯对赫希柏格等人的机会主义观点的批评。伯恩施坦上任以后，努力从形式到内容把《社会民主党人报》办得不仅旗帜鲜明，而且更加具有群众影响，更加具有战斗性。他计划发表有关"十诫"②的系列文章，就是这种努力的一个具体体现。他计划写这些文章的意图是，揭露和抨击统治阶级的思想家和政客越来越露骨地利用宗教来作为剥削和统治制度的一个意识形态支柱的企图：他们极力把普鲁士主义和新教教义的杂烩，充当普鲁士德意志帝国的意识形态基础，并确立由教皇利奥十三世（1878—1903年在位）所炮制的天主教的反社会主义立场。1880年9月18日，德国社会民主党的领导曾正式号召人们警惕统治者正在加紧利用宗教来作为压迫人民群众的道德手段（见1880年9月26日《社会民主党人报》第39号）。

　　伯恩施坦计划写的这组总题为《十诫》的系列文章的第一和第二篇，先后在1881年1月30日和2月13日《社会民主党人报》第5号和第7号上发表，写了第七诫（不许偷盗）、第九诫（不许贪恋邻人的房宅）和第十诫（不许贪恋邻人的妻子、奴仆或牲畜以及所有属于他的一切）。"十诫"的第一篇文章，对于《社会民主党人报》卓有成效地完成自己的政治使命，就已经作出了自己的一份贡献，并受到恩格斯的赞赏。1881年2月2日恩格斯致函伯恩施坦时写道："新年以后出版的

---

① 参看倍倍尔：《我的一生》1965年三联书店版第3卷第134—137页。
② "十诫"系"十条诫命"的简称，为基督教的戒条。

5号《社会民主党人报》说明它有很大的进步。'击败者'的悲观失望的调子和傲慢骄矜的美德互为补充，小市民的温顺和莫斯特式的革命词句交相为用，还有，同莫斯特纠缠不休——所有这一切都停止了。调子变得流利而且坚定了，如果这样发展下去，报纸就会不是麻痹德国的群众，而是激励他们的勇气。既然您那里有《新莱茵报》，您可以不时翻阅一下。正由于我们对自己的敌人持鄙视和嘲笑的态度，在戒严前的6个月里我们获得了差不多6000个订户……"在信后的一句附言中，恩格斯称赞谈第七诫的文章写得很好。① 伯恩施坦在1881年2月6日的回信中以他本人的名义并代表考茨基感谢恩格斯的称赞，并表示完全同意恩格斯对报纸的编辑工作所给予的指示。

他写道："您在这方面的指导对我们来说是办好报纸的唯一准绳。应当恢复过去那种富有斗争性的、无所顾忌的风格，这种风格以前是我们党，特别是爱森纳赫派的特色……"他还告诉恩格斯，他已经完成有关第九诫和第十诫的文章，并准备写第五诫（不许杀人）和第八诫（不许对邻人作伪证加以陷害）的文章。但是他不想写第六诫（不许通奸），因为在他看来，"关于'不道德的'生活的辱骂……总是俗不可耐的"。然而他和他的同事却打算借1881年3月22日威廉一世皇帝84岁生日之机，使"这位英雄老人所谓的慈善心肠暴露于光天化日之下"。他写道："为此我们殷切请求您，能否给我们提供一些'珍贵的材料'，不管是新的还是旧的，我们都有用。弥补一下在暗杀事件引起的迫害狂热之下所犯的过错，也是有必要的。"②

---

① 《马克思恩格斯全集》第1版第35卷第146—147页。
② 《恩格斯与伯恩施坦通信集》1982年人民出版社版第17、18页。

伯恩施坦请求提供材料，实际上就是请求撰写一篇谈威廉一世的文章。为此恩格斯很快寄去了《不许通奸》这篇作品，从此以后便开始为《社会民主党人报》撰写政论文章。在1881年3月12日致伯恩施坦的信中，恩格斯写道："这里附上一些关于禁止通奸的材料。您是否能用得上，我自然不知道。这是一个棘手的问题，所以您应当考虑好，谈这一问题是否会弊多利少。无论如何，我愿意告诉您一种谈论这个戒律而又不陷于庸人劝善的办法；我所掌握的搜集到的关于这一问题的历史材料，对您总是会有用的。"① 恩格斯认为，通过第六诫这个题材可以很好地使用讽刺的手法去写"霍亨索伦家族"而使之受到嘲笑。他谦逊地把他的这篇作品称之为材料的"编辑整理"。然而远不止于此，恩格斯还就在报刊上如何利用霍亨索伦家族的辩护士们所讳莫如深的事实，来向广大群众揭露阶级敌人的丑恶面目作了示范。还应当说明的是，恩格斯这篇作品并不是供报纸拿来可以直接发表的文章定稿，而是为伯恩施坦提供广泛帮助。文章后边一大段的详细说明，突出表现了恩格斯这篇文章的上述特点。

伯恩施坦后来还是没有写关于第六诫的文章。恩格斯提供的事实材料，既没有在一篇专论上发表，也未在其他场合使用。然而恩格斯所指出的在报刊上如何利用历史事实来打击敌人的手法，却得到了成功的运用。1881年3月22日《社会民主党人报》第12号上刊载的两篇文章：奥古斯特·赫尔特尔谈威廉一世皇帝84岁寿辰的文章《为三月二十二日而作》和伯恩施坦谈弗里德里希二世的文章《霍亨索伦家族的理想》，就是很好的例证。

---

① 参看《马克思恩格斯全集》第1版第35卷第162页。

伯恩施坦为什么收到恩格斯寄的文章材料而未予发表或使用，现已无从查考。我们可以作这样的推测：伯恩施坦认为此事过于棘手，担心发表这个题材的文章，有可能给《社会民主党人报》在德国国内的发售人带来不必要的危险。有关"十诫"的系列文章，伯恩施坦在发表最初的两篇以后就中断了。

关于恩格斯的《卡·马克思〈1848年至1850年的法兰西阶级斗争〉一书导言》[*]

殷叙彝

一

1895年1月30日,德国社会民主党的《前进报》出版社经理理查·费舍写信给恩格斯,请求他同意该出版社把马克思在1850年《新莱茵报。政治经济评论》上发表的论述法国1848年革命的一组文章(共三篇)印成单行本小册子出版,还请求恩格斯为这个单行本写一篇导言。考虑到德国有可能通过所谓防止政变法,费舍希望此书至迟能在3月出版。恩格斯在2月2日的复信中尽管抱怨费舍定的时间过于紧迫,但还是基本同意这一计划。在此后的几封信中,恩格斯建议补充一篇文章,作为该书的第四章。他为各章拟定了新的标题,并建议将书名定为《1848年至1850年的法兰西阶级斗争》。从信中还可以看到,恩格斯从2月14日起已开始写《导言》(《导言》发表时落款的日期为3月6日)。这篇著名的《导言》是恩格斯一生所写的最后一篇重要政治论文,它对新形势下无产阶级革命的策略作了精辟的论述,因此是一篇有重要历史意义的马克思主义文献。

---

[*] 本文选自《马列主义研究资料》1983年第3辑。

如上所述，这时德意志帝国国会正在讨论所谓防止政变法草案，也就是政府在12月6日提出的"关于修改和补充刑法典、军事法典和出版法"的法律草案。这个法案对现行法令增加了一些条文，规定对"蓄意用暴力推翻现行国家秩序者"、"唆使一个阶级用暴力反对另一个阶级从而破坏公共秩序者"、"唆使士兵不服从上级命令者"等等采取严厉措施，因此被社会民主党人称为"新的反社会党人法"草案。党的执委会对这一形势估计得很严重，因此费舍在3月初看到恩格斯写的《导言》的手稿后，对其中的一些段落感到不安，并且立即和执委会主要成员倍倍尔、辛格尔、奥艾尔进行商量。3月6日，费舍受执委会委托写信给恩格斯，把他们取得一致的意见告诉他，并请他接受随信附上的他们的修改方案。信中说，引起执委会异议的那些话很容易被敌人利用，由于防止政变法草案有可能被通过，因此目前特别必须努力避免这一情况。费舍说：

"而你自己也会承认，一个用心险恶的敌人恐怕不难把你的言论的核心思想说成是这样的：第一，承认我们之所以今天还不发动革命，仅仅是由于我们还不够强大，是由于军队还没有足够受到感染——对于防止政变法草案来说，这正是有待证明的；其次，我们在发生战争或其他重大麻烦——类似公社那样——时会在外敌当前等等的情况下举起起义的旗帜。这类'材料'今天（对于敌人来说）恰恰会成为'正中下怀的事'，而我们方面的一切说明都只会被理解成企图辩解或否认。我相信，你一定会承认我们的担忧是有道理的。"①

---

① 《国际社会史评论》1967年第2期第181—182页。

恩格斯在3月8日的复信①中表示他"尽可能考虑到"党执委会的"严重担忧",除了几点之外接受他们的修改意见。但是恩格斯也向执委会指出,他们的担忧有些过分,使人不能理解。他严肃地提醒执委会说:"我不能容忍你们立誓忠于绝对守法,任何情况下都守法,甚至对那些已被其编制者违犯的法律也要守法,简言之,即忠于右脸挨了耳光再把左脸送过去的政策"。恩格斯还指出,由于社会民主党的力量不断迅速壮大,敌人十分清楚时间对社会民主党有利,迫切希望早日同党较量,因此党即使在演说中表示愿意守法,敌人也不会相信,这种做法反而只会使自己蒙受耻辱。恩格斯表示,在文章的修改方面,"我绝不会再多走一步"。②3月25日,恩格斯在给考茨基的信中也提到此事,他说:"我的文章由于我们那些害怕防止政变法草案的柏林朋友们的不坚定而受到了一些损害,在目前形势下,对此我仍然不得不加以考虑。"③

费舍和倍倍尔看到恩格斯的复信后都曾写信给他,为执委会进行辩

---

① 这封信的原件一直没有找到。1965年,阿姆斯特丹国际社会史研究所德国部主任维尔纳·布鲁姆贝格发现了它的一份打字副本(1924—1925年间由费舍提供的),并在他编辑出版的《倍倍尔和恩格斯通信集》的序言中刊载了几段(该书1965年德文版第XI页注57)。1967年,西德不来梅大学教授汉斯-约瑟夫·施坦因贝格在《国际社会史评论》第2期的《革命和合法性》一文中根据这个副本第一次全文发表此信。接着,苏联《历史问题》杂志1968年第7期发表了信的俄译文。《马克思恩格斯全集》俄文第2版第39卷(1966年出版)没有来得及收进此信,但1974年出版的《马克思恩格斯全集》中文版第39卷和1968年出版的德文版第39卷都已收入此信。1981年出版的《马克思恩格斯全集》俄文版第50卷也收入此信。

② 《马克思恩格斯全集》第1版第39卷第402页。

③ 《马克思恩格斯全集》第1版第39卷第426页。据考茨基说,他曾主动要求恩格斯同意将《导言》在《新时代》上发表,恩格斯这封信是对他的要求表示同意的复信。参看《取得政权的道路》三联书店1961年版第57页。

解。倍倍尔在3月11日的信中指责恩格斯"以错误的前提为根据"。他表示他们并不指望恩格斯说一些自己"不愿意说也不应该说的话",而是指望他不要说"那些一旦说了出来在目前只会使我们难堪的话",而恩格斯的言论"正中敌人的下怀,他们巴不得我们现在就告诉他们,我们一旦掌握政权后打算干些什么"。他解释说:"没有人想要说将来我们要走'合法'的道路,我们不容置疑地表明,事物发展的自然进程会把政权交到我们手中,至于怎么个交法,我们并没有表示意见。我们只是驳斥了说我们热衷于尝试一下新的弹仓式步枪的那种看法。"① 费舍同样指责恩格斯的"错误的前提",并表示他们谁也没有想到"立誓忠于绝对守法"和"宣扬绝对放弃暴力行为",相反,李卜克内西和倍倍尔最近都一再十分明确地强调,只要上面违犯了宪法和法律,下面也就解除了守法的义务。费舍说,社会民主党目前之所以守法,是因为合法性对党有利而对敌人不利,同时敌人也有足够强大的力量迫使党守法,因此党不应当把自己的意图公开说出来惊动敌人,而是应当按照这样的精神办事:"这种事人们是不说的,只是这样做!"②

倍倍尔等人的态度说明,恩格斯对德国当时形势的估计和对策略的看法同党执委会是存在一定距离的(实际的距离比信中表现出来的还要大,但本文无法涉及),尽管如此,在《导言》修改问题上双方毕竟已取得一致,争执本可以暂时结束了。但是在《法兰西阶级斗争》单行本还未出版时,3月30日的《前进报》却发表了一篇社论,题为《目前革命应怎样进行》,其中未经恩格斯同意就从《导言》中断章取义地摘录了几段话,使恩格斯的观点大大遭到歪曲。恩格斯看到后非常气

---

① 《倍倍尔和恩格斯通信集》1965年德文版第795—796页。
② 《国际社会史评论》1967年第2期第185—186页。

愤，立即在4月2日写信给考茨基说："使我惊讶的是，今天我发现，**《前进报》事先不通知我就发表了**我的《导言》的摘录，在这篇经过修饰整理的摘录中，我是以一个爱好和平的、无论如何要守法的崇拜者出现的。我特别希望《导言》现在能全文发表在《新时代》上，以消除这个可耻印象。"① 两天后他在给拉法格的信中也抱怨李卜克内西（他作为《前进报》的主编当然应对此事负主要责任）从《导言》中"摘引了所有能为他的、无论如何是和平的和反暴力的策略进行辩护的东西"②，他还请拉法格等到《导言》全文刊登在《新时代》以后再发表评论。

根据恩格斯的要求，考茨基在《新时代》第13年卷第2册第27和28两期（4月出版）连载发表了这篇《导言》。恩格斯在上述两封信中所说的"全文"显然是和《前进报》的摘录相对而言的，因此《新时代》上发表的也只是单行本中经过删改的文本。此外恩格斯在上述给考茨基的信中还表示要"非常明确地"把他关于《前进报》这种做法的意见告诉李卜克内西和其他有关的人，但这些信迄今还未发现。

1895年5月，帝国国会否决了防止政变法草案，但是德国政府仍旧不断向工人阶级的民主权利发动进攻。例如，1897年1月，瓦德西伯爵在他给威廉二世的秘密备忘录中要求实行政变以废除普选权并用武力镇压工人。同年12月，帝国内务大臣向各邦政府发出秘密通知，建议采取立法措施反对罢工权和结社权。1898年9月，德皇在一次演说中宣布将提出对组织罢工实行严惩的所谓"苦役监禁法案"并且在1899年6月确实将这一法案提交国会讨论。由于工人阶级和社会民主

---

① 《马克思恩格斯全集》第1版第39卷第432页。
② 《马克思恩格斯全集》第1版第39卷第436页。

党的坚决反抗，这些企图未能得逞，但这毕竟说明，反动政府是处心积虑要利用一切机会和借口对社会民主党实行镇压的。在这种形势下，社会民主党领导在恩格斯逝世后仍旧没有发表《导言》的原来文本。特别是大致在1910年以后，党的领导逐渐转向中派立场，就更加不可能这样做了。

1899年，伯恩施坦在《社会主义的前提和社会民主党的任务》一书中曾用隐晦的语言暗示恩格斯已在这篇《导言》中对马克思主义的革命理论作了"必要的修正"。① 考茨基在同他论战时在《伯恩施坦和辩证法》一文中对他作了驳斥。考茨基说，"恩格斯一如既往，仍旧是一个老革命家"，恩格斯关于"须知革命权是唯一的真正'历史权利'"这句话就是证明。考茨基还援引恩格斯1891年在《〈卡·马克思法兰西内战〉一书导言》中重新提到无产阶级专政的言论和同年恩格斯在《德国的社会主义》一文中关于无产阶级不能顺应资产阶级的要求而绝对放弃使用革命权利的言论来论证，恩格斯在《导言》中阐述的思想和这完全一样。如果说《导言》中表现得不那么清楚，"那责任不在他，而是在于德国的朋友们，他们要求把文章的结尾（考茨基在这里把《导言》被删节的部分简单地说成是一个'结尾'，当然是不确切的。——引者）删掉，因为**它太革命了**。他们认为，这篇导言即使没有这个结尾也说得够清楚了。但是情况显然不是这样。"② 考茨基指出，既然伯恩施坦掌握恩格斯的遗稿，如果遗稿中有这段删节掉的结尾，那就请伯恩施坦将它发表。对此，伯恩施坦立即在《辩证法和发展》一文中回答说，他丝毫不知道那一被删掉的结尾，他也不掌握这份手稿。

---

① 《社会主义的前提和社会民主党的任务》三联书店1965年版第75页。
② 《新时代》第17年卷（1898—1899）第2册第47页。

伯恩施坦并不否认可能有这么一个结尾,但是他认为这个结尾同他所理解的这篇《导言》的基调不会有"原则性的对立"。他甚至认为,重提"革命权"不过是一种"无可奈何的办法",是"给假花浇水"。①

尽管伯恩施坦这样歪曲恩格斯的思想,甚至使用臆测为手段来进行论战,但是在社会民主党关于伯恩施坦修正主义进行的讨论和批判中,一些了解情况的党的领导人回避了这一问题,有关《导言》发表过程的事实始终没有得到澄清。直到1909年,考茨基才在《取得政权的道路》一书中摘要发表了恩格斯在1895年3月25日和4月2日(考茨基误写为4月1日)给他的两封信,并说明了一部分情况。考茨基同时再一次援引恩格斯在《德国的社会主义》一文中的言论来证明,恩格斯丝毫没有放弃一贯的革命立场(以上参看《取得政权的道路》三联书店1961年版第56—60页)。但是,也是大致从这个时候开始,考茨基逐渐走上机会主义的中派道路,日益与党内的修正主义者在观点上趋于一致,他的关于社会革命的言论已成为与实践脱节的空话,因此他的有关恩格斯革命思想的说明也没有引起多大注意。

在这以后,修正主义者继续利用《导言》的经过删节的文本进行歪曲,力图把恩格斯说成是主张无条件采取合法手段的。正因如此,党内的左派在驳斥修正主义者时不得不强调恩格斯发表这一《导言》的时代背景,例如在1918年12月的德国共产党成立代表大会上,卢森堡就说过这样的话:"众所周知,恩格斯是在当时国会党团的压力下写这篇《导言》的。"②

总之,在《导言》的原来文本发表以前,人们不可能对恩格斯在

---

① 《新时代》第17年卷(1898—1899)第2册第361—362页。
② 《卢森堡文集》第4卷1974年柏林版第493页。

《导言》中表述的策略思想以及整个说来对他晚年的思想获得全面的认识。

二

在《导言》发表的三十年后,莫斯科出版的德文杂志《在马克思主义旗帜下》1925 年第 1 期(3 月出版)发表了苏联马克思恩格斯研究院院长梁赞诺夫的一篇文章:《恩格斯的〈1848 至 1850 年法兰西阶级斗争〉一书导言》。他根据研究院收集到的《导言》手稿和印刷校样介绍了它在 1895 年发表时被删节和修改的地方,这才使人们第一次了解恩格斯这一重要文献的本来面目。又过了五年,1930 年莫斯科出版的《法兰西阶级斗争》单行本第一次刊登了《导言》的全文。

马克思恩格斯研究院和梁赞诺夫无疑是作出了重大的贡献,但是《在马克思主义旗帜下》编辑部给梁赞诺夫的文章加了一个脚注,其中对某些历史事实的叙述不够确切。编辑部指责 1895 年德国社会民主党领导采取了"不诚实的策略"。它援引卢森堡在 1918 年 12 月讲的那句话(见前)并且补充说:"人们也充分了解,恩格斯的《导言》是由伯恩施坦以残缺不全的、经过篡改的形式发表的"。[①] 在同一期杂志上,隆斯基在《卡·马克思和弗·恩格斯档案》一文中说:"我们现在根据文件判断,由伯恩施坦发表的恩格斯为马克思《法兰西阶级斗争》写

[①] 转引自彼得·吕贝编:《考茨基反对列宁》1981 年柏林和波恩版第 121—122 页。施坦因贝格也在自己的著作中几次提到《在马克思主义旗帜下》提出的谴责。

的导言是违反作者的意志而经过重大削减和粗暴歪曲的。"①

当时已移居维也纳的考茨基看到后立刻写了一篇《恩格斯的政治遗嘱》,在奥国社会民主党的理论刊物《斗争》月刊1925年第8期上发表,文中对上述看法作了反驳。考茨基援引已由他发表的恩格斯1895年3月25日和4月2日给他的信证明,单行本和《新时代》刊载的《导言》中的删改是经过恩格斯本人同意的,恩格斯是对党执委会的意见作了考虑的,恩格斯感到气愤的只是《前进报》的那种错误做法,正因如此,恩格斯才要求《新时代》发表《导言》的全文(当然是经过删节的文本),等等。考茨基批评《在马克思主义旗帜下》把这两种情况混为一谈了。考茨基还根据《导言》被删改的地方说明,涉及的只是直接谈到今后进行武装起义和最后决战的段落和词句,并不影响《导言》明确表示决不放弃革命权的这一基调。至于伯恩施坦,他当时还流亡在英国,与《导言》的发表毫无关系。

我们现在掌握的材料已足以证明,考茨基所说的是基本符合事实的,特别是恩格斯1895年3月8日给费舍的信发现后,情况就更加清楚了。从这封信可以看出,恩格斯本人也认为这种程度的删节还不致歪曲《导言》的革命本质。当然,这封信也充分说明,恩格斯尽管基本上接受了德国社会民主党执委会的意见,但并不认为他们的立场和看法是无可指摘的,恩格斯的不满心情表现得相当清楚,对于这一点,考茨基当时应当是了解的,但是他在反驳《在马克思主义旗帜下》编辑部时却只字未提,显然是有意掩饰。他提到了自己曾在《取得政权的道路》中对情况作过一些说明,却回避了德国社会民主党领导后来一直没

---

① 转引自彼得·吕贝编:《考茨基反对列宁》1981年柏林和波恩版第121—122页。

有发表《导言》原来文本这一事实。不仅如此，考茨基在文章中还夸耀自己在《社会革命》等著作中的观点完全符合《导言》的观点，并借《导言》攻击第三国际的策略，这都是他的一贯反对布尔什维主义的立场决定的。

伯恩施坦当然同《导言》的发表和删节没有任何关系，但他当时在伦敦同恩格斯来往很密切，直接受到恩格斯的教导，很难设想他对恩格斯当时的观点和恩格斯对此事的态度毫不了解。因此，他援引《导言》来为自己的修正主义辩护显然是曲解恩格斯的意思。值得注意的是，在梁赞诺夫发表了《导言》的被删节部分后，伯恩施坦在《社会主义月刊》（1926年10月号第676页以下）上的《纪念理查·费舍》一文中发表了1895年3月6日和14日费舍给恩格斯的两封信，但对它们特别是后一封信作了重大的删节①，由于当时以及后来相当长一个时期上述恩格斯3月8日的信一直未发现，这样的删节就有可能给人造成恩格斯在修改《导言》时同党执委会的观点完全一致的印象②。伯恩施坦的这种做法不是偶然的，他很清楚，如果全部发表了费舍为执委会所作辩解的内容，人们就不难判断恩格斯是如何批评执委会的，这当然会对伯恩施坦为自己的修正主义观点辩护不利。

另一方面，苏联马克思列宁主义研究院（即起初的马克思恩格斯研究院）对待《导言》发表经过和删节后的文本的看法也有一个发展变化的过程。例如，1948年和1952年莫斯科版的俄文本两卷集《马克思

---

① 施坦因贝格在《国际社会史评论》1967年第2期第181—182、185—186页发表了这两封信的全文，并详细注明伯恩施坦删节的地方。

② 西德的克里斯蒂安·格诺伊斯就得出了这样的结论。见他写的《争取理论和实践的统一。爱德华·伯恩施坦的修正主义》一文，载《马克思主义研究》1957年图宾根版第2辑第202页。

恩格斯文选》以及1950年出版的德文本两卷集的第一卷对《导言》所加的题解的基本倾向和1925年时相似。它一开始就说《导言》"曾经被德国社会民主党机会主义领导方面粗暴地歪曲过"，接着先提到李卜克内西在《前进报》上的歪曲摘引，然后强调《导言》在《新时代》和单行本中都未全文发表，指出这是由于社会民主党领导方面的坚持，"恩格斯不得不同意删去《导言》中谈到未来无产阶级对资产阶级的武装斗争的若干在政治上最尖锐的地方"。最后在指出德国社会民主党领导始终没有发表《导言》全文的时候又指责他们"企图利用这篇论文残缺不全的部分来为自己的机会主义政策辩护"①。对于这一题解，我们有两点是不能赞同的。第一，它笼统地指责1895年时的德国社会民主党领导为"机会主义的"和"粗暴地歪曲了"恩格斯的《导言》。第二，它认为1895年发表的《导言》文本只是"残缺不全的部分"，因而似乎能为后来的社会民主党的机会主义政策提供论据。

但是，1962年《马克思恩格斯全集》俄文第2版第22卷为《导言》所加的题解却有了很大的变化。它比较详细地叙述了德国社会民主党领导就删改《导言》一事同恩格斯磋商的过程并且全面地说明了恩格斯的态度（当时3月8日的信还未发现，题解根据费舍3月14日的信和恩格斯3月25日给考茨基的信作出了基本正确的推断）；它把党的个别领导人及《前进报》的错误做法同整个党领导区分开来，对《新时代》刊载经过删节的文本这一情况也作了实事求是的、客观的叙述，仅仅指责社会民主党领导后来一直不发表全文。尤其值得注意的是，它肯定："即使经删节后发表的导言，还是完整地保存了它的革命性质。要用改良主义精神来解释这个文件，就必须粗暴地伪造恩格斯的观点，

---

① 参看《马克思恩格斯文选》1954年莫斯科中文版第2卷，第95页注①。

就像爱·伯恩施坦（在《社会主义的前提和社会民主党的任务》一书中）以及其他修正主义和机会主义的思想家们在恩格斯逝世后所做的那样。"① 这些看法同上述题解是有很大区别的。

三

要全面理解恩格斯这篇《导言》的丰富思想内容和伟大历史意义，必须详细分析19世纪末德国和欧洲其他资本主义国家的政治和经济情况、工人阶级及其马克思主义政党和工会组织的发展和斗争情况、马克思主义关于无产阶级革命理论的发展，还要广泛研究恩格斯在这一时期特别是1890年以后的论文和大量书信中发表的思想和观点，这需要专文论述，本文不可能做到。但是由于叙述的需要，本文在前面已几次不得不涉及这一问题，因此作者有必要在最后扼要而明确地说明自己对这一问题的态度，特别是说明自己对于修正主义者对这一历史文献的歪曲是怎样看待的。

伯恩施坦把《导言》称为恩格斯的"政治遗嘱"，实际上认为它是恩格斯晚年着手"修正"马克思主义思想的一篇代表作品，并把它看成自己的修正主义的出发点。近年来西方一些学者进一步发挥了这一观点。例如西德的克里斯蒂安·格诺伊斯在1957年的《争取理论和实践的统一。爱德华·伯恩施坦的修正主义》一文中说："伯恩施坦对马克思主义的批判的萌芽在晚年的恩格斯那里已经看得出来了"。② 他在1962年为英国的利·拉贝兹主编的《修正主义》一书所写的《先驱者：

---

① 《马克思恩格斯全集》第1版第22卷第767页。
② 《马克思主义研究》1957年图宾根版第2辑第209页。

爱德华·伯恩施坦》和1977年在西德举行的《伯恩施坦的历史功绩和现实意义》学术讨论会上的报告《产生伯恩施坦修正主义的历史和思想前提》中继续主张这一观点。我认为,这一观点是不能成立的。

1890年德国的反社会党人法废除后,恩格斯曾在一系列论文(除了《导言》外主要还有《德国1890年的选举》、《今后怎样呢?》、《德国的社会主义》等,均见《马克思恩格斯全集》第22卷)和书信中对德国社会民主党在新形势下的斗争策略提出自己的看法。他强调以下两点,而这两点在《导言》中都得到了详细的论述:

第一,在当前形势下,德国社会民主党应当尽量利用普选权和一切合法手段进行斗争,不要接受敌人的挑衅,要避免在"前哨战"中消耗自己的力量和遭受不必要的损失。但是这必须以敌人也在法律范围内活动为前提,否则,社会民主党将重新走上不合法的道路,直至举行起义。(在《导言》1895年发表的文本中,关于"前哨战"、"决战"和"决定性的搏战"这些提法和有关词句被删去了,但保留了关于决不放弃革命权的声明和关于德国党及其拥护者构成国际无产阶级大军的决定性"突击队"之类的提法。)

第二,根据武器技术的发展情况,只要军队的多数没有转向社会民主党,武装起义就不可能取得胜利。街垒战的时代已经过去,少数自觉的人带领多数不自觉的群众进行突然袭击的革命时代已经过去,但是这并不排除在革命过程中进行巷战的可能性。(在1895年发表的文本中,删去了关于将来进行巷战的可能性的整整一段和关于"流血牺牲"的词句,但是保留了关于群众应当参加改造社会制度的斗争并且应该明白自己为什么进行斗争以及为了做到这一点必须进行长期而坚忍的工作等等的论述,把这些论述同关于革命权的论述联系起来看,当然就排除了恩格斯主张无条件守法的可能性。)

由此可见,《导言》的经过删节的文本尽管在革命性方面受到了一些损失,但是本质并没有改变,根本谈不上宣扬无论如何也要守法的观点,否则恩格斯也不必要求考茨基在《新时代》上发表这一文本来消除《前进报》造成的恶劣影响了。但是伯恩施坦却片面地援引《导言》中肯定议会斗争重要性的言论,声称恩格斯似乎已把普选权和议会活动看成工人阶级争取解放的唯一手段,格诺伊斯等人更进一步认为恩格斯晚年的策略思想同伯恩施坦的"和平长入社会主义"的观点非常接近,这种说法是完全错误的。

马克思主义从来是主张无产阶级在资本主义社会内部应当利用一切可能性参加政治斗争(包括议会斗争)的,这是马克思主义和无政府主义的一个重要分歧。当然,恩格斯在《导言》中并不仅仅是一般地重复这一道理,而是十分强调无产阶级利用普选权作为新的武器、作为新的斗争手段的重要意义,并且很高地估计了德国和其他国家社会主义政党在议会选举中取得的伟大成就。这并不违背马克思主义的一贯策略,而恰恰是恩格斯在新形势下对马克思主义革命理论所作的重大贡献。当时第二国际各党内部已经出现迷恋合法斗争、幻想和平过渡的改良主义和机会主义倾向,另一方面无政府主义者和党内具有无政府倾向的分子又笼统地把参加选举和议会活动说成是机会主义。在这种情况下,马克思主义者必须在两个方面进行斗争。德国社会民主党在1891年必须一方面反对半无政府主义的青年派,另一方面批判福尔马尔的机会主义,就是一个典型的例子。因此迫切需要制定一个把日常斗争和最终目的、当前的合法活动同将来的夺取政权的革命辩证地结合起来的革命策略。恩格斯晚年除了从事整理出版《资本论》第三卷外,曾经用很大精力来研究这个策略,从他的书信中可以清楚地看出这一点。恩格斯的这篇《导言》可以说比较完整地表述了恩格斯这一时期的策略思想，其革命的核心就是：无产阶级必须和如何才能为最后的决战做好准备。他的原稿给德国社会民主党执委会的印象也正是这样。但是最后的决战应当怎样进行，从恩格斯这时的著作中还找不到具体的答案。他在1892年11月3日给拉法格的信中说，他"一直在考虑这个问题，但是还拿不出一个定见"①。我们只能从他的言论中归纳出以下几点：

第一，必须先争取到农业工人的多数，从而也就是争取到军队的多数支持社会主义。

第二，很可能在社会民主党做到这一点以前统治者就先使用暴力镇压，这就将使社会民主党从议会斗争的舞台转到革命的舞台。

第三，因此工人阶级和社会民主党积极利用合法手段并不等于放弃革命的权利。

第四，工人阶级应当把选举权从"欺骗的工具"变成"解放的工具"（这是1880年法国工人党纲领导言就已使用的提法，是根据马克思的口授写成的），但这指的仍旧主要是利用选举和议会讲坛宣传自己的观点和揭露敌人，以达到争取广大群众的目的。恩格斯很重视党所取得的选票数的增长，但也只是把这当做衡量工人阶级和人民群众的社会主义觉悟增长的一个尺度。决不能由此得出结论说恩格斯已把议会斗争看成唯一的手段，认为党将通过选举取得议会多数，然后就取得政权。（恩格斯曾在《答可尊敬的卓万尼·博维奥》一文中坚决驳斥了这样歪曲解释他的思想的说法，见《马克思恩格斯全集》第22卷第326—328页。）

由此可见，恩格斯仍旧认为今后必须通过一次暴力革命夺取政权，但是应当通过长期耐心的准备工作、尽量减少决战时的牺牲，使

---

① 《马克思恩格斯全集》第1版第38卷第505页。

胜利更加容易取得。这同"和平长入社会主义"的思想当然是有本质区别的。

最后，恩格斯对革命的观点还同他对战争的观点有密切联系。他正确地预见到今后的战争将是全欧洲规模的战争，它或者会加速社会民主党的胜利，或者会使它遭到严酷镇压和彻底失败，长期不能恢复元气，因此无产阶级必须对此有充分的准备。恩格斯在这里实际上已涉及社会民主党利用战争危机或资本主义社会的其他危机来发动革命的思想，对于这一点当时德国社会民主党领导也已经感觉到了（见上面引用的费舍3月6日的信）。这个问题也需要专门论述，本文就不再多谈了。

对恩格斯的《马克思〈1848年至1850年的法兰西阶级斗争〉一书导言》的认识*

〔德〕皮·柯斯林

《马克思恩格斯全集》历史考证版第1部分第32卷①的正文部分最近已可以付排；今年3月初学术资料卷已交审定。从这可以看出，在东德和东欧的社会变革开始之前，该卷的学术资料卷的初稿已基本完成，而这一社会变革也使《马克思恩格斯全集》历史考证版的编者们有可能重新看待马克思和恩格斯的著作并接受别人的建议。毫无疑问，和前民主德国社会科学研究及出版的其他项目相比，《马克思恩格斯全集》历史考证版曾经考虑到了或需要考虑少数意识形态及政治上的目的，这在很大程度上是正确的。各大学的工作小组为迄今所取得的成果作出了不小的贡献。

然而，《马克思恩格斯全集》历史考证版的各卷次也反映出一些与其学术性、历史考证性版本不相符合的地方。此外我认为，造成这些情况的原因有：以前负责出版的政党自以为对真理享有特权，对国际工人运动中的某些思潮和人物千篇一律地否定，以及他们看待马克思和恩格斯著作的方式，这种方式过分地突出了19世纪的这些著作并认为它们

---

* 本文选自《马克思恩格斯列宁斯大林研究》1997年第3辑。

① 本卷收入了恩格斯1891年2月直至他去世这段时间撰写的文章。

对所有重要问题都适用，在各卷中很少有注释承认马克思和恩格斯在他们那个时代的重要问题上曾有过误解。

鉴于上述仅略提及的具体情况，我们工作小组认为有必要不受1989年深秋审定委员会提出的指示的限制，对资料卷的初稿进行修改。可以想象，我们首先力图大大减少科学注释中刚才认为是缺陷的以及与它们有关的地方。同时我们也认识到我们做出这种努力可能要招致的责难，即认为我们为迎合机会主义而简单地接受了另外一些流行的陈词滥调，仅仅下面这个理由就可能招致这种责难：《马克思恩格斯全集》历史考证版的依据，即现在有人提出疑问的、一直被认为是"可靠的知识"，在短时间内几乎不可能被完全以独立的研究为基础的知识和认识所代替，要想在这样一个版本范围内从根本上做到这一点，我们首先要通过陈述事实弄清楚恩格斯在他那个时代的创作和作用，我们要由使用者去做出适用于文明进步的结论并加以应用（从列宁开始）。

如果我在下面说明我们是如何理解我们认为深深影响恩格斯从1891年直至去世这段时间内创作的中心主题的话，也许有可能使《马克思恩格斯全集》历史考证版第32卷的未来使用者明白（是否可以这样期望），我们做出了充分的努力。预计恩格斯创作中的这个延伸的方面也是第1部分第32卷前言的基础，所以对此的反应会很热烈。

恩格斯逝世于1895年8月5日，去世时仍抱着坚定的信念：工人阶级的解放作为全人类的解放的前提及主要组成部分，将指日可待。他的一生都在探索通向这样一种社会的道路，在这个社会里每个个人的自由是全体人的自由的前提。和马克思一样，他结合其生活期间不断变化的条件，根据自己在理解社会联系和变化过程时一般认识水平的提高，不断重新检验在这种探索中所找到的解决办法，而这些办法从社会联系和变化过程中才能找到。在这方面特别具有表现力的是收入本卷的恩格斯写于1895年2月的《马克思〈1848年至1850年的法兰西阶级斗争〉一书导言》。这篇导言显然在恩格斯去世后的工人运动中,尤其是在工人运动分裂时期起到了至关重要的作用,其中的某些观点我们应当简单地回顾一下。

坚定的改革力量在一定程度上把这篇文章当做过渡时期重要的理论环节,这是一个在反社会党人法(1878—1890)条件下暂时实施的革命政策向在德国社会民主党内日益被接受的改革政策的过渡,这种陈述早在整篇导言出版前不久就被德国社会民主党机关报《前进报》的一篇社论①部分摘引,但当时恩格斯本人认为它歪曲了自己的观点。②

爱·伯恩施坦为达到其修正马克思主义的目的,仅通过在其《前提》一书的序中引用《导言》便使它有了一个引人注目的含义,在这里他说明了人们对他书中所阐述观点的异议。③ 他在第26页上写道:"他[恩格斯]通过这篇文章(人们恐怕可以正当地把它称为他的政治遗嘱)为社会主义运动立下的功绩. 无论怎样高地评价都不会过分。它所包含的比它所许诺的还要多。不过这篇导言既不是从如此坦率的自白中做出一切结论的地方,也根本不可能指望恩格斯自己会对理论做出必要的修正。"

卡·考茨基没有看到恩格斯的《导言》里有什么新的东西,他想仅仅通过鄙视而先发制人占伯恩施坦的上风,他说,"这篇政治遗嘱并不是对社会民主党至今的策略的纠正,而是对其的肯定。《导言》中没

---

① 《目前革命应怎样进行》,载1895年3月30日《前进报》。
② 《马克思恩格斯全集》第1版第39卷第432、436页。
③ 爱·伯恩施坦:《社会主义的前提和社会民主党的任务》1899年斯图加特版第Ⅵ—Ⅷ页,文章中所提到的是伯恩施坦给德国社会民主党在斯图加特召开的党代表大会(1898年)的一封信中所阐述的观点。

有任何一处表明伯恩施坦有权把他1895年以来观点上的改变说成是对恩格斯政治遗嘱的贯彻执行"。①

与此相对，起初共产主义运动与《导言》中的观点有距离，它仍然像伯恩施坦那样理解《导言》。在为恩格斯寻找"开脱"的办法时，在万般无奈的情况下甚至企图违背事实，把《导言》说成是伪造的文章，就像它于1895年作为单行本的组成部分和作为独立的文章发表在《新时代》上一样。罗莎·卢森堡曾在德国共产党的成立代表大会上谈及恩格斯的这篇导言——当然是在结合街垒战的一场革命的影响下："在这里我并不想说恩格斯本人因这篇《导言》中的论述而应对德国整个发展承担部分责任；我只是说，这是一个很好地总结了在德国社会民主党中仍然有着影响的观点的文件，或者确切地说，这种观点毁了这个党……它是从这种批评中产生出来的纯粹的唯议会主义。"保罗·弗勒利希于1924年第一次用德文发表了经恩格斯认可并参与从《导言》中删除的一些段落，所用标题不准确："被歪曲了的恩格斯导言"。

---

① 卡·考茨基：《伯恩施坦和辩证法》，载《新时代》。必须补充一点，伯恩施坦完全知道，他的观点与恩格斯1895年《导言》中的观点不一致。他在谈到恩格斯在《导言》中所阐述的思想时写道："不过这只涉及外部手段和意志即意识形态。社会主义革命的物质基础依然未加研究，'对生产资料和交换资料的占有'这一旧公式依然不变，并且没有一个字表示，在生产资料通过一次巨大的革命行动而转为国家所有这一变化的经济前提中，是否有了任何改变。只有获得政权的方式得到了修正，说到经济上利用政权的可能性时，仍旧坚持以1793和1796年为出发点的旧学说。"（《社会主义的前提和社会民主党的任务》第35页。）伯恩施坦自以为他与恩格斯在社会民主党与统治阶级论战时首先应使用的手段这个方面的观点是一致的。但是应将这种手段用于何种目的这个问题，他的观点却完全不同。他认为，以经济革命的形式向社会主义社会过渡这种方式已经过时，从手段的改变中得出这种结论是绝对没有说服力的。

那么我们怎样看待这篇《导言》呢？

这篇《导言》是以恩格斯的认识为基础的，他认识到，他和马克思坚持了很长时间的1850年时的想法已被证明是"幻想"。他们当时认为，无产阶级和资产阶级之间的决战定"将在一个很长的和充满变化的革命时期中进行到底……"①。恩格斯持这种观点的出发点是，资本主义在革命最终完成之后（1870—1871年）正在经历一个发展的进化阶段。对革命的工人运动来说，这种进化的发展过程是与在其作用下产生的一系列新的条件联系在一起的。恩格斯在《导言》中指出了以下几点：②

——少数人革命的不可能性——即使是为了多数人的利益而进行革命；

——除波兰以外重要国家结束了建立国家的任务；

——过去几年中现代军事技术对促进和平的某种作用也暂时有助于工业和平而快速地发展；

——不断扩大的军备给广大人民带来了社会负担；

——社会主义运动的重心向德国转移，从而德国社会民主党的优势产生了较大的国际影响；

——在人们所期待的中等阶层迅速无产阶级化的进程中出现的阻碍因素。

在上述这些条件和其他一些条件下，恩格斯试图从理论上理解并运用他所获得的经验，尤其是德国社会民主党的发展道路使他获得的经验，来论证无产阶级和社会主义政党对夺取政权这个问题的一种新的观

---

① 《马克思恩格斯选集》第2版第4卷第510页。
② 参看《马克思恩格斯选集》第2版第4卷第510页及以下几页。

点。他认为,借助民主的国家的机构夺取一个一个的阵地是一种新的斗争方式,统治者则要利用这些机构巩固自己的政权和影响。恩格斯认为利用普选权是这种新的"斗争方式"的核心,它对社会民主党有重要意义。相反,他认为街垒战由于一些原因已经过时了;它只能在变革的进程中起到一定作用,在变革中迄今已经存在一种有利于革命力量的政治力量对比。①

社会主义工人运动在一些新的、主要是客观的社会条件下开展活动,恩格斯认为,从这些条件中也产生了革命变革取得成功的两个新的主观前提条件:革命进行前就必须把群众争取过来,以及他们必须自觉参与革命。恩格斯认为,如何使群众认识到这一点是社会民主党这些年的重要任务。

因此,恩格斯主张,工人阶级要通过利用和扩大资产阶级国家的民主机构并争取大多数群众去民主和和平地夺取政权。但他也考虑到,统治阶级不会坐视政权被夺并自己去破坏民主的法制。对于这种情况他也主张使用革命的暴力。虽然恩格斯的观点是针对德国社会民主党的,某些具体阐述也仅仅针对德国社会民主党及其处境,但是恩格斯在这里基本上阐明了他在当时形势下认为是普遍有效的观点,例如他指出了其他国家的有关趋势。如果人们还要进一步浓缩我们在这里试图对恩格斯观点所作的归纳,那么可以这样来表达:只有在民主的道路上才能建立新

---

① 《马克思恩格斯选集》第 2 版第 4 卷第 520—521 页。

的社会或者根本就不要干！这里的"民主"并不是"革命"的反义词。①

评价《导言》中这个结论的有益之处在于，恩格斯的这一立场绝非是偶然的、突发的观点，而是他在不同范围和层次上思考的总结，特别是在德国非常法之后他一直在思考，同时运用和进一步发展马克思主义的各个重要方面。

恩格斯关于维护、普及和继续发展马克思主义的哲学基础，尤其是认识论和历史唯物主义的论述，对于他的广泛的革命理论的思考具有重要意义，而这些思考正是这篇《导言》的基础。在第1部分第32卷中有关这方面问题的主要文章是《〈社会主义从空想到科学的发展〉英文版导言》和该导言的德译文，题为《论历史唯物主义》。这篇文章与1887年发表的著作《路德维希·费尔巴哈和德国古典哲学的终结》密切相关（特别是第四章），该著作的法译本也将同样收在第1部分第32卷里。英文版导言的德译文与关于历史唯物主义的所谓晚年书信也有关，它们最初写于1890年，那些年恩格斯在这个方面的创作始终注意把历史唯物主义同一切机械论的和过分强调经济因素的观点区分开来，强调社会中非经济领域对经济基础的相对独立的作用，强调作为所有这些关系的塑造者的主体作用，因为它们只有在最后、在根本特征上才会受物质的生活过程的影响，《英文版导言》与《路德维希·费尔巴哈和

---

① 根据这一归纳也可以得出结论：恩格斯因此还于1891年修正了自己的观点或者说至少是使他的观点有了局限性："请看巴黎公社，这就是无产阶级专政。"（《马克思恩格斯全集》第1版第22卷第229页。）1895年的《导言》也清楚地表明，恩格斯认为，巴黎公社时是少数人的专政，虽然它也试图实现多数人的客观利益。根据恩格斯的观点，这在上个世纪末就已经是创立社会主义关系所行不通的道路。"现实社会主义"的崩溃也证实了这一点。

德国古典哲学的终结》以及关于历史唯物主义的书信不同,在导言中,这种做法更多地构成了没有说出的背景,而文章本身的重点放在了以英国的历史为例说明唯物主义历史观是适用于历史认识的这一问题上。对唯物主义历史观的这种深入理解使恩格斯更清楚地认识到:单单物质情况并不能为实现隐含其中的社会发展趋势提供任何保障,或者不能保障人们所"期望"的趋势会由可能的趋势来实现。恩格斯通过对资产阶级大革命的比较分析更加深了这种认识。在这种情况下他在《〈社会主义从空想到科学的发展〉英文版导言》中十分谨慎地表述了资产阶级革命的三条普遍的发展规律,从中产生出了恩格斯极易理解的、也适于无产阶级革命的结论:

1. 在资产阶级革命中农民组成军队去战斗,恰恰是他们必定会因为胜利带来的经济后果而受到损害。

2. 因为资产阶级优柔寡断,资产阶级革命要完成一系列客观存在的任务,就需要当时激进的民主力量给予有力推动,因为它们超出了资产阶级革命的本来任务。

3. 资产阶级不能长期地独自掌握政权,因为一方面他们不得不在不同程度上同旧封建贵族分享政权,另一方面他们的统治又必须符合日益行动起来的工人阶级的某些利益。

恩格斯根据其唯物主义的观点深入研究并弄清了资本主义的生产方式,这是他在《马克思〈1848年至1850年的法兰西阶级斗争〉一书导言》中所阐述的观点的重要基础。首先他在结合《资本论》第3卷的出版准备工作时做到了这一点,这项工作在很多方面都是和他的创作联系在一起的,这一点将在第1部分第32卷的前言中加以说明,因此在收入该卷的著作中的注解会十分重要,在这些注解里恩格斯对资本主义生产的新的垄断形式发表了自己的看法。恩格斯把他所作的经济方面的思考和研究结果一方面看做是论证社会主义纲领性结论的进一步的材料，这些结论是马克思在《资本论》第1卷第二十四章的"7. 资本主义积累的历史趋势"中得出的，除了恩格斯始终非常关注科学和技术的新成果外，他在经济学方面所作的思考还在另一方面帮助他认识到资本主义经济发展的广泛潜力，这一点他和马克思过去都认为是不可能的，促使他有这种认识的还有他对变化了的生产周期和自1868年后没有再发生严重的经济危机的思考，他认为，没有出现严重经济危机的原因是因为有了新的交通工具而使世界市场得以扩大。①

恩格斯在1891年就注意到，工业资本主义在经济上得到了进一步的发展，从中产生了对统治阶级的政策有利的社会活动余地，而正在开展斗争的工人运动可以利用它来进行社会改造。

恩格斯认识到，同马克思写作《资本论》的时期相比，经济关系进一步发展了，另外，由于各种攻击而要求他对马克思所创立的唯物主义历史观进行更深入的研究，这都使他一方面在分析社会主义政党的实践活动时加以运用，同时也要在政治理论方面进行新的思考，并领导社会主义政党采取政治行动，这两方面的认识比任何时候都清楚地表明：工业资本主义的生产关系是不会自动瓦解的，因此这些政治思考首先围绕的是革命理论。第1部分第32卷中的著作可以归为这一类著作，恩格斯在这些著作中加强了对国家问题、对民主、和平和社会主义的关联问题以及联盟政策问题的论述，我们在这里不可能像在第32卷中那样广泛而多方面地陈述恩格斯在《导言》里所阐述观点的政治理论的和经验的前提。② 此外，正如我们前面说明的那样，《导言》本身就恰恰

---

① 参看《马克思恩格斯全集》第1版第22卷第384页和第25卷第554页。
② 这里还特别涉及恩格斯所重申的马克思和他以前的立场的一些要点。

对这些前提作了较广泛的研究，简单地提到了三个要点。

从这一卷里的许多文章和往来书信（特别是和奥·倍倍尔的往来书信）中可以看出：恩格斯在民主夺取政权的道路上受到德国社会民主党在选举中获胜的很大影响，因为社会民主党由此而获得了越来越大的社会影响，这使他看到，普选权是一种极好的斗争手段。他也因此最终放弃了过去的立场①，这一点必须明确（即使要考虑到当时条件已经发生了变化）。

最晚在1894年，当恩格斯再次专心研究"农民问题"②时他明白了两点：第一，如果在变革前没有为实现最重要的生产资料公有化的社会争取到代表中间阶层的劳动农民群众，这种变革就不可能进行；第二，如果为此去争取非无产阶级，那样做会非常困难。因此，恩格斯在写完这篇文章之后，在预计德国社会民主党能够获得政权的时间时再次变得谨慎起来，这当然不是偶然的，这一点也反映在《导言》中。

恩格斯早在其《德国的社会主义》一文中就已经阐述了在多方面对他《导言》中所概述的立场产生了影响的军事技术和政治观点。另外，在这篇文章中还有关于在军队中传播社会主义思想的考虑，以及社会民主党要掌握社会的领导权，和平是较为有利的而且首先是较为可靠的条件。

我们在前面试图至少说明，《马克思〈1848年至1850年的法兰西阶级斗争〉一书导言》与恩格斯前面的认识是相联系的，它们涉及了马克思主义的所有重要方面。这一事实表明，在这一著作中所阐述的思想是恩格斯长期以来经过深思的观点，如果人们同意我们在上面对《导

---

① 参看《马克思恩格斯选集》第2版第4卷第173—174页。
② 参看《马克思恩格斯选集》第2版第4卷第484—505页。

言》所作的总结，那么我们就可以看到，恩格斯并非伯恩施坦1895年后所设想的意义上的"修正主义者"和"改良主义者"，也不是什么"想象中可能的列宁主义者"，而是一位社会主义者，他在一条革命的道路上寻找人道主义的目标，因为这条道路是与这一目标和现有条件相适应的。

    今天人们可能对这个目标和这条道路有自己的看法，事实是，我们在这里以1895年的《导言》为例所概述的恩格斯的思想使他在当时整个工人运动中受到尊重。如果没有工人运动的斗争，欧洲也不可能达到现在这样的文明程度。恩格斯在理论上给予他那个时期的工人运动以重要的推动，1895年8月5日恩格斯逝世后，对他的许多哀悼和悼文都有力地证明了这一点。《汉堡回声报》同我们要完成《马克思恩格斯全集》历史考证版第1部分第32卷的目的接近，它在1895年8月5日的一篇悼文中写道："因此，恩格斯的思想似乎连接着法国大革命的原则和当前国际社会变革时期的原则。为了以后越来越明确地制定出并在学术上更可靠地提出这些原则，他与马克思一起在1848年发表的《共产党宣言》中就论述了这些原则的基本内容"。

（原载德国《马克思恩格斯研究论丛》新系列1991年）
（王勾煦 译）

《1848年至1850年的法兰西阶级斗争》1925年德文版序言[*]

〔德〕理·费舍

大约在一年以前,布尔什维克著作家梁赞诺夫在一本俄文杂志上发表了恩格斯为马克思《1848年至1850年的法兰西阶级斗争》一书写的导言中删略的许多段落。不久前,《莱比锡人民报》在《弗里德里希·恩格斯和民主共和国》一文中谈到了这点,而且宣称,恩格斯的那篇导言在柏林由于各种顾虑而被"篡改","恩格斯对此表示强烈的抗议"。

这两个说法都不符合事实。

马克思的小册子是在1895年3月出版的,于是恩格斯为此写了一篇历史评论性的导言。这正是向国会提出对付德国工人阶级的新的特别法,即当时的普鲁士大臣冯·克勒尔,这个众所周知的反动容克的典型人物的所谓反政变法草案的时候。当时的政治形势是这样摆着:如果我们的党不采取政治上的愚蠢行动,在国会里就不可能通过这个提案。恩格斯的导言手稿中有许多段落,心怀恶意的敌人不难据此对我党提出以下两方面的指责:1."我们今日所以没有发动革命,仅仅因为我们还没有十分强大,而且军队还没有完全被社会民主主义思想所熏染"。2."在发生战争或其他某种麻烦事件(像当时的巴黎公社)的情况下,我

---

[*] 本文选自《马列主义研究资料》1984年第2辑。

们会在我国敌人的跟前举起起义的旗帜"。

这样的材料对克勒尔来说，当然是正中下怀。我作为当时《前进报》出版社的领导人，将此意见写信告诉恩格斯，并且附上写有我认为必须删改的建议的校样。之后，我的建议又得到倍倍尔和奥艾尔的同意，使我更有了把握。从恩格斯1895年3月8日的信可以看出，他完全承认我们的困难处境，而且同意这些建议，虽然对个别段落，他个人的理解同我们的理解显然不相一致。

本来在这里没有必要特别强调，在印这本书时，不是恩格斯明确同意删改的地方，出版社当然不作改动。这对第一版本和以后的版本都是适用的。

因此，梁赞诺夫断言，删改是由《前进报》出版社，更确切地说是出版社当时的领导人理查·费舍搞的，没有通知恩格斯，也没有征得他同意，是背着他干的，这纯粹是虚构。

鲍尔·曼斯在这一年8月5日的《莱比锡人民报》上断言说："恩格斯对此删改表示强烈抗议"。这是完全违背事实的。谁认识恩格斯，谁就知道，恩格斯也不会容忍这些删改违背他的意愿的。

不过（顺便说说），梁赞诺夫根据他自己的经历也知道，在一个政治上没有自由的国家，为了能够传播这样一本著作，有时甚至作者本人不知道，而且也许违背作者的意愿做出一些删改。作为莫斯科马克思档案馆的领导人的梁赞诺夫将会在这档案馆里找到一些这方面的证据。

（1925年8月底于柏林）

（禾子 译）

图书在版编目（CIP）数据

经典作家著作研究Ⅲ / 刘元琪主编. —北京：中央编译出版社，2014.12
（马克思主义研究资料 / 杨金海主编；13）
ISBN 978-7-5117-2445-8

Ⅰ. ①经… Ⅱ. ①刘… Ⅲ. ①马恩著作研究－文集
Ⅳ. ①A811-53

中国版本图书馆 CIP 数据核字(2014)第 306125 号

经典作家著作研究Ⅲ

出 版 人：	刘明清
责任编辑：	李媛媛
责任印制：	尹　珺
装帧设计：	田晗工作室
排版制作：	北京宏章文化发展中心
出版发行：	中央编译出版社
地　　址：	北京西城区车公庄大街乙 5 号鸿儒大厦 B 座（100044）
电　　话：	（010）52612345（总编室）　　（010）52612335（编辑室）
	（010）52612316（发行部）　　（010）52612317（网络销售）
	（010）52612346（馆配部）　　（010）55626985（读者服务部）
传　　真：	（010）66515838
经　　销：	全国新华书店
印　　刷：	山东鸿君杰文化发展有限公司
开　　本：	787 毫米×1092 毫米　1/16
字　　数：	480 千字
印　　张：	38.75
版　　次：	2014 年 12 月第 1 版第 1 次印刷
定　　价：	232.00 元

网　　址：	www.cctphome.com　　邮　箱：cctp@cctphome.com
新浪微博：	@中央编译出版社　　微　信：中央编译出版社（ID：cctphome）
淘宝店铺：	中央编译出版社直销店（http://shop108367160.taobao.com）
	（010）52612349

凡有印装质量问题，本社负责调换。电话：（010）55626985